国家出版基金项目
NATIONAL PUBLICATION FOUNDATION

中国社会科学院近代史研究所中华民国史研究室

总编 李 新

中华民国史

第十卷

（1941—1945）

石源华　金光耀　石建国　著

中华书局

薛岳。

常德会战中的中国军队指挥官。

中美军队在对日作战中。

中国军队坦克作战。

在敌后的八路军。

八路军操炮练习。

八路军机枪阵地。

1944年6月，中共领导人在延安会见中外记者西北参观团。

八路军发起对日反攻。

抗日根据地的儿童在学习文化。

1943 年 1 月 11 日，中英新约在重庆签订。

1943 年 11 月 22 日，中、美、英首脑在埃及开罗会议。

1944 年 9 月，中国参加敦巴顿橡树园会议代表团合影。

1945 年 6 月 26 日，顾维钧代表中国在《联合国宪章》上签字。

1945年8月，日军代表今井武夫等前往湖南芷江接洽投降事宜。

徐永昌代表中国政府在日本投降上书。

目　录

前　言

本卷内容起自太平洋战争爆发，迄至中国抗日战争胜利，共计三年九个月时间。主要叙述这一时期中国国际地位的变化以及军事、政治、经济、社会、文化、教育等状况。

太平洋战争的爆发，使中国人民的抗日战争与世界人民的反法西斯战争融为一体，中国独力坚持抗战多年，为世界反法西斯战争作出的卓越贡献，开创了中国国际地位提升的新时代。本卷详尽叙述了太平洋战争期间中国战场在世界反法西斯战争中的重要地位，中国国际环境发生的重要变化，以及国民政府施展的"大国外交"。

在英、美、荷等国在太平洋战场接连失利的情况下，中国军队在第三次长沙会战中取得的胜利，激励了同盟国对日作战的士气，提高了中国在反法西斯同盟国中的声望和地位。在美国的支持和帮助下，中国先后得以签署《联合国家宣言》和《莫斯科四国宣言》，跻身"四强"行列。

中国在第一次世界大战后以参加"国联"为标志的融入国际社会的进程，在太平洋战争期间以前所未有的速度向前推进，出现了质的飞跃。中国参加美、英、中开罗会议，确定中国收复东北、台湾及澎湖列岛等失地，取得朝鲜战后获取独立的法律保证。随即，中国又参加敦巴顿橡树园会议和旧金山会议，成为《联合国宪章》第一签字国，奠定了中国的联合国始创国和安理会常任理事国地位，中国在国际事务中的地位与影响由此获得提升。

中国近百年来的废除不平等条约运动取得了决定性的胜利，中美、中英新约及其后一系列平等新约的签署，虽然仍遗留若干不足之处，但作为中国对外关系基础的不平等条约体系已经彻底崩溃，中国与世界各大国建立了国际法意义上的平等互惠关系,中国的国际形象大为改观,对于战后中国国际地位的提升具有重要的意义。

中国国际地位的提升还表现在中国对于周边国家印度、朝鲜、越南等国的民族独立运动给予了有力的援助,并且派军队两次出国,远征缅甸作战,重振中国军威,使中国在亚洲国家中的国际声望和地位得到提升。

太平洋战争期间,中国战场的军事形势也表现出与前不同的特点,本卷从正面战场和敌后战场两个方面叙述了中国军队英勇抗击日本法西斯军队的斗争,尤注重于论述大陆学术界以前论述不足的正面战场的抗日战争,再现了中国军民参加世界反法西斯战争的宏伟场面。

太平洋战争爆发后,国民政府盼来了长久期待中的国际格局变化,受到美、英、荷等国对日参战的影响,国民政府基于与美、英合作作战、推进对日战争进程的战略构想,在局部地区发起攻势作战,正面战场的军事战略出现了从消极转向积极的趋向。第三次长沙会战、浙赣会战、鄂西会战、常德会战等重大战役都体现了正面战场积极的对日攻势作战,取得了重要的战役成果,不仅有力地打击了日本法西斯的侵略气焰,而且使整个世界反法西斯战争出现了有利于同盟国的重要变化。

随着太平洋战争的进一步深入,国民政府所主张的"先亚后欧"战略与英、美等国坚持的"先欧后亚"战略发生对立与冲突,英、美在亚洲战场的消极应对,使国民政府不愿也无法推行拟议中与英、美联合的攻势作战,消极防御又重新占居国民政府对日抗战的主导地位。1944年春,日本侵略军发动了以打通大陆交通线为主要目标的"一号作战",为日本发动侵华战争以来规模最大的一次作战,国民政府被动应战,在豫中会战、长衡会战、湘柳会战中,虽在局部有很顽强的抵抗,但在全局上接连败退,导致河南、湖南、广西以及广东、福建等海岸的大部和贵州的一部共二十多万平方公里的国土沦于敌手,衡阳等七个空军基地和36个机场为日军占领,日本军队基本上实现了打通大陆交通线和摧毁美军驻华空军基地的战役目标。1944年,国民政府组建中国陆军总司令部,并于次年初相继发起豫西鄂北会战、湘西会战、收复广西战役等局部战略反攻作战,迎接抗日战争胜利的到来。

太平洋战争期间,中国军队根据盟军的统一作战部署,两次远征缅甸战场,重振军威于海外。1942年初,中国远征军入缅作战虽以失利告终,但远征军浴血奋战,拼死杀敌,曾予敌以沉重打击,尤其是在同古、仁安羌等地的出色战绩为中国军队赢得了盟国的尊敬和赞扬,也显示了中国与盟国协同作战的诚意和决心。1944年底,在豫湘桂战役中遭受重创的中国军队,发起知识青年从军运动,十几万青年加入中国军队,投身抗日战场。在此前后,中国驻印军和远征军分别发起缅北和滇西反攻作战,1945年3月,两军胜利会师,不仅打通了中印公路并改善了驼峰空运线,使大批美国援华物资得以运往中国,支援了中国的抗战,而且有力地支援了美军在太平洋战场对日反攻,加速了日本法西斯的最后失败,为世界反法西斯战争作出了重要的贡献。

太平洋战争期间,由于日军"建设大东亚兵站基地"的需求,以及中国共产党领导的敌后抗日战场的存在和坚持敌后抗战的八路军、新四军及其他抗日部队的壮大及其对日军占领区的严重威胁,日军决定将其军事进攻重点移向解放区,实行残酷的"三光"政策,使解放区进入了最为困难的时期。在华北各解放区出现以反对日军"治安强化运动"为主要目的的反"扫荡"斗争,在华中各解放区则出现了以反对日伪"清乡"为主要目的的反"扫荡"斗争,经过艰苦卓绝的对日斗争,至1943年底,各解放区进入恢复和发展的新时期。1944年下半年,各解放区开展了反对日本法西斯军事占领的局部反攻作战。随着解放区的扩大,不仅牵制了绝大部分侵华日伪军,而且从地域上形成了对于日军占领区的战略大包围,为日后的战略大反攻创造了有利的态势和条件。

本卷对于太平洋战争期间中国政治、经济、社会、文化、教育等的叙述,分别以国民党统治区、解放区、沦陷区为对象展开,清楚地阐明了三个不同区域面临的问题、状况及其主要特征。

对于国统区,本卷主要论述了蒋介石重任国民政府主席后中央体制的强化,政治权力越来越集中于蒋氏一人之手,这既是战时发挥国民党统治效能的需要,也是蒋介石追求独裁统治的结果。国民政府推行的"行政三联制"和新县制,则是国民政府在战时推行的最重要的行政改革措施,是其强化专制统治的重要手段与措施,在战时具有更广泛动员人力、财力、物力来支持日益艰难的抗战的积极意义,但由于这种制度建设是以加强国民党集权统治为前提和目的,也存在明显的局限性。

国统区的社会经济是本卷关注的重要问题之一。在战争和民生的双重巨大压力下,国民政府实施了以"统制经济"为主要特点的社会经济政策,包括增开新税、田赋征实、统购统销、专卖制度、限价议价、举借内外债、发行"特券"等。这些政策一方面在某种程度上代表了打败侵略者的中华民族利益,对于保证进行战争所必要的物资供应,具有一定的合理性和积极意义;但另一方面,又反映了国民党统治集团的利益,导致国家垄断资本在金融业、工矿业、商业等领域的扩展与独占,导致国统区工商业和农村经济的凋敝和破产,以及国民经济的危机。

国统区的文化事业,也以国民党确立在文化领域的专制统治地位为主要特征。该政策的实施同样具有两重意义:一方面查禁了不少亲日亲法西斯的汉奸文化,维护了中华民族的抗战事业;另一方面也扼杀了许多进步文化,造成国统区文化局面的沉闷。国统区的教育事业则可圈可点之处较多。国民政府积极主导和扶助了全国高校的三次"内迁"高潮,在近代中国教育史上谱写了值得记述的一页,不仅保存了中国教育界的精英力量,免遭日本侵略者摧残,而且将现代教育制度引入欠发达的大西南地区,直接推动了西南、西北落后地区文化教育事业和社会发展与进步,为抗战事业及后来中国的发展作出了重大贡献。

对于敌后解放区,本卷详细叙述了中国共产党在敌后解放区进行的政党建设和政权建设。中共领导的在全党范围内进行的整风运动,是中国现代史上继五四运动之后的又一次思想解放运动,正确认识与处理了中共与共产国际的关系,确定了将马列主义和中国革命实践相结合的基本方向;是中共全党范围内的马列主义与毛泽东思想的教育运动,不仅帮助中共渡过抗日战争的困难时期,而且确立了毛泽东思想为中共的指导思想,使中共在政治上、思想上、组织上达到了空前的巩固和团结,奠定了抗日战争和新民主主义革命在全国胜利的基础;是中共政党建设史上的创举,提供了在小农经济占优势、农民占人口大多数、小资产阶级像汪洋大海一样的半殖民地半封建的中国和长期的游击战争环境中进行马克思主义政党建设的经验。在延安整风期间发生的"抢救失足者"运动,虽在当时比较迅速地得到了纠正,却没有在全党范围内得到认真的清算,没有从理论上和思想上彻底弄清是非,以致在以后中共所开展的历次政治运动中不同程度地重复出现,成为中共发展历程中有待解决的问题。

在极端困难的条件下,中共在解放区进行了卓有成效的民主政权建设,内容包括"三三制"政权、普选制与参议会、"精兵简政"、少数民族政策、知识分子政策,以及在经济上的减租减息运动、大生产运动等,实践并大大丰富了中共提出的新民主主义革命理论,不仅保证了抗日战争的胜利,也为1949年中共在全国执政后的建设提供了重要的实践经验。

对于沦陷区,本卷引用大量的档案资料分关内地区和东北地区进行了叙述。太平洋战争爆发后,日本与汪伪政权间的关系经历了复杂的变化过程。本卷着重剖析日本在太平洋战争中失利后,被迫提出"对华新政策",并对日汪关系进行了一系列的调整。内容涉及日本占领军"强化"汪伪政权,同意汪伪政权对英、美"宣战",日本向汪伪政权"交还"租界与"放弃"在华特权,允诺汪伪政权"接收"英、美等国在华租界、租借地以及特权,签署"日汪同盟条约",扶助汪伪政权"统一"沦陷区的部分治权等。日本的"对华新政策"既反映了日本法西斯推行"确定不变国策"的顽固和狂妄,又暴露了其为了挽救危局而不得不依赖中国占领区和走向穷途末日的虚弱。

太平洋战争的爆发,尤其是汪伪政府"参战"后,日本侵略者又迫使汪政权将沦陷区的政治、军事、经济、文化全部纳入所谓"战时体制"的轨道,大大增强了该政权的军事法西斯独裁统治的色彩,内容涉及高度集权的战时政治体制、伪和平军的扩建与整编、以"统制"为特征的战时经济体制、"以新国民运动"为中心的战时文化体制等。日本侵略者以"大东亚圣战"为旗帜,以"黄色人种革命"为诱惑,对于中国关内地区沦陷区的统治和控制更加强化,汪伪政权的傀儡政权色彩更加鲜明,沦陷区人民也遭受了更加残暴的殖民统治。

太平洋战争爆发后,日本法西斯对于中国东北沦陷区的统治,也表现出"临战体制"的新特点:在政治上,日本关东军直接操纵指挥伪满洲国建立"临战体制",一是协助日军防备苏联的进攻;二是尽力搜括战略物资,将东北建设成为"大东亚圣战"的后方战略基地,其对东北人民的摧残更加残暴,除残酷压迫东北人民的抗日斗争外,甚至出现了遍布东北各地的矫正辅导院、长城一线南北侧的"无人区",以及活人细菌战试验等极端的反人道暴行。在经济上,日本关东军操纵伪满洲国实施战时紧急经济方策,疯狂掠夺战略物资,以满足日本进行法西斯战争的需要,内容涉及扩建军工设备、强化战略物资统制、"杀鸡取卵"式破坏东北资源、实施"金属回收强化运动"、继续向东北输送日韩移民、严格实施粮油配给制、扩大鸦片种植、强制征集和奴役劳工等。在思想上,日本关东军以"协和会"为日本法西斯在东北实施思想统治和奴化教育的最主要团体,开展"兴亚思想战",美化日本侵略战争;显扬"惟神之道",奠定日满"建国"基础;以日本为中心构筑各民族间所谓"协和"关系;确立国民动员体制,充实伪满的战时国民总力;推行战时奴化教育,适应"决战体制之确立"等。在日本关东军的严密统治和控制下,东北沦陷区的殖民地化进一步深化。

随着太平洋战争的推进和日本法西斯败局的明朗化,中国国内各种政治力量间的矛盾逐步上升,本卷以相当的篇幅叙述了抗日战争后期国共两党以及中间势力围绕着战后中国之命运与前途开展的较量与斗争。蒋介石撰写的《中国之命运》和毛泽东发表的《新民主主义论》,

对于战后中国政治前景作出了不同的设计,大后方人民反抗专制统治的斗争、抗日民主运动的高涨以及民主宪政运动的出现,不仅推动了国共两大政党对于未来中国蓝图的不同描绘,以及两党围绕着抗战方针与中国前途的多轮谈判,而且推动了中间势力的产生和成长,以及中间道路主张的提出。1945 年 4 月至 6 月在延安举行的中国共产党"七大"和 5 月在重庆举行的中国国民党"六大",分别对各自的政治主张作了历史的总结,中国国民党"六大"拒绝了中国共产党和各民主党派关于成立联合政府的主张,确定了继续实施"一党专政"的方针。中国共产党"七大"则赋予"联合政府"的口号以新的内涵,在总结中国民主革命奋斗的历史经验的基础上,制定了正确的政治路线和奋斗纲领。

本卷最后论述了中国抗日战争以中国人民的伟大胜利和日本法西斯的彻底失败载入史册及这场战争对于中国、亚洲乃至世界的影响和意义。中国抗日战争为世界反法西斯战争作出了独特的历史贡献,任何贬低中国抗日战争对于世界反法西斯战争胜利及其在战胜日本法西斯中所起作用的说法都是不能成立的。中国抗日战争也对中国的发展进步和国际地位的提升作出了不可磨灭的贡献。中国不仅将日本侵略者驱逐出国门之外,将中国东北、台湾及澎湖列岛收归版图,洗雪了鸦片战争以来中国人民所承受的民族耻辱,而且以以弱胜强的成功典范,为世界被压迫民族争取独立解放树立了光辉的榜样,大大推动了世界尤其是亚洲民族解放运动的发展,第二次世界大战后亚洲的国际格局由此发生了重大而深刻的变化。中国抗日战争也是中国实现民族觉醒和国家重振的历史良机,在整个抗日战争期间,中国的理性爱国民族主义始终高涨,其呼声之高,传播之广,民众发动之普遍,同仇敌忾精神之旺盛,使 20 世纪中国理性爱国的民族主义达到新的高度。中华民族由此而得以重新振起,出现了伟大的转折。

本卷共九章,写作分工如下:全书纲目由石源华、金光耀共同拟定;石源华负责撰写前言,第一章第三节,第四章,第五章,第六章第一、二、三、四节,第八章,第九章;金光耀负责撰写第一章第一、二节,第二章,

第六章第五节,第七章;石建国负责撰写第三章。本卷的编写工作始于20世纪90年代中期,历经多年,完成交稿亦有年,但因为种种原因,对于交稿后公布及出版的不少关于抗日战争的新史料和新成果未及利用,颇为遗憾,或可待今后再版时再行增补。

本卷在写作过程中,得到中国社会科学院近代史研究所中华民国史研究室历任领导的大力支持,尤其是汪朝光研究员从本书纲目的确定到全书审读,付出了辛勤的劳动。中国第二历史档案馆、上海市档案馆、江苏省档案馆、上海图书馆、复旦大学图书馆、复旦大学历史系资料室、台北"国史馆"、中国国民党党史馆、台北中研院近代史研究所档案馆、美国哥伦比亚大学珍本与手稿图书馆、日本国会图书馆、日本东洋文库、日本防卫研究所图书馆、日本东京大学图书馆、一桥大学图书馆、立教大学法学部图书馆等机构,为作者查阅资料提供了方便。本书关于汪伪政权部分内容,参考了石源华参加的课题组余子道、黄美真、张云、刘其奎、曹振威等人的集体研究成果。谨致以衷心的感谢!

著者

2010 年 12 月

第一章　中国加入世界反法西斯同盟

第一节　加盟世界反法西斯阵线

一　太平洋战争爆发与国民政府对日、德、意宣战

1941年12月7日凌晨（中国时间12月8日），日本海军联合舰队在司令长官山本五十六指挥下偷袭美国夏威夷的珍珠港海军基地，美国太平洋舰队猝不及防，在这被罗斯福总统称之为"永世遗羞之日"遭受了巨大的灾难性损失。当天，日本还向美国、英国、荷兰在太平洋地区的其他军事基地发起猛烈攻击。太平洋战争爆发了。

太平洋战争是日本长期准备和精心策划的。日本发动侵华战争后，在北进即以苏联为进攻目标和南进即以英、美为进攻目标的抉择上曾长期举棋不定。1939年9月欧洲战争爆发后，德国在西欧的席卷之势极大地刺激了日本的侵略欲望，南进论逐渐在日本决策层占据上风。1941年6月德国向苏联大举进攻后，日本政府进一步明确了南进政策。10月16日，东条英机出任日本首相，组成新的内阁。11月1日，东条在新内阁与大本营召开的联络会议上对国策提出三种方案：1."不开战，卧薪尝胆"；2."立即决定开战，以战争解决问题"；3."在决定开战前提下，作战准备与外交谈判同时进行"。经过激烈讨论，会议决定采取第三种方案，并以12月1日为与美外交谈判最后时刻，到时谈判不成功即向美、英等国开战。11月5日，由天皇主持的御前会议正式

通过了这一决定①。

从 1941 年 4 月中旬开始的美日谈判由此进入了最后关头。日本政府在决定对美开战的前提下,拟出对美交涉的甲乙两个方案。甲案提出,在日中和平实现后,日本在一定期间内(大致以二十五年为期)在华北、蒙疆的一定地区和海南岛驻扎军队,其余日军在两年内撤退。乙案则搁置美日谈判中分歧最大的中国问题,但提出美国不得干扰日中实现和平的努力②。日本政府计划先向美国提出甲案,如不成再提出乙案,以谋求暂时的妥协。11 月 7 日,日本驻美大使野村吉三郎将甲案正式递交美国政府,并表示这是日本所能作的最大让步。但美国国务卿赫尔与野村的会谈没有取得进展。11 月 20 日,野村向美国政府递交了乙案。

美国总统罗斯福和国务卿赫尔得到日本的乙案后认为,如果美国接受日本的要求就等于承认日本对中国的侵略。但由于此时美国已破译出日本政府给野村的电报,知道日本准备开战的企图,因此为了推迟美日之战的爆发,再争取至少三个月的时间,所以不得不决定对日本的乙案作出回应,以某些退让达成临时性妥协。11 月 22 日,赫尔向中国及英、澳、荷四国驻美大使通报美日交涉情况,表示美国拟实行一项放松对日经济封锁以换取日本停止向新方向发起进攻的暂时过渡办法。11 月 24 日,赫尔再次召集四国大使,通报美国已确定八点临时过渡办法,并强调根据美国军方的报告,美军参战尚需两三个月的时间③。

---

① 天津市政协编译委员会译:《日本军国主义侵华资料长编》(日本防卫厅战史室编:《大本营陆军部》)上卷,四川人民出版社 1987 年版,第 719—721 页。

② [日]服部征四郎著、张玉祥等译:《大东亚战争全史》第 1 卷,商务印书馆 1984 年版,第 220 页。

③ 中国国民党中央委员会党史委员会编印、秦孝仪主编:《中华民国重要史料初编——对日抗战时期》第 3 编《战时外交》(一),台北中央文物供应社 1981 年版,第 148—150 页。以下简称《战时外交》。

对美日谈判,中国国民政府原持比较乐观的态度。9月中旬,蒋介石表示,"余以为今日之美倭交涉,决无须十分顾虑","美倭决无妥协之可能","余可以断定:美倭之谈判绝无结果也"①。但在获悉美国将向日本提出暂时过渡办法以求得妥协后,蒋介石表示出强烈的不满。他于11月24日致电中国驻美大使胡适,嘱他转告赫尔:"如果在中国侵略之日军撤退问题没有得到根本解决以前,而美国对日经济封锁政策,无论有任何一点之放松或改变,则中国抗战必立见崩溃,以后美国即使对华有任何之援助,皆属虚妄,中国亦决不能再望友邦之援助,从此国际信义与人类道德不可复问矣。"②与中国一样,英国也反对美国向日本提出的暂时办法,丘吉尔致电罗斯福,批评这一妥协将危及中国,从而增加英美的共同危险③。

中国和英国的反对迫使美国政府放弃与日本取得暂时妥协的打算。11月26日,赫尔向野村递交了国务院连夜拟定的《美日协定基础大纲》,即"赫尔备忘录"。该备忘录要求日本不以武力推行国策和侵犯一切国家的领土完整与主权,撤退在中国的军队和警察,承认重庆国民政府为中国惟一合法政府④。美国政府明白,日本肯定不会接受这些条件,因此美日之间的战争已经不可避免。向日本递交备忘录的第二天,赫尔告诉美国新闻界,美国公众应该知道当前的危险,日本可能在几天内向东南亚发起新的攻击。11月28日,赫尔在白宫军事会议上表示,美日谈判已不可能取得成果,保卫美国安全的重任已落到海陆军

---

①　[日]古屋奎二:《蒋总统秘录》第12册,台北"中央日报"社1977年版,第171—172页。

②　《战时外交》(一),第149页。

③　[英]丘吉尔著、北京编译社等译:《第二次世界大战回忆录》第3卷下第3分册,商务印书馆1975年版,第900—901页。

④　U. S. Dept. of State: *Foreign Relations of the United States, 1931 - 1941, Japan*, Washington, 1943, Vol. 2, pp. 768 - 770. 以下简称 *FRUS*。

的肩上①。

日本政府对"赫尔备忘录"十分不满，认为美国在谈判中态度"显趋强硬"，断定美国正在认真准备对日作战。12月1日，日本再次召开御前会议，最后决定对美、英发起进攻，并于次日发出12月7日开战的命令②。

蒋介石对成功地制止了美国对日妥协十分高兴，认为"此次美国对倭态度之强化，全在自我态度之坚定与决心之坚毅，尤在于不稍迁延时间，得心应手，穷理致知，乃得于千钧一发时旋转于俄顷也"③。同时，国民政府高层明白美国的这一态度使得美日之战正在迫近④。

12月8日凌晨，日本偷袭珍珠港的消息传到中国战时首都重庆。早就在苦撑之中期待国际格局发生重大变化的蒋介石闻此消息如释重负，视之为中国努力争取美英等国共同反对日本的结果，"抗战政略之成就，至今已达到顶点"。上午8时，蒋介石召集国民党中央常委会，讨论应对方针。由于期望尽早建立远东反法西斯联盟，与会者大多主张立即对日、德、意宣战。蒋介石虽认为"我国对日宣战，已无问题，手续亦甚容易"，却力主在宣战前先征询美、英、苏三国，尤其要先看苏联对待对日宣战的态度，以留"应付余地"。由于蒋介石的坚持，会议没有通过立即对日宣战的决定⑤。会后，蒋介石亲拟文稿，致电时在美国的宋子文，请他向美国总统罗斯福说明，"我国待美宣战时，亦决与倭正式宣

---

① Cordell. Hull：*The Memoirs of Cordell Hull*，New York，1948，pp. 1086 - 1087.

② 《日本军国主义侵华资料长编》上卷，第741 - 743页。

③ 张其昀：《党史概要》第3册，台北中央文物供应社1952年版，第1614—1615页。

④ 唐纵：《在蒋介石身边八年》，群众出版社1991年版，第240—242页。唐纵此时任蒋介石侍从室负责情报事务的第6组组长，他在12月5日的日记中写道，美日之战"当在本月六日以后，明年以前发动"。

⑤ 《徐永昌日记》第6册，台北中研院近代史研究所1991年版，第283页；《蒋总统秘录》第12册，第197—200页。

战",但"此时应特别注重者,为要求苏俄亦立即宣战,此实为太平洋诸
战胜负最大之关键",因此中国将"先以此意要求苏联之同意,惟此或可
促进苏联决心宣战,故暂待苏联之答复,万一苏联回答不愿对日宣战,
则我国亦必随美对日宣战,如罗总统以为我国不必待苏联之态度,应先
与日宣战,则可随时照办"。当天下午,蒋介石在重庆约见美、英、苏驻
华大使,向他们提交国民政府的备忘录,表示:"反侵略阵线各国必须对
各个轴心国认为共同公敌,因之中国建议美国对于德、意两国与苏联对
于日本,皆请同时宣战。"①

　　使苏联参加对日作战是抗战以来蒋介石一直追求的一个战略目
标,他当然不愿放弃太平洋战争爆发的有利时机促成这一目标的实现。
但苏联此时正全力对德作战,无意分兵远东,不愿对日宣战。在华盛顿
的宋子文在与美方紧急磋商后,立即向蒋介石报告,罗斯福总统理解苏
联不能立即对日宣战的情况,认为"中国即刻宣战,于大局有利,恳即实
行,不必待苏俄答复"②。在此情况下,蒋介石于12月9日下午在重庆
黄山的寓所再次召集会议。由于美国已经对日宣战,而根据日本刚公
布的美日谈判决裂经过,蒋介石又认为美国卷入战争"实为中国",因此
会议决定立即对日本、德国、意大利宣战③。

　　12月9日下午7点,国民政府以主席林森名义发表宣战文告:

　　　日本军阀夙以征服亚洲,并独霸太平洋为其国策,数年以来,
中国不顾一切牺牲,继续抗战,其目的不仅所以保卫中国之独立生
存,实欲打破日本之侵略野心,维护国际公法、正义及人类福利与
世界和平,此中国政府屡经声明者。中国为酷爱和平之民族,过去
四年余神圣抗战,原期侵略者之日本于遭受实际之惩创后,终能反
省。在此时期,各友邦亦极端忍耐,冀其悔祸,俾全太平洋之和平,

---

①　《战时外交》(三),第41—42页。
②　《战时外交》(三),第43页。
③　《徐永昌日记》第6册,第285页。

得以维持。不料残暴成性之日本，执迷不悟，且更悍然向我英、美诸友邦开衅，扩大其战争侵略行动，甘为破坏全人类和平与正义之戎首，逞其侵略无厌之野心，举凡尊重信义之国家，咸属忍无可忍。兹特正式对日宣战，昭告中外，所有一切条约、协定、合同，有涉及中、日间之关系者，一律废止，特此公告。

同时，国民政府还宣布对德、意宣战：

自中华民国三十年十二月九日午夜十二时起，中国对德意志、义大利两国立于战争地位，所有一切条约、协定、合同，有涉及中德或中义间之关系者，一律废止①。

国民政府对日宣战结束了"七七"事变以来中日两国间四年多"战而不宣"的状态，中国的抗日战争从此与全世界的反法西斯战争融为一体，成为其不可分割的重要组成部分。

二　中、美、英重庆军事会议

太平洋战争爆发后，国民政府抓住有利时机，将促成以美国为首的中、美、英、苏等国军事同盟作为首要目标。蒋介石认为："此次世界战局必为一整个的总解决，断不容分别各个之媾和；否则，虽成亦败矣。"②在12月8日给美、英、苏驻华大使的备忘录中，国民政府建议成立有关各国的军事同盟，并推美国为领导，指挥共同作战之军队。次日，蒋介石又致电罗斯福、丘吉尔、斯大林，建议立即召开联合军事会议。12月10日，蒋介石分别约见美国驻华军事代表团团长麦格鲁和英国驻华军事代表团团长戴尼斯，请他们向本国政府转告中国的意见：1. 由美国提出中、美、英、苏、荷五国联合军事行动计划，并以华盛顿为

①　复旦大学历史系中国近代史教研组：《中国近代对外关系史资料选编》，上海人民出版社1977年版，下卷第二分册，第162—163页。

②　吴相湘：《第二次中日战争史》下册，综合月刊社1974年版，第785页。

同盟政治、军事中心点；2. 在苏对日宣战前，由华盛顿提出四国在远东联合军事行动的具体计划；3. 四国初步谈判地点为重庆；4. 由华盛顿提出五国军事互助协定。当天，蒋介石还致电宋子文，请他向美国政府表明中国的态度，并对"中、美、英对日至今尚无具体计划与团结一致之行动"表示担忧①。

斯大林于 12 月 12 日复电蒋介石，指出"太平洋上之反日阵线"虽是整个反对轴心国集团阵线的一部分，但"抗德阵线具有决定之意义"，所以"苏联之力量，目前似不宜分散于远东"，请蒋介石"勿坚持苏联即刻对日宣战之主张"。14 日，英国驻华大使卡尔向国民政府递交了英国外相艾登的复电，表示对中国关于缔结正式同盟的建议，"英国政府当予以慎重与同情之考虑"②。美国政府对此作出最为积极的反应。同日，美国总统罗斯福致电蒋介石说，对日采取共同行动是"极端重要的"，建议于 12 月 17 日前在重庆召开由中、美、英、荷、苏等国参加的联合军事会议，交换军事情报，研讨在东亚地区共同对日军事计划，美国将派勃兰特将军赴华出席③。

接到罗斯福电报后，蒋介石接连数日会见美、英、苏、荷驻华使节或代表，商谈召开重庆联合军事会议事宜。12 月 17 日，蒋介石和何应钦与麦格鲁、戴尼斯和苏联驻华军事代表崔可夫举行会谈，提出中国对会议之设想：一、设立名称为军事代表会议或参谋团的联合作战机构；二、会议地点为重庆；三、由美国代表主持；四、会议任务为建立远东各战区之联系，商定整个太平洋作战计划纲要，决定保卫新加坡、香港等地的具体计划等④。12 月 20 日，国民政府军令部长徐永昌拟定了中国准备向会议提出的联合作战总方略，计划于 1942 年 7 月，以美国

---

① 《战时外交》(三)，第 45—53 页。

② 《战时外交》(三)，第 57、60 页。

③ *FRUS*, 1941, Vol. 4, p. 7. 《战时外交》(三)，第 59 页。

④ 《战时外交》(三)，第 73—74 页。

海空军及中国陆军为主攻,英国海空军及苏联陆空军为助攻,先扑灭敌方空军,取得制空权,然后向日本本岛及中国东南地区,以外线作战态势向敌合击①。这些计划和作战构想显示了国民政府建立以美国为首的反法西斯同盟和联合对日作战的积极态度。

12月22日,参加重庆联合军事会议的美国代表勃兰特和英国代表、英国驻印军总司令魏菲尔抵达重庆。苏联和荷兰未派代表。当天下午,蒋介石会见勃兰特和魏菲尔。蒋介石将此次礼节性会面看作联合军事会议的预备会议,提出会议议题应包括讨论反侵略同盟的全盘战略纲要、同盟各国间涉及政治军事的永久中心机构以及中英、中美军事合作等问题。在蒋介石看来,太平洋战争的爆发使对日作战和对德作战联为一体,中、美、英等国间的合作不应"只限于东亚",而且"不独与军事及战略有关,且亦有政治之意义"。但魏菲尔认为,有关战争全局的战略性问题,应由各国政府决定,重庆会议应集中于讨论具体的合作事宜,并明确表示:"目前本人所最关切者,实为保卫缅甸问题。"勃兰特也持相似看法②。由于着眼于建立世界范围的反法西斯同盟,国民政府和蒋介石对重庆军事会议寄予厚望,而英、美与会代表只关注具体事宜,因此中、美、英三国对重庆军事会议的看法出现明显的差异。

12月23日下午4点至次日凌晨,中、美、英重庆军事会议正式举行。出席者中国方面为蒋介石夫妇、何应钦、徐永昌、商震等,美国方面为勃兰特、麦格鲁等,英国方面为魏菲尔、戴尼斯等。澳大利亚驻华公使爱格斯登亦应邀出席。蒋介石在会上再次提出,"研究太平洋与欧洲之战略",拟定反法西斯战争的全盘计划,以及在华盛顿成立一永久组织以"联系各方之战事行动"是此次会议的主要任务。但魏菲尔、勃兰特仍对此持有异议,勃兰特称,罗斯福"所称之战略当只限于东亚"。于是,会议转而集中于讨论中、美、英三国在远东军事合作的具体计划。

---

① 梁敬镎:《史迪威事件》,商务印书馆1973年版,第19页。

② 《战时外交》(三),第55、78—79页;《徐永昌日记》第6册,第299—300页。

　　勃兰特首先提出他对远东军事合作的基本构想,其要点为先全力守住缅甸,待力量充实时由守转攻,以空军从缅甸向越南、泰国发起反攻,然后向东向北扩展,直至最后从中国向日本发动空中进攻。蒋介石对此计划表示原则赞同,但提出应增加关于支持中国战线的内容。魏菲尔则认为勃兰特的计划"为时似太辽远",他当时只关注英国在缅甸面临的困境,因此主张所拟计划应着眼于眼前,"务必以一二月时间限度为标准"。蒋介石当即对此提出反驳,指出:"中、英、美三国今即并肩作战,自需一全盘整个之计划。我人试检过去之行动,大都头痛医头,脚痛医脚,待事件发生,始仓猝应付以与我共同敌人周旋。此后我人计划,自应着眼于整个战区之防卫,防卫缅甸亦包括在内,如是则不作六个月之计划,必将犯目光短浅之嫌。"经过激烈的讨论,会议将勃兰特的建议修改为"远东联合军事行动初步计划",主要内容为:一、守卫缅甸为当务之急,并与中国继续抗战密切相关,因此应尽现有实力发起空军攻势;二、继续援助中国,支持中国抗战;三、中国军队继续发动对日进攻,牵制日军于中国;四、待实力充实后,中、美、英军队协同发起反攻;五、希望在美国组织的总机构早日实现。会议决定将此计划电告美、英首脑,并在重庆成立联合军事委员会,由何应钦、麦格鲁、戴尼斯组成①。

　　重庆军事会议是太平洋战争爆发后中、美、英三国间就共同抗日而召开的第一次联席会议。它虽因各国意见不一而未就整个远东战略达成协议,但实际上推动了远东反法西斯统一战线的最终形成。国民政府对此起了积极的、关键的作用。

三　中国签署《联合国家宣言》与中国战区成立

　　重庆军事会议结束次日,蒋介石致电罗斯福通报会议情况,建议

---

① 《战时外交》(三),第82—92页;《徐永昌日记》第6册,第301—303页。

"在华盛顿组织最高联合军事总机构及制定作战总计划,此为民主阵线之各国对侵略者轴心国有联合一致具体之行动,俾得早日消灭共同公敌之惟一急务",并指派宋子文为中国出席最高军事会议的总代表①。

其实,在这之前两天即12月22日,英国首相丘吉尔已抵达华盛顿,参加代号叫做"阿卡迪亚"的美英首脑会议。在整个第二次世界大战期间,反法西斯盟国首脑间召开过二十多次重要的会议,这是第一次。会议主题是讨论反法西斯战争的全盘战略及与之相适应的举措。尽管当时美国在太平洋上面临着日本的大举进攻,但会议还是决定根据太平洋战争爆发前美英间已达成的共识,确定"先欧后亚"的战略方针,将德国看做主要敌人,欧洲看做决定性的战场。会议还决定成立美英联合参谋长会议,负责战争的战略指挥、各战场间的协调、作战物资的分配等事务。虽然中国已建议在华盛顿召开盟国间的最高会议和建立联合机构,并指派了已在美国的新任外交部长宋子文为代表,但美、英两国并未邀请宋子文正式与会。

"阿卡迪亚"会议的主要政治成果是签署《联合国家宣言》。太平洋战争爆发后,反法西斯国家间的联合成为迫切需要解决的首要问题。因此,会议一开始,罗斯福就向丘吉尔提出由所有参与对轴心国作战的国家签署一个联合宣言,并在1942年元旦发表以庆贺新年。随后,罗斯福和丘吉尔分别草拟出宣言,并在此基础上合并为一个文本征求苏联、中国等国的意见。对宣言的内容经过短暂的磋商后很快就达成一致意见。宣言签字国的排列顺序最初是美国、英国、英联邦各自治领,然后才是按字母先后排列的其他国家。按这一原则,中国与苏联都将排在最后一类。12月27日,美国总统特别助理霍普金斯向罗斯福提出,"要打破按字母编排的次序,把像中国和苏联这样的国家提到同我国和联合王国并列的地位",理由是它们是"在自己的国土上积极作战

_____

① 《战时外交》(三),第92页。

的国家",他认为"这样排列极为重要"①。罗斯福十分赞同这一提议,并在宣言的修改稿中将中国列在美国之后的第二位,然后才是英国和苏联。宣言定稿时又作了修改,最后由罗斯福亲笔排出的签字国顺序是美国、英国、苏联、中国,然后是按字母排列的其他各国。

1942年元旦,罗斯福、丘吉尔、苏联驻美大使李维诺夫和宋子文在白宫签署了《联合国家宣言》。次日,其他二十二个国家在美国国务院依次签字②。宣言全文如下:

> 美利坚合众国、大不列颠及北爱尔兰联合王国、苏维埃社会主义共和国联盟、中国、澳大利亚、比利时、加拿大、哥斯达黎加、古巴、捷克斯洛伐克、多米尼加共和国、萨尔瓦多、希腊、危地马拉、海地、洪都拉斯、印度、卢森堡、荷兰、新西兰、尼加拉瓜、挪威、巴拿马、波兰、南非联邦、南斯拉夫共同宣言。

> 本宣言签字国政府,对于具体表现于1941年8月14日美利坚合众国总统与大不列颠及北爱尔兰联合王国首相之共同宣言即通称的大西洋宪章中的目的原则之共同纲领,业经予以赞同。深信为保卫生存、自由、独立与宗教自由,并保全其本国与其他各国中之人权与正义起见,完全战胜敌国,实有必要,并深信各签字国家正从事于对抗企图征服世界之野蛮与残暴的力量之共同斗争。兹特宣言如下:

> (一)每一政府保证运用其军事与经济之全部资源,以对抗与之处于战争状态"三国同盟"成员及其附从国家。

> (二)每一政府保证与本宣言签字国政府合作,并不与敌国缔结单独之停战协定或和约。

---

① 〔美〕舍伍德著、福建师范大学外语系编译室译:《罗斯福与霍普金斯》下册,商务印书馆1980年版,第15页。

② 〔美〕麦克尼尔著、叶佐译:《美国、英国和俄国——它们的合作和冲突1941—1946年》,上海译文出版社1978年版,第158页。

　　凡正在或行将提供物质援助与贡献以参加战胜希特勒主义的斗争之其他国家，均得加入上述宣言。

　　　　　　　　　　　　　　1942年1月1日签字于华盛顿①

　　《联合国家宣言》的签署标志着世界反法西斯同盟的正式形成。中国在签字国中与美、英、苏列前而获得"四强"之一的地位，在百年来屡遭屈辱的中国外交史上具有重要的意义。中国"四强"地位的取得，首先是中国军民全面抗战以来四年多浴血奋战从而赢得各国尊敬的结果，同时也与美国尤其是罗斯福总统的支持是分不开的。对于中国国际地位的提高和抗战国际环境的极大改善，蒋介石十分欣喜："二十六国共同宣言发表后，中、美、英、苏四国已成为反侵略之中心，于是我国遂列为四强之一。"同时，他对中国的"四强"地位也有较清醒的认识："侵略各国签订共同宣言，我国始列为世界四强之一，甚恐名不符实，故不胜戒惧也。"②对于罗斯福的支持，蒋介石后来曾对罗斯福的特使居里说："中国得为四强之一，实得总统（罗斯福）所一手促成，英、苏两国并未作何臂助。此为中国所深切了解而铭感者也。"③美国此举使国民政府此后的外交更为倾向美国。

　　12月27日，宋子文和中国驻美大使胡适赴白宫访晤罗斯福和丘吉尔。罗斯福告诉宋、胡，美、英拟在华盛顿组织军事会议，并在各战区设立联合指挥部，此后南太平洋局面由中、英、美、荷、澳组织共同机关，协力抗敌。此时罗斯福正设想于重庆成立一个分支机构性质的军事会议。12月29日，马歇尔将军向罗斯福递交了一份备忘录，建议成立中国战区，这个战区应包括中国、缅甸的东北部以及盟国的部队可能到达的泰国和印度支那的区域。罗斯福删除了"缅甸东北部"后批准了这一

---

　　①　《反法西斯战争文献》，世界知识出版社1955年版，第34—36页。

　　②　《事略稿本》(1942年1月3日)，台北"国史馆"藏；《蒋总统秘录》，第13册，第15页。

　　③　《战时外交》(一)，第699页。

建议①。

12 月 31 日，罗斯福致电蒋介石，建议成立中国战区统帅部，该战区除中国外包括"联合国家军队可以到达之安南（越南）及泰国国境"，由蒋介石担任最高统帅，"负指挥现在或将来在中国境内活动之联合国家军队之责"，并"立即由中、美、英三国政府代表组织一联合计划作战参谋部"，在蒋介石"指挥下服务"②。

1942 年 1 月 2 日，蒋介石复电罗斯福，同意接受中国战区统帅一职："承嘱担任联合国现在与将来在中国战区以及安南、泰国境内联合国家军队可能到达区域一切军队最高统帅之责，深知此项任务，对有关各国及其人民与我中国本身所负责任之重大，就个人能力与资历言，实不敢贸然应命，然念此统帅部成立之后，足使中国战区中联合国间得统一其战略，促进其全盘作战之功效，既经阁下征得英、荷政府之同意，作此建议，自当义不容辞，敬谨接受。盖诸国军队为共同需要而作有效之合作，实为目前超越一切之急务，幸恃阁下之发动与努力，使此目的与方法之统一，已近成功之境，鄙人不敏，自当为诸联合国之共同福利而执鞭追随也。……竭诚欢迎美、英代表之立即派定，组织联合作战计划参谋部。"③

中国战区的成立和蒋介石出任战区最高统帅虽进一步确立了中国作为四强之一的地位，但在战时的盟国关系中，美、英实际上并没有将中国视为一个平等的伙伴。与同时成立的由美、英等国军队共同组成的东南亚战区不同，中国战区没有美、英的地面作战部队，也没有自己的代表参加美、英联合参谋长会议。因此，中国战区在整个战争期间实际上仍是一个相对独立的战略单位。对此，蒋介石曾向美国表示不满：

---

① 《战时外交》(三)，第 96 页；舍伍德：《罗斯福与霍普金斯》下册，第 24 页；C. F. Romanus & R. Sunderland: *Stilwell's Mission to China*, Washington, 1953, p. 62.

② 《战时外交》(三)，第 97 页。

③ 《战时外交》(三)，第 98 页。

"拥有五百万大军与日本作殊死战之中国反不能厕及（联合参谋会议），实非中国所愿见"，"中国不能参加英、美联合参谋会议，益使中国感觉待遇之未得其平"①。

1942年1月4日蒋介石致电宋子文，请其向美国政府提出遴选一罗斯福亲信高级将领担任中国战区统帅部参谋长，对该人选的要求是：军阶须在中将以上，但"不必熟悉东方旧情者，只要其有品学与热心者可也"②。蒋介石为确定参谋长人选的条件是颇下一番苦心的，他不希望请一个了解中国"旧情"而对国民党持轻蔑态度的外国人，他只希望未来的美国参谋长能按照他的意愿"热心"增进中美间的联系，为中国获取足够的援助。

当时，美国军方也正在考虑选派高级将领赴华协同作战。陆军部长史汀生认为赴华美军将领的主要任务是带兵作战，促使中国成为尽早对日发起攻势的基地，参谋长马歇尔则认为由于美国尚无法向中国提供大量军事援助，因此该将领的主要任务是协调盟国间的关系，训练、装备中国军队，维持中国军队作战。后一种意见最终占据主导地位，并决定由史迪威赴华任职③。

史迪威是当时美军高级将领中最熟悉中国的。1911年他首次来到中国，1920年至1923年在美国驻北京使馆中任语言教官，1926年至1929年在驻天津美军第十五步兵团中任职，期间马歇尔担任过该团的团长，1935年至1939年任美国驻华使馆武官。就个人背景而言，史迪威显然并不是蒋介石所期望的美军高级将领，这成为两人日后冲突的根源之一。

1月15日，美国陆军部次长致函宋子文，表示美国正在考虑派往中国的参谋长人选。1月19日，史汀生与宋子文会晤，说明史迪威将

---

①　《战时外交》（一），第635页；《战时外交》（三），第145页。

②　《战时外交》（三），第99页。

③　C. F. Romanus & R. Sunderlans：*Stilwell's Mission to China*，pp. 64-70.

被派往中国,在充任战区统帅部参谋长的同时拥有如下权限:一、办理美军援华事宜;二、在蒋介石统辖下指挥在华美军及蒋介石自愿交与指挥之中国军队;三、代表美国参加在华之一切国际军事会议;四、维持及管理中国境内滇缅公路运输事。当天,宋子文将会晤情况致电蒋介石报告。蒋介石接电后,看出美方的打算与自己初衷存在差异,即复电宋子文,要他告诉美方,来华美军将领"其职位须明定为中国战区统帅部内之参谋部长","其在华之美代表以及高级军官,皆应受中国战区联军参谋长之节制指挥,而联军参谋长须受统帅之命令而行,此点应先决定,则其他问题皆可根本解决"。但与美方直接交涉的宋子文认为这本是题中应有之义,因此答复蒋介石,已复函史汀生,"美高级军官一方面指挥在中国区内之美国军队,一方面兼充中国战区联军参谋长,当然均应受统帅命令"①。

1月29日,宋子文与史汀生互换函件,确认史迪威来华的职责和权限是:一、美军驻华军事代表;二、在缅中英美军队司令官;三、对华租借物资管理统制人;四、滇缅路监督人;五、在华美国空军指挥官;六、中国战区参谋长②。2月11日,史迪威离美赴任。

四　争取美、英加强援华

全面抗战开始后,争取国际援助就一直是国民政府对外交涉的重点,而美国和英国则是中国争取援助的主要对象。太平洋战争爆发后,随着中国与美、英等国成为反法西斯战线的盟国和抗战国际环境的极大改善,国民政府更是将争取美、英加强对华援助作为开展外交的主要任务。

中国的抗战当时已进入第五个年头,长期的战争使国民政府原本

---

① 《战时外交》(三),第109—111、113—114页。
② 梁敬錞:《史迪威事件》,第27—28页。

就不强大的经济实力大为下降,财政上左支右绌,已露窘况。根据国民政府的估计,此时物价已涨至抗战前的20％以上,法币发行总额已达抗战前800％以上,"财政收入渐见减少,收支益无法平衡","社会情势与人民心理异常不安",若无迅速补救措施,将导致恶性通货膨胀①。与此同时,美日开战后中国的抗战对日本在太平洋上的进攻具有愈发重要的牵制作用,国民政府遂利用美、英有求于中国的有利时机,要求美、英扩大援华。宋美龄在重庆军事会议上明确告诉美、英两国:"不能希望中国不得援助而可无限继续其抗战。"②

　　国民政府首先向美国提出五亿美元借款的要求。1941年12月29日,蒋介石致电刚出任外交部长的宋子文,请其向美国政府提出五亿美元借款,以提高法币信用。次日,蒋介石接见美国驻华大使高斯,亲自提出这一要求,高斯表示愿促成此事。与在这之前中国向外国借款都以实物或中国权益为担保不同,这次国民政府明确表示,"此次借款手续决非如平常普通之财政借款可比","不能有任何担保之条件",并强调:若无大笔借款接济中国,"则中国人民心理必被动摇,尤其在日本初次胜利之时,敌伪以东亚为东亚人之东亚之理由,竭力鼓吹与煽惑作用发生影响之时,更不能不有此一借款急速成功以挽救国人心理与提高抗战精神也"。为此,国民政府设想了三种借款方式:一、由美国政府利用平准基金直接提供借款;二、由美国联邦储备银行准许中国政府四银行开立信用透支,由中国政府担保,以维持法币信用;三、由美国政府准中国在美发行美元公债,流通市面,便利吸收华侨资金,并请美国国立金融机构酌购若干,以资提倡。在美国直接经手向美借款的宋子文也认为,"中国经济处非常之状态,应有特殊之办法,非可以常情论",因此,"此次借款五万万元,等于久战疲劳军队之总预备队可到,调

---

① 《战时外交》(一),第323页。
② 《战时外交》(三),第90页。

用派遣,当随局势为转移"①。

在日本的突然袭击前穷于应付的美国急需中国加强对日作战,因而愿意答应中国的请求。高斯在与蒋介石会谈后,致电国务卿赫尔表示赞同这笔借款,但认为数额不必如此之多,用途也应有所限定。1942年1月8日,美国国务院和财政部就此进行会商。国务院的官员认为,给中国以大笔财政援助对于鼓舞中国的士气是极为重要的,这一看法得到与会者的一致赞同。次日,罗斯福致函财政部长摩根索:"关于对华贷款,我明白目前中国不可能提供什么担保。但是,我仍急于帮助蒋介石和他的货币,希望你能找到办法。"罗斯福甚至表示可以不必过于计较贷款可能给美国造成的损失②。

作为一个贷出国,美国政府尤其是财政部不愿对借款不加任何限制,以免借款会被滥用。财政部钱币司司长怀特在获悉中国的意向后就向宋子文强调:"借款方案,须对中国经济能力有切实有效之补救","美国对于中国借款非因数额之巨,有所犹豫,其注重者在中国拟定之方案,是否切实有裨战争"。1月12日,摩根索会见宋子文,首先表示极愿为中国帮忙借款,"总当设法解决成功",但接着又说,如中国无明确之计划,他就很难向国会启齿,提出中国向美国"借款较好方法莫若借美金为每月直接发给中国士兵饷项之用"。次日,摩根索告诉宋子文,罗斯福总统对他的提议"极为赞同",表示"美国愿每月担任100万中国军队之军费,官兵平均以每人10元美金计,即1000万元"。在罗斯福看来,以此办法美国就可以得到一支在美国将军指挥下的100万人的中国军队③。

担负着争取美援重任的宋子文主要着眼于经济方面,对摩根索的这一提议颇为心动,他在1月13日给蒋介石的电报中说:"我虽非一次

---

① 《战时外交》(一),第324—326页。

② FRUS,1942,China,pp. 423 - 428.

③ Morgenthau Diary,China,Vol. 1, p. 592;《战时外交》(一),第327—330页。

之巨额收入，但每月有此接济，加以贷借案军械之供给，此后我军维持及整顿等问题，大致可以解决，如此事宣布，对国内外之影响，或竟甚于一次借我十万万元。……盖维持军队即所以维持国家民族，军队有办法，其他可以徐图挽救。"而蒋介石从指挥控制军队这一角度考虑，认为摩根索的提议有"诸多弊端"，主要表现为两个方面："其一，此法可使中国军队与国家政府及社会经济形成对立或脱离关系，而且只有使我国经济、政治与法币之加速崩溃，不惟毫无补益而已；其二，我国今日军事与经济不能分离，而现在经济危机，故致军事不济，若拟增强军事，决非单纯军费之所能解决。"蒋介石更认为，这一办法显示了美国对中国的不信任态度，坚持这笔借款"不能有任何之条件及事先讨论用途与办法"①。视军队为命根子的蒋介石，对摩根索提议将产生的后果，显然比宋子文要敏锐，看得也深远些。蒋介石的立场使宋子文改变了原有看法，在此后与美方的交涉中，他坚持美国对华贷款不能附带任何条件，必须是共同作战的盟国间无条件的政治贷款。

中国的强硬立场迫使美国政府作出抉择。1月23日，国务院政治事务顾问亨培克致函国务卿赫尔，从美国、英国在太平洋上节节败退的战局出发，强调尽快向中国提供贷款的重要性，认为援华贷款与美国整个军备相比，只是一个小数目，但若拖而不决，则将使美国在几周或几个月的时间内失去在太平洋地区的一个强大盟友。亨培克的意见实际上代表了国务院和军方的主导看法，他们都主张，当务之急是"要不惜一切代价让他们（指中国人）继续战斗下去"②。

1月30日，宋子文访问白宫，当面向罗斯福提出5亿美元借款，并再次强调"不能有任何条件之束缚"。罗斯福表示支持中国的要求。当天下午，罗斯福召集国务卿赫尔和财政部长摩根索，"讨论中国借款，并

---

①　《战时外交》（一），第331—332页。

②　*FRUS*, 1942, China, pp. 442‑443; *Morgenthau Diary*, *China*, Vol. 1, pp. 632‑634.

嘱无论如何须立即成功"，最后决定向国会提出，以立法形式提供贷款①。

2月7日，美国国会一致通过向中国提供五亿美元贷款。当天，罗斯福向蒋介石通知这一消息，表示这笔贷款"具征鄙国政府与人民对于贵国之衷心钦仰，并足证明在大战中为自由奋斗之盟友，吾辈皆当以至诚与坚决予以协助"，"鄙人希望并相信，此次美国国会所通过之资金，其用途重要的将在帮助贵国政府与人民之努力，以解除经济与财政之负担"。正在印度访问的蒋介石获悉终于如愿以偿地得到美国的借款后十分高兴，致电罗斯福表示"对于借款亦不附带任何条件，甚为欣感"②。

此后，中美间围绕达成五亿美元借款的具体协议展开交涉。摩根索虽放弃了最初有条件提供贷款的做法，但仍试图通过协议对这笔款项的用途加以一定的限制。2月21日，他向宋子文递交了美方关于5亿美元借款的协议草案。该草案第二条规定，中国应将借款用途通知美国财政部长，征询其意见，而美国财政部长也可向中国提供技术上及其他适当之建议③。摩根索显然想通过这一条款获得对这笔借款的监督和控制权。3月3日，宋子文致函美国财政部次长培尔，表明了中国对该草案的看法，认为第二条规定"会使自愿的行为变成命令式的"，应予删除。在宋子文的坚持下，美方同意对协议草案进行修改。修改后的第二条写道："为表现中国与美国双方共同作战之合作精神起见，双方政府之适当官员对于此项财政援助所发生之技术问题，将随时互商，并交换关于运用此项资金最有效方法之报告材料与建议。"宋子文认为修改后的条款与原来相比"似较优，可予接受"。但蒋介石却强硬地坚持借款不能附带有任何条件，因此必须完全删除这一条款。尽管许多

---

① 《战时外交》(一)，第332—333页。
② 《战时外交》(一)，第336—337页。
③ 《战时外交》(一)，第340页。

美国官员包括原先极力主张向华贷款的国务院官员对蒋介石的强硬态度感到不满,但罗斯福最终还是答应了蒋介石的要求。3月21日,美方通知宋子文,决定将协议草案的第二条完全删除,但希望中国能单方面发表一个声明,承诺随时将贷款使用情况通知美国。宋子文认为"此是美国最后让步",而且由中国单方面作一声明,也与蒋介石有关美国不应附加条件的要求"不悖",遂于当天与美国签署了5亿美元借款的协议①。

这笔5亿美元的借款是抗战期间中国获得的数额最大、条件也最为优惠的借款。这一方面是中国军民在世界反法西斯战争中作出了重大贡献以及由此而带来的国际地位提高的结果,同时这也与国民政府在盟国间力争平等关系的努力是分不开的。

在向美国提出五亿美元借款的同时,国民政府在1941年12月末也向英国提出了借款要求,希望英国能向中国提供一亿英镑,并也提出了不提供担保的要求②。中国驻英大使顾维钧接获政府指令后,先后与英国外交大臣、财政大臣会谈,强调此一借款对于"挽救民众之心理"极为重要,请英方着眼于双方的政治关系予以重视。英国政府虽对顾维钧的说辞"颇动容",且"态度颇佳",但并没有立即给予中国肯定的答复③。直至1942年2月2日,在获悉美国已决定向中国提供5亿美元贷款后才通知顾维钧,英国将给中国5000万英镑贷款。次日,英国驻华大使卡尔将英国政府的这一决定通知了蒋介石。但与美国不同,英国当时本身经济拮据,有赖于美国提供的部分财政援助,它宣布向中国提供贷款更多的是一种姿态,其用意在于进行宣传,以及向美国表明,对于中国的抗战它与美国站在一起,因此宣布了上述决定后迟迟未与

---

① 《中美关系资料汇编》第1辑,世界知识出版社1957年版,第508页;《战时外交》(一),第339—343页。

② 《战时外交》(二),第259页。

③ 《顾维钧致蒋介石》(1942年1月5日、8日),《顾维钧文件》,美国哥伦比亚大学珍本和手稿图书馆,第56盒。

中国进行具体协商。但国民政府认为,英国既然作出了许诺,它就应该负责履行自己的诺言,成为向中国提供援助的另一来源,联系到英国传统的对华政策,国民政府对英国的这一做法产生了不满。4月18日,蒋介石致电顾维钧,请其转告英国政府:"美国借款已如约交付,而英国借款至今尚滞疑不定,未知何故?……乃允许至今,时已两月,尚未签字,又使我军民因感奋而失望。请转告英政府,务望早日签字,其所有条文性质,不宜越出美国条文之外,以英与美皆为我盟国,其对我经济共同之义务,不可有宽苛之分,更使我军民对英发生其他感想。如果必须另订有拘束或限制之条件,则中国为两国感情与战友关系计,不敢接受,不如不借之为愈。惟无论借与不借,皆应从速决定,并正式宣布为要。"①

在中方的催促下,5月13日,英国外交大臣艾登向顾维钧送交了英方修订后的借款合约草案。该草案的主要内容是,英国政府应中国政府之要求,准备以5000万英镑借与中国,但以在英镑区内购买战争必需品为限,并以其中1000万英镑担保中国发行国内公债,至于其他用途须事先由两国政府洽商同意②。显然,这一草案与蒋介石关于中英借款协议"不宜越出美国条文之外"的要求相差甚远。接到英方草案后,顾维钧和国民政府财政部次长郭秉文与英方交涉,希望按中方要求再加修订。5月30日,顾维钧还专程赴艾登寓所进行商谈。6月3日,他又在艾登的安排下与英国首相丘吉尔会面。虽然英国对草案又作了些局部修改,但仍无法使中国满意。7月20日,蒋介石致电顾维钧:"请切勿对英再提借款与发起助华事,此不仅徒增国耻,而不啻为人愚弄,无论如何勿再求助为要。"③中英关于借款的交涉就此陷入僵局。直到

①　《顾维钧回忆录》第5分册,中华书局1987年版,第7—8页;《战时外交》(二),第260、263页。

②　《战时外交》(二),第263—266页。

③　《蒋介石致顾维钧》(1942年7月20日),《顾维钧文件》,第56盒。

1944年5月2日,抗日战争已进入后期,中英才达成《财政援助协定》,英国最终同意向中国提供5000万英镑的援助。但实际上,中国只使用了810万英镑,而且其中有300万英镑还是在1945年底使用的①。

1942年上半年,国民政府还开展了积极争取美国租借物资的外交活动。1941年3月11日,美国通过《租借法案》,同年5月6日,中国成为有资格获取租借物资的国家。此后,美国援华的租借物资陆续运往中国。据国民政府的统计,至1942年5月下旬,中国获得的租借物资计有:枪械、子弹、飞机、通信及医药器材等共6500吨;兵工材料、卡车及零件14.3万吨;铁路材料5万吨②。但是,这些援助对于整个中国战场来说是远远不够的。国民政府希望美国能提供更多的租借物资。

1942年6月2日,经过中美双方的多次磋商,国民政府外交部长宋子文和美国国务卿赫尔签署了《中美租借协定》。该协定的主要内容为:美国政府将继续以美国总统准予转移或供给防卫用品、防卫兵力及防卫情报供给中国政府;中国政府将继续协助美国之国防及其加强,并以其所供给之用品、兵力或情报供给之;未经美国同意,中国政府不得改变美国提供之防卫用品或情报的所有权,或允许非中国人使用;战争结束时,中国当以上述未损坏之用品返还美国;美国应充分考虑中国政府所供给及经大总统代表美国接受之一切财产、兵力、情报等;中国政府为酬报所获利益,应不致影响两国间之贸易,而应促进两国间相互有利之经济关系及改善世界经济关系③。

《中美租借协定》是太平洋战争爆发后国民政府积极争取美、英援助所获得的又一重要成果,它使中国获得美国的军用物资建立在双边

---

　　① 《战时外交》(二),第267—270、288—290页;《顾维钧回忆录》第5分册,第11—12页。A. Young: *China and the Helping Hand 1937—1945*, Harvard, 1964, pp. 232 - 234.

　　② 《战时外交》(一),第503页。

　　③ 王铁崖:《中外旧约章汇编》第3册,三联书店1962年版,第1248—1250页。该协定又称《抵抗侵略互助协定》。

条约的稳定基础上,摆脱了以往零打碎敲的被动局面,美国对华军事援助因此急速增加。该协定签署后不到半个月,美国就向中国运送租借物资3500吨,其中包括飞机28架、战车防御炮28门、榴弹炮40门、迫击炮50门。根据美国政府的统计,至抗日战争结束,美国对华租借援助总额达845,748,220.88美元,其中飞机、坦克、武器等军用装备约占5.2亿美元。战后,除2000万美元需偿还外,其余一概作为无偿赠与①。

美国以及英国的援助对于中国抗击日本侵略无疑起了积极的作用。但需要指出的是,在中国抗战最为艰苦因而也是最急需援助的1942年—1944年,无论是五亿美元贷款还是租借物资,在使用上都未能充分发挥其效用,如五亿美元贷款在这一时期只动用了一半左右②。而到抗战后期,随着中国国内政局的变化,这些援助实际上大部分被国民党用于国内斗争而不是对日作战。

第二节　中国远征军入缅作战

一　中英战前磋商

太平洋战争爆发后,缅甸成为日军进攻的重要战略目标。缅甸地处中南半岛西部,北与东北毗连中国云南省,南濒孟加拉湾。此时它是英国的殖民地。它不仅是英国防守印度的屏障,对中国的持久抗战也具有重要战略意义。从昆明至缅北重镇腊戍的滇缅公路,在1940年9月日本侵入越南,滇越铁路完全中断后,成为中国获得国际援助的最重要通道。

还在日军袭击珍珠港前,中英之间就已开始酝酿在缅甸军事合作

---

①　《战时外交》(一),第505页;《中美关系资料汇编》第1辑,第1069页。

②　《中美关系资料汇编》第1辑,第497页。

事宜,国民政府对此态度积极。1941年2月,国民政府派遣商震率"中国缅印马军事考察团"赴缅甸、印度、马来亚考察。在三个月考察期间,考察团编写出三十余万字的报告书,提出中英在缅甸进行军事合作的设想。报告书认为,日本要封锁中国切断滇缅公路,将不是从中国境内截断,而将从它在亚洲的政略战略出发,在与英国开战后侵占缅甸,达到既夺占英属殖民地又封锁中国的目的。因此,中英军队应协同作战,以确保仰光海港为目的,集结双方主力于泰国、缅甸边境,采取决战防御态势。在兵力部署方面,预定英缅军2—3个师,中国3—5个军。6月,国民政府正式向英方提出中英共同防御缅甸的建议。但英缅当局对局势的判断与中方并不一致,更不愿中国军队进入缅甸,而是强调中国应在中缅、中老(挝)边境布防。而英国驻华军事代表团团长戴尼斯则赞同中国的建议,认为英缅当局的消极态度"实至愚蠢"①。

在向英方提出建议的同时,国民政府采取积极措施加强西南边境防御,为中英共同防御进行准备。军事委员会抽调高级军事人才组成驻滇参谋团,由军令部次长林蔚任团长,作为军委会派出机构进驻昆明,全面指导西南军事,策划中英作战相关业务。当时云南省主席龙云处处提防蒋介石,非滇籍军队长期未能入滇。为抗击日军,经蒋、龙商讨后,这一状况也得到改变。秋冬间,第五、第六军开入云南。第六军第四十九师先开赴滇缅路担任护路,第九十三师开往滇南车里、佛海布防。第五军驻扎杨林、沾益、曲靖等处。

珍珠港事变后,英国感到日本进攻缅甸迫在眉睫。12月10日,戴尼斯拜会蒋介石,代表英国政府请求中国协防缅甸:"(一)贵国驻在普洱之军队,今为一团,拟请增至一师。……(二)贵国驻在车里之一团,拟请调至孟扬。……(三)拟请抽调贵国驻云南省之部队一团,贵国负责送至畹町,由畹町南下交通运输,当由本国负责。该部队拟

<hr>

① 杜聿明:《中国远征军入缅对日作战述略》,载《远征印缅抗战》,中国文史出版社1990年版,第8—9页;《战时外交》(三),第49页。

调掸部南方景东附近。我方判断,战事将在此发生,拟以贵国部队为后备队。……(四)调至孟扬及掸部之贵国部队拟请准归英国总司令指挥调度。"蒋介石对英国请求持赞同态度,回答道:"所请在缅境内我国部队归贵国总司令指挥,当可同意",并表示对调驻车里一团至孟扬也可照办,但部队调遣之具体事宜将在参谋总长何应钦研究后正式答复①。

　　12月15日,戴尼斯与美国驻华军事代表团团长麦格鲁一起见蒋介石时,进一步提出协防缅甸要求:"(一)缅甸军事紧急,拟请下令以全师兵力开入缅甸。(二)拟请下令,命驻云南军队抽一师待命,于必要时立即开入缅甸。(三)拟请下令,命希诺德(即陈纳德——引者注)部下志愿军留缅参加保卫缅甸战役。(四)准许敝国动用一部分美国租借法案下留在仰光之军用器材。"蒋介石对戴尼斯所提请求一方面表示支持,称原驻车里之一团已根据英国日前要求在开赴孟扬途中,昆明附近已有一军,随时可以调用,而要调用中国留在缅甸的租界物资可进一步商谈;一方面又批评英国方面"头痛医头,脚痛医脚,缺乏军事合作之通盘计划。现正开赴孟扬之一团实不能作任何贡献,盖其指挥官既未得任何防御计划之指示,更未能确实明了其职责范围,惟因奉命开拔,只得执行命令开拔前往耳"。因此,蒋介石提出,盟国应就整个南太平洋战局定一通盘战略,"竭中、英、美、荷印四国之物资、人力以保卫星加坡不令失陷,此实为第一要着。其次则为缅甸,中国愿分负责任。以予之意见,应尽量抽调印度、缅甸部队,集中全力以保卫星加坡,缅甸防务如有不足,则藉中国之部队以补充之"。对于中国军队入缅作战,蒋介石向英方提出的具体要求是,中国军队"必须单独负责,绝不愿与英军混合作战。某区某线,划归我军,某区某线,划归英军,责任分明,必能得最佳之效果","至分配防区,何处应由中国部队负责,自可由伦敦参谋本部决定之"。戴尼斯对蒋介石的主张表示"完全赞同",但提出因局势

---

①　《战时外交》(三),第48—49页。

紧迫,希望立即采取行动。蒋介石遂请戴尼斯与何应钦先商讨保卫缅甸的全盘计划①。对英国提出协防缅甸的请求,蒋介石作出了十分积极的回应。当时军令部长徐永昌认为对出兵缅甸"以比较被动为佳",但蒋介石对此"不以为然"②。

虽然戴尼斯要求中国出兵缅甸,但负责缅甸防守任务的英国驻印军总司令魏菲尔却并不希望中国军队进入缅甸。12月23日上午,何应钦、军令部长徐永昌与前来参加重庆军事会议的魏菲尔、美国代表勃兰特等商讨联合作战计划。在讨论防守缅甸问题时,勃兰特认为,滇缅路对中国获得援助十分重要,因此仰光必须守住。何应钦则提出,盟国应以攻为守,从缅甸向泰国境内的日军主动发起进攻,中国已准备好两个军,若需要可再增加一个军。但魏菲尔认为,缅甸境内公路甚少,无法使用大兵力,而英国从印度援助缅甸的军队也将抵达,因此除需要中国军队一师驻守车里、畹町外,是否还需要其他中国军队尚待以后研究。实际上拒绝了中国出兵缅甸的提议③。

当天下午,在中、美、英联合军事会议上,魏菲尔重申,中国大批军队进入缅甸在划定战区和布防等方面存在诸多困难,因此印度增援部队到达后,"不需再请中国增援";英国所要求中国者是派遣陈纳德志愿航空队参加缅甸空战和调拨在缅甸境内的美国援华物资④。

12月24日,魏菲尔离华时,蒋介石再提中国军队入缅作战事,对他说:"中英两国,不可有一国失败。因此,如果贵国需要,我国可以派遣八万人入缅作战。"魏菲尔答称:"如由贵国军队解放缅甸,实在是英国人的耻辱;我们只要请贵国能惠允拨借美援物资就可以了。"⑤魏菲尔的这番回答道出了英国不愿中国军队入缅的真实意图。当时英国在

---

①　《战时外交》(三),第61—64页。
②　《徐永昌日记》第6册,第291页。
③　《徐永昌日记》第6册,第301页。
④　《战时外交》(三),第83—85页。
⑤　《蒋总统秘录》第13册,第13页。

缅甸只有新编成的英缅第一师,1942年初英印第十七师增援后,总兵力约3.3万人。驻扎在泰缅边境的日军主力有两个师团并有强大的空军支援,实力上强于英军。但英国并不从保卫缅甸和整个太平洋战局出发,而只关心其本身的利益,欲维护在亚洲的殖民地,担心中国军队入缅作战会激起缅甸人民的民族主义,从而危及它的殖民统治。因此,对于远东殖民地,英国"宁可丢给敌人,不愿让与友邦"①。英国的这一态度使得中国军队无法及时入缅参战。

　　1942年1月4日,日本第十五军根据大本营"切断援蒋路线,清除英在缅之势力,占领并确保缅甸要地"的指令,突破泰缅边境,向缅甸的英军发起进攻。1月31日,日军占领缅甸第二大港口城市毛淡棉。2月上旬,开始合围仰光。在日军的猛烈进攻下,英国方面改变了原先的态度。1月21日,英国首相丘吉尔在一份电报中指出:"缅甸如丧失,那就惨了。这样会使我们同中国人隔绝,在同日本人的交战中,中国军队算是最成功的。"②1月23日,英缅军总司令胡敦致电要求中国军队入缅。2月5日,胡敦赶到缅北的腊戍晋见前往印度访问途中的蒋介石,当面请求中国军队火速入缅。此后,仰光情况危急,英方又多次提出请求③。于是,蒋介石下令中国军队入缅。但是,这时已丧失了最有利的战机。

二　中国远征军组成与入缅

　　太平洋战争一爆发,国民政府立即着手调遣军队准备入缅作战。12月11日,在戴尼斯请求中国协防缅甸的第二天,蒋介石下令第六军

---

①　《远征印缅抗战》,第35页。

②　[英]丘吉尔:《第二次世界大战回忆录》第4卷第1分册,第79—80页。

③　"国防部"史政编译局:《抗日战史》第九册,台北1990年版,第230页;军事科学院军事历史研究部:《抗日战争史》下卷,解放军出版社1994年版,第226页。

第九十三师开赴滇南车里,第六军第四十九师以一个加强团开赴畹町,归英缅军总司令胡敦指挥,准备入缅协同英军作战。16 日,担任昆明防守任务的第五军奉令将防务移交第七十一军,向祥云、大理、保山地区集结,第六军奉令向保山、芒市地区集结,编组远征军入缅作战。同时,国民政府派军委会驻滇参谋团侯腾少将率部分参谋人员赴缅甸腊戌,筹备中国军队入缅事宜。12 月 23 日,魏菲尔在重庆军事会议上拒绝中国军队入缅后,第五军、第六军奉令暂不入缅,于滇缅路上集结待命①。但国民政府并没有停止入缅准备,1942 年 1 月 18 日,蒋介石指示何应钦、徐永昌应对入缅作战防御工事、组织敌后工作队和热带作战训练等事宜拟出具体计划②。

　1 月下旬英方请求中国军队援助后,2 月 3 日,蒋介石令第六军军部立即进驻缅甸景东,该军第九十三师担任景东、景来地区防御,第四十九师开赴腊戌,暂五十五师集中畹町待命入缅。14 日,蒋介石令第五军迅速入缅,全军按第二百师、第九十六师、军部、新二十二师顺序向畹町附近集中,由英军派车接运入缅,须于 20 日内运送完毕。第五军入缅后部署于同古(又称东瓜、东吁)、仰光地区③。第六军、第五军接令后立即开拔,向指定地区集中。

　中国军队进入缅甸时,日军已在缅南发起全面进攻。英缅军总司令胡敦希望中国军队入缅后,第六军部署于景东一带,担任泰缅边境守备任务,第五军部署于同古、东枝(又称棠吉)地区,担任英缅军撤退时

---

　①　“国防部”史政编译局:《抗日战史》第 9 册,第 230 页;《远征印缅抗战》,第 12、85 页。

　②　《蒋介石致何应钦、徐永昌电》、《蒋介石致徐永昌电》(1942 年 1 月 18 日),中国国民党中央委员会党史委员会编印、秦孝仪主编:《中华民国重要史料初编——对日抗战时期》第二编《作战经过》(三),台北中央文物供应社 1981 年版,第 213 页。以下简称《作战经过》。

　③　《蒋介石致甘丽初电》(1942 年 2 月 3 日);《蒋介石致龙云等电》(1942 年 2 月 14 日),《作战经过》(三),第 226—227 页。

之掩护任务。2月27日,蒋介石根据军委会参谋团代表侯腾报告与英军商谈意见,对入缅作战部队下达命令,其主要内容为:一、敌为夺取缅甸,威胁中印国际路线,企图占领仰光,并继续北上向曼德勒方面进攻;二、我以摧破敌人企图之目的,第五、第六两军,应即全部入缅,协同英军作战;三、关于入缅部队指挥系统,第五、第六军暂归第五军军长杜聿明指挥,杜受胡敦指挥;四、关于部队部署,第五军第二百师应急行入缅,在平满纳(又称彬文那)、同古间地区占领阵地,掩护军主力集中,第五军主力应随后入缅,集中杂泽南北地区,准备协同英军迎击进攻之敌;第六军应以第九十三师及刘支队任景东方面守备,以第四十九师任孟畔方面之守备,以暂五十五师为军预备队,控制南桑附近地区;五、第六十六军新编三十八师等任第五、第六军后方联络线之维持,第六十六军主力移驻云南保山附近,准备入缅作战。同时,蒋介石令侯腾立即返缅通知胡敦,其要点为:一、曼德勒以南至同古间之铁路归第五军守备,以北由中英军共同使用;二、每一英军之师、旅部,中国应派员联络,中英作战区域以恩戛村、敏乌里、巴尼托特、密雅内特为界,线以东属中国军;三、胡敦答复照办后,第五军始能入缅①。蒋介石对中国军队的入缅部署基本上接受了英方的要求,并同意将中国军队置于胡敦指挥之下,一定程度上显示了中国军队协同英军作战的诚意和决心,但蒋介石对军队指挥权甚为敏感,因此仍坚持中英军队划分战区各守其责的原则。

3月1日,蒋介石飞赴缅甸腊戍,次日与魏菲尔会晤,要求英军坚守仰光,使第五军能集结同古准备反攻。魏菲尔允诺将尽力为之。3日,蒋介石召集军委会参谋团和第五、第六军高级将领训话,称“此次五、六两军出国作战,因地形生疏,习惯不同,后方组织尚未完成,心中颇难自安,故亲来缅甸主持指导”。对部队指挥问题,蒋介石指示:入缅作战的战术由军委会参谋团团长林蔚负责指导,军事最高指挥官拟调

---

① 台北“国防部”史政编译局:《抗日战史》第九册,第241—242页。

卫立煌担任,杜聿明副之,在卫未到任前由杜统一指挥。对作战方面,蒋介石认为,根据英军作战情况,日军早就可占领仰光,其迟迟不前进的原因主要是调查中国军队行动,担心中国军队威胁其侧面;但3月10日是日本陆军节,日军将于这之前占领仰光,故入缅部队作战指导应视敌情变化作如下考虑:一、第五军集中尚未完成而日军已占领仰光时,应视日军兵力大小决定进攻与否,若日在两师团以内,仍可进攻,若有三师团,第五军主力仍应在后方集中;二、第五军集中期间,日军仍停滞于锡唐河两岸时,则我应歼灭勃固河东岸之敌;三、第五军主力业已集中而日军对仰光攻击时,如日兵力为一师团,应对其反攻;四、第五军主力尚未集中而日军已攻同古时,第二百师应死守,一俟军主力集中完毕即行反攻。蒋介石最后告诫前线将领:"我军此次在国外作战,可胜不可败;故在未作战之前,应十分谨慎,侦察敌情十分明了,一经接战,则不计一切牺牲,以期必胜","否则,纵全部牺牲,亦所不惜,以保我国军之信誉及对外之信仰"①。蒋介石的这一命令,在作战部署方面,较前一次更为具体,进一步表示了与英军共同坚守缅甸的决心。次日,蒋介石回国,由林蔚指导远征军并协调与英军作战事宜。

　　3月8日,英军弃守仰光。当天,英方通知中方,已任命亚历山大接替胡敦任英缅军总司令。仰光轻易失守打乱了中国方面原有的作战部署,而英军撤退时不事先通知中方也给此后中英在缅甸的合作投下了阴影。3月9日,蒋介石在欢迎史迪威抵华出任中国战区参谋长的宴会后留史长谈,批评英军不与中国真诚合作,撤退时不通知友军,担心此后协同作战时英军再意外撤退,给中国军队安全造成问题。蒋介石表示,英军应将曼德勒交中国军队防守,以确保驻守同古中国军队的后方,否则,中国宁愿将入缅部队全部撤回;如果英方拟将其部队撤至

---

　　① 《蒋委员长在腊戌对入缅作战军高级官长训话》,《作战经过》(三),第228—236页。

印度，"则保卫缅甸全局之责，由余独任之，固所愿为"。由于中英军队无法协调产生了统一指挥问题，蒋介石请史迪威入缅指挥中英两国军队①。当天，蒋介石还致电在美国的宋子文，嘱其转告罗斯福总统："以后缅甸作战不能不重定计划，尤其中英两军必须指挥统一方能收效"，希望请"邱首相下令在缅英军皆归史君统一指挥为要"。但罗斯福未向丘吉尔提出中方要求，而英方则完全不愿将在缅甸的军队指挥权交出②。

3 月 10 日，蒋介石约史迪威谈话，命其以中国战区参谋长身份赴缅指挥作战，并详细阐明对缅甸战局的看法："余最近遣五、六两军入缅之目的，原在固守仰光，今仰光沦陷，全部战局，顿改旧观"，"国军入缅，已丧失其目的。如欲克复仰光，我必反攻，然我集结部队需时半月。在此期间中，敌方尽量增援。仰光战略地位有类广州，敌在各方面皆占优势，具备海陆空之便利，我如无足量空军与炮兵之掩护，克复仰光，殊非易事，……故我方欲图反攻，必另有策划，其最妥善者，厥惟集结主力于曼德勒附近，诱敌深入，待与交锋之后，再反攻突破之。"鉴于战局变化，蒋介石主张中国入缅军队的主要任务改为保卫曼德勒。次日，蒋介石再次约见史迪威，明确表示由其指挥中国入缅军队，并已命驻滇参谋团团长林蔚、第五军军长杜聿明、第六军军长甘丽初等"绝对服从将军之命令"③。仰光失守使蒋介石改变了原先的作战部署，将原先坚守全缅甸并伺机反攻的积极作战方针，改为作战重点北移至曼德勒以防守为主的保守对策，并对指挥体系作了调整。

3 月 12 日，中国入缅参战部队正式组成"中国远征军第一路军"，编制如下：

---

①　《作战经过》(三)，第 221—226 页。

②　《蒋介石致宋子文电》(1942 年 3 月 9 日)、《宋子文致蒋介石电》(1942 年 3 月 12 日)，《战时外交》(三)，第 121—122 页。

③　《蒋委员长接见中国战区盟军总部参谋长史迪威谈话记录》(1942 年 3 月 10 日、11 日)、《作战经过》(三)，第 238—240、252 页。

司令长官	卫立煌（未到任由杜聿明代，4月2日由罗卓英出任）
副司令长官	杜聿明
第五军军长	杜聿明（兼）
第二百师师长	戴安澜
新编二十二师师长	廖耀湘
第九十六师师长	余　韶
第六军军长	甘丽初
第四十九师师长	彭璧生
第九十三师师长	吕国铨
暂编五十五师师长	陈勉吾
第六十六军军长	张　轸
新编二十八师师长	刘伯龙
新编二十九师师长	马维骥
新编三十八师师长	孙立人

　　远征军总兵力约十万人。正式成立时，除第六十六军尚在云南境内外，第五、第六军已进入缅甸开始布防。至16日，第五军军部到达塔泽、漂贝地区，第二百师抵达曼德勒以南同古地区，新编二十二师与第九十六师集结于曼德勒东北地区，第六军军部在雷列姆，第四十九师在孟畔地区，第九十三师在景东地区，暂编五十五师在南桑地区。

　　史迪威于3月11日离华抵缅后，即赴前线视察，并确定了以曼德勒以南的同古为作战重点并进而收复仰光的计划。由于这与蒋介石以曼德勒为重点的作战方针不同，史迪威专程飞返重庆，于3月19日、20日两次面见蒋介石，提出以第五军全军集结同古的建议。蒋介石最初对此并不赞同，仍主张应以第五军两个师驻守曼德勒，而只留第二百师守同古，他对史迪威说："我在缅甸作战，应切记两大纲要：第一，应选择与敌最后决战之场所，此场所应在曼德勒以南之近郊；第二，应固守曼德勒。此次在异邦作战，余至感关切，盖其危机有二：第一，当地民众倾向敌人，对我并无好感；第二，缺少统一指挥。历史上之联军，因指挥不统一而失败者数见不鲜。在此两种危机未能解除以前，我入缅作战部队只应取消极态度，不应过分积极，自不宜远离根据地向前突进。"蒋介石的这一考虑一方面是因为第五、第六军是中国"惟一精粹之部队"，一旦受挫将影响整个中国战局；另一方面是他对英方能否予以援助并协同作战心存疑虑。但在史迪威的坚持下，蒋介石最终采纳了他的部分意见，同意在英军守住同古西侧卑谬（又称普罗美）的前提下从曼德勒抽调一个师南下，作为防守同古和卑谬的后备队。蒋介石同时强调第五、第六军绝对不能受挫。史迪威对此表示不敢保证，"盖在战争中实无任何保证之可能"。对于悬而未决的中英军队统一指挥问题，蒋介石请史迪威返缅后与英方磋商后再作最后决定①。

21 日，史迪威飞返缅甸，准备着手按计划进行部署。此时，远征军第二百师已在同古以南与日军开始交战。

三　中日滇缅血战

入侵缅甸的日军第十五军攻占仰光后，不待后续部队到达，就分兵北上。3 月 15 日，第十五军根据日军南方军迫使对手尤其是中国军队在曼德勒进行决战的指令，确定了作战方针："大致于 5 月底以前，在曼德勒地区（包括以曼德勒为中心的中部缅甸地方）捕歼英蒋联合军主力，继于缅甸境内扫荡残敌。主攻指向英蒋两军内之蒋军，对此，应把握战机，强迫决战，予蒋军以彻底打击，并完全扼止其反扑企图。"②根据这一方针，第五十五师团沿仰光曼德勒铁路北上，直逼同古，第三十三师团在西翼沿伊洛瓦底江东岸向卑谬北进。3 月下旬，日军第五十六师团在仰光登陆后，沿仰曼铁路北上投入战斗。日军在缅甸战场兵

---

① 《作战经过》（三），第 254—261 页。
② 《日本军国主义侵华资料长编》中册，第 152 页。

力约八万人。

中国远征军入缅后,英军陆续转移至缅甸西部,大体以仰曼铁路为界划分中英军队防区。仰曼铁路以西由英军防守,英军主力沿伊洛瓦底江设防。仰曼铁路以东至泰缅边境间地区划为中国远征军防区,其中第五军布防于曼德勒至同古的仰曼铁路沿线,第六军驻守于第五军以东的雷列姆、孟畔、景东等地。

(一)远征军中路作战

仰曼铁路沿线是中英防守的中路,也是日军进攻的主要方向。3月中旬,先期入缅的远征军第五军骑兵团已沿仰曼铁路南下至同古以南的彪关河附近。3月18日,日军搜索部队进入彪关河地区,第五军骑兵团与之交战,击退日军,掩护英军撤退。次日,日军以一连步骑兵冒进追击,进入骑兵团预设伏击阵地。当日军汽车行至桥上时,大桥被炸,军车尽覆,骑兵团从两翼出击,歼灭日军大部,并获地图、日记等重要文件①。日军自占领仰光后一直未遭遇英军抵抗,此战是日军入侵缅甸后首次失利。

远征军根据缴获的日军文件,获悉日军部署和作战计划,判断正面日军不会超过两个师团,史迪威、杜聿明商议后决定固守同古,击破当面之敌,掩护主力集中,进而协同英军收复仰光。这正是史迪威抵达缅甸之初制定的作战计划,与蒋介石以曼德勒为防守重点的作战方针并不一致。3月21日,史迪威签发作战命令:第五军第二百师、第五军直属部队及第六军暂编五十五师担任同古方面作战,由杜聿明指挥;第五军新编二十二师开往唐得文伊附近,准备支援卑谬方面英军作战;第六军准备抵御泰国方面来攻之敌;第五军第九十六师为总预备队,开赴曼

---

① 《林蔚致何应钦、徐永昌电》(1942年3月22日),中国第二历史档案馆编:《抗日战争正面战场》,江苏古籍出版社1987年版,第1406页;杜聿明:《中国远征军入缅对日作战述略》,《远征印缅抗战》,第17页。

德勒附近①。同时，杜聿明亲赴同古，指导第二百师准备同古作战，并在连以上军官会议上号召全体官兵顽强作战，为祖国争光。

3月20日，同古防御战正式开始。日军第五十五师团以一个团兵力在飞机、大炮掩护下，以十余辆坦克、装甲车为前导，向同古以南第二百师前进阵地鄂克春发起进攻。战至21日，日军伤亡三百余人，远征军伤亡一百四十余人，双方呈对峙状态。22日，日军增加进攻兵力，并加强炮火轰击，"自拂晓至午，炮火之烈为数日以来所未有。敌我冲锋肉搏数次，双方伤亡均重"。"我方伤亡连长以下官长十余员，士兵二百余，敌方倍之"②。日军也承认，自北进以来"第一次与强敌遭遇，由于轻敌致使进攻受挫，而且从前线不断传来攻占敌阵地的误报，使指挥陷于混乱和苦战"③。

23日，日军进攻兵力增至两个团，在二十余架飞机支持下，以骑、炮、坦克联合部队对远征军阵地实施正面攻击。第二百师以步兵接近日军坦克，进行肉搏战，击毁日军坦克、装甲车数辆，挫其攻势。但远征军也遭受重大伤亡，第五九八团副团长黄景升阵亡，阵地一部被日军突破。

24日，日军继续以陆空联合向远征军鄂克春阵地发起正面进攻，同时以骑炮联合部队千余人向西迂回，直趋同古城北的克永冈机场。第二百师与日军在机场展开激战，从上午战至傍晚，伤亡惨重，终告不守。克永冈机场被日军占领后，第二百师与后方联络被切断，陷于三面被围之势。当晚，第二百师师长戴安澜召开团长、直属营、连长会议，宣布各级部队长官阵亡后代理人员名单，以示誓死固守同古的决心。戴安澜自己亲立遗嘱："如师长战死，以副师长代之。副师长战死，以参谋

①　《史迪威签发的中国远征军作战命令》（1942年3月21日），《抗日战争正面战场》，第1391—1392页。

②　《杜聿明致蒋介石》（1942年3月22日），《抗日战争正面战场》，第1407页。

③　［日］日本防卫厅防卫研究所战史室著、天津市政协编译委员会译：《缅甸作战》上册，中华书局1987年版，第61页。

长代之。参谋长战死，以某团团长代之。"并致书妻子："现在孤军奋斗，决以全部牺牲以报国家养育，为国家战死，事极光荣。"①

　　25日，日军从南、西、北三面围攻同古，并遣三十余架飞机轮番轰炸，同古城中一般建筑多被炸毁。第二百师依托工事，沉着应战。入夜，第二百师不断以小部队袭击日军，予以骚扰。次日，日军出动九十余架飞机进行狂轰滥炸，并继续围攻同古，主力则集中向同古西北攻击，并突破远征军阵地。双方争夺惨烈，伤亡均大。当日，日军一部进入同古以北的南阳车站南侧占领阵地，企图阻止远征军增援部队南下。

　　同古前线激战之际，蒋介石再次强调应以曼德勒为作战重点。26日，他对远征军下达指示："侵缅之敌，似有以主力向东吁(同古)、曼德勒进攻之企图。我军目前应以第五军之第二百师、新二十二师及军直，在东吁、彬文那间与敌作第一次会战。如会战不利，应行持久抵抗，以逐次消耗敌人，务期在此期间，迅速将第六十六军全部，及第九十六、暂五十五师，集中于曼德勒、杂泽间地区，俟第二次会战准备完成，以期一举击破深入之敌。"27日，蒋介石又指示史迪威、杜聿明："如情势不急，应待兵力集中后出击，切忌逐渐使用。"但史迪威与杜聿明此时仍依照既定的"击破当面敌人、收复仰光"的作战方针，并以此作出部署：以第二百师为固守兵团，确保同古，吸引日军；以新二十二师配属骑、炮、工、坦克、战防炮为攻击兵团，攻击仰曼公路以西地区日军左翼；并以第九十六师和第六军暂五十五师为预备队②。

　　27日，日军继续进攻同古，远征军顽强抵抗，双方呈对峙状态。日军自感"攻击力已达极限"③。28日拂晓，新二十二师在南阳车站发起进攻，但进展缓慢。而攻击同古日军获悉远征军增援部队抵达，遂加强

　　①　《缅甸作战时期戴安澜日记》，贵阳中央日报社1942年版，第4页；《远征印缅抗战》，第255页。

　　②　《抗日战史》第九册，第256页；《蒋介石致林蔚转史迪威、杜聿明电》(1942年3月27日)，《作战经过》(三)，第270页。

　　③　《缅甸作战》上册，第62页。

攻击,欲先解决第二百师,并施放糜烂性毒气。敌我双方反复冲杀,远征军伤亡虽重,仍坚强抵抗,士气旺盛,确保阵地不失。此时史迪威判断当面日军"无后续部队,战斗力不甚强",仍决定集中进攻,并定于29日或30日"开始主力战,一举击破当面之敌"[①]。但实际上,日军后续部队第五十六师团此时已赶到同古,并投入对远征军的攻击。

29日,新二十二师继续攻击,经过激战,攻克南阳车站,但随即遇刚开至前线的日军第五十六师团的猛烈反扑,战斗呈僵持状态。而急调前线的第九十六师因铁路被日军炸毁,被阻于平满纳附近,无法前进实施原定的增援同古计划。此时,第二百师在同古已孤军苦战十天,伤亡2500人,弹药将尽,给养不济,且三面受围。在此形势下,远征军副司令长官兼第五军军长杜聿明决定改变原定计划,让第二百师突围,以保全实力,另寻战机与日军决战。但史迪威仍坚持对敌进攻,两人争执激烈,互不让步。最后杜聿明坚持己见,命令第二百师于当夜向东突围,新二十二师向日军佯攻,予以牵制。30日,第二百师全师包括伤病员安然从同古撤出,转移至叶达西地区。但史、杜两人关系由此紧张。

同古防御战历时11天,第二百师面对有强大空中支援的优势之敌,英勇作战,歼灭日军五千余人,包括击毙第五十五师团第一四三团团长横田,重创了日军第五十五师团。美军战史称,第二百师坚守同古是缅甸战役中防御最久的部队,且撤退时秩序井然。日军战史也承认,第二百师"战斗意志始终旺盛,尤其是担任撤退收容任务的部队直至最后仍固守阵地拼死抵抗,虽说是敌人也确实十分英勇"[②]。

远征军从同古撤出后,决定集中主力于同古与曼德勒之间的平满纳组织会战。3月31日,杜聿明下达作战命令:"当面之敌第五十五师团,似有继续北进之企图。军决以有力之一部,利用斯瓦河西岸,及其

---

① 《抗日战争正面战场》,第1410页;《抗日战史》第九册,第257页。

② Romanus & Sunderland: *Stilwell's Mission to China*, GPO, 1953, pp. 108 - 109;《缅甸作战》上册,第64页。

以北之森林狭长地区拒止敌人,以主力在彬文那(即平满纳)占领阵地,依火力摧毁敌人,转取攻势,将敌包围而歼灭之。"①根据这一作战部署,新二十二师在斯瓦河沿线担任阻击兵团,阻敌前进,掩护主力集中于平满纳附近。

日军占领同古后,因占有战场主动权并仰仗其优势兵力,于4月3日制定曼德勒会战计划,决定以主力继续北进,在曼德勒附近与中国远征军决战,并以一部切断腊戍方面中国军队退路,企图一举歼灭中国军队②。

4月5日,蒋介石飞赴缅北,会晤史迪威、缅甸英军司令亚历山大,并主持召开远征军高级将领会议。蒋介石指出,缅甸战役目前有两个目标:一、尽一切办法保护缅甸中部的油田;二、为政治上之理由保卫曼德勒。为此,蒋介石在与亚历山大会晤时,要求英军守住伊洛瓦底江沿岸,特别要固守阿蓝庙,护卫远征军西翼,并"成立双方不后退之谅解"。亚历山大对此始终不予以肯定答复。蒋介石对英军此举多有批评,但仍赞成平满纳会战计划,表示:"余决意保持曼德勒以南之中缅地带,决战即应在此。即令英军后撤,我军仍应作殊死抵抗保此地区。"并强调:"我国军出国作战,在近代史中,尚为创举,故应充分表现我忠勇刚毅之气与临难不苟之牺牲精神。"③在缅甸期间,蒋介石还对远征军指挥系统作了调整,由罗卓英出任远征军司令长官,在史迪威指挥下行使对远征军的指挥权。

4月9日,远征军司令长官部根据蒋介石指令拟定平满纳会战计划,其要旨为:以新二十二师为基干组成阻击兵团,扼守斯瓦河北岸,逐次阻击消耗进犯日军,并以游击支队袭击日军后方,破坏其交通电讯;以第九十六师为基干组成固守兵团,吸引日军于平满纳附近地区并坚

---

① 《抗日战史》第九册,第259页。
② 《缅甸作战》上册,第78页。
③ 《作战经过》(三),第279—282、290页。

守阵地;以第二百师为基干组成机动兵团,待日军受挫于固守兵团并呈胶着状态时,转取攻势,将日军夹击包围于平满纳附近地区而歼灭之①。

　　担任阻击任务的新二十二师吸取同古被围的教训,确定不必固守一地,而是利用斯瓦河沿线的地形,预设纵深阵地,三个团梯队配备,相互交替掩护,逐次抵抗占有优势的日军的攻击。4月5日,日军第五十五师团在飞机、坦克掩护下发起猛烈进攻。新二十二师在师长廖耀湘率领下,英勇抵抗。11日,日军第十八师团抵达前线投入战斗,进攻更为猛烈。新二十二师在正面逐次阻击日军的同时,诱敌深入己方阵地,趁敌立足未稳之际引发地雷,反击消灭日军,并以游击队在日军后方扰乱其交通运输。这种虚实交替使用的战术有效地迟缓了日军的推进速度。激战至16日,新二十二师在予日军以沉重打击后,按计划进入平满纳预定阵地。新二十二师以一师兵力抗击日军两个师团达十余日之久,毙伤日军约四千五百余人,己方伤亡一千五百余人,完成了牵制日军、掩护主力完成平满纳会战准备的任务②。

　　在新二十二师完成阻击任务后,远征军着手按原定作战计划"转移攻势,歼灭当面之敌",并认定"敌受痛击之期已至"③。但此时平满纳两翼却相继告急。在西翼,英军毫无斗志,在4月1日弃守卑谬后,沿伊洛瓦底江一路溃退不止,不经抵抗,先后放弃阿蓝庙、马格威等地。16日,仁安羌被日军占领,英缅军第一师在仁安羌以北被日军包围。远征军西翼后侧完全处于日军威胁之下。在东翼,远征军第六军暂五十五师在与日军作战中处于不利局面,至18日日军已推进至垒固附近,对平满纳防线构成直接威胁。在两翼受到威胁的情况下,远征军只

---

　　①　《抗日战史》第9册,第265—266页。

　　②　《抗日战争正面战场》,第1415—1417页;《远征印缅抗战》,第23页。

　　③　《林蔚致蒋介石电》(1942年4月16日)、《杜聿明致蒋介石电》(1942年4月17日)、《抗日战争正面战场》,第1416—1417页。

得放弃原定的平满纳会战计划。18日,史迪威、罗卓英下令:放弃平满纳会战,主力向密铁拉、瓢背间集结,准备曼德勒会战。第五军军长杜聿明对此虽有不同意见,但仍执行命令,率部退出平满纳地区①。

　　(二)远征军西路救援英军作战

　　3月下旬,远征军第二百师与日军第五十五师团在同古激战时,日军第三十三师团在西翼向英军阵地发起进攻。4月上旬,日军在基本未遇英军抵抗的情况下,沿伊洛瓦底江北上,直指仁安羌油田,并预定于5月上旬与第五十五师团会师曼德勒。

　　4月15日,英缅军第一军团长斯利姆下令炸毁仁安羌油田。次日,日军第三十三师团占领仁安羌。随后,日军以一部抢占仁安羌北面的宾河大桥及宾河北岸渡口,截断英军退路,将英缅军第一师和装甲第七旅一部共七千余人包围于仁安羌东北地区。

　　在此之前的4月14日,英缅军总司令亚历山大已因战情危急,请远征军迅速增援。罗卓英下令担任曼德勒防守任务的第六十六军新编三十八师派第一一三团驰援。15日,亚历山大以一团兵力过于单薄,要求远征军增派部队。远征军再派一团,随第一一三团之后赴援。17日,第一一三团抵达乔克巴党。英军斯利姆将军赶到乔克巴党,命令第一一三团团长刘放吾率部攻击并消灭宾河北岸的日军。

　　18日拂晓,第一一三团在英军十二辆轻型坦克的掩护下对日军采取两翼包围态势,发起进攻。激战至下午,击溃宾河北岸日军,并乘胜追击,渡过宾河。此时,被围的英缅军第一师因被围数日,缺水断粮,士气低迷,师长电告斯利姆称只能再坚持一夜②。斯利姆要求第一一三团连续进攻,以解英军之围。亲临前线的新三十八师师长孙立人根据当前日军情况,连夜调整部署。19日拂晓,第一一三团向围困英军的日军发起猛攻,但攻占日军阵地后,遭日军猛烈反扑,已占阵地,三失三

---

　　① 《抗日战史》第九册,第271页;《远征印缅抗战》,第25页。

　　② William Slim: *Defeat into Victory*, London, 1956, p. 68.

得。经反复肉搏冲杀,至傍晚,日军终告溃退。第一一三团收复仁安羌油田,"救出被围英缅军第一师五千余人(情形狼狈,不复成军),并由敌人手中夺获之英方辎重百余辆,悉数交还"①,另救出被日军俘获的英军、美国教士、新闻记者等五百余人,随即掩护他们向宾河北岸撤退。

仁安羌一战,中国远征军以一团兵力1100人,与日军第三十三师团的两个团鏖战,毙伤日军千余人,自己伤亡五百余人,完成解救英军七千余人的任务。远征军入缅之初,英军对中国军队存有偏见和轻视心理,此战后被救英军官兵高呼"中国万岁!"英缅军总司令亚历山大向新三十八师师长孙立人致谢,并对中国军队表示敬意②。仁安羌大捷也轰动了英伦三岛,英国政府向孙立人、刘放吾等人颁发了勋章。

仁安羌获胜后,第一一三团因兵力不足,并未乘胜追击,而是与日军呈对峙状态。新三十八师师长孙立人为扩大战果,急调所辖第一一二、第一一四团赶赴宾河北岸,准备以第一一二团为主力,对日军施行强攻,包抄其右翼,断其后路,压迫日军于伊洛瓦底江东岸予以一举歼灭。20日深夜,孙立人下达次日拂晓发起攻击的命令,第一一二、第一一三团利用夜色向前推进,完成攻击准备。但此时传来英缅军第一军团长斯利姆的命令,称因远征军中路第五军已改变原有作战计划,向北转进,从而影响本处作战,要求新三十八师即刻向乔克巴党转移。其实,英军认为防守缅甸中部已无希望,决定放弃,退守印度,并已向西撤退。孙立人接令后只得放弃已完成部署的进攻计划,下令所部后撤,向曼德勒方向转移。

(三)远征军东路作战

缅甸东部雷列姆、孟畔至景东的广大地区,在远征军入缅后由第六军担任防守。3月下旬,第二百师与日军在同古激战时,第六军抽调暂

---

①　《罗卓英致蒋介石电》(1942年4月20日),《抗日战争正面战场》,第1419页。

②　刘伟民:《刘放吾将军与仁安羌大捷》,上海书店1995年版,第25、37页。

编五十五师第一团南下至同古以东的莫契（又称毛奇）、垒固地区,掩护第二百师的侧翼。同古失守后,第六军正面直接面对日军威胁。

日军在占领同古后,制定了曼德勒会战计划,决定以主力沿同古—曼德勒公路北上,另以第五十六师团自同古东进,经垒固直突腊戍,切断远征军归国之路,然后在曼德勒地区合围歼灭远征军。根据这一作战计划,日军第五十六师团于4月初从同古向莫契进军,向第六军发起进攻①。

4月6日,日军先头部队在莫契与暂五十五师第一团交锋,中国军队与敌激战至深夜,奉命退守莫契以东的克马俾附近地区,继续阻击日军。此时,远征军司令长官部已急令调防杂泽的暂五十五师主力再回垒固,并调守备景东的第九十三师一部移师东枝,设立纵深防线。第六军军长甘丽初在挫敌先头部队进攻锋芒后,决定先发制人,乘日军兵力分散之际,予以各个击破,以掩护正准备彬文那会战的第五军的左翼安全,遂于8日命令暂五十五师第二团推进垒固,第三团暂留杂泽、东枝构筑工事,并令第九十三师第二七九团速至和榜集结②。4月9日,蒋介石在与史迪威讨论平满纳会战计划时,强调必须加强对东枝的防守,兵力由目前的四个营增加至一个师,以防日军从东枝突破,直插腊戍,威胁平满纳前线部队③。

但远征军正在部署之中,日军后续部队已抵达前线。4月10日,日军在增加兵力后向暂五十五师第一团克马俾阵地发起猛攻,第一团奋力抵抗,直至阵地被毁,于11日退守土冲河以北地区,12日转移至保勒及其以西一线。此时,在杂泽的暂五十五师第三团和第六军工兵营已调至垒固,以加强防御。13日,第六军指挥所也推进至垒固。

15日,日军开始向土冲河阵地发起进攻,暂五十五师在抵御日军

① 《日本军国主义侵华资料长编》中册,第154—155页。
② 《抗日战史》第九册,第272页。
③ 《作战经过》（三）,第292页。

进攻的同时,不时予以反击,战况激烈,敌我双方互有进展。至 17 日,暂五十五师第一团兵力已减至两营。18 日,因兵力损失过大,暂五十五师退守南柏,保勒失守。19 日,日军续攻,暂五十五师阵地被突破,致使日军北上向垒固进击,暂五十五师与第六军军部间失去联络。第六军为挽回不利战局,急令第九十三师第二七九团、第四十九师第一四六团在垒固附近投入战斗,并极力设法与暂五十五师取得联系,令其突围。20 日,第六军各部与日军在垒固激战,虽奋力抵抗,终因伤亡过重,各阵地相继被日军攻破。当晚,第六军军长甘丽初决定放弃垒固,令部队破坏垒固至和榜间公路,并率部向北转移至和榜附近,继续拒敌①。

日军占领垒固后继续北进,至和榜以南地区分兵,一路北上进攻和榜,一路向东北挺进指向和榜以东的雷列姆;另一路向西北挺进指向和榜以西的东枝。远征军司令长官部以东枝为第五、第六军联结要点,急调已在西路的第五军第二百师奔赴该地,迎击进犯之敌,确保东枝。第六军一部在军长甘丽初率领下在雷列姆设置防御阵地,一部由军参谋长林森木指挥在和榜阻击北上之敌。

21 日,日军向和榜发起进攻,至中午以装甲车冲破第六军前沿阵地,随即向和榜主阵地猛攻,并以三十余架飞机轮番轰炸。第六军官兵与敌激战,伤亡重大,工事大半被毁,至 22 日夜转移至和榜以东的孟邦。23 日,日军在向孟邦攻击的同时,遣一部向雷列姆以北迂回。第六军唯恐雷列姆至腊戍间公路被切断,开始准备从雷列姆撤退。24 日,孟邦阵地在日军连续猛攻下被突破,旋即雷列姆失守。日军占领雷列姆后,乘坐百余辆卡车继续北进,直指腊戍,以图切断远征军归国之路。第六军此时已无力阻敌,军长甘丽初急电驻腊戍的军委会参谋团:"情况急迫,腊雷公路,请速防范。"参谋团遂调两营兵力南下,掩护第六

---

① 《林蔚致蒋介石电》(1942 年 4 月 18、20 日),《抗日战争正面战场》,第 1414 页;《抗日战史》第 9 册,第 275 页。

军撤退并对通往腊戍的公路实施破坏。26日，甘丽初率军部及沿途收容残部抵达猛朽。次日，参谋团根据蒋介石指示命令第六军向景东地区集结，甘丽初遂率部向景东转移①。东路日军得以毫无阻拦地向腊戍突进。

东枝方面，第五军第二百师在军长杜聿明率领下从西路向东奔袭三百多公里，于23日抵达距东枝15公里处，但此时日军已乘虚而入占领了东枝。史迪威、罗卓英、杜聿明亲临前线，决定第二百师三个团从正面和左右两翼同时向日军发起攻击，收复东枝。24日拂晓，第二百师开始进攻，至中午已突入城内与敌展开巷战，争夺至午夜克复东枝，歼灭日军大部。次日，日军向东枝发起反扑，激战至夜，被第二百师击退②。

攻克东枝后，杜聿明根据战况，决定率部向雷列姆攻击前进，以切断北进腊戍之日军后路。驻腊戍的军委会参谋团也驰电杜聿明："应督率所部，于攻克东枝后，继向雷列姆北进之敌尾击，断敌退路，以解腊戍之危。"但是，史迪威与罗卓英正在部署曼德勒会战，电令第五军"于东枝攻克后，即返曼德勒，准备会战"。杜聿明虽向罗卓英申述东枝对守住腊戍以及整个战局的重要性，但罗卓英接连发出四道电令，命令杜聿明除留第二百师向雷列姆攻击外，第五军直属部队及新二十二师、第九十六师均向曼德勒集结。26日，杜聿明率部西返，第二百师则向雷列姆进军。当日，东枝再度被日军占领③。

四　中国远征军撤出缅甸

远征军司令长官部史迪威、罗卓英在4月中旬放弃平满纳会战计

①　杜聿明：《中国远征军入缅对日作战述略》，载《远征印缅抗战》，第8—9页；《战时外交》(三)，第49页。
②　《杜聿明致蒋介石电》(1942年4月24日)，《抗日战争正面战场》，第1423页。《远征印缅抗战》，第29页。
③　《抗日战史》第9册，第280页；《远征印缅抗战》，第29页。

划后,就着手准备曼德勒会战。但 4 月 20 日后战场情况发生变化,西路英军向印度撤退,扬长而去,东路垒固失守,防线吃紧,远征军在中路曼德勒一线失去两翼防卫。在此情况下,远在重庆的蒋介石改变原先"为政治上之理由保卫曼德勒"的作战构想,于 4 月 24 日电令史迪威、罗卓英:"一、国军今后在缅甸之作战指导,应以不离开缅境,而不与敌主力决战为原则;依此原则,以机动作战,极力阻止并迟滞敌之发展;尤以对棠吉(即东枝)、罗列姆(即雷列姆)北进之敌,须极力拒止其继续前进。二、新二十八师主力可速运腊戍与罗列姆方面。当先以保守腊戍为主,并尽可能求该方面之敌而击灭之。三、第五军在平满纳方面,应以逐次迟滞敌之前进为目的,施行持久抵抗。但亦不可过久胶着于一地战斗,致招过甚之损失。四、为应将来状况之演进,第六军应准备以景东车(里)佛(海)方面,第五及第六十六两军主力,以密支那与八莫方面,为后方补给联络线。"①这一命令的要点是远征军坚持在缅甸持久抵抗,为此应以守住腊戍为当务之急,同时也对一旦战局不利腊戍失守,各军转移区域作了规定。

但史迪威和罗卓英并不愿放弃准备中的曼德勒会战,27 日下达了会战命令。此时东路日军第五十六师团在攻克雷列姆后一路北进,先后占领满里、西保(细胞),于 28 日抵达腊戍城下。腊戍虽为远征军连接国内的战略要地,但守军只有刚从国内到达的第六十六军军直属部队和所属新二十八师一部,布防仓促。29 日拂晓,日军在三十余辆装甲车和十余架飞机的掩护下向腊戍发起攻击,守军英勇抵抗至正午,新二十八师两个营、军工兵营及新三十八师留守腊戍机场的一个营伤亡殆尽。第六十六军特务营、搜索营等继续与敌激战,终难抵挡日军装甲车冲击,腊戍失守,远征军归国之路被切断。

日军占领腊戍后,立即遣一部南下,企图在曼德勒地区对远征军形成合围之势。在此情况下,史迪威、罗卓英只得下令放弃曼德勒会战,

---

① 《蒋介石致罗卓英电》(1942 年 4 月 24 日),《作战经过》(三),第 299 页。

各部分头转移。此时,远征军各部在缅甸的情况是:第五军军部率新二十二师、第九十六师及归其指挥的第六十六军新三十八师集结在曼德勒附近地区,第二百师正在东翼向雷列姆进击之中,第六军已退至缅甸东部萨尔温江以东地区,第六十六军新二十九师及新二十八师所余数百人在腊戍以北至云南境内滇缅公路沿线。4月30日,远征军开始全线后撤。

占领腊戍的日军第五十六师团除以一部南下外,继续北上攻击。第六十六军新二十九师虽沿途抵抗,但仍无法阻敌。5月3日,日军越过滇缅边境,攻占边境重镇畹町。第六十六军兵败后,建制被打乱,沿滇缅公路溃退。日军则乘势急速北进,连克芒市、龙陵,于5日推进至怒江惠通桥西侧。由于国民政府在滇西至昆明一线并无重兵防守,一旦日军突破怒江,将长驱直入,危及整个西南后方。先期退入云南的军委会参谋团遂下令炸毁惠通桥,阻敌于怒江西岸。日军见桥已被炸,即在炮火掩护下以橡皮艇强渡,守军及赶来增援的第三十六师奋力抵抗,激战三日,歼灭已渡过怒江抵达东岸的日军数百人,终于击退日军的攻势,沿怒江形成对峙局面①。

腊戍失守后,远征军司令长官部于4月30日给在曼德勒附近地区集结的第五军下达向缅北撤退命令。第五军军长杜聿明遂令新二十二师、第九十六师及新三十八师轮流掩护,西渡伊洛瓦底江,向北转移。5月4日,各师抵达甘布鲁、车冈一带,准备候车沿曼(德勒)密(支那)铁路继续北上。但远征军司令长官部因铁路发生撞车,运输停止,并担忧日军占领畹町后直插缅北,先远征军占领八莫、密支那,故于6日电令第五军放弃向缅北转移的计划,改为西进就近向印度境内撤退。随后,远征军司令长官部开始西行,史迪威亲率中美官兵百余人徒步半月,于5月20日到达印度的英帕尔。罗卓英率司令长官部其他人员也于数日后抵达。

---

① 《远征印缅抗战》,第162、300—304页。

但杜聿明认为,"我军战败入印,将为印人所不齿",因此仍主张按原计划向缅北密支那转移,"与由畹町犯密之敌决一死战,胜可保存缅北一隅,败则退守腾冲"。远征军司令长官部接杜聿明电报后表示赞同:"所见甚当,勇敢之忱,尤为嘉佩。判断敌纵先占领八莫,或密支那,而为数不多,只要人心坚定,集结兵力,敏速行动,必可冲破险难,打通后路,且可解龙陵山之危,纾统帅西顾之忧,应迅将主力沿铁路北上"①。7 日,蒋介石又直接电令杜聿明:"希即亲率我缅北各部,速向密支那、片马转进。"②于是,杜聿明决定率部经密支那向云南境内片马、腾冲方向撤退,并准备途中遇敌即全力击退。

9 日,第五军在北进途中获悉密支那已于前一日陷于敌手。10 日,新三十八师第一一三团在卡萨与日军发生激战,未能阻敌渡过伊洛瓦底江。此时,第五军军部在卡萨西侧的印道,新二十二师和新三十八师主力在南面距印道尚有一日行程,而第九十六师则在印道以北的孟拱,全军兵力分散,日军后续部队则连续抵达。在此情况下,杜聿明只得改变计划:"军以迅速脱离敌人之目的,即改沿曼密铁路以西地区,径向孟关、大洛之线转进。"③根据这一部署,第五军须穿越深山野林,绕过密支那然后返回国内,路途较转向西进直接入印度远为艰难。

5 月中旬,第五军各部分头转移。13 日,杜聿明率第五军军部和新二十二师开始徒步穿越原始森林区,拟取道大洛、葡萄返国。沿途所经之处,皆崇山峻岭,森林蔽天,道路艰险,人迹罕至。部队前进全凭指南针指引,并只得将重武器破坏丢弃。21 日,蒋介石来电,令第五军"未奉命不得入印"。31 日,杜聿明率部至缅西北清加林,又接蒋介石电:"既到清加林,应即西向印度或(北向)列多(即雷多)转进,暂时休息,不必直赴葡萄,以免中途被困为要。"第五军军部与新二十二师遂改道由

---

① 《抗日战史》第九册,第 296 页。

② 《蒋介石致杜聿明电》(1942 年 5 月 7 日),《作战经过》(三),第 315 页。

③ 《抗日战史》第九册,第 297 页。

新平洋向雷多进发。6月缅北进入雨季,暴雨引发山洪,冲毁道路,更加原始森林中蚂蟥、蚊虫侵人,行军更为艰难。6月6日至14日,部队被山洪阻于大洛以南河边,"沿途杳无人烟,官兵绝粮八日,草根罗掘皆空,饥病交加,死亡甚重",同时疟疾、回归热等病流行,军长杜聿明也因病昏迷两日。6月中旬,因获空军空投粮食,官兵得以薄粥糊口。至7月25日,第五军军部和新二十二师历时两个半月,行程480公里,终于到达印度雷多①。

新三十八师于4月下旬归第五军指挥,5月10日杜聿明命令向曼密铁路以西地区转移,但师长孙立人认为从缅北迁回回国,路途太远,环境险恶,且有被日军围歼危险,故决定脱离第五军,转向西进退入印度。5月中旬,新三十八师予尾追日军打击后,迅速摆脱日军,向西转入山林地区,跋山涉水,穿越密林,赶在雨季前于5月24日抵达印度英帕尔。沿途虽历经艰辛,但因路途稍短,未遇暴雨,且组织良好,未遭重大损失②。

第九十六师于5月10日抵达孟拱,原计划攻占密支那,但当日接杜聿明令放弃攻占密支那,向孟关转进。18日,第九十六师抵达孟关,随后向葡萄前进。进军途中辗转于野人山中,给养全无,毒蛇、蚂蟥侵袭,又逢连日淫雨,兵员损失严重。6月下旬,部队获空投支援。30日,副师长胡义宾率部经葡萄以南的埋通时,遭敌伏击,督战时阵亡。8月初,第九十六师翻越高黎贡山进入云南境内,然后渡过怒江、澜沧江,于8月下旬抵达滇西的剑川③。

第二百师于4月26日放弃东枝向雷列姆进击,30日接杜聿明令经摩谷向卡萨附近集结,归还第五军建制,旋因密支那被占,第五军分

<hr>

①　《杜聿明致蒋介石电》(1942年6月15日),《作战经过》(三),第329页;《抗日战争正面战场》,第1436—1437页。

②　戴广德:《缅甸之战》,黄山书社1995年版,第30—32、40—44页。

③　《远征印缅抗战》,第224—232页。

头向缅北撤退,师长戴安澜决定向北撤回国内。5 月 18 日,第二百师在穿越西保至摩谷间公路时,遭日军伏击。戴安澜率部与敌激战,不幸身负重伤,第五九九团团长柳树人、第六百团副团长刘杰英勇牺牲。26日,戴安澜因伤重不治,壮烈殉国。第二百师在副师长高吉人率领下继续北进。6 月 17 日,到达云南腾冲县境内。25 日,全师抵达保山县①。

从雷列姆东撤的第六军于 4 月 30 日获悉腊戍失守,并接远征军司令长官部令率所部向景东转移。5 月上旬,第六军各部向景东附近转进,并沿缅泰边境与日军和泰伪军发生激战。5 月 15 日,军事委员会电令第六军除暂五十五师撤回云南思茅、宁洱外,主力继续留守景东地区。军长甘丽初认为第六军目前三面受敌,且景东地区地势平坦,不易防守,故电蒋介石、何应钦请放弃景东,退回滇南,防守边境。获准后,第六军撤回云南境内,第四十九师至南峤,暂五十五师与刘支队至车里,第九十三师至打洛,军部至佛海②。

中国远征军于 4 月底开始撤退,至 8 月第五军第九十六师抵达滇西,历时近四个月。沿途经过之处皆深山密林,又适逢雨季,自然环境恶劣,尤其是长途跋涉穿越缅北的第五军各部,兵员损失极为惨重,甚至超过了对日直接作战的伤亡人员:

番　　号	动员人数	战斗死伤人数	撤退死伤人数	完成撤退人数
军 直 属 队	15,000	1,300	3,700	10,000
第 二 百 师	9,000	1,800	3,200	4,000
新二十二师	9,000	2,000	4,000	3,000
第九十六师	9,000	2,200	3,800	3,000
合　　计	42,000	7,300	14,700	20,000③

中国远征军入缅人数共十万人,完成撤退时仅余四万人。第五军

---

① 《远征印缅抗战》,第 262—264 页。
② 《抗日战史》第九册,第 281—284 页。
③ 《远征印缅抗战》,第 34 页。

入缅作战中为国捐躯的四位团以上军官也都是在撤退途中阵亡的。

远征军入缅作战失利的原因是多方面的,归纳起来,主要有以下几点:

一、英国对中英合作防卫缅甸的消极态度和自私行为。早在太平洋战争爆发前,国民政府就向英方提出共同防御缅甸的建议,战争爆发后,又积极部署准备出兵缅甸,但英国方面出于维护其在亚洲殖民利益的考虑而屡屡拒绝。直至1942年2月,英国无法抵御日本对缅甸的进攻时才请求中国军队入缅,但已经丧失了宝贵的战机,种下了日后失利的祸根。中国远征军入缅后,英国方面不是与中国积极合作,共同商讨制敌良策,而是将远征军推向第一线,掩护英军撤退,并一再不通知中方就独自后撤,致使远征军侧翼受敌威胁,不得不数度变更作战计划,陷于被动境地。因此,英国的消极态度和自私行为是远征军失利的根本原因,其他因素都是由此产生或加剧的。

二、远征军在战略战术上指挥失当。远征军入缅之初,蒋介石制定了积极的作战方针,准备与英军联合对日发起反攻。当英军弃守仰光后,蒋介石改变计划,准备远征军集结在曼德勒附近与敌展开决战。史迪威入缅后,将对日作战地点南移至同古。但由于英方延误了远征军入缅时间,造成第二百师孤军突进,后续部队无法及时跟上。整个缅甸战役期间,远征军先后有三个军十万人进入缅甸,但从未能够集中所有兵力于一次作战行动中。同古战斗后,史迪威、罗卓英专注于在中路组织平满纳、曼德勒会战,而对整个缅甸战场缺少全盘考虑,对西翼英军放弃防守未有足够的估计,对日军分兵进攻东翼也无及时正确部署,导致日军由此突破,一路北上占领腊戍,使整个缅甸战场局势发生逆转。在撤退过程中,远征军缺少统一部署和有效指挥,第五军又舍近求远,没能及早转向西进退入印度,以致在穿越野人山时遭到重大损失。

三、指挥系统混乱多变。中国远征军入缅之初,蒋介石同意由英方统一指挥中英军队,但英方并无防守缅甸的全盘计划,也不准备与远征军协同作战,更不愿与远征军互通情报,甚至拒绝中方向其师、旅指挥部派遣联络官员。史迪威入缅后,蒋介石希望由其统一指挥中英军队,但英军不愿交出指挥权。在缅甸战场上,中英军队始终各自为战。远征军方面,蒋介石最初派军委会参谋团入缅指导作战,但又任命杜聿明统一指挥第五、第六军;然后授权史迪威以中国战区参谋长身份全权指挥,同时成立远征军第一路军司令长官部,几者间关系并无明确规定,而军委会参谋团仍在履行指导作战职责,以致前线部队多次收到互相矛盾的命令,无所适从。如腊戌告急,参谋团要第六十六军军长张轸守腊戌,司令长官部却令其赴曼德勒。此时第六十六军所属新三十八师已被划归第五军指挥,张轸却始终未接命令①。令出多门,犯了兵家之大忌,以至军令部长徐永昌在日记中写道:"缅甸作战已完全由蒋先生直接指挥。奈何?"②而蒋介石本人又有直接指挥第一线部队作战的癖好,时常不顾千里以外的战场瞬息万变的情况,越过史迪威、远征军司令长官部、军委会参谋团直接向军、师一级发命令。

四、准备不足、应战仓促。中国军队虽早有入缅作战意图,但由于英方拖延,直至日军逼近仰光,才匆匆入缅。先头部队第二百师赶至同古,未及部署完毕就已投入战斗。后续部队因运输原因,无法及时跟进,导致逐次使用兵力。远征军入缅时仅有过时的旧图,却无法从英方获得详尽的作战地图,第六十六军军部甚至没有一张缅甸详图,指挥作战如盲人瞎马③。

尽管中国远征军入缅作战以失利告终,但远征军官兵浴血奋战,拼死杀敌,予日军以沉重打击,尤其在同古、仁安羌等地取得的出色战绩为中国军队赢得了盟国的尊敬和赞扬。国民政府从世界反法西斯战争全局出发,对入缅作战态度积极,派出了最精锐的第五军和其他部队组成远征军,显示了与盟军协同作战的诚意和决心,也是应予肯定的。

————————

① 《抗日战争正面战场》,第1426页。
② 《徐永昌日记》第六册,1942年4月18日,第373页。
③ 《抗日战史》第九册,第309页;《远征印缅抗战》,第291页。

第三节　援助周边被压迫民族的独立斗争

一　蒋介石夫妇访问印度

太平洋战争爆发后,中国与美、英等国结成同盟国,共同进行反法西斯的战争,这不仅使中国四年多来独力进行抗日战争的状况有了改变,也使中国的国际地位有所提高。援助周边被压迫民族的独立运动,成为中国国民政府战时外交的重要目标之一,并被视为中国国际地位提高的重要标志。中国国民政府利用这一有利的国际条件,采取各种形式,积极援助周边被压迫民族争取独立的斗争,而印度、朝鲜、越南等民族的独立运动,也在一定程度上帮助了中国的抗日战争。

印度在世界反法西斯战争中占有重要的战略地位。它不仅是英国赖以与轴心国集团抗衡、挽回南太平洋战局颓势的战略后方和根据地,而且也是缅甸失守后通往中国的惟一通道,对于中国抗战具有重要影响。从历史上观察,印度和中国都是具有数千年历史的文明古国,印度是西方列强在远东建立的第一块殖民地和英国侵略中国的战略根据地,印度如能获取独立,对于中国夺取抗日战争的胜利和彻底摆脱西方列强的控制,具有重要意义。

中国全面抗战爆发后,印度国大党和印度人民热情支持中国抗战,1937 年 9 月 26 日和 1938 年 1 月 9 日,两天被确定为"中国日",组织全印度的声援和捐款活动,印度著名诗人泰戈尔带头捐款 500 卢比,国大党领袖尼赫鲁多次发表演说,号召印度人民"尽其所能,减轻中国人民的苦难",并在全印度开展抵制日货运动。1938 年 9 月,印度国大党派出由五名医生组成的医疗队来到中国陕北,为中国抗战作出了重大的贡献。1939 年 5 月 24 日和 7 月 11 日,尼赫鲁和中共领袖毛泽东互通信件致敬。1938 年初,印度国大党还出版了《印度论中国》的小册子,全面而又系统地介绍中国国情,支持中国抗战,反映了国大党对于中国问题的认识已日益深入,成为国大党制订对华友好政策的理论基础①。

国民政府与印度独立运动的领导人保持着很好的关系。1938 年 8 月,印度国大党领袖尼赫鲁访问重庆,受到蒋介石和中国朝野的热烈欢迎②。1940 年 11 月,国民政府派遣戴季陶率团访问印度,并携带蒋介石亲笔函分致甘地、尼赫鲁和诗人泰戈尔。1941 年 8 月,印度独立运动家卡拉黛维夫人访问重庆,蒋介石在会见时表示:"中国得到自由与独立以后,第一要务当为协助印度与朝鲜之解放与独立也。"③

然而,当时的英印关系却十分紧张,以甘地为首的印度国大党明确表示:如果印度不能获得完全独立,就不参加此次战争④。英国当局则对国大党的独立要求采取镇压的态度,日本人利用印度人民强烈的反英情绪乘隙而入,以亚洲盟主自居,鼓吹"大亚洲主义"和"黄色人种革命",要把英美势力从亚洲驱赶出去⑤,表示愿意以实力支持印度摆脱英国的殖民统治。这一阴谋虽为国大党领导人拒绝,但却吸引了以前国大党主席鲍斯为首的一批人,他们策划成立"自由印度政府",并暗中与日本人接洽。印度局势有日趋恶化的可能。

在这样的形势下,蒋介石夫妇访问印度,其目的有三:第一,出于中国和世界反法西斯战争的需要,与英印当局商议开辟中印交通线、使印度成为援华军火的中转基地和生产基地,以及中印缅联合防御等战时

---

① 参见林承节:《中印人民友好关系史》,北京大学出版社 1993 年版,第 258—274 页。

② 尼赫鲁在访华期间,不仅拜会国民党军政要人,受到蒋介石夫妇的设宴欢迎,而且也会见了中共驻重庆的高级干部以及社会各界名流。毛泽东曾代表中共致函欢迎,并邀请他去延安访问。林承节评价此行为"中印两大民族合作的新里程碑"。

③ 胡春惠:《中华民国对韩、印、越三国独立运动之贡献》,《中华民国历史与文化讨论集》第 2 册,台北中央文物供应社 1984 年版,第 430—431 页。

④ 吴俊才:《甘地与现代印度》(下),台北正中书局 1987 年版,第 123—124 页。

⑤ 石源华:《汪伪时期的"东亚联盟运动"》,引自《汪精卫汉奸政权的兴亡——汪伪政权史研究论集》,复旦大学出版社 1987 年版,第 283—285 页。

合作事宜,并劝说印度国大党领导人暂时搁置立即实现印度独立的主张,支持英国对于德、日、意的战争;第二,利用世界反法西斯战争的有利形势,劝说甚至迫使英国放弃在印度的殖民政策。蒋介石在临行前致美国总统罗斯福的信中指出:印度"由于受到西方国家长期之统治,又无经济、政治、社会之平等,当地人民可能认为吾人描述日军之残酷,仅只不过宣传。他们也许认为没有理由为防卫现在统治者,对抗将来之统治者去作牺牲。如果他们要有必要之士气,忍受如中国长期经历轰炸与战争恐怖之苦难,则须使他们感到,他们自己有若干民族利益遭受危险"。呼请美国说服英国等在东方享有殖民利益的国家,"依大西洋宪章的精神,作政治上之改变,此对联合作战将有极大贡献。不然,如果敌方为本身目的,挑拨当地人民,则随战争之进展与时俱增"①。第三,通过访问印度,调解英印关系,提高中国在处理亚洲事务中的国际地位,潜意识中还存有成为亚洲领袖的愿望。

2月4日,蒋介石夫妇偕同国防最高委员会秘书长王宠惠、国民党中央宣传部副部长董显光等,由英国驻华大使卡尔、英国驻华军事代表团团长丹尼斯陪同,由重庆飞经缅甸腊戍抵达印度加尔各答,8日转乘火车抵达新德里,对印度进行正式访问。14日,蒋介石赴拉合尔访问。16日起再访加尔各答,21日返回重庆。蒋介石夫妇的访印,得到英印当局和印度各党派两方面的热烈欢迎。蒋介石在归国后的一次演讲中讲到:"我们这次往访印度,印度的政府与各党派领袖对于我们都是十分诚挚的欢迎,无论谈话之间或其他一切行动表现都是真诚坦白,使我们十分感激!尤其是一般社会民众见了我们,如同见了他们自己的同胞国人一样,表示分外的亲爱与恳挚。"蒋介石特别提到:"当我们到新德里以后三天,尼泊尔王知道了我们到了印度,立刻派他在印度的王子特来向我们致欢迎,并将他自己猎获的一张虎皮赠与我国政府,表示他

---

① 《蒋委员长致罗斯福总统电》(1942年1月7日),《先总统蒋公有关论述与史料》,中华民国史料研究中心1985年再版,第422—423页。

向慕念旧之意。后来我们从新德里再到西北边省——印度与阿富汗交界的地方去视察国防要塞,看到当地的西藏人、尼泊尔人,尤其是布丹人各族长老,有许多在 80 岁以上的老者,都来欢迎我们,表示格外的亲热。"他认为此为"此行所最感快慰,亦是平生最值得纪念的一件事"①。

　　然而,蒋介石夫妇访问印度的收效却不似预期的那么如意。蒋介石与英方印度总督林里斯格等进行会谈,在中英军事合作方面取得了若干进展:英方同意美国援华物资经印度孟买卸港,由陆路运往萨地亚,再从该地空运中国云南;表示愿意说服西藏同意修筑康印公路,经由西藏运输援华军火进入中国;同意以租借方式援助中国军火器械(包括装甲车、大炮、战车防御炮、迫击炮、机关枪和无线电器材)等②,这些对于中国的抗战都是重要的支持。但协调印英关系的使命却是毫无进展。蒋介石在与林里斯格会谈时,坦言:"今后太平洋战事,正在英、荷两国殖民地内进行,所以英、荷两国对于各殖民地内的民众——尤其是对于广大的、有历史的精神和潜伏力量的民族,一定要从速赋予实权,采取切实的方法,使其力量得以充分发挥";"如果英国能够以美国对待菲律宾者来对待印度,那印度将来对英国不仅可以做今日的菲律宾,效忠美国,共同抵抗倭寇到底";印度"将来必会做今日的美国对英国一样的与之同生死、共存亡,与日俱增,不愿意完全脱离与英国在政治上的关系";"同盟国无论对德对日作战,印度一定可以作我们同盟国胜利的基本力量之一","在地中海、印度洋与太平洋上,发挥反侵略最大的功效"③,明确要求英国政府立即给印度人民自由,建立自治政府,"使印人愿意作战而不为敌人

---

　　①　《蒋公自述:访问印度的感想与对于太平洋战局的观察》,《先总统蒋公有关论述与史料》,第 377—378 页。

　　②　参见陈谦平:《1942 年蒋介石访印与调停英印关系的失败》,《南京大学学报》1991 年第 3 期。

　　③　《蒋公自述:访问印度的感想与对于太平洋战局的观察》,《先总统蒋公有关论述与史料》,第 382—383 页。

所利用"①。此番劝告为坚持殖民主义立场的英印当局断然拒绝,他们认为给印度以自治领地位"目下尚非其时","最好的办法乃将政权逐渐地、部分地交还,否则一定要引起印回间的自相残杀",不仅不同意让印度完全独立,而且连自治领地位也不愿给予印度②。英印当局之所以欢迎蒋介石赴印,纯然是为了利用蒋介石,说服印度各党派支持英国对德日意的战争,对于蒋介石的劝告非常不满,毫不客气地指出:"阁下此来有如审判官地位,将判断是否曲直,并且是袒护国民大会的,那末将使我十分感觉困难,这种印象决不利于联合作战之努力。"③双方不欢而散。

另一方面,蒋介石与印度独立运动各党派的会谈亦未取得理想的效果。访问期间,蒋介石会见了印度国大党领袖尼赫鲁、穆斯林联盟主席真纳,并不顾英方的反对,会见了正在软禁中的印度"不合作运动"领袖甘地,并进行长达五小时的长谈,蒋介石夫妇还广泛会见了印度政界、学界、妇女界的著名人士。这些会见加强了蒋介石与印度各党派,尤其是印度国大党之间的良好关系,并向他们表达中国支持他们获取独立地位的明确立场,但对于印度独立的步骤,蒋介石却与国大党不同。蒋介石的基本主张是:一、印度在战时先取得自治领地位,战后实现独立;二、印度放弃"不合作主义",暂停对于英印政府的攻击,积极参加反日联合战线等。而国大党方面则坚持英国必须立刻将主权交还印度国民,"不合作主义"是国大党惟一的武器,不能够放弃,并要求蒋介石对于英国施加某种压力④。双方亦无法调和。

蒋介石的访印,不仅未能促使英印关系有所好转,反而遭遇到英印

---

① 《战时外交》(三),第357页。

② 《战时外交》(三),第354页。

③ 《战时外交》(三),第356页。

④ 参见陈谦平:《1942年蒋介石访印与调停英印关系的失败》,《南京大学学报》1991年第3期。

双方的猜疑,陷入一种尴尬的境地①。21 日,蒋介石在回国前夕发表《告印度人民书》,号召印度人民参加世界反法西斯阵线,强调在世界两大壁垒之间"决无中立旁观之可能",参加反侵略阵线"系在整个反侵略阵线中之共同合作,而非单独与某一国合作与不合作问题",婉转表达了对于印度国大党"不合作主义"的批评;同时也敦促英国政府"不待人民任何之要求,而能从速赋予印度国民以政治上之实权,俾更能发挥精神与物质无限之伟力",并强调"此乃大不列颠帝国的有益无损且为最贤明之政策也",向英国政府将了一军②。

尽管如此,蒋介石夫妇访问印度,对于推进中印关系的发展还是起了积极的作用。2 月 22 日,尼赫鲁发表演说,称颂蒋介石的访问"将影响中印两国的历史","吾人应勇往直前,以中国兄弟姐妹为楷模而鼓舞奋起"③。3 月 4 日,国民政府主席林森也为此发表评论,称:"中印两国是伟大民族,同具悠久的文明","在中国过去的抗战期中,你们时常给我们同情与鼓励,这是我们永远不忘的,现在侵略的狂焰,又临到你们的大门,你们已经决定与我们并肩作战,中国人民对于你们的远见和敏断,异常钦佩,对于你们的参加和合作,异常欢迎!"④

随后,蒋介石继续支持印度独立运动。2 月 24 日、25 日,蒋介石连电美国总统罗斯福,强烈认为:"如印度政治问题不立刻解决,则危险只有与日俱增。如果英国政府等待,直到日机轰炸印度,印度士气瓦解,则为时已迟。如果等到日军进入印度之后,再来解决,无疑的,则为时

---

①　对于蒋介石访问印度失败的原因,陈谦平分析了五点:英国顽固的殖民主义与帝国主义政策;印度内部严重的教派与种族冲突;印度国大党人坚持不让步;蒋介石过高估计了中国的国际地位而导致举措失当;美国政府的拒绝调停等。

②　《战时外交》(三),第 431—433 页。

③　万仁元、方庆秋:《中华民国史史料长编》第 60 卷,南京大学出版社 1983 年版,第 274 页。

④　陈志奇主编:《中华民国外交史料汇编》第 11 册,台北渤海堂文化公司 1986 年印行,第 5011 页。

更为晚矣。如日本知此真相,进攻印度,则彼等必可长驱直入,不致遭受抵抗。"①6月14日,甘地致函蒋介石,申述印度人民获得自由之重要,并保证自由印度之政府必同意同盟国家军队可留驻印度,并以印度为抵抗日人进袭之基地等,呼吁中方劝阻英印当局停止对于印度独立运动的镇压。22日,蒋介石两次电嘱正在美国的宋子文与罗斯福总统商议,最好由罗总统转达英国邱首相,"惟望美国政府对于此事勿太轻视",印度问题"能否妥善之处理,实为同盟国在东方整个战局成败之所系,盖非仅英国一国之事也"②。希望由联合国,尤其是位居领导地位的美国来"阻止此一不幸情势发生"③。显然,蒋介石是利用印度局势的紧张,策动美国出面向英国施压,促使英国改变对印度政策,支持印度的独立要求。然而,8月8日,罗斯福的复电却使蒋介石大失所望,他虽对蒋对印度局势的分析表示同意,但又表示由美国出面奉劝英国政府与印度人民存在"困难",并认为"目前最好不必采取阁下心中所拟议之行动"④。蒋介石与印度国大党继续保持联系,并曾邀请尼赫鲁等访问重庆,这使英印当局大为不满。

印度局势进一步恶化。8月8日,印度国大党全国代表大会通过决议,要求"英国退出印度"。9日,英印当局正式逮捕甘地、尼赫鲁等一大批国大党领袖,向全世界宣示英国决心维护其对印度的殖民统治。11日,蒋介石致电罗斯福,指出英国此举"对盟国在远东目标,将证明为一极大挫折,且对整个作战形势必有严重影响";"如果事态任其进一步恶化,则轴心国之影响,必更为加强;盟国宣示作战之目的,世人将不

---

①　《蒋委员长致宋子文电报,嘱转报罗斯福总统》(1942年2月24日),《先总统蒋公有关论述与史料》,第424页。

②　陈志奇主编:《中华民国外交史料汇编》第11册,第5180—5184页。

③　《蒋委员长致罗斯福总统电》(1942年2月25日),《先总统蒋公有关论述与史料》,第425页。

④　《罗斯福致蒋委员长电》(1942年8月8日),《先总统蒋公有关论述与史料》,第428页。

再予以重视;而联合国公布之原则,其精神意义,亦将丧失殆尽矣"。呼吁美国采取有效步骤,以解决面临印度与世界之迫切问题①。另一方面,又紧急召见英国驻华大使,阐明中国立场,劝告英国政府以"恢然大度之姿态",允许印度完全独立,"实无迫其铤而走险,掀起革命波澜之必要",并警告说"若使印度不得不用革命方式取得自由时,则英人在印之势力自然崩溃"等②。同日,重庆《大公报》也发表社评《为甘地等被捕之事惋惜》,紧急呼吁"赶快结束印度的悲剧,谋取合理的解决"等。中国方面的努力没有取得实效,罗斯福表示:"美国政府至今认为,此一争执,因素很多,不积极介入协调双方,也许更能有效发生影响。"③丘吉尔则对蒋介石提出严重抗议,指责中国干涉英国内政,宣称英国在中国的国共争端问题上"从未加以任何轻微之评判",蒋介石如再干预印度事务,"将要承担严重后果",声明他决不接受"此项影响英皇陛下主权的调停"④。蒋介石的调停活动被迫告一段落。

在以后近两年的时间里,中英间围绕着印度独立问题的交涉仍在重庆和伦敦等地进行。1944 年下半年,中国驻英大使顾维钧奉命拜会丘吉尔,指出:英国哪怕是做个姿态,就有利于盟国的共同事业,就能对各盟国全体人民以至被轴心国所占领的人民带来莫大的好处。丘吉尔仍然认为:当前最重要的事是赢得战争的胜利,印度问题很复杂,应等到胜利之后再予解决,并表示一旦战局好转,他就要采取措施,为印度问题制订最公平合理的解决方案。两人的谈话形成书面文件,蒋介石同意将印度独立问题暂时搁置⑤。蒋介石对于印度独立问题的鲜明态

---

　　①　《蒋委员长致罗斯福总统电》(1942 年 8 月 11 日),《先总统蒋公有关论述与史料》,第 429 页。

　　②　《战时外交》(三),第 476—480 页。

　　③　《罗斯福致蒋委员长电》(1942 年 8 月 12 日),《先总统蒋公有关论述与史料》,第 430 页。

　　④　《战时外交》(三),第 485—487 页。

　　⑤　《顾维钧回忆录》第 5 卷,第 25—26 页。

度虽在战时并未帮助印度取得独立,却奠定了战后两国关系的重要基础。

二　援助朝鲜独立运动

援助朝鲜独立运动是国民政府长期实行的一项政策。如果说在"七七"事变之前,中国官方对于朝鲜独立运动的支持在很大程度上受中日关系的制约而不得不采取某种特殊形式,那么中日战争爆发后,这种支持因中国实现全民族全面的抗战而公开化、官方化。在援助方式上,国民政府继续战前的一贯做法,即同时支持朝鲜反日独立运动的各个派系。

当时,在中国大后方国统区率领朝鲜侨民积极参加中国抗战的政治力量主要有两股:一股是以金九为中心的韩国国民党和韩国临时政府,1940年9月在中国官方支持下,成立韩国光复军,总部设在西安,下设三个支队,分赴山西、绥远、山东等地,发布宣言要"与友邦中国抗日大军并肩杀敌","不但调动白山黑水间枕戈待旦的三韩健儿和散在华北一带的白衣大群,更能以此国内的三千万革命大众闻风而起,冲断倭寇的铁蹄、锁链而遂行圣洁的天职"[1];另一股是以金若山为中心的朝鲜民族革命党等团体,1938年10月,经中国官方批准成立朝鲜义勇队,总部初设桂林,后迁重庆,下设两个区队,后扩展为三个支队,在抗战前线与中国军队并肩作战,发布宣言要"唤起不愿做殖民地奴隶的千百万朝鲜同胞,在朝鲜义勇队这面旗帜下集合起来,更联合法西斯军阀压迫下的一切民众,打倒我们真正的敌人——日本军阀,以完成东亚永久和平"[2]。中国官方对于朝鲜独立运动的支持与扶助,原则上仍由国民党中央党部负责联络以金九为中心的韩国临时政府,由军事委员会

---

[1]　范廷杰:《韩国革命在中国》,台北《传记文学》,第27—29卷。

[2]　《朝鲜义勇队成立宣言》(1938年10月10日公布)。

支持以金若山为中心的朝鲜民族革命党及其所领导的朝鲜义勇队。中国官方的援助包括政治上的支持和帮助、经济上的援助和供给、军事上将该国抗日武装列入中国军队序列和共同作战等,朝鲜独立运动由此声势大振,为战后朝鲜的独立准备了舆论,培养了干部,奠定了基础;朝鲜侨民的反日斗争,特别是朝鲜义勇队和韩国光复军在中国战场的出现和活动,也沉重打击了日本侵略者的气焰,壮大了中国抗战的国际声势。

　　太平洋战争的爆发,使世界局势进一步发生变化,朝鲜独立问题变为指日可待的现实。1941 年 12 月 10 日,韩国临时政府在中国政府对日宣战的次日也发表对日宣战书,声明韩国人民决心参加反侵略阵线,与轴心国作战到底。该政府主席金九致函国民政府主席林森、外务总长赵素昂致函中国外交部长郭泰祺,表示韩国之独立及全世界弱小民族之完全解放,全赖中国对日宣战及其获得最后胜利而完成①。1942年 3 月 1 日,重庆朝鲜侨民举行盛大集会,并以会议名义致电中、美、英、苏四国元首,要求同盟国承认韩国临时政府,并准予韩国以第二十七个参战国资格加入同盟国对日作战②。

　　根据变化了的新形势,中国官方适时对援朝政策进行了重大的调整。早在太平洋战争爆发前夕,蒋介石就饬令中国军事委员会从速拟定援助朝鲜在华独立复国运动的方案③。军事委员会奉命拟定了《对韩国在华革命力量扶助运用指导方案》。1942 年 7 月 20 日,中国国民党中央常务委员会第二百〇六次会议讨论了援朝问题,决议推举国民党元老、考试院长戴传贤,军事委员会参谋总长何应钦,国防最高委员会秘书长王宠惠,国民党中央组织部长朱家骅,国民党中央党部秘书长

---

　　①　张群、黄少谷:《蒋总统为自由正义与和平而奋斗述略》,台北 1985 年刊印,第 281—283 页。

　　②　重庆《中央日报》,1942 年 3 月 2 日。

　　③　《军事委员会委员长陷川侍六代电》(1941 年 10 月),中国国民党党史会藏。

吴铁城、国民参政会秘书长王世杰以及蒋介石侍从室负责人与朝鲜独立运动有深远历史关系的陈果夫七人组成专案小组，由吴铁城、王宠惠任召集人，通盘研究援朝政策的调整和强化。这个小组集中了当时中国党政军的重要大员，对于国民政府的决策具有很强的影响力和较高的权威性。8月1日，该小组举行首次会议，以军事委员会的草案为蓝本进行讨论①。17日，该小组举行第二次会议，特邀请行政院副院长兼财政部长孔祥熙，立法院长、中韩文化协会理事长孙科以及蒋介石重要幕僚陈布雷参加，使对援朝问题的讨论在财政上更加具体化，在决策上更富可行性②。23日，该小组将两次讨论的结论及援朝方案呈报蒋介石③。12月27日，蒋介石核准该方案，第一次形成了中国官方援朝政策的正式文件④。其基本精神是：将援朝政策的重点从扶助朝鲜革命力量，参加中国抗战，转移到强化朝鲜独立复国力量，帮助战后朝鲜实现独立，并确定了"于适当时机，先他国而承认韩国临时政府"的原则，试图扶助该临时政府成为朝鲜独立后亲华的正统政府。根据这个纲领性的文件，中国官方采取一系列措施强化援朝工作。

首先，中国官方将争取国际社会承认朝鲜独立列为援朝工作的首要目标。在国民政府看来，争取战后朝鲜独立复国，不但是由于中朝历史关系的悠远久长，也是战后维持远东和平的需要，更是中国作为亚洲大国的一种义不容辞的责任，为此运用一切政治的、外交的，或民间的、舆论的手段，向国际社会呼吁战后立即给予朝鲜独立。1942年11月，

---

① ［韩］爱国同志救护会：《韩国独立运动史》，檀纪1989年2月5日刊印，第370页。

② 《中央商讨朝鲜问题第二次会议记录》（1942年8月17日），中国国民党党史会藏。

③ 《中央党部吴铁城秘书长上蒋总裁特6385号快邮代电》（1942年8月23日），中国国民党党史会藏。

④ 《军事委员会第6948号快邮代电》（1942年12月27日），中国国民党党史会藏。

国民政府外交部长宋子文举行记者招待会,公开表示中国将支持朝鲜在战后成为一个独立的国家,强调说明支持朝鲜独立是中国的国际义务而不是权利①。1943年1月3日,国民政府外交部情报司长邵毓麟公开撰文主张战后朝鲜应该立即独立,该文指出:"朝鲜为日本大陆侵略之跳板,其独立之被侵,为甲午战之起点,为日俄战之诱因,且亦为太平洋战争之远因,故其独立重建应为目前中日战之归宿,事实上殆亦已成为同盟国协同作战之一共同目标。"②该文被国际舆论认为系代表中国政府之见解,美国驻华大使曾将该文全文电报美国国务院。7月26日,蒋介石在会见韩国临时政府主席金九等人时,直率表示:"韩国之在战后应予独立,系中国政府之决定政策。"③8月,外交部长宋子文分别在伦敦和华盛顿发表类似谈话,表示"中国希望于日本战败后,将东北和台湾归还中国,并使朝鲜成为一个独立的国家"④。在中国官方的舆论导向下,中国新闻媒体也形成了呼吁给予朝鲜独立复国的热潮。各报刊纷纷发表社论,着眼于自身的安全和未来亚洲的和平秩序,主张战后朝鲜应立即独立。如重庆《大公报》的社论《论朝鲜独立》,指出中国抗战"是五千年来的空前大战,中国付出如此重大的代价,赌国族的命运",其"抱负的目标",即是要"抗战到底",这个"底"字就是要"回复完整的中国"和"独立的朝鲜",强调朝鲜独立问题是"远东的百年大计"⑤。

　　同时,中国官方也将承认韩国临时政府提上了议事日程。韩国临时政府自1919年成立后,二十余年间曾得到中国官方和民间的长期支持,虽然由于当时的中日关系、国际环境以及该政府自身时分时合、未

---

①　重庆《中央日报》,1942年11月4日。

②　邵毓麟:《如何解决日本事件》,重庆《大公报》1943年1月3日。

③　《韩国临时政府宣传部长金奎植对旅美韩侨广播演讲词》(1943年8月5日),中国国民党党史会藏。

④　重庆《大公报》,1943年9月19日。

⑤　重庆《大公报》,1943年10月12日。

能获得朝鲜独立运动团体全体支持等因素,未为中国官方承认。然而,该政府毕竟是朝鲜独立运动数十年奋斗的一个象征,如能获得国际社会的承认,在战时可以由该政府组织容纳所有在华朝鲜独立各团体,努力于朝鲜的独立复国事业,在朝鲜独立后可以以此为基础建立一个与中国友好的政府。太平洋战争爆发后,中国官方对于承认韩国临时政府一事趋向积极。1942 年 3 月,国民政府立法院长孙科在东方文化协会演讲中高度评价韩国临时政府,称它"已有二十三年革命奋斗的历史,与欧洲的流亡政府不同。它成立时是代表韩国民族,到今天还是代表韩国民族。韩国国内虽有不同的党派,但是却没有第二个临时政府。美国数万的韩侨,最近开会也是拥护重庆的韩国临时政府。在苏联的几十万韩人,东三省几百万韩人,也是一样拥护这个临时政府,这足证明韩国几千万人民的意志"。孙科首次公开主张目前"最重要的承认韩国临时政府","我们承认了之后,英、美一定会继起承认,将来苏联也会承认。这样临时政府力量更大,更能领导韩国人民,以重庆为中心,一步一步努力完成复国的事业。这样,中韩两国人民的友谊不但可以恢复几千年来的关系,当然更趋密切,世世代代都不会忘记"①。孙科的演讲对于韩国临时政府的评价虽有过分之处,但体现了国民政府的意向,对于当时的舆论起了重要的导向作用。8 月,中国国民党中央高层人士在两次讨论援韩问题的会议中,曾反复探讨承认韩国临时政府的问题,终因顾忌"承认得太早,英国不痛快,美国亦受影响,承认得太迟,则恐苏联有阴谋"②,从而确定了"于适当时机,先他国承认"该政府的原则。

　　与中国朝野的活动相呼应,韩国临时政府自身也积极开展活动,要

---

①　孙科:《韩国独立问题》,《孙科文集》第 3 册,台北商务印书馆 1970 年版,第 848 页。

②　《商讨朝鲜问题会议记录·戴传贤发言》(1942 年 8 月 1 日),中国国民党党史会藏。

求国际社会承认其合法地位。1942年6月12日,该政府外务总长赵素昂在重庆会见记者,呼吁各同盟国"正式承认韩国临时政府"和"在物质上援助韩国",尤强调承认该政府的重要性和必要性,指出:"回忆上次世界战争,因扶助中欧弱小民族之解放,故能战胜德国";此刻在伦敦已有九个流亡政府为英国政府承认,"这都因为以政略为前提,而不是局限于法律观点上的斤斤计量";韩国占有日本"二分之一的人力与价值一千万万的物资供给","最有效的办法,莫如承认韩国政府,援助韩国政府,使庞大的人力与物力,不仅不供敌人利用,且可为同盟国战胜日寇的一部分力量的泉源"①。

中国官方就此与美、英、苏等国进行外交交涉,争取他们对韩国临时政府的承认和支持,然而,美、英等国却取反对态度。1942年5月1日,美国驻华大使高斯复函国民政府外交部,表示美国无意立即承认韩国团体,理由是韩国旅华各团体既不能互相合作,亦未能获得韩国内地人民的支持,同时亦必须顾忌到在美各韩侨团体,以及在苏联西伯利亚一带由苏俄所支持的韩人团体。1943年5月,美国国务院主管官员再次向中国驻美大使魏道明表示,对于承认韩国临时政府目前最好搁置不谈。英国政府顾忌它在亚洲的殖民地问题,担心承认韩国临时政府将引起连锁反应,采取消极态度。苏联则根本不理睬中国方面的征询,积极组织旅居俄境的韩国侨民,准备战后在韩国另建政权②。

为了使韩国临时政府能早日为国际社会所承认,中国官方采取了各种措施强化该政府。首先,中国方面从组织上改变了以往援朝工作政出多门的现象。当时中国官方涉及援朝事务的机关有蒋介石侍从室,军事委员会办公厅、政治部、调查统计局,中国国民党中央秘书处、组织部、调查统计局,国民政府外交部等,各方意见的不一致,常常导致援朝工作出现混乱,并增加了朝鲜独立运动各团体间的矛盾和冲突。

---

① 《新华日报》,1942年6月13日。
② 邵毓麟:《使韩回忆录》,台北传记文学出版社1980年版,第28—40页。

1942 年 12 月 27 日,经蒋介石批准,派定军事委员会参谋总长何应钦、国民党中央组织部长朱家骅和中央党部秘书长吴铁城三人为实施援朝工作主持人,规定今后有关援朝问题,不论政治、军事、经济、党务,统由他们协议办理①。

朝鲜独立运动的致命弱点自始即是其内部各党派间的四分五裂。即使是在中日战争期间,虽经中国官方再三施加影响和劝说,但韩国临时政府的基础仍然只限于金九领导的韩国独立党,以金若山为中心的朝鲜民族革命党及朝鲜民族战线联盟,对于该政府始终抱"不关政策",另一些朝鲜独立运动团体更是公开指责该政府"有害于朝鲜复国革命","没有群众基础","缺乏统治权力及形式"等②。这种状况显然不利于中国援朝政策的实施。中国官方决定将对朝鲜独立运动的援助由原先的多党运用原则,改变为扶助以金九为主席的韩国临时政府为主的方针,采取多种措施来强化该政府的建设。

中国官方采取的一个至关重要的措施是改变援朝经费的发放办法,改原来的多党并进为以韩国临时政府为惟一对象,对其他朝鲜独立运动团体不再单独给予经费资助,以促成金若山派的朝鲜民族革命党等团体参加韩国临时政府,这一变动取得了良好的效果。1942 年 5 月 15 日,在中国官方的推动下,朝鲜民族革命党领导的朝鲜义勇队并编入韩国临时政府领导下的韩国光复军,由中国军事委员会下令在韩国光复军总司令部增设副司令一员,由金若山担任,并将原朝鲜义勇队改变为韩国光复军第一支队,由金若山兼任支队长,原光复军第一和第五支队合编为第二支队,由李范奭任支队长,原第三支队不动,仍由金学奎任支队长③。

---

①　《中央党部吴铁城秘书长上蒋总裁特 5259 号报告》(1942 年 12 月 15 日),中国国民党党史会藏。

②　如松:《朝鲜义勇队在革命运动中的地位:纠正两种错误的认识》,《朝鲜义勇队通讯》第 37 期。

③　范廷杰:《韩国革命在中国》,《传记文学》第 27—29 卷。

另一方面,中国官方也极力劝说韩国独立党开放政府,甚至不惜采用高压手段,以对韩方贷款是否兑现为条件,敦促金九等人扩大临时议政院、临时政府等,容纳朝鲜民族革命党等团体的领导人金若山、金奎植等加入政府,希望该临时政府能容纳所有在华朝鲜独立运动团体代表,真正成为代表全体朝鲜人民独立复国意志的合法政府。这一措施也取得了一定的效果。1942 年 10 月,韩国临时议政院在重庆举行第三十四届议会,补选缺额议员,开始容纳朝鲜民族革命党等左派集团成员,并增加朝鲜民族革命党的金奎植、张建相等为临时政府宣传总长、学务总长以及六个部的副总长,初步实现了左右两派在临时政府内部的合作①。11 月 28 日,韩国临时政府正式公布了《大韩民国建国纲领》,确定以"三均主义"为"韩国建国精神"和临时政府的最高理想:"实施普遍选举制度,以均政权;采用国有制度,以均利权;采用免费教育制度,以均学权。"该纲领将朝鲜独立运动划分为复国和建国两个阶段,每个阶段又划分三个时期,并确定各个时期的基本历史任务②。这个纲领吸收了孙中山的三民主义思想、欧美的三权分立制度和苏俄的社会主义学说的某些成分,并综合近代朝鲜的改革思想而成,反映了朝鲜民族主义者的资产阶级共和国观念,使韩国临时政府的政府形态进一步完备。

中国朝野的共同努力,为确立战后朝鲜独立地位造成了有利的态

---

①　重庆《大公报》,1942 年 10 月 26 日。

②　该纲领规定:朝鲜复国运动第一时期的历史任务是:"宣布独立,确定行使国号,建立临时政府及议政院,颁布临时约法及其他法规","以三均制度唤起民族的革命意识,集中海内外民族革命力量,实施光复运动之总动员",编组强大的光复军,"实行对敌血战";第二时期的历史任务是:"恢复一部分国土,而党政军机构转奠于国内","尽一切手段,扩大并强化大众反抗、武装斗争及国际外交宣传等之独立运动,以扑灭倭寇之侵夺势力",并"联络同情及援助我国独立运动之民族与国家,扩大光复运动之力量";第三时期的历史任务是:"完全夺还被敌并吞之国土、被奴役之人民、被侵占之政治及经济、被抹杀之教育和文化","准备建国任务所必需之人才、法令及其他计划"等。参见金恩忠:《韩国独立党三均制度之铨释》,第 113—119 页。

势。1943 年 11 月，中、美、英三国在埃及开罗举行首脑会议，在中国的坚持下，终于以"我三大同盟国，稔知朝鲜人民所受之奴隶待遇，决定在适当时机使朝鲜自由与独立"的文句，载入《开罗宣言》之中，从而正式确定了战后朝鲜独立的国际地位。这是这一时期中国官方实施援朝政策取得的最大成果。然而，中国官方争取国际社会承认韩国临时政府的努力却未取得进展，在与美、英、苏等国交涉碰壁后，反为同盟国联合行动规约所制约，迟迟不能在是否承认韩国临时政府的问题上作出决断，坐失了承认韩国临时政府的最佳时机①。

三　援助越南独立运动

中国官方援助越南独立运动的情况与援助朝鲜独立运动有某些相似之处，但又各有特色。中国国民党与越南独立运动的联系可以追溯至孙中山与越南独立运动先驱、越南国民党创始人潘佩珠的密切交往。1903 年潘佩珠就在中国粤桂滇各省从事革命活动，同年经梁启超介绍东渡日本组织光复会，并得晤中国革命的先驱孙中山，甚得孙中山同情与支持，建立了相互间联系。1909 年后，潘佩珠长期在上海从事反法独立活动，并将光复会改组成为越南国民党。1925 年因广州发生越南志士范鸿泰谋刺法国越南总督事件，潘佩珠在上海被法租界当局诱捕解返河内，长期关押。但中国国民党与越南国民党的联系并没有中断，一批越南革命青年获准进入黄埔军校学习，为越南光复事业培养了一批干部。1930 年越南国民党在安沛举行反法起义，惨遭失败后将活动重心移往中国。越南国民党在南京设立该党中央干部委员会海外办事

---

①　国民政府如能在开罗会议决定战后给予朝鲜独立地位后，果断地、自主地承认韩国临时政府，然后再以强有力的态度与美、英等国进行交涉，不失为一着好棋。而在豫湘桂战役后，由于中国战场出现严重的政治、经济、军事危机，中国的国际地位一路下落，最终基本失却了在战后朝鲜独立问题上的发言权，中国虽列名所谓"四强"，实际上成为美、苏、英决定朝鲜问题后的被通知者。

处,并在中越边境地区设置分支机构,得到中国国民党的大力支持,包括在经济上每月由中国国民党中央党部资助经费 200 元①。这与中国国民党援助朝鲜独立运动党派的做法基本相似,体现了中国国民党援助周边弱小民族争取民族独立的态度。

然而,抗日战争爆发后,中国援助越南独立运动的做法却与援助朝鲜独立运动有着不同的特点。首先,在领导体制上,在大后方的朝鲜独立运动由中国国民党中央党部和军事委员会政治部直接操纵指挥,而越南独立运动则主要由军事委员会桂林办公厅和第四战区司令长官部负责联络指导,由于担任军委会桂林办公厅主任的李济深和第四战区司令长官的张发奎与国民党中央党部在对待越南独立运动的理念以及对待各党派的态度上有所区别,使得中国方面对于越南共产党系统的反日、反法独立活动采取较为宽松的政策;其次,在活动地域上,受中国国民党援助的朝鲜独立运动各党派总部都设在重庆,活动则遍及各战区,而越南独立运动主要活动于中越边境的广西、云南、贵州三省,其活动的地域与范围远小于前者;其三,在活动内容上,朝鲜独立运动兼具参加中国抗日战争与争取朝鲜独立的双重使命,尤其是战争前期,朝鲜义勇队和韩国光复军实际上成为参加中国抗战的国际纵队,壮大了中国抗战的国际声势,而越南独立运动的使命则集中于争取自身独立的事业,其参加中国抗战的声势和影响不如朝鲜独立运动各党派;其四,在与国内联系方面,朝鲜独立运动由于远离国土,与国内人民联系不足是其最重要的缺陷,而越南独立运动则与国内人民的反法反日斗争始终保持着密切的联系,在国内建有根据地和一定数量的武装力量,其主要领导人时而回国内,时而来中国,将境内外的反法反日独立运动巧妙地结合起来,这是他们战后在国内获得迅速发展的基本原因。

中日战争爆发后,在中越边境地区活动的越南独立运动党派主要

---

① 第一方面军司令部卢汉:《越南政治党派概况》(1945 年 12 月 14 日),中国国民党党史会藏。

是越南国民党和越南共产党两派。越南国民党主要活动在云南,自称:"根据三民主义为革命指针,与中国国民党保持齐一之步伐,探求东亚之光荣与和平,恢复祖国山河。"对于中国的全民族抗战,该党取拥护态度,"一面派同志投效军旅,上前线抗日;一面派同志返边界,秘密活动,向越南民众宣传,使之拥护中国抗战国策,更为扩充工作,并进一步与中国发生密切联系计,中央即派干部同志返滇改组成立越南国民党中央执行委员会海外执行部(1941)。越南之环境虽数经变易,而国民党始终坚持一宗旨,无论何时皆能镇定依计划而行动,深信惟有中国获胜,越南革命始有成功之希望也"①。他们的抗日独立斗争得到了中国地方军政当局的支持和帮助。

越南共产党在中越边境的活动也十分活跃。越共领导人胡志明,化名胡光,1938年秋从苏联来到中国延安。年底,以八路军军人的身份随同中共领导人叶剑英南下桂林,任职八路军桂林办事处,后又参加国共合作开办的南岳游击干部训练班,任新闻台少校台员。随后又赴贵阳,参与创建八路军贵阳办事处,并曾到过重庆。1940年2月,胡志明来到昆明,并在中国共产党的帮助下,与印支共产党海外部接上了关系,成为其核心领导人物。该党海外部及其基层组织以"越南民众响应中国抗敌后援会"名义,在滇越铁路沿线各地进行散发传单等多种形式的宣传活动,揭露法、日帝国主义互相勾结的罪行,广泛发动越南侨胞拥护和参加中国的抗日战争,取得了良好的效果。他们的反日、反法斗争主要与中国共产党发生联系,但也未与中国地方当局发生摩擦或冲突②。

1940年6月20日,德军占领巴黎,法国向德国投降。9月22日,法国越南总督被迫与日本签订《越日协定》,允许日军在海防登陆及借

---

① 《严继祖呈中国国民党中央执行委员会秘书长吴铁城报告》(1942年8月16日),中国国民党党史会藏。

② 参见黄铮:《胡志明与中国》,解放军出版社1987年版,第53—65页。

用北越三处飞机场,法国的战败与对日本的屈服,使其在越南民众中的声望一落千丈,其在越南的统治地位也摇摇欲坠,给越南独立运动造成了前所未有的大好时机。另一方面,中国军方开始为中国军队入越作战进行准备,也希望加强与越南独立运动各党派之间的联系,其时正在军事委员会桂林办公厅担任上校参谋的越籍胡学览(越南共产党系统)和在第四战区长官司令部担任上校参谋的越籍张佩公(越南国民党系统)为中越双方的合作起了铺路架桥的作用。

在中国军方的支持和帮助下,越南独立运动在中越边境和越南国内都有了很大的发展。在这一时期越南共产党起了重要的作用。1940年10月,越南独立同盟会办事处在桂林成立。该会于1935年7月在南京成立,曾向中国政府登记,此次组建系恢复性质,经李济深批准,取得了在中国境内公开活动的机会。胡学览任主任,林伯杰(范文同)任副主任,系越南独立运动各党派的联合战线组织,越南共产党在其中占有优势。该办事处曾领导了越南国内1940年底至1941年初反对法国殖民者的北山、南圻、助江暴动①。1940年12月,越南共产党胡志明等又与桂林文化界、新闻界人士广泛接触,共同发起建立“中越文化工作同志会”,并依靠这一组织进行公开活动,呼吁中国和国际进步力量支持越南的民族独立斗争②。1940年12月,在第四战区司令长官部所在地柳州成立了“越南民族解放委员会”,其成立宣言称:“日本军阀与法国帝国主义一样,都是坏东西”,号召越南各民族“立即行动起来,挣脱这双层的奴隶的锁链”,“以伟大的中华民族的解放斗争为表率,高举我们民族革命的旗帜”,“为建立越南民主共和国而斗争”等③。该委员会成立后,主要是利用张佩公与中国军方的密切关系,以张佩公主持

①　参见黄铮:《胡志明与中国》,第68页;蒋永敬:《胡志明在中国》,台北传记文学出版社1972年版,第120—123页。

②　参见桂林《扫荡报》,1940年12月9日。

③　《桂林日报》,1940年12月28日。另据蒋永敬著《胡志明在中国》考订,该委员会并未真正建立,只是发表了一个声明。

的边区工作队的名义,举办越南干部训练班,培训越南独立运动的干部队伍。1941年4月,在该委员会基础上,又建立了"越南民族解放同盟会",以"亲华、反法、抗日"为宗旨,主张"联合越南一切民族革命力量,组织成为一坚强整个革命阵营;同时联合以平等待我之民族,尤其是中华民族,共同一致打倒法、日帝国主义,以达到越南独立、自由与领土之完整"等①。

　　1941年2月,越南共产党主要领导人胡志明等返回越南活动。5月10日,具有历史意义的印支共产党(即越南共产党)第八次会议在高平省北坡举行。会议决定建立和发展游击根据地,成立越南独立同盟战线(下简称"越盟"),将各群众组织改组为救国会,进行武装起义的准备工作。5月19日,"越盟"正式建立,这是一个以越南共产党为核心的反抗法日的统一战线组织,成为越南国内实现独立复国的领导中心②。6月6日,胡志明署名"阮爱国",发表致越南全国同胞号召书,指出"民族解放问题高于一切,我们要团结起来! 为拯救水深火热中的我国人民,同心合力打倒日、法帝国主义及其走狗!"③"越盟"当时主要在越南国内活动,其活动区域是高平、谅山、北坼等省的边区,取得了相当的成就。但自成立至1944年4月的三年间,与中国官方并无联系。越南共产党虽仍在中国境内活动,但并未使用"越盟"的名义。

　　太平洋战争爆发后,中国官方对于越南独立运动的态度趋向积极。1942年3月23日,国民政府立法院长孙科在《中央日报》发表文章,首次公开主张越南应该获得独立,他要求美国总统罗斯福和英国首相丘吉尔宣布一项"太平洋宪章",保证联合国承认印度、越南、韩国及菲律宾的独立地位。此一意见引起国际社会的广泛注意,也激励了越南独

---

　　①　梅公毅:《越南新志》,第83页,转引自蒋永敬著《胡志明在中国》,第127页。

　　②　黄文欢:《重要的历史转折点》,转引自黄铮著《胡志明与中国》,第80页。

　　③　胡志明:《国外来信》,《胡志明全集》第1卷(中文版),越南外文出版社1962年版,第232页。

立运动志士的斗争情绪。中国第四战区司令长官部开始积极主动地联系越南独立运动各党派。为此,决定约请越南革命领袖轮流草拟演讲稿,每周三次,在国际电台向越南民众广播,报道同盟国家的重要消息,加强对于越南的宣传工作①。并鼓励原在云南活动的越南国民党人到抗敌前线广西来活动。

在中国第四战区司令长官部的直接协调和指导下,越南独立运动各党派于 1942 年 7 月在广西柳州建立了"越南革命同盟会筹备委员会",推选越南老革命党人、长期在中国军界任职的阮海臣为主任委员。参加的党派有越南国民党、越南民族解放同盟会、越南复国同盟会以及无党派人士。10 月 1 日,该会正式成立,越南国民党在领导层中占据优势地位。张佩公、阮海臣、武鸿卿为常务委员,阮海臣、张佩公、武鸿卿、杨清民、陈豹、农经猷、严继祖分任秘书、军事、组织、训练、财务、交际组长,严继祖、武鸿卿、陈豹分任东兴、靖西、龙州办事处负责人,并在昆明设有分会。出版宣传刊物越文版《越魂》和中文版《湄公怒潮》②。该同盟会政纲规定:其最高目的"在联合全越民众及中国国民党,打倒日法帝国主义,恢复越南国土,建立自由平等之民主国家";"为达成此目的,决以全越民众力量与中国国民革命军并肩作战,以驱除日法帝国主义者,肃清一切侵略势力";"须联合各同盟国家如中美英苏等国,尤其是中国,切求其援助,以建设越南民主国"等。其组织纲要分列总则、中央委员会、省会、县会乡会、小组、附则六章,较为完备地规定该同盟会严密的组织系统③。

中国军方与该同盟会建立了密切的联系。当该会成立时,中国国

---

① 《王之五报告》(1941 年 12 月 21 日),转引自蒋永敬著《胡志明在中国》,第 172 页。

② 《越南革命同盟会指导代表梁华盛报告》(1942 年 10 月 24 日、28 日),中国国民党党史会藏。

③ 《越南革命同盟会会章、政纲、组织纲要、工作纲领》(1941 年 10 月),中国国民党党史会藏。

民政府军事委员会为援助越南党人争取独立,对该会派有指导代表,负责与该会联系,并为之解决问题。指导代表初由第四战区政治部主任梁华盛兼任。1943 年 5 月梁调职,由侯志明继任。12 月,为进一步加强对于该同盟会的指导和帮助,由第四战区司令长官张发奎亲自兼任,侯志明任副代表,张发奎又将指导权交付第四战区长官司令部中将高级参谋、外事处副处长萧文(处长由张自兼)"全权负责"①。1944 年初,第四战区奉命改编为中国陆军总司令部第二方面军,仍由张发奎任司令长官,但原战区外事处却面临裁撤之危险。3 月,经何应钦总司令批准,对越指导工作仍请张发奎继续担任,并决定"外事处全部保留,并加强实际工作"②。中国军方由张发奎负责指导对该同盟会工作的体系一直保持到战争结束。

　　与此同时,中国国民党中央党部与越南国民党之间也不断进行联系。1942 年 1 月,越南国民党海外执行部向中国国民党中央党部秘书处送呈《越南国民党行动计划大纲》和《工作概况》。希望"加强贵国党政当局与本党之联系,希派明了越情及越语之人员专驻开远或昆明,与本党经常接触,负责指导本党工作,传达上级机关法令与转达本党向贵党当局呈报之意见及情报"等,提出该党每月各种费用不下五万元,若工作继续扩大,则所需当必逾此数,恳请"贵党部体察本党处境之困难,优加津贴"等③。1943 年 9 月 13 日,越南国民党中央海外执行部常务委员严继祖、武鸿卿、周伯凤呈文中国国民党中央秘书长吴铁城转呈蒋介石,对越南革命同盟会成立一年来的工作提出严厉批评,"有因权利问题互相暗斗,有因工作意见各走极端","与过去十余年间各党派互相

---

　　①　《侯志明致蒋永敬信》(1966 年 9 月 1 日),转引自蒋永敬著《胡志明在中国》,第 171 页。

　　②　国民党中央调查统计局:《第四战区改编与对越工作近状》(无日期),中国国民党党史会藏。

　　③　《越南国民党海外党执行部工作概况》(1942 年 1 月 1 日),中国国民党党史会藏。

倾轧情形如出一辙",提议"组织越南革命行动委员会,集合越南之热血青年及有为干部,加以组织训练",并主张该行动委员会"拟由本党直接指挥,仍隶越南革命同盟会,务使权力集中,指挥统一,争取工作之高度效率",要求国民党中央"派员主持组训事宜",至同盟会各党各派"仍拟由指导机构加以整顿调和,使不致分散革命力量或阻碍革命事业之开展。"①随即,该党迅速提出了《越南革命青年行动委员会会章草案》和《会员训练大纲》②。次月,该党海外执行部又向中国国民党中央秘书处送呈了《越南国民党现阶段革命方略》等重要文件③。现有的档案资料中,虽未发现中国国民党中央对于越南国民党提案的回应,但仍可断定中国党、军机关对于越南独立运动的分头指导情况是客观存在的事实,这种情况在战争临近结束时表现得尤为明显④。

　　1943年底,张发奎亲自兼任对越工作指导责任后,设置了一个"指导代表办公室",加强对于援越工作的领导,并着手改组越南革命同盟会,以扩大其群众基础,壮大越南独立运动的力量。由于越南革命同盟会成立以后,在对越南国内活动方面未能有所作为,而第四战区司令长官张发奎为配合入越作战,急需协助越南革命力量回越活动以为响应,遂逐渐看重1941年8月重返中国的越南共产党胡志明及其领导的"越盟"在国内的力量⑤。当时胡志明尚为国民党地方当局囚禁之中⑥。张发奎决定释放胡志明,并让他参加越南革命同盟会的改组工作。1944年3月,"越南革命同盟会海外革命团体代表会议"在柳州举行,

---

①　《严继祖等呈文》(1943年9月13日),中国国民党党史会藏。

②　《越南革命青年行动委员会会章草案》及《会员训练大纲》(无日期),中国国民党党史会藏。

③　《越南国民党现阶段革命方略》(1943年10月7日),中国国民党党史会藏。

④　1999年8月—9月,笔者曾赴台湾访问,详细查阅了中国国民党党史会、台北"国史馆"的相关档案资料。

⑤　《张发奎答蒋永敬等访问》,参见蒋永敬著:《胡志明在中国》,第184页。

⑥　关于胡志明被捕的原因及其经过,参见黄铮著:《胡志明与中国》,第81—98页。

并重组领导核心。张佩公、张中奉、陈豹、蒲春律、严继祖、黎松山、陈廷川当选为中央执行委员，阮海臣、武鸿卿、农经猷为监察委员，胡志明、阮祥三当选为候补委员①。该同盟会改组后，越南共产党势力大增，而越南国民党的影响力却有所下降，甚至发生了越南国民党占据主导地位的越南革命同盟会云南分会被强行改组，越南国民党领导人严继祖和武光品被第四战区逮捕事件。这一事件引起中国国民党中央的直接干预，但已造成越南国民党在该同盟会中的失势②。

　　1944年6月，胡志明与从越南来到柳州的黄文欢见面，根据越南国内革命形势，决定抓住这一有利时机，争取在中国军方的支持下回国活动，直接领导越南的独立解放事业。胡志明迅速向张发奎提出了《入越工作计划大纲》，其工作目的是：一、传达中国政府扶助越南民族解放的决心；二、发展越南革命同盟会的组织与力量；三、置策应入越之华军与其他盟军之准备工作；四、越南之完全独立自由。其工作纲领是：一、领一部干部人员秘密潜返越境自龙州至平孟一带，先行观察及实施计划展开之工作；二、在东兴秘密召集一部忠实能干人员，开设一个短期训练班，授以尔后工作的方式与技能；三、曾经训练的人员，以秘密及武装公开式的宣传去号召人民，领导人民；四、国内各党派团体，并促进其团结及参加同盟会，筹开全国代表大会，从事实际的革命工作；五、游击根据地等，并详细拟订了组织实施、宣传实施、训练实施的方案，编制了经费预算③。该计划大纲深得张发奎赞赏，在报送中国最高当局批准后，付诸实施。8月9日，胡志明率领战地工作总队十八人入越从事策动工作，中国军方提供入越旅费五万五千元、补助费一万元，招致越南青年来柳受训旅费一万元以及护照公文药品等④。由此，

_____

①　邢森洲：《越南情况报告》（1944年5月25日），中国国民党党史会藏。

②　该事件的经过参见蒋永敬著《胡志明在中国》，第188—191页。

③　胡志明：《入越工作计划大纲》，中国国民党党史会藏。

④　张发奎：《为派胡志明率领战地工作总队队员杨文禄等十八员即行入越策动工作呈文》（无时间），中国国民党党史会藏。

"越南独立同盟"在国内开创了越南独立运动的新局面。

另一方面,在第四战区受到压抑的越南国民党人却加强了与重庆中国国民党中央党部的直接联系和求援工作。中国官方内部环绕着援越方针的争执也日趋尖锐。当中国国民党越南支部领导人严继祖等被捕后,国民党中央秘书长吴铁城连电张发奎催促放人。中国国民党对越工作负责人邢森洲在给中央秘书处的报告中严厉批评第四战区的援越工作:"现在越南共产党之势力,蔓延全越。彼以苏联为背景,与中国政策及本党主义相违背。虽能联络应用,不但于吾人不利,且将利用吾人为跳板,阴贮实力,他日必倒戈相向。是故目前援助越南革命,一面树法为敌;一面受共产党之利用,不得微利,徒遭大害耳!"①中国国民党中央对于第四战区援越工作的实际主持人萧文尤为不满,但张发奎却针锋相对地致函中国国民党中央秘书处,称赞萧文的援越工作"努力迈进,艰苦备尝,勤劳卓著,其奋斗精神实堪嘉尚",呈文"将其在越工作成绩分条报请主席核奖"等②。

1945年3月9日,越南局势再次发生重大变化,日军向越南法军发起进攻,法军投降,日本占领越南全境。31日,安南逊王保大在日本的操纵下,宣布"独立",成为日本"大东亚共荣圈"的新伙伴。这一形势给"越盟"在国内的发展造成了前所未有的时机。越南共产党中央迅速举行会议,认为该事件所造成的危机,正可以促进越南人民武装起义时机的迅速到来,号召越南人民反对"日本法西斯所建立傀儡政权,发动武装斗争,夺取政权"③。"越盟"领导的武装兵分三路,由北向南推进,队伍迅速壮大,并在高平、谅山、河江、宣光、太原等省区建立了地方政权。越南局势的骤变及"越盟"的迅速发展和"失控",使中国国民党中

---

① 《邢森洲报告》(1944年11月14日),中国国民党党史会藏。

② 《张发奎致吴铁城函》(1944年9月18日),中国国民党党史会藏。

③ 参见黄铮著《胡志明与中国》,第111页;陈怀南著《越南的人民解放斗争》,第58页,转引自蒋永敬著《胡志明在中国》,第216页。

央大为震惊,其援越政策的重心再度转向越南国民党,并由中国国民党中央秘书处直接操纵指挥。

中国国民党中央常务委员会会议决议,推吴铁城、白崇禧、陈立夫、王世杰、陈庆云、彭学沛、李宗黄、蒋梦麟八委员研究越南问题,由吴铁城召集。1945年6月14日,该委员会会商越南问题,并议决援助越南独立运动之方针及步骤。其方针是:一、保护我西南边境安宁;二、保护我旅越侨胞安全;三、打破越南共产党控制越南之企图;四、扶助越南独立。其援助步骤有:探询法国现政府对越南各党派所采态度、派员赴越调查实情、促进各亲华党派团结合作、成立负责策动援越事宜的专门机构、拨给越南革命同盟会和越南国民党枪械、设法使滇桂士兵参加越南革命同盟会及越南国民党军队等。但这一方案因外交部认为有再考虑之必要,蒋介石亦赞同。可能是考虑国际形势之变幻莫测,以及顾忌同盟国对于法国在越南地位之态度,遂被搁置,但中国官方抑制越南共产党、扶植越南国民党的工作方向已经确定。

1945年6月7日—25日,越南国民党中央代表团访问重庆,蒋介石亲自接见,由吴铁城负责接待并多次进行会谈。越南国民党代表团在致蒋介石的《请求书》中,提出两项"最紧急之援助"要求:第一,准予接济国内革命军之枪械,即刻在北圻上游各地发动对敌战争,最低限度步枪1000支(每枪附子弹300发)、手枪200支(每枪附子弹200发)、重机枪10挺、轻机枪60挺、手榴弹2000颗、电台4部等;第二,在中国援助该党成立一队革命军,配备齐全,以便应战,要求按月补助经费400万元,赐发步枪1500支(每枪附子弹300发)、手枪50支(每枪附子弹200发)、重机枪10挺、轻机枪100挺、手榴弹3000颗、电台2部等①。蒋介石在会见代表团时,明确表示:"中国对于越南当然要援助","中国军队不久即将进入越南,中国一定愿意帮助越南得到独立自

---

① 《越南国民党代表团请求书》(1945年5月25日,原稿时间有误,应为6月25日),中国国民党党史会藏。

由",但同时又提及同盟国关系问题,指出:"国际情形复杂,法国之地位,现在尚未解决,故须与英美研究",并表示"中国政府现时尚不能以政府名义援助越南独立,接济武器是小问题,但一涉指挥系统,即与国际问题有关,中国所使用之武器,亦多来自美国,故须与美国详细研究"等①。吴铁城在与代表团会谈中,强调"最重要者,越南本身如无大规模之革命运动发生,造成新的印象,使联合国注意,则独立将为不可能之事,中国不但希望越南获得独立,并愿意帮助越南独立,希望越南革命同志努力";指出"越南各党派意见纷歧,殊为不幸,至少在敌人未驱出国土、独立尚未完成之时,应相互容忍,不宜意气从事";并建议"贵代表团最好一部分先行返越,告知越人以新的希望及指示各种准备工作,以便到时协助盟军驱逐敌寇,一部分可暂留,与中国陆军总司令部切取联络,将来随军进入越南"等②。蒋介石、吴铁城的态度反映了中国官方既想支持和帮助越南实现独立,又顾忌同盟国关系以及战后法国在越南地位问题而不敢放手以实力支持越南独立运动的微妙立场。

① 《总裁接见越南国民党代表团谈话纪要》(1945年6月25日),中国国民党党史会藏。
② 《秘书长第二次接见越南国民党代表团谈话纪要》(1945年6月19日),中国国民党党史会藏。

第二章　中国战场的持久抗战

第一节　太平洋战争爆发后中日
两国的军事战略

一　受制于"南进"的日本对华战略

日本决定"南进"发动太平洋战争后其在中国战场的战略面临着重新调整的选择。1941年12月3日,在发出对美国开战令次日,日军大本营陆军部对中国派遣军下达命令:"为完成帝国之自存自卫,建设大东亚新秩序,企图攻占南方要域并迅速处理中国事变",中国派遣军应"负责加强对敌封锁及摧毁削弱敌继续抗战之企图",具体任务是:

(一)大致确保西苏尼特王府、百灵庙、安北、黄河、黄泛区、庐州、芜湖、杭州一线以东地区及宁波附近之安定,尤应首先使蒙疆地区、山西省北部、河北省、山东省各要域及上海、南京、杭州间地区之治安迅速得到恢复。

(二)确保岳州至长江下游之交通,以武汉三镇及九江为根据地,尽力击破敌抗战力量。其作战地域大致为安庆、信阳、宜昌、岳州、南昌之间。

(三)占领广州附近、汕头附近及海南岛北部各要域。广州附近之作战地域大致为惠州、从化、清远、北江及三水至西江下游之间。

(四)超越上列各项所示地域进行之地面作战,根据另外命令。

(五)竭力确保重要资源地域,增强我军战力。

(六)……有关沿海作战及航空作战,根据需要……协同进行。

（七）实施对华谋略，以促使抗日势力之衰亡。

（八）作战需要时，可在靠近满华边境的热河省内地域，暂时派遣一支部队①。

自1938年武汉会战结束中日战争进入相持阶段后，日军一再避免扩大战线，以求首先解决所谓的中国问题。在决定"南进"并从中国战场抽调兵力支援南方作战后，日军在华北、华中保持了二十个左右师团的兵力②，在战争全局上实际降低了中国战场的地位，使之从属于"南进"作战，但却又未放弃乘机解决中国问题的企图，上述命令同时强调"攻占南方"与"迅速处理中国事变"，正显示出日军在对华战略上既要策应太平洋战争又妄图乘机全面征服中国的矛盾状态，这使日军无法制定出"迫使蒋政权屈服的自主、具体方案"③。另一方面，日军大本营也根据战况变化，强调对在华占领区重要资源的掠夺，指示中国派遣军："在我占领区内适当构成切断线，严禁物资流通"；"在我占领区内主要城市，严格取缔物资对敌外流"；"确保我占领区内重要资源地区，使之便于开发及取得，并加强军就地自给的方针，积极取得、利用占领区内外之资源，尽力增强我之战力"，以达到以战养战的目的④。

太平洋战争初期，日军在与美、英作战中频频得手，进展顺利，因此并未着手解决对华战略的内在矛盾，制定出明确的作战方针。12月24日，大本营与政府联络会议就太平洋战争后的对华局势作出决定："利用形势发展，尤其是作战成果，抓住有利时机，促使重庆政权屈服。"该决定提出首先设置对重庆的谍报路线，查明重庆方面的动向，其次是通

---

①　《日本军国主义侵华资料长编》（上），第759页。

②　1941年底日本华北方面军直辖三个师团，其属下的第一军辖三个师团、第十二军辖两个师团，驻华中的第十一军辖六个师团，驻江南的第十三军辖三个师团，驻华南的第二十三军辖两个师团，蒋纬国主编：《抗日御侮》第八卷，台北黎明文化事业公司1978年版，第5页。

③　《日本军国主义侵华资料长编》（上），第758页。

④　《日本军国主义侵华资料长编》（上），第761页。

过太平洋战争的战果及施加压力促使重庆方面的动摇,适时由谍报工作转为屈服工作,同时又提出对重庆工作不宜操之过急。这一决定仍显示了日本既想乘太平洋作战迫使国民政府屈服而又无法以武力达到这一目的的困境。日本驻中国派遣军司令畑俊六接到该决定后,认为"这是一个毫无具体内容不得要领的指示"①。

　　1942年初,日本对华战略仍举棋不定。日本政府和军方中有一部分人认为当前是"卢沟桥事变"以来从未有过的处理对华问题的绝好机会,主张乘势迅速解决中国问题。驻中国派遣军对发起战略攻势更为积极,制定了夏秋季节同时进攻西安、长沙和常德的计划,企图以军事手段对重庆施加压力,一举解决中国问题②。但是,由于对美、英开战后日军已从中国战场抽出相当兵力,要用武力解决中国问题已显捉襟见肘,力不从心。而至1942年3月,日军在太平洋战场上的进攻势头也已成强弩之末。此外,此时制约日本在华战略的另一重要因素是北方的苏联。日本大本营虽认为苏联目前将专心于对德战争,但仍担忧在美英要求之下,尤其在苏对德战争进展顺利,而日本在对美英作战中战力削弱的情况下,苏联有可能对日参战,这也使它对在华采取大规模攻势作战不敢贸然作出决定,对驻中国派遣军的计划未作正面回答。3月上旬在大本营与政府的联络会议上,外务大臣对军方未能以武力一举解决中国问题表示不满,责问"难道在军事上毫无办法?"军方代表参谋次长答称,"如单纯考虑中国,在军事上未必有所不能。但是,既有北方,又有南方,如从全面考虑,大概就会理解那是不可能的。所谓进攻到重庆,实际是做不到的"③。3月中旬,日本陆军统帅部拟定的"今后的作战指导纲要"更是反映了对华战略受制于整个战局的状况。该纲

----

　　①　《日本军国主义侵华资料长编》(中),第29—30页。

　　②　日本防卫厅战史室编、天津市政协编译组译:《华北治安战》下册,天津人民出版社1982年版,第92页。

　　③　《日本军国主义侵华资料长编》(中),第134、185页。

要对日军在华战略提出两种选择："在全局形势特别在对苏形势许可时,拟利用大东亚战争之成果,断然向处理中国事变迈进,企图迅速予以解决。在各种形势特别是北方形势不许可时,即大致停止目前态势而加强若干压迫,在长期内期待重庆政权之屈服。"在第一种情况下,"从其他方面调用若干兵团,与在华师团共同进行稍大规模之作战。作战目的为歼灭敌之中央军,或攻占对重庆政权能构成直接威胁的战略要地,或策划使敌各军分崩离析而重庆政权愈加失掉统制力"。在第二种情况下,"对占领地区内部,应努力确保治安和加强经济建设,同时对外部依靠彻底封锁,政略谋略兼施,加强经济压迫,以促使重庆政权之衰亡或分裂"。究竟是迅速解决还是长期作战,这一上奏天皇的纲要表示将考虑与全局形势之关系后再作决定①。

4月16日,日本大本营对中国派遣军下达了一份有关对华作战的通知。该通知判断中国国民政府目前的战略是"对内谋求加强长期持久战的态势,对外则促使美英加强关心东亚并策划拉拢苏联",因此"不能期待蒋政权的急速屈服"。在此情况下,日本在华战略仍应"始终坚持积极的精神,竭尽一切手段,向促使蒋政权之屈服迈进",但"在作战上要作极为慎重的考虑,对于进行大规模作战是否真能收到解决事变的效果,则必须经过充分研究后决定"。该通知还指出:"在中国当前形势下,考虑无论为了迅速解决事变,或为了应付长期战争,彻底解决治安问题极为重要。目前正在进行的清乡工作大有希望。"②这一通知一方面强调竭尽一切手段促使中国屈服,一方面又表示对大规模作战要慎重考虑,表明日本对华战略仍难以找到一平衡点。

5月上旬,日军结束缅甸战事。而在这之前的4月18日美国空军首次空袭东京。在此情况下,日本大本营考虑对国民政府发起攻势作

① 《日本军国主义侵华资料长编》(中),第144页。
② 《日本军国主义侵华资料长编》(中),第191—193页。

战,并于 5 月中旬通知中国派遣军制订作战计划。6 月上旬,日军在中途岛之战中失败,太平洋战争开战以来的攻势被粉碎。面对不利的战局,大本营急于摆脱被动局面,更强调在华采取攻势,要求中国派遣军积极准备对西安和四川进行作战,加强对国民政府施压,以达到促使国民政府屈服、崩溃或分裂的目的。但日军内部对此仍有不同看法,有的对此计划反应冷淡,有的认为最好在南方作战告一段落后,全力以赴进行此项作战①。此后,围绕着究竟是否要在中国采取攻势,发动对西安和四川的作战,日军内部有各种讨论。

8 月 15 日,经东条英机裁决,日军决定于次年 2 月前后发动对四川的作战。8 月 25 日,大本营陆军部制定《根据目前形势陆军的作战准备》,规定当前日军的作战战略是,在太平洋方面"关键在于加强防守南方现有占领地域,遏制敌反攻企图",即在中途岛之战攻势被扼制后在太平洋方面取守势;在北方对苏方面,"按既定方针,加强警戒,力求保持安谧";而在中国和印度洋方面则取攻势。大本营陆军部对中国战场的判断是:"如严重打击重庆政权抗战重要支柱的中央军,进攻其保有整个军需生产力约二分之一、最大的物资补充来源地,而且建有美英空军基地的四川,摧毁重庆政权的根据地并予以占领,则有极大可能使敌屈服。即使蒋政权不屈服,也将名存实亡,有利于促进中国事变的解决。"因此,对中国攻势作战"目的在于歼灭敌中央军主力,并占领四川省要域,摧毁敌抗战根据地,以促使重庆政权屈服或崩溃"。为此日军准备组织十六个师团在 1943 年春从山西南部和宜昌发起进攻②。

这一决定在形式上结束了太平洋战争开战以来日军在对华战略上攻守不定的状况,确定了采取攻势的作战方针。但日军的这一决定是在太平洋战场受挫的情况下做出的,实际上并没有解决其战线拉长后在

---

① 《日本军国主义侵华资料长编》(中),第 396—397、401—405 页。

② 《日本军国主义侵华资料长编》(中),第 536—539 页。

华兵力不敷的问题。因此,此决定刚做出,大本营内部就出现了反对意见,认为发动对四川的作战将征用船只削弱现有的运输能力,而这将影响钢铁产量,从而影响整个战争能力。海军方面也坚持主张以对美作战为中心,对华作战处于从属地位①。

此时日军在太平洋上的战况继续恶化,物资供应、船只运输等压力更大。9月25日,日本大本营政府联络会议制定《今后应采取之战争指导大纲》,决定"帝国于今明年内以决定战局大势为目标,摧毁美英之攻势,并迅速确立必胜的战略态势","大致以昭和十九(1944)年中期为目标,继续确立对付美英进攻之战略态势,随时捕捉及摧毁敌之反攻战力"。该大纲规定的对华战略是:"对重庆继续施加强大压力,特别是遏止从中国大陆起飞对我本土的空袭与对海上交通的破坏。同时,伺机谋求迅速解决中国问题。"②这一战争指导大纲实际上放弃了大本营陆军部制定的在华采取攻势作战的方针。11月初,大本营通知中国派遣军停止对四川攻势作战的准备,并明确指出"今后对华作战在于确立最小限度的地面上及航空战略上的优势地位",并且"还要抽调、转调、改编驻华兵力"③。

太平洋战争爆发后的一年时间内,日军对华战略一直在攻守之间摇摆,难以决定明确的方针。由于开战之初对美英作战的顺利以及后来为了扭转不利战局,对华采取攻势作战的主张一度颇为高涨。但终因作战重心在太平洋战场,中国战场在日本战略全局中处于从属地位,最后不得不在华采取守势战略。这一守势战略使日军从太平洋战争爆发至1944年初未能在正面战场发动全局性的持续的战略攻势,而只有局部性的短暂的战役攻势。

---

① 《日本军国主义侵华资料长编》(中),第559—560页。
② 《战史丛书·大本营陆军部》第七册,第185页,引自徐勇:《征服之梦》,广西师范大学出版社1993年版,第360页。
③ 《华北治安战》下册,第197页。

二　国民政府的对日军事战略

太平洋战争的爆发对国民政府的军事战略产生了重要影响。"持久消耗"战略是国民政府在整个抗日战争期间对日作战的基本战略,但这一战略在战争的不同时期有其不同的侧重点。1939 年 10 月第二次南岳军事会议后,消极成分在这一战略中占据了主导地位①。太平洋战争爆发后,国民政府盼来了长久期待之中的国际格局的变化。受到美国参战的鼓舞,国民政府在军事战略上出现了从消极转向积极的趋向。

珍珠港事变的消息传到重庆的第二天,蒋介石电令前线将领,"应积极策应英、美作战","各战区应于亥月三十日同时发动全面游击,持续时间十五日","实施游击时,各战区第一线部队及敌后部队,应同时实施,并各以有力部队分编多数纵队,以广正面逐日派队实施破坏战,遮断其通信,并向敌各据点轮流攻袭,相机略取,务获决定效果"②。这一对在华日军全面进行游击攻击的部署,是为了在太平洋战争突然爆发之际策应美、英作战,而国民政府的主要着眼点还在抓住美、英对日宣战之际,联络美、英制定对日联合作战的总战略,以改变中国对日作战的总体态势。因此太平洋战争一爆发,国民政府就积极筹划重庆军事会议,旨在研究"全盘情况"、"太平洋整个作战计划纲要"和"共同保卫星嘉坡、菲律宾、香港、缅甸、荷印具体计划"③。12 月 20 日,在筹备中、美、英重庆军事会议过程中,军令部部长徐永昌草拟了中、美、英、苏、荷五国协同作战总方略,计划在 1942 年 7 月,以美国海空军及中国

---

①　参见马振犊:《惨胜》,广西师范大学出版社 1993 年版,第 224—226 页。

②　《蒋介石致薛岳电》(1941 年 12 月 9 日),中国第二历史档案馆编:《抗日战争正面战场》,江苏古籍出版社 1987 年版,第 78 页。

③　《战时外交》(三),第 74 页。

陆军为主攻,英国海空军、苏联陆空军为助攻,先扑灭敌方空军,取得制空权,然后再对日本本土及中国东南地区,以外线作战态势向敌合击①。与此同时,军事委员会拟定了各战区目前作战方针。军事委员会认为,在目前情况下,无论美、英对日实行封锁消耗战或攻势作战,还是由中、美、英、苏联合发起总攻,"我军均须凭依自力,利用上述有利形势,攻击敌人,收复失地"。具体作战方针是,先于12月底实施全面游击,然后各战区各选敌人主要交通线之次要据点,集中优势兵力,于1942年3月底同时开始局部攻势,并准备6月底对武汉、宜昌、广州实行总攻②。虽然该计划末尾注明"总攻计划须待新战斗序列决定再拟",但军事委员会还是在差不多同时草拟了1942年收复宜(昌)沙(市)的攻势作战计划稿,准备以"第三战区遮断长江、第九战区攻占岳阳、第五战区切断襄河东岸宜沙敌人后方,以第五、第六战区主力,及本会整训部队保持于襄河西岸,包围襄河以西地区敌人而歼灭之","攻势准备应于五月二十日以前完成,攻势开始时期,待命实施"③。

　　与第二次南岳军事会议后防御占主导地位的作战计划不同④,这些在太平洋战争爆发之初拟就的作战方案不仅要求对敌主动出击,而且更着眼于对敌发起全局性的战略攻势,显示出国民政府对日军事战略转向积极的趋向。国民政府的这一变化基于它与美、英联合作战推进对日战争进程的战略构想。但早在珍珠港事变前,美、英就商定了"先欧后亚"的反法西斯全球战略,整个战略重点不在远东,因此对中国的战略构想并无积极的回应。蒋介石为此专门致电在美国的外交部长宋子文和军事代表团团长熊式辉,指示他们与美方接洽,"对盟国整个

　　①　梁敬錞:《史迪威事件》,第19页。
　　②　《军事委员会拟各战区目前之急务稿》,《抗日战争正面战场》,第83—84页。该稿所注日期仅为"1941年",但根据其内容,可推定此稿成于12月中、下旬。
　　③　《军事委员会拟国军攻势作战计划稿》,《抗日战争正面战场》,第79页。
　　④　如军令部1940年4月的《国军守势作战计划稿》、8月的《拱卫行都交通破坏计划》,见《抗日战争正面战场》,第51—71页。

战略,作一确切检讨,接纳我方建议,迅速改变'先解决德国后解决日本'之战略,明确决定太平洋上今后之最高战略,以利整个之战局"。具体而言,蒋介石希望"速将太平洋上主动之战略,包括自印度、澳洲、中太平洋、北太平洋,以至苏联在东方对日之战略,在各国陆、海、空军方面,即有一最高战略明确之决定,速采主动之攻势,则太平洋形势,即可大定,不待欧陆、北非战局揭晓,而日本必由主动而降为被动,由被动而趋于消灭"①。但宋子文在与罗斯福面谈后报告蒋介石,美、英"先欧后亚"的战略"无法变更也"②。美、英的这一态度使国民政府非常失望。

太平洋战争爆发后国民政府的对日战略是以与美、英联合作战为前提的,因此美、英坚持"先欧后亚"的战略使国民政府不愿也无法推行拟议中的攻势作战。这样,国民政府的对日军事战略在1941年底和1942年初短暂地趋于积极后,消极防御又重新占据主导地位,对于正面战场采取的是尽量维持现状而不主动出击的方针。

第二节　正面战场的防御作战

一　第三次长沙会战

1942年12月7日,日军偷袭珍珠港。次日,驻广州的日军第二十三军向英国军队控制下的香港九龙地区发起攻击。驻武汉的日军第十一军为牵制中国军队南下策应英军作战,决定再次攻击湘北。第三次长沙会战(日军称第二次长沙作战)由此展开。

日军第十一军因第二次长沙会战中轻易占领长沙,并予第九战区以沉重打击,而生骄横之心。第十一军参谋长木下勇在日记中对日军发动这次攻击的决策过程这样写道:"第一次长沙作战(中国称第二次

---

① 《战时外交》(三),第159—160页。

② 《战时外交》(三),第161页。

长沙会战——引者注),是一次经过深思熟虑的作战,……第二次长沙作战(即第三次长沙会战),决定的很快,只用一个小时的时间就下了决心,12月12日夜,在就寝中考虑了战况,决心对广东方面予以牵制,当即制定了作战大纲。"①次日,第十一军司令官阿南惟畿当场予以批准,并对所属各部下达出动命令。12月15日,第十一军制定会战指导方案,确定作战目的为"向汨水一线进攻,并击溃当面之敌,以策应第二十三军攻取香港以及南方军的作战",整个作战期限定为两周左右,调集第六师团全部及第三师团、第四十师团主力等共约七万兵力。虽然因兵力所限,日军作战计划将作战行动限在汨罗江一线,但在第十一军司令部内仍有进攻长沙之议,显示出日军在作战目标上的不确定和对第九战区战斗力的蔑视②。

中国第九战区在第二次长沙会战中虽然受挫,但因日军占领长沙后又退出,第九战区保全了原有防区,且国民政府又将此役宣传为"第二次长沙大捷",故第九战区将士并未因受挫消沉,斗志反而得到激发。11月17日,第九战区司令长官薛岳曾在长沙举行会议,检讨前两次会战经验教训,提出"天炉战法",即"在预定之作战地,构成纵深网形据点式阵地,配置必要之守备部队,以伏击、诱击、侧击、截击、尾击、堵击诸手段,逐次消耗敌力,挫其锐气,然于决战地使用优越之兵力,施行反击及反包围,予敌以歼灭打击。盖为后退决战方法,因敌之变化而变化之歼敌制胜新方略,如炉熔铁,如火炼丹,故名。"并判断日军将第三次进犯长沙,选定新墙河、汨罗江之间为伏击、诱击地带,捞刀河、浏阳河之间为决战地带③。

日军第十一军于12月中旬向岳阳、临湘一线集中。12月20日,

---

① 日本防卫厅战史室编、天津市政协编译组译:《长沙作战》,中华书局1985年版,第139页。

② 《长沙作战》,第140—141页。

③ 薛岳:《第三次长沙会战》,全国政协本书编写组编:《湖南四大会战》,中国文史出版社1995年版,第188页。

第六师团集结至新墙河北岸地区,完成发起攻击准备。12 月 22 日,第十一军司令官阿南从汉口飞往岳阳。第四十师团、第三师团也先后抵达指定位置。日军的调兵遣将引起第九战区的警觉。12 月 17 日,薛岳致电蒋介石等,报告日军向湘北调动及增兵,并判断"当面之敌抽集部队,将有使用"①。12 月 20 日,军事委员会决定加强第九战区兵力,令第七十三军向宁乡、益阳集结待命,第七十九军向渌口、株洲集结待命。随后又将第四军从广东调至株洲、渌口,第七十四军从广西调至衡阳。上述各军皆划归第九战区指挥。也在 20 日,薛岳制定了第九战区的作战方针,决定诱敌至浏阳河、捞刀河间地区围而歼之。具体部署为:战区副司令长官杨森指挥第二十七集团军的第二十军和第五十八军沿新墙河抵御、消耗日军,然后转移至关王庙、三江口地区,侧击、尾击南进之敌;第三十七军在汨罗江南岸抵御、消耗日军,然后转移至社港市、更鼓台、金井一带,待机攻击进犯长沙之敌;第九十九军坚守三姐桥、归义、湘阴及洞庭湖南岸,并准备攻击进犯长沙之敌;第十军死守长沙;战区副司令长官罗卓英由赣北进驻浏阳,指挥第二十六军、第七十九军待敌进攻长沙时反击;战区副司令长官王陵基进驻平江,指挥第七十八军等部侧击进犯长沙之敌②。这个作战方针的基本原则就是既定的后退决战之天炉战法。

12 月 21 日,日军向第九战区阵地进行炮击,并派小股部队强渡新墙河。23 日,日军二千余人又分路向新墙河一线进犯。这些试探性进攻均被中国军队击退。

12 月 24 日,日军向中国军队新墙河防线正式发起进攻。此时湘北天气一反往常冬季的晴朗干燥,连日阴雨绵绵,间有降雪,气温骤降至−4℃。河水因雨雪暴涨,水田亦一片泥泞,给部队调动带来诸多不

---

① 《薛岳致蒋介石等密电》(1941 年 12 月 17 日),《抗日战争正面战场》,第 1135—1136 页。

② 《抗日战史》第七册,第 377、385—386 页。

便,而日本空军的空中优势也因气候恶劣无法发挥。24 日午后,日军第六师团乘大雨强渡新墙河,中国守军第二十军堵截不及,日军在新墙附近渡河并建立桥头堡,至傍晚日军第六、第四十师团万余部队渡过新墙河,连夜向第二十军阵地发起进攻。第二十军辖第一三三师、第一三四师,奉命在新墙河以南、汨罗江以北阻敌十日。日军渡河后,第二十军退守纵深阵地,继续顽强抵抗。25 日,日军后续部队第三师团亦渡过新墙河,中日军队于风雪中在新墙河南岸一线展开血战。其中尤以在傅家桥、洪桥两地激战最为惨烈。第一三三师第九八团第二营营长王超奎率全营官兵死守傅家桥,激战终日,风雪交加,腥红满地,直至全营壮烈殉国。第三营副营长吕海群率领部下在洪桥战斗至最后一刻,全体为国捐躯①。第二十军在认为已达到预定的消耗及诱敌目的后,主力向关王桥、三江口、王家坊一线转移。26 日,日军乘中国军队转移阵地之际大举进攻,中国守军奋力抵抗,与敌反复肉搏,但关王桥、龙凤桥等阵地相继失陷。在新墙河南岸的战斗中,第二十军"与优势之敌浴血激战,有冻馁死于阵地者,有全营共阵地俱亡者,伤亡虽重,士气未衰"。日军也承认,中国之"顽强抵抗,其激烈程度为前所未有"②。日军占领关王桥等阵地后,不顾第二十军侧击,连夜向南急进,战斗遂转入汨罗江南岸地区。

日军第十一军于 12 月 26 日颁布作战命令,令第三、第六、第四十师团分别渡过汨罗江,在南岸地区围歼中国军队③。在汨罗江沿岸担任防守任务的是第三十七军和第九十九军,以新市为界,前者防守新市以东,后者防守新市以西。

12 月 27 日晨,日军第三师团首先向汨罗江北岸河夹塘、南渡的第

---

① 《抗日战史》第七册,第 389 页。

② 《杨森致徐永昌密电》(1941 年 12 月 27 日),《抗日战争正面战场》,第 1142 页;《长沙作战》,第 149 页。

③ 《长沙作战》,第 151 页。

九十九军阵地发起进攻,守军两个连激战后与阵地同归于尽。当日下午,第三师团开始强渡汨罗江,至次日,大部主力渡过汨罗江。第九十九军在归义失守后,退至粤汉路以西的大路铺、渌塘铺及大娘桥、新开市一线。日军第三师团随即根据军部计划,在大娘桥一线转兵东进,准备对第三十七军形成合围之势。

第三十七军正面之日军第六、第四十师团于 12 月 28 日分别在新市、长乐街发起进攻,遭第三十七军顽强阻击,又适逢连日雨雪,河水暴涨,渡河受阻。直至 29 日天稍放晴,日军才在其空军掩护下完成浮桥架设,开始渡河。30 日是汨罗江南岸战斗最为激烈的一天。日军第六、第四十师团分别从孝顺岭、长乐街南犯,第三师团一部则在空军掩护下东进,一起扑向第三十七军。第三十七军面对强敌,殊死作战,力拼白刃战。一些阵地失守后,官兵仍利用地形,潜伏在山地中继续对敌袭击。当日午夜,第三十七军以阵地残缺,开始向东转移至浯口、孙家山、朱公源一带山地,以对日军形成侧击之势①。

至此,日军已攻占汨罗江南岸大部地区,中国守军则转移至东西两侧山地。在此之前,12 月 25 日,日军第二十三军已占领香港。因此,第十一军实际上已接近此次发起攻势之目标。但第十一军司令官阿南在制定此次作战计划时就有乘势攻略长沙的企图,27 日在与部下讨论时,又提出进攻长沙的必要性,认为其有利之处是:"一、给予蒋政权以无声的威胁。二、把向南方集结的兵力牵制在北方,使其有湖南随时可能受到袭扰之意。三、表明皇军尚有余力。四、使湖南民众感到蒋军不足依靠。"②29 日,第三师团向军部提出进攻长沙的问题。而空军也在当日报告中国军队正向长沙退却。于是,阿南决定改变原定围歼第三十七军的作战计划,命令东进途中的第三师团转向,朝南向长沙方面追击;第六师团主力进攻长沙以东的榔梨市,另以一部向长沙方向追击;

① 《抗日战史》第七册,第 391—392 页。
② 《长沙作战》,第 158 页。

第四十师团向金井进军。这样,日军第十一军就因司令官阿南的个人决断,在战争进行之中临时改变原定计划,将攻占长沙作为最后目标。阿南此举在第十一军高层引起不同意见,也给后勤供给造成诸多困难,负责后勤的军副参谋长就认为"乃自暴自弃之作战"①。

守卫长沙的是第十军,辖第三、第一九〇和预备第十师。由于在日军准备发动此次攻势时,第九战区就预判日军将进攻长沙,因此加紧坚固长沙的工事。整个长沙城西面以湘江为依托,北、东、南三面形成一个半圆形,由外围向城里层层构筑工事。长沙城东北一线守备由第一九〇师负责,东南一线由预十师负责,第三师进驻长沙城垣,担任核心守备。湘江西岸的岳麓山有瞰制长沙之利,由第七十三军防守,与第十军隔江呼应。

12月30日,在日军转兵长沙后,蒋介石致电薛岳:"在长沙附近决战时,为防敌以一部向长沙牵制,先以主力强迫我第二线兵团决战,然后围攻长沙,我应以第二线兵团距离于战场较远地区,保持外线有利态势,以确保机动之自由,使敌先攻长沙,乘其攻击顿挫,同时集举各方全力,一举向敌围击,以主动地位把握决战为要。"②当晚,薛岳根据蒋介石电令,下达与敌决战的命令:"以包围歼灭进攻长沙之敌为目的,决以各兵团向长沙外围敌军,行求心攻击聚歼之。"具体部署为第十军固守长沙,其余部队分别从东、南、北三个方向,以长沙附近为目标,分进合击,聚歼日军。同时,薛岳致电蒋介石,并下达所属各部,表示与日军决战的必胜信心:"第三次长沙会战关系国家存亡,国际局势之巨。本会战职有必死决心,必胜信念。为捕拿战机,歼灭敌人,获得伟大战果计,经规定下列三事,分电各部遵办:一、各集团军总司令、军长、师长务确实掌握部队,亲往前线指挥,俾能适时捕拿战机,歼灭敌人。二、职如战

---

① 《长沙作战》,第162页。

② 《蒋介石致薛岳密电稿》(1941年12月30日),《抗日战争正面战场》,第1146页。

死,即以罗(卓英)副长官代行职务,按之计划围歼敌人,总司令、军、师、团、营、连长如战死,即以副主官或次级资深主官代行职务。三、各总司令、军、师、团、营、连长倘有作战不力,贻误战机者,即按革命军连坐法议处,决不姑宽。"①

日军第三师团于12月29日转兵南犯,31日深夜渡过浏阳河,1942年1月1日上午抵达长沙东南郊。由于前两次长沙作战日军不战而入长沙的先例,骄横的日军竟在长沙城外称当天晚上要在长沙城内为元旦举杯。中午,为争头功的第三师团向预十师阵地发起进攻。预十师进行了顽强的抵抗。激战至日落,双方仍持胶着状态。入夜,日军遣擅长夜袭的加藤大队,企图趁夜色突破中国守军阵地。但日军多次疯狂的进攻均被击退,大队长加藤以下百余名日军被击毙。中国军队从加藤遗尸上获得日军作战文件,知道日军因改变作战计划拉长战线而弹药不济的重要情报。薛岳获悉后称:"虽仅一张纸之轻,却比万挺机枪还重。"②中国军队与敌决战信心大增。

1月2日晨,第十军前线迫击炮及岳麓山上的重炮,向日军第三师团发出排炮。日军则继续向预十师阵地发起进攻。双方短兵相接,白刃相向,争夺十分激烈。几乎每一阵地,得而复失,失而复得,敌我双方几度进退,陷入混战。至黄昏,预十师防线岿然不动。中国军队的顽强抵抗完全出乎日军的预料,面对重大伤亡,第十一军参谋部忧心忡忡。阿南为打破僵局,又令第六师团主力靠近第三师团右翼,向长沙东部、北部发起进攻。

1月3日拂晓,赶到长沙城外的日军第六师团主力在东郊、北郊开始进攻,协同第三师团在东南郊的进攻,中国守军第一九〇师在北、预十师在南,死守阵地,与敌展开激战。岳麓山上的重炮阵地,因对长沙

① 《抗日战史》第七册,第395—397页;《薛岳致蒋介石密电》(1941年12月30日),《抗日战争正面战场》,第1145—1146页。
② 《抗日战史》第七册,第401页。

四郊地形已有精确测量,在一线部队的电话联络下,予日军以重大打击。第六师团有一部曾突入城北,但在重炮的轰击下,又退至城外。下午,日军虽迫近城内核心阵地,但弹药将尽,火力渐弱,只能依靠空投物资增援少许。当日,蒋介石特电第十军军长李玉堂暨全体官兵:"两日以来,该部坚守阵地,奋勇歼敌,至堪嘉慰。此次长沙会战之成败,全视该部能否长期固守长沙,歼灭敌人……我如能抱定与长沙共存亡之决心,必能摧破强敌,获得无上光荣,望激励所属,坚强鏖战,务必争取最后胜利,而无负本委员长及国人之所期。"①

此时,第九战区外线部队正从东、南、北三方向长沙逼近,对长沙外围日军合围之势已在形成。因此,3 日下午,第十一军参谋长木下勇提出停止在长沙的战斗,于 4 日夜开始返转,以在 5 日晨回到汨罗江北岸。阿南虽仍寄希望于对长沙的进攻,但在木下等部属的反复陈说下,在晚上下达了停止进攻长沙,于 4 日夜开始返转,向汨罗江转移的命令②。

日军第三师团师团长丰岛房太郎接到命令后,不甘心遭到的惨重损失,以部队已冲入长沙城展开巷战,"现在只差一把劲"为由,希望延期一日撤离,但遭军部拒绝。1 月 4 日晨,第三、第六师团孤注一掷,向中国守军阵地发起全线进攻。第十军经数日血战,伤亡已达约三分之一,但士气仍然旺盛。战斗最为激烈的八角亭、南正街一带,几度发生白刃战。战至最后关头,预十师以传令兵、杂务兵、担架兵、输送兵编成一连投入第一线,师部人员也发给武器,分配死守碉堡和坚固建筑物的任务③。激战至傍晚,日军徒增损失而毫无进展。而此时第九战区围击部队已按计划迫近长沙,第四军已通过信号弹与第十军取得联系。

① 《事略稿本》,1942 年 1 月 3 日,台北"国史馆"。
② 《长沙作战》,第 182—183 页。
③ 赵子立、王光伦:《会战兵力部署及战斗经过》;杨正华:《长沙保卫战始末》,均载全国政协:《湖南四大会战》。第十军长沙会战机密日记,《抗日战争正面战场》,第 1153 页。

入夜,第三师团、第六师团只得留下数百具未及烧完的尸体,从长沙城外仓皇撤退。至此,日军以两个师团之主力,攻打中国守军一个军,却始终无法破城而入。

长沙激战之际,蒋介石于 1 月 3 日电令薛岳,"应速严令各部向长沙附近敌人围击,务确实截击敌人归路,包围捕捉敌人于战场内而歼灭之……应速以一部先期击破汨罗江敌人,占领各渡口","新墙河以南及汨罗江两岸地区,应即发动民众,乘敌后方空虚,彻底施行交通破坏,使敌退却时不能迅速脱离战场"①。1 月 4 日晚,在获悉日军开始从长沙全线退却后,薛岳发出全线攻击令,命令第二十六军、第四军、第七十三军由南向北追击,第二十军、第五十八军由北向南堵击,第三十七军、第七十八军自东向西堵击,第九十九军自西向东堵击,第一四〇师向黄沙街、新墙挺进,以将日军歼灭于"天炉"之中②。长沙会战由此转入中国军队追击围歼、日军逃窜阶段。

1 月 4 日晚,日军第三师团、第六师团分别向东山、㮾梨市撤退,企图在此渡过浏阳河北撤,但途中遭到中国军队的截击。第七十九军与第三师团在东山附近展开激战。第七十九军将桥梁破坏,占领渡口,迫使第三师团困于浏阳河南岸,并对其进行围击。渡河受阻的第三师团只得向第六师团靠拢。第六师团于 5 日渡过浏阳河后,根据军司令部命令在㮾梨市附近接应第三师团渡河。于是,对第六师团实施攻击的第二十六军及尾追第六师团的第七十九军与日军两个师团在㮾梨市地区展开激战。6 日,日军拼命向北突围,遭中国军队沉重打击,伤亡惨重。第三师团的第十八联队与第六师团的辎重联队均陷入中国军队的重围之中。第三师团与军部及第六师团的通信联络也完全中断。而此时中国军队第四军、第七十三军正从南向北对日军平行超越追击。7

---

① 《蒋介石致薛岳密电稿》(1942 年 1 月 3 日),《抗日战争正面战场》,第 1155页。

② 《抗日战史》第七册,第 407 页。

日，天气放晴，日军飞机获得活动良机，刚抵达前线的一个轰炸机中队大肆轰炸，限制了中国军队的追击围歼。第三、第六师团乘机突围，向捞刀河一线北撤。先前为接应攻打长沙从金井南下抵达春华山的第四十师团也乘机北撤。傍晚，日军渡过捞刀河，但因仍未摆脱中国军队的前堵后追而士气低落。是夜，明月当空，第十一军司令部却因这有利于中国军队追击的月夜而忧心忡忡①。

1月8日晨，日军第十一军司令官阿南为激励士气，突然决定在北撤途中发起攻势，以第六师团从左翼经栗桥向北突破铜盆寺，第三师团从右翼进入福临铺东北地区，第四十师团一部向西北迂回，企图围攻青山市北部的中国军队。此时在日军北撤途中，第九战区第三十七、第二十、第五十八、第九十九军已占据要地，严阵以待。而第四、第七十三、第二十六、第七十八军正在北进追击。中国军队在捞刀河与汨罗江间对日军形成了合围之势。当日，蒋介石电令："着以福临铺以东之古华山为界，以西由杨森副司令长官负责，以东由王陵基副司令长官负责督率各军堵截，如敌由某部正面窜逃，即枪决其军师长。"②

日军第六师团在向北推进中于8日傍晚靠近栗桥以南地区。但此时第十一军获悉中国军队已占据栗桥，另有两个军也进入附近地区，故命令第六师团改经福临铺北进。第六师团即以后卫改为前卫，连夜转进。第九战区发觉后，急调第五十八、第四、第七十三等军追击围堵，将第六师团团团围住。8日夜，日军独立第九旅团为策应第三、第六师团向北突围，派出山崎大队组成敢死队偷袭青山市北面的影珠山。但至次日凌晨，山崎大队长以下五百余人被全歼。一向骄横跋扈的阿南在获悉山崎大队全军覆没及第六师团陷入重围的消息后愕然失色③。9日，中国军队以七个师在麻林市以北地区将第六师团分割包围，发起进

---

① 《长沙作战》，第186页。

② 《抗日战史》第七册，第411页。

③ 《抗日战史》第七册，第199页。

攻。日军困兽犹斗,战斗极为惨烈,多处展开手榴弹战、白刃战、肉搏战,第六师团指挥部也遭袭击。激战两日,第六师团在付出重大伤亡后,才在第三师团接应下突出重围。但日军已弹尽粮绝,饥疲交加,"有倒毙路侧者,有落伍被我俘者,有掠夺民间谷物以充饥者"①。12 日傍晚,日军第四十、第六、第三师团主力方摆脱中国军队围追堵截,分别溃退至汨罗江北岸的长乐街、兰市河、新市附近地区。第九战区"痛歼五昼夜,敌伤亡惨重,遗尸遍野",13 日日军残部渡汨罗江时,又遭中国军队痛击,"官兵自相践踏,落水淹死者惨重"②。

1 月 14 日,日军三个师团从汨罗江北岸往北退却。中国军队继续对敌主力实施截击、侧击、追击,予敌以重大打击。16 日,日军全部退回新墙河北岸原阵地。至此,第三次长沙会战以日军的惨败而告终。

此次会战,中国军队为国捐躯者 1.1 万余人,受伤者 1.6 万人。日军被击毙 3.3 万人,受伤 2.3 万人,并有 139 人被俘。被俘者之多为以往所罕见③。日军第十一军为策应香港作战而发动这次会战,但其伤亡人数却达到香港作战的 2.5 倍④。

第三次长沙会战中国军队获胜原因,首先在于制定了诱敌深入、围而歼之的正确战略。蒋介石自己总结为:"长沙胜利之原因,实由于事先有确实计划之所致。"日军也认为其失败是因为"完全跳入了重庆军事先设置的陷阱"⑤。其次,中国军队英勇奋战,尤其是防守长沙的第十军,以相当于不足日军一个师团的兵力,抵抗日军两个师团达四日之

① 《抗日战史》第七册,第 412 页。
② 《第九战区第三次长沙会战战斗要报》(1942 年 1 月),《抗日战争正面战场》,第 1157 页。
③ 《第九战区第三次长沙会战我军伤亡失踪官兵统计表》、《敌军伤亡表》、《作战经过》(二),第 541—546 页。此两表为侍从室第六组调制,后一表附记曰:"本表系根据军令部转据薛长官一月养达长回辰达电调制,其伤亡总数过大,似不确实。"另据日方记载,日军战死 1591 人,战伤 4412 人。见《长沙作战》,第 215 页。
④ 《长沙作战》,第 214 页。
⑤ 《事略稿本》,1942 年 1 月 10 日,台北"国史馆"。《长沙作战》,第 214 页。

久,为围歼日军奠定了基础。再者,日军骄横轻敌,中途变更作战计划,也是其败走长沙之原因。

第三次长沙会战是在日军发起太平洋战争后,美、英军队在太平洋上接连失利的情况下进行的,因此中国军队的胜利在国内外引起强烈反响。英国《泰晤士报》发表社评:"12月7日以来,同盟军惟一决定性之胜利系华军之长沙大捷。"伦敦《每日电讯报》称:"际此远东阴雾密布中,惟长沙上空之云彩确见光辉夺目。"[1]第三次长沙会战的胜利激励了同盟国对日作战的士气,提高了中国在反法西斯同盟国中的声望。蒋介石认为:"当此反侵略各国战事初期失利之时,我们在长沙方面获得如此空前胜利,不仅可以慰告全国军民,而且也可以慰告世界友邦","此次长沙胜利,实为'七七'以来最确实而得意之作。"[2]而日军则因此次战败"所带来的痛苦体验"而"士气不振"[3]。

二 浙赣会战

1942年4月18日,美军十六架B—25重型轰炸机自太平洋上的航空母舰上起飞对日本发起攻击,逐次空袭了东京、横滨、川崎、横须贺、名古屋、神户等城市,随后按计划飞往中国,多数降落于浙江境内的中国空军机场。这是日本本土首次遭到美军飞机轰炸,对日本国内震动极大,民心恐慌,军政当局心惊胆战。日本大本营最初对美军如何发动远程空袭感到"莫名其妙",直到俘获一架迫降于南昌附近的美机上五名机组人员后,才明白美机的飞行线路。为阻止美军利用浙江的机场再对日本本土进行空袭,4月21日日本大本营电令中国派遣军"务

---

[1] 吴相湘:《第二次中日战争史》下册,第792页。

[2] 蒋纬国:《抗日战争指导:蒋委员长领导抗日艰苦卓绝的十四年》,台湾远流出版公司1989年版,第364页。

[3] 日本防卫厅防卫研究所著、高书全译:《昭和十七、八(1942—1943)年的中国派遣军》(下),中华书局1984年版,第19页。

须火速实施炸毁浙江省机场的作战",并从东南亚调两个大队的轰炸机增援中国派遣军,以图"尽力粉碎敌空军利用中国东南地区空袭帝国本土的企图"①。4月30日,大本营就对浙江境内机场发动攻势正式下达作战命令,令中国派遣军尽快开战,以地面兵力攻占丽水、衢州、玉山附近的机场群及一切附属设施,并在占领上述地区一段时间,彻底破坏机场一切设施及主要道路后返回原驻地②。

在大本营决定对浙江的机场发起攻势作战前,日本驻中国派遣军司令畑俊六已决定由驻江南的第十三军于4月下旬对安徽宁国、广德一带的中国第三战区部队发起进攻,以摧毁中国军队的有生力量为主要目标,并已完成作战准备。因此对大本营的作战命令,畑俊六最初感到"实难处理",希望"仍按原计划实施",在向大本营提出申述遭否决后,他才执行命令,但变更了大本营提出的作战方案,融入了自己原先的作战计划。日本大本营发起浙江作战的目的是摧毁空军机场,因此作战方案是以第十三军为主体,配备驻华中的第十一军和华北方面军部分兵力,共计四十余个步兵大队为基本兵力,由浙东向西进军。而中国派遣军制定作战计划时,以第十三军、第十一军和华北方面军增援一部共82个大队为基干兵力,由第十三军在浙江沿浙赣铁路由东向西,第十一军在江西沿浙赣铁路由西向东夹击作战,企图同时达到摧毁中国空军机场和打击第三战区部队的目的③。于是,浙江作战成了浙赣会战。

4月下旬,驻江南的日军第十三军开始浙赣会战的进攻准备。5月2日,第十三军军部下令所属各部向余杭以东直至奉化的各地区集结。5月11日,第十三军军部从上海推进至杭州,并下达第六十二号作战

---

① 《日本军国主义侵华资料长编》(中),第210页。

② 《日本军国主义侵华资料长编》(中),第213—214页。

③ 《日本军国主义侵华资料长编》(中),第211—215页。据日本防卫厅防卫研究所著、贾玉芹译《昭和十七、八年的中国派遣军》(上,中华书局1984年版)记载,日军出动兵力共达85个大队,见该书第75页。

令,主要内容为：1. 决定于 5 月×日(×日预定为 15 日——引者注)对正面之敌开始发起进攻,首先为了捕捉并歼灭安华街、义乌和长乐附近之敌,约在×＋3 日傍晚向诸暨、嵊县西南方地区前进；2. 第一一六师团、第十五师团和河野混成旅团必须在 5 月×＋1 日拂晓突破正面之敌阵地,向建德、诸暨南方地区和陈蔡市北方地区前进；3. 第二十二师团必须于 5 月×日拂晓突破正面之敌阵地,主要通过沿曹娥江地区向长乐东北地区前进；4. 第七十师团必须于 5 月×－1 日日落后开始行动,从奉化方面向新昌南方地区前进；5. 第三十二师团必须于 5 月×＋1 日以后,以部分兵力通过富春江右岸地区,主力则通过左岸地区,基本上沿第一一六师团的后方前进①。驻华中的日军第十一军从 5 月上旬开始向南昌集中。由于大部兵力需由武汉经长江至九江,再沿南浔铁路前进,费时较多,因此第十三军决定 5 月中旬发起攻势时,第十一军仍在准备阶段。而华北方面军的增援部队则在 5 月下旬方才完成集结。

　　驻守浙江前线的中国军队属第三战区(统辖浙、闽两省及苏南、皖南、赣东地区),司令长官顾祝同。4 月下旬,日军频繁调动军队引起第三战区高度关注,判断日军将沿浙赣铁路西进,侵犯金华、兰溪,并夺取衢州。5 月上旬,第三战区已获悉日军兵力部署概况,决定在勾嵊山、安华街、王沙溪市及东阳、义乌、浦江、建德各线之既设阵地,先予敌严重打击,然后诱敌于金华、兰溪阵地前,以主力进行围歼②。但第三战区最终制定的作战计划将与敌决战的地点定在衢州："以最小限兵力配置浙赣路西段持久,集中主力于浙赣路东段,利用既设阵地持久抵抗,并竭力袭扰敌之后方,迟滞牵制敌人,特在金华、兰溪预筑坚固阵地,竭

---

①　《昭和十七、八年的 D 国派遣军》(上),第 79 页。
②　《抗日战史》第八册,第 10 页。

力抵抗,最后在衢州附近与敌决战。"①具体部署是:上官云相的第三十二集团军驻淳安,指挥钱塘江(富春江)北岸部队,王敬久的第十集团军驻金华,指挥钱塘江(富春江)南岸及金华守军,李觉的第二十五集团军驻缙云,指挥浙南部队。为增强第三战区兵力,国民政府军事委员会还从第九战区抽调战斗力较强的第四十九军、第二十六军和第七十四军转用于第三战区,配置在衢州附近②。

5月15日,日军第十三军以五个师团和两个旅团的兵力在奉化、东关、绍兴、萧山、富阳一线两百余公里的战线上向中国军队陆续发起进攻,浙赣会战正式打响。日军第七十师团最先于5月14日夜间从奉化附近开始行动,沿奉(化)新(昌)公路推进;第二十二师团于5月15日晨从东关出发,兵分三路沿曹娥江南下;河野旅团于15日傍晚从绍兴出发,向诸暨东部地区进犯;第十五师团于15日夜间由萧山附近开始行动,指向诸暨西北地区;第一一六师团(配属原田旅团)于16日晨从富阳出发,沿富春江北岸向新登发起进攻,次日,第三十二师团尾随第一一六师团进犯。

担任从奉化至富阳正面防御的是第三战区第十集团军。面对日军大举进攻,中国军队一方面凭借既设阵地奋勇抵抗,一方面避敌锋芒逐次转移兵力。防守奉新公路沿线的暂编第九军及各游击部队,除一部留置敌后游击外,主力按预定计划,逐步消耗敌人后,转进东(阳)永(康)公路南侧地区,侧击日军。沿曹娥江进犯的日军第二十二师团遇到第八十八军暂三十二师的顽强抵抗,18日,该师在长乐与敌激战竟日,伤亡重大,余部向西转移。第八十八军新二十二师则在安华街等处抵御日军第十五师团后,向义乌、浦江及金华外围转移。第一九二师、

---

① 蒋纬国:《抗日御侮》第8卷,台北黎明文化事业股份有限公司1978年版,第11页。

② 张宪文主编:《抗日战争的正面战场》,河南人民出版社1987年版,第282页。

预五师在新登、桐庐与敌激战后,转至敌后活动①。日军虽相继攻陷新昌、嵊县、东阳、诸暨、义乌、浦江、新登、桐庐等县,但"未能捕捉到"中国军队主力,感到"十分遗憾"②。至 5 月 22 日,日军第七十师团、第二十二师团进至金华东南的永康及附近地区,第十五师团和河野旅团进至金华东面的孝顺地区。23 日,日军第一一六师团、第三十二师团进至建德地区,形成对金华、兰溪地区的合围之势。

第三战区为迎击日军对金华、兰溪的进犯,增派第八十八军主力(新编第二十一师、新编第三十师)至金兰地区,并统一指挥原防守金华、兰溪的第七十九师、第六十三师,另派第四十师、暂十三师分别拱卫侧后的寿昌、龙游,以便随时策应,战区主力第七十四军、第二十六军则集中于衢州附近,准备与敌决战。

5 月 25 日,日军向金兰地区发起全线进攻。日军第七十师团、第十五师团倾力分别进犯金华、兰溪。金华守军第七十九师奋力抵抗,激战至夜间,仍阻敌于金华城外东北六公里处的东关以东地区,粉碎了狂妄的日军于当日攻克金华的计划。日军第十三军司令官泽田茂在当日的日记中写道:"遇到当地残敌出于意料的顽抗,今日终未接到占领金华之捷报。"③次日,日军在飞机大炮的掩护下,继续猛攻金华,但仍无法取得进展。进攻兰溪的日军第十五师团也遇到第六十三师的英勇阻击。该师师长赵锡田并抽调兵力,对敌左侧发起反击,与敌激战五小时,终因后援不继而继续坚守。

日军在正面向金华、兰溪发起猛烈进攻的同时,第二十二师团、河野旅团则从金华南翼向西突进,扑向金华侧后的开化。26 日,日军突破开化防线后,又直扑汤溪一线。汤溪恰在第四十师与暂十三师防守

---

① 《军令部编浙赣会战经过概况》,中国第二历史档案馆编:《中华民国史档案资料汇编》第五辑第二编军事(三),第 600—601 页。

② 《昭和十七、八年的中国派遣军》(上),第 90 页。

③ 《昭和十七、八年的中国派遣军》(上),第 96 页。

区域的交界处,应由暂十三师负防守之责,但暂十三师误认不在其防守区域内,竟未置一兵一卒,导致被敌不战而陷①。

此时虽金华、兰溪守军奋勇阻敌,坚守阵地,但日军第二十二师团和河野旅团已占领汤溪,并继续西进直逼龙游,于 5 月 27 日攻占龙游,使金华西面失去屏障。而沿富春江南犯的日军第一一六师团、第三十二师团也已进至兰溪西北十公里的永昌镇,金华、兰溪实际上已陷入日军重围之中。

5 月 27 日,金华、兰溪当面日军继续发起猛攻,并出动多批飞机轰炸中国守军阵地。第七十九师、第六十三师凭借高地和城墙,仍拼死抵抗,一些阵地失而复得,争夺十分激烈。中国守军在城外多处埋有地雷,阻止日军前进,使之"触雷死伤者不断出现"②。当日,第八十八军军长何绍周因金、兰两地已被日军包围,难以坚持,遂下令所属各部于午后向敌后浦江以北转进,担任游击任务,袭击铁路沿线、兰江、金华江、东阳江一带敌军,并从事破坏敌军交通、通信③。5 月 28 日,金华城内外工事为日军轰炸机炸毁大半,日军旋即突入城内。第七十九师留守金华城内的第二三七团在与敌展开激烈巷战后,突围而出,金华终告失守。同日,兰溪也被攻陷。在兰溪城外激战中,日军于慌乱中进入中国军队地雷阵,第十五师团师团长酒井直次中将被炸成重伤,随后毙命。中国战史称此为"开抗战以来,为我击毙敌现役师团长之新记录"。日军战史则称:"现任师团长阵亡,自陆军创建以来还是首次。"④

金华、兰溪失守后,衢州直接面对沿浙赣铁路西进的日军。衢州为浙赣铁路从浙江通向江西之要冲,城东建有机场,是中国东南地区最重

---

① 《抗日战史》第八册,第 43 页。
② 《昭和十七、八年的中国派遣军》(上),第 104 页。
③ 《抗日战史》第八册,第 45 页。
④ 全国政协文史委员会:《闽浙赣抗战》,中国文史出版社 1995 年版,第 353页;《中华民国史档案资料汇编》第五辑第二编《军事》(三),第 601 页;《昭和十七、八年的中国派遣军》(上),第 103 页。

要空军基地,因此是日军发动浙赣会战的主要目标,也是中国第三战区准备与敌决战之地。第三战区以第八十六军担任衢州守城任务,并在金、兰之战后,以第四十师进占衢州东南之大洲镇阵地,保持与敌接触,诱敌深入。而以第七十四军集结于衢州以南之溪口镇、湖山镇一带,第四十九军集结于衢州以西招贤镇附近,第二十六军部署于衢州西北浮河村、芳村镇一带,摆开以衢州为中心与敌决战的阵势,准备对进犯衢州日军内外夹击予以聚歼①。

　　日军第十三军占领金华、兰溪后,发现中国军队集结大量兵力于衢州附近,判断将于此进行顽强抵抗,因此决定分兵两路,以第三十二师团、第一一六师团从衢江北岸,第十五师团、第二十二师团、河野旅团从衢江南岸,分路突破,定于 6 月 3 日同时向衢州发起总攻,主攻方向在南岸。此时,在江西的日军第十一军为策应衢州作战,也于 5 月 31 日以两个师团及两个支队约四万兵力,自南昌进犯,与第十三军形成东西夹击的态势。

　　6 月 3 日,日军对衢州城发起全面进攻,飞机大炮交相轰炸,守军阵地大多被炸毁。午后,日军从南门突入城内,一度冲至第八十六军第六十七师指挥所附近。但中国官兵拼死抵抗,城内阵地失而复得达三次之多。战斗十分惨烈,第八十六军伤亡将士有七百多人②。当日,第三战区司令长官顾祝同下令转入攻势,于 4 日与敌决战:"战区决确保衢州阵地,消耗疲惫敌人,着衢州南北控置之第七十四、第二十六军,于明(四)日拂晓前完成出击诸准备,以衢州阵地为轴,夹击歼灭敌人。"③

　　6 月 4 日,因连日暴雨,河水激涨,给行军作战带来重重困难,但第七十四军、第二十六军仍按时分别到达衢江南岸和北岸的指定位置,一

────────────────

　　①　《军令部编浙赣会战经过概况》,《中华民国史档案资料汇编》第五辑第二编《军事》(三),第 602 页。

　　②　陈颐鼎:《衢州保卫战亲历记》,《闽浙赣抗战》,第 361 页。

　　③　《抗日战史》第八册,第 57 页。

面等待出击命令,一面抵御日军进攻。第七十四军军长王耀武在等待之中,令第一七二团主动出击,冲至敌阵展开激战,至深夜予敌重创后方才返回原防。而出击令却迟迟未能下达。原来,蒋介石在3日决定放弃在衢州与日军决战,4日夜,军事委员会江亥令一六三电令抵达第三战区:"国军以保存战力,以机动打击敌人之目的,决避免在衢州附近之决战。"①蒋介石及军事委员会决定放弃衢州决战的理由是:"一、判断敌攻衢可用约三师团(其后方约两师团),出我意料之外;二、节用械弹(以后补充太难)。又衢州本无大价值(机场原受杭机场节制),敌由各方抽兵来……如不能达预期目的,即是敌之损失……且我在现地域损失过大,将无以制其深入浙赣路。"②这一决定完全改变了第三战区原定的战略部署和作战计划。第三战区接上述令后即调整部署,以第七十四军逐次向江山转进,第二十六军以一师守常山,两师向玉山转进,第四十九军在衢州西南待命,第八十六军仍坚守衢州主阵地③。

6月5日,大雨停止,天气转晴,日军飞机乘机大肆轰炸,全线向中国军队进攻。第七十四军在衢州以南黄坛口、大滩一线阵地面对日军第二十二师团四千余人狂攻,浴血奋战,挫敌锋芒,并击毙日军大队长一名。守卫衢州城的第八十六军正东面有日军猛攻,北、西、南三面为日军炮火所控制,实际已处包围之中,并失去对外联系,但斗志不减,继续"凭借以城门附近市街为据点的坚固阵地进行顽抗"。6日晨,又降暴雨,守军官兵"浸泡于积水盈尺之掩体中,依然奋战不懈"④。此时,第十集团军总司令王敬久派人突破重围经水路送来突围命令。第八十六军除留一团守城外,主力在狂风暴雨中闯出日军包围圈,一路辗转至

　　①　《抗日战史》第八册,第58页。

　　②　《徐永昌日记》第六册,台北中研院近代史研究所1991年版,第417页。

　　③　《第三战区浙赣会战作战经过概要》,《中华民国史档案资料汇编》第五辑第二编《军事》(三),第573页。

　　④　《昭和十七、八年的中国派遣军》(上),第118页;《抗日战史》第八册,第63页。

衢州以南溪口街与第七十四军第五十七师会合。担任守城任务的第四十六团面对日军的大举进攻继续抵抗，在日军突入城内后，与敌展开巷战，一直战至 7 日午间，"伤团长、参谋各一员，生死不明者一员；阵亡上校参谋一员、营长十一员（内山炮营营长一员）、生死不明者三员；连排长及士兵伤亡及生死不明者十分之八"，全团兵力损失十之八九，余部弃城突围，衢州遂告失守①。

日军大本营发动浙赣会战的主要目标是摧毁衢州等地的机场，占领衢州意味着这一目标的基本实现。但中国派遣军还企图通过此次战役打击中国军队有生力量，因此攻占衢州后立即乘势西犯，以第三十二师团从北路进攻常山、玉山，以第十五师团、第二十二师团担任南翼，沿江山港南岸推进。衢州失守后，第三战区虽仍在衢州至上饶浙赣铁路沿线作出防守部署，但因部队在转移之中，防守态势已大不同于防守金兰地区和衢州周围之时。6 月 9 日，日军攻占常山。11 日，日军在南北两翼同时向江山和玉山发起进攻，中国守军虽奋勇抵抗，但两城仍相继被敌攻陷。此时，从南昌出发之日军正沿浙赣铁路东进，为避免被敌东西夹击，第三战区将部队转移出浙赣铁路沿线狭窄地区，对西犯日军形成侧击态势，第三战区司令长官部也于 13 日从江西上饶南移至福建崇安。15 日，上饶被日军占领。

当日军第十三军在浙赣铁路东段向西进犯之时，在浙赣铁路西段日军第十一军第三师团、第三十四师团等也完成向南昌的集结，并于 5 月底分东、南两路向赣东中国军队发起进攻。此时，抚河东岸由第三战区第一百军防守，抚河西岸至赣江两岸则由第九战区所辖之第十九集团军负责防守。

5 月 31 日，日军第三十四师团由南昌东南的谢埠市一带渡过抚

---

①　陈颐鼎：《衢州保卫战亲历记》，《闽浙赣抗战》，第 361—362 页；《顾祝同报告衢州战役溃败经过密电》，《中华民国史档案资料汇编》第五辑第二编《军事》（三），第 559 页。

河,向东进犯。6月3日,占领进贤。第一百军第七十五师除在第一线留置一个团在将军岭、东乡、邓家埠逐次抵抗,并予敌以较大打击外,主力转至鹰潭以西即设阵地,与第二十一军第一四七师协同防守,但无法抵御日军攻势。6月16日,鹰潭、贵溪失守。6月18日日本大本营以大陆命一一九一号指示中国派遣军:"根据需要,得在南昌附近浙赣沿线全域实施作战。"在这之前,中国派遣军企图打通浙赣铁路的计划曾遭到大本营的指责。6月24日,中国派遣军向第十一军下达"配合第十三军进行打通浙赣线作战"的命令①。于是第三十四师团一部从贵溪出发东进,于7月1日在横峰与第十三军部队会合。至此,南昌以东浙赣铁路全部为日军占领。

在江西的日军第三师团及其余各部则于5月底从万舍街、向塘向南进犯抚河、赣江间第十九集团军防地。第十九集团军所辖江西保安第九团、第一团在广福圩、三江口、集贤峰等处奋起迎击,与敌搏杀,但防线先后被突破。日军遂沿抚河两岸疾进,直逼临川。此时,第九战区增援第三战区的第七十九军也正向赣东星夜兼程途中。6月3日,当第七十九军暂六师一部进至临川西北展坪圩时,与日军一部遭遇,当即展开激战。第七十九军第九十八师则趁此掩护,冒雨挺进,于4日夜突入临川城,并与刚入城的日军第三师团"竟夜巷战"②。激战至5日凌晨,日军藉飞机掩护反扑,第九十八师因伤亡过重退守城外,临川被占。6日,日军同时向七里店一线之第九十八师、展坪圩一线之暂六师猛攻,第九十八师阵地被敌突破。暂六师虽坚守阵地,但日军一部迂回其侧背,使之陷入两面苦战的困境,最后不得不利用夜色突围转移。8日,日军攻占崇仁、宜黄。第七十九军此时集中兵力于南城,企图固守

---

① 《日本军国主义侵华资料长编》(中),第320页;《昭和十七、八年的中国派遣军》(上),第181页。

② 《军令部编浙赣会战经过概况》,《中华民国史档案资料汇编》第五辑第二编《军事》(三),第604页。

此赣东交通中心。但在日军第三师团强攻之下,南城于 6 月 12 日失守。抚河以西地区陷入敌手①。

在浙南,日军由华北增援部队编成的小薗江混成旅团于 6 月 22 日从武义出发,分左右两路进犯丽水。其左路纵队在进军途中,掠得大批鸡、猪,而误用桐油炸而食之,导致整个部队上吐下泻,丧失行动能力,在当地滞留三十六小时②。6 月 24 日,丽水被日军占领。7 月初,该混成旅团又向温州发起进攻,由于中国守军以保安队为主,不能组织起有力抵抗,日军于 7 月 11 日进占温州。

日军自 6 月中旬攻克上饶后进入所谓的"驻扎作战"阶段,作战重点增加"加紧破坏并没收敌方军事设施和军需资源,以削弱敌方物资的抗战能力"③。为此,日军不惜动用大量兵力,并强征三万余平民百姓,对衢州、玉山、丽水等机场群大肆破坏,尤其是最为重要的衢州机场,以水淹等措施,被破坏十分严重。日军还大肆掠夺各种物资,仅据日本战史记载,就有轻重铁轨 1 万条,电瓷瓶 6.4 万个,萤矿石 19.6 吨,铜 38.7 吨,发电机 28 台,桐油 4000 桶,木材 4000 立方米,民船 800 艘,并销毁大型弹药库三处,大型被服仓库两处④。

但在"驻扎作战"阶段,日军兵力不足的弱点逐渐凸现。第十三军以第七十师团守金华、兰溪,第一一六师团守衢州、龙游,第二十二师团推进至上饶附近地区,第三十二师团防守其右翼玉山附近,第十五师团防守其左翼广丰附近。此外,原田旅团驻富春江两岸地区,河野旅团驻守江山,小薗江旅团驻武义、丽水一带。日军沿漫长的浙赣铁路分散部署其兵力,战线过长,不仅无法继续其在战役初期对中国军队的全面进攻态势,而且使退守浙赣铁路两侧的中国军队获得了反击的机会。

---

① 《抗日战史》第八册,第 81—85 页。

② 《昭和十七、八年的中国派遣军》(上),第 146 页。

③ 《昭和十七、八年的中国派遣军》(上),第 139 页。

④ 《昭和十七、八年的中国派遣军》(上),第 154—156 页。

第三战区在日军打通浙赣铁路后调整部署,对敌四处出击,进行游击作战。7月中旬,第三战区部队发起局部攻势。在富春江北岸活动的第一九二师、第六十二师于15日克复桐庐,19日克复建德,迫使日军原田旅团弃守富春江沿线。第七十五师等部也先后收复横峰、弋阳,使浙赣铁路被日军打通仅半个多月后即被切断,日军深感"兵力疲竭,顾此失彼,占领地区不易确保"①。在赣东,日军第十一军于7月初向樟树发起进攻,第九战区部队放弃樟树,变内线为外线,向日军发起反击,经多日激战,终于击退日军,并乘胜追击,至7月13日尽复抚河、赣江间失土,日军退返原防②。

7月28日,日本大本营鉴于发动浙赣会战的主要目的——摧毁衢州等地机场——已经达到,下令中国派遣军于8月中旬返转,恢复原有态势,但为扼制中国军队修复机场,需固守金华附近地区③。8月中旬,日本第十三军、第十一军分别开始后撤,至8月底,第十三军退至金华、兰溪一线,第十一军退至南昌附近。此后,除第二十二师团担任金华地区防守外,其余部队陆续返回原防。在日军后撤时,中国军队乘势进兵,收复失地,至8月30日,除金华、兰溪地区外,第三战区基本恢复了战前态势。浙赣会战结束。

浙赣会战历时长达百余日,日军出动第十三、第十一军两个军,共七个师团及三个混成旅团,侵占浙、赣两省共48个县。此次战役,据日本战史,中国军队阵亡四万余人,日军战死1620人,伤28620人;据中国档案,日军被击毙击伤3.5万余人④。日军破坏了衢州等处机场和

---

①　《军令部编浙赣会战经过概况》,《中华民国史档案资料汇编》第五辑第二编《军事》(三),第605页。

②　《抗日战史》第八册,第29页。

③　《日本军国主义侵华资料长编》(中),第514页。

④　《昭和十七、八年的中国派遣军》(上),第170—172、186—188页;《军令部编浙赣会战经过概况》,《中华民国史档案资料汇编》第五辑第二编《军事》(三),第610页。

浙赣铁路,大量掠夺各种物资,并造成当地平民生命财产的重大损失。以衢县为例,据当地史志记载,在日军占领的 81 天内,全县 32 个乡镇中有 28 个惨遭日军蹂躏,10,246 人被杀,一千四百余人被掳而失踪,三千多名妇女被强奸,62,146 间房屋被烧毁。8 月下旬,日军撤出衢州时,更是派细菌部队撒播细菌,致使浙赣铁路沿线鼠疫、霍乱、炭疽、伤寒等传染病爆发流行,仅衢县一县在 1942 年 9 月—12 月的四个月中,患疫人数就达二万余人,死亡三千余人①。

　　浙赣会战中,中国军队官兵面对日军进攻,奋力御敌,尤其是金华、衢州守军顽强抵抗,拼到最后一刻。但在战略部署和战役指挥上,中国军队存在明显的缺陷。对整个战役,第三战区及最高统帅部缺少一个全盘的考虑。先是决定在金华附近对敌决战,随后改至衢州地区,而到战火烧至衢州城下,又临时取消作战计划,致使中国军队始终处于被动应敌的境地。实际上,对日军沿浙赣铁路进犯,无论是逐次抵抗,寻机围而聚歼,还是避其锋芒,保存有生力量,只要一以贯之,都可取得相应的成效。问题出在先按与敌决战部署兵力,后又以"保存战力"为主要考虑,结果就自乱阵脚。而在日军后撤阶段,中国军队又"缺乏利用时机的气魄"②,未能乘势加大对日军的打击。此外,浙赣会战以第三战区为主,第九战区在江西配合作战,但在赣东作战中,两个战区的部队未能统一指挥,协同作战,给日军以可乘之机。

三　鄂西会战

　　1940 年 6 月日军在枣宜战役中占领了长江中上游的战略要地宜昌,但宜昌以下至岳阳段的长江航道仍在中国军队的控制下,而长江北

①　邱明轩编著:《罪证:侵华日军衢州细菌战史实》,中国三峡出版社 1999 年版,第 11—13 页。
②　《昭和十七、八年的中国派遣军》(上),第 189 页。

岸汉口、沙市、岳阳间的三角地带也有中国军队驻扎,对华中日军构成威胁。日军在1942年底搁置进攻四川计划后,驻华中的第十一军于1943年初谋划发起"江南歼灭战"(即中国所称鄂西会战),打击宜昌至岳阳间长江南岸的中国军队,其作战目的之一为打通宜昌至岳阳间长江航道,使停泊在宜昌的十多艘总排水量达1.6万吨的轮船能够沿江下航,以增强军事运输能力。但据日军第十一军高级参谋岛贯武治说,第十一军作战的真正目的是歼灭长江南岸的中国野战部队,提出打通航道仅是为了获得大本营对此次作战的批准,因为大本营对驻华日军的进攻作战有严格的限制①。

为排除对长江南岸中国军队作战时的后顾之忧,日军在1943年2月先对长江北岸的三角地带发动所谓的"江北歼灭战",击溃占据这一地带的中国军队,并南渡长江,占领华容、石首、藕池口等地。4月中旬,日军着手部署对洞庭湖以北地区至宜昌长江南岸中国军队的所谓"江南歼灭战"。洞庭湖北岸至宜昌附近地处鄂西和湘鄂交界处,地形复杂多样,反差极大。该地区东部洞庭湖与长江之间河港纵横,湖汉交错;而西部宜昌南岸地区山势险峻,山高多在1500米—2400米;连接两者的中间地带则丘陵起伏,江河横贯其间。日军第十一军依地形将战役分为三期:第一期以约两个师团歼灭洞庭湖北面安乡、南县湖网地区中国军队;第二期以两个师团及三个大队南北夹击宜城、枝江以南丘陵地带中国军队;第三期以三个师团围歼宜昌对岸山岳地区中国军队②。

驻守鄂西地区的是中国第六战区,司令长官部驻湖北恩施,辖四个集团军及长江上游江防军,担负屏蔽川东、拱卫陪都重庆的任务。1943年2月日军发动"江北歼灭战"占领长江南岸华容、石首等地后,第六战

---

①　日本防卫厅防卫研究所著、高书权译:《昭和十七、八年的中国派遣军》(下),中华书局1984年版,第64页。

②　《日本军国主义侵华资料长编》(中),第744页。

区重新调整部署,至 5 月上旬日军发起攻势前其部署为:以第二十九集团军沿南县、安乡、澧县(均在湖南境内)布防,抵御华容、石首一带日军;第十集团军防御宜都、松滋一线,依沿岸即设阵地防守,并向澧县以北联结第二十九集团军,共同阻敌于该线之东;江防军除担负宜昌对岸防守外,应适时向宜都西南实施机动作战;第二十六集团军和第三十三集团军则在长江北岸鄂西地区策应江南作战①。

5 月 3 日日军第十一军司令官横田勇及军战斗指挥所进驻沙市。5 月 5 日,日军向安乡、南县发起进攻,鄂西会战由此打响。日军第三师团向安乡及其以西地区、第十七混成旅团向安乡及其以东地区、小柴支队向南县、户田支队向南山全线展开攻击,针谷支队则从岳阳由水路穿越洞庭湖向三仙湖方向进军,迂回攻击中国守军。防御安乡、南县一线的第二十九集团军奋起迎击。当日晚第六战区代理司令长官孙连仲下达作战令,令第二十九集团军坚决阻击南犯之敌,并指定部队死守津市、澧县;令第十集团军以一部阻击由藕池口西犯之敌,死守公安,并加强对松滋、宜都对岸之敌的防守;同时将江防军东调至茶元寺附近,准备策应第十集团军作战。6 日,中日军队展开激战,中国守军伤亡重大,防守麓湖山阵地的第四十五团团长陈涉藩、营长李亚安均壮烈殉国,暂五师师部军士队一百二十余名官兵在激战后仅余二十余人。

5 月 6 日晚,蒋介石电令孙连仲:"一、查三峡要塞扼四川门户,为国军作战之枢轴,无论战况如何变化,应以充分兵力坚固守备。二、江防军不得向宜都下游使用。三、南县、津市、公安、松滋方面,应以现有兵力与敌周旋,并掩护产粮区。四、特须注意保持重点于左翼松滋、宜都方面,以获得机动之自由。"②自 1940 年宜昌失守后,国民政府始终对日军溯江而上进攻四川的企图保持高度警觉,因此日军发动鄂西会战后判断其最终作战目标为重庆,确定宜昌上游三峡一带为防守重点,

---

① 《抗日战史》第六册,第 98—101 页。
② 《抗日战史》第六册,第 111 页。

而不是调集兵力于长江、洞庭湖间区域与敌力拼。蒋介石电令到达后，第六战区调整原有部署，停止东调江防军。安乡、南县一带防线面对优势日军攻击，形势由此迅速恶化。

5月7日，日军第十七混成旅团和第三师团一部向安乡发起进攻。中国军队抵御至夜晚，安乡被敌攻占。第六战区代理司令长官孙连仲见形势危急，欲进行反击扭转战局，遂令第十集团军除守备公安一部外，其余各部沿东南方向进军，向甘家厂以南地区攻击，第二十九集团军除固守现有阵地的部队外，余部向夹洲、上三汊河以北地区攻击，以求对从藕池口南下之日军进行夹击①。但防守安乡的第七十三军在战斗中损失惨重，并与集团军失去电信联系。该军暂五师防守南县，7日起面临日军小柴支队的猛烈攻击，虽奋勇抵抗，使日军一个大队所属的中队长或战死或负伤②，南县仍于9日失守。第十集团军接战区命令后即向东南方向推进。但日军主力第三师团此时已集结于东港附近，向第十集团军逼近，为第二期作战准备，第六战区遂停止反击计划。日军进占洞庭湖以北安乡、南县地区后于11日结束第一期作战。第二十九集团军除第七十三军遭受重大损失，至5月12日仅收容一千五百余官兵外，其余大部转移津市、澧县一线，日军围歼二十九集团军的计划未能得逞。

5月12日，日军开始第二期作战，以第三师团、第十三师团从南北两个方向合击枝江以南地区的第十集团军。南翼第三师团从东港附近向第八十七军发起猛攻。第八十七军无法抵御日军攻势，孟溪寺、张家厂、东岳庙于13日先后失守。北翼第十三师团在12日傍晚从枝江对岸乘夜色几乎未遇抵抗南渡长江，随后分三路向第九十四军防线推进，至次日已进至茶元寺、观音寺、斯家场一线。第十集团军判断日军有在斯家场、西斋一带夹攻歼灭我军企图，遂令部队往茶元寺、斯家场、官

---

① 《抗日战史》第六册，第115—116页。
② 《昭和十七、八年的中国派遣军》(下)，第71页。

桥、张家厂之线以西地区转移。蒋介石见鄂西战局紧张，于 13 日致电第六战区，令其警惕日军西进企图，战况无论如何恶化，必须确保宜昌以西防守，并令第五、第九战区策应第六战区作战①。

5 月 14 日，日军第三师团继续攻击前进，占领杨林、饶家嘴等地。第十三师团先后占领新河市、西斋，并在向南进犯中发现几路向西转移的中国军队，但大多"终未捕捉到"②。中国军队虽逐次抵抗，及时转移，未遭日军南北夹击，但因接连失利，"军心为之震撼"，向西转移途中"交通拥塞，秩序紊乱"，第八十七军转移至暖水街、闸口、王家厂一线时，"余部仅及三分之一至四分之一，殊难再行坚强战斗"③。5 月 15 日，日军南北两翼完成会合后，以主力向暖水街急进，并于当日攻占，企图切断中国军队退路。至 18 日，日军进占茶元寺、刘家场、西斋、暖水街、王家厂一线，结束第二期作战，并以主力向暖水街、刘家场集结，准备第三期作战。

日本第十一军在第二期作战中即准备第三期作战，目标是首先歼灭长阳周围中国军队，然后向宜昌以西地区突进，捕捉歼灭该地区中国军队。为此，除以第三师团、第十三师团在第二期作战结束后向北推进外，并调在当阳地区的第三十九师团向长江北岸云池一带集结④。5 月 19 日，日军第十三师团首先从暖水街、刘家厂向中国军队发起进攻，第三师团一部则自茶元寺西犯。此时，第六战区司令长官陈诚已由云南返抵鄂西恩施任所，鉴于第九战区增援的第七十四军、第七十九军已到达湘北，战区南翼已有保障，遂下令第十集团军与江防军以渔洋关、津洋口、曹家畈、石牌一线为决战线；第十集团军确保渔洋关，左翼与江防军联系；江防军以第十八军固守石牌，第八十六军守聂家河、安春脑、

①　《抗日战史》第六册，第 133 页。
②　《昭和十七、八年的中国派遣军》(下)，第 82 页。
③　《抗日战史》，第六册，第 135—136 页。
④　《昭和十七、八年的中国派遣军》(下)，第 90 页。

长岭岗一线,行持久战;第二十九集团军以有力一部向北攻击暖水街之敌,策应第十集团军①。

从暖水街、刘家厂出发的日军第十三师团原定在 20 日晚进入渔洋关附近汉洋河一线,但由于"山地险峻,守敌抵抗,前进比预定计划推迟"②。第八十军在子良坪、仁和坪一线逐次抵抗至 21 日。"22 日晨,渔洋关附近开始争夺,竟日激战,敌我伤亡均重,卒以众寡悬殊,渔洋关失守"③。第十三师团在占领渔洋关后继续突进,24 日攻占都镇湾,25 日师团主力集结于此。日军第三师团于 19 日袭占王家畈后,因等待后续部队,至 21 日才分兵三路攻击前进,占领聂家河等处,并于当日夜间进入汉洋河北岸地区,次日进驻磨市。随即根据第十一军"需要迅速消灭长阳附近之敌,准备在宜昌西方地区进行决战"的指令④,向长阳北进。23 日,第三师团渡过清江,24 日占领长阳。在长江北岸的日军第三十九师团于 22 日于云池附近渡江西犯,次日进占鄢家沱,并根据军部"以全力向偏岩方面前进"的命令⑤,向长阳北面的偏岩推进,沿途遇中国军队顽强抵抗,至 25 日黄昏攻占偏岩。日军在攻占都镇湾、长阳、偏岩一线的同时,驻宜昌部队也渡过长江,使日军于宜昌西岸地区兵力已逾六万,并已打通宜昌下游长江航道。第十一军企图以此优势兵力捕捉合围宜昌西岸江防军,并使宜昌附近的船只下航。

中国军队对日军集结优势兵力于宜昌以西地区,特别警觉其溯江西上的企图。蒋介石"手令江防守备部队诸将领,明示石牌要塞乃我国之史达林格勒,为聚歼倭寇之惟一良机"⑥。陈诚依此于 5 月 25 日指

---

① 《抗日战史》第六册,第 145—146 页;陈诚:《陈诚回忆录》,东方出版社 2009 年版,第 115 页。

② 《昭和十七、八年的中国派遣军》(下),第 93 页。

③ 《作战经过》(二),第 602 页。

④ 《昭和十七、八年的中国派遣军》(下),第 91 页。

⑤ 《昭和十七、八年的中国派遣军》(下),第 95 页。

⑥ 何应钦:《日军侵华八年抗战史》,第 195 页。

定作战方针,决心确保石牌要塞,第十集团军和江防军须固守防线,待第七十四军等增援部队到达后对日军"行南北夹击而歼灭之",决战日期定为 5 月 31 日—6 月 2 日间①。

5 月 26 日、27 日,日军连续向江防军阵地发起猛攻,中国守军奋勇抵抗。日军进击柳林子一部,被中国军队反包围,最后虽经救援突围,但大队长以下被击毙多人。进攻卷河桥日军,尽管有飞机支援,但遇中国军队顽强抵抗,日军战史称"攻击很不顺利"。中国战史则称"敌每一寸土之推展,必须付出同等之血肉代价,其战况之惨烈,乃属空前"②。在日军猛攻下,江防军部分阵地被突破,27 日晚,第六战区决定将江防军防线调整至三叉河、木溪桥、曹家畈、石牌一线,固守以待增援部队到达。至此,日军进攻已成强弩之末,而第十集团军则抓住日军主力北上、清江与汉洋江间兵力薄弱的有利时机,向日军发起反击,于 28 日收复渔洋关。

由于对江防军的进攻在 5 月 28 日后陷入困境,主力背后又面临中国军队的反击,以及中国空军配合美国在华空军开始加强空袭,日本第十一军于 5 月 29 日、30 日调整部署,命令所部于 5 月 31 日开始返转作战,由宜都、枝江等处渡江转移。中国根据截获日本空军电报获悉日军已经开始退却,5 月 31 日蒋介石在重庆讨论对日军追击,并于当日电令第六战区:"渔洋关至长江间各部,应速向枝江、宜昌、长阳沿江追击,歼灭敌人,夺回长江西岸各据点","津、澧方面之第二十九集团军第四十四军,及第七十四军主力,应速歼灭新安、王家厂方面之敌,并以一部向公安追击",在长江北岸鄂西山区的第二十六集团军、第三十三集团军则"应乘敌疲劳混乱,迅向当面之敌猛攻,相机袭占宜昌"。陈诚也

---

① 《抗日战史》第六册,第 164 页;《陈诚回忆录》,第 116 页。

② 《昭和十七、八年的中国派遣军》(下),第 98—100 页;《抗日战史》第六册,第165 页。

在当日下达追击令,并确定追击开始时间为 6 月 1 日拂晓①。

　　6 月 1 日鄂西会战进入中国军队攻势作战阶段。江防军从自己防线发起全线追击,先后攻占偏岩、沈家棚、雨台山,至 6 月 2 日已收复清江以北大部分地区。第十集团军各部在清江以南、汉洋江以北地区分多路向日军发起攻势,相继克复都镇湾、聂家河、长阳等处。"敌因久战疲惫,且鉴于过去我军追击发起之迟缓,退却之初,警戒疏忽,嗣悉我军紧迫直追,行动果敢,遂恐慌万状,狼狈东窜。敌之后卫部队……为我追及,甫经接触,即仓皇溃窜。"②日军也承认中国军队的追击"更加疯狂",第十三师团的后方部队被包围,"处境危急"。该师团殿后的皆塚大队被数倍于己的中国军队包围,大队长被击毙③。6 月 3 日,中国军队攻占枝江,并向宜都发起攻击,日军第十三师团一部则被第十集团军围于磨市附近。为解磨市之围,并争取渡江撤退的时间,日军于 6 月 5 日以数千兵力进行反击,枝江、洋溪等地再告失守。8 日,第十集团军再度向宜都攻击,并于当日攻克,随即乘势攻击前进,清扫长江沿岸残敌。在战区东翼,会战初期退守湘北石门整编的第二十九集团军与第九战区驰援的第七十四军也在 6 月初发起攻势,一举攻占西斋、安乡等地,随后在向公安进击时,一度与日军相持于两河口、斯家场一线,展开激战。6 月 14 日,第七十四军在大雨中强攻公安,于午后攻克该城,并乘胜追击,向长江岸边挺进。至 6 月中旬,中国军队恢复会战前态势。

　　6 月下旬,第六战区为巩固长江南岸防守,部署向藕池口、石首、华容等地展开攻击。蒋介石并且命令美国驻华空军"连续轰炸藕池口及石首四日"。但因连日大雨,河水暴涨,而渡河船只,或被敌掠走,或被敌破坏,进攻无法取得进展。6 月 30 日,蒋介石下令停止攻击④。

---

　　①　《徐永昌日记》第七册,第 94 页;《抗日战史》第六册,第 173—175 页。

　　②　《作战经过》(二),第 603 页。

　　③　《昭和十七、八年的中国派遣军》(下),第 103—104 页。

　　④　《周至柔致何应钦电》(1943 年 6 月 24 日),中国第二历史档案馆,卷宗号:七八七,8842;《抗日战史》第六册,第 197 页。

在鄂西会战后期中国空军与美国空军联合作战，对日军进行大规模空袭，予敌重创，成为整个抗战中制空权敌我间易手的开端。从5月下旬至6月上旬，中美空军击毁日军飞机数十架，5月31日，中美空军联合出击轰炸宜昌时与日本空军发生空战，一次就击落日机达二十余架。此外还攻击日军船只、车队、地面部队。日军战史称："在我方损失中，由敌机造成的损失激增，这一点值得注意。这表明，航空优势敌我易位的征兆已经开始出现。"[①]

鄂西会战日军出动兵力逾10万，中国军队在沿江和湖网地区用兵约十五万，在宜昌以西石牌地区部署防守兵力约六万。根据国民政府战史资料，此次会战日军伤亡16,075人，被俘12人，中国军队伤亡41,863人，失踪7270人，"但我战线各县人民生命物资遭敌兵之烧毁损失，则不可数计"。而日本战史记载，日军战死771人，负伤2746人，中国方面遗尸30,766具，被俘4279人[②]。

日军发动此次战役目的，虽为使上游宜昌附近船只下航，但更重要的是企图歼灭中国军队有生力量。宜昌附近一万余吨船只在5月下旬下航，使日军这一目的达到；但围歼中国军队之企图，除第二十九集团军第七十三军损失较重外，则因中国军队适时后撤而未曾实现。中国方面对日军作战目的判断为夺取川江门户，意在重庆，作出这一判断在当时环境下是可以理解的。但蒋介石因此在会战初期不准江防军向宜都下游使用，没有集中使用兵力，在用兵上稍显僵硬。而第六战区在会战后期追击作战中，虽较以往已有改进，予日军以相当打击，但并未完全抛弃行动迟缓之积弊，国民政府在检讨此次会战时也指出："无论攻击或追击时，虽得规复失地，惟败敌早已逃逸，甚少能予以致命打击。

---

① 《昭和十七、八年的中国派遣军》（下），第107页。

② 刘凤翰：《抗日战争史论集》，台湾东大图书公司1987年版，第151页；《作战经过》（二），第597页；《昭和十七、八年的中国派遣军》（下），第107—108页。

所谓胜利,并未歼敌有生力量。"①但在鄂西会战后期中国制空权的获得对此后战争具有重要的积极意义。

四　常德会战

鄂西会战后中日军队在华中继续处于对峙状态。1943 年 8 月下旬,日本驻中国派遣军制订秋季后作战指导大纲,企图再次向中国军队发起攻势作战,其主要目标是湖南常德。日本大本营因判断盟军即将在缅甸开始反攻,而发起该作战可牵制中国兵力调往云南、缅甸,因此于 9 月 27 日以大陆命第八百五十三号正式批准了常德作战②。次日,中国派遣军向第十一军下达作战令,令其于 11 月上旬发起进攻,具体步骤为:"一、第十一军主力(加上由其他方面转用来的部队共三十五个步兵大队)由董市及石首附近向前推进,击败各地之敌,攻占常德附近。二、继而追索常德方面猬集反攻之敌,予以歼灭。三、作战目的一经实现,即视当时敌在缅甸反攻等形势,适时开始返还,剿灭残敌,恢复原来态势。"③至 10 月底,第十一军及由华东调遣来的第一一六师团共约十万兵力集结于沙市至监利的长江沿岸地区。

常德地区属第六战区,地处湖南西北,沅江下游,洞庭湖西岸,战略地位重要。西为川黔屏障,东南与长沙成掎角之势。第六战区在 10 月上旬就对日军的调兵遣将有所警觉,并于 10 月 10 日制订了守势会战计划④。10 月下旬,国民政府军事委员会判断"敌将抽集其中战场之兵力,再向(长)江(洞庭)湖三角地带进犯,以消耗牵制我兵力,并(达)

① 《抗日战史》第六册,第 227 页。
② 《日本军国主义侵华资料长编》(下),第 43 页。但据中国派遣军高级参谋天野正一的看法,常德作战的目的与鄂西会战相同,也是为了打击中国军队的抗战力,见《昭和十七、八年的中国派遣军》(下),第 125 页。
③ 《昭和十七、八年的中国派遣军》(下),第 127 页。
④ 蒋纬国:《抗日御侮》第 9 卷,台北黎明文化事业公司 1978 年版,第 6 页。

到掠夺物资之目的。先压迫我 10AG（AG 即集团军）、29AG 于聂家河、暖水街以西山地，再向左旋回进趋石门、澧县，如战况顺利，则渡澧水，犯常德"。并于 10 月 28 日作出部署：第六战区第十集团军、第二十九集团军各一部，于滨湖地区阻击敌人，而以主力利用澧水及暖水街一带山地，侧击进犯之敌；第七十四军之第五十七师固守常德，军主力于常德西北太浮山作机动准备；第一百军推进至益阳待命；第九、第五战区进行策应作战。10 月 30 日蒋介石电令第六战区在"预想敌军进犯之道路，速即敷设地雷"①。

11 月 2 日，日军在松滋至华容间分数路向长江以南迄洞庭湖西北畔中国军队发起进攻，常德会战拉开序幕。中国第一线部队第十集团军第六十六军、第七十九军及第二十九集团军第四十四军根据部署，先后于南县、甘家厂、公安、新江口之线进行抵抗，迟滞日军推进，并逐次向西南方向转移。日军虽遭阻击，但仍挟其优势兵力，猛进不已，南县、公安、松滋先后被占。至 6 日，第十集团军第一线部队已转移至王家厂、暖水街、刘家场、洋溪一线。但日军跟踪西犯，以其主力第十三师团直指暖水街地区。中国守军暂六师虽与敌激战，但暖水街仍陷于敌手。此时，中国方面根据战况及缴获文件确定日军将南下进攻常德，而暖水街处于日军进军路线之右侧背，占领该地将予敌以极大牵制。7 日，蒋介石下令："第十集团军王敬久部，即刻集中主力，击破向暖水街方向突进之敌。"②但第十集团军正准备发起反击时，日军又向高岩、王家畈、邓家畈等地发起猛攻，并以主力迂回暖水街以南地区西进。敌我之间呈交错对峙状态。至 12 日，第十集团军退守聂家河、仁和坪、子良坪、曾家垭一线，继续阻敌。日军则除留第三十九师团等部于暖水街附近外，第三、第十三师团相继向南集结，准备向石门、慈利发起第二期

---

① 军令部编：《常德会战之检讨》，《抗日战争正面战场》，第 1207—1208 页；《蒋介石致第六战区参谋长郭忏电》，《作战经过》（二），第 607 页。

② 《蒋介石致孙连仲等电》，《抗日战争正面战场》，第 1180 页。

作战。

日军第十一军于 11 月 11 日部署第二期作战,以第十三师团进攻慈利,随后追歼常德西北地区中国军队;第三师团奔袭石门以北第七十三军主力,然后进入常德西南地区;第六十八师团渡过洞庭湖,攻占汉寿后进入常德东南地区;第一一六师团经临澧从北面直接攻击常德,企图对常德形成合围之势①。第六战区遂以第七十三军部署于石门附近抵御日军,并以第七十四军部署于常德、慈利间,准备对敌决战。

11 月 13 日,日军第三师团在飞机与炮兵支援下,向第七十三军阵地发起猛攻,中国守军英勇迎战,连长、排长"多裹伤再战",至 14 日黄昏,"已陷入苦战,伤亡已逾三分之二"。入夜,日军突入石门,担任守城的暂五师与敌死战,"几全部作壮烈之牺牲",师长彭士量英勇殉国,石门失守②。

石门被占后,日军沿澧水快速推进,至 11 月 16 日已进至慈利以北永盛桥、东岳观,与第七十四军发生接触。在这之前的 14 日晚,蒋介石电话指示第六战区:"以一部确守常德,主力在慈利附近地区与敌决战。"③第七十四军除第五十七师防守常德外,军长王耀武率军主力第五十一、第五十八师布防于慈利附近。17 日,第五十八师正面之敌日军第十三师团开始进攻,守军奋勇抵抗。守卫赤松山的一个营沉着迎战竟日,阵地屹然不动。日军白天无法推进,只得于夜间偷袭,守军战斗至最后一人,全营壮烈牺牲④。18 日,慈利被敌攻陷,常德西北失去屏障。

日军第三师团南渡澧水后按计划直扑桃源。11 月 21 日,日军飞机向桃源投弹扫射,并趁势降落伞兵六十余人,与地面部队呼应。桃源

　　① 《昭和十七、八年的中国派遣军》(下),第 144 页。
　　② 《抗日战史》第八册,第 126 页;《抗日战争正面战场》,第 1187 页。
　　③ 《第六战区常德会战作战经过要报》,《抗日战争正面战场》,第 1187 页。
　　④ 《抗日战史》第八册,第 130 页;《昭和十七、八年的中国派遣军》(下),第 145 页。

守军不足一营，无力抵御，被迫撤离，桃源被占。第四十四军第一五〇师在陬市继续抵抗，以拱卫常德外围，但最终不支，陷于敌手，该师师长许国璋殉国①。常德西南门户洞开。

日军第六十八师团于 11 月 18 日拂晓前从安乡以南鱼口附近地区西渡洞庭湖。是日天气恶劣，风高浪急，中国守军因此疏于防范，使日军突袭轻易得手，登陆洞庭湖畔涂家湖一带。22 日，第六十八师团攻占汉寿，从东南直接威胁常德。是日，日军第一一六师团从北面开始进攻常德。至此，常德成为一座孤城，会战进入常德保卫战阶段。

担任守卫常德重任的是第七十四军第五十七师。该师受命后，以主力集中常德城，加强工事，严整战备，并制订持久防守计划，第一期为外围战斗，以德山、河洑山为第一线，消耗敌人，争取时间；第二期为城垣战斗，固守城垣，坚强抵抗，并实行局部逆袭；第三期为街市战斗，一旦敌军突入城内，"即凭家屋据点，街巷堡垒逐屋抵抗"，直至援军向常德求心包围，乘敌攻势顿挫，予以协力夹击②。

11 月 20 日，西渡洞庭湖的日军第六十八师团一部向常德城南面的德山攻击前进。德山守军没能抵挡住日军的进攻，被迫撤离，日军于 22 日进占德山。在常德城西面，日军第一一六师团数千人于 21 日从北、西两面夹攻河洑山阵地。守军第一七一团第三营与敌激战，坚守阵地至 22 日凌晨，再退守河洑市。23 日，日军集中炮火猛轰河洑市，并发射毒气弹，第三营官兵拼死抵抗，"河洑之巷战，失而复得者凡五次"，全营官兵大部牺牲，仅余七八十人，河洑市终告不守③。在常德城西北外围的黄土山阵地，第五十七师也与日军展开激战，在击毙日军联队长一名，予敌以重大打击，己方亦遭受重大伤亡后向主阵地转移。

---

① 邱正民：《常德、桃源地区战斗》，载《湖南四大会战》，第 274—275 页。
② 《抗日战史》第八册，第 172—173 页。
③ 《第六战区常德会战作战经过要报》，《抗日战争正面战场》，第 1190—1191 页。

日军原先计划仅以第一一六师团承担攻占常德的任务,但在常德外围遇到中国守军顽强抵抗后,于 11 月 23 日调整部署,决定以第一一六师团从北、西两面全力攻击,第三师团一部从南进攻,第六十八师团从东进攻,并定 25 日午夜开始进攻。同日,第六战区代理司令长官孙连仲电令第五十七师师长余程万:"常德存亡关系全局,着激励官兵,坚守待援,发扬革命军人牺牲之精神,毋致动摇决心。"蒋介石也电令第五十七师"固守常德,与该城共存亡"①。

11 月 25 日拂晓,日军飞机二十余架飞临常德上空进行扫射,随即日军地面部队不待午夜即分几路向常德城发起进攻。在北面,日军第一一六师团第一〇九联队先向外围阵地夏家岗、七里桥发起进攻,遇中国守军迎头抗击,被迫向东绕行,趁守军不备,突破新堤,再转进北门外街一线。中国军队仓促迎敌,展开白刃肉搏,挫敌锋芒。日军战史记载当日常德北面的战斗"由于敌人节节抵抗,前进很不顺利",直至 26 日凌晨才到达北门外②。在东面,日军第六十八师团一部趁第一〇九联队突进之机,攻占岩桥,推进至东门附近。在西面,第一一六师团第一二〇联队在白天开始攻击外围阵地,因守军顽强抵抗无法突破,入夜后才以偷袭突破中国军队阵地,进至西门城外。南面的战斗最晚打响,但战况更为惨烈。先是美军战机袭击向沅江南岸推进途中的日军第三师团第六联队,击毙其联队长中畑。午夜,第六联队向沅江北岸常德城内猛轰,其步兵趁此掩护渡江。据日本战史:"江畔的战斗是极其残酷的,我军接连出现伤亡。"日军五百余人强渡后,一部突入城内,守军在下南门、东门附近街巷与之展开恶战,"反复进行肉搏和枪战",至次日凌晨击退入城之敌③。25 日一天激战,第五十七师两名营长英勇殉国。鉴

---

① 《第六战区常德会战作战经过要报》,《抗日战争正面战场》,第 1191 页。

② 《昭和十七、八年的中国派遣军》(下),第 163 页。

③ 《昭和十七、八年的中国派遣军》(下),第 161 页;《第五十七师关于战前敌我态势及作战经过报告》,《中华民国史档案资料汇编》第五辑第二编《军事》(四),第 25 页。

于日军从各方逼近常德城。师长余程万调整部署,令外围部队转入城内,并重新配置城垣守备力量,以达固守常德之目的。

26 日、27 日两天,日军继续发起全线攻势,除以飞机轰炸扫射外,更投掷毒气弹。北门外日军第一一六师团主力两个联队轮番进攻,以期攻破北门,突入城内。但中国守军集中火力奋勇杀敌,26 日一天挫败日军八次进攻,日军遭受极大伤亡。西门外遭日军猛烈炮火,渔父中学阵地被摧毁,守军虽仅存排长以下数人,仍战至最后,与阵地同归于尽。日军白天无法得手,其第三大队于夜间对大西门进行袭击,仍以失败告终,大队长被击毙,该大队所属中队军官非死即伤①。东门守军面对正面之敌和北渡沅江强行登陆的第六联队,与敌搏杀,虽伤亡重大,阵地屹然不动。第五十八师坚持至此,全师八千多名官兵伤亡甚众,弹药消耗已过大半,但守城斗志丝毫未减,师长余程万命令:"自即刻起,所有排、连、营、团长,一律不得变更位置。"并为充实第一线兵力,将所有运输兵、担架兵合编为战斗部队,从炮兵中抽调三百余人加入步兵战斗,师部幕僚亦自告奋勇参加第一线战斗②。

日军在连续三天攻城受挫后,于 28 日发起更为疯狂的进攻。日军的主攻方向在北门,在集中炮火轰击后,步兵反复冲击,北门工事悉被摧毁,防守北门的第一七一团堵截不及,至下午日军从北门突入城内。此时第五十七师已无预备队可资调遣,师长余程万遂命令该团逐次退守城北各街巷,常德保卫战进入巷战阶段。第一七一团利用民宅沿街设置火力点,顽强抵御日军,"苦撑恶斗,拼命力争,一寸山河一寸血肉,惊天动地,惨烈空前",日军自叹"进展极不顺利,连续出现伤亡"③。在

---

① 《昭和十七、八年的中国派遣军》(下),第 164 页。

② 张宪文主编:《抗日战争的正面战场》,河南人民出版社 1987 年版,第 314 页;《抗日战史》第八册,第 186 页。

③ 《第五十七师关于战前敌我态势作战经过报告》,《中华民国史档案资料汇编》第五辑第二编《军事》(四),第 25 页;《昭和十七、八年的中国派遣军》(下),第 169—170 页。

大、小西门和东门的日军，自晨至暮，也一再猛攻城垣，但均为守军击退，滞留于城墙之外。因第一线部队消耗将尽，第五十七师又将师部杂兵、政工人员、常德警察等编入战斗部队，并请求战区火速增援。

29日，日军飞机向城内投掷燃烧弹，"城区大火蔽天，家屋碉堡，概成灰烬"。攻城日军也接到命令："烧毁常德市街，迅速取得战果。"东门外日军依靠火攻，突入城内，但继续遇到中国军队的顽强抵抗，"入城后的战斗与北门方面同样艰苦"。西门守军奋力防守至深夜，并与突破城墙的日军展开白刃战，最终不支退入城内。余程万师长在危急关头致电第六战区："弹尽，援绝，人无，城已破。职率副师长、指挥官、师附、政治部主任、参谋主任等，固守中央银行，各团长划分区域，扼守一屋，作最后抵抗，誓死为止，并祝胜利。"①

30日，突入城内各路日军四处纵火，"穿墙凿壁，节节紧逼，我余兼师长及各级幕僚，莫不亲任指挥，尺土之微，不肯轻弃。"配属第五十七师守城的第七十四军炮兵团团长金定洲致电蒋介石："孤城固守，弹尽，援军未到。虽士气奋勇，我步、炮均凭血肉与敌抢夺市街据点，但敌日增，我日减。职等牺牲事小，整个战局大，务恳严限援军协助袭逆为祷。"②12月1日，常德城内巷战更为惨烈，守军在多处阵地抵抗至最后一刻，与阵地同归于尽。入夜，第五十七师防守区域只剩城内西南一隅。当日，第七十四军军长王耀武电告第五十七师，援军已抵达常德附近。2日，刚结束开罗会议返回重庆的蒋介石致电余程万，嘉勉第五十七师守卫常德"辉煌之战绩"，并令其"严督所部与常德共存亡"③。2日拂晓起，日军"放大量毒气，炮击愈猛，空炸愈烈，火攻愈凶，窜逼愈近。我守兵与残破碉堡、阵地工事于惨烈斗争之后，复节节同归于尽，

---

① 《抗日战争正面战场》，第1192页；《昭和十七、八年的中国派遣军》（下），第170页。

② 《抗日战争正面战场》，第1192、1202页。

③ 《蒋委员长令第五十七师师长余程万等保卫常德电》，《作战经过》（二），第608页。

而城内残余之建筑物及碉堡百分之九十五已被毁灭。战至下午十二点左右,我几无立足余地。敌有隙钻隙,有墙登墙,到处流窜。我仅存少数人、枪,有一人使一人,有一枪使一枪,无枪则使刀矛或碎石棒"。尽管核心阵地已缩至约三百公尺见方的区域,但守军坚持抵抗,日军仍"不断出现伤亡"①。

常德城内巷战进行到 12 月 3 日凌晨,余程万以援军未到,大局已无法挽回,遂命令第一六九团团长柴意新指挥残部继续牵制日军,其本人则亲率余部向南突围。柴意新率部与日军经十余次肉搏,终全部壮烈殉国,常德城陷于敌手②。

第五十七师九千余名官兵守卫常德孤城,自外围作战至常德失守,坚持近半月。日军先后使用三万兵力和三百余门大炮进行围攻,全师官兵从外围至城垣再至街巷拼死血战,"兵亡官继,弹尽肉搏",伤亡官兵 5703 名,谱写了一寸山河一寸血的壮烈史诗。日军在付出重大代价占领常德后,承认遇到了"出乎意料之外的顽强抵抗"③。

当日军向常德围攻之时,国民政府军事委员会除令第五十七师固守以外,并于 11 月 24 日令第九战区第十军及第九十九军一部进攻洞庭湖南岸亘沅江右岸日军;第六战区第七十四军、第一百军攻击进犯常德日军之右侧背,第十集团军主力渡过澧水,向羊毛滩、临澧方面求敌侧背而攻击之,第二十九集团军之四十四军由太浮山、太阳山攻敌后方,第七十三军夺回慈利,企图从外线对日军展开求心攻击④。各部奉

---

① 《第五十七师关于战前敌我态势及作战经过报告》,《中华民国史档案资料汇编》第五辑第二编《军事》(四),第 26 页;《昭和十七、八年的中国派遣军》(下),第 171 页。

② 《抗日战史》第八册,第 190 页。另有材料记载,余程万命柴意新离城策应援军,而"柴仍欲死守城内,促师长前往",最后以身成仁,见《作战经过》(二),第 616 页。

③ 《抗日战争正面战场》,第 1192 页;《昭和十七、八年的中国派遣军》(下),第 171 页。军令部部长徐永昌在其日记中认为,"此次战役之激烈为淞沪会战后之第一次"。但其对余程万撤离常德城却颇有微词。见《徐永昌日记》第七册,第 212 页。

④ 《第六战区常德会战作战经过要报》,《抗日战争正面战场》,第 1193 页。

命后,即遵令推进,对进攻常德日军形成外线包围态势,但分别遭遇当面日军顽抗抵御,攻势难以取得明显进展,形成僵持局面。由资水北上的第十军以预十师向敌发起进攻,掩护第三师向常德方向突进。预十师师长孙明瑾率部英勇作战,身中四弹而壮烈牺牲。第三师则趁此掩护,于11月30日攻占常德城南五公里处的德山。

12月3日常德失守后,蒋介石于当日电令第六、第九战区,重申围歼日军之部署:"无论常德状况有无变化,决依既定计划围攻敌人。"①第六、第九两战区接令后加紧对日军发起新一轮攻势,但所属各部因连续作战损失过重,仍无法取得进展。而攻占德山的第十军第三师却遇敌反扑,陷于围攻之中,第十军预十师、第一九〇师也因损失太重,无力救援,12月5日德山再度为日军占领。

当中日军队相持于常德地区时,第九战区为增强北援常德兵力而抽调九个团临时组成的欧震(第九战区副司令长官)兵团于12月3日抵达战场,并于12月6日加入战斗,向常德以南的日军发起进攻。此时日军已有从常德撤出的迹象,但重庆最高军事当局判断,日军在常德附近兵力在八个联队以上,虽已向东北撤退,"但不能谓无久据常德之公算",若"反攻无效,耗用殆尽,转恐无力收拾常德战局,而诱起敌更奢之企图"。因此令第六、第九战区准备守势部署,暂维持原态势,以观敌情之变化②。

重庆的这一军事部署,使日军获得从容部署从常德撤退的时间。日军在制订常德作战计划时就确定,在攻占常德后适时返回,恢复原态势。但11月下旬美国驻华空军袭击台湾后,日本大本营开始考虑为摧毁美国驻华空军基地而打通大陆铁路线的作战计划。中国派遣军据此希望第十一军在占领常德后暂不返回,准备下一步作战,并于12月5日派员赴前线与第十一军司令官横山勇就此商讨。但横山勇认为,整

---

① 《蒋介石致薛岳、孙连仲江电》,《抗日战争正面战场》,第1183页。
② 军令部编:《常德会战之检讨》,《抗日战争正面战场》,第1211页。

个作战计划是以占领常德后返回制订的,由于兵力所限、信心缺乏等原因,第十一军无法长期在常德滞留,因此提出仍按原计划返回原驻地,必要时再出发。这一意见为中国派遣军同意后,第十一军决定于12月11日从常德前线全面撤退①。

12月8日,中国前线部队侦知日军已开始撤退。9日,蒋介石电令薛岳、孙连仲:"常德之敌已动摇退却,仰捕捉好机,截击猛追,以收歼敌之效。"②中国军队随即开始全线反击,欧震兵团首先于9日黄昏再次克复德山,并乘势向常德发起攻势,当夜突入常德。常德在失守六天后即被收复。

12月12日夜,正向澧水南岸撤退的日军第十一军接到中国派遣军总司令部电报,根据大本营命令,要求其重占常德。第十一军司令官横山勇虽只得遵令停止向澧水北岸撤退,将部队部署于澧水南岸,与中国军队形成对峙,但对此命令颇有异议,认为并非上策,因为常德作战中国军队"防备坚固",本方"损失甚多",参战兵力五万余人,因伤亡、患病等原因减员一万,已无力再发起进攻,因此建议按计划撤回原驻地。在向中国派遣军反复说明情况后,第十一军终于获准继续后撤③。

12月18日,日本第十一军在与中国军队对峙一周后全线撤退。中国军队尾随日军进行追击,并收复失地。至1944年1月初,日军返回原驻地,敌我部署恢复战前态势。

常德会战历时两月。根据军事委员会军令部统计,中国军队击毙日军联队长三人,日军官兵伤亡约四万人;中国军队三名师长殉国,伤亡官兵约五万余人。日军战史则记载,至12月8日止日军战死1274

---

① 《日军军国主义侵华资料长编》(下),第44—45页;《昭和十七、八年的中国派遣军》(下),第178—181页。

② 《蒋介石致薛岳等青电》,《抗日战争正面战场》,第1183页。

③ 《昭和十七、八年的中国派遣军》(下),第185—190页。

人，负伤 2977 人①。

在常德会战中，中国军队采取与第三次长沙会战相同的战略，即纵深抵抗，逐次消耗敌人，最后坚守常德，以外线兵团进行求心攻击，围歼日军。然而，由于会战初期防御作战退缩过快，会战后期外线兵团无法突破日军防线，第九战区增援部队又逐次使用，未能在常德失守前全部及时抵达战场，这一战略构想最终没能完全付诸实施，取得预期战果。因此中国军队虽在常德会战中予日军相当打击，日军仍基本按其战前部署完成此次作战。

第三节　敌后战场的反"扫荡"、反"清乡"作战

一　敌后抗日根据地进入最困难时期

中国共产党领导的敌后抗日根据地从 1940 年冬开始因日军调整军事进攻重点逐步进入困难时期，而太平洋战争爆发后的一年是抗日根据地最为困难的时期。

困难局面的出现首先是由于日军自 1942 年初接连不断的大规模"扫荡"作战，使根据地在军事斗争中面临极端严峻的局势。"在四一、四二两年内，敌人实施了五次治安强化运动，一次比一次毒辣，特别是在太平洋战争爆发后，敌人更提出了'完成大东亚兵站基地建立华北参战体制'的方针，所以在四二年的第四第五两次治强运动中，斗争特别尖锐"②。日军在 1942 年对中共领导的抗日根据地发动的千人以上的"扫荡"作战达 77 次，其中万人至五万人的"扫荡"作战达 15 次③。在

---

① 军令部编：《常德会战之检讨》，《抗日战争正面战场》，第 1213 页；《昭和十七、八年的中国派遣军》（下），第 191—192 页。

② 邓小平：《五年来对敌斗争的概略总结与今后对敌斗争的方针》，转引自田酉如：《中国抗日根据地发展史》，第 361 页。

③ 田酉如：《中国抗日根据地发展史》，北京出版社 1995 年版，第 376 页。

此期间,日军为了封锁、阻隔八路军,在多处制造"无人区"。如沿长城线制造了一片长数百公里宽4—40公里的带状无人区,构筑了割断壕245公里,其他封锁线工事74公里,动用作业人员达195万人次。并以武力强迫居民搬迁①。在"扫荡"作战中,日军增加了在抗日根据地内的据点并增修了公路网。如在晋察冀边区,1941年春日军只有八百多个据点,但至1942年6月已增至1460个,平均每县有15个以上据点,并在据点周围与公路、铁路两旁兴建了多至七层的封锁沟与墙②。由于日军点线的增加,"扫荡"作战更为频繁,使抗日根据地面积显著缩减。在晋察冀边区,冀东、冀中两块平原根据地变成了游击区,北岳、平西、平北三块根据地大大缩小。在晋冀鲁豫边区,冀南根据地许多县、区抗日政府解体,中共基层组织垮掉一半,冀鲁豫区只留下像孤岛一样互不相属的几片不大的根据地,维系着周围的游击根据地和游击区,太行区的面积从1940年的十万平方里下降至八万多平方里,太岳区虽总面积没有减少,但全区无一完整的县。山东抗日根据地则缩小了三分之一③。

而灾荒使面临日军残酷进攻的敌后抗日根据地雪上加霜。1940年秋后开始侵袭华北的水灾、旱灾、虫灾一直延续到1942年,在太行等根据地更是延续到1943年。不少地方旱情连续数月,庄稼颗粒无收。灾情严重的冀南一带,老百姓普遍以糠菜树叶为食,除松柏以外,所有树上的叶子、树皮全被采光④。日军的"扫荡"、烧杀抢掠和"三光"政策进一步加剧了灾荒的祸害,使原本物资就极为匮乏的敌后抗日根据地

---

① 《华北治安战》下册,第172—174、215页;张宏志:《抗日战争的战略相持》,国防大学出版社1990年版,第650—652页。

② 《华北各抗日根据地处在空前残酷斗争中》,《解放日报》1942年6月7日。

③ 田西如:《中国抗日根据地发展史》,第332页;齐武:《晋冀鲁豫边区史》,第158—159页。

④ 中国人民解放军政治学院党史教研室编:《中共党史参考资料》第九册,第65页。

的军民的基本生存面临着严峻的挑战。残酷的军事斗争和严重的灾荒也使抗日根据地的财政经济日趋困难,军用器材和弹药倍感缺乏,有些部队,每人平均只发几发子弹。在这最为困难的时期,中共领导的敌后抗日根据地人口缩减至 5000 万以下,八路军减员至 30 万[1]。

面对严重困难的局面,中国共产党提出了战胜困难坚持抗战的具体方针。太平洋战争爆发后不久,中共中央于 1941 年 12 月 17 日发出《关于太平洋战争爆发后敌后抗日根据地工作的指示》,指出"太平洋战争的爆发,无疑的对于我国抗战是有利的",但日军"对敌后抗日根据地的扫荡仍旧是可能的,而对根据地财富之掠夺,对根据地经济之封锁亦必更强化与残酷"。因此,"应当说明太平洋战争后的有利形势,说明胜利前途更加接近,以克服右的悲观失望的情绪,以坚定胜利信心;同时说明敌后抗战仍旧是长期的,艰难的,残酷的,以避免懈怠心理的可能产生"。基于对局势的这一估计,中共中央提出"敌后抗日根据地的总的方针应当仍旧是长期坚持游击战争,准备将来的反攻"。而具体的军事方针是:"假如敌进行扫荡,应坚决反抗之,如不扫荡,则除进行必要的游击战争外,应利用时间,休养兵力,恢复元气"。中共中央号召在敌后艰难困苦条件英勇斗争的抗日军民,"咬紧牙关,渡过今后两年最困难的斗争"[2]。12 月 28 日,中共中央与中央军委又就 1942 年的中心任务向八路军和新四军发出指示,指出"中心任务在于积蓄力量,恢复元气,巩固内部,巩固党政军民",要坚决执行中央指示,"精兵简政,发展经济,发展民运,发展敌占区工作,发展对敌伪的政治攻势"[3]。在敌后抗日根据地最困难的时期,中国共产党还提出了开展大生产运动,实行精兵简政等许多重要措施,为根据地军民战胜困难坚持抗战指明了方向。

---

[1] 《朱德选集》,人民出版社 1983 年版,第 146 页。

[2] 中央档案馆编:《中共中央文件选集》第 13 册,中共中央党校出版社 1991 年版,第 262—265 页。

[3] 中央档案馆编:《中共中央文件选集》第 13 册,第 272—273 页。

二　华北敌后根据地的反"扫荡"斗争

日军于 1941 年 3 月底开始在华北发起"治安强化运动",企图以政治、军事、经济、思想一元化的总体战来稳固在占领区的殖民统治,并根据它自己确定的治安标准将华北划为不同的区域,采取不同的对策:一、治安区,即仅依靠伪军就能确保治安的区域。在这些区域,应由华北伪政权代行管理,由伪警察承担治安工作,日军尽可能早日撤出,向准治安地区推进。二、准治安区,即中日双方势力相互交错,治安须靠日军维持但抗日游击活动仍很活跃的区域。在这些区域,应部署固定的日军主力,指导、帮助建立并加强县警备队和保乡团,以图控制县政;并应加强搜寻和"扫荡"中共势力,予以扼制和削弱,逐渐提高伪政权的政治、军事力量,过渡到治安区。三、未治安区,即日军发动作战时占领、结束后仍成为中共根据地和策源地的区域。在这些区域,应不断进行有计划的讨伐作战,拆除、破坏其设施和军需品,使中共不能安身和建设,并应反复"扫荡",使中共方面难以重建,随日军进驻,使之向准治安区过渡。1941 年 7 月,日军制订计划,决定用三年的时间,将治安区从 10％扩大至 70％,将未治安区从 30％降至 10％①。

太平洋战争开战后,日军在华北进一步推动"治安强化运动"。12 月 8 日,华北方面军司令官冈村宁次对部下训示:"方面军鉴于其政略、战略上的地位及任务,感到所负责任更重,无论遇到任何困难,应欣然加以克服,进而推动华北境内的治安及建设。"在新的战争形势下,日军的"治安强化运动"在政治上强调"在方面军司令官统一指挥下刷新和加强政务指导力量,进行强有力的一元化领导","以扶持中国方面的政治力量和武装力量,使之能够积极参与我军的施策,进而无需我军直接援助,就能确保本身负责范围的治安,最大限度地发挥中国人的能力",

---

① 《华北治安战》上册,第 414—418 页。

也就是要更多地采取"间接统治"的方式,充分发挥伪政权和各种伪组织的作用,弥补自身的兵力不足,达到"以华制华"的目的;在经济上强调"尽快确立军、官、民的自给自足经济,以确保民生,并在减轻我国经营华北的负担的同时,尽最大努力供应我国所需要的战争资源",向"飞跃的战时经济体制"迈进,将华北建成"兵站基地",培养和补给日军战斗力,服务于战争全局。在思想上强调进一步推动思想战,鼓吹所谓大东亚战争是清算英美侵略的正义战争、皇国的兴衰是大东亚兴废的关键、日华命运不可分离等论调,加强新民会等伪组织,并关闭了燕京大学等学校,在日军管理下接收各种学校,强化奴化教育①。

　　1942 年 2 月,华北日军制定了当年度治安肃正计划,其基本方针是:"沿袭前一年度计划大纲,特别在军事方面,灵活实现积极的不间断的作战讨伐;在治安建设方面,设法掌握民心,促进中国方面独立自主的积极性,大力推行具有创造性的措施,使治安状况得到空前改善。"该计划将"河北省北部的肃正工作作为重点",而治安肃正的重点又"放在以剿共为主的作战讨伐上,首先对冀东、冀中地区,然后对太行山北部地区开展治安肃正工作",企图以此消灭河北省北部的中共抗日根据地,将未治安区变为准治安区,将准治安区变为治安区,从而扩大治安区的面积②。

　　3 月 30 日,日军以纪念国民政府(即汪伪政府)还都南京和华北政务委员会成立两周年为名,发起了为期两个半月的第四次治安强化运动。运动的目标定为:"东亚解放"、"剿共自卫"、"勤俭增产"。为推行"以华制华"的方针,运动名义上由华北政务委员会领导,新民会为核心,但实际上皆操纵于日军之手。为反对此次治安强化运动,中共中央北方分局专门发出指示,要求针锋相对地对日军发起政治攻势,"强调日本必败,用事实来驳斥日寇的欺骗宣传",并且"随时提高警惕性,准

---

　　①　《华北治安战》下册,第 1、33、58、70—76 页。

　　②　《华北治安战》下册,第 100—101 页。

备迎接敌之'扫荡'，并集中一切力量，在接敌区与敌进行斗争"①。

作为第四次"治安强化"运动的主要组成部分，日军发动了所谓春季四大肃正作战，向冀东、冀中、冀南和晋东南的中共抗日根据地发起"扫荡"作战。日军首先于4月1日向冀东发起代号为一号作战的"扫荡"作战。冀东地区处于联结华北与东北的要道，日军在卢沟桥事变前已实际控制该区，并扶植了殷如耕傀儡政权，统治十分严厉。但1938年7月的"冀东抗日大暴动"后，中国共产党领导的抗日力量一直在此活动，并在蓟县、滦县等七个县建立了抗日根据地，设置了直辖于晋察冀军区的冀东（第十三）军分区，成为深入敌后的一把尖刀。此次日军向冀东进行"扫荡"动用了第二十七师团、独立混成第十五旅团和关东军以及伪军等共三万余人，而冀东军分区此时只有两个团数千人。日军凭借优势兵力向冀东根据地进行合击，冀东军分区避敌锋芒，适时转移，向热河境内挺进。日军合击扑空后，即分散部署，进行剔抉"扫荡"。6月上旬，日军一部调离后，冀东军分区部队抓住时机于6月下旬重返冀东，并在7月间多次袭击日军汽车，伏击日军部队，使日军屡屡受挫。8月，日军再派主力进入冀东，反复合击，并加强驻守兵力，企图以"蚕食"为主、"扫荡"为辅的方式扩大其占领区。冀东军分区针锋相对地开展反"蚕食"斗争，打击伪组织，破坏交通线，坚持平原游击战。日军对冀东的这次大规模"扫荡"一直持续到11月中旬。在此期间，为了阻隔中共部队的活动，保护伪满洲国的"边界"，日军沿长城线制造了一片长数百公里宽4—40公里的带状无人区②。

冀中是日军此次肃正作战的重点地区。日军认为，"冀中地区是河北省中部的粮仓地带，在战略上、经济上居于重要地位，中共势力

① 《中共中央北方分局关于反对敌寇第四次"治安强化"运动的指示》，《晋察冀抗日根据地》下册，第646页。

② 《华北治安战》下册，第172—174、215页；中央档案馆等编：《日本帝国主义侵华档案资料选编：华北大"扫荡"》，中华书局1998年版，第689、697—699页。

已经在此根深蒂固。由于该地区已成为对缺乏农产品的太行山区中共根据地供应、培养战斗力的基地,因此,可以认为只要扼杀该基地,就会收到很大成效。"①4月中旬,日军制定了对冀中的作战实施计划,其方针为:"对以吕正操为司令的冀中地区的共军主力,进行突然袭击的包围作战,摧毁其根据地,同时在政治、经济思想上采取各种措施,以便将该地区一举变为治安地区。"日军调集了第四十一师团、独立混成第九旅团等部十八个步骑兵大队为基干,共约五万兵力。而冀中军区所属抗日武装力量只有约3.5万余人。冀中军区和区党委预料日军即将"扫荡",于4月下旬决定了反"扫荡"的各项措施,包括精简党政领导机构,主力部队保持相对集中、机动,选择适当时机突围至山区,并留精干部队于内线坚持斗争。八路军总部也就冀中反"扫荡"专门发出指示:"为了长期坚持冀中,坚持华北,改变某些斗争方式,以求减轻这次损失","冀中反'扫荡'战是相当长期的,最严重的是在最后阶段之反'清乡'斗争中巩固群众与军队的政治情绪,避免过大过早疲劳与牺牲"②。

5月1日,日军开始向冀中发起"扫荡"作战,故此次作战又称"五一大扫荡"。5月1日—10日是日军"扫荡"作战第一阶段。日军分几路向冀中抗日根据地发起进攻,并对石(家庄)德(州)路以北,东至滏阳河、西迄无极安国一线的地区完成了马蹄形包围圈。冀中军区一部转移至外线保持机动,但军区指挥机关与大部部队被迫退向根据地中心区,陷于被动局面。5月11日—15日是第二阶段,日军以主力对包围圈内深县东南、安平西南和深县、安平以东地区进行合击,随后又以深县东北和安平地区为重点,反复"扫荡"。冀中军区除留主力一部坚持战斗外,领导机关与主力大部陆续突围转至外线。

①　《华北治安战》下册,第131页。
②　《彭德怀、左权、罗瑞卿关于粉碎敌对冀中"扫荡"的指示》,《晋察冀抗日根据地》下册,第655页;张宏志:《抗日战争的战略相持》,第626页。

5月16日—6月20日是第三阶段,日军在根据地中心区留下机动部队,隐蔽集结于主要点线,故意留出空隙引诱八路军返回。冀中军区对敌情判断不够准确,认为日军可能撤走,于是在5月21日、22日令部分主力部队返回根据地中心区。日军即以重兵围攻,冀中军区部队遭受相当大的损失。6月初,冀中军区决定主力部队向外线转移。6月9日,冀中军区一部于深泽城东北宋庄伏击日军,击毙日军少将旅团长坂本。在近两个月的反"扫荡"作战中,八路军冀中部队共作战272次,击毙击伤日伪军万余人,但冀中区也遭受重大损失,"根据地为敌细碎分割而控制",大部沦为敌占区,部分变为游击区,部队减员将近一半,民众被杀被掳达五万余人①。冀中大片的平原根据地此后成为一小块一小块的游击根据地。

　　八路军建立的冀南抗日根据地也是日军春季肃正作战的目标。日军对冀南发起作战的目的是"击溃冀南地区的国共两军,封锁其暗中活动,以便将来向治安地区推进"。为了配合冀中作战,日军特将冀南作战安排在先,以隐蔽冀中作战的企图,迷惑并牵制对手。4月29日,日军向冀南抗日根据地的中心地区武城地区发起全面进攻。由于日军隐蔽作战企图并散布各种假情报,冀南军区面对突然袭击猝不及防,仓促应战,虽经苦战大部突出重围,仍遭受很大损失。此后,日军又对冀县、枣强地区进行"扫荡",并在占领区设立据点,构筑割断壕,建立伪政权机构和保甲制定,企图向所谓的"治安区"推进。冀南抗日根据地在此次反"扫荡"中,正规军减员(牺牲、负伤、被俘和失去联络及自行离队)达30%以上(约万余人),游击队垮了十之七八,军队连以上、党政民区以上干部损失四五百人。但冀南军民

---

　　① 吕正操、沙克致军委集总军区电,1942年9月,中央档案馆等编:《日本帝国主义侵华档案资料选编:华北大"扫荡"》,第599—602页;罗焕章、高培主编:《中国抗战军事史》,北京出版社1995年版,第345—346页;张宏志:《抗日战争的战略相持》,第631、635页。

并未停止抗日斗争。日军自己承认,至 6 月,中共领导的"地下活动
有开始活跃的迹象"①。

　　日军春季肃正作战的另一个重点目标是晋东南地区。与河北、河
南接壤的晋东南地区是中国共产党领导的晋冀鲁豫抗日根据地的主
体,其中又分为晋冀豫交界处山岳地带的太行区和沁河中游的太岳区,
八路军前方总司令部、中共中央北方局和八路军一二九师师部就驻扎
在太行区内。日军第一军"以歼灭太行、太岳军区的共军为目的",从 4
月上旬起即开始对晋东南地区的作战准备。5 月 14 日日军发起"扫
荡"作战,其作战计划分成四期。第一期从 5 月 14 日—28 日,日军以
七千余兵力对太岳区南部进行合击,八路军除以一部阻敌外,大部转
移,使日军合击扑空。随后,日军进行疯狂的"扫荡",大肆烧杀。与此
同时,日军对八路军总部所在地太行区辽县(今左权县)、涉县地区完成
了包围。第二期是此次"扫荡"的重点,自 5 月 20 日—6 月 8 日,日军
以 2.5 万兵力分四路向八路军总部发起进攻,并派出空军进行搜索和
对地面攻击。八路军一二九师师部及三八五旅及时转移至日军合击圈
外,但八路军总部在转移过程中与日军"特别挺进杀人队"遭遇。"特别
挺进杀人队"是日军为此次作战专门成立的,士兵经特别选拔,着便衣,
其任务是在主力进攻前先行出发,"深入敌后捕捉敌首脑……,如不得
手也应搅乱敌指挥中枢、报告敌主力退却方向以及在敌人隐蔽军需品
之前发现其所在"。25 日,八路军总部与其交战,彭德怀副总司令率一
部突围,但左权副总参谋长在战斗中壮烈牺牲。27 日起,日军转入分
散部署,进行剿抉"扫荡"。此时转移到外线的八路军部队开始向日军
补给线、铁路干线发起攻击和破袭。5 月 31 日,新一旅奇袭日军长治
机场,击毁日机 3 架,汽车 14 辆,汽油库 2 座。第三期自 6 月 8 日—20
日,日军以一万多兵力向太行区南部的平顺及临近的林县地区发起进
攻,在对八路军合击落空后,转入剿抉"扫荡",并攻击国民党部队第

---

①　齐武:《晋冀鲁豫边区史》,第 171 页;《华北治安战》下册,第 135—137 页。

四十军。第四期自 6 月 21 日—7 月 8 日，日军的作战目标集中在晋豫边境的国民党三个军。日军发起攻击后，党军迅速转移，日军进行追击，并展开清剿。此次反"扫荡"作战，八路军歼敌三千余人，虽自己也受到相当大的损失，但粉碎了日军对根据地的进攻和歼灭八路军主力的企图。正如日军自己所言："对于第十八集团军虽摧毁其根据地，使之陷入极端的困境，但未能制其死命。"①

1942 年 10 月，日军为扩大并巩固治安区，又发起为期两个月的第五次治安强化运动。作为其主要组成部分，日军进行了所谓的"治强战"。与春季四大肃正作战相比，这次秋冬季的"治强战"规模要小些，其特点是"与治安工作和对敌封锁相配合，不断地进行了小规模的肃正讨伐"。

日军推行的"治安强化运动"及与之相连的"扫荡"作战，虽使华北敌后抗日根据地和抗日武装力量遭受重大损失，面临抗战以来最为艰难的局面，但中国共产党仍坚持并依托根据地继续抗日游击斗争，而且根据新的形势制定新的斗争策略。日军在华北虽占有军事上的相对优势，却面临兵力不足的困境，而八路军具有人民支持的政治优势，因此针对日军向根据地疯狂"扫荡"的局面，中国共产党在华北提出了"敌进我进"和"向敌后之敌后挺进"的口号，即与敌人争夺游击区，并向敌人统治力量较为薄弱的占领区渗透。为适应这一新的对敌斗争方式，一种新的战斗组织"武装工作队"（简称"武工队"）出现了。1942 年 1 月，中共中央北方局正式决定建立武工队，深入敌后开展工作。3 月 17 日，一二九师师长刘伯承、政委邓小平签署了《武装工作队初次出动到敌占区工作指示》，规定了武工队的任务②。随即华北各根据地开始向

---

① 刘伯承：《太行军区一九四二年夏季反"扫荡"军事总结》，中央档案馆等编：《日本帝国主义侵华档案资料选编：华北大"扫荡"》，第 637—644 页；《华北治安战》下册，第 178—183 页。

② 齐武：《晋冀鲁豫边区史》，第 175 页。

敌后派出武工队。武工队是集军事、政治、经济等各方面斗争于一身的对敌进行综合作战的小型游击队，规模在十几个人至数十人间，"把各种抗日斗争的方式带到敌人营垒里去动摇敌人之心脏，并创造了非武装斗争与武装斗争相结合的办法"，是"到敌占区开辟工作、恢复工作的锐利武器"①。武工队深入敌后，打击了日军在占领区的殖民统治，牵制了日军对根据地的"扫荡"作战，逐渐扭转了被动局面。如晋察冀边区的北岳区派出的敌后武工队，在1942年下半年恢复和建立了1600个村政权，其中许多是小块的游击根据地或隐蔽根据地②。在冀中、冀南这样的平原地区，抗日军民为打破日军的残酷"扫荡"和严密封锁，并便于对敌发起袭击，挖掘了四通八达甚至村村相通的地道网，将平原游击战坚持下来，使日军惊叹"剿共战已变成地道战"③。

　　进入1943年后，日军在整个太平洋战场上面临日益严峻的局势，不断将华北方面军的基干兵力抽调至其他战场，原先强调的政治、军事、经济、文化一元化的总体战因日军兵力削弱实际上无法实行，不得不将与作战警备无直接关联的政治、经济等事务交由华北伪政权处理，而伪政权却根本无力承担。因此，日本控制下的所谓治安区日趋缩小，而在准治安区，"原来以一个分队就能行动的地区，现在则必须用一个小队到一个中队的兵力才行"。日军一名高级军官不得不承认："最初的印象是民心叛离，日军虽占有点与线，但处处薄弱，宛如赤色海洋中漂浮的一串念珠，情况十分严重。其后，巡视了所担任警备的地区，看到的情况是，几乎没有税收，逃避劳役，农商不振，筹办军需品困难，搜集敌情亦极困难，敌人阴谋恐怖活动活跃，而我警备队则孤立无援，中国方面（指华北伪政权——引者注）各机关也因敌人的反封锁，陷于同

----

① 《朱德选集》，第153页。
② 罗焕章等：《中国抗战军事史》，第350页。
③ 《华北治安战》，第441页。

样状态。"①与此同时,中国共产党领导的抗日军民开始从严重困难中走出来,抗日游击战重趋活跃,敌后根据地逐渐恢复并发展扩大。在晋察冀边区,到1943年底,北岳区恢复和发展了二千多个村庄,新成立了五个县政权,冀中区恢复和扩大村庄三千五百多个,恢复游击根据地五十四块,许多小块根据地连成一片,冀东也恢复了原有的平原基本区,并开辟了一部分新区。晋冀鲁豫边区等根据地也逐步恢复并有了新的发展②。日本战史记载此时的华北局势时写道:"共军则逐渐扩大了势力,地下活动继续深入,同时表面活动又像两年前那样活跃起来。……华北治安殊堪忧虑。"③

三　华中敌后根据地的反"清乡"、反"扫荡"斗争

中国共产党领导的华中敌后抗日根据地到太平洋战争爆发时已发展至拥有十八万平方公里的地区,另有新四军经常游击活动的地区二十五万平方公里,其中约十万平方公里是巩固的根据地④。新四军主力部队的分布情况是,第一师在苏中根据地,第二师在淮南根据地,第三师在苏北根据地,第四师在淮北根据地,第五师在鄂豫皖根据地,第六师在苏南根据地,第七师在皖江根据地。

华中地区是日本中国派遣军及汪精卫伪政权的战略重点。日伪为巩固其统治,于1941年起在华中开始推行"清乡运动"。所谓"清乡",就是以军事"扫荡"为主体,辅之以强化日伪反动统治的政治清乡、大肆掠夺的经济清乡和宣扬奴化教育的思想清乡,实际上是涉及军事、政治、经济、思想等各个领域的总体战。按汪伪政府的日本军事顾问晴气

---

① 《华北治安战》下册,第291—292、341页。
② 田西如:《中国抗日根据地发展史》,第471—472页。
③ 《华北治安战》下册,第282页。
④ 田西如:《中国抗日根据地发展史》,第385页。

庆胤的话说，就是"指定应清地区，从事清剿，继以政治，辅以党务，以矫正其观念，了解和运之真谛，整理之，建设之，以健全之行政机构，恢复乡村秩序，则地方之治安庶可确立"，"清乡工作，军政相辅而行，可谓三分军事、七分政治；以政治为中心，而以军事推动之，且特工又从旁协助"①。"清乡"的目的就是为了实行政治上的"以华制华"和经济上的"以战养战"。1941 年 3 月，日军第十三军在苏州设立了清乡司令部。同月 24 日，汪伪中央政治委员会决定成立清乡委员会，由汪精卫为委员长，伪立法院长陈公博、伪行政院副院长周佛海为副委员长，伪特工总部主任李士群为秘书长。6 月，汪伪在苏州设立清乡委员会办事处，由李士群兼主任，负责苏南地区的"清乡"。从 7 月—12 月，日伪先后对苏南的吴县、常熟、昆山、太仓四个县的部分地区和无锡、常熟、江阴三个县的部分地区发起了两期"清乡"。

　太平洋战争爆发后，日伪于 1942 年 2 月发起对苏南地区的第三期"清乡"。在这之前，汪伪将清乡委员会驻苏办事处合并于伪江苏省政府，并成立省保安司令部，同时设立清乡区党务办事处，在"清乡"期间代行伪省党部的职权，而伪省主席、保安司令和办事处主任皆由李士群兼任，以党政军一元化的形式统管"清乡"。第三期"清乡"在昆山、吴县和无锡三县京沪铁路以南地区和江阴、武进两县部分地区进行。与前两期相比，除继续在农村实施"清乡"的各种措施外，并扩展至吴县、无锡、常州、昆山等城市②。在"清乡"中，日伪依靠交通干线和据点实行分区封锁，在夜间突击搜索新四军和抗日干部。苏南根据地的新四军在"清乡"初期"因无经验猝不及防，又加战术指导上的缺点，是受了相当的损失，约当于实力的五分之一"③。但在反"清乡"斗争中，新四军

---

　　① 余子道、刘其奎、曹振威编：《汪精卫国民政府"清乡"运动》，上海人民出版社 1985 年版，第 125、137 页。

　　② 《汪精卫国民政府"清乡"运动》，第 28 页。

　　③ 陈毅：《苏南反清乡斗争的总结》，中国人民解放军政治学院党史教研室编：《中共党史参考资料》，第 49 页。

认识到,"清乡"与一般的"扫荡"不同,后者带短期性,前者则不仅在打击我方主力,还要将我方区域彻底伪化,因此相应的对策应是"主力预先转移,跳出其清剿圈,并以少数武装人员利用很好的群众关系,分散坚持原地斗争"①。因此,新四军根据形势调整斗争策略,在京沪铁路以北由建立游击根据地转为隐蔽斗争为主,组织精干便衣武装打击小股敌人的方式,在京沪铁路以南采取以地方武装、民兵为骨干,开展群众性游击战,主力部队则在丹(阳)金(坛)武(进)、太(湖)滆(湖)、横山、大官圩等地分散开展游击战,恢复了这四块游击根据地②。

日伪前三期"清乡"均在苏南并主要集中在京沪铁路以北地区,从1942年夏起,日伪将"清乡"扩展到江、浙两省位于太湖东南的地区和上海郊区。7月,日伪开始对太湖东南地区的第一期"清乡",包括吴江、青浦、松江三县和嘉兴、嘉善两县之一部,并在浙江嘉兴设立了清乡委员会驻嘉办事处,由李士群的副手汪曼云任主任。该期"清乡"原定一年时间,但伪浙江省主席傅式说担心李士群通过"清乡"抢占他的地盘,因此不予配合,以致"清乡"尚未充分展开,就于9月草草收场。10月,日伪开始太湖东南地区的第二期"清乡",并成立清乡委员会驻浙办事处,由傅式说兼主任,负责实施。"清乡"区域包括浙江的平湖、海盐和江苏的金山三县的全部和浙江的嘉兴、嘉善、海宁和江苏的松江四县的部分地区,划分为两嘉、平湖、海盐、金山、松南、海宁六个特区。11月,日伪军队开始进行"扫荡剔抉"的军事行动,并推行封锁、编组保甲等各种措施③。

日伪对上海郊区的"清乡"开始于1942年8月。8月1日,清乡委员会上海分会成立,伪上海市长陈公博兼主任。16日,陈公博与日军

---

①　刘少奇:《关于苏南工作的基本总结和今后任务》,中共江苏省党史工作委员会等编:《苏南抗日根据地》,中共党史资料出版社1987年版,第222页。

②　田酉如:《中国抗日根据地发展史》,第388页。

③　《汪精卫国民政府"清乡"运动》,第432—436、442—443页。

小林部队长小林信男签订《关于上海地区清乡工作中日协定》,规定日军以担任军事为主,伪上海市政府以担任政治为主。9月,日伪开始推行上海第一期"清乡",将南汇、奉贤、北桥三区划为清乡区,由日军为主,伪军配合,对三区实行封锁和搜剿①。中共浙东区党委为粉碎"清乡",派出由十二人组成的小型武工队赴浦东"清乡区"坚持斗争。武工队在群众掩护下,袭击日军,惩治汉奸,争取伪军清乡人员反正,打击了日伪的"清乡"活动,并建立起了抗日游击根据地②。

　　日伪在对长江以南地区推行"清乡"的同时,还对长江以北的苏中等根据地进行"扫荡"和"清剿"。1942年春夏两季,日伪军相继对苏中根据地的海门、启东地区,泰兴、靖江、泰州和如(皋)西地区,江(都)高(邮)宝(应)地区等发起"清剿"。苏中根据地及新四军第一师采取分散游击与敌纠缠的方针,以麻雀战、阻击战等形式袭扰杀伤日伪军,并以群众运动的形式改造地形,给敌制造障碍。日伪的"清剿"延续至11月中旬,长达半年之久,但最终无法实现其预定计划,为苏中军民所粉碎③。

　　11月中旬,日伪军又对淮海、淮北、淮南三块根据地发起"扫荡"。日伪军以1.3万余兵力对上述根据地进行合围,企图寻歼新四军主力和党政领导机关。各根据地以主力和领导机关转移至外线,使日伪军合围扑空,并抓住日伪后方空虚之机,袭击蚌埠附近敌据点。日伪在合围扑空后,在根据地内反复"扫荡",将根据地分割成若干小块实现分区"清剿",加剧了各根据地坚持敌后抗战的困难。

　　鉴于日伪1942年下半年对苏中等根据地的进攻及继续向长江北岸增兵,新四军判断日伪将在新的一年对长江以北的敌后根据地进行更大规模的"扫荡",因此决定分散部队,转移领导机关,并将此计划报

---

　　①　《汪精卫国民政府"清乡"运动》,第190—191、518—519页。

　　②　中共江苏省党史工作委员会等编:《苏南抗日根据地》,第11—12页;朱亚民:《浦东的反"清乡"斗争》,载上海新四军和华中抗日根据地研究会编:《华中抗日斗争回忆》第二辑。

　　③　田西如:《中国抗日根据地发展史》,第388页。

告中共中央。1943年1月5日,毛泽东复电同意该计划,并要求他们
"想各种办法熬过两年,保持我军基本骨干"。1月10日,中共中央书
记处又发电指示:"在敌寇扫荡下华中敌后形势可能日趋严重,你们须
动员全党准备在最严重形势下坚持斗争。"①1月初,新四军和华中局
机关从苏北盐(城)阜(宁)地区秘密转移至盱眙。

　　1943年春,日军如新四军所料进一步集中兵力对华中敌后根据地
进行"扫荡"和"清乡",其进攻的重点是苏北和苏中根据地。2月17
日,日伪军以二万兵力向苏北盐阜区发起"扫荡",企图围歼新四军军部
和华中党政领导机关。由于新四军军部和华中局机关早已转移,新四
军第三师除留一部于扫荡圈内与敌周旋,主力向扫荡圈外转移,避敌锋
芒。日伪在扑空之后,分兵十数路进行分区"清剿",修筑公路,安置据
点,企图实行长期控制。新四军第三师在扫荡圈内部队袭扰日伪军,打
击其薄弱部队,在扫荡圈外部队则寻机攻击敌据点,打击其交通运输。
日伪军在新四军内外线打击下,顾此失彼,除留一部兵力守备据点外,
其主力于3月中旬不得不向淮阴、盐城等地撤退。于是,新四军集中兵
力向敌发起进攻,并攻克根据地内的日伪据点。4月14日,新四军第
三师胜利结束反"扫荡"作战,杀伤及俘虏日伪军共约一千五百人②。

　　在对苏北根据地进行"扫荡"的同时,日伪对苏中根据地开始"清
乡"。4月1日,日伪成立苏北区清乡主任公署。8日,李士群与日军指
挥官小林信男签订《关于苏北第一期地区清乡工作实施之协定》。日伪
选择南通、如皋、海门和启东四县作为"苏北第一期清乡实验区",集结
两万多兵力向新四军苏中第四军分区分进合击,进行"军事清乡"。新
四军对日伪"清乡"采取的作战方针是:"在'清乡'圈内以分散的群众游
击战,坚持以武装斗争为中心打击敌人。在非'清乡'区则以积极动作

---

　　① 《中共中央文件选集》第14卷,中共中央党校出版社1992年版,第5—7页。
　　② 黄克诚:《盐阜区反扫荡》,中共江苏省党史工作委员会等编:《苏北抗日根据
地》,中共党史资料出版社1989年版。

进攻其薄弱据点,特别是向派出了'清乡'部队的伪军防区进攻,以配合四分区之坚持。"①日伪军开始合击时,第四军分区以大部主力转移至封锁线外打击敌人,而留在"清乡"区内的主力、地方武装、民兵则避敌锋芒,专打日伪"清乡"小分队,袭击敌"清乡"机关,并开展伏击战,阻扰敌修公路、筑篱笆、架电线。新四军还多次潜入日伪在苏中"清乡"的指挥中心南通城内,先后镇压"清乡"人员百余名。日伪在苏中的"清乡","铁蹄所至,残暴兽行随至,掳掠不论贫富,十室九空,奸淫竟及女孩老妇,极尽兽行之能事。如南通中区被奸淫妇女为数即达千人。奸淫掳掠之外,复采取烧乱杀政策,'清乡'区内被烧毁之民房,触目皆是"②。6月,日伪转入"政治清乡",集中大批军警推行编查保甲,企图建立并强化伪组织。第四军分区广泛发动群众反对编查保甲,并以游击战袭扰日伪军,打乱其"政治清乡"的计划。在"军事清乡"和"政治清乡"都不能获得预期效果的情况下,日伪从8月起又推行所谓的"机动清乡"和"延期清乡",但仍无法达到其预期目标。而新四军在反"清乡"斗争中,从分散的小型的游击战发展成"全面全民的游击战局面,敌人虽部分分割了我地区,但有些地区我工作更为加强,我控制力量能达敌占领之地区"③。

1943年春,日伪还在镇江地区推行"清乡"。镇江地区包括镇江、丹阳、扬中三县(后又划入武进、无锡两县),地处大江南北的出入要冲,南接新四军的茅山根据地,北与新四军的苏北根据地隔江相望,是抗日力量南北来往的交通要道,因此成为日伪"清乡"的重点。3月1日,镇江地区清乡主任公署成立。4日,李士群与驻镇江地区日军指挥官山内正文签订《关于镇江地区清乡工作之中日协定》。随后,日伪军队开

①　《粟裕军事文集》,第183—187页。

②　粟裕:《苏中反清乡斗争胜利》,《解放日报》,1943年11月21日。

③　吉洛、钟民:《苏中四分区反"清乡"斗争胜利的经过》,中央档案馆等编:《日本帝国主义侵华档案资料选编:日汪的清乡》,中华书局1995年版,第772—797页。

始疯狂残酷的军事"扫荡"，由点、线扩展至面，并实施封锁以及清查户口等措施。镇江地区的"清乡"一直持续到次年 10 月①。

　　1942—1943 年，由于日伪疯狂的"清乡"和"扫荡"，华中敌后抗日根据地面临着极其严重的困难。但中共华中局和新四军军部领导根据地军民继续敌后抗战，在困难的情况下坚持、巩固并发展了敌后根据地，最终渡过了最困难的时期。

---

①　《汪精卫国民政府"清乡"运动》，第 192、488—489 页。

第三章 抗日战争后期的国统区

第一节 国民党一党专政的强化

一 蒋介石重任国民政府主席后的中央体制

1943 年 5 月 12 日,为接受加拿大新任驻华大使呈递国书,国民政府主席林森从重庆歌乐山双和桥官邸乘车入城,前往国民政府办公处。不料,专车在行驶途中与美军卡车相撞,遂使林森突患脑溢血,卧床不起。8 月 1 日,林森在双和桥官邸去世。林森的去世为蒋介石重任国民政府主席之职提供了机会,也引起了国民政府中央统治体制的一些变化。

在国民党的统治体制中,国民政府主席一直是个微妙的职位。它随着国民党权力重心的转移而发生变化,权力大小也因人而异。现任国民政府主席的林森,是根据国民党四届一中全会的精神而被推举上台的。1931 年"九一八"事变后,时任国民政府主席的蒋介石内外交困,在各方压力之下被迫于 12 月 15 日辞去国民政府主席、行政院长及海陆空军总司令之职。在这一背景下,不满蒋介石独裁统治的广东方面(以胡汉民、孙科等人为代表)决议趁此机会修改国民政府组织法,改变国民政府主席大权独揽的状况。于是,12 月 22 日召开的国民党四届一中全会便正式修改《国民政府组织法》,选举"年高德劭"的林森为国民政府主席,孙科为行政院长,并通过了《关于中央政制改革案》。它的最大特点是约束国民政府主席的权力,试图建立内阁责任制的权力运行机制。最明显者,以前蒋介石任国民政府主席时,依规定兼任中华民国陆海空军总司令。而林森任国民政府主席时，则无此规定，且明确规定不得兼任其他官职。蒋介石任国民政府主席时，依规定五院院长、副院长、陆海空军司令、副司令及直隶于国民政府之各院部会长，由国民政府主席提请任免，而林森为国民政府主席时，则无此权①。由此可见，国民政府主席权限的变化是很大的。

从此，在林森担任国民政府主席的整个期间，仅是一个虚尊的政府元首，政务实权在行政院。林森很明白自己的地位和处境，曾自嘲为"监印官"。由于蒋介石复职后长期担任行政院院长，掌握政府实权，所以没有向国民政府主席一职伸手。再者，林森在国民政府主席任上也很会察言观色，博得蒋介石的信任。这样，原本规定只能连任一次，即到 1935 年 12 月就应期满卸任的林森，竟连续当了十二年的政府主席，直至去世。而蒋介石虽然权力如日中天，却也没有合适的理由和机会问鼎国家主席的权位。

然而，尽管自 1931 年 12 月以后，国民政府主席的权限已十分弱小，仅是虚尊的地位，但在中国全面抗战的特殊形势下，尤其在太平洋战争爆发后，随着中国国际地位日渐升高，国内政治形势的变化，国民政府主席的职位却日渐显得重要和有分量了。

首先，1941 年太平洋战争爆发后，中国战场的重要战略地位引起美英各国的重视。它们认识到没有中国在东方牵制日军，西方国家执行"先欧后亚"的战略是不可能的，迫于形势，美英不得不承认中国的大国地位，以示尊重。美英不仅向中国提供贷款和物资，以利中国抗战，而且罗斯福在征得英、澳、荷等国政府同意后，于 1941 年 12 月底建议设立中国战区，由蒋介石任战区最高统帅。1942 年 1 月，全世界 26 个国家在华盛顿发表了反对法西斯侵略的共同宣言——《联合国家宣言》。签署该宣言时，中国作为四大国之一，居于领衔地位。1943 年 1 月，中美、中英签订新约，美、英宣布放弃在华侵略权益。这是中国国际

---

① 钱端升：《民国政制史》（上），上海书店 1990 年版，第 217 页。

地位提高的象征。此后,中国被称为四强之一,在国际外交舞台上显得活跃。随着中国国际地位的提高,对外活动日渐频繁,从参与国际事务的角度出发,作为中国国家元首的国民政府主席的特殊性显现出来。

在四大国的领袖中,美国是总统制,国家元首是总统。英国虽然保存女皇,但实行的是内阁制,政府首脑是首相。斯大林更是被公认为苏联的象征。蒋介石的头衔虽然已经十分显赫,已成为中国公认的最高领袖,但对外代表国家的却不是蒋介石,而是国民政府主席林森。所以,随着时局的变化,蒋介石从觊觎国民政府主席的职位到企图取而代之,便是很自然的事。

其次,以一般事实而论,抗战时期蒋介石的权威已达到登峰造极的地步。从国民党统治的角度来说,按照孙中山军政、训政、宪政三阶段论的理论,训政时期国民党党和政府之间的关系是,"政权"由中国国民党全国代表大会领导国民行使,闭会时,以政权托付中国国民党中央执行委员会执行,"治权"即行政、立法、司法、考试、监察五项付托于国民政府总揽而执行之。中国国民党中央执行委员会政治会议,指导监督国民政府重大国务之实行①。一言以蔽之,就是"以党统政"。抗战全面爆发后,客观上产生了集中指挥权能的要求。于是,国民党领导体制随之发生了变化,最明显的就是适应战时需要,确立了总裁制,推举蒋介石为国民党最高领袖。规定"由军事委员会委员长行使陆海空军最高统帅权,并授权委员长对于党政统一指挥"。同时,由于中央执行委员会政治会议"组织庞大,事实上已不召集"②,其职权移交国防最高会议代行。这样,国民党战时体制演化为两大系统:军事委员会与代行政治会议职权的国防最高会议。军事委员会委员长已被授权对党政统一指挥,国防最高会议主席也有在作战时期关于党政军一切事项以命令为便宜之措施。虽然两者均为蒋介石,看似不存在矛盾,但从权力运行

---

①　钱端升:《民国政制史》(上),第 204 页。

②　钱端升:《民国政制史》(上),第 210 页。

机制的角度出发,仍存在问题,缺乏一个在制度上统驭一切的机关。为此,国民党在1939年1月召开的五届五中全会上,又决定设立国防最高委员会使之成为国民党中央执行委员会领导下对党政军统一指挥的最高机关。在这一体制之下,它与国民政府的关系,依照《国防最高委员会组织大纲》的规定,它指挥国民政府五院及其所属各部会。上述国民党战时统治体制演化的最大特征是,"政权"的无限扩大,"治权"的日渐弱化,甚至缩小。作为国防最高委员会委员长的蒋介石取得了超越党和政府的最高"政权"和"治权"。就法律原则而言,蒋的权力已达到不受任何制约的程度。然而,尽管国民党通过"以党统政"、"以党统军"、"党政军一体化"逐步确立了高度集权的战时体制,但是,毕竟国民党并不等同于国民政府,它们是两个不同的概念。国民党总裁蒋介石虽然在以党统政的原则下,实际上已是党政军最高统治者,不过,从理论上而言,蒋介石却不是国民政府的最高领袖,也不能代表国民政府。"国民政府所有命令处分,以及关于军事动员之命令,由国民政府主席署名行之"的规定,对蒋介石仍有某种程度的制约。因此,在国民党统治集团和蒋介石看来,解决"政权"与"治权"、"政治领袖"与"政府首脑"之间存在的二元化矛盾,使二者完全合二为一,实现党国领袖定于一尊的惟一途径,便是改变现状,由蒋介石出任国民政府主席。

第三,抗战进入中后期以后,中国共产党领导的抗日力量的迅速发展,日益对国民党的统治构成了严重的威胁。为应对这种挑战,国民党及其代表的阶级,为维护自己的统治,需要将党政机构"综合化、一元化",以利用蒋介石的威望,全面强化和巩固国民党的统治。

上述内容表明,不论是从主观还是从客观上,蒋介石取代林森都有其必然性。而林森的患病和去世,则加速了这一进程。

实际上,早在林森卧床不久,鉴于林森病势严重,国民党中央就已经在考虑由蒋介石接替林森任国民政府主席的问题。5月29日国民党中央执行委员会召开第二百二十八次常委会临时会议,决议修改1931年12月通过的《国民政府组织法》。由于原组织法第十二条规定："国民政府主席不得兼任其他官职"。另外，原组织法中也没有主席因故不能视事时有什么人代行职务的规定。经过修改，于第十三条中增加一项条文："国民政府主席因故不能视事时，由行政院长代理之"，并删去了国民政府主席不得兼任其他官职的条文，为蒋介石重任国民政府主席铺平了道路。8月1日林森去世，国民党中央执行委员会常委会立即于当晚举行第二百三十五次临时会议，决议选任"行政院长蒋中正同志自即日起代理国民政府主席。"①蒋介石正式出任国民政府主席已没有任何妨碍，只是时间和手续问题。

1943年9月6日—13日，即在林森逝世后1个月，国民党在重庆召开了五届十一中全会。会议的一项重要内容就是通过修改的《国民政府组织法》，为蒋介石合法出任国民政府主席完成法律手续。修改的主要内容为：

　　第十条，国民政府设主席一人，委员二十四人至三十六人，由中国国民党中央执行委员会选任之；第十一条，国民政府主席为中华民国元首，对外代表中华民国；第十五条，国民政府五院院长、副院长，由国民政府主席于国民政府委员中提请中国国民党中央执行委员会选任之，五院院长对国民政府主席负责②。

同时还提高了国民政府主席的权力，规定："国民政府主席为陆海空军大元帅"。延长了主席的任期，由原规定任期两年改为三年，并把只能连任一次的规定，改为"连选得连任"。还规定："与宪法实施后，依法当选之总统就任时，即行辞职。"③

显然，此次修改的最大特点是，国民政府由一座空架子变为充分拥有治权的政府机关，国民政府主席不再是一个有职无权的虚尊元首，而是一个实实在在握有大权的国家首脑。政府体制大体恢复到了1931

---

① 张掖地区档案馆藏档案，(四)6。
② 《新华日报》1943年9月12日。
③ 钱端升：《民国政制史》(上)，第216—217页。

年 12 月以前的状况。此外，需要注意的是此次修正还有如下的含义：第一，条文修改为蒋介石实行集权统治提供了法律依据；第二，保证蒋介石终身当中华民国最高领袖；第三，为蒋介石日后在实行宪政时出任总统作准备。这次改制，完成了国民党党政军最高领导职务归于一人的最后一步，极大地加强了蒋介石的个人集权统治地位。全会在作了上述修正后，最后推举蒋介石为国民政府主席，并兼任行政院长。因此，可以说蒋介石已成为彻头彻尾名副其实的专制统治者。

抗战后期，蒋介石利用林森病逝的机会，出任国民政府主席，是顺理成章之事，在当时并未被人们单纯认定此举是蒋介石追求个人权力的表现，在国统区也未引起人们过多非议。其实，从国民党统治的需要着眼，蒋介石出任国民政府主席有其必然性，这是因为：

其一，对日抵抗战争在客观上要求最高指挥当局具有比平时更高的指导权威和更快捷的指挥方式，以便有效地管理和调遣一切资源用于战争。这样，抗战的特殊形势，客观上为国民党集中权力，加强指挥效能提供了合适的土壤。蒋介石出任国民政府主席顺应了这种趋势，具有一定的合理性和社会基础。

其二，抗战爆发后，国民党利用抗战的有利时机，全面加强国民党的统治。在统治体制方面，相继推出了总裁制、军事委员会委员长制、国防最高委员会委员长制，极力强化蒋介石的权威，使蒋介石高高凌驾于党和政府之上。因此，蒋介石出任国民政府主席，是国民党强化一党专政，实行"以党统政"的具体表现，也是国民党一党专政政治发展的必然结果。

既然蒋介石接替林森出任国民政府主席，作为一种政治手段，国民党五届十一中全会在顺应"对于选举主席问题，多数同志主张恢复十八年主席前制"[1]，推举蒋介石出任国民政府主席的同时，也相应对国民政府进行了人事调整。首先，选举孔祥熙、孙科、叶楚伧、居正、覃振、戴

---

[1]　《政治情报》第 171 期(1943 年 11 月)，张掖地区档案馆馆藏档案，(四)6。

传贤、朱家骅、于右任、刘尚清九人为国民政府委员，组成新的国民政府委员会。其次，依新通过的《国民政府组织法》，由蒋介石提请任命"蒋中正兼任行政院院长，孔祥熙为行政院副院长，孙科为立法院院长，叶楚伧为立法院副院长，居正为司法院院长，覃振为司法院副院长，戴传贤为考试院院长，朱家骅为考试院副院长，于右任为监察院院长，刘尚清为监察院副院长"①。不难看出，此次新组成的国民政府具有如下的特点：

第一，国民政府委员会组成人员人数之少为以往历届所未见，国民政府委员同时又为五院院长、副院长，国民政府委员会的权力被大大加强。虽然从体制上而言，上述变化更多的只是恢复了 1928 年、1930 年的旧制，但实际上却有完全不同的意义。它反映了中国政治领域中发展的两种趋势：一是集中权力，试图提高行政效率；二是权力高度集中于蒋介石手中。

第二，蒋介石由国民政府主席兼任行政院院长，在国民政府中具有完全支配的地位。国民政府委员会在字面上是国家最高行政权力机关，身兼国民政府主席、行政院院长的蒋介石为该委员会的当然主席，国民政府委员会权力的扩大只能意味着权力转移和集中到蒋介石手中，"故委员会的效用殊属微小"②。

总之，蒋介石出任国民政府主席，进行人事调整，目的在于更加有效地集中权力，发挥国民党的统治效能。但它表明国民党的抗战体制无论怎样变化，都始终是围绕着蒋介石这一"圆心"进行的。在抗战前途日趋明显，国内各种政治势力已广泛提出争取民主的挑战的情况下，蒋介石不但不采取实际措施逐步弱化政权的战时性质，扩大民主参政渠道，反而在常规政府组织谋求永久独裁权，通过因人易法的手段获取

①　荣孟源主编：《中国国民党历次代表大会及中央全会资料》（下），光明日报出版社 1985 年版，第 861 页。

②　钱端升：《民国政制史》（上），第 220 页。

不受限制的权力,这无疑是违背时代潮流的做法,对国民党的统治也带来了消极影响。

二　国民政府推行行政改革——实行"行政三联制"

抗战进入中后期以后,面对战局相对稳定的局面,国民政府开始着手解决一些以前即已存在、战时更加突出的问题。"行政三联制",就是战时国民政府为解决行政效率低下、不适应战时环境、政令不畅问题而采取的一项重要行政改革措施。

概而言之,所谓"行政三联制",就是将行政管理过程中的设计、执行、考核形成一个有机的行政系统。设计是行政活动的开始,执行是对于设计的实施,考核既是对执行的检验,又是对下一个设计的反馈。如此首尾相连,形成一个有机的行政系统。如果说新县制是国民党意在基层加强其统治的地位和扩大其统治基础的重要举措的话,那么"行政三联制"的推行则是涉及整个国民党官僚统治系统,因而更具有全局意义和现实意义。是国民党整合官僚统治机器,提高行政效能,在制度上进行建设的重要手段。

机构庞大,人浮于事,行政效能低下,历来是国民党党政机构的痼疾弊端,在进入抗战后期后,愈益显得突出,与抗战环境格格不入,严重威胁到了国民党战时的各种努力。一些有识之士,早就看到了这种弊端的危害,倡议国民党进行行政制度改革。同时,伴随着国民党战时体制的不断独裁化,其权力运行机制出现了相互矛盾的情形。例如,一些需经几道法律手续方可解决的事情,凭蒋介石的一道"手令",便可使其简单化。各部门相互推诿事权,敷衍塞责,事事上报,不见"手令",不敢作主,一些相关部门行政法律程序成为走过场。这种状况造成的后果是,使权力运行复杂化,并形成文牍主义的恶劣官风。一方面是蒋的"手令"使权力运行简单化、表面化。与此同时,又造成权力运行混乱化、复杂化。许多部门因不明职权使违法乱纪之事层出不穷。显然,上述状况的存在是极不利于抗战大局的,也是蒋介石实行个人高度集权统治的一个严重障碍。在这一背景下,国民党决定进行"行政三联制"的行政改革。

1939年11月,国民党五届六中全会推举蒋介石重新担任行政院长,为推行"行政三联制"的行政改革做人事上的准备工作。次年3月蒋介石就在中央人事行政会议上作了《行政三联制》的训词,首次提出"行政三联制"的主张。同年7月,蒋介石向国民党五届七中全会提交了题为"总裁交议拟设置中央设计局统一设计工作,设置党政工作考核委员会以立'行政三联制'基础案"的提案。在该提案中他表明了主张实行"行政三联制"的理由:"凡政治经济之设施,必经设计执行考核三者之秩序,不有精密之设计,无以利事业之推进;不有切实之考核,未有察执行之进度。"蒋介石承认在政府机关中"相互之间缺乏联系",因而"进度迟滞,成效难期","为纠正上述之缺点,于国防最高委员会设置中央设计局,……另设置党政工作考核委员会"①。五届七中全会之后,国民党开始正式实行"行政三联制"。蒋介石又于1941年2月先后发表了《党政工作考核之责任与工作要旨》、《中央设计局之使命及其工作要领》,作为指导性文件。上述蒋介石的三篇训词和一项提案,就构成了"行政三联制"的基本理论和实施要领。

根据蒋介石的《行政三联制大纲》,行政设计的基本要点:一为计划需要与预算相联系,二为根据工作的轻重缓急来制定年度计划与经费支出,三为从各部门预算的百分比中确定各部门的工作中心。关于行政执行,蒋介石认为要改变国民党机关中的涣散现象,首先要建立"幕僚长制度",并实行分层负责制,使人人明确职责,不相互推诿。其次要命令下级机关执行工作,并监督指导。"幕僚长制度"是蒋介石为行政执行而专门设计的,它脱胎于军队机构中的参谋长这一职务。其用意就是指定一名专人负起机关内部事务的总责任,"机关内部的任务完全

---

① 徐矛:《中华民国政治制度史》,上海人民出版社1992年版,第324页。

由幕僚长负责”，“主管长官可以有时间去主持要务与考虑较大的问题”①。这一制度对于加强蒋介石个人权力机制有直接作用，因而蒋介石对此十分重视。关于行政考核，蒋介石专门设计了行政考核三种方法：一为年度政绩比较表，即由各级政府负责汇编其行政机构的年度工作成绩，作成总表呈送上级机关考核。二为政绩交代比较表，这是考核行政主官成绩的报告。三为某事业的进度表，主要针对每一件具体的事项进行考核②。至于推行“行政三联制”的基本方法，后来孔祥熙是这样概括的：“一方面设立中央设计局，一方面设立党政工作考核委员会，分别主持设计与考核的工作；至执行方面，在党的部分为中央党部，在政的方面，行政院负了大部分的责任，而三联制全部的设施，则由国防最高委员会总其成。”③

具体说来，“行政三联制”的设计一环由中央设计局负责。按照《中央设计局组织大纲》，该局直属国防最高委员会，是主持全国政治经济建设计划之设计及审核的最高机关。局设总裁，由国防最高委员会委员长兼任。考核一环由党政工作考核委员会负责。依照《党政工作考核委员会组织大纲》，该局也直属国防最高委员会，负责考察核定设计方案之实施进度，以及党政机关工作经费人事之考核④。

国民党五届七中全会后，国民政府在蒋介石亲自指挥下，开始自上而下推行“行政三联制”。这一被称为“新政”的过程可分为三个阶段：（一）从1940年7月至1942年秋，为“行政三联制”的发动阶段。但国民政府各级机关对“行政三联制”反应冷淡，直到1942年11月国民党召开五届十中全会时，“于行政效率未见显著进步”、“不遵送计划与不

---

① 蒋介石：《行政三联制大纲》，1940年3月。
② 蒋介石：《行政三联制大纲》，1940年3月。
③ 孔祥熙1943年5月26日在行政三联制检讨会议开幕式致词，转引自徐矛《中华民国政治制度史》，上海人民出版社1992年版，第325页。
④ 钱端升等：《民国政制史》（上），第212—213页。

遵照计划执行"，使"行政三联制""支节割裂，名不副实"①。（二）从1942年11月至1943年9月，为"行政三联制"全面推行阶段。国民党中央鉴于"行政三联制"在各级机关未见实施，遂决定强令将这一制度向全国全面"切实推行"，规定中央各机关必须在1943年3月底以前、省市6月底以前、县9月底以前成立各级设计考核机构，并专门制订《党的各机关设计考核委员会组织通则》。在国民党中央的严厉督促下，各省市分别制订了本机关的实施细则，如四川省就制定了《四川省政绩考核委员会组织通则》十条，至此，"行政三联制"向下层缓慢推行。（三）1943年9月以后，"行政三联制"进入草率结束阶段。

　　"行政三联制"作为抗战时期国民政府一项重要的行政改革措施，是被国民党寄予很高期望的。蒋介石就认为这是"国家基本制度的一种"，"应该在抗战中完成其制度，然后在战争结束后，我们才有推行新建设的机构"②。它曾被国民党的一些要人吹捧为是"在现代政治制度上并无先例"，国民党的官方学者也认为，"行政三联制"的实施，是战时行政机构演进的第四阶段，是由平时政制转变为战时政制的完成③。但是，"行政三联制"实施后，它对国民党战时政体的权力运行所起的积极作用十分有限。"行政三联制"的实施，也并不像预期的那样收到什么实效。孔祥熙在总结"行政三联制"实行结果时承认有三个普遍存在的毛病："一是多犯敷衍门面的毛病"；"二是多犯不相联系的毛病"；"三是多犯铺张夸大的毛病"，并说"字面所写的多与实际不符，或者连十分之二三都做不到"④。有人在研究后更认为，实际情形比上述国民党官

---

　　① 国民党五届十中全会：《对于行政三联制实施成绩之总检讨及党政工作考察报告之决议案》，转引自徐矛《中华民国政治制度史》，上海人民出版社1992年版，第327页。

　　② 蒋介石在行政三联制检讨会议开幕典礼上的训词，1943年5月26日。

　　③ 刘佑人：《行政三联制发凡》第六章，转引自徐矛《中华民国政治制度史》，上海人民出版社1992年版，第325页。

　　④ 《行政三联制会议辑要》，第14—15页。

方说法更糟,存在下列几方面的问题:1. 上级与下级不一致,党政各部门互相掣肘。2. 计划与预算脱节。3. 组织机构徒有虚名,法规命令繁复。4. 抗战后期,国统区士气低下,民心相背,广大人民及中下层官吏对国民党政府缺乏信心,因而自上而下地推行"行政三联制"没有广泛的基础①。难怪国民党内政部在实行之初就认为这一制度"理想过多,难收实际效果",经济部也认为"此制之推行,至多仅能维持原有之行政效率"。因此,"行政三联制"的推行并没能消除国民政府行政效率低下的弊端,在行政上化腐朽为神奇,改变其权力运行中的混乱和涣散的局面。作为一种治标不治本的方案,它最后收效甚微,流于形式,走向失败是不可避免的。

三　推行新县制,强化统治地位

日本帝国主义的侵略,在中国不仅造成了严重的民族危机,而且直接危及到了国民党的统治。从 1938 年起,为应付日本全面侵华引起的严峻挑战,国民政府采取了一系列措施,试图在遏制日本侵略势头的同时,维护国民党的统治地位。推行"新县制",就是国民党强化在基层统治地位、巩固其专制统治的重要手段和措施。

所谓新县制,是为了贯彻 1938 年 3 月国民党临时全国代表大会制定的《抗战建国纲领》而产生的一种新的县以下地方行政制度。国民党人将其解释为:"新县制,是改造基层政治机构,完成地方自治,准备实行宪政的政治建设工作,其中心任务是推进地方自治。"②"新县制"从提出、发动到实施有一个过程。

全面抗战开始后,随着抗战的持续深入,国民政府发现仅依靠工商

---

①　参见乐嘉庆:《论抗战时期国民党政府权力结构的运行》,《学述论坛》(南宁) 1991 年第 5 期,第 94 页。

②　韦永成:《新县制的认识》,载《安徽政治》第四卷第七期。

业的经济支持是远远不够的。因此,在1938年的国民党临时全国代表大会上,通过了《改进战时县政机构促进抗战力量案》,指出:"欲求得最后胜利,必须发动全民力量适应天然地形,运用广大民众自卫战,方足致敌死命。……仍必须从县政上做起。"①1938年4月,为贯彻国民党临时全国代表大会的各项决议,国民党召开了五届四中全会。在会上蒋介石作了《改进党务与调整党政机构关系》的演讲,并创制了《县以下党政机构关系草图》。这是"新县制"出台的前奏。1939年6月,蒋介石在中央训练团又作了题为《确定县各级组织问题》的讲演。根据蒋介石的演讲精神,国民政府着手召集研究县政问题的有关人员,起草了《改进县以下地方组织并确立自治基础案》。该方案经国民党中央执行委员会、国防最高委员会审核修改,定名为《县各级组织纲要》(简称《纲要》),并送交蒋介石"最后修订",由行政院于1939年9月颁布。

　　国民政府颁布推行的新县制《纲要》共十章,即(1)总则;(2)县政府;(3)县参议会;(4)县财政;(5)区;(6)县(镇);(7)乡(镇)民代表会;(8)乡(镇)财政;(9)保甲;(10)附则;凡六十条。其主要内容为:"县为地方自治单位。"按照县的面积、人口、经济、文化、交通等状况分为三等至六等,设县长一人。区的划分以15乡(镇)至30乡(镇)为原则,设区长一人,指导员二至五人。乡(镇)的划分以10保为原则,设乡(镇)长一人,副乡镇长一至二人。保的编制以10甲为原则,不得少于6甲多于15甲。甲的编制以10户为原则,不得少于6户多于15户,设甲长一人。同时,还设立"民意机关",县设参议会,区设委员会,还有乡(镇)民代表大会、保民大会、户长会议等。根据《纲要》,新县制的推行还要相应完成下列十四项工作,即(1)编查户口;(2)规定地价;(3)开垦荒地;(4)实行地方造产;(5)整理财政;(6)健全各级行政及自治机构;(7)训练民众;(8)开辟省县乡交通及电话网;(9)设立学校;(10)推行合作;(11)办理警卫;(12)推进卫生;(13)实行救恤;(14)厉行新生活,禁绝烟

---

　　①　《中国国民党历次会议宣言决议案》(二),中共浙江党史协会编印,第356页。

赌,改良风俗,养成良好习惯①。

《纲要》颁布后,国民政府又制定和颁布了《县各级组织纲要实施原则》,规定"各省应无分敌后与前方,一律遵照实行",于"三年中一律完成"。由此,"新县制"作为一项行政改革措施进入实施阶段。

国民党于抗战进入相持阶段后大力推行"新县制",实行县制改革,具有深刻的历史背景和现实需要。第一,国民党总结以往对地方统治的经验教训,特别是抗战爆发后,县以下基层组织涣散、不健全、号令不畅,使国民党难以有效控制地方,已严重影响了国民党战时体制的有效运行的现实,使国民党将新县制视为使其大力加强对广大乡村统治的有效途径和手段。第二,抗战爆发以后,随着形势变化,一些地方军阀诸如新疆的盛世才、云南的龙云等都摆出了服从中央和抗战大局的高姿态,但实际上地方割据的状况并没有根本改观。因此,在蒋介石看来,实行新县制可以从根本上打击、瓦解地方实力派的分裂割据基础,真正"统一中国"。第三,国民政府推行新县制更为现实的需要,则为防共、反共的政治目的服务。"七七"事变后,国共两党实现合作,建立抗日民族统一战线,共御外侮。但是,由于国共两党阶级利益根本对立,在抗战的主张、战后的政治意图等方面也均存在明显的分歧。因而,作为执政党的国民党极力想在抗战中削弱共产党,并力图限制共产党力量的发展。然而,随着抗日战局发展,共产党不仅未被削弱,相反,却获得广大农民的热烈支持,在敌占区广大农村广泛建立起抗日根据地,力量得到迅速发展,甚至在国统区都产生了一定影响。这种局面对国民党对农村的统治构成了巨大的威胁。因此,实行新县制,隐含的政治意图就是"通过新县制","从根本上铲除共产党势力及其影响"②。第四,

---

① 《地方自治实施案》,载胡昭华《新县制概论》,商务印书馆 1942 年版,第127 页。

② 国民政府行政院档案:《沦陷区防范共产党活动办法草案》,中国第二历史馆藏档案。

国民政府推行新县制也有更为直接的经济原因,这就是动员广大农村的人力、物力支持抗战,挽救濒于衰落的国民经济。抗战爆发后,随着中国东南沿海富庶地区相继沦陷,对国民政府来说,如何筹措巨额的军费和维持国民政府统治机构正常运转的经费,以支持抗战和国民党的统治地位,已成当务之急。而随着战争的进程,国统区财源日趋枯竭,加之,通货膨胀已有加剧之势,因此,国民政府不得不调整财政收入重心,试图依靠农民来支撑大局。正如有人所指出的:"要保证抗战胜利,就要民众出钱出粮出力来支持抗战","为使人民能自动起来办理如何出钱出力来支持抗战","必须实行新县制"①。可见,新县制已成动员农民支持抗战的工具,在法律上和制度上为主要依靠后方农民来提供战时财源的保障。第五,实行新县制是为实行宪政奠定基础。抗战爆发后,迫于全国人民的政治压力,国民党在 1938 年举行的临时全国代表大会通过的《抗战建国纲领》中,规定"加速完成地方自治,为实行宪政作准备"。新县制正是在这一背景下出台的,这样,新县制的推行就被赋予了特殊的含义,即完成地方自治,为实行宪政奠定基础,并被看成是"宪政之能否推行顺利,系于县地方自治之能否完成,则新县制实为奠国家于长治久安之基石"②。

纵观抗战时期新县制的实施,大体上可分为两个阶段:

第一阶段(1939—1942)

国民政府行政院于 1939 年 10 月训令各省颁行《县各级组织纲要实施原则》,次年元旦,通令全国实行新县制。于是,各省分别拟定了实施计划。根据国民政府《实施原则》规定,1942 年应为新县制预定完成的最后期限。但据国民政府主计处统计局报告,此时在 19 个省的 1469 个县中,只有 944 个县实行了新县制(占 64%),调整了 1053 个县

---

① 韦永成:《新县制的认识》。

② 《加强推行新县制办法案》,重庆档案馆馆藏档案全宗 122 目录 1 卷号 223。

政府,建乡镇公所 25,069 个,保办公处 318,367 个①。另据国民政府内政部 1943 年 9 月编《各省实施县各级组织纲要成绩总报告提要》,各省实施概况见下表:

县各级组织实施概况

省别	全国所辖县市局数	实施之县局数 (市及特别区除外)	因特殊原因尚未 实施之县局数
四川	144	137	4
云南	131	112	6
贵州	79	78	
湖南	78	76	
湖北	72	60	10
广东	99	66	31
广西	100	99	
江西	84	69	4
福建	68	64	
河南	111	67	44
安徽	62	38	24
西康	48	13	35
陕西	93	34	9
甘肃	72	66	4
青海	20	11	9
浙江	77	76	
总计	1337	1106	210(115)

资料来源:钱端升等著:《民国政制史》(下),第 336—338 页。

上表所列实施情形与国民政府所规定的期限,以及各省上报国民政府的实施计划都有相当的距离,更何况还存在不少虚假的成分。以

---

① 《国民政府年鉴》第一章"内政",1943 年行政院编,第 10 页。

受国民政府表彰的四川省为例,由于四川是陪都所在地,具有示范作用,所以蒋介石十分重视,曾一度兼任省主席职务,他要求四川省先于其他省完成新县制。由上表所列情况来看,在四川省上报的成绩中,该省所属 144 个县市局中,实行新县制者为 137 个,尚未实施者有 4 个。但是,实际情形远非如此,时至 1942 年底,大多数项目并没有完成。峨嵋等数十个县乡公所尚未成立①。财政管理、土地测量、地价税等方面的工作,均未展开。新县制中地方自治财政的完成,主要是以地政工作完成为基础的,此项基本工作没有展开,其他工作均无从谈起②。既然像四川这样的省份在新县制的实行中都存在严重的问题,其他如西康、陕西、青海就更成问题。因此,新县制的推行到 1942 年远未达到预期的目标,大多还只是纸上谈兵。鉴于上述情况,1942 年 11 月国民党五届中央执行委员会第十次会议,只得详细"规定县政中心工作及分期推行地方自治事业之程限",严令各省县"务须在 1945 年底完成新县制"③。

第二阶段(1942—1945)

1942 年 11 月国民党五届十中全会结束后,在国民党中央政府的督促下,各省继续推行新县制。1943 年 11 月 7 日国民政府总结各省推行"新县制"情况如下:"先后办理实施者,即有四川、西康、云南、贵州、广西、广东、福建、浙江、江苏、安徽、湖南、湖北、山西、陕西、甘肃、宁夏、青海、山东、绥远等二十一省(其中江苏、山东、山西、绥远情形特殊,虽有计划,但未能尽付实施)。"④据国民政府主计处统计局公布的数字:1944 年底,全国 1362 个县局(县级管理局)中,已有 1107 个实施了

----

① 内政部档案 9048—163,第二历史档案馆档案。
② 忻平:《论新县制》,《抗日战争研究》1991 年第二期,第 195 页。
③ 《中国国民党第五届中执会第十次全体会议记录》,中国国民党中央执行委员会秘书处 1942 年 12 月编印。
④ 《国民政府公报》,转引自孔庆泰等著:《国民党政府政治制度史》,安徽教育出版社 1998 年版,第 619 页。

新县制,占 81.2%,调整区署 1266 个,建保办公处 343,823 个①。

　　和上阶段一样,上述数字并不真实,弄虚作假的成分居多。实际上,就连上一阶段国民政府褒奖的所谓实行新县制的模范县浙江、四川、湖南等省也未完成。例如,浙江在 1942 年底已上报完成,但经内政部考核发现"虚假成分颇多"②。不得已浙江省只得重拟《新县制三年实施计划》,后干脆以"本省环境特殊"为由,上报内政部不但"近期难以完成","即使再过五年,仍不能全部完成"③。湖南省则直到 1945 年底,仍上报该省新县制"根本没有推行"④。再以这一阶段新县制推行的重点——建立健全各级民意机关来说,作为"新县制典范"的四川,到 1944 年底,所属 137 县的县参议会"均未成立",而根据国民党 1943 年 9 月五届十一中全会规定,1943 年底"县以下各级民意机关一律完成"。期限与实际相差甚远。1944 年 5 月国民党五届十二中全会再次规定"限于民国三十四年底以前,各县市民意机关一律完成"⑤。但直至 1945 年 5 月,"各地民意机关迄未建立"⑥。

　　上述事实说明,第二阶段国民政府推行新县制的努力仍然很不理想。如果说第一阶段各省为应付差事,虚报成绩弄虚作假的话,那么第二阶段中,各省仍然存在上述情况,所不同的是有些省干脆上报中央,借口"环境特殊"或"人力、财力、物力条件过差",一再推延新县制完成的期限,使国民政府视为"全国上下之中心工作"的新县制的完成遥遥无期。国民政府也深知新县制的推行存在很大问题,1945 年 5 月,国

---

　　①　《国民政府年鉴》(上),第一章"内政",1945 年行政院编印。

　　②　中国第二历史档案馆馆藏档案,案卷号 1543/173。

　　③　《浙江省政府致内政部盈致字第一一二七号公函》,中国第二历史档案馆馆藏档案,案卷号 1543/12/3。

　　④　忻平:《论新县制》,《抗日战争研究》1991 年第二期,第 196 页。

　　⑤　《中国国民党历次会议宣言及重要决议案汇编》,"增编"(二),1946 年 5 月中执会中央训练委员会编印。

　　⑥　《四川省内政工作总报书资料》,中国第二历史档案馆馆藏档案,案卷号 9075/190。

民党第六次全国代表大会在回顾了新县制推行六年来的情况后就指出:"政府对于新县制之实施及建立各级民意机构,六年来督策进行,虽多效力,但课其实效,则地方自治仍未能完成,……实为训政时期无可讳言之缺陷"①。实际上等于承认新县制基本上未达预期目标。于是,国民党"六大"只得决议于抗战胜利后继续推行新县制,以奠定宪政基础。这是以后的事了。

抗战时期尤其在后期,国民政府试图将新县制作为理想化的基层统治制度,推行全国。但是,实际的推行效果并不理想,"除在陪都重庆附近的地区外,它基本上仍是一纸计划②。造成这种结局的因素很多:第一,国民党的集权统治与地方自治之间存在矛盾。一方面,国民政府要真正调动起亿万民众的抗日积极性,真正实行"训政",以为日后"宪政"奠基,就必须真正实行它一直提倡的"地方自治";另一方面,面对战时经济的衰微,中共力量的强大,地方势力的抵制,国民党又感到不能削弱集权。这一对矛盾贯穿于新县制推行的全过程,而国民政府始终未能找到有效的解决办法。在实际的推行中,这一对矛盾演化的结果是国民政府一步步走向其反面,由提倡自治到背弃自治,由"自治"到"官治",日益暴露出其独裁专制的本质,也决定了新县制失败的命运。第二,人才缺乏。据行政院估计,"要推动全国县政工作,政府须训练11,187,336 名行政人员"③。当时根本无法实现。由于缺乏推行新县制的人才,致使大批土豪劣绅、鱼肉乡民之乡镇保甲长趁机参与其内,各地乡村政权仍基本上为土劣所掌握,这在人员上就决定了新县制无法推行。第三,经费缺乏。推行新县制除需要大量兴办行政事务机构外,还有相配套的十四项自治事项需要办理。这在客观上就需要大量的

---

① 《中国国民党第六次代表大会决议》,中国国民党中执会秘书处 1945 年 5 月 5 日编印。

② [美]费正清、费维恺主编:《剑桥中华民国史》下卷,中国社会科学出版社 1994 年版,第 399 页。

③ 延安时事研究会编:《抗战中的中国政治》,第 92 页。

经费支援。据估算,在原有 1.722 万余万元之外,需要再增拨 5.89 万余万元,"倘将各地自治机关所举办的事业费一并加入,那么,数额之巨大当更令人惊骇"①。如此巨额的经费,国民政府根本无法支付。再加上通货膨胀的因素,结果,无力承担的国民政府只得大力削减地方政府的经费预算,甚至克扣停发。由于没有经费的支持,就造成地方政府缺乏推行新县制的积极性,新县制所要举办的地方自治事业自然就成了纸上谈兵。第四,地方势力的抵制。国民政府推行新县制,自然要触动乡村中的传统封建势力的利益,这部分势力当然不会甘心,于是以各种方式侵蚀和破坏新县制。同时,割据一方的地方军阀也洞悉蒋介石推行新县制,意在削弱他们的统治基础,因此,在明里暗里更是积极反对。山西阎锡山始终抵制中央势力的侵入,"换汤不换药地实行新县制"。西康刘文辉一再用软硬方法反对新县制。云南龙云起初更是拒绝推行新县制,后虽实施,但目的却在巩固自己的统治。此外,战时的特殊环境,也对新县制的推行带来相当的影响。以地方自治的实施而言,正如四川省第三行政专员公署专员沈鹏所言:"实施地方自治是当前县府及乡镇公所之惟一主要任务,但事实上今日县、乡镇公所无暇可办自治工作,全部时间为行政工作(即上级委办事项)占去,征兵、征工、征粮、募债,均是他们之'重头戏',整日整夜终无演尽之时。"②凡此种种,都给推行新县制带来了很大的阻力,致使新县制成为抗战时期国民政府推行政治制度改革的一大陷阱。上述原因,使新县制的推行,虽然热闹了一阵子,但终究是虎头蛇尾,在各种因素的制约下,没有取得多大成效。

　　总之,国民党推行新县制,总体上是为加强以保甲制为基础的国民党基层统治。正如有人所指出的,它"把政治统治、思想控制、军事约束、经济盘剥紧密结合在一起",以"便于征兵、抽税,加强国民党统治思

---

　　① 李建昌:《新县制下的财政问题》,载《地方财政》第一期,1941 年 7 月。

　　② 沈鹏:《在实施中发现之问题及其改进意见》,重庆市档案馆藏三专署秘书室档案 28 号。

想灌输，防范共产党争取群众"①。它既着眼于艰难时局应付战局，更着眼于使抗战的胜利变为国民党的胜利。当然，这里需要指出的是，尽管新县制的推行加重了民众的经济负担，加强了思想禁锢与对人身自由的束缚，但作为战时的一项重要应对措施，国民政府确实希望通过新县制的推行，改良基层政权，使民众的负担平均一点，更好发挥民众（包括士绅、其他有产者以及一般民众等）的积极性来有效完成摊筹派募、征丁等任务，是有利于整个中华民族抗日大局的，它在一定程度上更广泛地动员广大乡村的人力、物力、财力来支持日益艰苦的抗战，使得国民政府日渐枯竭的财源、兵源、物资有了保障，部分缓解了通货膨胀的压力，这种积极意义应该予以肯定。

行政三联制和新县制的推行，说明国民政府在日益严重的民族危机和挑战面前，已意识到加强政权建设的重要性。但由于这种制度上的建设是以加强国民党集权统治为前提和目的的，其局限性也是显而易见的。随着战局的演变和国民党的日益反动和腐朽，上述努力最终都走向失败，这都是加强和实行一党独裁专制统治的必然结果。

四　《中国之命运》的发表

著名的军事理论家克劳塞维茨曾说过："战争是政治的继续"，但还可以这样说：战争是各种政治势力角逐的舞台。在抗日战争进入后期阶段后，随着国际形势变化，中国国内的政治形势也在发生微妙的变化，日益向政治角逐的方向发展。1943 年 3 月 10 日，蒋介石抛出了由他署名，实际上是由陶希圣代笔写就的《中国之命运》一书。这本书比较系统地阐述了蒋介石的世界观、伦理观和政治主张。它是国民党强化一党专政的代言书，是国民党积极反共，展开政治角逐的宣言书和动

---

①　彦奇、张同新主编：《中国国民党史纲》，黑龙江人民出版社 1991 年版，第 511 页。

员令。该书一出版，就在中国政坛上掀起轩然大波，引起了很大反响。

《中国之命运》一书的出笼是同当时的国内外形势分不开的。

首先，世界反法西斯战争的形势发展到 1943 年后，战争的局势已朝着有利于同盟国的方向发展。对于中国人民来说，这一变化意味着深重的民族灾难有了结束的希望，中国抗战的胜利即将到来，日本侵略者已无法避免失败的命运。在新形势下，一方面日本侵略者加紧了对蒋介石集团的诱降活动；另一方面，美国、英国则从战后全球战略利益出发，为确保其在华权益，维护其在亚洲的战略地位，开始积极增加对国民政府的军事和经济援助，并于 1943 年 1 月分别与中国签订了废除不平等条约的协定，将中国拉入所谓的联合国"世界四大强国"俱乐部。

时局的变化，日本的拉拢和英美的扶持，客观上提高了国民政府的地位，被蒋介石视为是其利用的有利时机，从侧面助长了蒋介石进一步加强其集权统治、进行反共活动的气焰。同时，伴随着形势的变化，中国的政治家已不再为抗战结局而担心，而着眼于战后政治的安排，开始为未来中国的政治走向积极筹划。蒋介石《中国之命运》一书的出笼，正是这一背景的产物。

其次，在国内，中共及其领导的抗日根据地军民战胜了两年极为困难的局面，渡过了相持阶段中极为艰难的时期，走上了恢复和发展之路。这一局面出乎蒋介石的预料，和国统区怨声载道，腐败成风，百官颓废的状况形成鲜明对照。在中国共产党人艰难的奋斗过程中，在理论上积极探索，逐渐成熟起来，特别是毛泽东《新民主主义论》的发表，提出了一整套关于新民主主义革命的政治、经济、文化纲领，标志着中国共产党人已经找到解决中国问题的新鲜科学理论。这一理论一经发表，即在国统区产生极大反响，对国民党构成了巨大威胁。另一方面，国民党一党专政和集权统治受到中共及其他民主党派力量的严重挑战，国统区人民反对一党专政，要求结束训政，还政于民，实行宪政的呼声十分强烈，对国民党形成强大的压力。

因此，进入 1943 年以后，从国际形势来说，对蒋介石国民党的统治十分有利；从国内局势来说，则对蒋介石国民党的统治是一种强大的压力和挑战。这两方面的原因促使蒋介石在中国抗日大环境刚刚好转的时候即抛出《中国之命运》一书，进行政治宣传，展开政治攻势，企图在政治理念上进一步树立国民党的权威，强化对民众的思想统治。这多少反映了国民党对自身统治缺乏自信心，承认其独裁统治埋有"隐患"，是具有强烈生存危机感的表现。蒋介石的意图有二：一是为国民党和自己的集权专制统治辩护；二是配合国民党"一个党、一个主义、一个领袖"的宣传，在思想领域中进一步强化国民党统治的理念，以与中共领导的进步力量展开竞争，进而为消灭中共力量准备舆论和社会条件。

被国民党奉为"建国之宝典"的《中国之命运》，共十万余言。全书共为八章：（一）中华民族的成长和发展；（二）国耻的由来与革命的起源；（三）不等条约影响之深刻化；（四）由北伐到抗战；（五）平等互惠新约的内容与今后建国工作之重心；（六）革命建国的根本问题；（七）中国革命建国的动脉及其命运决定的关头；（八）中国的命运与世界的前途。全书之核心就在于纵论内政，阐明了蒋介石关于中国历史、革命、建设及其命运前途的基本观点，反对民主、自由和共产主义，为维护国民党一党专政、蒋介石集权统治提供理论根据。其特点是把中国封建文化同改头换面的三民主义糅合起来，炮制出外儒内法，挂着三民主义招牌的国民党理论体系，即周恩来所定位的"中西合璧"的"中国式买办封建的法西斯主义"，"又名新专制主义"①。

第一，《中国之命运》继续鼓吹"一个主义、一个党、一个领袖"，试图从理论上阐明国民党统治的合法性。"一个主义、一个党、一个领袖"是国民党统治建立后矢志不移的执政追求目标，作为具有指导国民党建国实践系统化"理论"色彩的《中国之命运》，自当不能例外，继续以"一

---

① 参见宋进：《挈其瑰宝——抗战时期中共与三民主义研究》，广西师范大学出版社1994年版，第49页。

个主义、一个党、一个领袖"为其领篇宗旨。在书中蒋介石以辛亥革命、北伐战争一直到抗战建国的历史来论证中国国民党自始至终是一个"革命党",是"中国革命建国的动脉"。甚至将问题提高到这样的高度:"自国家有机体的活动来说,没有了中国国民党,中国的建国工作就失去了发动的枢纽。所以中国国民党是国家的动脉,而三民主义青年团是动脉里的新血液"。"中国国民党如能存在一天,则中国国家亦必能存在一天,如果今日的中国,没有中国国民党,那就是没有了中国。如果中国国民党革命失败了,那亦就是中国国家整个的失败。"处处颂扬以他为代表的国民党确立统治后的成就,他指出:"中国往昔之命运,是以不平等条约能否取消的这一举,来决定其盛衰荣枯,而今日不平等条约既已取消,则中国今后之命运,乃就系决于国内政治之是否统一与国力之能否集中之一点上"。既然他领导废除了"百年来不平等条约",实现了"国民革命初步的成功",那么,领导取得这一成就的国民党和蒋介石他自己自然合乎逻辑地就是抗战建国的领导者,中国前途与命运的主宰者。这就是蒋介石《中国之命运》一书通篇的结论。由此,蒋介石将"一个主义、一个党、一个领袖"的论调推至极致。

　　第二,《中国之命运》美化封建宗法制度和哲学伦理思想。蒋介石一方面对中国封建时代"由家族而保甲而乡礼"的"中国固有的社会组织"大加赞扬,说这种组织构成了国家"严肃整齐施政力教的基础";另一方面,奉孔孟之道为最高信条,说"中国固有的人生哲学,经孔子的创导,孟子的阐扬,汉儒的训释,自成为崇高的体系,比之于世界上任何派别的哲学实有过之而无不及"。极力鼓吹继承和发扬封建时代所谓"崇礼尚义,明廉知耻"、"崇拜英雄,尚友古人"的"风气",提倡"格物、致知、诚意、正心、修身、齐家、治国、平天下"的修身养性法。要求国民遵循封建的父子、夫妇、兄弟、朋友之道,上下尊卑、男女长幼有序等常理,以"忠孝为本",信奉中国固有的"礼义廉耻"和"忠孝仁爱信义和平"。认为"四维八德"(四维:礼、义、廉、耻;八德:忠、孝、仁、爱、信、义、和、平),是"中华民族固有的德性",是"中国立国的纲","四维八德"发扬光大,则国兴;否则,国便衰微,并以此为抗战中中国的道德准绳。蒋介石如此推崇封建专制制度和纲常礼教,其目的无非是为他的专制集权统治寻找历史依据。

第三,蒋介石在《中国之命运》一书中全面阐述了国民党的建国"方略"。蒋介石在纵论历史的基础上,指出:"中国从前的命运在外交,……今后的命运全在内政","建国的基本工作,在于教育、军事与经济的合一,而求基本工作的完成,又必须就心理建设、伦理建设、社会建设、政治建设与经济建设五个要目,制定周详的方案,而使之实践力行。"蒋介石进而详细论说了内政方面的"五大"建设的主旨:"心理建设"的要旨在"发扬民族固有精神","伦理建设"以忠孝为核心恢复我国固有的伦理,"社会建设"旨在强化保甲制度,"政治建设"旨在坚持"训政",而经济建设旨在实现"工业化"与保障国民生活。看起来既全面又深刻,但实际上处处体现着复古和守旧的痕迹和倾向,与当时中国社会发展的趋势存在着矛盾。

第四,《中国之命运》鼓吹蒋记"三民主义",宣扬"力行哲学",反对资产阶级民主主义,攻击马列主义。蒋介石在书中说:"自家有机体的生命之说,没有了三民主义,中国的建国工作就失去了指导的原理。所以三民主义是国家的灵魂。"三民主义"不独是中国悠久的文化和民族崇高的德性之结晶,而且为现代世界潮流必然的趋势"。又说:"三民主义是国民革命永远不变的最高原则","任何思想离开三民主义,即不能长存于民族意识之中"。当然,蒋介石所说的三民主义,是打上他印记的三民主义。与此同时,蒋介石不忘抨击自由主义和共产主义思想,说:"个人本位的自由主义与阶级斗争的共产主义","不外英美思想与苏俄思想的抄袭和附会","这些学说的政论,不仅不切于中国的国计民生,违反了中国固有的文化精神,而且根本忘了他是一个中国人,失去了要为中国而用的立场"。在他看来,惟有"蒋记三民主义"适合中国国情,也是救治中国的良方。蒋介石为了为其思想张目,在哲学上宣扬其所谓的"力行哲学"。在书中,蒋介石进一步强调了"力行"和"诚",指出:"革命的主义,如日月经天一样地明白,革命的方略,国父已经有了精确的遗著。革命的成败,到如今已经为事实所证明。国民只须遵循三民主义,……穷理致知,实践力行"。"所谓力行与致知,必须出于至诚,……古人所谓'有杀身以成仁,无求生以害仁',这是我们力行的本义。""总之,'诚'是行的原动力,有了诚,就只知有公,不知有私。有了诚,就只是一心不乱的去行仁"。蒋介石反复宣扬"力行"、"诚"的目的,就是要民众对他、对三民主义、对国民党,无限崇拜,无限忠诚。

　　第五,《中国之命运》极力为实行一党专政辩护,指责中国共产党及其领导的军队是"割据地方,力图破坏抗战,妨碍统一",是"变相的军阀和新式的封建"。蒋介石在书中指出,中国之所以要实行专制集权制度,有两个直接的政治目的:一是要提高反共效能,否则共产党就会坐大;二是要加强国民党统治效能,提高党权,实现党治。在体现全书宗旨的第七章"党与团"一节中,更宣称国民党统治的根本特点是"一党专制","党外无党",全国国民必须无条件服从国民党。另一方面,蒋介石则认定"阶级斗争的共产主义"学说的人权党团,是"变相的军阀和新式的封建",是在"割据地方"、"破坏抗战"、"妨碍统一",是在"为帝国主义作粉饰、为侵略主义作爪牙","根本上忘记了他是一个中国人"。这种"革命的障碍"留存一日,则国家政治生活就一日不能上轨道,军政时期亦就一日不能终结。不惟宪政无法开始,就是训政亦无从推行。蒋介石将中共及其领导的革命力量视为是社会进步的障碍,以作为其实行独裁统治的借口,其用心十分险恶,也表露了他要使反共活动进一步升级的意图。

　　总之,蒋介石从历史到现实,从政治伦理到哲学、从外交到内政,论述了国民党统治的合法性和必然性,最后得出这样的结论:"抗战的最高指挥原则,惟有三民主义。抗战的最高指导组织,惟有中国国民党。……没有三民主义就没有抗战;没有中国国民党就没有革命。……中国的命运,完全寄托于中国国民党。"这便是蒋介石《中国之命运》一书的逻辑。

　　综观《中国之命运》一书,内容极其庞杂。国民党把它捧为"政治圣经"，列为全国各界的必读书。此书一出版，即引起了不同的反响。

　　由于《中国之命运》一书公开宣扬反共思潮，将矛头主要指向中国共产党和共产主义思想体系，不能不引起中国共产党人的严重关注。所以该书一出版，中共中央便立即专门召开会议，对该书进行了分析研究，指出："蒋介石的这本小册子公开抛出来，就是集中代表了蒋介石国民党同我们争夺革命的领导权，就是要从思想上政治上向我们党进攻，蒋介石叫嚣不消灭共产党死不瞑目。他的最终目的，是为了投降帝国主义，联日反共，消灭共产党。"中共中央委托刘少奇主持召开延安理论干部会议，研究批驳《中国之命运》一书。中共中央机关报——《解放日报》是批判《中国之命运》的主要阵地。1943 年 5 月—10 月《解放日报》先后发表了一系列的社论和批判文章。主要社论有：《中国思想界现在的中心任务》、《抗战与民主不可分离》、《起来！制止内战！挽救死亡》、《根绝国内的法西斯宣传》、《请重庆看罗马》、《没有共产党，就没有中国》、《法西斯主义就是祸国叛国亡国的主义》、《只有新民主主义才能救中国》等等。主要文章有：陈伯达的《评〈中国之命运〉》，范文澜的《谁革命？ 革谁的命？》和《袁世凯再版》，艾思奇的《〈中国之命运〉——极端唯心主义的愚民哲学》，吕振羽的《国共两党和中国之命运》。这些社论和文章，从思想政治对《中国之命运》进行了深入批判，斥责和揭露了蒋介石宣传封建主义和法西斯主义的反动面目，宣传了马克思主义，指明了中国革命前进的方向①。毛泽东还电示在重庆主持中共南方局工作的董必武，组织力量开展批判活动②。直至 10 月 5 日，中共中央指示："《解放日报》从十月六日起，暂时停止登载揭露国民党的言论，以示缓和。"③这一宣传战才告一段落。

----

　　① 　参见程思远主编：《中国国民党百年风云录》（上），延边大学出版社 1994 年 12 月版，第 1352—1353 页。

　　② 　《南方局党史资料·大事记》，重庆出版社 1986 年版，第 217 页。

　　③ 　中央档案馆编：《中共中央文件选集》（14），中共中央党校出版社 1991 年版，第 103 页。

住在重庆的宋庆龄,对《中国之命运》一书所鼓吹的专制反共倾向,也进行了直接批评。不仅如此,一些国民党内的清醒有识之士对《中国之命运》也持消极看法。张治中曾回忆说:"《中国之命运》一书在发表以前,不仅外国友人,即干部中也多持不必发表之意见,乃今检查此书发表以后之影响,当了然当时认为期期不可者实非无见。一般人认为此书充分流露钧座保守思想之所在,而钧座之注意当时对国民教育之意义,未注意其可能引起之政治影响。此为儒家思想与当代思潮不尽能融会贯通之症结所在,实不容忽略者。"①

由此可见,蒋介石的《中国之命运》刚出版,便遭到了坚持抗战,反对分裂、内战,坚持民主自由,反对专制独裁统治的进步人士和力量的强烈反对和批驳。蒋介石原本期望借此打压共产党,进一步巩固国民党和自己的集权专制统治,但实际结果却适得其反,引起一片反对责难之声。和以往加强国民党统治的措施一样,蒋介石这次在思想、政治领域中的动员运动,在国内外舆论的强烈反对声中,也不得不暂时偃旗息鼓,其反共喧嚣有所收敛。

抗战后期,是国民党政治发展的一个重要阶段。在诸多因素影响和作用下,蒋介石和国民党对其统治机器进行了全面调整和强化。以政治理念而言,抛出了《中国之命运》,全面宣扬蒋记"三民主义",竭力树立国民党和蒋介石的权威,发动了一场使"抗战胜利成为国民党一党专政胜利"的运动;以政权机器而言,在中央层面上,通过《国民政府组织法》的修改,使蒋介石出任国民政府主席,完成了使蒋介石名正言顺控制国民党三位一体政权全部三条腿——党、政、军的最后一步。在基层,则通过大力推行"新县制",力图扩大政权的统治基础,牢牢控制广大乡村,以防止共产党力量发展和对其统治构成威胁;以权力运行机制而言,为加强行政效能,提高行政效率,改善政令不畅的现象,推出了"行政三联制"措施。

---

① 张治中:《张治中回忆录》,中国文史资料出版社1985年版,第408页。

上述措施看起来环环相扣,无不切中要害,但是,只要国民党和蒋介石顽固实行一党专政、个人集权,并且以此为最终目的,这些措施最后都不免流于形式,或适得其反,以失败的结局而收场。这已为抗战后期国民党政治发展的历史所证明。

第二节　国统区的社会经济

一　国民政府经济政策的调整

太平洋战争爆发后,日军相继攻占香港、菲律宾、新加坡、马来亚,又在泰国、缅甸得势,完成了对中国外部的军事大包围,从而切断了偏居西南重庆的国民政府与国际社会联系的主要渠道,致使国民政府生存的外部环境进一步恶化。这一局面带来的影响是显而易见的,一是严重影响了国统区工业恢复和重建的工作。由于国门被封闭,一些主要依靠西方国家的技术和设备才能运转的工矿企业,处于停产和半停产的状态,而一些新建企业则不得不停止建设,削弱了中国抗击日本侵略的经济基础。关于工业生产受到影响的情况,通过下表统计数字,我们便可得到一个较清晰的认识。

国统区战时工业历年厂数及资本的统计

年别	厂数	实缴资本(千元)	币值资本(千元)	各厂平均资本(千元)	
1940	571	378,773	59,031	* 663.70	** 103.38
1941	866	709,979	45,718	819.84	52.79
1942	1,138	7,612	9,896	393.33	8.70

* 指实缴资本;** 指币值资本。

资料来源:参见陈真等编《中国近代工业史资料》第一辑,三联书店1957年版,第98—99页。

从上表所列情况来看,太平洋战争爆发后的1942年,工厂数虽然达到历史最高水平,但其实缴资本额、各厂平均资本则是历史最低水平,由此不难想见战局演变给中国战时工业的恢复和发展带来了莫大的影响。二是造成中国进出口贸易严重萎缩。1942年,重庆海关洋货进口总值为16亿国币元,跌至战时最低点;这年上半年,国民政府的进口物资减少了50%以上,物价上涨了73%①。国民政府掌握的战略物资诸如茶叶、桐油、猪鬃、生丝、羊毛等农副产品和钨、锑、锡、汞等重要矿产品,除猪鬃因可以空运而未受明显影响外,其余出口量均显著地减少了②。

工业生产能力严重不足,进口物资又显著减少,致使工业品消费市场严重短缺,随之,物价腾涨,哄抬物价、囤积居奇现象十分严重,与此相伴的便是社会上大量游资甚至相当部分的工业资本也纷纷转化为商业投机资本。据有人估计,1940年大后方社会游资就已达50亿元之巨③。上述事实表明,太平洋战争爆发后,虽然中国的战略环境有所改变,但整个国民经济却面临着严重的困境和挑战。

困境之二,国民政府的财政税收锐减,支出猛增,财政赤字逐年加大,通货膨胀居高不下。国民政府财政收入主要以关税、盐税及统税为大宗,占整个财政收入的90%以上。但抗战爆发后,三大税收均受战争影响,征收日蹙,政府财政收入锐减。1941年税款收入在国库总收入中仅占6.2%④,下降幅度十分惊人。在国民政府财政收入锐减的同时,财政支出却在逐年猛增。1942年政府财政支出245.11亿元,较之战争初期(1936—1937)的18.94亿元⑤,已增加了近13倍。支出无

---

①　张公权:《中国通货膨胀史》(1937—1949),文史资料出版社1986年版,第36页。

②　参见清庆瑞主编:《抗战时期的经济》,北京出版社1995年7月版,第313—314页。

③　张锡昌:《中国工业化的当前问题》,《中国工业》,1943年第13期,第28页。

④　关吉玉:《四十年来之民国财政》,载台北《中国经济》第十九期,第23页。

⑤　张公权:《中国通货膨胀史》(1937—1949),文史资料出版社1986年版,第80页。

限扩张,收入不断锐减,财政赤字便连年攀升。1941 年政府财政实支亏短数占实支总额的 88.2%,已达到 86.93 亿元①,为战时历年最高点。为弥补财政赤字,国民政府不得不大量发行法币,结果导致法币的持续贬值,通货膨胀日益严重,呈螺旋式上升的趋势。如以重庆地方的商品指数为例,1939 年 1 月为 100 的话,则当地商品在 1941 年 12 月其指数已上升至 1303②。1942 年以后,上涨幅度更大。

总之,太平洋战争爆发后,国民政府的财政状况已十分窘迫,极不利于抗战局面的维持和国统区社会的稳定,对国民党的统治也构成了相当的威胁。

在严峻的经济形势面前,为摆脱财政窘迫,支撑抗战局面,消除通货膨胀的巨大压力,稳定民心,国民政府在太平洋战争爆发后,采取了一系列具体的措施,试图摆脱经济上的困难。早在 1941 年 4 月国民党五届八中全会就经济问题作了如下的十一项经济议决案:

(1)改进财政系统,制定国家与自治两大财政系统;

(2)田赋直接归中央,施行田赋征实,以解决民需、军用粮食问题;

(3)实施统制经济,务使全国人力、物力集中于战争用途;

(4)在行政院下设立贸易部(其后改在财政部下设置贸易委员会)以统制战时贸易;

(5)确立战时经济体系;

(6)举办盐、糖、烟、酒等消费品专卖,以求物价稳定和财源增加;

(7)实行土地政策,举办地价申报;

(8)改进桐油统制,以求外汇增加;

(9)发展边区交通文化经济,以求长期抗战之维持;

(10)扩大水利,以求农产之增加;

---

① 何思瞇:《抗战时期的专卖事业》,台北"国史馆"1997 年印行,第 34 页。

② 何思瞇:《抗战时期的专卖事业》,第 39 页。

（11）战时计划经济之确立①。

强调"必使全国人民之一切经济活动完全受国家法令之保障与支配"。太平洋战争爆发后，为应对战局演变带来的影响，国民党又立即于1941年12月召开了五届九中全会，在具体的经济政策上沿袭了五届八中全会的精神，强化了贯彻的意图和方向。以五届八中、九中全会为契机，国民党政府全面进行了经济政策的调整，也就是说，国民政府在抗战时实行的"统制经济"政策，进入了全面实施和拓展的时期。

1. 增开新税

一般说来，当一个政府面临严重的财政危机时，通过增开税种、加重税负来缓解危机，便是一种必然的手段和选择。国民政府在抗战的特殊时期，曾开征了大量新税，特别是太平洋战争爆发后，试图通过扩大税种，提高税率，以增加税收、缓解财政危机的意图更加明显。

抗战爆发不久，为了使得战时财政正常运行，筹集日益庞大的战争经费，稳固自己的统治，国民政府便打出了"全面抗战，合理负担"的旗号，在税制方面作了调整。具体措施如下：

一是调整扩充间接税：调整货物转口税，扩大其征收范围，提高印花税税率，将统税和烟酒税合并为货物税，扩展征收地区，将云南、新疆、西康、青海等省也纳入统税区。同时，将果子露汁、蒸馏水、半机制麦粉、手工卷烟、食糖、水泥、茶叶、竹木、皮毛、陶瓷、纸箱等为数众多的项目，逐步纳入课税范围。

二是建立直接税体系：颁布《非常时期过分利得税条例》、《遗产税条例》，并开征过分利得税、遗产税。不过，总体上来说在税制改革、新税开征方面迈的步子还不大。

但随着战事的延长，国民政府的财政危机越来越严重，已到了崩溃的边缘。于是，在太平洋战争爆发前后，国民政府便开始采取更为果断

---

① 许性初：《我国后方之战时经济》，《民国经济史》，上海银行学会银行周报社1948年版，第437页。

的措施,试图通过增加税收的方式缓解日益严重的财政危机。

1941年7月,国民政府改变征税标准,将以往的从量征收的方式改为从价征收。同年11月公布《修订财政收支系统实施纲要》,将全国财政分为国家财政与自治财政两大系统。中央与省级财政并为国家财政系统;自治财政系统以县、市为单位,包括县以下各级地方自治组织。并通令各省于1942年1月1日起一律实行。增收政策和财政系统的改订,直接为国民政府开征新税,扩大税种创造了条件。

1941年12月,国民党五届九中全会后,国民政府有关部门便根据五届九中全会精神,加快了一系列新税制定和颁行的力度。到1943年4月,先后公布施行的税则计有:

1942年2月14日,使用牌照税征收通则。同年9月9日予以修正;

1942年4月2日,战时消费税暂行条例;

1942年4月12日,筵席及娱乐税法;

1942年4月,茶类统税征收暂行章程;

1942年5月13日,战时粮糖专卖条例;战时烟类专卖条例;战时火柴专卖条例。同年5月1日实行;

1942年5月26日,盐专卖暂行条例。同年实施;

1942年5月,修正契税条例;

1942年7月1日,棉纱麦粉统税改征实物办法;

1942年7月2日,营业税法。同年实施;

1943年1月28日,财产租赁出卖所得税法;

1943年2月17日,所得税法;非常时期过分利得税法;

1943年3月26日,竹、木、皮、毛、瓷、陶、纸、箔营业所得税条例;

1943年4月,食盐附加税条例①。

---

①　张弓、牟之先主编:《国民政府重庆陪都史》,西南师范大学出版社1993年版,第364页。

上述开征的三十种税收（因系调整，与旧税略有重叠），占战时国地税系统种类的 60％ 以上。同时，国民政府还逐次提高了原有部分税率。如契税，1940 年暂行条例规定买卖契税为其契价的 5％，1942 年修正为 10％，1943 年 5 月重新公布的契税又提高至 15％①。而且货物税改为从价计征后，税率也大幅提高，例如棉纱就增长了四倍多。1944 年 7 月，对糖类实行征实后，税率也由 15％ 提高至 30％。由此可见，国民政府为应付财政危机的局面，在税收方面采取的措施是相当有力度的。

国民政府上述增税方面措施的实施，取得的效果也还是相当明显的。一是增收效果明显，财政收入有了较大改观。如 1943 年 4 月开征食盐附加税后，当年收入 12 亿元，1944 年收入增至 145 亿元，1945 年更进一步增至 535 亿元②。1943 年以后，原来一直下滑的年度税收占实际收入比例的状况开始改观，分别为 73.7％（1943 年）、85.2％（1944 年）、66.6％（1945 年），已超过或接近 69.7％ 这一战时税收占实际收入的平均值③。二是国民政府通过税收杠杆，在一定程度上抑制了发国难财者的投机资本的过分膨胀，使大后方如陪都重庆歌场舞榭、车马盈门的虚假繁荣和奢侈浪费均有所节制④。但是，这一系列税收政策的实施，带来的负面影响和作用也非常突出。一方面，它给本来就贫困不堪的广大中下层民众的生活造成了严重的影响，使之日常生计更为困苦艰难；另一方面，由于征税面广、种类多、幅度大，在物价上涨物资紧缺的情况下，推行严厉的税收政策，必然要损害许多中小工商业者的利益，使之不堪重负，难以为继。以重庆地区的情况为例，据统计，重庆区

---

① 匡球：《中国抗战时期税制概要》，中国财政经济出版社 1988 年版，第 210—211 页。

② 《财政年鉴》第三编，第 131—150 页。

③ 杨荫溥：《民国财政史》，中国财政经济出版社 1985 年版，第 116 页。

④ 张弓、牟之先主编：《国民政府重庆陪都史》，西南师范大学出版社 1993 年版，第 366 页。

金属品冶制业同业公会所属 18 家炼铁厂,1943 年已有 14 家停业,其余仅勉强维持生产。重庆的印刷厂,1943 年底到 1944 年初的 3 个月内,有 70 家停业①。造成这种情况的发生,国民政府的税收政策是一个重要的因素。尽管国民政府增税的政策加重了民众的困苦、百业凋敝的状况,但我们也应该看到,它的确对充裕政府财政,缓解政府财政危机具有重要意义,在经济上对支撑国民政府进行长期抗战起了积极作用。

2. 田赋征实

田赋改征实物,最初是从山西省开始实行的。抗战爆发后,由于政府财政极端困难,而粮价又大幅度上涨,使军粮筹集十分困难。于是,山西省决定于 1940 年起,实行田赋改征粮食。这样,一方面可解决军队吃饭的困难;另一方面也可适当减轻军队驻地农民的负担。既然粮产欠丰的战区省份山西通过征实能缓和军粮供给矛盾,此法当然可资其他省份仿效。随后,福建、浙江、陕西、甘肃等省也相继开始征实。在此种情况下,国民政府开始积极酝酿和推动田赋改制。

1941 年 4 月 2 日,国民党五届八中全会通过了《各省田赋暂归中央接管以便统筹而资整理案》,提出“为调整国地收支并平衡土地担负起见,亟应仍将各省田赋收归中央整顿征收”,“中央为适应战时需要,得依据各地生产交通状况,将田赋之一部或全部征收实物”②。根据八中全会精神,国民政府于同年 6 月在重庆召开第三次全国财政会议,就田赋问题作出了如下决议:“(1)自民国卅年(1941)下半年起,各省田赋战时一律征收实物;(2)田赋征收实物以卅年度田赋正附税总额每元折征稻谷二市斗为标准;(3)各省征收实物,采取经征经收划分制度,凡经

① 陈真等编:《中国近代工业史资料》第一辑,三联书店 1957 年版,第 143—148 页。

② 荣孟源主编:《中国国民党历次代表大会及中央全会资料》下册,光明日报出版社 1985 年版,第 688—690 页。

征事项,由经征机关负责,经收事项,由粮食机关办理"①。紧接着在 7
月 1 日,国民政府成立粮食部,将各地方粮政机关和储运、粮供等部门
归口统管。财政部则拟订了包罗前述各项原则的《战时各省田赋征收
实物暂行通则》十六条,提交行政院第五百二十五次会议通过后,于 7
月 23 日正式颁行。

　　国民政府的上述举措,一是把 1928 年第一次全国财政会议划充地
方税收的田赋重新收归中央;二是变更了自明、清以来我国田赋以缴纳
银钱为主的惯例,正如有学者所指出的:"田赋从货币税形式倒退到实
物税形式。也就是说,国民政府在征收田赋这一具体行动中,拒绝收受
它自己所发行的、正在日益膨胀和贬值的法币。"②不过,需要说明的
是,在战时环境下,这种倒退在形式上是落后的,但实质上是进步的。
促使国民政府对赋税制度采取如此重大变更的原因,一是如前所述因
税源枯竭、收入锐减而发生的入不敷出的财政危机;二是由农业歉收、
通货膨胀和囤积居奇等因素所造成的粮食恐慌。而且,后者对国民政
府对田赋改征实物起了关键影响③。

　　《暂行通则》颁行以后,田赋征实便由酝酿阶段转入由国民政府组
织实施阶段。1942 年 7 月行政院会议在总结前期田赋征实工作经验
基础上,又制定并通过了《战时田赋征实通则》二十五条,对 1941 年的
《暂行通则》略有增减,以此作为全国各省县推行田赋征实的基本规定。
综合两通则规定,重要内容如下:

　　(1)征实目的:调剂战时军粮民食及平均人民负担。

　　(2)征实标准:各省田赋征收实物依卅年省县正附税总额。1941
年"暂行通则"规定每元折征稻谷 2 市斗(产麦区得征等价小麦,产杂粮

---

　　①　中央银行经研处编印:《民国卅一年上半年国内经济概况》,第 22 页。

　　②　杨荫溥:《民国财政史》,中国财政经济出版社 1985 年版,第 118 页。

　　③　参见侯德础:《抗战时期四川田赋征实述评》,《四川师范大学学报》1988 年
第 6 期;陆大钺:《抗战时期国统区的粮食问题及国民党政府的战时粮食政策》,《民国
档案》1989 年第四期。

区得征等价杂粮）为标准。1942 年"通则"规定每元折征稻谷 4 市斗，或小麦 2 市斗。其赋额较轻或较重之区域，由中央酌予增减。即各省土地，如已依法办完测量登记开办地价税者，亦应依其税额，按上项标准改征实物。

（3）征收种类：征收之实物以稻谷为主，其不产稻谷之地方，以其收获之小麦杂粮等缴纳之。其缴纳小麦杂粮之比例，另定之。

（4）征收单位：征收实物之单位，概以市石为单位，其尾数至合以上，以下四舍五入。

（5）征收制度：各省征收实物采用经征经收划分制度。凡经征事宜，由经征机关负责；凡经收事宜，由粮食机关负责。1942 年"通则"又对征收国币和兼征国币的事项作了补充。

此外，"通则"对于滞纳与匿粮处分、追交旧欠办法、积谷与摊派以及设库收储等均有规定①。

依据国民党中央政府的规定，各省县遂将田赋改征实物视为中心工作，并相继成立了田赋征实的相关机构。这样，从中央到地方的经征经收机构便确立起来，其组织系统如下图：

$$
\text{田赋征实机构}
\begin{cases}
\text{经征机关}\Big\{\text{财政部整理田赋筹备委员会}——\text{省田赋管理处}——\text{县田赋管理处}——\text{税征分处}\Big\} \\
\text{经收机关}\Big\{\text{粮管部}——\text{省粮管局}——\text{县粮食科或粮食管理委员会}——\text{税收分处}\Big\}
\end{cases}
\text{粮户}
$$

上述组织机构的运作，一直到 1945 年抗战胜利才告结束。

田赋征实政策的实施，按当时的标准，每年征实所得约为 2300 余万市石左右，但这并不能保障当时军公粮的需用。据《解放日报》估计，

---

①　周天豹等：《抗日战争时期国民政府财政经济战略措施研究》，西南财经大学出版社 1988 年版，第 38—39 页。

当时"全国军警公务员为 1500 万人,共需粮谷 7500 万市石"①。为弥补缺口,在全国田赋征实的同时,国民政府便又规定:"于征收之外,另行办理定价征购,每年参酌各省需要及当时粮价,分省核定征购数量、标准及价格,一次征收。"②向大户定价征购余粮,并发行粮食库券作为支付粮价之用,这就是田赋征购。征购"以随赋带购为原则",办法是以征购额的三成平价付给法币、七成发给粮食库券或法币储蓄券。为配合征购,1941 年 8 月国民政府颁布了《民国三十年粮食库券条例》八条,规定自 1941 年 9 月 1 日起发行粮食库券,从征购后第三年起,每年以配额五分之一抵缴田赋应征之实物,五年全部抵清。但官价征购大大低于市价,结果加重了农民负担。由此看来,征购与无偿缴纳无异,只不过是一种披着商业外衣的征实手段,是变相的田赋征实。

1943年各地粮价持续飞涨,粮价指数达到1942年度的390%左右③。为顾及农业生产、农村经济,征购价格不能不随同提高。这样一来,政府征粮开支迅速增大。于是,国民政府从财政因素考虑,在征得四川省政府同意后,率先又从四川省实行改征购为征借的政策,即派购的粮食全发库券,不再搭发现金,起借点为五分。实行征借的结果,四川等九省仅1943年就节约现款达11亿元以上,大大减轻了国库的负担。

鉴于征借实效明显,1944 年 5 月国民党五届十二次会议通过《加强管制物价方案紧要措施案》,其中规定:"粮食征购一律改为征借,采用累进法提高其数额。……除应征借的粮食及地方积谷外,其他地方私立名目摊派粮食者,均应禁止。"④随后各省从 1944 年起一律改征购

---

①　《解放日报》,1941 年 11 月 2 日。

②　中国第二历史档案馆:《粮食部工作报告》(1945 年 4 月),见粮食部档案,(八三)100—2.7270。

③　王洪峻:《抗战时期国统区的粮食价格》,四川社会科学出版社1985年版,第182页。

④　荣孟源主编:《中国国民党历次代表大会及中央全会资料》(下),光明日报出版社 1985 年版,第 889 页。

为征借,并废除粮食库券,只在交粮的粮票内注明,以作为借粮凭证。这种不计利息的征借,实际上成为对农民的变相掠夺。

上述"三征"中,征实是根本;征购是商业形式下的征实;征借是征购的必然发展,是借贷关系下的征实。总之,以"三征"为基本形式的田赋统征,均以最大限度取得粮食实物为主要目的。

在全民族进行抗战的情况下,国民政府为支持持久抗战,统一经济力量,将田赋收归中央,并逐步推行征实、征购、征借的三征政策,是无可非议的,具有一定的合理性和必然性。在实行田赋征实前,当时的实际情况是:东南各省主要产粮省份尽陷敌手,战区所在地已非可以就地筹粮之区,四百多万将士的饷糈及后方公教人员和一般百姓的口粮为数甚巨,不但难以从市场上筹集,而且即令能够购到,也必然要带动粮价暴涨,影响非小。购粮款项十分巨大,支出货币过多,还将加剧通货膨胀,于经济、军事都非常不利。惟有直接掌握粮食本身,才能解决以上难题。因此,"三征"措施实质上是不得不为之,而且从实行的效果看,其意义也十分明显。事实上,从下表不难看出,国民政府正是通过"三征",掌握到大量粮食实物的。并且通过"三征",一定程度上缓解了战时通货膨胀下日益严重的财政危机和军糈、公粮、民粮之困难。

1941 年—1945 年度田赋"三征"所得实物折合法币数与各年度税收比较

年　度	谷麦(百万石)	折合法币数(百万元)	占税收的百分比
1941—1942	56.2	5,000	44.1
1942—1943	65.6	14,169	23.9
1943—1944	65.3	49,628	26.9
1944—1945	57.8	100,976	28.1

资料来源:转引自张弓、牟之先主编:《国民政府重庆陪都史》,西南师范大学出版社 1993 年版,第 373 页。

首先,田赋征实给国民政府增加了一大笔可靠的财政收入,缓解了政府的财政危机。如上表所列,1941 年—1945 年"三征"所得共折合法币约 1697.73 亿元。这无疑是一个十分庞大的数字。而且这些收入不是通货膨胀下价值萎缩的法币,而是当时匮乏而须臾不可缺少之食粮,其价值自然也不是相应的货币额所能充分表现的。同时,由于通过征实获得这些粮食,国民政府便节省了在市面上采购粮食的巨额开支,这不但可使严重亏空的财政获得弥补,也在实际上减少了投入流通的货币量,这对当时的通货膨胀起了一定的抑制作用。因此,田赋征实对维持国民政府的财政不致在战争中途彻底崩溃发挥了极为重要的实效。

其次,田赋征实保证了军粮和公粮供应无虞,对坚持抗战有积极意义。从全国来看,在田赋征实政策实施后,军粮供应有了较为充足的来源,四年中实际补给军粮数,米 3553 万大包,麦 2511.7 万大包,折合谷约 9474.75 万市石,麦约 3649.21 万市石[①]。(米每大包 100 公斤〔合谷 2.667 市石〕,麦每大包 100 公斤〔合麦 1.429 市石〕——作者注。)而且军粮总数也约占田赋"三征"所得的 60％ 以上。另据何应钦在《抗战八年》中称,吃田赋征实粮的军队 1941 年为 425 万人,1942 年为 512 万人,1943 年为 546 万人,1944 年为 681 万人。由此可见,田赋征实对保证军队食粮供应起了决定性作用。至于公粮,在战时物价飞涨和粮荒不断的情况下,国民政府利用"三征"所得的一部分充作公粮,平价或免费供给公教人员,对于缓解上百万公教人员的生活困难,保证后方社会的稳定,坚定抗战胜利的心理也起了积极作用。除此之外,"三征"所得还被用于调剂市场,实行"控量制价",以缓和市场供需矛盾,缓解粮荒。

尽管国民政府实行的田赋征实政策有功于抗战,但是,由于在征实的过程中,政府只强调"得粮第一",而忽视了"公平原则"。再加上经办人员中饱私囊,致使征实弊端丛生,严重祸及了它的实效。具体来说:第一、田赋征实加重了农民的负担,是造成农村经济陷于破产和农民生

---

① 参见周天豹等:《抗日战争时期国民政府财政经济战略措施研究》,西南财经大学出版社 1988 年版,第 47—48 页。

活困苦的一大根源。由于田赋征实采用上下分摊的形式,于是地主通过种种办法将田赋转嫁于佃农,结果造成田赋"三征"严重失衡,富家负担极为轻微,贫苦农民负担极重的局面①。第二、地方附加摊派有增无已,使占人口大多数的农民大受折磨。虽然政府"通则"规定,田赋改征实物后,除"积谷"外,其他摊派筹募"悉予豁免"。但实际上,由于中央政府剥夺了地方政府的田赋征收权,无异于迫使地方政府另辟财源。于是,在执行过程中,各种附裹在田赋上的摊派就层出不穷。据统计1942年四川省仅十八个县的不同摊派和附加就多达二百四十多种②。第三、各类经办人员徇私舞弊,中饱私囊,鱼肉人民,使"三征"成为扰民的苛政,腐败的根源。田赋"三征"是通过县、区、保甲摊派的,这类人员便利用职权,浮派、侵吞,从中取利。另一方面,由于实行经征、经收双轨制,不仅造成机构重叠,手续繁多,效率低下,而且形成了众多的粮政人员无人不贪的局面。用国民政府粮食部长徐堪的话来说:"在征收田赋的收集、储存、运送、分配的四个过程中,没有一个阶段中不存在着腐败。"③上述现象的存在,使田赋征实变成了扰民的苛政,严重挫伤了农民为抗战而努力耕作的积极性,对抗战时期的农业生产产生了消极和破坏的影响和作用。

　　总之,由于田赋征实存在上述种种弊害,不但使征实的效益大打折扣,也使广大人民对征实和国民党政权愈加强烈不满,从而使国民党的信誉和统治面临严重的危机。国民政府要员张嘉璈就指出:"田赋征实对政治和社会长远的影响远胜过军队暂时能获得廉价粮食的好处。"这种看法不无道理④。当然,需要指出的是,贪污和舞弊现象,并非田赋征实政策本身固有的特性,而是由国民党政权的性质及其吏制的腐败

---

① 参见中国第二历史档案馆:《粮食部报告》,粮食部档案(八三)100—1.7278。
② 伍丹戈:《四川地方摊派》,载《四川经济季刊》第一卷第2期。
③ 〔美〕易劳逸:《蒋介石与蒋经国》,中国青年出版社1989年版,第76页。
④ 张公权:《中国通货膨胀史》(1937—1949),文史资料出版社1986年版,第144页。

所造成的,换言之,即使没有田赋征实,国民政府采用其他办法筹粮筹款,上述腐败现象也会发生。

3. 实行统购统销政策

统购统销政策是以战时物资管制形式出现的一种财政措施。抗战爆发后,国民政府便按照国际上应付大规模战争的惯例,采取了统制经济这一非常措施。作为统制经济的一个重要组成部分,统购统销政策很早就已开始实施。1937年9月,国民政府首先在军事委员会之下设立"贸易调整委员会",下设复兴、富华、中国茶叶三大公司,负责国统区桐油、猪鬃、生丝、茶叶等物品的统购统销。1938年2月,政府机构进行调整,"贸易调整委员会"改隶财政部,改名为"贸易委员会"。同时,钨、锑、锡、汞、铋、钽等六种矿产品,均系军需工业的重要原料,国内外市场广阔,由资源委员会负责收购和外销。

1940年,抗战进入最困难的时期。国统区物资短缺和市场囤积居奇现象十分严重,已影响到民众的生活和军队的士气。于是,1941年4月国民党五届八中全会决议"实行全面经济统制"。同年12月的五届九中全会通过的决议案更进一步指出:"人民日常生活必需品,必须尽量增加生产并加以合理管制,使价格稳定,供应无缺。且需由局部管制,推进于生产运销分配消费各过程之全面管制,内地管理扩大全国。"[1]这表明太平洋战争爆发前后,统购统销政策的推行开始进入强化阶段,当然,作为一种财政措施,它也是加强财政收入的一种重要手段。

抗战时期统购统销种类很多,从实际统购统销推行的过程看,大致可分为重要外销战略物资产品和日用必需品两大类。生丝、茶叶、猪鬃、桐油、羊毛及若干矿产品等六大类,均属重要的战略物资,为当时主要的外销商品。棉花、棉纱、棉布等日用品类是战时军需民用的必需品。

---

① 《革命文献》第80辑,中正书局1977年版,第237页。

　　在外销战略物资方面,统购统销自 1938 年起实行。太平洋战争爆发后,其后四年外运发生困难,除猪鬃因空运减少幅度不大,其余均明显减少。因此,为加强此类物资的销售,1942 年 2 月 21 日,国民政府行政院采取措施,改订桐油、猪鬃、茶叶的运购办法,放宽在国内购存储运的数量限制,取消内销茶叶的平衡费,以扩大内销和外运(包括出口和销往沦陷区)①。直至抗战结束,统购统销整整进行了几乎八年时间。在此期间,共收购茶叶近 190 万市担,桐油 180 多万公担,猪鬃 8 万多公担,丝茧 7 万多公担,羊毛(包括少数驼毛)44 万多公担②。

　　棉花、棉纱、棉布是太平洋战争爆发后最主要的统购统销物资。对这类生活日用品类物资的管制,最初始于 1941 年。不过,一开始时统制方法并不统一,范围也很有限。1942 年 2 月 2 日,行政院通过《统筹棉纱平价供销办法》,开始加强对该类物资的管制。2 月 14 日,经济部物资局成立,拟定并公布了具体实施方案,对棉花、棉纱、棉布实行"统购棉花、以花易纱、以纱易布"的管制方式,以达到取缔中间商盘剥,增加生产者利润和平抑市场售价的目的。1943 年 1 月,物资局撤销,改组为花纱布管制局,对花纱布管制扩大到全国,实行的措施也更为严密,形成了一套统购统运统销棉花,"以花控纱、以纱控布"的完整的管制方式③。国民政府通过对花纱布的统购统销,在 1941 年—1944 年共获得棉花 160 万市担,1942 年—1944 年累计分别获得机纱 22 万多件、土纱 8 万多市担、机布与土布 700 多万匹④。

　　抗战时期,统购统销政策的实施,产生了积极的影响。首先,它使政府掌握了大量的物资,保证了军需民用,也增加了外汇收入。当时政府统购统销的外销物资对美、英、苏诸国易货、购物和偿债等方面曾发

　　①　参见张弓、牟之先主编:《国民政府重庆陪都史》,西南师范大学出版社 1993 年版,第 378 页。

　　②　杨荫溥:《民国财政史》,中国财政经济出版社 1985 年版,第 134 页。

　　③　《工商经济史料丛刊》第四辑,文史资料出版社 1984 年 11 月版,第 189 页。

　　④　杨荫溥:《民国财政史》,中国财政经济出版社 1985 年版,第 135 页。

挥了重大作用。以偿还债务为例，在太平洋战争爆发后，大约有 6430
万美元的出口物资销往美国和苏联，以偿还其于 1942 年前提供的为购
买军需物资的信用贷款①。其次，它增加了国民政府的财政收入，减轻
了政府的财政负担。政府利用统制手段压低物资的收购价格，然后高
价出售，获得了高额的利益。关于此项收入，国民政府财政部曾指出：
"军用花纱布，由局统筹购供，国库年仅负担价款 108 余亿元，如依市价
收购，则所需价款达 1040 亿元，故军用花纱因由局统筹购供，仅三十四
年度一年，节省国库开支达 930 余亿元"②。据有人推算，1945 年国民
政府所收购的全部花纱布的盈利额高达 4499 亿元，是当年税收的 4.5
倍，远远高于政府公布的数字。而整个抗战时期，统购统销的收入均达
当年总税收的 3—6 倍③。第三，它对市场的稳定、人民生活的安定和
大后方局势的稳固，起了一定的积极作用。例如，1942 年上半年，经济
部物资局先后分两批配售平价布，其对象分别为陪都及迁建区内的国
民党中央党政军机关、重庆市地方党政机关的公务员和文化机关团体、
学校的教职员工④，缓解了部分公职人员的生活困难问题。

　　当然，统购统销政策在实施过程中，也不可避免地产生了一些消极
后果。首先，它严重损伤了工商业者和农民的生产积极性，影响了抗战
后期大后方经济的发展。据统计，桐油、猪鬃、茶叶、生丝、羊毛五类农
副土畜产品收购价均大大低于市价，有的甚至远远不及生产成本。如
1943 年的桐油收购每担比市价低 110 余元。1942 年的秋茧收购价每
担和市价相差 8500 元。1941 年屯绿区毛茶官定价格比成本低 103
元。1944 年猪鬃官价每箱仅及成本的 38%，两者差价达 1.9 万元⑤。

---

　　①　郑友揆：《中国对外贸易和工业发展》，上海社会科学院出版社 1984 年版，第
195 页。
　　②　《财政年鉴》第三编，第十一篇，第 50 页。
　　③　杨荫溥：《民国财政史》，中国财政经济出版社 1985 年版，第 141 页。
　　④　《物资局平价布停止配售》，《新华时报》，1942 年 4 月 25 日。
　　⑤　杨荫溥：《民国财政史》，中国财政经济出版社 1985 年版，第 135 页。

属于国家统制的矿产品,1943年"政府收购矿品之牌价,衡以战前及现在物价指数,仅得四分之一,殆实远逾人民所堪受之限度"①。如此严重的差价,表明统购统销实质上是对生产者的一场最大限度的掠夺。造成的后果也十分明显,即使生产者的生产积极性严重受到挫伤,生产大量减产甚至停产,是抗战时期社会经济衰退的一个主要原因。例如,陕西棉花统购统销后,由于所定官价过低,棉农所得不敷成本,转而改种杂粮,棉花因而减产。1943年陕西产棉90万市担,1944年仅产50万市担。后方陕、豫、湘、鄂、川及其他地方,1943年产棉量合计295万市担,1944年仅产155万市担②。其次,经营统购统销的官商和各级机构借机从中渔利,中饱私囊,敲诈勒索,坑害民众,影响了统购统购政策效能的发挥,一定程度上破坏了抗战后期社会政治经济局面的稳定。例如,国民政府经济部物资局驻四川广安专员就承认:囤积棉纱操纵黑市者"多系地方土商富室巨绅驻军,甚至机关法团",而无法予以惩罚。统制棉纱的成都农本局所属的福生庄,更利用办理收购及发放棉纱事务的机会,串通奸商,秘密从事黑市贩卖牟利,即以原价1.2万元之收购价格提高至4.5万元出售,结果引起棉织业工人暴动③。蒋介石也承认物资管制成效不大,问题很多,他曾痛责经济部物资局:"政府管制物资办法毫不彻底,越管制黑市越猖獗,弄得有的不愿售,买的到处争,以致物价上涨不已。如管制面粉厂又不管制麦子,管制纱厂又不管制棉花,所以面粉厂尽量囤积麦子,纱厂尽量囤积棉花,政府这一种管制物资办法,无异乎是帮助少数资本家大发其财。"④和战时其他经济措施的推行一样,伴随着统购统销政策的实行,国民政府机构也日益腐败,而广大民众则深受其害,这是国民政府无法消除的弊端和改变的

---

①　陈真等:《中国近代工业史资料》第一辑,三联书店1957年版,第159页。

②　陈真编:《中国近代工业史资料》第四辑,三联书店1961年版,第264页。

③　《经济部训令》(1942年10月),《民国档案》1994年第二期,第38—39页。

④　《为奉谕抄送政府管制物资不彻底之影响等情报一件查照由》(侍六字第54006号,1942年5月24日),中国历史第二档案馆馆藏,物资局档案828/1049。

事实。

4. 推行专卖制度

"专卖"在中国并不陌生,中国历代曾实施盐、铁、酒、茶等专卖,尤其是盐专卖。它是指政府将某些消费品,以企业经营的方式,由国家独占经营,并在独占的销售价格中取得独占利润。抗战全面爆发后,随着军费的大量支出,政府财政陷入空前的危机之中。特别是1941年之后,财政危机益形严重。而国民政府国库支出的来源,只有四分之一来自税收和捐献,其余都是由发行公债弥补(实际上由银行垫支)。然而,抗战不能专恃债款,而且债款已不易募集,它的副作用也相当明显,是通货膨胀的极大诱因。因此,另辟财源,改善财政收支状况,已成为国民政府的当务之急。战时专卖事业的筹办,就是因应战时财政危机而采取的重要措施之一。

事实上,早在抗战开始之初,因军需浩繁,税收短绌,有些省份就曾建议并试行专卖事业。例如,浙江省在得到财政部许可后,曾于1938年4月设立战时卷烟公卖处,试办卷烟公卖。1939年又实行火柴公卖。福建省援引浙江省之例,也于1938年7月设立卷烟公卖局,实行卷烟公卖。上述两省试行公卖结果,不仅税收增加,且有助于物价的稳定,显示实行专卖具有可行性①。但是,直到1941年国民党五届八中全会举行前,国民政府并未遽下决心,推行专卖事业。

1941年4月国民党召开五届八中全会,会议通过了《日常消费品专卖案》,这是国民党对专卖事业态度的重大变化。在会议通过的《动员财力扩大生产实行统制经济以保障抗战胜利案》中,决定"试行国家专卖制度,可先选卷烟、火柴、茶叶、食盐乃至纱布等数项,试验推行专卖物品,并可着重民生必需品类,杜绝操纵居奇,而收平抑物价充裕国

---

① 　参见何思瞇:《抗战时期的专卖事业》,第64—66页。

库之功"①。标志着国民党高层对推行专卖事业已取得共识。至此,战时国家专卖事业终于确立。

国民党五届八中全会通过了孔祥熙的《筹办盐糖烟酒茶叶火柴等消费品专卖以调节供需平准物价案》和《粮盐专卖制度基础案》,其中尤以财政部长孔祥熙的提案最具代表性和重要性,而且后来的实践证明,国民政府专卖事业的推行基本上是依孔祥熙提案为蓝本进行的。为更好地认识和理解国民政府推行专卖事业的原因、意义、目的及施行的办法,现将该提案的要点转录于此:

> 以人民日常消费物品,采行专卖制度,由政府合理分配,为节制私人资本,改善社会经济,实现民生主义方法之一种。盖专卖制度,系由政府管制产销,保障生产运销者之合法利润,而使消费者不增加过分负担,以促进生产节制消费,调节物价,安定民生;而政府对于专卖物品,寓税于价,使居间商之利益归公,财政上可增加巨额收入,资为抗战建国之需。际此非常时期,一般工商业,每多利用时机操纵市价,博取厚利,酿成社会分配不平之现象,施行专卖制度,抑制豪强,充裕国用,又于国计民生两有裨益。……现我抗战已入第五年度,一面须开拓税源,充裕国库,以供应抗战建国之要需;一面须控制供销,防止垄断,以贯彻节制资本之国策,选定若干货品,及时实行专卖制度,实为当务之急。财政部业经决定设置国家专卖事业设计委员会,筹划进行。惟此项设施,于国家财政经济上,均有重大关系,其详细办法,固待研究规划,不能不先行决定,俾有准绳。兹将办法要点列下:
>
> (一)政府专卖,拟先从盐、糖、烟、酒、茶叶、火柴等消费品试办。
>
> (二)政府专卖物品,以统制、产制、整购、分销为初步实施办

---

① 秦孝仪等主编:《中华民国重要史料初编——对日抗战时期》第四编,《战时建设》(三),中央文物供应社1981年版,第253页。

法,其零售业务,仍利用现有商店经营,但须经政府登记,给予特许营业证,并须按照政府规定办法,经营买卖。

(三)政府专卖,以使人民得公平享受,公平负担为主旨,专卖物品,寓税于价,实行专卖以后,不再对物课税。

(四)专卖事业有全国普遍一致之性质,应归中央统一办理,地方不得对于专卖物品课征捐费。

(五)财政部专卖事业设计委员会,对于专卖事业之一切制度章则,及其他必要事项,应于四个月内计划完成,即筹设主办机关,实施专卖。①

国民党五届八中全会之后,财政部即于1941年6月设立"专卖事业设计委员会",由孔祥熙兼任主任委员,寿景伟、刘鸿生和梁敬镦为副主任委员②,筹划整个专卖事宜。由于国民党五届八中全会决议先从盐、糖、烟、酒、茶叶、火柴等六种消费品试办专卖,所以财政部"专卖事业设计委员会"奉令规划,陆续拟订法规章程,设立专卖业务机构,先后呈请行政院鉴核实行。盐专卖,因历史悠久,产制运销,均有控制办法,仍由财政部盐务总局主办;糖、烟和火柴专卖则分别成立局和公司;酒类因酿造过于散漫,且正值禁酿期间,决定暂缓经办;茶叶也因产区多半沦陷,运输困难,且已由国家统制产销,经财政部呈明政府缓办③。也就是说,专卖事业推行时,仅限于盐、糖、烟和火柴,不具备专卖条件的酒、茶叶缓办后改征货物税。同时,为有力推动专卖事业,国民政府财政部还下设专卖事务司,综合办理糖、烟、火柴的专卖事务。具体而言,盐、糖、烟、火柴专卖实行的过程是:

盐专卖:因以往已有成规,故设计完成后,国民政府财政部仍责成

---

① 秦孝仪等主编:《中华民国重要史料初编——对日抗战时期》第四编,《战时建设》(三),中央文物供应社1981年版,第237—238页。

② 何思瞇:《抗战时期的专卖事业》,第80页。

③ 参见何思瞇:《抗战时期的专卖事业》,第83页。

原盐务总局主办。1942年1月1日起实施盐专卖。同年8月，行政院呈请国民政府明令公布《战时盐专卖暂行条例》，自8月10日起在全国实施。1944年10月又正式颁布《盐专卖条例》。

食糖专卖：为推行食糖专卖事业，国民政府财政部特设立中国糖业公司筹备处，不久，又改称财政部食糖专卖局筹备处。按照分区次第实行的原则，财政部决定暂就产量较为集中的省份——川康、粤桂、闽赣、滇黔四区先行试办。1942年2月，设立"川康区食糖专卖局"办理食糖专卖。5月13日公布《战时食糖专卖条例》，6月"粤桂区食糖专卖局"成立，7月16日，国民政府明令公布自是日起，粤、桂两省正式实施食糖专卖，8月12日，国民政府又明令公布自9月1日起在闽、赣两省实施食糖专卖。1943年6月，行政院以滇、黔两省产糖量不少，呈请国民政府将滇、黔两省划为食糖专卖区。至食糖专卖停办，该项专卖事业先后在川、康、桂、粤、闽、赣、滇、黔八省实施①。

火柴专卖：为推行火柴专卖，国民政府财政部于1942年2月在重庆组设"火柴专卖公司"，由原专卖事业设计委员会副主任刘鸿生充任总经理。1942年5月1日起，火柴专卖先行在川、康、黔三省试办，5月13日公布《战时火柴专卖条例》，8月国民政府正式明令上述三省实施火柴专卖。此后，各省依据火柴产销情形先后分别设置火柴专卖公司（分公司），负责办理各省专卖事务。至1944年3月，火柴专卖先后在川、康、黔、滇、闽、粤、湘、甘、桂、陕、浙、青、鄂、赣、豫、皖十六省实施。

烟类专卖：国民政府财政部于1942年1月成立"卷烟专卖筹备处"，负责烟类专卖筹办事宜，同时，拟具《战时烟类专卖条例草案》，5月13日正式公布《战时烟类专卖条例》，同月，"烟草专卖局"在重庆成立，由刘振东充任局长。此外，各省区为办理烟类专卖事宜，也分别设立烟类专卖局。为督导烟类专卖局之业务，又特设"烟类专卖局董事会"。7月1日，烟类专卖首先在川、康、鄂西区实施。至1943年1月，

---

① 参见何思瞇：《抗战时期的专卖事业》，第84—86页。

四川、西康、湖南、江西、福建、浙江、江苏、广西、广东、陕西、甘肃、宁夏、青海、贵州、云南、安徽等省区已先后实行烟类专卖。

上述四项日常生活必需的消费品涉及面广，但实施专卖的方法却比较简便，概括起来就是食糖、火柴、烟类采取"民制—官收—民运—民销"方式，食盐因以往已有成规，实行"民制—官收—官运—商销"的专营专卖政策。不过，除食盐外，在具体的实行过程中，因限于人力、物力不足，均有所变通，即实行的是"部分专卖制"。主要表现在收购环节上并非绝对的官收，而是由专卖机关将核定收购价格的品种，按数配给各承销商号，由承销商号向制造厂家按价承购，并向专卖机关缴纳一定比例的专卖收益，逐包领贴专卖凭证，以作为专卖证明①。

国民政府推行专卖事业，主要是因应当时财政和经济的危局而采取的新政策，一开始就有试办的性质。加之，专卖利益作为变相的消费税，征收比例仍有一定的限度，而且由于专卖机关资金不足，无法完全做到独占，只能采取局部专卖制。运输又十分困难，全国或分区划一价格的目标更难以实现。结果，不仅是控制物价的目标未能实现，商人垄断、囤积居奇现象却愈演愈烈。所以，1944年国民党五届十二中全会时，即有人建议将盐、食糖、火柴等专卖品改为部分征实②。是年8月，国民政府财政部终因资金限制，为充分掌握食糖来源，遂将食糖专卖取消，复归统税系统，并改征实物。1945年初，国民政府为迎接抗战胜利局面的到来，对财经政策进行调整，决定放弃统制经济措施，改采自由贸易制，同年2月，实行已三年有余的火柴、食盐、烟类专卖被废止，改行征税。

总体上来说，专卖制度推行的结果，在一定时间内为缓解国民政府

<hr>

① 何思瞇：《抗战时期的专卖事业》，第538页。
② 秦孝仪等主编：《中华民国重要史料初编——对日抗战时期》第四编，《战时建设》（三），第298—299页。

的财政危机发挥了相当的作用。各项专卖收入在年度税收中占有重要的比重(参见下页表),也是国民政府财政收入的五大来源(即税收、田赋、专卖、债款和银行借垫)之一。1942年、1943年、1944年、1945年的四年间,专卖收入总数也分别占该年国库收入总数的24.10％、15.47％、9.17％、1.07％①。就此而言,专卖政策基本上达到了其增加财政收入的目的。专卖政策的推行,也使政府加强了对日用必需品的管制,一定程度上减轻了中间商的盘剥,对防止奸商投机倒把、囤积居奇,稳定市场平抑物价,也有一定的作用。但是,战时专卖制度的推行却存在着严重的缺陷。一方面,正如一位了解内幕者所指出的:"中国缺乏有经验的经营专卖商品的机构和人员,对于糖仅实行了生产上的控制,对于盐仅控制了部分的收运工作,烟和火柴的生产和分配仍掌握在私人手中。于是,除了糖以外,其余3种商品的专卖都是徒有其名。各专卖商品的零售价格完全由商人私自决定。专卖收入虽有所增加,但这完全是由于货币贬值所致,实际上并未增加。专卖工作的开支竟占专卖收入的60％。专卖政策因而受到公开的责骂和攻击,政府于1944年对各专卖商品先后停止了专卖,而代之以原来的货物税。"②也就是说,专卖事业开办费用过高,严重影响了其实际的经济效益。此外,由于实际上是实行了部分专卖制,对中间商剥削和商人投机的控制、平抑物价所起的作用也是十分有限的;另一方面,国民政府推行专卖制度旨在增加财政收入,因而往往不惜采取贱买贵卖的手段,严重损害了生产者与消费者的利益。同时,在专卖推行的过程中,又普遍存在着徇私舞弊、以权谋私的现象,独享专卖大权的官商及其机构从中获取了丰厚的利润,这极大地损害了专卖机关的信用,致使专卖政策颇受民众质疑。因此有人就这样

---

①　转引自张弓、牟之先主编:《国民政府重庆陪都史》,西南师范大学出版社1993年版,第367—368页。

②　张公权:《中国通货膨胀史》(1937—1949),文史资料出版社1986年版,第88—89页。

评价专卖制度说："以言生产,则以专卖物品之收购价格过低,或因专卖利益征收过重,致生产呈萎缩之势。以言消费,则以专卖物品价格之不断飞涨,致刺激物价上涨,加重消费者之负担。以言国库,则专卖利益增加有限,而专卖机关贪污迭见,税收多为不肖官吏所中饱。"①

1942 年—1945 年国民政府专卖收入与税收比较表　　单位:百万元

年别	税款收入	专卖收入	专卖收入占税款收入百分比
1942	2,807	1,357	48.3
1943	12,169	3,157	25.9
1944	30,849	3,504	11.4
1945	99,984	2,270*	2.3

* 本年度 2 月起废止专卖,恢复征税。本数字只包括 1 月份收入及补缴上年度余数。

资料来源:《财政年鉴》三编,第三篇,第四章"国库收入统计表"(民国三十一年至三十四年)。

5. 实施限价议价政策

抗战时期,国统区物价上涨的幅度十分惊人。假定战前(1937 年1—6 月)重庆的物价指数为 100,那么从 1938 年到 1942 年历年 1 月的物价指数则分别递增为 110、170、350、1120、3270②,呈加速度上升趋势。这种物价上涨的情形也可以分作前后两个时期,前期自 1937 年至1940 年 6 月,此阶段物价上涨速度较慢;1940 年 7 月至 1945 年 8 月为后期,此时期物价波动剧烈,各种民生物资价格猛涨,形成经济恐慌。面对物价上涨的压力,国民政府采取的应急措施之一,便是实行"限价"政策,这是太平洋战争爆发后国民政府进行政策调整的又一重要内容。

---

①　转引自《抗日战争时期西南经济发展概述》,西南师范大学出版社 1988 年版,第 270 页。

②　傅润华、汤约生:《陪都工商年鉴》(1945 年)第三编,行文书局印行,第 5 页。

　　抗战时期国民政府最早对物价上涨作出政策反应是在 1939 年。由于 1938 年汉口、广州相继沦陷,造成物价加速上涨。1939 年 2 月,国民政府经济部颁布《非常时期评定物价及取缔投机操纵办法》,试图通过取缔囤积、投机和物价管制,以遏制物价上涨。12 月,又颁布《日用必需品平价购销办法》,规定日用必需品必须订立合理价格,同时,成立"平价购销处",勒令各地成立评价委员会,由各级主管部门与同业公会共同协定商品价格。这构成了国民政府限价政策的最初阶段,即评价时期。由于评价的要点仅仅是劝导商民,并没有法规约束,因此收效不大,于是 1941 年 2 月,颁布《非常时期取缔日用品囤积居奇办法》,明确规定了囤积居奇的界限和处罚的办法①。太平洋战争爆发后,国民政府的限价政策也转入第二阶段。国民政府于 1942 年初成立物资局,向各省收购物资,大量配给和销售,这就是"以量控价"的平价时期。平价措施的基础是政府必须有足够的财力来控制大量的物资,当时国民政府根本无法做到这一点,所以平价的效果并不理想,而且难以维持。鉴于物价上涨严重危及国统区社会的稳定和国民党的统治,影响民众将士的抗战士气,1942 年 11 月于重庆召开的国民党五届十中全会,就物价问题专门进行了讨论。会上蒋介石提出:"实施限价办法,既为大会对当前经济问题之主要政策,拟请大会再为郑重之决议,昭告国人,使之共信共行。"②根据蒋介石的提议,五届十中全会通过了《实施加强物价管制方案》的提案。会议决议指出:"实施限价,应以粮盐价格为平定一切物价之标准,由政府本此原则,分别就当时拟定粮盐与其他物价之比例标准。凡超过粮盐比例标准价格之物品,应令停止买卖,并得由

---

　　① 秦孝仪主编:《中华民国重要史料初编——对日抗战时期》第四编《战时建设》(三),第 448—452 页。
　　② 《中国国民党历次全国代表大会及中央全会资料》下册,光明日报社 1985 年 10 月版,第 811 页。

政府如数征购。凡属于奢侈品,则彻底停止销售。"①十中全会是国民政府战时物价管制政策的一个转折点。1942 年 12 月 17 日,蒋介石根据十中全会精神,通令全国宣布限价。此次"限价"规定以 1942 年 11 月 30 日的价格为标准,对商品的价格、运价及工资等一律加以限制,强调"务必达到同一地区,同一时期,同一物品,只有一个价格之目的"。1943 年 1 月 15 日,国民政府战时"全面限价"政策正式实施②。由此,国民政府的限价政策转入全面限价时期。然而,全面限价推行难度很大,而且此次"限价"又以其中八项涉及民生必需的价格为准,即粮、盐、食油、棉花、棉纱、布匹、燃料、纸张等,存在限价的种类和推行范围之间的矛盾。因此,1943 年 6 月,国民政府决定在对上述八种主要生活必需品继续实施限价外,又推行"议价"措施来调控物价。议价的管制,分为重要日用物资,由专管机关议定;社会一般需要之物资,由同业公会议定。与限价相比较,议价涉及的范围广泛,也较为灵活。这种限价议价并重的措施,一直保持到抗战结束。这是限价政策的第四阶段。国民政府以法令形式全面地严格地限制物价,发挥了效用,暂时稳定了长期失控的物价。但这一局面并未维持多久,由于造成物价上涨的因素未从根本上消除,结果 1943 年下半年以后,国统区物价再度波动、上涨,至抗战结束时,几成难以控制之势。

　　总体上来说,国民政府的"限价"政策对平抑物价起了一定的作用,但它毕竟不是治本之策,企图以行政力量来控制物价,违反了物价自身发展的规律,因而每一项限价措施的实施,都不能有效地抑制物价,这是很自然的事。

　　6. 发行"特券"抢购物资

　　抗战后期,物价大幅飞扬,严重影响民生和战时军政,虽然蒋介石

---

　　①　《中国国民党历次全国代表大会及中央全会资料》下册,光明日报社 1985 年 10 月版,第 812 页。

　　②　《中华民国货币史资料》第二辑,上海人民出版社 1991 年版,第 378 页。

命令国民政府财政部、经济部、交通部、农林部、社会部、粮食部等各部部长以及各省主席与市政府市长："物不患寡,惟虞分配之不均,价不难平,端在意志之统一,所望群策群力,一致奉行,则成功之券,决可计日而致。仰于电到一星期内,切实遵办具报。"①尽管各方对物价飞涨的根源和控制物价的难度有较清醒的认识,可是由于"物价所表示者乃货物与货币间之关系",若要达到控制物价目的,"必须一方面控制货物,另一方面控制货币",亦即"控制物价仍不得不控制物价之两端:一为货币,一为货物"②。战时后方的税收与公债等收入有限,无法应付浩繁的军政支出,要求国民政府控制货币发行量成为一件不可能的任务,由此可行的办法就只有在争取物资方面。

为争取物资,抗战后期国民政府调整了抗战初期防范敌货的政策,于1943年4月专门成立财政部货运管理局,负责对沦陷区物资的抢购事宜。对于战时物资抢购活动,国民政府是通过官督商营的许可证制度进行的,即官方机构或民间公司均可向政府申请营运执照,从事抢运工作。伴随抢运工作的展开,与此紧密联系且影响较大的就是"特券"的发行。由此,作为一种因应战时物价上涨因素的措施,"特券"发行伴随着物资争夺应运而生,并成为抗战后期国民政府经济政策和措施的一个组成部分。

"特券"发行最初的提议来自于军统局局长戴笠,他在1942年1月2日呈报蒋介石的一份报告中指出:

　　　　查近来前后方迭破获制造中中交农四行伪钞之机关,……据生推测,此必敌谋以伪法币吸取我后方物资与破坏我法币信用之毒辣阴谋也。吾人为针对敌伪是项之阴谋计,亦应仿造敌在我沦

---

① 《电令各省市政府负责实施管制物价由(1942年)》,台北"国史馆"藏《蒋中正总统档案》特交档案/经济2—(7)。

② 《如何解决物价问题(1942年)》,台北"国史馆"藏《蒋中正总统档案》特交档案/经济2—(7)。

陷地区使用之军用票与伪组织所发行之联银券、储备券等，藉以吸取沦陷地区之物资，与拨付特务工作之经费，亦可以破坏敌伪之金融也。①

蒋介石虽未批准戴笠的提案，却接受了伪造沦陷区货币的想法②。1943 年初，为因应即将成立的战时货运管理局的业务，蒋介石下令戴笠规划印制沦陷区货币，"特券"发行工作走上台面。不久，蒋介石正式批准发行"特券"，由戴笠负责对沦陷区的伪造伪政权货币的"特券"发行与运销工作。

国民政府批准华中与华北地区的"特券"发行计划后，由宋子文接洽在美国以中国银行名义委托美国制版印刷，并垫付印刷费用美金 25 万元。到底究竟发行了多少"特券"？由下页之表可知初期发行的数量。

至 1943 年 6 月，累计共发行 8862.5 万元，其中已领用 1570 万元，结存 7292.5 万元。实际上到 1944 年 11 月 29 日止，华中地区的中储券"特券"发行额为 1.05 亿元，华北地区的联银券"特券"发行额也增至 1500 万元。与 1943 年 6 月 22 日的数目相比，中储券"特券"增发 3000 万元，联银券"特券"增发 137.5 万元。汪伪政权中储券此时的发行额为 1071.74 亿元，"特券"发行额与之相比的比例为 0.098％，联银券的发行额为 128.28553 亿元，"特券"发行额与之相比的比例为 0.117％，也就是说，不论在华中还是华北地区，每一千元的中储券或联银券中，即有一元左右的"特券"混杂其中伺机流通，抢购物资。若将这些"特券"以 1944 年 11 月底的法币比价（法币每百元约等于中储券 100 至 133 元，本文取其中值 117 元；约等于联银券 8 元）分别折算，二者合计

---

① 《破获制造中中交农四行伪造之机关我方因应方案》（1942 年 1 月 2 日），台北"国史馆"藏《蒋中正总统档案》特交档案/中日战争 50—（5）。

② 王汛生：《为呈复罗坚白现任何职及在重庆否等由》（1943 年 8 月 17 日），台北"国史馆"藏《蒋中正总统档案》特交档案/特种情报 39—（5）。

3.1035 亿元,为此时法币发行额 1,703 亿元的 0.182%,此数值可以算作是法币原应在大后方发行而减少发行的部分①。

表一:"特券"领用数额表(1943 年 5 月 31 日止)　　　　　单位:万元

类别	运到数额(4 月 1 日)		运到数额(5 月 31 日)		领用金额	结存金额
	箱数	面额	箱数	面额		
A(中五)	120	1500	120	1500	500	1000
B(中十)	238	5950	238	5950	950	5000
C(北五)	14	175	20	250	—	250
D(北十)	12	300	18	450	20	430
合计	384	7925	396	8150	1470	6680

表二:"特券"领用数额表(1943 年 6 月 22 日止)　　　　　单位:万元

类别	运到数额		领用金额	结存金额
	箱数	面额		
A(中五)	120	1500	500	1000
B(中十)	240	6000	950	5050
C(北五)	26	325	50	275
D(北十)	26	650	70	580
E(北五)	5	62.5	—	62.5
F(北十)	13	325	—	325
合计	430	8862.5	1570	7292.5

资料来源:《贝祖诒呈文(1943 年 6 月 22 日)》,台北"国史馆"藏《蒋中正总统档案》特交档案/中日战争 41—(10)。

---

① 参见林美莉:《抗战时期的货币战争》,台湾师范大学历史研究所专刊(26),1996 年。

"特券"发行作为一种抢购物资、与敌伪展开经济战的手段,是国民政府面对物资匮乏与物价激涨困境时的一项因应措施,通过该项措施的实施,国民政府将部分通货膨胀的压力转移至沦陷区,并取得了相应的战时物资给养,对缓解国统区通胀压力的积极意义应予肯定。

太平洋战争爆发后,为应付财政危机和维持抗战局面,国民党政府对经济政策的调整,除了上面提到的增税、田赋征实、专卖、统购统销、限价议价、发行"特券"等政策措施外,在金融政策方面也作了相应的调整。具体来说,一是大举举借内债,通过配售公债和发行储蓄券的方式募集资金。例如,仅1942年国民政府就先后发行《民国三十一年第一期土地债券》、《民国三十一年粮食库券》、《民国三十一年同盟胜利美金公债》、《民国三十一年同盟胜利公债》,另宣布发行1亿美元的定期储蓄券。实际募集到法币约7.0965亿元、美金约9980万元、谷1046.3198万市石、麦120.091万包[1]。二是大量举借外债。1942年,国民政府获得了美国提供的5亿美元,是战时国民政府获得的一笔数额最大的贷款[2]。客观地讲,这些内债外债为缓解国民政府的财政危机、支援抗战事业还是起了不容忽视的积极作用。

不论是增税、田赋征实、专卖、统购统销,还是限价议价、举借内外债、发行"特券"政策,都具有很强的针对性,而且互为联系,共同构成了国民政府抗战后期经济政策的主要内容。当然,上述国民政府调整政策的实施,也有两个动向值得注意:一是国家资本的急剧膨胀;二是国民政府对经济生活控制的全面加强。反映到具体的政策措施上,就是

① 千家驹编:《旧中国公债史资料》(1894—1949年),中华书局1984年版,第377页。

② 郑友揆:《中国的对外贸易和工业发展》,上海社会科学院出版社1984年版,第168页。

它具有两面性。一方面它在某种程度上代表了打败日本侵略者这个中华民族的最高利益,具有一定的合理性;另一方面,它同时又充分反映了大地主、大官僚、大资产阶级的阶级利益,具有害民的实质和不合理性。抗战后期,国统区工商业和农业生产的凋敝和破产,正是这种不合理性所造成的。

二　国家资本的发展

抗日战争时期,是国家资本极度膨胀和发展的重要时期。特别是太平洋战争爆发以后,伴随着国民政府各项统制经济措施的实行,国家资本开始向各领域全面扩张,并形成了垄断局面。国家资本的垄断首先是在金融业方面,然后依靠国家权力,逐渐在工业和商业领域中取得了垄断地位。

第一,国家资本在金融业中垄断地位进一步得到强化。

抗日战争爆发前,国家资本在金融业中的统治地位就已经确立。全面抗战开始后,国民政府为加强对金融业的控制,于1939年10月改组了"四行联合办事总处"(即四联总处)。四联总处被称之为"中央银行以上之中央银行",由蒋介石担任理事会主席。这样,以四行二局为中心的战时金融垄断体制开始形成。太平洋战争爆发后,国民政府进一步采取措施强化四行二局作为国家资本的垄断地位,并严格管理商业银行和地方银行。1941年12月9日,公布《修正非常时期管理银行办法》,强调限制新设银行、严控货物押款和禁止银行经商等规定。1942年1月,全面提出了中国政府对日宣战后处理金融的办法。关于国内金融,规定:(1)"继续收存商业银行及省银行应缴之存款准备金","收兑金银机关可以撤销,由中央银行办理之";(2)"生产国防及有关民生日用必需品之工矿各业,由四行联合投资放款,尽量协助"。"严格审查省银行及商业银行放款用途";(3)"不准新设银行并限制增设分支行"。"中、中、交、农四行应与邮汇局及各省银行之分支行处加紧配合,互通汇兑,组成更严密之金融网"①。5 月 28 日,四联总处理事会颁布《中中交农四行业务划分及考核办法》,重申和规定了四行的业务范围。通过四行的专业化,加强四行对一般银行的控制和垄断,特别是形成了中央银行在四行中的集中垄断地位。

具体来说,中央银行的主要业务范围是:1. 集中法币发行。自 1942 年 7 月 1 日起,所有法币发行都由中央银行集中办理。中国、交通、中国农民三行截止 1942 年 6 月 30 日止所发行的法币和准备金,全数移交中央银行。2. 统筹外汇收付,外汇业务的经营和管理,划归中央银行集中办理,所有外汇收付集中中央银行调拨。原来的国际汇兑银行中国银行,只能受中央银行的委托,经营政府对外款项收付和经办进出口外汇及侨汇业务。3. 代理国库。4. 集中各银行存款的准备金。5. 集中办理票据交换。6. 办理票据贴现。此外,国民政府的军政费用,均由中央银行办理解付等②。不难看出,中央银行在货币发行、信用和外汇管理等方面已形成全面的垄断,作为全国银行的银行和惟一的金融核心的地位得到进一步巩固和强化。6 月,国民政府财政部又拟定银行监理官制度,加强政府对银行的管制。根据这一制度,全国划分为十六个辖区,区设监理官,凡规模较大业务较多之银行,在银行内都设置"监理官"。监理官的职责是审核辖区内各行庄放款业务及其用途,检查行庄账目与存款情况,督促行庄提缴存款准备金等③。7 月 1 日,国民政府财政部核定实施《统一发行办法》,使中央银行正式拥有独占货币发行与集中银行准备金的特权,并协助财政部拟订货币政策和监督货币市场的活动。与此同时,财政部又为其他三行各增加资本到

---

① 《四联总处秘书处关于修正通过对日宣战后处理金融办法的报告》,转引自张弓、牟之先主编:《国民政府重庆陪都史》,西南师范大学出版社 1993 年版,第 385—386 页。

② 参见清庆瑞主编:《抗战时期的经济》,北京出版社 1995 年版,第 282—283 页。

③ 《财政部拟划设银行监理官》,《新华日报》,1942 年 6 月 4 日。

6000万元,中央信托局也增资到5000万元①。

　　根据分工,四联总处对请求贷款在百万元以下,就其性质分由交通、农民两银行办理;国际通兑业务由中国银行专司其事;请求贷款在百万元以上者,则由四联总处审查后再定核准与否。四行二局正是借助于行政权力,强化了对金融业的垄断。

　　上述措施执行的结果,一是在资金上收缩和降低了商业银行和地方银行的信用,增厚了四行的资本,特别是中央银行的资本。使国家资本银行的存款从1938年的40亿增加到1943年的417亿,由占本国银行存款总数的77.7%,增加到90%②。四行二局的分支机构也遍布西南、西北各地,到1945年8月,共达2281个,占国统区全部金融机构总数的76.5%③;二是在行政隶属和区域划分上大大加强了国家资本银行的控制、监督职能,突出了四联总处作为战时金融集权机构的垄断特征;三是财富日益集中到四行二局手中。据《中央银行月报》公布的数字,四行二局在抗日时期外币与黄金的储蓄,1940年只占1%,1942年上升至16%,1943年为26%,1944年占32%,1945年6月则猛升至75%④。外币与黄金被认为是比较稳定的财富代表物,它的集中动向体现了国民政府金融政策的导向和实质。

　　应该说,国民政府扩充国家银行资本,强化四联总处的垄断地位,严格管制商业银行和地方银行,不仅是统制经济政策在金融业方面的表现,而且也是对战时金融业发展状况的必然反应。抗战爆发以后,许多私营银行都采取了紧缩政策,放款数量大为减少。从战时的生存环境出发,在国统区的私营银行都以较大的力量从事于囤积货物。同时,战时物价上涨,商业投机所得大大高于产业利润,所以私人金融资本又

①　《财政部决定增加中交农三行官股》,《新华日报》,1942年6月30日。
②　《上海金融史话》,上海人民出版社1978年版,第158页。
③　陈绍闻等编:《中国近代经济史》,上海人民出版社1983年版,第255页。
④　宋春主编:《中国国民党党史》,吉林文史出版社1991年版,第509页。

都增加了商业放款。据统计,1942年重庆银钱业对工矿业的放款仅为放款总额的12.61％,而同期的商业放款却高达76.9％,如果把对个人的放款并入商业放款,则商业放款更高达82.83％[1]。私营银行推波助澜,是哄抬物价、囤积居奇的罪魁祸首之一。例如,1941年下半年,成都经济检查大队在成都及其附近各县所查获的十余起囤积案件中,银行是主要的参与者,其作用十分恶劣[2]。更为典型的则是发生在重庆的金城银行囤积案。据重庆经济检查队查办,该市金城银行信托部利用200余万元以该行高级职员李祖芬等名义,假设天成公司面粉厂,购囤小麦1900余石,布2400匹[3]。相反,抗战后期,工农业生产日渐艰危,急需银行资本的支持,但私营银行却几乎完全停止了对农业的放款,对工矿业放款也不多。面对这种状况,国民政府对金融业进行控制确有必要。

第二,国家资本在工矿业中垄断地位的形成。

在国家资本在金融业中的垄断地位逐步强化的过程中,迅速膨胀起来的国家银行资本便开始向农工商各业渗透和扩张。

太平洋战争爆发后,四联总处鉴于后方生产任务严重,就立即着手"将有关放款之原则及方针重加修订,规定凡与国防有关及民生必需之生产事业应加紧协助,以谋战时经济之自给自足,所有普通放款则暂时停做和紧缩,俾使集中财力,先尽急需。至放款之事前审查及事后考核,必须严格,期能确收增加生产之效"[4]。1942年底又规定,贴放款额按中央、中国两行各占35％,交通银行占20％,中国农民银行占10％的比例分配承受。根据这些规定,四行从1942年起逐年提高对工矿业的放款比例,1937年—1939年占9.3％,1943年则已上升至

---

[1]　康永仁:《重庆的银行》,《四川经济季刊》第一卷第3期。

[2]　《成都及附近各县破获大批囤积案》,《新华日报》,1941年12月5日。

[3]　《民国档案》1994年第2期,第36页。

[4]　《四联总处三十一年重要工作报告》,四联总处档案(五八五)—2107,中国第二历史档案馆档案。

59.1％,1944 年更高达 72.2％。放款额也由 1941 年的 2.0934 亿元,提升至 1942 年的 9.2306 亿元,1944 年则为 238.2156 亿元。1943 年和 1944 年,四行工矿业贷款额已占国统区工矿业生产总值的 33.4％和 40.3％①。除了贷款外,国家银行资本还直接对工矿业进行大量投资。例如,截至 1945 年 6 月底,中国银行对生产事业的直接投资总额已达 3.78 亿元②。中央信托局 1943 年填报的生产事业投资表显示,中央信托局实收资本 5,000 万元,而投资生产事业共有 2,100 万元,另外又为中央银行出面代办投资中国兴业股份有限公司 1,800 万元③。有人就认为,国家资本通过四行二局的投资,其影响范围已超出了国营和地方政府经营的企业,在一些重要的私营企业中也有很大的影响④。

在农村,国家银行资本同样也逐渐占领和控制了金融市场。由于商业银行完全停止了农村放款,省地方银行及县乡银行虽也有办理农贷的,但数量极为有限。然而,绝大多数农民必须靠借债来维持再生产和艰苦生活。据一项调查显示,1941 年在农村中借款农户约占总农户数的 51％,借粮农户占总农户数的 39％⑤。因此,有能力并且愿意向农村放款的便只有国家银行了。实际上自 1941 年以后,四行农贷便已经成为农村借贷资金的主要来源(见下表)。并且根据《四行业务划分及考核办法》,中国农民银行接管其他各行局的农贷业务后,便加强了对农贷的控制,使四行二局逐渐控制了农村金融市场。

----

① 丁日初、沈祖炜:《论抗日战争时期的国家资本》,《民国档案》1986 年第四期,第 82—83 页。

② 《中国银行总管理处致财政部函》(1945 年 7 月 7 日),财政部档案(二七五)19936,第二历史档案馆馆藏档案。

③ 《银行投资生产事业事实表》,财政部档案(二七五)19937,第二历史档案馆馆藏档案。

④ 丁日初、沈祖炜:《论抗日战争时期的国家资本》,《民国档案》1986 年第四期,第 84 页。

⑤ 《1942 年度农贷概况》,国家总动员会议档案(一八一)979,第二历史档案馆馆藏档案。

抗战期间农村借贷资金来源

时间	* 四行%	四行农贷实额(千元)	地主富农商人占%	** 其他占%
1940	38	211,408	38	24
1941	51	465,306	27	22
1942	59	682,805	21	20
1943	59	1,527,000	24	17
1944	52	2,714,000	24	24

* 包括银行、合作社和合作金库。

** 包括钱庄、典当、商店。

资料来源:丁日初、沈祖炜:《论抗日战争时期的国家资本》,《民国档案》1986年第四期,第84页。

　　总之,在抗战后期,国家资本不仅通过四行二局及其领导机构四联总处政策和权力的运作,全面强化了其在金融业中的垄断地位,而且通过在工矿业、农村中投资、放款的方式,巩固和扩大了其实力和垄断控制的范围。当然,尽管国家资本在金融业中的膨胀不可避免地带来了许多负面的影响,极大地损害了工商业者的利益,但应该看到,国家银行资本对抑制银行资本的投机行为、调控金融市场、维持工农业生产,还是起了积极的作用。

　　抗战后期,国家资本借助于银行资本,利用金融垄断和国家权力,在工矿业中的扩张,除了前述国家银行资本借助贷款、投资等形式外,更重要的则是通过资源委员会的活动来进行的。

　　早在1938年11月,国民政府在修订颁布的《非常时期农矿工商管理条例》中,就公开宣布:“为适应非常时期的需要”,各矿业、制造军用品的工业和电器事业,“分别收归政府办理或由政府投资合办”;生活日用所需之物品,经济部“应各地方需要,得随时分别种类地域,直接经营之”,或采取接办、合并、代管、收买、合办等形式经营[1]。这一规定,就为

---

[1]　陈真编:《中国近代工业史资料》第三辑,三联书店1961年版,第726—727页。

国家资本在工矿业领域中大力扩张提供了合法的依据。

国家资源委员会是抗战时期国民政府经营工矿业的主要机构。据统计,1937 年 7 月至 1945 年间,资源委员会预算内投资近 12 亿元,折合 1936 年币值约 6,632 万元。其中,1941 年—1945 年约为 2555 万元①。资源委员会利用这些资金,适应战时需要,逐渐兴办了不少企业。1937 年抗战爆发前夕,资源委员会拥有工矿企业只有 11 个,到 1941 年,它支配的企业突增至 78 个,1945 年更增加到 128 个②。根据有人统计,资源委员会所属的这些企业并非都是直接投资兴办起来的。实际上有的原先是中央政府各部门和各省地方政府投资兴办,后来资源委员会通过投资合办、投资收买的方式控制了这些企业,或者是民营资本企业,而且这类企业数目不在少数。因此,有研究者就认为:"资源委员会的工矿企业有很大一部分是靠吞并来的。"③应该说,资源委员会确实存在利用国家权力和金融垄断的条件,强制接管了一些民营资本企业。但说它的所属企业大都是靠强制方式吞并来的,这并不符合历史事实。相反,情况要复杂得多,而且资源委员会能够控制这些企业,多半却是由于民营企业所面临的困难和艰难环境所造成的。

太平洋战争爆发后,进口渠道遭到封锁,后方工业处境越来越困难,尤其是通货膨胀造成了"工不如商,商不如囤"的反常现象,因而民营工业企业生产出现了停滞局面。一些民营企业在困难局面中难于支撑,濒于破产。然而,只要该厂产品为战时经济所必需,资源委员会就予以接办,甚至出资收购。例如,人和钢铁冶炼股份有限公司因"近来生铁市场发生畸形现象,销路呆滞,兵工方面价格低廉,难维成本","而

---

①　资源委员会编:《复员以来资源委员会工作述要》(1948 年),第 38—39 页,转引自丁日初、沈祖炜:《论抗日战争时期的国家资本》,《民国档案》1986 年第四期,第 86 页。

②　陈真编:《中国近代工业史资料》第三辑,三联书店 1961 年版,第 853—854 页。

③　参见清庆瑞主编:《抗战时期经济》,北京出版社 1995 年版,第 303—304 页。

粮食日涨,工价激增,经济窘迫,实难为继",于 1941 年要求转让给资源委员会①。资源委员会经过核定后,就于 1944 年与该公司签订了购买其全部设备与资产的合约。又如云南明良煤矿,1939 年因资金发生困难,资源委员会乃入股合办,1945 年资本家将全部股权卖给资源委员会②。这表明资源委员会对私营厂矿的接办或入股合办,有的是出于私人企业的请求,与"强制"、"吞并"完全是两码事。当然,与国民政府有关的企业确实享有许多方面的优势——银行贷款,原材料,汽车运输,这是不少私人企业自愿出售股份给政府的主要原因。相反,未能这样做的许多私人企业,到抗战后期便因缺乏营运资本、原材料、汽车运输或市场保证而垮台③。

与民营企业面临的困难局面相反,虽然国家资本企业也同样处在通货膨胀的巨大压力之下,但由于有充足的资金来源,即政府财政拨款、四行二局投资、贷款等形式的扶植,国家资本企业却得到了迅速发展。据四联总处拟定的《经济三年实施办法》所载:1940 年至 1942 年拨发"国营"厂矿资金共 1.6654 亿元,其中财政拨款 1.1425 亿元,占68.5%;四行投资 800 万元,占 4.8%;四行贷款 4438 万元,占 26.6%。而同期分配给"民营工业三年计划"的资金仅为 3800 万元,只占"国营"厂矿资金的 22.8%④。在国家资本的大力支持下,除了石油、钨、锌、锡等金属矿产品完全为国家资本企业生产外,国统区其他重要工矿产品如电力、煤炭、钢等,国家资本企业所占比重都不断提高。例如,1938年后方发电 7362 万度,其中资源委员会所属电厂仅占 5.5%。到 1944

---

① 《人和公司董事长杨萃文、总经理康步七致资源委员会呈文》(1941 年 7 月18 日),资源委员会档案(二八)6427,第二历史档案馆馆藏档案。

② 《回忆国民党政府资源委员会》,中国文史出版社 1988 年版,第 95 页。

③ 费正清主编:《剑桥中华民国史》第二部,上海人民出版社 1994 年 9 月版,第656 页。

④ 转引自《抗日战争时期西南经济发展概述》,西南师范大学出版社 1988 年版,第 162 页。

年,资源委员会所属电厂发电共达 5168 万度,已占总发电量的
29.7％。汽油类产品更加明显,1938 年国统区汽油类产品生产总量共
20 万加仑,其中资源委员会所属厂矿占 23.6％。到 1944 年,资源委员
会所属厂矿生产量达 598 万加仑,占全部国统区产量的 65.1％①。另
从下表中不难看出,国家资本企业不仅发展十分迅速,而且在生产领域
中的地位明显增强。

1940 年—1943 年官营与民营产量的百分比

产品 \ 年份	1940		1941		1942		1943	
	官营	民营	官营	民营	官营	民营	官营	民营
铁	5.76	94.24	15.09	84.91	25.64	74.36	50.96	49.04
钢	41.06	58.94	54.17	45.83	80.86	19.14	91.65	8.35
生产工具	22.95	77.05	13.20	86.80	35.45	64.55	34.45	65.55
原料品	13.58	86.42	19.42	80.58	24.17	75.83	24.48	75.16
消费品	38.79	61.21	39.12	60.88	50.33	49.67	51.83	48.17

资料来源:李新等主编:《中国新民主主义革命时期通史》第三卷,人民出版社
1981 年版,第 236 页。

　　其后,资源委员会进一步加快了投资和建设的速度,采取了独资兴
办、和国民政府的中央机关合办、和地方政府机关合办、和私人资本家
合办、银行资本合办等五种举办企业的方法,使资源委员会在很短的时
间内就得到迅速扩张。到 1944 年 12 月,它经营了 92 家工矿单位——
33 家工厂、38 家矿山、21 家电力厂。到 1945 年 8 月抗战胜利之时,资
源委员会的企业又扩张至 131 个单位,成为集工、矿、贸、电力、服务机
构为一体的超大型的工业集团。
　　再以各生产部门所占资本比例来看,1942 年国家资本占水电工业

―――――――――

　　①　转引自丁日初、沈祖炜:《论抗日战争时期的国家资本》,《民国档案》1986 年
第四期,第 87 页。

资本的 89％,冶炼工业的 90％,机器制造业的 73％,电器制造业的 89％,化学工业的 75％,纺织工业的 49％①。1942 年,经济部的报告资料也显示,国家资本企业在国统区占工厂总数的 17.5％,投资的 70％,职工的 32％和动力的 42％②。由此可见,抗战后期国家资本在工矿生产的许多领域都取得了优势地位,形成了垄断局面,而民营资本整体却呈现萎缩趋势。

第三,国家资本在商业领域中的垄断地位的确立。

在抗战全面爆发前,国民政府在商业领域中基本上采取自由贸易政策,国家资本在商业领域中所占比重并不大。但抗战爆发以后,由于外贸形势日益恶化,国民政府认识到:"我国欲图持久制胜,势非控制资源,管理贸易,不足以巩固财政金融基础而供应长期抗战之需要"③。于是开始采取切实步骤和措施实行外贸统制,同时由国家投资商业,形成了国家资本在商业领域中扩张的局面。1941 年太平洋战争爆发后,国民政府大力推行统制经济政策,国家权力向经济领域全面渗透。伴随着统制经济政策的全面实施和贯彻,商业领域中国家资本的扩张也就进入了一个新的阶段,并最终确立了垄断的地位。

国家资本在商业领域中扩张所依托的最主要的政府组织机构是贸易委员会。贸易委员会的前身是于 1937 年 9 月设立的贸易调整委员会。它成立之初,便由财政部一次拨交 2000 万元作为营运资金④。1938 年 2 月贸易调整委员会改组为贸易委员会,隶属于财政部,并将国际贸易局并入,总揽一切有关对外贸易的行政管理权,在国内外重要地点设立办事处,并设立直辖的复兴商业、富华贸易、中国茶叶三个出

---

①　陈真等编:《中国近代工业史资料》第一辑,三联书店 1957 年版,第 94 页。

②　陈真编:《中国近代工业史资料》第二辑,第 1422 页。

③　财政部档案(一四八)153,《贸易委员会工作概况》(1937 年 10 月—1940 年 8 月),第二历史档案馆馆藏档案。

④　中国第二历史档案馆馆藏档案(十六)6193。

口专业公司。1940 年后实行行政业务分工,将贸易委员会直接经营的业务全部移交复兴、富华、中国茶叶三公司,分别由三个公司统一负责收购桐油、猪鬃、茶叶和其他土特产品,用于对外贸易和销售。1941 年贸易委员会下辖的富华公司撤销,其业务和人员合并于复兴公司。1943 年中国茶叶公司又撤销,茶叶经营也并入复兴公司。复兴公司设有四川、西北(兰州)、云南、贵州、苏皖、浙江和仰光等分公司,各分公司之下还设有办事处和储运站等机构,其组织机构几乎遍及整个国统区。另外还有负责运输的西南运输处和猪鬃贸易的猪鬃整理工厂①。总之,从上到下组织严密,机构庞大,形成了一个从收购到销售的完整的商业网。

　　贸易委员会利用建立起的商业网,积极从事商品购销活动,成效十分显著。仅以外销物资为例,贸易委员会从成立至抗战结束,共收购桐油 183.9305 万公担,猪鬃 8.088 万公担,生丝 2.6714 万公担,茶叶 100.4974万公担,兽皮 680.7694 万张,以及羊毛、茧等其他物资②。这些物资销售国外所得价款和资源委员会统制的特种矿产品出口所得价款一样,是战时国民政府用于偿付美、苏、英等国债款以及在国外购买各种战争物资的主要资金。可以说,如果没有战时贸易统制,中国就不能进行对外易货贸易,那么就失去了外国的军火供应,对日作战就会产生更大的困难,后方的经济建设和人民生活也会受到更多的阻碍和更大的困苦。因此,抗战时国家资本的贸易机关和企业在商业领域的活动,其积极作用是主要的,应予肯定③。

　　1941 年国民党五届八中全会决议实行专卖制度。为推行该项制度,从 1942 年起各地相继创设了专门组织机构。这是国家资本依靠行

---

　　①　参见清庆瑞主编:《抗战时期的经济》,北京出版社 1995 年 7 月版,第 311 页。

　　②　《财政年鉴》三编,第十一篇,第 13 页。

　　③　参见丁日初、沈祖炜:《论抗日战争时期的国家资本》,《民国档案》1986 年第四期,第 90 页。

政特权向商业领域扩张的又一重要阶段。除食盐专卖由原来的盐务总局办理外，从1942年起先后创设了"火柴专卖公司"、"烟类专卖局"、"食糖专卖局"。具体而言，烟类专卖局设有总局，各省区专卖局下设办事处，各办事处又下设业务所（或办公处）①；火柴专卖公司设有总公司，各省区分设分公司；食糖专卖局未设总局，而是采取分区办理方式，例如最早成立的"川康区食糖专卖局"，其下设有分局、办事处②。1943年1月，花纱布管制局成立，接管日用必需品棉花、棉纱、棉布的统购统销事宜。上述各级专卖和统购统销组织机构设立后，建立起了庞大的商业营运和管制的网络，将国家资本的触角伸向了国统区的每一个角落。而且对商品价格实行严格的控制，例如，经营外销的行栈，都必须向国家管制机关登记，其产品也需按核定价格售给该机关，不能自行报运出口。又如对于专卖品，规定"应于制造完成十日内，悉数交存专卖局在该区所设立公栈，或其所指定之商栈"，"概由专卖机关收购之"。利用这种超经济的垄断，国家资本获得了巨额利润。

　　显而易见，上述内容表明，在抗战后期，国家资本在金融、工矿业、商业领域中都已完全确立起了垄断地位，得到了急剧膨胀和发展。这种垄断局面的出现，一是靠国家政权的推动；二是国民政府统制经济政策实行的结果。在民族矛盾高于一切的前提下，这种垄断符合战时需要，具有一定的合理性和必然性，其积极作用是主要的。然而，事物具有两面性。国家资本是国民党统治政权利用国家机器建立起来的，本质上是为国民党政治体制服务，是国民党加强统治的一种手段和工具。其作用好坏也是随着国民党统治政权的变化而变化，也就是说，到了抗战后期，随着国民党政权日益走向专制，国家资本的消极作用就越来越明显，其对金融、工矿业、商业的垄断，越来越成为经济、社会发展的障碍。

---

①　张掖地区档案馆馆藏档案（四）347卷。

②　参见何思眯：《抗战时期的专卖事业》，台北"国史馆"1997年版，第543页。

三　巨额赤字与通货膨胀

全面抗战开始后,随着军费支出迅速增加,而财政收入不增反大幅度下降,财政赤字就已经形成,且呈迅速扩张的趋势。进入抗战后期,国民政府财政收支更严重失衡,造成了巨额的财政赤字,而且逐年增高。1941—1945 年国民政府收入、支出和赤字数额,详见下表:

单位:法币(百万元)

年　份	政府收入	政府开支	财政赤字
1941	1,184	10,003	8,819
1942	5,269	24,511	19,242
1943	16,517	58,816	42,299
1944	36,216	171,689	135,473
1945	1,241,389	2,348,085	1,106,696

资料来源:根据国民政府财政部统计处所编的财政收入和支出报表。转引自《工商经济史料丛刊》第二辑,文史资料出版社 1983 年版,第 193 页;杨荫溥:《民国财政史》,中国财政经济出版社 1985 年版,第 103 页。

尽管国民政府自太平洋战争爆发前后采取了诸如田赋征实、专卖、增税等诸多措施,力图增加财政收入,改善财政收支状况,但与此同时,政府财政收入虽在增加,而开支数额却增加幅度更大。究其原因:一是军事开支日益庞大。1939 年的军事支出占政府总支出的 57.6％,1940年则猛增至 73.9％,1945 年更高达 87.3％。详见下页之表:

军事支出数额的逐年增加是造成巨额赤字的根本原因。从 1941年至 1945 年度财政赤字占岁出平均为 81％左右,1945 年度高达87.7％,与该年高达总支出 87.3％的军事开支正相吻合①。因此,有人

――――――――――

①　杨荫溥:《民国财政史》,中国财政经济出版社 1985 年版,第 102—103 页。

1939 年—1945 年度国民政府军务费实支数及其占总支出的百分数

年　度	总支出(百万元)	军务费(百万元)	占总岁出的％
1939	2,797	(＊1)1,611	57.6％
1940	5,288	3,912	73.9％
1941	10,003	(＊2)6,617	66.2％
19422	4,511	15,216	62.1％
1943	58,816	(＊3)42,943	73.0％
1944	171,689	131,081	76.3％
1945	1,215,089	(＊4)1,060,196	87.3％

（＊1)1939 年度起,加紧急命令拨付款。

（＊2)1941 年度起,包括国防支出、"国防建设费"、战务费、粮食费、军事运输费和紧急命令拨付款。

（＊3)1943 年度起,不列军事运输费。

（＊4)1945 年度包括军政部开支、军政部建设支出和紧急命令支出。

资料来源:杨荫溥:《民国财政史》,中国财政经济出版社 1985 年版,第 103 页。

就指出:"财政上几占九成的赤字,正是岁出上几占九成的军事开支所造成。岁出上每十个钱中的九个钱是用在军事上面,就使财政上每十钱中的九个钱没有着落。这就是这一时期国民政府财政一个最基本的特点。"[1]二是行政开支增加。自 1941 年以后,国民政府为全面推行统制经济政策,相继增设了诸如田赋征实、专卖、物价管制等新机构,致使政府录用的文职人员迅速增加,相应行政开支的数目也迅速攀升。1940 年行政开支占国家总支出的 4％,到 1941 年至 1944 年间则上升到占总支出的三分之一强(包括部分军政费用)[2]。三是政府财源枯竭。作为国民政府财政收入主体的关、盐、统税早已锐减,到抗战中期

---

[1]　杨荫溥:《民国财政史》,中央财政经济出版社 1985 年版,第 103—104 页。

[2]　《重庆工商史料丛刊》第二辑,文史资料出版社 1983 年版,第 193 页。

以后在国民政府税收中已不占重要地位,取而代之的是货物税和直接税①。但货物税和直接税毕竟税源有限,且税负提升幅度有限,其增收的速度是远远赶不上开支增长的幅度。国民政府虽将田赋收归中央,并改征实物,将食盐、火柴、烟、糖实行专卖,对于增加国库收入有一定的作用。然而,日军在正面战场的进攻,特别是1944年4月至12月间日本为打通大陆交通线而举行的"一号作战行动",使中国盛产粮食和战略物资的河南、湖南、江西、广西相继落入敌手。这一战局演变给国民政府在财政上造成了巨大的损失,田赋征实相应巨减,棉花、钨、锑等战略物资带来的财政收入也大量减少。1943年实物收入占中央财源的28.1%,1944年减少至23.6%,1945年则减至18.2%②。与此同时,政府的直接税收和间接税收也在减少。1943年直接税收在政府财政支出来源中占8%,1944年降至3.5%,1945年仅占1.1%;间接税1943年占8.3%,1944年占10.1%,1945年占5.5%③。

国民政府为解决因税收减少开支剧增而带来的财政赤字,只得采取"赊借收入"的方式来弥补亏空。所谓赊借收入,就是国库向银行借贷的收入。由于国库借支数目庞大,而银行准备金不足,只有扩大钞票的发行。

从下表可以看出,银行垫款的数字几乎与财政赤字的数额相吻合。而这些银行垫款则主要是靠增发法币来实现的。根据有关资料记载,1942年银行垫款为201亿元,1943年409亿元,1944年1401亿元,1945年达10,433亿元,而法币增发额则分别占银行垫款总数的96.0%、100.0%、81.4%、80.8%④。

---

① 何思眴:《抗战时期的专卖事业》,第522页。

② 《抗战时期国民政府财政经济战略措施研究》,西南财经大学出版社1988年版,第32页。

③ 张弓、牟之先主编:《国民政府重庆陪都史》,西南师范大学出版社1993年版,第496页。

④ 杨荫溥:《民国财政史》,第163页。

1941 年—1945 年银行的垫支情况：

年度	财政赤字(亿元)	银行垫支(亿元)	银行垫支占财政赤字的百分数
1941	88	94	106.8％
1942	192	201	104.7％
1943	423	409	96.7％
1944	1,355	1,401	103.4％
1945	10,650	10,433	97.9％
共计	12,616	12,438	98.5％

资料来源：杨荫溥：《民国财政史》，中央财政经济出版社 1985 年版，第 164 页。

　　银行为满足政府支出的需要，大量发行钞票，自然就导致法币的持续贬值，以致成为通货膨胀的诱因，是助长通货膨胀的基本力量。而战时物价无止境的快速上涨，更加剧了通货膨胀的局面。两者互为因果，一发不可收拾。由于商品短缺和货币信用跌落，人民对法币的信用产生危机，预期物价上涨，为免遭法币贬值带来的损失，普遍产生重物轻币的思想，货币一到手就换成实物保存。工业囤积原料，商业囤积货物，不仅投机活动日益猖獗，而且加快了货币转手及流通的速度，造成物价进一步上涨。若以 1940 年周转速度为 1；1941 年为 1.5；1942 年为 1.8；1943 年为 2.5；1944 年为 3.2；1945 年(1 至 6 月)为 9.2[1]。以物价上涨的情况来看，太平洋战争爆发后，在日军封锁下，对外交通全部断绝，外援物资无法接济，物价上涨如脱缰之马，不可遏止。1942 年全国趸售物价指数已上涨至 3900；1943 年跃升为 12541；1944 年则达43197；至 1945 年抗战结束时，已高涨至 163,160；而零售物价指数更涨至 190,723[2]。据有人计算：抗战八年中，随着通货膨胀的发展，法

---

[1]　赵德馨等著：《中国近代国民经济史教程》，高等教育出版社 1988 年版，第 287 页。

[2]　参见秦孝仪主编：《中华民国经济发展史》，近代中国出版社 1983 年版，第 715—717 页。

币1元的购买力,在1938年底值战前0.6元,到1939年底只值0.28元,到1940年底降至0.08元左右,到1943年底只值半分,到1945年6月,已只值战前法币5毫。就是说这时法币2000元才值战前法币1元,其价值只有原法币价值的万分之五了①。如此严重的通货膨胀导致的物价上涨,造成了国统区人民生活水平的严重下降,严重影响了国统区工农业生产和民众将士的抗战士气。

四　抗战后期的民营工商业

抗战前期,国民政府鼓励工商业发展,协助从沿海迁往内地的工厂恢复生产,使得民营工商业的发展出现了良好的势头。但是,好景不长,从1943年起,国统区民营工业就发生了严重危机。首先,这种危机是表现为设厂数的下降和新设工厂规模的缩小。(参见下表)

国统区工业设厂数和投资规模的变化趋势

年别	登记设立的工厂(家)	每家平均资本额(千元)	指数
1936年以前	300	393	100.0
1937	63(60)	352	89.6
1938	209(182)	414	105.5
1939	419(346)	289	73.5
1940	571	103	26.2
1941	866(738)	53	13.5
1942	1138(1077)	9	2.1
1943	1049(977)	14	3.6
1944	549(533)	6	1.5

注:设厂一项中括弧内的数字为民营工厂数。

资料来源:清庆瑞主编:《抗战时期的经济》,北京出版社1995年版,第396页。

---

① 杨荫溥:《民国财政史》,中央财政经济出版社1985年版,第159页。

　　由上表资料可以看出，1942年是抗战时期设厂数最多的一年，此后逐年下降。不仅设厂数在逐年减少，同时每家工厂平均占有的资本额也在下降。工厂设厂数和投资规模是社会经济发展环境的晴雨表，而上述指标的逐年下降，正表明国统区工业生存和发展的环境正趋向恶化。作为工业投资主体的民营工业所表现出来的这种动向，正是国统区工业危机的一种表现。

　　其次，国统区民营工业的危机还表现为工矿企业的停工减产，甚至改组倒闭。以战时的工业中心重庆为例，1943年重庆原有工厂817家，其中停工减产的就达270余家①。钢铁业22家(炼铁厂18家，冶钢产4家)，其中炼铁厂停炉者14家，4家勉强维持；冶钢1家完全停工，其余3家勉强维持开炉，但产量剧减，因为成本加重，陷于半停顿状态②。重庆民营机械厂共有366家，1942年二三月间各区工厂已渐有停歇业者。至6月底，确实倒闭者达42家。采矿业中，1942年嘉陵区减产和停产的煤矿家数竟达77%以上，盐井溪一地的60余家煤矿中，停产的40多家。重庆的纺织业同样处境艰难，重庆最大的3家纱厂(裕华、豫丰、申新)原有纱锭11万余枚，1942年开工的则只有7万余枚。到1943年底各纱厂纱锭又大幅减少。重庆的印刷厂，1943年底到1944年初3个月内有70家停工。衡阳是仅次于重庆的又一工业中心，1943年90余家机器厂中，停工者已达20余家。昆明原有纺织厂30余家，1943年内竟倒闭了20余家。另据《新华日报》报道，1944年四川原有工业的50%甚至70%的生产能力处于闲置状态③。其他各省也和重庆、四川的情形差不多。如云南个旧的锡矿，1944年1月4日《商务日报》报道称："往昔在城东炼锡的火炉，共达40个左右，今天能维持开炉，照常炼锡的不到10个；往昔矿工人数已达10万余，今天

①　陈真等编：《中国近代工业史资料》第一辑，三联书店1957年版，第143页。

②　《商务日报》，1943年12月24日。

③　《新华日报》，1944年7月9日。

仅 5000 余,……目前个旧大锡生产,已临总崩溃前夕,各私家厂商,95％已宣告破产或停业。"总之,在 1944 年,国统区工矿企业因资金短缺、原料缺乏、产品滞销、营业亏损、动力供应不足等原因,不得不歇业、改组、撤销、转让的工厂达 326 家,其中省营 26 家,私营 300 家①。由此可见,民营工业在抗战后期已是危机四伏。

第三,国统区民营工业全面衰退和危机还表现在产品产量指数的下降上。如以 1938 年为 100,在 1939 年为 130.57;1940 年为 142.34;1941 年为 130.73;1942 年为 124.37;1943 年上半年为 112.36;1944 年上半年为 93.67;1944 年下半年为 89.83②。整个产品产量指数从 1941 年起就逐年下降。

造成国统区工商业全面衰退和危机的原因比较复杂,可以说既有国民政府财政经济政策的因素,又有战争的影响以及自身的因素。具体来说:第一,民用工业的凋敝首先是因为国家资本企业的排挤。1942 年以后,随着国家资本向金融业、工矿企业的扩张,以及一些国家资本企业的相继建成投产,使国家资本企业在工业生产中具有了一定的优势。这些国家资本企业资力雄厚,设备齐全,享有原材料、交通及贷款的优惠,因而生产成本低,民营企业根本无法与之竞争。例如,钢铁迁建委员会所属的大渡口钢铁厂,每吨钢材售价 370 万元即有利可图,而民营厂的售价每吨要高达 550 万元才不致亏本③。在如此悬殊的竞争条件下,民营厂难以生存。同时,民营厂的大量订货也被国营厂取代,民营厂订货减少,导致生产萎缩甚至停产。以重庆为例,过去民营兵工厂订货占总产值的 80％—90％,到 1943 年则下降到 50％,1944 年又

---

①　李紫翔:《我国战时工业生产的回顾与前瞻》,《四川经济季刊》第二卷第 3 期,第 26—41 页。

②　李紫翔:《我国战时工业生产的回顾与前瞻》,《四川经济季刊》第二卷第 3 期,第 27—41 页。

③　吴培荣、吴华芝、李本哲:《重庆钢铁机器业概述》,载《重庆工商史料》第五辑,第 63 页。

下降到 30％以内①。第二，通货膨胀的影响。抗战进入中后期以后，严重的通货膨胀造成物价飞涨，使民营企业资金周转困难，难以维持生产。往往工矿企业出售产品后获得的利润，不及购买原料时的价格，造成企业虚盈实亏。有人这样指出："一个工厂在账面上虽然赚了钱，但由于物价上涨的结果，它以同样的货币额已经不能从事同样规模的再生产。"②在物价上涨因素的刺激下，商业投机十分兴盛，银行贷款和社会资金都被吸引过去，企业贷款十分困难。不仅如此，一些工矿企业资金也倒流到商业投机中，出现了"以商养工"和"以商代工"的现象。据统计，1943 年 3 月底，重庆市银行业对商业的放款，占全部放款的70％，而对工矿交通事业的放款则不到 15％③。即便是能够得到贷款的企业，也多为国家资本企业和规模较大的工厂，中小企业占绝大多数的民营工业则因贷款抵押等问题，无法得到贷款而不得不关门停业。第三，国民政府统制经济政策的消极作用。由于国民政府对原料、交通运输工具、产品等全面实行统制，一方面造成民营工业因原料短缺、交通工具缺乏，不能正常生产。例如，在 1943 年，许多棉纱纺织厂就由于原棉供应不足，减产 30％—50％。而成都办理棉纱收购和发放事务的福生庄，对于民营厂的棉纱供应，托词无货，故意刁难，造成棉织业工人暴动，就是典型事例④。另一方面，则因政府收购价过低，极大地损害了民营企业者的利益，致使民营工业被迫停工减产。如 1943 年，政府以稳定物价为由，实行限价政策，对物价进行全面管制。但是，这一政策的副作用也相当明显，以钢铁业为例，1943 年 9 月，机制钢的售价为每吨 8.6 万元，但当月的实际成本已超过 9 万元；灰口铁每吨限价为 3

①　吴培荣、吴华芝、李本哲：《重庆钢铁机器业概述》，载《重庆工商史料》第五辑，第 64 页。

②　《新工商》1943 年 8 月第 2 期，转引自陈真等编：《中国近代工业史资料》第一辑，三联书店 1957 年版，第 152 页。

③　康家仁：《战时重庆的银行》，载《四川经济季刊》第一卷第 3 期，第 13 页。

④　《民国档案》1994 年第 2 期，第 39—40 页。

万元,可是实际成本却要 3.5 万元。又如纺织业,1943 年 5 月以前,棉纱限价为每包 1200 元,而实际成本已达 1500 元以上①。国民政府收购价过低而导致企业倒闭最明显的莫过于云南的锡矿业。当时资源委员会核定锡价每吨为 11 万元,而据锡业工会计算,每吨实需成本 31 万元②。二者相差甚巨,导致民营企业亏损累巨,无法继续生产,只得关门倒闭。第四,苛重的捐税。太平洋战争爆发后,国民政府在税收方面有两个明显的动向:一是扩大税源,二是提高税率。以当时社会的实际情况而论,这一税收政策直接涉及的对象主要为民营工商业者。而国统区工业所负担的捐税,除营业税、所得税、战时过分利得税、统税、矿税等正税外,还有公债、储蓄捐……以至员工的免役金和各式各样的捐献等等。拿捐税中影响最大的直接税(所得税和非常时期过分利得税)来说,以创办时资本为依据的直接税,在通货膨胀的严重情势下,货币数量上的"盈",并不是真实的,实际上存在着"虚盈实亏"的现象。而完税则需要抽出一部分资本去缴纳。过分利得税规定,凡盈利超过 20%的,就是过分利得,就要征税,而且是累进征课,其盈利额超过资本额 60%的,其超过额一律征 50%③。再如统税,不仅税目的种类一再增加,税率在提高,而且往往是多次征收。1944 年 4 月 30 日,黄炎培在谈到统税时就说:"实行统一税率,按理就是统一一次征收,现在不仅统一,简直是'统二'、'统三'、'统四',甚至到'统八'都有的"④。由此可见,国统区工业所负担之捐税之严重,是十分惊人的。有人估计,抗战时期后方工业赚 20%的利润只够缴纳捐税。且捐税逐年提高,如 1941 年的生铁每吨完税 1.28 元,至 1942 年秋竟增至 90 元;酒精税额 1943

① 张弓、牟之先主编:《国民政府重庆陪都史》,西南师范大学出版社 1993 年版,第 501—502 页。
② 《商务日报》,1944 年 1 月 4 日。
③ 清庆瑞主编:《抗战时期的经济》,北京出版社 1995 年版,第 402—403 页。
④ 陈真等编:《中国近代工业史资料》第一辑,三联书店 1957 年版,第 155 页。

年比 1939 年高 169 倍,几占价格的 1/3①。民营企业大多为中小企业,资本规模小,在如此沉重的捐税负担下,生产难以为继,无法生存。

与工业衰退、全面危机的局面相对照,在通货膨胀、物价上涨因素的双重作用下,抗战后期的商业则一度出现了虚假的繁荣。例如,1937年,重庆只有商号(资本额在 2000 元以上的)700 多家,一般规模都不大。但到 1945 年,重庆的商业企业则已发展到 27,481 家,是 1937 的38.25 倍。同期商业从业人员也猛增至 23.42 万人,占重庆就业人数的 39%,全城市人口总数 18.8%,居于重庆各行业从业人员之首②。贵阳也是类似情况,1937 年登记商业行号为 1420 户,1943 年则增至4239 户③。不仅商业企业数量大增,而且资本额和规模也有所扩大。与商业畸形繁荣相伴而来的便是商业投机的疯狂发展。太平洋战争爆发后,通货膨胀和物价上涨越来越严重,形成商业投机利润高于正当商业利润、正当商业利润高于银行利率、银行利润高于工业利润的不正常现象,因而社会资金纷纷如潮水般涌向商业投机。同时,不少工厂也受商业投机的影响而将生产资金用于商业投机。但是,毕竟国统区这种商业的繁荣不是建立在真实的物价基础上的,具有很强的战时性、投机性的特征。随着抗战胜利局面的来临和人民购买力的持续下降,这种虚假的繁荣便大受影响。于是,抗战后期国统区的商业也开始日益萧条,并笼罩在危机的阴影中。1945 年春董必武在谈到国统区商业状况时就说:"我初到重庆市,夜市很热闹,百货商店里推出涌进的人,川流不息。现在无论哪行哪业,打锣打鼓都无人过问。重庆市面商店关门停业的很多,市场不景气可见一斑了。"④

---

①　复旦大学历史系等编:《近代中国资产阶级研究》,复旦大学出版社 1984 年版,第 43 页。

②　傅润华、汤约生主编:《陪都工商年鉴》第一编,重庆文信书局 1945 年版,第7 页。

③　《贵州省志》,贵州人民出版社 1991 年版,第 14 页。

④　人大复印资料:《中国现代史》,1980 年第 23 期,第 63 页。

五　抗战后期的农村经济

抗战爆发后,农村经济就一直是维系国民政府战时财政、军需民食供应的重要来源和支柱,尤其是在实行"田赋三征"以后,为缓解战时国民政府财政危机、物价上涨的压力,民食军需供应的矛盾,发挥了极其重要的作用。但是,由于国民政府只重视战时的现实经济需要,忽视对农村经济长远的安排,结果,所制定政策往往演变为以最大限度对农村进行搜刮和剥削为特征,致使农村经济从 1941 年起就开始逐渐陷入衰落的困境之中。这可以从以下几方面看出:

第一,农田耕种面积逐年减少。大后方 15 省耕地面积,抗战前为 3899.75 万亩,1938 年为 3859.3 万亩,1939 年为 3869.86 万亩,1940 年为 3849.04 万亩,1941 年为 3815.46 万亩,较战前减少了 84.29 万亩。也就是说,1941 年大后方抛荒了 84.29 万亩耕地[①]。另据调查, 1942 年大后方 13 省农作物面积较 1937 年减少 17.3%。从播种面积看,以四川省为例,在 1943 年到 1945 年的三年中,冬季农作物播种面积从 6000 万亩减少到 5700 万亩,夏季作物从 7900 万亩减少到 7600 万亩。同时,冬季休闲田的面积却从 2,400 万亩增加到 2700 万亩,夏季休闲田则从 500 万亩增加到 600 万亩[②]。

第二,粮食产量大幅下降。大后方 15 省各种作物总产量,由 1938 年的 17.21755 亿市担,减为 1941 年的 15.3656 亿市担,计减少 1.85 万多万市担。1942 年,大后方 13 省农作物产量较 1937 年减少 13.3%。从四川省的具体情况来看,以 1940 年至 1945 年的平均产量同 1939 年的产量相比,籼稻下降了 24.7%,甘蔗下降了 35.1%,棉花

---

① 陈翰笙等编:《解放前的中国农村》(二),中国展望出版社 1987 年版,第 380 页。

② 宋春主编:《中国国民党史》,吉林文史出版社 1991 年版,第 509 页。

下降了 43.8%①。

第三,牲畜大量死亡。由于农田面积显著减少,粮食产量下降,草料严重缺乏,以及战争影响,引起牲畜大量死亡。据统计大后方 15 省 1942 年与 1937 年相比,耕牛减少 297 万头;马减少 34.7 万匹;驴减少 48.8 万匹;猪减少 393 万头;羊减少 293.8 万只②。

第四,购买力下降。以 1937 年农民购买力指数为 100,到 1942 年 3 月,陕西降为 69,福建降为 45,青海降为 63,宁夏降为 66,广西降为 82,广东降为 81,湖南降为 86,贵州降为 79,四川降为 82,江西降为 92,甘肃降为 95,云南降为 98,只有湖北仍为 100,西康稍超出为 126③。

然而,中国毕竟以农立国,农民占全国人口的 80% 以上,构成抗战民力的主体,而且,兵员的补充、粮食的供给,军需民用和工业原料的取得,乃至物资运输、商品流通等,无不主要是依靠广大农村民众。在"抗战之胜负,不仅取决于兵力,尤取决于民力"已成为当时国内抗战人士共识的情况下,农村存在的农民"缴纳地主的地租是太高了,苛捐杂税是太多了,高利贷的盘剥是太厉害了,耕地不够,无地的农民太多了"等问题④,以及农村经济陷入困境的局面,都极大地妨碍着广大农民对抗战的积极投入,甚至危及国民政府抗战建国的根本。

太平洋战争爆发后,国民政府开始意识到依靠自身力量抗战的紧迫性和重要性,随即开始着手采取措施,以解决农村面临的一些紧迫问题。1941 年 12 月,在国民党五届九中全会上,针对当时日趋严重的土地问题和粮食问题,蒋介石提交了《土地政策战时实施纲要》。这个《纲要》是国民党在抗战后期对农村政策进行调整的一个重要表现,它共有

①　宋春主编:《中国国民党史》,吉林文史出版社 1991 年版,第 510 页。

②　参见李凯:《抗日战争时期国统区经济之初探》,载人大复印资料《中国现代史》1996 年第 6 期。

③　《抗战后期国民党统治区农村经济破坏的惨象》,中国人民解放军政治学院编《中共党史参考资料》第九册,第 324、328 页。

④　《新华日报》,1939 年 4 月 26 日。

十条,规定在整理地籍的基础上,逐步实施以下内容:

(1)私有土地应由所有人申报地价,照价纳税,税率起点为百分之一至百分之二,累进至百分之五。其土地自然增价,应即征收土地增值税,暂依累进制征收之。

(2)国家为调剂战时军粮民食起见,对于农民地价税折征实物,其实物全归中央。在折征实物期间,有中央按各该县(市)地价税实收金额,以百分之五十之现款,拨归各该县(市)作为补助。

(3)为实施战时经济政策和公共建设需要,得随时依照报定之地价征收私有土地,其地价之一部(分)并由国家发行土地债券偿付之。

(4)私有土地之出租者,其地租一律不得超过报定地价之百分之十。

(5)确立农地以归农民自耕为原则。

(6)荒地之可为大规模经营者,由国家垦务机关划设垦区,移殖战地难民或后方有耕作能力之人民,并供给生产工具,以资耕作。私有荒地,由政府征收高额地价税,并限期使用;逾期不使用者,得由政府估定地价,以土地债券征收之。

(7)土地之使用应受国家之限制,政府并得依国计民生之需要,限定私有农民之耕作种类[①]。

这一《纲领》的通过和公布,表明国民政府以土地为中心的政策已被视为是"当务之急",农村经济问题开始得到重视。不过,虽然《纲领》的不少规定从字面上来看是进步的,如对地主地租的租额剥削作了一定的限制,存在有利于农民的一面,但就实际而言,农民所得具体实惠并不多。例如,《纲要》规定"地租一律不得超过报定地价之百分之十",实际上1941年各省谷租普遍是主六佃四,甚至有主八佃二的。以前是

---

① 朱子爽:《中国国民党土地政策》,第66—68页,转引自张弓、牟之先主编《国民政府重庆陪都史》,西南师范大学出版社1993年版,第212页。

钱租的,也纷纷改为实物地租①。可见,国民政府关于地租租额的规定,远远落后于实际。因此,考察《纲要》的基本精神,不难看出,其实质是以田赋征实,全归中央,增加政府财政收入为重点。其结果,就只是"重税政策"的战时实施,而不是"土地政策"的战时实施②。国民政府对农业政策调整的积极作用是非常有限的。

除了出台《土地政策战时实施纲要》外,国民政府在抗战后期对农业的重视还体现在以下几个方面:

第一、发放农贷,扶助农村经济发展。早在1938年,国民政府就颁行《战时合作社农贷调整办法》、《扩大农村贷款办法》以及《改进地方金融机构办法纲要》等一系列农贷政令。太平洋战争爆发后,国民政府便加强了对农村资金的支持力度。据四川省政府统计处统计,1941年至1944年,四川农业贷款贷给农业生产累计1.9756亿元,农业技术推广3502万元。水利工程3.241亿元。具体情况如下表所示:

1941年—1944年四川农业贷款对象与数额　　单位:万元

年份	合计	生产	推广	大型水利	小型水利	运输	副业
1942	4,019	3,424		49			
1942	16,970	3,530	72	13,000			
1943	18,118	8,035	535	4,443	6	61	38
1944	23,073	4,767	2,895	14,210	702		
总计		19,756	3,502	31,702	708		

资料来源:罗君辅《由中国农贷谈四川农贷》,《四川经济季刊》,1947年10月第四卷第2、3、4期合刊。(分项统计与总数不一致,原文如此)

这些农贷的发放,一定程度上缓解了农村资金缺乏的状况,是有利于农

① 参见陈翰生等编:《解放前的中国农村》(一),中国展望出版社1985年版,第414页。

② 参见张弓、牟之先主编:《国民政府重庆陪都史》,西南师范大学出版社1993年版,第213页。

业与农村经济发展的。

第二、兴修水利,鼓励垦殖。由上表内容可知,国民政府的四川水利建设贷款逐年都在增加。据统计,从 1939 年至 1945 年 6 月止,四川共完成开渠工程 26 处,筑坝工程 233 处,挖塘工程 3879 处,其他工程 13 处,农田受益面积达 66 万亩①。不仅如此,开垦荒地的努力也取得了一定的成效。到 1944 年,全国公私垦殖单位已发展到 153 个,其中四川就占 53 个,垦民 2.4834 万人,垦殖面积达 29.7074 万亩②。

第三、推广农业和手工业改良技术。为推动农业生产发展,国民政府于 1938 年 5 月成立了农产促进委员会,连同以前成立的中央农业试验所以及各省农业改进所,共同推进国统区农作物推广、病虫害防治、畜牧兽医、肥料、农具、蚕桑、农林副业、水利垦殖经营、棉毛麻纺织品训练等项事业,并取得了一定的成效。其中影响较为深入的是农作物和手工业的改良与推广。据一项研究显示,四川省由于推广良种,棉花产量从 1938 年的 76.3 万市担增加到了 1945 年的 145.2 万市担;粮食产量也从 1940 年的 2.6138 亿市担增加到 1945 年的 3.3618 亿市担,同时一度趋于衰落的一些手工业如蚕丝业、蔗糖业也取得了恢复和发展③。

第四、实施自耕农扶植政策。抗战中期土地投机之风十分兴盛,土地兼并愈演愈烈。由此造成租佃矛盾十分尖锐,粮食产量也因此大幅度下降。为改进租佃制度,缓和社会矛盾,提高农民生产和抗战的积极性,根据《土地政策战时实施纲要》扶植自耕农的有关规定,国民政府从 1942 年起着手实施该项政策。1942 年 6 月,国民政府设立地政署,专门负责扶植自耕农政策的贯彻实施。同年 11 月由地政署主持召开了

---

① 周天豹等:《抗日战争时期西南经济发展概述》,西南师范大学出版社 1988 年版,第 198 页。

② 侯德础:《试论抗战时期四川农业的艰难发展》,《四川师范大学学报》1987 年第 6 期。

③ 谢放:《抗战时期四川小农经济与社会变迁》,《庆祝抗战胜利 50 周年两岸学术研讨会论文集》,第 2—6 页。

全国地政业务会议,制定并通过了《试办扶植自耕农试验区方案》,要求各省择地定区进行试办。各省遵照方案试办扶植自耕农的办法大致有两种:第一种(或称为甲种)是国民政府依法征收非自耕农的土地,发给农民自种。此种办法又称直接创设;第二种(或称为乙种)是由中国农民银行附属的土地金融机关贷款给无地的农民,购买或赎回土地自耕。此种办法又称间接创设。从推行扶植自耕农政策的三年来看,全国共有 14 省 82 县进行试办,扶植自耕农总共 1.765 万户,农田面积总共31.3123 万市亩。其中属于甲种扶植自耕农的区域共 30 处,属乙种扶植自耕农的区域共有 65 处①。

　　但是,就总体上而言,国民政府上述政策和措施的积极作用仍然是十分有限的。以农贷为例,由于借贷关系的成立是通过合作社进行的,而合作社又掌握在封建势力手中,因此农贷就成了变相的高利贷,使农贷的功效大打折扣②。况且中国农村面积广大,国民政府发放的有限贷款,并不能根本解决农村资金短缺的问题。再以扶植自耕农政策而言,在国民政府标榜的三个模范示范区——福建省龙岩、甘肃湟惠渠和四川省的北碚扶植自耕农试验区,确实取得了部分的成功。土地关系得到了调整,土地集中趋势也避免了,土地利用得以促进,农业经营也随之改变,农业收益亦相应增加③。然而,这一成效是在国民政府投入大量人力、物力后取得的,并不带有普遍意义。就是整个扶植自耕农政策的推行,也只涉及 14 省的 82 县,更谈不上在全国广泛推行。因此,扶植自耕农政策影响甚微。

　　不可否认,太平洋战争爆发后,国民政府对农业政策的调整和对农村经济的重视也取得了一定的成效。加之,粮食价格猛涨因素的刺激,

　　①　《国民政府政绩报告》,《地震通讯》第 15 期,第 46 页。
　　②　参见清庆瑞主编:《抗战时期的经济》,北京出版社 1995 年 7 月版,第 376—377 页。
　　③　杨振亚:《抗战时期国民政府扶植自耕农的土地政策初探》,载《抗日战争史新论》,南京工学院出版社 1986 年版,第 334 页。

抗战后期大后方农业一度扭转了大幅下滑的趋势,总体上还是缓慢的有所发展,各省粮食总产呈增长趋势①。但这并不意味着农村经济的困难局面得到了根本改观。实际上随着国民政府一系列统制经济政策和措施的实施与强化,从1943年起,农村经济已日渐陷入凋敝和破产的危机之中。

首先,土地投机和兼并十分猖獗,地租暴涨,各种捐税有增无减,使大批农民沦为佃民,农村阶级分化加剧。据对四川某县27户农户交租情况的调查,1938年是48％,1941年是55％,1944年竟高达94％②。另据国民党农产促进委员会1944年对川、桂等11省114个县的调查,佃农半佃农的比重由1936年的57.7％,上升到1944年的62％③。这说明封建剥削关系越来越严重,是造成农村经济破产的最大根源。

其次,统制经济政策演变为对农村经济的破坏和对农民的剥削。国民政府对农产品的统制,实际上是贱买贵卖,"不免有破坏经济'与民作战'的嫌疑,……贬价的收买农产自桐油以至于米粮,比市价低了好几倍。"④拿统制经济政策中影响最大的"田赋三征"来说,在初期的征实、征购阶段,农民或许能获得些许抵偿,但到征借阶段,则完全变成赤裸裸的掠夺,同时,它又为地方乱摊派和勒索大开方便之门,致使农民所受的剥削十分沉重。这种统制当然不能发展生产,反而会对农业生产造成严重的损害。它是导致农村经济破产与农民生活困苦的一大根源⑤。

其三,国民政府不合理的征兵制和高利贷的盘剥,使衰落的农村经

① 魏永理:《中国近代经济史纲》下卷,甘肃人民出版社1990年版,第504—507页。

② 严中平:《中国近代经济史资料选辑》,科学出版社1955年版,第320页。

③ 《战时佃农概况》,《武汉日报年鉴》1947年。

④ 陈翰生等编:《解放前的中国农村》(二),中国展望出版社1987年版,第132页。

⑤ 吕士鹏:《抗战时期的社会动员》,《庆祝抗战胜利50周年两岸学术研讨会》论文集,第25页。

济雪上加霜,最终走向破产。国民政府实行的是征兵制,由于没有准确的人口统计数字,征兵的基层政权又控制在封建地主势力手中,所以弊端很多。结果在实行过程中,乡、镇、保、甲长乱抓壮丁,征兵变成了掠夫和绑索①。国民政府兵役署长鹿钟麟就承认说:"不只是兵役官员,而且有时更坏的恶势力,蓄意不分青红皂白地拉夫,把许多农民当作征兵对象,藉此对受害者索取贿赂,借以中饱私囊。"②加之,新兵待遇极差,被虐待死亡者很多。所以农村中所有壮丁,以及一部分超过或不及役龄的农民全部被弄得不能安居乐业,或为逃避兵役远走他处。兵役和抓丁的结果,非但扰民极盛,而且造成农村劳动力的枯竭。据统计,到1942年止,西南各省农户中在征调兵役后完全没有壮丁的,四川为16.2%,贵州为52.5%,云南为22%,广西为21.4%;因征调工役而完全失去壮丁的家庭,四川为14.9%,贵州为31.7%,云南为2.5%,广西为8.8%③。1943年起,西南地区农业生产开始下降,其中的主要原因是缺乏劳动力造成的④。从中不难想见,兵役和工役的征调对农业生产造成了极大的影响。与兵役制一样,对国统区农村经济干扰和破化甚大的另一个因素便是高利贷。在国民政府种种捐税、地方摊派勒索以及高额地租压榨下,农民辛勤劳作一年,所获无几。为维持简单再生产和过活,农民只得借债。从1941年到1943年,四川负债农户的比例由51%上升到54%,云南由55%上升为64%,贵州由48%上升为50%,广西由49%上升到59%⑤。农民在高利贷的重压之下,生活更

---

① 董必武:《抗日战争时期国民党统治区的情况》,参见人大复印资料《中国现代史》,1980年第23期。

② 《大公报》(重庆),1945年4月27日。

③ 《抗日战争时期西南经济发展概述》,西南师范大学出版社1988年版,第208—209页。

④ 董时进:《抗战以来之农业》,《四川经济季刊》第一卷第一期(1943年2月15日),第51页。

⑤ 周天豹等:《抗日战争时期西南经济发展概述》,西南师范大学出版社1988年版,第210页。

形艰难。总之,原本日渐濒临破产边缘的农民,又在兵役制和高利贷的双重干扰和破坏下,更陷入灾难的深渊,无法生活下去。连杀人不眨眼的国民党军统特务头子戴笠在考察东南和西南的情况后也承认:"各地民众真是无以聊生,浙江的民众食糠秕、树皮,广东有的人食人肉。"①因而正如一个美国学者所指出的,当时农民"对政府的愤怒正明显地回响在全国的乡村"②。处于绝望中的农民被迫走上了反抗的道路。在国统区,从福建、广东到四川、甘肃,几乎每省都有农民为反抗征兵和苛捐杂税而发动的暴动。例如,1943 年春,一支大约五万人的农民队伍发动起义夺取了甘肃南部的大部分地区,这年秋天,福建 4000 名农民发动暴动,反对当地政府③。仅四川省一省,自 1939 年以来,就有十余县发生过民变④。这正是农村经济凋敝和破产的真实写照和反映。

第三节　国统区的文化教育

一　国民政府加强文化控制

文化作为一种特殊的战斗武器,在抗日战争时期与全国的政治抗战、经济抗战、军事抗战紧密配合,相辅相成,为打败日本法西斯侵略者,取得抗战的胜利,发挥了极其重要的作用。但抗战时期的文化又有进步文化与反动、落后文化,抗战文化与投降、汉奸文化,无产阶级文化与资产阶级文化等等分野,意识形态色彩极为浓厚,具有鲜明的政治性与阶级性。考察抗战时期国民政府的文化政策,不难发现,它具有强烈

---

　　① 唐纵:《在蒋介石身边八年》,群众出版社 1991 年版,第 365 页。

　　② [美]易劳逸:《蒋介石与蒋经国》,中国青年出版社 1989 年版,第 84 页。

　　③ 费正清主编:《剑桥中华民国史》第二部,上海人民出版社 1994 年 9 月版,第 662 页。

　　④ 董必武:《抗日战争时期国民党统治区的情况》,参见人大复印资料《中国现代史》1980 年第 23 期,第 64 页。

的两面性的特征:一方面,它从维持国民政府的统治、维护中华民族利益的角度出发,放松了对文化市场的控制和干预,容许进步的抗战文化运动有所发展,使得抗战初期的文化呈现出蓬勃发展的势头;另一方面同样是出于为维护和巩固国民党一党专政统治地位,保证国民党战后对全国的继续统治,国民政府从1938年起便加强了对文化领域活动的干预,相继出台了一系列政策,采取各种措施,试图将文化运动纳入国民党的统治体系和控制范围之内。特别是抗战进入中后期以后,以中国共产党领导的新民主主义文化为特征的进步的文化运动要突破国民党的种种限制和束缚,使得文化领域中控制与反控制的斗争十分激烈。大体说来,抗战时期国民政府的文化政策经过了三个阶段的发展过程,即国民政府暂时放松对文化的控制阶段(1937年7月—1938年6月)、国民政府重新加紧推行文化专制政策阶段(1938年7月—1940年底)、国民政府文化专制政策完成阶段(1941年初—抗战结束)①。而太平洋战争爆发前后,面对变化了的国际、国内局势,国民政府不仅将文化专制政策全面推向深入,竭力将抗战文化运动纳入控制掌握之中,而且最终确立了其在文化领域中的专制统治地位。这主要体现在:

第一、颁布一系列法规,查禁抗日进步文化书刊和言论。为推行文化专制政策,国民政府在以前法令、法规的基础上,又相继出台和颁布了《图书送审须知》(1942年)、《书店印刷管理规则》(1943年)、《检查书店发售违禁出版品办法》、《战时新闻禁载标准》(1943年10月)、《书籍杂志查禁解禁暂行办法》、《印刷所承印未送审图书杂志原稿取缔办法》、《战时新闻违禁惩罚办法》(1943年10月)、《修正图书杂志送审须知》(1944年)、《战时书刊审查规则》(1944年6月)、《战时出版品审查办法及载禁标准》(1944年6月)、《出版品审查法规与载禁标准》(1945年)等,文化专制措施愈加苛繁。凭依这些法规和法令,国民政府强化了对抗日进步书刊和言论的查禁力度。1942年度,国民政府查禁196

---

① 参见张强:《国民党抗战时期的文艺政策》,《民国档案》1991年第二期。

种图书,停止发售 120 种,就地取登稿件或不准印行的书稿为数更多①。据统计,从 1941 年到 1942 年间,重庆地区就有 1400 种书刊被查禁。对剧本的审查更为严格。剧本中凡是出现"诋毁政府之措施"、"描摹战时社会畸形状态"、"宣传三民主义之外一切主义"、"鼓吹阶级斗争"、"违反劳资协调"等内容的剧本,一律禁止上演。由此而遭禁演的剧本,仅 1943 年重庆地区就有 110 余种。另据 1943 年 10 月 23 日国民党中央图书杂志审查委员会发表的《取缔剧本一览表》,内中开列的不准出版或上演的剧本共达 116 种②。对于言论的控制也变本加厉。据统计,从 1941 年至 1945 年间,有关新闻检查的临时性指示就达二百余种。而《修正战时新闻检查标准》和《修正图书杂志原稿审查办法》两个法规中规定的禁载事项就达七十余项。从政治、军事、外交、经济到财政、文化、社会事务等都有限定,无所不包,使这一时期内不议国是、免谈军情成了舆论界的两大生存技能③。更为露骨和荒唐的是,1943 年 8 月国民党中央宣传部拟定并发表了《抗战期间宣传名词正误表》,规定:"边区政府"、"抗日政府"等词不许使用,"两面派"、"亲日派"、"团结"、"解放"、"国共合作"、"各阶层人民"、"抗日民族统一战线"等词为"谬误名词";"革命的三民主义"、"真正的三民主义"要改为"三民主义";"拥护革命的领袖"、"拥护抗日的领袖"必须改为"拥护领袖";甚至"妇女解放"要改为"妇女复兴",等等④。

　　第二、设立文化机构,强化对抗战文化的管理和控制。早在 1938 年 7 月,国民政府就决定设立中央图书杂志审查委员会,在各省市设立图书杂志审查处,对抗战文化实行管制政策。1939 年 2 月,又在重庆设立"重庆市戏剧审查委员会",以查禁进步戏剧电影及演出活动。到

---

　　①　国民党中央图书杂志审查委员会档案(六十)103,中国第二历史档案馆馆藏。

　　②　冯崇义:《国魂,在国难中挣扎》,广西师范大学出版社 1995 年版,第 214 页。

　　③　江沛:《南京国民政府意识形态管理剖析》,《民国档案》1993 年第三期。

　　④　江沛:《南京政府时期舆论管理评析》,《近代史研究》1995 年第三期。

1942 年 9 月，全国每年只印刷 218 万余册书刊，而中央一级的书刊审查机构就有八个之多，而各省、市、县也都有类似机构和组织①。1941 年 2 月 7 日，国民政府又以"履行思想领导责任"，"统一各地文化领导机构"为借口，专门成立了国民党"中央文化运动委员会"（简称"文运会"），由国民党中央宣传部部长张道藩出任主任委员，内分文艺、新闻、出版、音乐、美术、戏剧等组，主要任务是"规划全国文化运动之各种方案"，"协助策进各地文化事业"，进行"有关文化运动之调查设计"②。中央"文运会"成立后，积极推动、督导全国各省市设立分会，到 1943 年 7 月，成立地方文化运动委员会的有广东、江西、福建、安徽、陕西、青海、西康、河南、甘肃、重庆等十省市，还有少数省市还成立了县文化运动委员会③。"文运会"是抗战后期国民政府强化对抗战文化运动、思想舆论领导的工具和标志。它的成立表明，国民政府已从组织上建立起了全国各级文化运动的组织机构，使各地的文化运动开始直接纳入国民政府的统一领导和控制之下。

第三、制定和实施系统的"文艺政策"，力图将抗战文化运动纳入国民政府的控制轨道。1942 年下半年，随着毛泽东《在延安文艺座谈会上的讲话》精神在国统区的广泛传播，大后方抗战文化运动又有了新的发展。国民政府为了抵消《讲话》精神的巨大力量和影响，"纠正共产主义的左倾"，加强对抗战文化运动的思想统治，同时，中央"文运会"统一领导全国文化运动后，也需要在文化运动的理论上随之制订出相应的政策。正是在这样的背景下，1942 年 9 月张道藩在《文化先锋》杂志创刊号上，发表了《我们所需要的文艺政策》一文。该文把国民党的"三民

---

①　江沛：《南京国民政府意识形态管理剖析》，《民国档案》1993 年第三期，第 73 页。

②　文天行：《国统区抗战文艺运动大事记》，四川省社会科学院 1985 年出版，第 169 页。

③　张弓、牟之先主编：《国民政府重庆陪都史》，西南师范大学出版社 1993 年版，第 330 页。

主义"规定为文艺的指导思想和理论基础,提出"三民主义文艺"要为"三民主义"政治服务,为"国家至上"、"民族至上"服务,也即为国民党的"一个主义、一个政党、一个领袖"的专制独裁统治服务。文章提出了"六不"和"五要"的三民主义文艺政策。所谓"六不"是指文艺创作的六个写作原则,即:(1)不专写社会的黑暗;(2)不挑拨阶级的仇恨;(3)不带悲观的色彩;(4)不表现浪漫的情调;(5)不写无意义的作品;(6)不表现不正确的意识。"五要"是:(1)要创作我们的民族文艺;(2)要为最苦痛的平民而写作;(3)要以民族的立场而写作;(4)要从理智里产生作品;(5)要用现实的形式①。张道藩针对抗战以来的新特点,把国民党自20年代以来的文艺法令更加具体化、系统化。这篇文章的发表,标志着国民党三民主义文艺理论第一次系统化,标志着国民政府战时文艺政策的形成。国民政府于抗战后期抛出文艺政策,主要是为了阻止进步民主的抗战文化运动的发展,其实质就是将文艺创作纳入其规定的范围之内,力图控制文艺运动发展的方向。有人就指出:"这一文艺政策的实质,是在所谓'三民主义文艺'、'民族文艺'的幌子下,实行只准歌颂国民党而不准暴露国民党文化专制主义的罪恶的禁令,意在绞杀抗战文艺和人民文艺"②。

第四、运用专制手段,压迫和摧残进步文化团体。国民政府在对文化界实行严苛的审查制度的同时,又配合以追惩制度以及种种非法手段,以迫使文化界就范。1942年,国民政府查封了《世界知识》等500余种报刊。1943年8月,《文学月刊》、《音乐与艺术》被查封,9月,桂林出版的《文艺生活》、《文艺杂志》、《创作月刊》等刊物被查封。1944年1月,桂林《野草》、《戏剧生活》等被查封,等等③。国民政府还使用强行

①　张道藩:《我们所需要的文艺政策》,《文化先锋》创刊号第5页,1942年9月中央文化运动委员会编。

②　苏光文:《抗战文学简论》,转引自张强:《国民党抗战时期的文艺政策》,《民国档案》1991年第二期,第99页。

③　冯崇义:《国魂,在国难中挣扎》,广西师范大学出版社1995年版,第214—215页。

"接办"等方式以控制舆论工具,如 1943 年春,《新疆日报》就被国民政府派员"接办"。除了上述手段外,国民政府更借助于特务行径,捣毁进步报馆、书店、出版社。1942 年 9 月 16 日,福建省南平《南方日报》被暴徒四十余人捣毁。1945 年 1 月 23 日,重庆《新华日报》报馆两次被特务纵火。成都《华西日报》则在 1 月先后发生 5 次"政治性偷窃",后又连续发生火警和流弹射入编辑部等事件。4 月 18 日,《华西日报》及晚报又遭国民党特务捣毁①。5 月 29 日,复刊后的《华西日报》终被国民政府查封。而抗战后期国民政府迫害和摧残进步文化团体最典型的事例,则是压迫和解散文化工作委员会(简称"文工会")。"文工会"的前身是原军事委员会政治部第三厅,当国民政府强迫第三厅所属人士集体加入国民党时,遭强烈反对,结果,第三厅遂被国民政府宣布解散。但蒋介石又不愿让第三厅文化人士离开重庆,于是又另行宣布成立文化工作委员会,作为学术研究性团体,仍归属于国民政府军事委员会政治部。然而,"文工会"成员的许多作品,国民政府以种种借口不准出版和上演。"文工会"的进步活动更是在国民党特务的监视之下,委员外出都有特务盯梢。1945 年 2 月,"文工会"顺应时代潮流,由郭沫若执笔起草了《文化界时局进言》,要求结束国民党一党专政,停止新闻检查、秘密警察活动和战争投机活动,要求保证人身安全和言论、集会、研究、出版以及一般文化活动的自由,建立联合政府,结果触犯了国民党和蒋介石;于是,3 月 30 日,蒋介石下令,由政治部宣布"裁撤""文工会"。"文工会"的被解散,是国民党政治上倒退的具体表现,也是其文化专制政策推行的高潮②。

　　总之,随着抗战后期国民政府上述加强对文化领域种种控制措施

---

　　①　穆欣:《1937 年至 1945 年新闻界大事纪要》,张静庐主编:《中国现代出版史料》(丁编),中华书局 1956 年版。

　　②　张弓、牟之先主编:《国民政府重庆陪都史》,西南师范大学出版社 1993 年版,第 464—466 页。

的推行,抗战文化运动的发展受到了严重的干扰,进步文化人士的创作活动受到限制,进步书刊和戏剧被查禁。整个文化界气氛沉闷,出现了万马齐喑的局面。当然,在对国民政府文化专制主义政策总体上持批评和否定态度的同时,也要实事求是的予以分析。例如,为抗战进步文化人士所深恶痛绝的书报审查制度建立后,曾扼杀了许多进步文化书刊和作品,是造成国统区文化局面沉闷的罪魁祸首之一。但另一方面,国民政府利用这一措施,也查禁了相当数量的日本侵略者、汪伪汉奸的作品和宣传品,以及为数不少的淫秽消极书刊。例如,1942年6月上半月,中央图书杂志审查委员会通令查禁图书八种,其中就有敌伪宣传品两种,停止发售图书九种,属淫秽图书的有四种;1945年2月上半月,查禁图书五种,其中汉奸宣传品三种①。这对于维护整个中华民族的抗战事业是有积极意义的。

面对国民政府在文化领域中全面推行文化专制政策的行径,在中国共产党的领导下,国统区进步的抗战文化人士也针锋相对进行了激烈的抗争。例如,1943年11月18日,王亚平、于伶、茅盾、老舍、夏衍、曹禺、臧克家、姚雪垠等五十三人为反对国民政府"中审会"任意扩张书刊限制范围,蛮横查禁进步书刊,扣留送审原稿和肆意删改作家原著的做法,上书行政院,要求予以限制和改进②。进步文化人士强烈呼吁思想、言论和出版自由,公开发表言论,历数国民党文化专制政策给文化界造成的诸如出版沉寂、文化活动缩减等种种恶果。揭露国民党只准歌颂、不准暴露的"文艺政策"的实质,指出这一"文艺政策"就是"逃避现实"的"鸵鸟主义",其目的是"置文艺于死境"。抵制和反对国民政府的书报审查制度,要求"废除图书杂志审查制度,开放言论、出版、研究及公演之自由"。要求"书刊出版之后,非经法律手续,不得禁止发行,

---

① 张掖地区档案馆馆藏档案(四)339、(四)348、(四)377。
② 袁润芳、方庆秋:《抗战期间国民党的书刊审查制度及其实施概况》,参见《抗日战争史新论》,南京工学院出版社1986年版,第380页。

各地军政当局,不得禁扣进口书刊、干涉演剧"①。这些斗争极大地鼓舞了国统区文化界人士的士气,壮大了进步的抗战文化运动阵营,暴露了国民党推行文化专制主义的实质,使得国民政府日益在文化界陷于孤立。

二　传统思想的复活运动

思想是时代的要求和反映。在轰轰烈烈的抗日烽火中,中国人民不仅用血肉之躯英勇抗击着日本侵略者,而且也用思想的火花浇铸着抗日的长城。伴随着全民族抗日精神的高昂,抗日战争在中国思想领域中也引起了极大的变化,一股"中国化"的思潮浸漫于中华大地。各种政治势力都从民族生存、抗战精神的发扬角度出发,结合自身政治理念,高唱"中国化"的旋律。所不同的是,国统区的"中国化"现象,更多的是表现为对中国传统思想文化进行重新整理和认识,即所谓的"新瓶装旧醋"或"旧瓶装新酒"的方式和过程,并在此基础上构架自己的哲学思想体系。特别是抗战后期,一些素有"先天下之忧而忧,后天下之乐而乐"、"国家兴亡,匹夫有责"胸怀和志向的知识分子,在艰难环境下探究国家民族复兴之路的活动也达到了高潮。一时以西南地区为中心的哲学思想运动,在国统区进行得有声有色,并由思想领域向其他领域渗透。因其主流话语与原创活动都与中国传统思想文化有关,或者说是中国传统思想文化基础上的再创新与发展,所以姑且将这一思想运动称之为"传统思想复活运动"。当然,这一哲学思想活动也是自"五四"以来探讨中国文化现代性与传统性结合活动的继续和深化。

抗战时期特别是抗战后期,国统区传统思想复活运动成就显著,除国民党官方系统的思想体系外,较成熟和影响力较大的有代表性的思

---

① 《南方局党史资料·文化工作》,重庆出版社1990年版,第192—193、194页。

想体系有：熊十力的"新唯识论"、冯友兰的"新理学"、贺麟的"新心学"和金岳霖的"新道学"，等等。这些思想体系最大的特征是站在民族主义的立场上，从中华民族生存和复兴的角度出发，重新解构中国传统思想文化，并在此基础上确立符合时代特征的新的思想体系。

熊十力，原名继智、升恒、定中，后改名十力，号子真，湖北黄冈人，1885 年出生。他被认为是"20 世纪中国最具有原创性的哲学思想家"，是现代新儒学思潮的哲学奠基人。

抗战时期，颠沛流离来到四川的熊十力，凭着对国家、民族、人民和传统文化执著的爱，自甘寂寞，将其满腔真情都倾注在中华文化的存亡绝续之上。他认为，一个民族要生存下去，必须要有自己的哲学、文化。为此，从 1943 年起，他开始投入更多的精力研究儒家学说，勉力著书讲学，并写成《读经示要》等关于儒学的著作。他对胡适等人"全盘西化"的主张多有批判，但又不沉迷于圣贤经典之中，而是对传统儒学作较彻底的反思，并吞纳百家，融铸儒佛，独创了一思辨缜密的中国化的哲学。1944 年熊十力的《新唯识论》语体文本出版，标志着熊十力"新唯识论"哲学思想体系的完全成熟。

在哲学本体论上，熊十力接受了佛教唯识宗的"万法唯识"的主观唯心主义思想，认为"识"或"本心"乃宇宙之本体、万化之根源，正如他解释为何以"新唯识论"命名其哲学思想体系代表作时所说："识者，心之异名。唯者，显其特殊。即万化之源，而名以本心，是最特殊。……新论究万殊而归一本要在反之此心，是故以唯识彰名。"[1]在此基础上，熊十力建立了核心为本体与现象、本体与功用是不能分裂成两片的"本体论"。由"体用不二"论出发，他又建构了他独具创意的"翕辟成变"的宇宙论。"翕辟"之说源于《周易》，熊十力借用于自己的哲学中，"翕辟"即是"心物"，"翕即凝敛而成物，故于翕，直名为物；辟恒开发而不失其本体之健，故于辟，直名为心"。"心"与"物"虽是本体相互联系的两个

---

[1]　《新唯识论》。

方面,但"辟"包含着"翕",而"翕"则从属于"辟"。翕是物,辟是心,此心既是"宇宙之心",也是"个体之心"。在认识论上,他提出了"性量分殊"的观点。他认为,人的认知能力可以概要分为两种:一是性智,它是一种发自本心的认识能力;二是量智,"习心亦云量智。……是思量和推度,或明辨事物之理则,及于所行所历、简择得失等等的作用故,故说名量智,亦名理智"(新论),量智是从性智中异化出来的而又与性智相对立的一种认识能力,它以日常经验为基础。

"体用不二"的本体论、"翕辟成变"的宇宙论、"性量分殊"的认识论,共同构成了熊十力的"新唯识论"哲学思想的理论框架。

综观熊十力的"新唯识论",他的哲学思想是导源于孔孟的仁学与王阳明的心学,将中国传统儒家思想、佛教法相唯识之学和西方柏格森的直觉主义融为一体,并且发挥《周易》、《老子》和陆王心学的思想而提出来的①。其"新唯识论"哲学思想体系建构宏伟,构思奇巧,富有创意,独具特色。他是新儒学发展过程中,极具创新的一代大师。

冯友兰,字芝生,1895年生于河南省唐河县。抗战时期,是冯友兰学术生涯的关键时期,和当时西南联大大多数学者一样,冯友兰虽身处后方,却心系国事,常为中华民族之存亡而忧心。抱着为中华民族复兴有所贡献的坚定信念,冯友兰埋首著述,潜心整理中国传统文化,从1939年起,先后发表了《新理学》、《新事论》(1940)、《新事训》(1940)、《新原人》(1943)、《新原道》(1944)、《新知言》(1946)所谓"贞元六书"②,构建了"新理学"的完整体系,使"新理学"成为当时国统区最庞大、也最引人注目的哲学思想体系。

冯友兰在观念上构造了一个"理世界","理世界在逻辑上先于实际

①　参见张建祥、张扬主编:《中国现代史》(中),陕西师范大学出版社1988年版,第221—223页。

②　参见冯友兰:《冯友兰自传》,载《中国现代社会科学家传略》,山西人民出版社1983年11月版,第41页。

的世界"。现实世界中的实际的物,不过是"相对的料",它是第二性的;"理世界"(或者叫"众理之全"的"太极"、"大全")是第一性的,是世界万物的主宰、创造者。物不过是"理之实现"。通过对"理之观念、气之观念、道体之观念、大全之观念"的哲学阐释,构建了"新理学"的完整体系。并利用这一体系,对他所认识和理解的中国传统封建思想文化进行了解读。其中,他所探讨的"共相"与"殊相",即"一般"与"特殊"的关系,为他讨论中西文化关系中的种种实际问题奠定了理论基础。通过论证主宰事物的"理"即是寓于"殊相"中的"共相",冯友兰论证了西方列强之所以强盛必有其共性之所在,而这种共性正是中国人所必须学习的。在此理论前提下,冯友兰的《新事论》(又名《中国到自由之路》)又进一步从社会类型的角度对中西文化的异同与归趋进行了论述。他指出,中国还是"生产家庭化"的社会,西方则已是"生产社会化"的社会,因而,"中国现在所经历之时代,是自生产家庭化的文化,转入生产社会化的文化之时代",共产主义、社会主义或民治主义,都是一个社会已实行生产社会化的经济制度以后的事,"中国现在最大的需要,还不是在政治上行什么主义,而是在经济上赶紧使生产社会化,这是一个基本"。不过,他认为文化类型转变并不是以牺牲文化的特殊性为前提的,需要转变的只是文化类型"有关之诸性"。于是,他合乎逻辑地将视角转向中国传统思想文化,得出了这样的结论:中国不仅不缺少组织社会的良好道德,而且视道德价值高于一切。仁义礼智信"是无论什么种类的社会都需要。这是不变的道德,无所谓新旧,无所谓古今,无所谓中外",是中国社会自商周以来历久不衰的"国风"。在这方面,"世界上没有一个民族能望及中国的肩背";中国所缺乏、所添加的只是"西洋的知识、技术、工业"。"中学为体,西学为用",才是"中国到自由之路"。这样,冯友兰又陷入到了清末洋务派"中学为体,西学为用"的窠臼①。

---

①　参见冯崇义:《国魂,在国难中挣扎》,广西师范大学出版社1995年版,第93页。

为了论证中国的道德不仅值得中国人珍视，而且具有世界意义，冯友兰在《新原人》中提出了他的"人生境界"理论。他从人生观的角度将人生分为依次上升的四种境界，即"自然境界"、"功利境界"、"道德境界"、"天地境界"。在"天地境界"中，人是"圣人"，和"理世界"合而为一。《新世训》和《新原道》又进一步从"闻道"、"行道"的角度，对"天地境界"的完美至上作了说明和补充。

由上述内容不难看出，冯友兰自觉地把自己的哲学体系称为"新理学"，不言而喻就是自觉地以程朱理学为自己的直接先驱，而且申明不是"照着讲"而是"接着讲"，即以继承为基础，以改造、发展中国传统哲学为鹄的。换言之，冯友兰的新理学是在复活孔子伦理、程朱理学的封建正统哲学的基础上，再糅合道家哲学、佛教哲学和西方哲学而构成的，其基本核心和主要内容是承继和发展宋明理学而来。

"新理学"的建立，标志着新儒家哲学发展到了一个新的成熟阶段。"新理学"不袭今，不仿古，而是力求在继承和发展前人思想的基础上，致力于中西哲学的融会贯通、博采众家、自成体系，从而在现代中国哲学界独树一帜。冯友兰因此而奠定了"现代新儒家"的地位，他也被认为是抗战时期"中国影响最广、声名最大的哲学家"[①]。

战时与熊十力的"新唯识论"、冯友兰的"新理学"体系一样，在国统区有一定影响的另一哲学思想体系是贺麟的"新心学"。

贺麟，字自昭，1902年出生于四川金堂县。和熊十力、冯友兰不同，他属于晚出的哲学思想家。早年留学欧美，回国后主要从事西方哲学思想的整理和研究。正是在深入研究西方哲学的基础上，他把西方哲学与中国哲学尤其是宋明理学中陆王一派相结合，提出自己的见解，形成了独特的"新心学"哲学思想。

贺麟是以新黑格尔主义发挥陆王心学而建立"新心学"体系的。在

---

① 郑家栋、陈鹏主编：《解析冯友兰》，社会科学文献出版社2002年1月版，第41页。

其于 1942 年出版的《近代唯心论简释》一书中,贺麟全面阐释了"心是主宰"的哲学命题。他说:"心是主宰部分,物是工具部分。心是物之体,物为心之用,心为物的本质,物为心的表现。故所谓物者非他,即此心之用具,精神之表现也"①。就是说,客观世界之所以存在,是由于我的心的存在。同样,贺麟通过从哲学与科学、生命与物品、主观与客观、体与用、人与禽兽的区别等方面论证"心"高于"物",从而为他讨论中西文化关系提供了一个理论铺垫。

在认识论方面,贺麟认为"知行合一乃是知行同时发动之意","知是行的本质(体),行是知的表现(用)"。他说辩证唯物主义"只是把科学常识加以玄学化独断化",称唯物史观为"外观法",不如唯心史观"内观法""注重本质"。贺麟对蒋介石的"力行哲学"推崇备至,认为它是对王阳明知行合一说的"精辟的发挥","实在是发挥中山先生知难行易说的伟大成果,也就是为知难行易说谋最高的出路,求最后的证明"②。此外,他还宣扬和肯定封建的"三纲五常"说,说"五伦"是人与人之间的相对关系,"三纲"是人与人之间的绝对关系。

当然,在贺麟精心构建"新心学"体系时,受时代的影响,蕴含的特殊本意则是对中国传统封建儒家思想的认识问题。在其《文化与人生》论集中,贺麟从他的"新心学"走到了现实:其一是断言"新儒学思想发展或儒家思想的新开展,就是中国现代思潮的主潮";其二是指出"以精神或理性为体,而以古今中外的文化为用"③。如果将二者融合来看,其主旨是呼吁中国人充分发挥"心"的力量去消除奇灾大难,复兴中华民族及其文化。他认为中华民族复兴的希望就在于中国人以"心为主宰"去发抒"内蕴的潜力",归根结底则是儒学的复兴。"中国近百年来

---

①　贺麟:《近代唯心论简释》,独立出版社 1942 年版,第 3 页。

②　蔡尚思主编:《中国现代思想史资料简编》第四卷,浙江人民出版社 1983 年版,第 664 页。

③　参见贺麟:《文化与人生》,商务印书馆 1947 年版。

的危机,根本上是一个文化的危机:文化上的失调,不能应付新的文化局势。"因而,"民族的复兴本质上应该是民族文化的复兴,儒家文化的复兴。"他指出的具体出路便是"本典型的中国人的态度,站在儒家的立场",去"儒化西洋文化"、"中国化西洋文化",不是"西化",而是"化西"。

由于"新心学"产生于40年代,是较晚出的新儒家哲学,是在继承、吸收和批判前人哲学思想基础上形成的,所以,在一定意义上,贺麟被认为是新儒学发展过程中一个承前启后的集大成者。

除熊十力的"新唯识论"、冯友兰的"新理学"、贺麟的"新心学"之外,较有影响的还有金岳霖的"新道学"。

金岳霖是吸收了休谟、康德、罗素等西方哲学的成果,又对先秦老庄哲学和宋儒道学作了创造性发展而创立自己"新道学"哲学体系的。《论道》一书是他的本体论,《知识论》一书是他的认识论。在方法论上,他将西方哲学严密的逻辑分析和论证方法与中国传统哲学范畴结合起来。因之,金岳霖被誉为是中国第一个真正懂得近代逻辑学的人。

不论是熊十力的"新唯识论"、冯友兰的"新理学"、贺麟的"新心学",还是金岳霖的"新道学",它们都有共同的特征:其一,宣扬唯心主义(尽管程度上有差异);其二,"复活"传统思想文化;其三,重建中国哲学,为现实服务。当然,由于它们的社会影响,以及与现实政治的关系不一样,例如,贺麟除宣扬唯心主义、传统思想外,一度还极力吹捧蒋介石,为蒋介石和国民党的集权统治张目,幻想蒋能采用他创立的"新心学"来改造国民党,改造社会。冯友兰则因其"新理学"社会影响大、颇有代表性,因而理所当然地引起了中国共产党人的重视。以延安出版的《群众》为阵地,马克思主义哲学家先后发表了不少批判文章,批判和揭露其反时代、主张唯心复古思想、反马克思主义的本质和倾向。

三　国统区的教育事业

教育是一个民族的希望和未来。在日本发动全面侵华战争后,中华民族立即陷入到了一场空前的浩劫和灾难之中。作为民族文化和未来希望传承载体的教育事业，也不例外，受到了蓄意的摧残和破坏。面对深重的民族危机，中国教育界立即行动起来，为维系民族的血脉，进行了积极的努力和奋斗。作为教育事业支撑点的国民政府也做了积极引导和大量工作。

　　抗日战争爆发后，国民政府教育部就于 1937 年 8 月 27 日颁布了《总动员时期督导教育工作办法纲领》，规定了抗战时期办理各级教育的基本政策。其主要内容为：学校在战时"务力持镇静，以就地维持课务为原则"；各级学校的训练，"应力求切合国防需要，但课程之变更，仍须遵照部定范围"；学校教职员及大中学生，"得就其本地成立战时后方服务团体，但须严格遵照部定办法，不得以任何名义妨害学校之秩序"①。显然，教育督导仍以维持正常教育及管理秩序为主旨。但是，民族的危机和战争的危险，已经给中国教育提出了适应战时需要的课题。1938 年 4 月，国民党在武汉召开临时全国代表大会，在通过的《抗战建国纲领》中，对教育规定如下的任务："（一）改订教育制度及教材，推行战时教程，注重于国民道德之修养，提高科学之研究与扩充其设备；（二）训练各种专门技术人员，予以适当之分配，以应抗战需要；（三）训练青年，俾能服务于战区及农村；（四）训练妇女，俾能服务于社会事业，以增加抗战力量。"②同时，为实施抗战建国教育的总纲领，还通过了《战时各级教育实施方案纲要》，就有关学制、学校的迁徙设置、师资之训练、各大学及各院科系以及中小学科目之整理与调整、训练标准、体育、管理、教育经费、行政机构、全国最高学术审议机关、留学制度、边疆教育、华侨教育、社会教育，以及教育与国防及生产建设事业的沟通与合作等涉及教育的 17 个方面，

---

① 《第二次中国教育年鉴》第一编，第 10 页。
② 《第二次中国教育年鉴》第一编，第 10—11 页。

均加以了系统的规定和说明①。该《纲领》成为国民政府战时教育的指导性原则。随即,国民政府教育部又根据 17 个要点,制定了具体的实施方案。为进一步明确抗战期间国民政府教育的基本方针,研究和改进各级教育,1939 年 3 月,国民政府教育部在重庆召开了第三次全国教育会议。蒋介石在会上发表了《今后教育的基本方针》的训词,明确强调"平时要当战时看,战时要当平时看"的教育思想。最后,大会通过决议,以蒋介石的讲演词为全国教育最高指导原则。这样,国民政府在抗战爆发后即逐步实行的"战时应作平时看"的教育指导方针最终确立。这一指导方针与"抗战建国"的基本国策相适应,既注意到教育为抗战服务的应急需要,更考虑到教育为建国奠基的战略意义。

抗战后期,国统区的教育事业就是在这一方针的指导下,进入一个新阶段的。在贯彻"战时应作平时看"教育方针的过程中,国民政府对教育事业也十分重视,采取多种措施进行扶助,并加强了对教育事业的管理和控制,使国统区的教育事业在极其困难的战争环境中得以维持,并在西南西北等地有所发展②。概括起来,国民政府在抗战后期为维持和推动教育事业的发展,主要采取了以下几方面的政策和措施:

第一、积极扶助高校内迁,帮助恢复教学秩序。在高校内迁与恢复秩序和发展过程中,国民政府发挥了积极的作用。一是牵头协调和组织面临战火威胁的高校迁往内地。针对抗战爆发后国土大片沦陷,日军有意识地对我国教育事业进行肆无忌惮摧残的现实,为避免更大的损失,保存教育的基础,国民政府曾在抗战初期采取紧急措施,组织华北、上海、江苏、浙江等地高校内迁。1937 年抗战爆发至 1939 年,这一时期仅迁往四川的高校就达三十一所③;1940 年夏,英美与日本关系

---

①　参见张弓、牟之先主编:《国民政府重庆陪都史》,西南师范大学出版社 1993 年版,第 70—71 页。

②　李华兴主编:《民国教育史》,上海教育出版社 1997 年版,第 465 页。

③　戴知贤、李良志主编:《抗战时期的文化教育》,北京出版社 1995 年版,第 152 页。

紧张,上海租界形势日趋恶化,特别是 1941 年 12 月太平洋战争爆发,迫使原来迁往上海等租界的高校再次内迁,掀起了抗战后期高校内迁的高潮。由于紧接着日军大举侵占东南亚国家,直接危及我国西南各省,受此影响,原来迁往云南等地的部分高校也被迫再次走上内迁道路。抗战后期高校内迁第二波高潮始自于 1944 年夏到年底。1944 年 4 月,日本侵略者为挽回败局,发起豫湘桂战役,迫使以前内迁至广西、云南、贵州等省的八所高校再次内迁四川和贵州①。三次内迁高潮中,国民政府都发挥了主导作用;二是为内迁高校提供各种帮助。高校内迁是一个系统大工程,牵涉校址的选择,图书仪器的搬运,学生和教职员工的转移安置,食粮问题的解决等诸多方面,特别在战时环境中,经费和车辆都非常紧张,在此种情况下,没有政府的支持是难以想象的。大批高校的成功内迁,从一个侧面说明国民政府提供了巨大的支持和帮助。不仅如此,战时物价飞涨,学生生活困苦,国民政府也作了一些努力。例如,1942 年国民政府应允增加战区学生贷金,每人每月为白米 2.1 斗、菜金 18 元②。曾于 1944 年拨出 40 万元作为专款,用于救济西南联合大学和云南大学的贫困学生③。

高校内迁是中国近代教育史上最具深远影响的行动,它保存了中国教育界的精英力量,从而把现代教育引入了欠发达的内地,为抗战事业及后来中国的发展作出了巨大贡献,并直接推动了西南西北落后地区文化教育事业和社会的发展与进步。

第二、设置国立中等学校,救济战区流亡后方的中等学校师生。到 1945 年,国民政府共设立国立中学三十四所,国立大专院校附设中学

①　戴知贤、李良志主编:《抗战时期的文化教育》,北京出版社 1995 年版,第 155 页。

②　西南联合大学北京校友会编:《国立西南联合大学校史》,北京大学出版社 1996 年 10 月版,第 521 页。

③　西南联合大学北京校友会编:《国立西南联合大学校史》,北京大学出版社 1996 年 10 月版,第 75 页。

十六所，国立师范学校和职业学校十四所①。

第三、推进教育管理体制改革。抗战时期特别是后期国民政府在教育管理上比较重大的改革措施，便是结合新县制推行"国民教育制度"和初等教育行政三联制。

1939 年 9 月，国民政府颁布《县各级组织纲要》，其中关于教育方面的规定为："每乡（镇）设中心小学，每保设国民学校，均包括儿童、成人、妇女三部分，使民众教育与义务教育打成一片；乡（镇）长、中心学校校长及壮丁队长，均暂以一人兼任之"②。国民政府意图通过学校教育这一机制，加强对广大乡村社会的控制和对广大民众的管教。为有效地贯彻和实施新县制有关规定，国民政府教育部就于 1940 年 4 月颁布《国民教育实施纲领》，将国民教育分为义务教育和失学民众补习教育两部分，在乡镇中心学校和保国民学校同时实施。在管理体制上，确定由县设教育科主管全县教育，乡设中心学校，保设国民学校；两类学校均分为小学和民众教育两部。后来，为推进民众教育，又于 1944 年颁布《国民教育法》③。这一管理体制最大的特征是实行"政教合一"，它通过"管（管理）、教（教育）、养（经济）、卫（警卫）"合一的手段，借助地方政权直接控制教育，强化对国民的专制集权统治和一体化管理。由于在实践过程中，大部分乡镇长、保长都未符合教育部关于小学校长所应具备的能力与资格，而且良莠不齐，教育界也强烈抵制由乡镇长和保长来兼任校长职务。因而，1942 年国民政府被迫修正有关规定，改为："中心国民学校、国民学校校长，以专任为原则。"④

1940 年 8 月在国民教育制度推行后，国民政府又结合正在实施的"行政三联制"改革，在教育管理上厉行初等教育行政三联制。其核心

---

① 　李华兴主编:《民国教育史》,上海教育出版社 1997 年版,第 466 页。

② 　《第二次中国教育年鉴》,第 183 页。

③ 　参见李华兴主编:《民国教育史》,上海教育出版社 1997 年版,第 468 页。

④ 　《第二次中国教育年鉴》,《国民教育制度》初等教育,第 5—8 页。

内容为:在设计方面:国民政府制定五年普及国民教育的实施计划及期限;各省市根据教育部规定,拟定本省市普及国民教育计划以及实施方案与进度,呈报教育部;由省教育厅督导各县市统筹拟定本县市国民教育实施计划,报教育厅审核。在执行方面:由教育部、各省市和各县市督学、指导员分层级负责视导。在考核方面:各县市所设中心国民学校、国民学校及其他小学实施情况,由县市主管教育行政机关考核;县市由各省市教育厅考核;各省市由教育部考核①。教育行政三联制确立了中央、省市、县市分层逐级管理的机制,对提高教育行政效率有一定的积极意义。

　　第四、设置战区教育指导委员会,实施战区教育。建立战地失学失业青年招致训练委员会,安置因战乱而流离失所的失学失业青年。这对稳定后方和增强抗战力量是有积极作用的。

　　第五、推行"党化"教育。"党化"教育并非始于抗战时期,早在南京国民政府建立之初,国民政府在学校教育中就推行"训育制度"。抗战爆发后,国民政府为强化官方意识形态在教育阵地中的支配地位,便将"训育制度"进一步发展为"以党治校",规定学校的行政领导必须加入国民党(指中、小学校长及大学处级以上的行政人员)。抗战进入中后期以后,尤其是陈立夫出任国民政府教育部长(1938—1944)期间,国民政府推行"党化"教育更是不遗余力。在消除不良外来影响和提高学术标准的幌子下,国民政府加强了对大学的严格控制。1938年,国民政府教育部公布《中等以上学校导师制纲要》和《青年训练大纲》,年底,又在各校设立国民党区党部,以"协助学校行政"(后来还增设三民主义青年团分团部,以"协助学校训育")②。自1939年起,又在各校设立训导处,在国民党党部的直接领导下加强学校的思想政治教育和对广大师生的政治监督。建立起了由校长、院长、处长以及国民党区党部成员、三青团团分部成员等共同组成的完整的"党化"控制系统。通过新县制的推行，在广大农村建立了由地方政权直接控制教育，强化对国民控制的"党化教育"管理模式。1942年11月在国民党五届十中全会上，蒋介石更进一步提出了"党务与教育打成一片"的口号①，使国民党推行的"党化"教育走上了登峰造极的地步。国民政府教育部为推行"党化"教育，要求必须开设军训和三民主义原理的课程，还组建教科书编辑委员会，编辑出版了一整套"国定教科书"，强令各校统一使用。对违反规定的教科书，则采用查禁的手段进行干预②。另外，国民政府甚至还利用《党员守则》《军人读训》，以及组建三民主义青年团等方式强化"党化"教育，更有甚者，甚至采用特务手段来推行"党化"教育③。

这些政策和措施，有的对抗战后期的教育事业起了积极推动作用，是保证和维持战时教育发展的积极因素，有的则对抗战后期教育事业的发展带来了消极后果，并进而影响到学校的稳定和学生的团结。例如，"党化"教育推行的结果，不仅未能在青年学生中培植起国民政府当政者所期望的"效忠"国民党、蒋介石的氛围，相反，随着国民政府的日渐腐败、军事上的失利，国统区青年学生中反独裁、反迫害、要民主的要求日益强烈，并演化成为一股宪政运动的潮流，直接冲击着国民党的统治。对学生运动大感头痛的国民政府，1943年7月竟然以行政院名义通电各地党政机关，要求除国家纪念日外不得随意召集学生参加各种

①　国民党中央执行委员会：《中国国民党第五届中央执行委员会第十次全体会议记录》，转引自《国外中国近代史研究》第19辑，中国社会科学出版社1992年版，第280页。

②　《查禁初中新本国史第四册一、二、三页令饬更正或查禁由》（1943年），张掖地区档案馆档案（四）150。

③　冯崇义：《国魂，在国难中挣扎》，广西师范大学出版社1995年版，第168页。

集会和游行①。

　　抗战后期，国民政府通过上述政策和措施的推行，也产生了两方面的结果：一方面，由于贯彻"战时当作平时看"的教育方针和各项行政措施，教育的正常秩序基本上得到了维持。国统区的各级教育都得到了较大的发展。在高等教育方面，到 1945 年抗战胜利时，全国专科以上学校增至 141 所，比 1936 年增加 30.6％。在校学生人数增至 8.3498万人，为 1936 年的两倍②；在中等教育方面，到 1945 年中学数达 3727所，比 1936 年增加 90％。学生数达 126.2199 万人，比 1936 年递增162％③；在初等教育方面，据 1946 年统计，全国实施国民教育的 19 省市，共计 31.578 万保，设国民学校、中心国民学校及其他小学 23.7 万所，平均每 4 保设 3 校，已接受教育的儿童 2916.0803 万人，占学龄儿童总数 3817.3765 万人的 76％强④。上述统计资料虽有不实之处，但也反映出国民政府推行的国民教育确实取得了进步，促进了基础教育的发展。此外，国统区的社会教育也取得了相当的成绩。从 1940 年度到 1945 年度，全国仅国民学校所办成人补习班的学生人数，六年中便增加了 256 万人，妇女班的学生人数也增加了 165 万人⑤。可以这样说，中国的教育事业没有中断，这对于国民教育的维持，传统文化的延续，现代知识的传授，人民素质的提高，以及抗战所需的技术人才和未来国家发展建设人才的培养，都作了难能可贵和值得肯定的贡献。当然，这里需要特别指出的是，战时国统区教育的发展也有赖于广大师生员工的辛勤努力，若没有他们的奉献精神和支持，国统区的教育事业是

　　① "陈立夫关于制止各级学生参加群众集会游行等呈文"，《中国现代政治史料汇编》第三辑，第 98 册。

　　② 李华兴主编：《民国教育史》，上海教育出版社 1997 年版，第 613—614 页。

　　③ 李华兴主编：《民国教育史》，第 633 页。

　　④ 《抗战时期教育》，《革命文献》第 58 辑，中国国民党中央委员会党史资料编纂委员会刊行，1972 年版。

　　⑤ 李华兴主编：《民国教育史》，第 707 页。

难以达到这样的成就的。

另一方面,国民政府则通过"党化"教育、"政教合一"与"三位一体"、教科书审定等手段,将国统区教育强制纳入党国统治的轨道,强化了对各级教育的政治控制和思想钳制。使得国民党的政治专制统治渗入到教育领域中,严重阻碍了进步思想的传播以及教育的民主化、科学化的进程。当抗战结束后,国民政府违背人民意愿,发动全面内战,国统区的教育战线便日渐成为反对国民政府统治的重要力量,这正是国民政府在教育领域中推行专制统治、党化教育的必然结果。

抗战时期国统区的教育在中华民族近代教育史上占有特殊的地位,留下了浓浓的一笔。这不仅仅是因为它在战时艰难环境中取得了发展,更主要的是它充分反映和体现了中华民族不畏艰难、奋斗不息、传承文明的可贵品质和精神。以国立西南联合大学的发展为例,它是一部让人慨叹的历史画卷。

西南联合大学的前身是由北京大学、清华大学和南开大学于抗战爆发后南迁长沙而临时组建的长沙临时大学。1938年初,日军溯长江而上进攻武汉,长沙已不安全,在此种情况下,经国民政府最高当局批准,长沙临时大学师生经长途跋涉(其中湘滇黔步行团行程1671公里),克服种种困难,西迁至云南昆明。1938年4月,国民政府行政院命令迁至昆明的长沙临时大学更名为国立西南联合大学①。搬迁的艰难和最初的困境是可想而知的,校舍的简陋、图书仪器的缺乏、经费的紧张,时时困扰着西南联合大学的师生员工。

在战时的艰难环境中,西南联大还是逐渐走出了"不必报考西南联大,西南联大教育不出好学生"的阴影②。至1941年太平洋战争爆发,

---

① 西南联合大学北京校友会编:《国立西南联合大学校史》北京大学出版社1996年10月版,第27—32页。

② 西南联合大学北京校友会编:《国立西南联合大学校史》北京大学出版社1996年10月版,第2页。

西南联大已走上快速发展的道路。这一年,毕业学生达到 121 人,是 1939 年毕业学生的七倍。此后人数不断攀升,这可从每年毕业生人数中看出发展的速度和水平①。在校学生人数也达到创纪录的水平,仅工学院 1941 年—1942 年度就在 1000 人上下。培养出了一大批如杨振宁、李政道、朱光亚等蜚声世界和中国的自然科学家和社会科学家。

教师科研成果也是硕果累累。自 1941 年国民政府教育部首度设立奖励计划以后,西南联大该年度获得国民政府教育部奖励的科研成果有:冯友兰《新理学》(一等奖)、华罗庚《堆垒素数论》(一等奖)、金岳霖《论道》(二等奖)等四项;1942 年度获奖的有:周培源《湍流论》(一等奖)、吴大猷《多元分子振动光谱与结构》(一等奖)、孙云著《中国古生代地层之划分》(二等奖)、王力《中国语法理论》(三等奖)、费孝通《禄村农田》(三等奖)等九项;1943 年获奖的有:陈寅恪《唐代政治史述论稿》(一等奖)、汤用彤《汉魏两晋南北朝佛教史》(二等奖)、闻一多《楚辞校补》(二等奖)、王竹溪《热学问题之研究》(二等奖)、张清常《中国上古音乐史论丛》(三等奖)等十项②。反映了抗战后期西南联大发展的状况和水平,是国统区教育发展的一个缩影。

然而,西南联大毕竟是在抗战后期的严酷环境中取得上述成绩的。当时,受战争的冲击和影响,昆明的物价在 1941 年以后,特别是到 1942 年—1943 年以后,飞速腾升,据报载,昆明物价上涨了 300 倍,更有文章指出物价上涨指数为 405 倍,而联大教师薪金制只增长了 5 倍③。薪金增长的速度远远赶不上物价上涨的速度。结果联大许多教师都陷

---

① 1942 年毕业生为 373 人,1943 年为 516 人,1944 年为 531 人,1945 年为 426 人。西南联合大学北京校友会编:《国立西南联合大学校史》北京大学出版社 1996 年 10 月版,第 572 页。

② 西南联合大学北京校友会编:《国立西南联合大学校史》,北京大学出版社 1996 年 10 月版,第 520—534 页。

③ 西南联合大学北京校友会编:《国立西南联合大学校史》,北京大学出版社 1996 年 10 月版,第 73 页。

于贫困状态中,时在断炊威胁中度日,甚至靠典当兼差维持生计,最后弄到了无衣无物可卖的地步。即便这样,生活依旧困难,以致有的教师身无分文,患病去世,夫人衣食无着,欲投滇池自尽①。学生的情况也是一样,甚至更糟。当时国民政府向学生提供助学贷金,昆明学生每月最多可申请贷金 150 元,但每月伙食费最低需 170 元②。因生活困难,许多学生靠勤工俭学维持学业,买不起书本,就伙用或靠老同学出让旧书学习。艰难的环境没有击倒联大的师生员工,他们用热血和奉献精神托起了联大的希望,支撑起了联大发展的大厦,铸就了辉煌的成就。

是什么样的力量推动着西南联大的师生们克服和战胜战时难以想象的困难,写就不平凡历史的呢?借用陈岱孙的话概括起来就是:"身处逆境而正义必胜的信念永不动摇;对国家民族前途所具有的高度责任感,曾启发和支撑了抗日战争期间西南联大师生们对敬业、求知的追求。"③正是发扬了爱国主义精神,西南联大谱写了一段抗战后期国统区教育的光辉篇章。

四　国统区抗战文化运动的发展

全面抗战爆发之后,广大知识分子满怀悲愤与豪情投身于抗日洪流中。他们利用知识和手中的笔为武器,迅即掀起了声势浩大、波澜壮阔的抗日运动。随着战局的演变,在太平洋战争爆发前夕,抗战文化运动在广大知识分子的推动下,相继走过了三个阶段,即抗战文化运动的兴起时期(1937 年 7 月—1937 年 11 月)、抗战文化运动的发展时期(1938 年 1 月—1938 年 10 月)和抗战文化运动的调整时期(1938 年 11

---

①　西南联合大学北京校友会编:《国立西南联合大学校史》,北京大学出版社 1996 年 10 月版,第 535 页。

②　《新华日报》1942 年 10 月 19 日。

③　西南联合大学北京校友会编:《国立西南联合大学校史》,北京大学出版社 1996 年 10 月版,第 3 页。

月—1941 年 12 月）。尽管自抗战进入中期以后,国民政府即加强了对抗战文化运动的限制和控制,在文化领域中全面推行文化专制主义,但并未能阻挡住抗战文化运动发展的脚步。在爱国热情的激励与中共的正确领导下,广大的抗战进步文化人士积极冲破国民党的种种限制,以各种形式和机会发展抗战文化运动,使富于时代特色的抗战文化运动在经过一段时间的调整后,逐渐形成了以国民政府陪都重庆为中心的西南国统区的抗战文化运动高潮期。

1938 年 10 月武汉失陷以后,汇集于武汉的抗战进步文化人士陆续向西南、西北地区转移。由于西南地区的广西、云南分别是滇系、桂系控制的地盘,他们与国民党蒋介石中央政权存在矛盾,处于半独立的状态。加之,李宗仁、白崇禧与龙云抗日态度坚决,这就使得广西、云南相对地保持着民主的气氛,成为国统区政治空气新鲜活跃的地区。于是,大批文化人士在中国共产党的影响和领导下,纷纷云集广西、云南的省会——桂林、昆明。太平洋战争爆发后,港澳沪以及南洋等地相继沦陷,留居该地的文化人士纷纷回到国内,其中又有不少人到了桂林和昆明。

抗战时期,大批文化界人士云集桂林,推动着桂林抗战文化运动的发展。据不完全统计,从 1938 年—1944 年的六年中,在桂林路过或在桂林逗留和居住过的文化人士约有一千多人,在桂林发表作品的人更达两千人以上。其中闻名全国的社会科学家、自然科学家、作家、艺术家、学者和教授近二百人。相继迁到桂林,或在桂林创建的各种文化团体约有三四十个①。在大批文化人士和文化团体的积极推动下,使本来是"文化沙漠"的桂林,"很快成了国民党统治下大后方的惟一文化中心"②,并为桂林赢得了"文化城"的盛誉。在新闻出版事业方面,先后

---

① 戴知贤、李良志主编:《抗战时期的文化教育》,北京出版社 1995 年版,第 190 页。

② 胡愈之:《我在抗战时期的经历》,《中共党史资料》第 18 辑,第 125 页。

复刊、创刊和发行的报纸有《新华日报》(航空版)、《救亡日报》、《力报》、《扫荡报》、《小春秋》、《桂林晚报》、《自由晚报》等。新闻机构有国际新闻社、中国青年记者学会、中央社桂林分社、西南通讯社等。先后开设的书店、出版社、印刷厂达二百家,其中出版杂志近二百种,专著仅文艺方面就达一千余种①。太平洋战争爆发后,桂林的抗战文化运动又向纵深方向发展。创办的文学刊物迅速增加,主要有《文艺杂志》、《文艺生活》、《文学创作》、《当代文艺》、《人世间》等十九种之多②。小说和戏剧的创作也取得了突出的成就。在小说方面,有茅盾的《霜叶红似二月花》、艾芜的《收获》、沙汀的《淘金记》、骆宾基的《北望园的春天》等在中国现代文学史上占有极其重要地位的长篇、短篇名作。在戏剧方面,有田汉的《秋声赋》,田汉、洪深、夏衍合写的《再会吧,香港!》(后改名《风雨同舟》),欧阳予倩的《忠王李秀成》,阳翰笙的《天国春秋》等。特别是桂林的戏剧演出活动,极为活跃。1944 年春,桂林举办了具有深远影响的西南戏曲展览会(简称"西南剧展")。参加西南剧展的有三十三个团体,演出大小剧目七十多个,演出剧种计有话剧、平剧、桂剧、粤剧、湖南花鼓戏、彩调等。这次剧展从一个侧面反映了桂林文化运动发展的状况,是桂林抗战文化运动发展到高潮的标志。

　　昆明的抗战文化运动的推动,则主要得益于内迁的高校。1938 年春,由北京大学、清华大学和南开大学合并组建的长沙临时大学迁至昆明,并改名为国立西南联合大学。北大、清华、南开三校是我国久负盛名并享誉海内外的最高学府。三校合组后的西南联大,群英荟萃,人才济济。共有一百多位知名教授,他们都是当时中国的学界名流文化精英,以及后起的学者二百余人。此后,又有诸如中山大学、同济大学、华

---

　　①　《桂林文化城概况》,广西人民出版社 1986 年版,转引自戴知贤、李良志主编:《抗战时期的文化教育》,北京出版社 1995 年版,第 195 页。

　　②　参见戴知贤、李良志主编:《抗战时期的文化教育》,北京出版社 1995 年版,第 213—214 页。

中大学等其他高校相继迁滇。更多的文化人士纷纷涌向昆明,使昆明一时成了抗战时期大后方最大的文化中心之一①。而抗战文化运动在昆明发展和繁荣的重要标志,则是西南联大及其活跃的校园文化。

　　联大教师在艰难的抗战环境中教书育人的同时,积极埋头著书立说,在文学、历史学、哲学和自然科学的领域中取得了丰硕的研究成果。其中重要的代表作:在文学方面有闻一多的《神话与诗》、《楚辞校补》、《尔雅新义》、《诗选与校笺》等;朱自清的《新诗杂话》、《语文拾零》、《中国新文学研究纲要》等,以及与叶圣陶合作编著的《精神指导举隅》、《国文教学》等书;王力的"语法三书"——《中国现代语法》、《中国语法理论》、《现代语法摘要》,等等。历史学领域有陈寅恪的《唐代政治史述论稿》、《隋唐制度渊源略论稿》等;吴晗的《大明帝国与明教》、《明太祖》等;雷海宗与林同济合著的《文化形态史观》。哲学方面有冯友兰的《新理学》、《新事论》、《新世训》、《新原人》、《新原道》、《新知言》系列著作;金岳霖的《论道》、《知识论》等。自然科学领域虽因物质条件限制,难以有重大突破,但也取得了重要的成果。例如,华罗庚、许宝禄、陈省身在数学的某些领域达到了当时的国际先进水平②。上述这些名作和成果的诞生,不仅极大地推动了我国科学研究事业,而且丰富了中国抗战文化运动的内容。与联大教师的学术研究活动相联系,各种学术演讲会十分兴盛。仅从1942年起,中文、历史两系合办的"文史讲演会"就达六七十次之多。除此之外,联大教师还创办刊物,如《国文月刊》、《今日评论》、《当代评论》等;李公朴开办了"北门书屋",创办了"北门出版社",出售和出版进步的书籍和作品。

　　在联大教师的积极影响下,联大学生的校园业余文化活动有声有

　　①　戴知贤、李良志主编:《抗战时期的文化教育》,北京出版社1995年版,第278页。

　　②　戴知贤、李良志主编:《抗战时期的文化教育》,北京出版社1995年版,第230页。

色,构成了联大校园文化最有生气的部分。联大学生组织了各种社团,利用独特的宣传形式——壁报,出版了《群声》、《耕耘》、《文艺》等刊物。尤其是进步学生组织的社团,更是将联大的校园文化气氛渲染得富有时代朝气和特色。随着抗战后期国民党政府全面实行独裁和专制统治,以联大为核心的昆明抗战文化运动又出现了新的动向,这就是赋予了民主政治文化的品格,使昆明具有了"民主堡垒"的称誉。

抗战文化运动在桂林、昆明的发展,尽管取得了令人瞩目的成就,但实际上自太平洋战争爆发以后,大后方整个抗战文化运动的中心已转移到了国民政府的陪都重庆。这有几方面的原因:

第一、广州、武汉失陷以后,郭沫若、阳翰笙、老舍等大批文化人士,以及新华日报社、中央日报社、"剧协"、"文协"等大批文化机构、团体,都先后随国民政府行政院和军委会机关迁到重庆,推动了重庆抗战文化运动的发展。

第二、抗战爆发后,大批高校内迁,其中先后迁到重庆地区的就有三十一所,占整个内迁七十七所高校的将近一半。加上重庆本地设立的高校,使抗战后期重庆地区的高校达到三十八所,居全国之冠①。这些高校成为传播文化和推动重庆抗战文化运动发展的基地。

第三、太平洋战争爆发后,日军先后侵占上海英、法租界、香港、澳门以及南洋各地,迫使留居上述地区的文化人士纷纷向祖国内地转移。数月间,就达几千人②。这批文化人士部分去了桂林、昆明,部分到了重庆。其后,桂林的文化人士1944年夏大都内迁到重庆,昆明也有部分文化人士辗转到了重庆。其中著名的作家有:茅盾、张恨水、胡风、田汉等;诗人有:艾青、臧克家;电影戏剧艺术家有:夏衍、宋之的、洪深、司徒慧敏等;表演艺术家有:金山、凤子、黄宗江、蓝马等;美术家有:徐悲

---

① 周勇主编:《重庆——一个内陆城市的崛起》,重庆出版社1989年版,第465页。

② 《慰励归国文化人》,《中央日报》,1942年5月3日社论。

鸿、叶浅予、丁聪；音乐家盛家伦；新闻记者顾执中等 70 多人①。到 1943 年上半年，集中于重庆的全国性文艺团体约有 35 个，聚集了全国绝大部分优秀的文艺工作者。如此巨大的优秀知识分子群体的参与和活动，直接推动着重庆抗战文化运动向高潮阶段发展，并成为全国抗日文化运动的中心。

第四、太平洋战争爆发后，伴随着大批文化人士的内迁，原先在上海的商务、中华、世界、大东、开明等大型印书局也迁到了重庆，并在重庆恢复和扩大了出版业务。许多文化名人和作家自己也开办了小型的出版社，诸如文化生活出版社、中外出版社、作家书屋等。此外，重庆市还新成立了建国书店、文风书店、南方印书馆等印书馆。上述众多出版机构的建立，不仅使重庆的出版事业日益走向繁荣，而且为重庆抗战文化运动的发展创造了条件。

上述四个方面的原因，以及重庆又是国统区政治、军事、经济中心的缘故，共同构成了重庆作为全国抗战文化运动中心的主客观条件。正是在汇聚于重庆的众多抗战进步文化人士的积极推动与努力下，使重庆的抗战文化运动取得了巨大的成就，在中国的抗战史和文化史上写下了光辉的篇章。

刊物是文学艺术家的活动阵地和舞台。在大批文化人士汇集重庆后，整个重庆新创刊和复刊的文艺杂志很多，据不完全统计，1942 年至 1943 年间仅期刊就有：《文化先锋》、《文艺先锋》、《文坛》、《今文月刊》、《中国漫画》、《文风》、《时与潮文艺》、《演剧生活》、《戏剧月刊》、《天下文章》等。而且陪都出版的各大报纸大都创办了副刊，诸如《大公报》副刊"战国"、"战线"；《国民公报》副刊"文群"、"诗垦地"；《新蜀报》副刊"蜀道"；《新民报》副刊"血潮"；《中央日报》副刊"文综"；《时事新报》副刊"学灯"、"青灯"；《扫荡报》副刊"扫荡"；《新华日报》副刊"文艺之页"

---

① 　戴知贤、李良志主编：《抗战时期的文化教育》，北京出版社 1995 年 7 月版，第 107—108 页。

(1942年9月18日改设"新华副刊")等①。这些副刊内容丰富多彩,它们与新创和复刊的期刊以及先前的刊物一道,迅速促进了文艺界的繁荣。受其影响,此间,重庆的文艺丛书出版也特别盛行,相继出版的丛书有:"每月文库"、"战地文艺丛书"、"中国文艺丛书"、"戏剧丛书",此外,互生书店、文林出版社、良友出版社、正中书局等均有丛书出版。文艺刊物和书籍出版的繁荣,从一个侧面反映了抗战文化运动蓬勃发展的状况。

戏剧是重庆抗战文化运动发展到高潮最重要的标志。由于受国民党政府书报审查制度的干扰和限制,其他文艺形式的活动受到了一定影响,陪都文化界的进步人士便利用"雾季公演"的机会,推出了每年一度的雾季戏剧节,使戏剧这一文艺形式在重庆抗战文化运动中获得了空前的发展。1941年10月到1942年5月第一届雾季公演,戏剧界共演出了《大地回春》、《愁城记》、《屈原》、《猴儿大王》等二十九台大型话剧,还有活报歌舞剧《法西斯丧钟敲响了》、小型歌剧《农村曲》、大型歌剧《秋子》、独幕话剧《孤岛小景》等。1942年10月到1943年6月的第二届雾季公演中,共演出《法西斯细菌》、《祖国在召唤》、《蜕变》等二十二台大型话剧。雾季公演,不仅使中国抗战话剧运动进入空前未有的黄金时代,也使得戏剧这一文艺形式在抗战文化运动发展中扮演了十分重要的角色。这些戏剧内容丰富,有的暴露和抨击了当时的社会现实,如宋之的的《雾重庆》,集中表现发国难财的商人和知识分子机会主义者;陈白尘的《升官图》,讽刺官场的腐败;最突出的是曹禺的《蜕变》,它刻画一所管理不善的军医院原始状况②。有的借用历史剧的形式痛斥国民党破坏抗战、破坏团结的行为,最典型的如郭沫若的《棠棣之

---

① 参见张弓、牟之先主编:《国民政府重庆陪都史》,西南师范大学出版社1993年9月版,第343—344页。

② 转引自费正清、费维恺主编:《剑桥中华民国史》(下),中国社会科学出版社1994年版,第541页。

花》、《屈原》等。

　　重庆作为抗战文化运动中心的另一个重要表现是,学术研究取得了丰硕的成果。作为全国学术研究的中心,此时期在重庆共设有全国性学术团体 141 个,各种学术都有长足的进步。这从学术研究成果获奖的状况就可看出,从 1941 年至 1945 年,重庆市共有 266 人获国民政府教育部的学术研究和著作发明奖,其中一等奖 14 人,二等奖 74 人,三等奖 152 人,余为奖助金①。除此之外,抗战后期重庆的小说、诗歌和报告文学、美术、音乐、电影等创作以及科学和技术方面也取得了巨大的成就。

　　总之,抗日文化运动是揭露敌人、发动群众共赴国难、参加抗日的重要手段。抗战后期国统区抗战文化运动的发展,在唤醒民众将士的觉悟,粉碎日本侵略者妄图涣散我国军民抗日的意志和精神的文化进攻战和精神战,激励军民的战斗意志和胜利信心,防止妥协投降行为和失败心理,暴露和抨击时弊,推进中国社会进步,推动大后方文化事业发展方面,都发挥了极其重要的作用。它是中国抗战胜利的重要因素之一。

---

　　①　参见张弓、牟之先主编:《国民政府重庆陪都史》,西南师范大学出版社 1993 年版,第 359 页。

第四章　抗日战争后期的敌后解放区

第一节　中国共产党的整风运动

一　整风运动的历史背景

　　抗日战争后期在敌后解放区普遍开展的整风运动,是中国共产党内一次马克思列宁主义的思想教育运动,是中国共产党建设史上的百年大计①。经过整风运动,真正确立了毛泽东思想在全党的指导地位,促成了中共在毛泽东思想基础上的空前大团结,为中国共产党领导人民战胜解放区面临的严重困难,夺取抗日战争和新民主主义革命在全国的胜利奠定了坚实的思想、政治和组织基础。

　　整风运动首先是中国共产党内路线斗争的产物。1931年中共六届四中全会至遵义会议期间,以王明为代表的"左"倾错误路线统治了中共,使中国革命事业遭受了严重的损失。1935年10月举行的遵义会议,解决了当时最为迫切的军事路线和组织路线问题,确立了毛泽东在中共的领导地位;1936年12月举行的中共瓦窑堡政治局扩大会议,解决了当时急需解决的建立抗日民族统一战线的政治路线问题,领导中共开展了英勇的全民族的抗日战争,然而中国共产党还没有机会从思想上清算以王明为代表的"左"倾机会主义路线错误。1937年11月,原任中共驻共产国际代表团团长的王明回到延安,他下车伊始,便打着

————————

　　①　《毛泽东致彭德怀电》(1943年6月6日),《毛泽东年谱》中卷,中央文献出版社1994年版,第444页。

共产国际和斯大林的旗号,批评中国共产党的政治路线,从一个极端走向另一个极端,提出了"一切经过统一战线"的右倾投降主义的政治路线。1938年10月举行的六届六中全会肯定了毛泽东为代表的中共中央的政治路线,但由于中共处在紧张的军事行动之中,仍然未能从思想上清算王明机会主义路线的错误。王明不仅没有认识自己的错误,反而在他所主持的长江局的工作中,与中共中央分庭抗礼,并将自己打扮为土地革命后期的正确路线的代表者。1940年3月,他重版了他的"左"倾机会主义的代表作《为中共更加布尔什维克化而斗争》,提出"不能把昨日之是,一概看作今日之非,或把今日之非,一概断定不能作为昨日之是",还特别加了三版序言,要求中共高级干部将此作为学习党史的教材。在他的错误思想影响下,中共中央东南分局书记项英不执行中共中央独立自主开展敌后游击战争的正确方针,缺乏与国民党顽固派进行反摩擦斗争的思想准备,结果导致新四军兵败皖南,这一血的教训引起中共深刻的反思。1941年3月26日,中共中央政治局开会讨论增强党性问题,检讨皖南事变的教训,王明不作任何自我批评,引起其他领导人强烈不满。这种情况如果任其继续发展,必然会影响中国共产党的统一和稳定,成为革命进一步发展的重大障碍。清除王明错误路线在中共党内的影响,便成为中国共产党人一项迫切的政治任务。

　　整风运动也是中国共产党进行马列主义思想教育的迫切需要。抗日战争为中国共产党的大发展提供了千载难逢的大好时机。1938年3月,中共中央曾通过《关于大量发展党员的决议》,要求中共的各级组织在开展抗日游击战争,建立敌后根据地的过程中,大力做好党的发展工作①;另一方面,大批革命青年向往延安,积极投奔各敌后根据地,参加抗日斗争,他们对于中国共产党从敬仰到热切希望加入,由此而使中国共产党的队伍迅速壮大。1942年中共党员已达80万人,其中绝大部

---

　　①　《中共中央关于大量发展党员的决议》,转引自解放军政治学院:《中共党史参考资料》第8册,第151页。

分都是新党员,由于革命形势发展迅速,不少新党员已担任重要的领导职务。革命形势在横断面的迅猛发展,必然会带来提高纵向水平的要求,由于新党员90％以上来自农民和小资产阶级,他们虽有高涨的革命情绪和接受马列主义的良好愿望,同时也带有大量的非无产阶级思想和企图以小资产阶级知识分子的面貌来改造世界改造党的欲望,他们此种思想上的弱点常常成为"左"右倾机会主义得以推行的市场。因此,提高广大新党员、新干部的思想水平和理论修养,成为中国共产党获取进一步发展的必要前提。1941年以来,中国共产党领导的敌后解放区面临着日伪顽夹击及严重的自然灾害所造成的困难局面,解放区和八路军、新四军均有所缩小,粮食、棉布、药品、弹药以及日用品严重短缺,一些解放区的抗日军民不得不以野菜、柿子充饥,这就更需要中国共产党整训自己的队伍,锤炼在抗日斗争的烽火中刚刚组织起来的党员和干部,使他们能够在复杂环境中明辨方向,坚定意志,以成熟的马列主义理论修养和高超斗争艺术,领导人民群众去夺取抗日战争的胜利。

整风运动还是中国共产党正确处理与共产国际的关系,独立自主决定自己政治路线的分水岭。自1922年中国共产党加入共产国际并成为其一个支部后,共产国际就和中国共产党结下了不解之缘。它对于中国革命的影响是两方面的:一方面,在国际主义和列宁关于民族殖民地革命学说的指引下,它热心帮助中国共产党的建立和发展,积极推动第一次国共合作的形成和国民革命运动的兴起,起了积极的作用;另一方面,又由于它的领导机制的不健全、对于中国国情的隔膜及受苏联党内宗派斗争的影响,对于中国革命也起了消极的作用。抗日战争爆发后,从苏联归国的王明等人依然打着共产国际的旗号,在党内制造混乱,严重干扰着中国共产党领导的抗日战争的伟大事业。为此,中国共产党必须解决与共产国际的关系问题。毛泽东曾指出:"整风实际上也是批判斯大林和第三国际在指导中国革命问题上的错误,但是关于斯大林和第三国际我们是一字未提",原因有二:其一,"既然中国人听了他们的话,那末中国人自己就应该负责";其二,"我们和苏联的关系不愿引起不愉快,第三国际没有检讨这些错误,苏联也没有提到这些错误,我们提出批评就会同他们闹翻的"①。中国共产党仍然是共产国际的支部,共产国际的指示对于中国共产党有着指导和制约的作用,在这样的情况下,中国共产党提出了马列主义与中国革命实践相结合的旗帜和口号。1938 年 10 月,毛泽东在中共六届六中全会上作《论新阶段》的报告,号召中共全党"研究马克思、恩格斯、列宁、斯大林的理论","研究我们民族的历史","研究当前运动的情况和趋势","学会把马克思列宁主义的理论应用于中国的具体的环境",提出了马列主义中国化和教条主义必须休息的重要论断②。中国共产党的方针是反对一切照搬国际指示的教条主义,以是否适合于中国革命的实际作为检验共产国际指示的标准,并决定取舍及执行的程度。实际上是既与共产国际保持原有的关系,又从中国革命的实际出发有限度地执行共产国际的指示。毛泽东和中国共产党人为此作了多方面的努力,并成功地解决了这一重大课题。

　　整风运动在客观上也具备了在中共范围内广泛开展的条件,在军事上,抗日战争已进入战略相持阶段,中国共产党领导的各抗日武装力量在敌后站稳了脚跟,太平洋战争爆发后,尽管日军加紧了对于各解放区的进攻,战争环境相当艰苦,但由于日军兵力更加分散,战局却比较稳定,使中国共产党有可能发动全党开展整风运动。在思想上,中国共产党的正确路线已在党内占据领导地位,毛泽东等中共领导人发表了大量著作,著名的有毛泽东的《论新阶段》、《〈共产党人〉发刊词》、《新民主主义论》、《〈农村调查〉的序言和跋》、《改造我们的学习》,刘少奇的《论共产党员的修养》,陈云的《怎样做一个共产党员》等,深刻总结了中

---

① 毛泽东:《吸取历史教训,反对大国沙文主义》(1956 年 9 月),《毛泽东外交文选》,中央文献出版社、世界知识出版社 1994 年版,第 254 页。

② 毛泽东:《中国共产党在民族战争中的地位》,《毛泽东选集》(4 卷本),第 498—501 页。

国革命的历史经验,批判了"左"右倾机会主义的思想根源,为整风运动作了思想上和理论上的必要准备。在组织上,中共中央已经形成了以毛泽东为首,包括刘少奇、朱德、任弼时、周恩来等的坚强领导核心;由于筹备中共"七大"的缘故,各地选举的 340 名代表中的 306 名已于 1941 年 3 月抵达延安,集中在中央党校学习;他们都是中国共产党的高级干部和各解放区、大后方党的主要领导人,在长期的革命斗争实践中,积累了丰富的斗争经验,正反两方面的经验教训使他们迫切要求澄清中国共产党历史上的大是大非问题,更加统一中共的思想和步伐,为整风运动准备了组织方面的重要条件。

二　中共全党的整风运动

整风运动是在以毛泽东为首的中共中央的直接领导下,有领导、有步骤地开展的,大致可以分为三个阶段:

从 1940 年 12 月至 1942 年 1 月为整风运动的准备阶段,也可称为高级干部的小整风阶段,主要内容是研究中共历史上的路线问题[①]。

1940 年 12 月 25 日,毛泽东为中共中央起草了《论政策》的党内文件,第一次明确指出:土地革命后期产生的许多过左的政策,例如所谓革命和反革命两条道路的决战、在经济上消灭资产阶级和富农、在肉体上消灭地主、打击知识分子、肃反中的"左"倾、在政权工作中的共产党员的完全独占、共产主义的国民教育宗旨、过左的军事政策、白区工作中的盲动政策,以及党内组织中的打击政策等等,"表现其为'左'倾机会主义的错误","使党和革命遭受了极大的损失"[②]。这一结论性意见修正了遵义会议关于四中全会后党的政治路线正确的决议。这一指示

[①]　对于整风运动的准备阶段,较多的著作主张从 1941 年 5 月毛泽东在延安干部会议上作《改造我们的学习》开始。

[②]　毛泽东:《论政策》,《毛泽东选集》(4 卷本),第 720—721 页。

发出后在党内引起争论,解决好以王明为代表的第三次"左"倾错误是否为路线错误的认识问题,便成为开展整风运动的基本前提。

　　为了统一中共的思想,毛泽东做了大量的工作。1941 年 2 月,正式出版毛泽东在红军大学的演讲《中国革命战争的战略问题》,毛泽东在编者按中强调:"这是第二次国内革命战争时期党内在军事问题上的一场大争论的结果,是表示一个路线反对另一个路线的意见。"[①]3 月和 4 月,毛泽东先后写了《农村调查》的序和跋,批评"钦差大臣"满天飞的主观主义错误,阐明了"没有调查就没有发言权"的真理[②]。5 月,毛泽东在延安干部会上作了《改造我们的学习》的重要报告,尖锐批评党内的机会主义者把马克思主义当作教条,"只知生吞活剥地谈外国","起了留声机的作用",指出理论脱离实际的主观主义作风"是共产党的大敌,是工人阶级的大敌,是人民的大敌,是民族的大敌,是党性不纯的一种表现。大敌当前,我们有打倒它的必要"[③]。7 月,中共中央作出《关于增强党性的决定》,决定在全党开展反对主观主义、独立主义和个人主义的斗争。8 月,中共中央又作出《关于调查研究的决定》,要求从中央到每一个党员都要着重对于历史,对于环境,对于国内外、省内外、县内外、区内外具体情况的调查研究,以便有效地团结全国各阶级的革命力量,推翻日本帝国主义的统治等。

　　1941 年 9 月 10 日至 10 月 22 日,中共中央举行政治局扩大会议,重点讨论土地革命后期的路线问题,揭开了中央领导层整风的序幕。张闻天、博古、王稼祥等曾受王明路线影响的同志在会上作了自我批评,会议明确指出从中共六届四中全会至遵义会议,王明犯了"左"倾机会主义路线错误,并指出此种错误的残余,至今影响着中共的许多部门的工作。王明拒绝会议对他的批评,不仅未作任何自我批评,而且表示

[①]　毛泽东:《中国革命战争的战略问题》,《毛泽东选集》(4 卷本),第 154 页。

[②]　毛泽东:《〈农村调查〉的序言和跋》,《毛泽东选集》(4 卷本),第 749 页。

[③]　毛泽东:《改造我们的学习》,《毛泽东选集》(4 卷本),第 758 页。

将与中央争论到底,到共产国际去打官司,并以生病为由不再参加整风学习。在这次会议的基础上,9月26日,中共中央决定成立高级学习组,毛泽东任组长,王稼祥任副组长,组织全党300名高级干部进行整风学习。范围包括中央、各中央局、中央分局、区党委或省委之委员,八路军、新四军各主要负责人,各高级机关某些职员,各高等学校某些教员,内延安占三分之一,外地占三分之二;以理论与实践统一为方法,以半年为第一期,"研究马恩列斯的思想方法与我党二十年历史两个题目,然后再研究马恩列斯与中国革命的其他问题,以达克服错误思想(主观主义及形式主义),发展革命理论的目的"①。为了帮助高级干部学习,毛泽东主持编纂了《六大以前》和《六大以来》党史文件集,汇集各种有代表性的中共历史文件,供学习、比较、分析、鉴别,以利于总结经验教训。高级干部对于党史的学习和讨论为整风运动作了重要的思想和组织方面的准备。

从1942年2月至1943年9月为中共普遍整风阶段。1942年2月1日,中共中央党校举行开学典礼,毛泽东作《整顿党的作风》的报告。2月8日,又在延安干部会议上作了《反对党八股》的报告,标志着中共整风运动的开始。

根据毛泽东关于整顿三风的报告,整风运动的主要内容是:第一,反对主观主义以整顿学风。主观主义有两种形式:教条主义和经验主义。教条主义者可以王明一伙为典型,他们口头上也讲马列主义,甚至标榜是"百分之百的布尔什维克",但是他们不是根据马列主义的理论和方法,研究中国的政治、经济、军事、文化的历史和现状,研究中国革命的实践经验,从中引出结论,作为中国革命的指南,而是抛弃马列主义的精神实质,把马列主义的若干词句和结论当作教条,硬搬到中国来,这样的作风"拿了律己,则害了自己;拿了教人,则害了别人;拿了指

① 《中共中央关于高级学习组的决定》(1941年9月26日),转引自中共中央党校党史教研室:《中共党史参考资料》(五),人民出版社1979年版,第7页。

导革命,则害了革命"。经验主义者则长期拘守于自身的片断经验,不能总揽客观实际的全局,轻视马列主义的理论指导,往往成为教条主义的俘虏和助手。两者相较,教条主义在当时是最为危险的敌人。与主观主义相对立的是理论联系实际的学风,毛泽东强调,"对于马克思主义的理论,要能够精通它、应用它,精通的目的全在于应用",要求党员通过整风学习要"能够依据马克思列宁主义的立场、观点和方法,正确地解释历史中和革命中所发生的实际问题,能够在中国的经济、政治、军事、文化种种问题上给予科学的解释,给予理论的说明",只有把理论、历史、现状很好结合起来,才能制订正确的路线和政策。毛泽东指出克服主观主义的具体办法是"使上述两种人各向自己缺乏的方面发展","有书本知识的人向实际方面发展,然后才可以不停止在书本上,才可以不犯教条主义的错误。有工作经验的人,要向理论方面学习,要认真读书,然后才可以使经验带上条理性、综合性,上升成为理论,然后才可以不把局部经验误认为即是普遍真理,才可不犯经验主义的错误"①。

第二,反对宗派主义以整顿党风。政治上的机会主义和思想上的主观主义,表现在组织上必然为山头主义、宗派主义和分裂主义。当时党内占统治地位的宗派主义虽已不存在,但它的残余还存在,如闹独立性,特别是由于根据地的被分割而突出表现为山头主义。毛泽东指出:"对内的宗派主义倾向产生排内性,妨碍党内的统一和团结;对外的宗派主义倾向产生排外性,妨碍党团结全国人民的事业。铲除这两方面的祸根,才能使党在团结全党同志和团结全国人民的伟大事业中畅行无阻。"毛泽东号召全党同志,要顾全大局,每一个党员,每一种局部工作,每一项言论和行动,都必须以全党利益为出发点,并具体规定了处理外来干部与本地干部、军队干部与地方干部、新干部与老干部,以及

---

① 毛泽东:《整顿党的作风》,《毛泽东选集》(4卷本),第769—786页。

几部分军队、几个地方、几个部门之间关系的准则①。

第三，反对党八股以整顿文风。主观主义和宗派主义的东西，总是表现在党八股式的文章和演说里面，王明的文章和演说就是党八股的典型，"在我们党内已经有了一个长久的历史，特别是在土地革命时期，有时竟闹得很严重"。毛泽东以此为蓝本，列举了党八股的八大罪状：空话连篇，言之无物；装腔作势，借以吓人；无的放矢，不看对象；语言无味，像个瘪三；甲乙丙丁，开中药铺；不负责任，到处害人；流毒全党，妨害革命；传播出去，祸国殃民。提出"洋八股必须废止，空洞抽象的调头必须少唱，教条主义必须休息，而代之以新鲜活泼的、为中国老百姓所喜闻乐见的中国作风和中国气派"②。

4月3日，中共中央宣传部作出决定，部署和启动全党的整风运动，并规定此次整风运动的宗旨是："党在思想上的革命，是改正干部和党员思想，转变工作作风"；具体实施的方法是：指定十八个文件为学习考试的范围（后增加为二十二个文件），"逐件精读，逐件写笔记"，领会贯通文件的精神与实质，"深思熟虑，反省自己的工作及思想，反省自己的全部历史"，"不只是揭发与纠正缺点及错误方面，而且要发扬与巩固成绩和正确方面"；然后，"运用中央文件的精神和实质，彻底改造本部门的工作，彻底改造每个同志的工作作风和思想作风"③；处理问题的方针是："惩前毖后"、"治病救人"，对于党内历史问题尤强调不应着重于个别同志的责任方面，而着重于当时环境的分析，当时错误的内容，当时错误的社会根源、历史根源和思想根源，对于人的处理要采取慎重态度，既不含糊敷衍，又不损害同志，既要弄清思想，又要团结同志等④。

---

①　毛泽东：《整顿党的作风》，《毛泽东选集》（4卷本），第769—786页。

②　毛泽东：《反对党八股》，《毛泽东选集》（4卷本），第787—803页。

③　《中共中央宣传部关于在延安讨论中央决定及毛泽东同志整顿三风报告的决定》（1942年4月3日），转引自解放军政治学院：《中共党史参考资料》第9册，第175—176页。

④　毛泽东：《整顿党的作风》，《毛泽东选集》（4卷本），第769—786页。

6月8日,中共中央宣传部在总结延安整风运动的经验基础上,发出《关于在全党进行整顿三风学习运动的指示》,据此,在各解放区的各级中共党委仿照延安的经验,有计划地领导开展全面的整风运动。

从1943年9月至1945年4月为整风运动总结提高阶段,中共中央组织高级干部再次学习和研究党的历史和路线是非问题,并最终由中央全会作出结论性的决定。

1943年9月起,在中共深入进行整风学习的同时,中共中央多次举行政治局会议、扩大会议,讨论党的历史问题,着重批评在抗日战争初期王明所推行的右倾投降主义路线,周恩来曾对王明的错误路线作了很好的概括:党外步步投降,党内处处独立;在形势估计上是速胜论、外援论;战略思想是外援论、唯武器论;在抗战工作上是投降主义,中心是放弃领导权,取消阶级教育和党的宣传;在党的关系中是把党作为私人工具,取消党的正确领导,与延安中央闹独立性,中心是想做实际的领袖等①。12月,中共中央在党内文件中明确指出抗战时期王明的主要错误是:1. 主张速胜论,反对持久战;2. 迷信国民党,反对统一战线中的独立自主;3. 主张运动战,反对游击战;4. 在武汉形成事实上的第二中央,并提倡党内闹独立性,破坏党纪军纪②。同时,中共中央组织全党高级干部学习和研究党的历史,并陆续召开各地区的高级干部会议,讨论和总结各地区党的历史问题。

1944年4月,毛泽东在延安高级干部会议上作《学习和时局》的报告,对中共历史问题的讨论和研究作了总结,代表中共中央对土地革命战争时期的许多重大问题作了结论,号召全党"放下包袱,开动机器,轻装上阵,夺取胜利"③。1944年5月起,中共六届七中全会在延安举

---

① 《周恩来在中央政治局整风会议上的检查》(1943年11月27日),转引自雷云峰等:《中共中央与八年抗战》,陕西人民出版社1996年版,第548—549页。

② 《中共中央关于学习〈反对统一战线中的机会主义〉一文的指示》,转引自雷云峰等:《中共中央与八年抗战》,第550页。

③ 毛泽东:《学习和时局》,《毛泽东选集》(4卷本),第901—902页。

行,1945 年 4 月 20 日,全会通过了《关于若干历史问题的决议》,使中共全党对于党的历史有了统一的认识,为全党的团结奠定了牢固的思想基础。至此,中共整风运动胜利结束。

整风运动具有重要的历史意义。首先,它是中国现代史上继五四运动之后的又一次思想解放运动,从思想上清算了王明教条主义路线的影响,正确认识和处理了中共和共产国际的关系,深刻地改变了中国共产党的面貌,使广大党员和干部进一步掌握了将马列主义的普遍真理和中国革命实践相结合的基本方向。其次,它是中共全党范围的马克思列宁主义和毛泽东思想的教育运动,不仅帮助中共渡过了抗日战争的困难时期,而且确定了毛泽东思想为中共的指导思想,使中共在政治上、思想上、组织上达到了空前的巩固和团结,从而为中国共产党"七大"的召开作了充分的准备,奠定了抗日战争和新民主主义革命在全国胜利的基础。第三,它是无产阶级政党建设史上的一个伟大尝试,创造了解决党内矛盾和进行思想教育的一种有效的形式,提供了在小农经济占优势、农民占人口大多数、小资产阶级像汪洋大海一样的半殖民地半封建的中国和长期的农村游击战争环境中进行无产阶级政党建设的经验,整风运动的理论和实践发展和丰富了马列主义的建党学说。

三　"审干"和"抢救失足者"运动

中国共产党在各解放区进行的"审干"工作是与整风运动结合进行的。1942 年底,延安的整风学习基本结束,1943 年春,整风运动逐渐转为以审查干部和清理队伍为主要内容。国民党五届五中全会后,执行"溶共"、"限共"政策的国民党顽固派除发动"皖南事变"等,削弱八路军和新四军外,又对各解放区实施特务渗透政策,"皖南事变"前后已破获多起国民党特务破坏事件,引起中共中央的高度警觉;另一方面,也由于中国共产党在敌后战场大发展的过程中,大量扩军、招干、招生、发展党员,革命队伍迅速发展,难免鱼龙混杂,为此中共中央决定在整风运动中既要整顿小资产阶级思想,也要清理混入革命队伍的反革命。4月3日,中共中央决定,在今后的一年中,整风运动的主要斗争目标是纠正干部中的非无产阶级思想与肃清党内暗藏的反革命两项任务①。4月5日,中共中央书记处决定"审干"工作采取"公开号召"和"秘密自首"的方法,即召开全体人员大会,公开号召特务奸细分子自首,自首者秘密向主管机关首长、党组织负责人或直接向中央、中央局、总政治部等上级机关办理手续②。

4月9日开始,"审干"与反特务斗争首先在延安进行。任弼时两次代表中共中央向延安的两万干部报告《特务活动与中央对特务的方针》,宣布中央对于一时被逼迫误入歧途的青年实行给出路的政策,号召他们忠诚坦白,悔过自新,为着照顾到其家庭和个人安全,采取秘密办法实行自首,并担保对于自首者不治特务之罪,同时也警告不肯自首者,一旦查出将会受到加倍的处分。28日,中共中央决定设立反内奸斗争专门委员会,由刘少奇任主任,康生、彭真、高岗为委员。由此,"审干"运动首先在延安展开。在运动的第一阶段,由于实行"秘密自首"的办法,肃清内奸特务的斗争还是谨慎稳妥的。

5月下旬,出现了共产国际自行宣布解散事件,胡宗南调动数十万部队企图闪击陕甘宁边区,大后方出现了"共产主义不适合中国"、"解散共产党"、"取消陕甘宁边区"等反共叫嚣,国共摩擦再次加剧,两党的对立情绪急速升级。在这样的背景下,中共党内有些人对干部队伍不纯情况作了过分严重的估计。7月15日,反内奸斗争专门委员会成员、中共中央社会部长康生在延安干部大会上作了"挽救失足者"的动员报告,将反奸斗争引上了歧路。首先,报告对于日伪和国民党破坏解放区的敌情作了过分的渲染,导致对于中共队伍的基本估计失误;其

---

　　① 《中共中央关于继续开展整风运动的决定》(1943年4月3日),转引自李良志等主编:《同盟抗战　赢得胜利》,上海人民出版社1995年版,第229页。

　　② 参见雷云峰等:《中共中央与八年抗战》,第533页。

次,将反特反奸斗争与整风"审干"运动合为一体,混淆了两类不同性质的矛盾;第三,采用苏联肃反及中共在土地革命后期肃反中使用的群众运动的过火斗争方式进行严肃的"审干"工作,导致反特斗争严重扩大化;第四,出现逼供信等错误做法,造成极为严重的后果,由此,原先执行的"秘密自首"政策被改为"公开坦白"政策,"审干"运动实际成为"挽救失足者"运动。

在一段时间里,延安陷入"恐怖"的氛围之中。几乎所有的党政军学机关团体都开展了"全线进攻",失去了正常的工作秩序,通过名目繁多的"抢救会"、"坦白会"、"控诉会"、"规劝会",甚至刑讯逼供,酷刑折磨,挖出了大批的"国民党特务"、"日本特务"、"CC分子"、"复兴社分子"、"红旗党"、"汉奸"等反革命分子,出现了很多光怪陆离、闻所未闻的怪事:有的女同志因为长得漂亮,有的老同志因为学过外语,就被无端地怀疑为"特务";有的单位80%以上的人被列为"抢救对象";有的单位为了造成"坦白"声势,竟决定给"坦白者"戴大红花,发给点心、饼干等食品吃;甚至某师范学校在十几岁的孩子中也挖出了230个小"特务"等。经过"抢救",延安各县共挖出2463个"特务",军委三局电讯学校200多人挖出了170个"特务",中央秘书处60多人中,只有20人没被"抢救"①。更为典型的事例是,康生将原中共甘肃地下党的一位同志打成了所谓的"红旗党",诬称该同志是打进我党地下组织的"国民党暗探",造出一个"红旗党"大冤案,把甘肃、陕西、四川、云南、贵州、河南、湖北、广西、浙江等地的中共地下党都称作"红旗党",许多忠实的党员被打成"特务"、"叛徒"、"内奸",导致严重的后果②。

"抢救失足者"运动给中共的事业造成了极大的损害,整风和"审

---

①　参见《党的生活》(城市版)1994年第3期。

②　此案在"抢救运动"后期,已为中共中央发现系假案,及时作了纠正。可是,在"文化大革命"中康生又将此历史冤案翻了出来,使许多同志再次蒙受诬陷和打击。粉碎"四人帮"后,才由中共中央彻底予以平反。参见戴煌:《胡耀邦与平反冤假错案》,新华出版社1998年版,第137—138页。

干"工作的正常秩序被完全打乱,曾在大后方工作过的中共干部或从大后方来到解放区的知识分子几乎都受到冲击,不少人被打成"特务分子",造成人人自危的严重局面,冤假错案层出不穷,使肃奸反特工作陷入真假不分的迷局之中,无法正常进行。毛泽东、任弼时等中共中央领导人及时发现了问题,迅速采取措施,指示停止"抢救失足者"运动。8月15日,中共中央颁发了《关于审查干部的决定》,指出:内战时期曾经在许多地方犯过的错误的肃反方针,简单地说来就是逼供信三字,"审讯人对待特务分子及可疑分子,采用肉刑、变相肉刑及其他威逼办法;然后被审讯人随意乱供,诬陷好人;然后审讯人及负责人不假思索地相信这种绝对不可靠的供词,乱捉、乱打、乱杀,这完全是主观主义的方针与方法",一针见血地阐明了"抢救失足者"运动中出现的恶性循环圈,并指出其根源是"左"倾机会主义"错误思想的余毒在许多干部特别是在保卫工作干部中,至今还是严重的保存着"。针对"抢救失足者"运动中存在的问题,文件提出了领导负责,自己动手,领导骨干与广大群众相结合,一般号召与具体指导相结合,调查研究,分清是非轻重,争取失足者,培养干部,教育群众九条方针,全面而详尽地阐述各项政策方针,为"审干"工作指明了正确的方向和具体的办法①。

　　对于"抢救失足者"运动造成的冤假错案,中共中央也认真做了善后工作。10月,毛泽东坚持在此次反特务斗争中执行"一个不杀,大部不抓"的方针,指出:"一个不杀则特务敢于坦白,大部不抓(不捉),则保卫机关只处理小部,各机关学校自己处理大多数。"②由于执行这一方针,就为复查、甄别、平反冤假错案留下了回旋的余地。12月,中共中央书记处决定"审干"转入甄别阶段,对于延安1.5万名"坦白分子"一

---

　　①　《中共中央关于审查干部的决定》(1943年8月15日),《毛泽东年谱》中卷,第465页。

　　②　《毛泽东对绥德反奸大会材料的批示》(1943年10月9日),《毛泽东年谱》中卷,第475页。

一进行复查、甄别,分别情况实事求是作出结论,对于搞错了的就给予平反。毛泽东还多次在公开场合主动承担责任,向受了委屈的同志赔礼道歉,比较迅速地纠正了"抢救失足者"运动所造成的错误,没有给革命造成更大的损害,并保证了"审干"工作在延安和各解放区的正常进行。然而,此种错误的做法并没有在全党范围内得到认真的清算,尤其是一搞运动就过度估计敌情、混淆"审干"与反特两类不同性质的矛盾、采取群众运动的方式进行"审干"以及逼供信错误做法等,都没有从理论上和思想上彻底弄清是非,肃清流毒,以至在以后中共所开展的历次政治运动中不同程度地重复出现,成为中共政治肌体上需要根治的顽症之一。

四　加强中共党的一元化领导

作为整风运动的重要成果之一,中国共产党形成了一整套处理党政、党军、党民关系的原则办法,确定了中共领导解放区的新民主主义革命和建设事业的政治体制,形成日后新中国的政权建设的雏形。

在整风运动中,中共中央在领导全党反对"三风"的过程中,深感各解放区内部理顺党、政、军、民各领导机关相互关系的重要性。抗战以来,敌后抗日根据地获得了迅猛的发展,并已具相当规模。各解放区的中共党组织一般是统一的,党政军民(民众团体)各组织间的关系基本上是团结的,因而支持了几年艰苦奋斗的局面,但也存在一些问题:首先是由于主观主义、宗派主义的遗毒和对某些政治观点与组织关系缺乏明确的了解与恰当的解决,党政军民关系中存在着不协调现象,集中表现在统一精神不足,步伐不齐,各自为政,军队尊重地方党和政权不够,党政不分,政权中党员干部对于党闹独立性,党员包办民众团体,地方主义,门户之见等;其次是由于各解放区孤悬敌后,绝大部分在地域上互相隔绝,游击战争又具有独立指挥、分散活动的特点,导致各解放区、各部门及上下级间沟通联系不畅,指挥系统出现某种混乱现象;第三,由于日寇"扫荡"的残酷,封锁线与据点的增强,对各抗日根据地的封锁和分割日益严重,加大了各解放区实施中共领导及各种组织间密切配合的困难。经过整风运动,广大干部和党员的思想水平有了很大提高,使得中国共产党有可能适时地调整党与各组织间的关系,形成各解放区较为完备的新民主主义领导体制。

1942 年 9 月 1 日,中共中央政治局通过了《关于统一抗日根据地党的领导及调整各组织间关系的决定》,总结了中国共产党在长期的革命斗争实践中形成的在领导体制方面的经验教训,作出了在各解放区实行中共一元化领导的重要决定,并详尽规定了各项原则,其主要内容是:

第一,各解放区实行中国共产党的一元化领导。决定指出:"党是无产阶级的先锋队和无产阶级组织的最高形式,它应该领导一切其他组织,如军队、政府与民众团体";"根据地领导的统一与一元化应当表现在每个根据地有一个统一的领导一切的党的委员会",该委员会"为各地区的最高领导机关,统一各地区的党政军民工作的领导,取消过去各地的党军委员会";各级党委的性质与成分必须改变,它的成分必须包括党务、政府、军队中主要负责的党员干部等。

第二,中共对于军队的领导。决定规定:"主力军是党领导下的武装部队,是建设根据地与支持斗争的有力柱石,主力军应以巩固和坚持各所在根据地为其第一等任务,主力军固有全国性,但同时具有地方性";"今后主力军必须执行各级党委的决议、决定与各级政府的法令","主力军的军事措施,如军事行动、布置及戒严令等等,地方党政民机关必须遵照执行";"主力军应当负有保护党政民的责任,凡因军队疏忽与漠不关心因而使党政民机关受到不应有的损失时,军队负责人应当受到处分";"今后如有争执,首先应当就地协同解决,并将争论及解决经过报告上级"等。

第三,中共对于政权的领导。决定规定:"政权系统(参议会与政府)是权力机关,他们的法令带有强制性质","党委包办政权系统工作、党政不分的现象与政权系统中党员不遵守党委决定、违反党纪的行为，都必须纠正"；"党对政权系统的领导，应该是原则的、政策的、大政方针的领导"，"只能经过自己的党员和党团"，而不是事事干涉，包办代替，"党的机关和党员应该成为执行参议会及政府法令的模范"；在实行"三三制"时，党员在政权系统中的数量减少，质量必须大大提高，"党必须派得力的干部到参议会及政府中工作"；党委在调动政权系统中的党员时要慎重，"必须经过党员实行向政权机关辞职的手续"等。

第四，中共对于民众团体的领导，决定规定："民众团体是民众自己的自愿组织的团体，党、政府、军队不应直接干涉民众团体内部的生活"；"党对民众团体的领导，经过自己的党员及党团，但党民不分、包办、清一色的现象，必须纠正"，"民众团体的各级委员会委员须尽可能有半数以上的非党员"；"政府应尊重民众团体的独立性，给民众团体以必要的帮助，要求民众团体执行政府的法令，民众团体应依法向政府请求登记，取得合法地位"等。

第五，中共党的纪律问题。决定规定："党的领导的一元化，一方面表现在同级党政军民各组织的相互关系上，又一方面则表现在上下级关系上"，"下级服从上级，全党服从中央的原则之严格执行，对于党的统一领导具有决定意义"；针对王明在长江局的工作中搞独立王国的做法，强调各解放区的领导机关"在决定含有全国全党全军普遍性的新问题时，必须请示中央，不得标新立异，自作主张，危害全党领导之统一"；"各级党委及政府军队民众团体中的党员负责同志，不得中央许可，不得发表带有全国意义和全党军意义的宣言、谈话及广播"等。

决定最后指出：实行中共的一元化领导是为了更顺利地进行反对日寇的战争，"一切服从战争"是统一领导的最高原则，要求各级领导机关根据各地的具体情况，以政府法令、军队条例、党团规则、民众团体章程等方式，规定实施中共的一元化领导的各种细则，并报告中央①。

---

① 参见解放军政治学院：《中共党史参考资料》第9册，第134—137页。

这在中国共产党的建设史上是一个重要的文件,构筑了中共领导各解放区政权以及日后领导国家政权的基本框架,具有深远的历史意义。

12 月 1 日,中共中央再次颁发《关于加强统一领导与精兵简政工作的指示》,要求各级领导机关结合精兵简政工作,进一步加强中共的一元化领导,并着重注意培养各根据地军区、分区两级领导核心的建立。指示指出:"在军区、分区两级建立领导核心,军区建立领导一切的区党委或中央分局,只留三个主要负责人,分负党委、政府、军队责任(其中一个为书记是领导中心)","在分区一级建立领导一切的地委,其中一定要有一个强的领导人为书记"①。1943 年 10 月,中共中央政治局又颁发《关于减租生产拥政爱民及宣传十大政策的指示》,将中国共产党在抗日战争时期实施的各项政策加以概括总结,形成著名的"十大政策":对敌斗争、精兵简政、统一领导、拥政爱民、发展生产、整顿三风、审查干部、时事教育、"三三制"、减租减息,实行中共的一元化领导是其中最为重要的内容②。各解放区根据中共中央的指示精神,迅速采取行动,如中共北方分局改组了各级党的领导机关,使各级党委成员包括党政军负责人,八路军主要负责干部参加各级地方党委;中共山东分局决定将第一一五师与山东军区合并为新的山东军区,各级党委实行统一领导,使山东党政军达到高度的集中统一,加强了战斗力等等。各解放区先后对各级领导机构进行改组和调整,加强了中共对各解放区工作的一元化领导。

1943 年 3 月,在整风运动的基础上,中共中央根据中央领导层变化的新情况,调整了中央一级领导机构的人员组成。中共中央政治局决定:推举毛泽东为政治局和书记处主席;书记处由毛泽东、刘少奇、任

---

① 参见《中共中央文件选集》第 13 册,中共中央党校出版社 1991 年版,第 465—467 页。

② 参见《中共中央文件选集》第 14 册,第 101 页。

弼时组成,主席在讨论问题时有最后决定之权;设立中央宣传委员会,由毛泽东、王稼祥、凯丰、博古组成,毛泽东任书记;设立中央组织委员会,由刘少奇、王稼祥、康生、陈云、张闻天、邓发、杨尚昆、任弼时组成,刘少奇任书记;增加刘少奇为中央军委副主席,参加中央军委领导工作(其他副主席是朱德、彭德怀、周恩来、王稼祥);毛泽东兼任中央党校校长,刘少奇兼任中央研究局局长等,并决定由刘少奇负责华中、王稼祥负责华北、任弼时负责陕甘宁和晋西、陈云负责国统区、杨尚昆负责敌占区,统一领导这些地区的党政军民工作,并直接向书记处负责①。中央领导机构的这次大调整是整风运动的重要成果,从组织体制上最终确立了毛泽东在中共的领导地位和刘少奇在党内的第二把手位置,奠定了中国共产党"七大"中央领导体制的基本格局,使得中国共产党对于各项工作的集中统一领导大大加强。这一领导体制对于夺取抗日战争和新民主主义革命在全国的胜利起了重要的作用。

第二节　抗日民主政权的建设

一　"三三制"政权

中国共产党在敌后建立的抗日根据地为新民主主义革命理论的实施提供了重要的实验基地和广阔的活动舞台。中国共产党在敌后抗日根据地实行了广泛的民主政治,建立了各阶级、各阶层的抗日人民都享有权利的民主政权,保证了抗日战争的顺利进行。

抗日民主政权的样板是陕甘宁边区政府。它来源于苏维埃工农民主政权。1937 年 9 月 6 日,根据国共两党达成的协议,苏维埃中央政府驻西北办事处正式改名为陕甘宁边区政府,下辖陕、甘、宁三省的二

---

①　《中共中央关于中央机构调整及精简决定》(1943 年 3 月 20 日),《毛泽东年谱》中卷,第 430—431 页。

十三县,直属国民政府行政院。这个政府既继承苏维埃的革命传统,又根据中国共产党抗日民族统一战线的精神进行了改组,为各抗日根据地的政权建设作了榜样。

　　各敌后抗日根据地政权的建设随着战局的发展在内容和形式上有所变化。当八路军向华北进军之时,中共中央曾经决定在敌后实行"形式上维持原有政权形态,实际上政权在民众手中之原则"①。中共在刚刚建立起来的各抗日根据地中,或以"中国民族革命战争战地动员委员会"、"抗日救国会"、"牺盟会"等名义的半政权性质的机构进行活动,或迫使国民党军政当局撤换旧县长,代以进步分子担任新县长行使职权,原有国民政府的行政体制没有变动。

　　1938年1月,晋察冀边区率先举行军政民代表大会,出席代表149人,通过了统一边区军事、行政、财政、经济、教育的各项提案,民主选举宋劭文、聂荣臻、刘奕基、吕正操、胡仁奎、李杰庸、孙志远、张苏、娄凝光等九人为晋察冀边区临时行政委员会委员,并通电全国宣布"晋察冀边区是中华民国的组成部分,晋察冀边区行政委员会的任务,在抗战胜利之日即行终了"②。晋察冀边区行政委员会的建立,标志着中国共产党领导的敌后根据地第一个战略区一级的抗日民主政权的诞生。随即,晋冀鲁豫、山东、晋绥以及华中和华南各抗日根据地先后成立了抗日民主政权。边区政府一般实行三级三辅制或三级二辅制,三级指边区、县、乡三级政府机构,另由边区政府派出"行署"或"专署",由县政府派出"区署"作为辅助机关,但不是一级政权组织,这种根据敌后抗日斗争的需要设置的行政机构,是独立于原国民政府行政体制之外的政府机构。这些政权由中国共产党领导,各抗日民众团体、抗日阶级代表组

---

　　①　《陈周博董致书记处并转朱彭任刘电》(1938年1月28日),解放军政治学院:《中共党史参考资料》第8册,第135页。

　　②　《晋察冀边区军政民代表大会通电》(1938年1月14日),中共中央党校党史教研室:《中共党史参考资料》(五),第24—25页。

成,是抗日民族统一战线的政权,是抗日的阶级和阶层联合起来反对汉奸和反动派的民主专政,它既与地主资产阶级的政府有区别,又与土地革命时期的工农民主政府有区别,是敌后战场开展对敌斗争和争取抗战胜利的重要保证。

1940年3月,中共中央发出《关于抗日根据地的政权问题的党内指示》,正式提出了抗日民主政权建设必须实行"三三制",其具体规定是:"根据抗日民族统一战线政权的原则,在人员分配上,应规定为共产党员占三分之一,非党的左派进步分子占三分之一,不左不右的中间派占三分之一。"[1]三者分别代表无产阶级与贫农、小资产阶级、中等资产阶级与开明绅士,并指出这种人数的大体上的规定是必要的,否则就不能保证抗日民族统一战线的原则,强调这种人员分配的政策"是我们党的真实政策,必须认真实行,不能敷衍塞责"[2]。

这一政策的提出有着重要的政治历史背景。首先,中国共产党将实现民主视为坚持抗战的重要条件,早在1937年制订的《抗日救国十大纲领》中就提出了产生"真正的民主宪法","选举国防政府","实行地方自治"等口号。1940年1月,毛泽东又在《新民主主义论》中将中国的新民主主义政治体制概括为实行各革命阶级联合专政的国体和实行民主集中制的政体,实行"三三制"无疑是一次很好的尝试。其次,围绕着敌后抗日政权的建设,中国共产党与国民党顽固派进行着激烈的斗争。国民党顽固派坚持"一党专政"的立场,反对中国共产党在广大的敌后战场建立人民政权,中国共产党内也有人主张不要"增加对国民党的刺激","在客观上帮助'抗战胜利后是共产党天下'的谣传"[3]。实行"三三制"既可以使国民党顽固派反共失去凭藉,又能适合中共和中间

---

① 毛泽东:《抗日根据地的政权问题》,《毛泽东选集》(4卷本),第700页。

② 毛泽东:《目前抗日统一战线中的策略问题》,《毛泽东选集》(4卷本),第708—709页。

③ 《陈周博董致书记处并转朱彭任刘电》(1938年1月28日),解放军政治学院:《中共党史参考资料》第8册,第135页。

势力的共同愿望和要求。第三,"三三制"的提出与国统区第一次民主宪政运动也有密切的关系。1939年9月,在国民参政会第一届第四次会议上各抗日党派代表提出7个宪政提案,要求结束党治,立施宪政,保障各抗日党派合法地位,对于国民党"一党专政"的统治形成了强大的冲击力。中共实现"三三制"政权,可以建立一个实现民主宪政的试验场所。

根据中共中央的指示,各解放区领导机关逐步在边区、县、乡各级政权工作中落实"三三制"的原则。太平洋战争爆发后,尤其是在各解放区进入最艰苦最困难的时期,"三三制"更是一再被强调和重视。1943年10月,中共中央提出了著名的十大政策,"三三制"政府即是其中重要的一条。其主要做法是:

第一,"保证共产党员在政权中占领导地位","使占三分之一的共产党员在质量上具有优越的条件","以党的正确政策和自己的模范工作,说服和教育党外人士,使他们愿意接受我们的建议",强调"任何一个大党不应以绝对多数去压倒人家,而要容纳各方,以自己的主张取得胜利";

第二,"使党外进步分子占三分之一",通过他们"联系广大的小资产阶级群众";"给中间派以三分之一的位置,目的在于争取中等资产阶级和开明绅士","孤立顽固派",强调"只要是抗日的并且愿意和共产党合作的,我们便应以合作的态度对待他们";

第三,教育担任政权工作的中共党员克服不愿和不惯同党外人士合作的狭隘性,提倡民主作风,遇事先和党外人士商量,取得多数同意,然后去做,强调"要各方协商,一致协议,取得共同纲领,以此作为施政方针";

第四,"三三制"的人员分配是一种大体上的规定,"各地须依当地的实际情况施行,不是要机械地凑足数目字",既强调各政权机构中共产党员超过三分之一的,应该自动提出辞职,由无党派人士补充,同时也指出"最下层政权的成分可以酌量变通,防止地主豪绅钻进政权机关"等①。

"三三制"在各解放区实施后,产生了良好的效益与影响。首先,
"三三制"有效地保证了工农联盟和共产党对于政权的领导,锻炼和提
高了中共广大干部的思想和政策水平,使他们学会与非党人士化除成
见,互相信任,通力合作,共同抗敌。"三三制"也保证了一定数量的共
产党外人士参加政权建设,并使他们有职有权,调节了各抗日阶级内部
的利益关系,争取了中间势力,调动了各方面的抗日积极性,扩大了中
国共产党领导下的多阶级合作的社会基础,对于巩固根据地的建设和
度过艰难时期起了重要的作用。"三三制"的实践还是实施新民主主义
革命理论的重要实践,中国共产党曾经设想中国新民主主义共和国的
建设道路将由地方到中央到全国,各解放区的政权模型推广到全国,全
国就成为新民主主义的共和国。

二　普选制与参议会

中国共产党在各抗日根据地实行的民主政治还集中反映在实施普
选制和建立各级参议会。抗日根据地实行的民主乃是普遍的民主,人
民选举政权机关,政权机关在人民的监督下行使人民赋予的各种权利。
选举采用的是普遍的、直接的、平等的、不记名的投票法,这是中国自古
以来最新型的选举制度,体现了在法律面前人人平等,人人都是当家作
主的主人。各级参议会经人民群众直接选举产生,政府经过参议会与
广大人民群众发生密切的关系。

1937 年 9 月—11 月,陕甘宁边区首先进行乡、区、县的普选工作。

———————

①　参见毛泽东:《抗日根据地的政权问题》;周恩来:《一年来的谈判及前途》,
《周恩来选集》上卷,第 253 页;《陕甘宁边区政府为充实"三三制"给各县的指示信》
(1942 年 3 月 6 日),《陕甘宁革命根据地史料选辑》第 1 辑,甘肃人民出版社 1981 年
版,第 157—159 页。

以后在创建敌后抗日根据地的过程中又逐步将普选制推行到敌后各解放区。太平洋战争前后，各抗日根据地进入了最为困难的时期，配合着"三三制"的推行，普选制进一步得到实施并更加规范。1941年1月，陕甘宁边区政府为举行改选及选举各级参议会发出指示信，全面论述了实行普选制的意义。针对国民党的"训政"理论，指出："我们反对那说老百姓文化低，不够讲民主，须要经'训'的胡说"，强调选举运动"是选举人和被选举人一齐上大课"，"是老百姓行使自由的头一桩事"，应"使每个老百姓都能凭自己的意愿去进行参政，选择代表"；同时，将国民党的"一党专政"和解放区的民主政治进行比较，指出："民主和不民主的分别，一是恃强霸占政权，不许老百姓说话，老百姓一点权利没有。一是凡事由老百姓作主。老百姓直接出来议事管事，或选代表出来议事管事"，强调革命为的是"推翻那不民主的政府，建立民主的政府，民主的第一着，就是由老百姓来选择代表他们出来议事管事的人"；针对部分解放区领导人存在的"抗战忙，动员忙，那有功夫办理选举"的错误认识，指出："保卫边区须要选举"，"必须集中边区老百姓的力量，才能对付敌人，渡过危险，边区老百姓为救自己，正在发挥他们的力量，检查他们的代理机关（政府）是否得力"，强调"只有选举，才能改进政治机构，涌出积极分子，有力的保卫边区"①。11月，陕甘宁边区第二届参议会修正通过了《陕甘宁边区各级参议会选举条例》，次年4月正式颁布。5月，边区政府又专门颁发文件对此条例进行了详细的解释。各解放区也都颁布了选举条例，这些文件比较完备地体现了中国共产党人在敌后根据地实行的普选制的实践总结，是指导各解放区选举运动的纲领。

　　普选制在各解放区的推行，有着如下一些特征。首先，高举孙中山的"建国大纲"的旗帜。解放区的选举条例"系根据国民政府建国大纲的民主选举原则及陕甘宁边区的实际情形制定"，强调"建国大纲系中

---

　　① 《陕甘宁边区政府为改选及选举各级参议会指示信》（1941年1月30日），《陕甘宁革命根据地史料选辑》第1辑，第72—75页。

山先生写的。孙先生革命,为的是要建立民主国家,要有由人民选举出来的议会和政府,可是建国大纲写的选举办法,国民政府没有实行,现在陕甘宁边区没有阻止实行的障碍了,可以依照孙先生的民主原则制定选举条例"①。第二,实行真正普选的选举办法。解放区的选举条例规定:"采取普遍、直接、平等、无记名的投票选举制选举","凡居住地区境内的人民年满十八岁,不分阶级、党派、职业、男女、宗教、民族、财产和文化程度的差别,都有选举权和被选举权",在实行中强调"普遍,是指选举人的资格,没有任何限制,任何普通人都有选举权和被选举权;直接,是选民直接选出被选人,而不要经过转弯;平等,是任何选民投的票,其效力都是一样;无记名亦叫'秘密',是选民在票上只写被选出的人的姓名,不写自己的姓名"②。这种普选制"是最公平、最进步的选举办法","当着候选人名单公布后,每个乡村都热烈地参加讨论,有的批评某人对革命不积极,某人曾经反对过革命,某人曾经贪污过,某人曾经是流氓,某人曾吸食鸦片等等,有的选民则公开涂掉其名字"③。选民们经过批评、比较,选出自己最满意的代表。第三,充分体现抗日民族统一战线的原则,选举条例规定,除有卖国行为的、经政府缉办的、经军法或法院判决剥夺公权尚未恢复的、有精神病的人外,均享有选举权和被选举权;强调"工农有选举权了,但并不歧视地主、资本家;共产党是合法了,但并不剥夺别的党派的自由;同样,弱小民族,信宗教的,都一样有权利,谁也不能限制谁,有势力的不能恃势力去限制其他没有势力的人"等④。第四,在战争的特殊环境下进行选举工作。各解放区根

---

①　《陕甘宁边区各级参议会选举条例》(1942 年 5 月),《陕甘宁革命根据地史料选辑》第 1 辑,第 192—194 页。

②　《陕甘宁边区各级参议会选举条例》(1942 年 5 月),《陕甘宁革命根据地史料选辑》第 1 辑,第 192—194 页。

③　林伯渠:《陕甘宁边区政府对第一届参议会的工作报告》,转引自南开大学历史系编:《中外学者论抗日根据地》,第 241 页。

④　《陕甘宁边区各级参议会选举条例》(1942 年 5 月),《陕甘宁革命根据地史料选辑》第 1 辑,第 192—194 页。

据本区域的具体情况,各自选择适当的时期依法举行普选运动,甚至在敌我拉锯的地区,在敌人经常进行骚扰性袭击的情况下,仍采用巧妙的方法举行选举。第五,运用选举推动解放区各方面的工作。各解放区的领导将选举视为"老百姓对政府工作的大检阅",通过选举"反映出老百姓的许多意见许多办法,指出政治上那些好与坏的例子",在选举工作中强调"一切政治上的'创作',不存在于领导者的脑子里,而存在于广大群众中间","要善于倾听接受,把各种经验添附到政治的宝库里面,作为今后改进工作(包括选举本身在内)的指南"①。

各解放区的普选制是与参议会制度联系在一起的。1937年9月起,陕甘宁边区首先经过普选产生了乡级代表和区、县、边区三级参议会,原称议会,后因照顾与国民党的统一战线关系而改称参议会。随着各抗日根据地的建立和巩固,参议会制度又被推行到各解放区,有的解放区如晋西北和山东解放区称"临时参议会"。太平洋战争爆发后,为克服抗日根据地面临的严重困难,参议会制度得到进一步的发展、规范和完善,大批共产党人和民主人士通过参加参议会的实践,取得了进行新民主主义政权建设的宝贵经验。

解放区的参议会虽与国民政府统治区的省、县参议会名称相同,但实际内容却大不相同。后者实行议行分离的原则,前者则在实质上实行议行合一的原则。解放区的参议会是抗日民主政权的地方权力机构,是具有人民代表会议性质的民意机关。解放区各级参议会由敌后抗日根据地的人民通过普遍、直接、平等和无记名方式选举产生的参议员组成,但同级政府认为必要时,"得聘请勤劳国事及在社会、经济、文化各方面有名望者为议员,其名额不得超过议员总数的十分之一"②。

---

　　①　《陕甘宁边区政府为改选及选举各级参议会指示信》(1941年1月30日),《陕甘宁革命根据地史料选辑》第1辑,第72—75页。

　　②　《陕甘宁边区各级参议会组织条例》(1942年4月),《陕甘宁革命根据地史料选辑》第1辑,第174—177页。

参议会拥有创制权、复决权、罢免权、监督权和弹劾权，从各方面保证抗日民主政权的运行。参议会所议决的案件咨送政府执行；如果政府认为议案不当，必须详具理由，送回参议会复议；如果参议会复议后维持原议案，政府就必须执行；如果下级参议会的议案不当，同级政府只有在受到上级政府或上级参议会的指示时，才能停止执行等。

边区参议会的职权共十三项，主要内容是：选举和罢免边区政府主席、副主席、委员及高等法院院长；监察与弹劾边区各级政府、司法机关之公务人员；创制及复决边区之单行法规；批准关于民政、财政、粮食、建设、教育及地方军事等各项计划；通过边区政府提出之预算，并审查其决算；决定征收、废除或增减地方捐税；决定发行地方公债；议决边区政府主席、政府委员会、各厅厅长及高等法院院长提交审议事项；议决边区人民及民众团体提请审议事项；督促及检查边区政府执行参议会决议之事项；决定边区应兴应革之重要事项；追认闭会期间常驻会及边区政府主席或政府委员会关于紧急措施之重要事项；等等①。

参议员任期三年。边区参议会由参议员选举议长一人、副议长一人，主持全面工作。参议会每年开会一次，必要时得召集临时会议。在参议会闭会期间，由九名议员组成的常务委员会或驻会议员办事处，主持日常事务，其职责主要是监督边区政府执行参议会之议案、听取边区政府的工作报告、向边区政府提出建议和询问、派员出席边区政府委员会的会议、联系散驻各地的参议员，进行调查研究，征求人民群众意见等。在边区参议会之下，设有县、乡参议会组织，并在最基层的村设立村民委员会，形成了一个完整的体系。

在边区各级政府机构实行"三三制"原则时，各级参议会也严格实行了同样的原则。由于实行普选制，不能保证选举结果完全符合"三三制"的原则，便采取让当选的共产党议员辞职，由无党派候补议员补充

①　《陕甘宁边区各级参议会组织条例》(1942年4月)，《陕甘宁革命根据地史料选辑》第1辑，第174—177页。

的办法解决。例如,1941 年 11 月举行的陕甘宁边区第二届参议会选举,由于共产党员超过三分之一,王世泰、萧劲光、谢觉哉等 18 位共产党员申请退出参议会。1942 年 3 月,陕甘宁边区政府还专门为充实"三三制"给各县发出指示信,号召各县参议会共产党员超过三分之一的,应该自动提出辞职,由无党派候选议员补充,各县政府还可选有能力有名望的人士酌量聘请,各县议员中,如有共产党员而被调动离职者,更应以非共产党员补充①。

普选制和参议会的实施和广泛推行,充分体现了抗日民族统一战线的方针和政策,不仅保证中国共产党领导敌后广大军民克服困难,最终取得了抗日战争的伟大胜利,而且极大地丰富了中国共产党领导的新民主主义政权建设的理论和实践。

三 "精兵简政"

"精兵简政"是中国共产党在太平洋战争爆发后为巩固发展抗日根据地而制定的重大战略性措施之一。"精兵简政"的实施不仅为减轻根据地人民的战争负担,节省人力、物力、财力资源,克服严重的物质困难,坚持长期抗战,起了极其重要的作用,而且为建设一个"精简、统一、效能、节约、反官僚主义"的新民主主义政权积累了丰富的经验。

"精兵简政"是党外民主人士李鼎铭先生首先倡议的。1941 年 11 月,李鼎铭等 11 位参议员在陕甘宁边区参议会第二届第一次会议上提议:"在今日人民困苦,资源薄弱之状况下,欲求不因经济枯竭而限制军政发展,亦不因军政发展而伤害经济命脉,惟有政府彻底计划经济,实行精兵简政";"对于军事应实行精兵主义,加强战斗力,以兵皆能战,战必能胜为原则,避免老弱残废滥竽充数等现象";"对于政府应实行简政

---

① 《陕甘宁边区政府为充实"三三制"给各县的指示信》(1942 年 3 月 6 日),《陕甘宁革命根据地史料选辑》第 1 辑,第 157—159 页。

主义,充实政府机构,以人少事精,胜任职责为原则,避免机关庞大,冗员充塞,浪费人力、财力等现象"等①。该提案在参议会引起热烈的讨论,"多数议员认为这是一个有远见卓识的提案,应尽快实行;但也有些议员认为时值救国紧急关头,敌人正以大量兵力向我进攻,在这种情况下,搞精兵简政,岂不等于束手就擒? 甚至有人怀疑李鼎铭等人的动机是否纯正"②。

中共中央高度重视李鼎铭先生的倡议。毛泽东认为,这个办法"恰是改进我们的机关主义、官僚主义、形式主义的对症药"③。11 月 18日,陕甘宁边区参议会通过了该提案,"交政府速办"。12 月 6 日,中共中央机关报发表题为《精兵简政》的社论。12 月 17 日,中共中央在党内指示中要求全党"为进行长期斗争,准备将来反攻,必须普遍的实行'精兵简政'"。随即,中共中央又将"精兵简政"列为 1942 年的中心工作之一。中国共产党之所以迅速接受"精兵简政"的主张并坚决有力地在全党推行,是因为中国共产党在此之前,已对根据地的军队建设和政权建设等问题进行了一系列的探讨,对于"精兵简政"是早有认识的,李鼎铭所提主张,切中时弊,恰与中共中央不谋而合,且它在文字上又表达准确,通俗易懂,便于推广,故立即为中共中央所接受,并很快成为中共的一个极其重要的政策来实行④。

由于日寇的疯狂"扫荡"和国民党顽固派的封锁包围,各解放区的财政经济发生严重的困难,党政军民学的脱产人员数没有确定的编制,上层机关人员多,真正打仗做事的人少,大量的脱产人员,使农民负担过于沉重,引起人民的不满。而各解放区普遍存在的"鱼大水小"、"头重脚轻"的现象,也导致人浮于事,效率低下,以及官僚主义等弊病的出

---

①　参见西北五省区编纂领导小组、中央档案馆:《陕甘宁边区抗日民主根据地》文献卷(下),中共党史资料出版社 1990 年版,第 100 页。

②　《胡乔木回忆毛泽东》,人民出版社 1994 年版,第 145 页。

③　《胡乔木回忆毛泽东》,第 145 页。

④　参见臧运祜:《关于"精兵简政"的再研究》,《中共党史研究》1994 年第 3 期。

现，如不能及时进行调整，将危及抗日根据地的生存和发展。中共中央在 12 月 17 日的党内指示中正确地指出：敌后抗战能否长期坚持的最重要的条件，就是这些根据地居民是否能养活我们，是否能维持居民的抗日积极性。为此，将"精兵简政"，节省民力，作为"目前迫切的重要的任务"，要求各解放区的党政和民众团体的全部脱产人数应力求不超过甚至少于居民总数的 3％①。中共中央军委也向各解放区发出指示：在目前新的环境中，军事建设的中心应放在地方军及人民武装的扩大与巩固上，主力军应采取适当的精兵主义，着重提高其政治军事的质量，进行缩编与充实编制；主力军与地方军的比例，在山区根据地为 2：1，在平原根据地为 1：1，在特别困难的地区主力军全部地方化；强调大力加强不脱产的人民武装，其数量应超过地方军和主力军的全部②。

从 1941 年底开始，陕甘宁边区进行了三次"精兵简政"工作，各解放区的党政军民各部门也进行了"精兵简政"，其中尤其是晋冀鲁豫边区的工作特别出色，被毛泽东称为"精兵简政的模范例子"，《解放日报》专门发表社论，总结和介绍其经验，向各解放区推广③。同时，八路军、新四军的精兵建设也在中共中央的统一领导下自上而下，循序渐进地进行。整个工作至 1943 年底 1944 年初大体结束。"精兵简政"的主要做法如下：

首先，以"精简、统一、效能、节约和反对官僚主义"为"精兵简政"的目标，这样就将"精兵简政"的意义从简单的缩减编制扩充至加强政权建设等更广泛和高级的层次。陕甘宁边区政务会议曾将此精神具体化为十大政策：精简上层，充实下层；紧缩机构，精选人员；确定职责，建立制度；办事迅速，减少文牍；学习业务，工作专门；养成法治，厉行民治；军事第一，对军负责；统筹统支，经营一致；负担合理，节省开支；实行奖

---

① 参见《中共中央文件选集》第 13 册，第 264—265 页。
② 参见《中共中央文件选集》第 13 册，第 212—213 页。
③ 《解放日报》，1942 年 9 月 7 日。

惩，俸以养廉①。这些政策较好地体现了实施"精兵简政"的宗旨。

第二，建立整编委员会，加强统一领导。为了加强对于"精兵简政"的领导，各解放区都建立了整编委员会，"由其负责检查调整各级的组织机构和干部配备，把各级机关过多的人员，尤其是上级机关的过多人员，尽量缩编，把多余的机关加以裁减或归并，以做到精悍、灵活为原则"②。如陕甘宁边区总整编委员会，由中共中央、中央军委、西北局、边区参议会的领导人组成，以林伯渠、李鼎铭、李富春、叶剑英、谢觉哉、陈正人、萧劲光为委员，林伯渠、李鼎铭主持会务，并在各系统建立分会，制订整编方案，统一实施。各解放区都成立相应的领导机构。

第三，"精兵简政"采用裁、减、缩、并原则进行。裁，就是把某些不合理的机关或骈枝机关、骈枝部门裁去；减，就是把机关、部队过多的人员、繁冗的事务减少；缩，就是各机关部队在编制上尽量紧缩，以短小精悍为原则，在开支上也尽量紧缩；并，就是把某些工作上相同的机关或部门合并，使工作不致重复等③。

第四，认真做好各类人员的分流工作，"做到人人各得其所"。如陕甘宁边区政府规定了详细的分流原则：凡是有相当文化程度、有能力、能工作的干部，应该尽量往下移，以加强县、区、乡的机构（县级干部亦应有一部分移到区乡去）；凡是须继续培养、加以深造的干部，应该经过一定的系统送来延安的学校学习；凡是身体确有疾病，实在不可能工作或学习的干部，应该由原机关负责设法给以休养，使其恢复健康后，能够胜任愉快地为革命继续工作；凡是身体健壮的杂务人员，应该送入建设厅所属各工厂，参加生产事业，以发展边区生产；凡是太落后的分子

---

① 《陕甘宁边区精兵简政纲领草案》（1942 年 9 月 1 日），转引自雷云峰等：《中共中央与八年抗战》，第 376 页。

② 《陕甘宁边区政府为实行精兵简政给各县的指示信》（1941 年 12 月 4 日），《陕甘宁革命根据地史料选辑》第 1 辑，第 122－124 页。

③ 1942 年 9 月 30 日，中共中央提出裁、减、缩、并四原则。参见魏宏运等主编：《华北抗日根据地》，档案出版社 1990 年版，第 201 页。

以及太老弱的杂务人员,他们需要回家去务农的,应该让他们回去等。为了做好各类人员的分流工作,解放区各级领导特别强调:在抗日民主政权里,一个干部往下调,并不是"降级",相反的,应该认为作下层工作是最光荣的事业①。

"精兵简政"在各解放区的实施,取得了明显的成效。党政军民机关更加精干,领导作风大有转变,机构运转更加灵活,工作效能有了很大提高;军队的数量有所减少,但更加坚强有力,实现了精干的主力军和强大的后备军的有机结合,使其更能适应游击战争的艰苦环境;根据地的人力、物力、财力的浪费大大减少,人民负担有所减轻,从而促进了生产的发展,帮助了根据地严重物质困难的克服;更加重要的是,它使大批干部经受了"能上能下"的锻炼,思想水平、政治素质、工作能力有了很大的提高,成为中国共产党争取抗战胜利和夺取全国政权的宝贵财富。"精兵简政"是中国共产党在新民主主义政权建设中的一次成功的实践。

四　团结各少数民族共同抗日

中国是一个多民族的国家,在敌后抗日根据地的政权建设中,少数民族问题是重要的一环。中国共产党实行政治民主平等、经济文化帮助、宗教信仰自由的少数民族政策,成功地化解了长期以来汉民族与少数民族间的误解和怨仇,实现了团结少数民族共同抗日的目标,发展和丰富了中国共产党关于新民主主义革命的民族问题理论。

抗日战争期间,由于陕甘宁边区和周边的内蒙、甘肃、宁夏等少数民族聚居省份毗连,八路军、新四军向敌后进军时,也进入了少数民族聚居地区,或少数民族与汉族杂居地区,如何对待少数民族成为中国共

---

① 《陕甘宁边区政府为实行精兵简政给各县的指示信》(1941 年 12 月 4 日),《陕甘宁革命根据地史料选辑》第 1 辑,第 122—124 页。

产党面临的一个重大课题。1937 年 7 月，中共中央在原有的定边委员会和蒙古工作委员会的基础上成立少数民族委员会，专司西北地区的少数民族工作。8 月，又将"动员蒙民回民及其他一切少数民族，在民族自决和民族自治的原则下，共同抗日"列为抗日救国十大纲领的重要内容①。1938 年 10 月，毛泽东在中共六届六中全会上的报告中，针对日伪分裂我国少数民族的诡计，将"团结中华各族一致对日"列为抗日救国的十五项政纲之一，比较完整地阐述了中国共产党对待少数民族的政策，主要内容是：允许蒙、回、藏、苗、瑶、夷、番各民族与汉族有平等权利，在共同的对日原则之下，有自己管理自己事务之权，同时与汉族联合建立统一的国家；各少数民族与汉族杂居的地方，当地政府须设置由当地少数民族的人员组成的委员会，作为省县政府的一部门，管理和他们有关事务，调节各族间的关系，在省县政府委员中应有他们的位置；尊重各少数民族的文化、宗教、习惯，不但不应强迫他们学汉文汉语，而且应赞助他们发展用自己言语文字的文化教育；纠正存在着的大汉族主义，提倡汉人用平等态度和各族接触，使日益亲善密切起来，同时禁止任何对他们带侮辱性与轻视性的言语、文字与行动等，并强调历代统治者所实行的"怀柔羁縻"的老办法是行不通了，必须"彻底改善国内各族的相互关系"②。这个纲领是针对全国而言的，同时也成为中国共产党在敌后根据地处理少数民族问题的方针和原则。

根据中共中央的总方针，各解放区的领导机关采取各种措施，开展少数民族工作，团结他们一起参加伟大的抗日战争，取得了很好的效果。

首先，中共全党重视少数民族工作。陕甘宁边区或少数民族相对

---

① 《抗日救国十大纲领》，转引自解放军政治学院：《中共党史参考资料》第 8 册，第 51 页。

② 毛泽东：《论新阶段》，转引自解放军政治学院：《中共党史参考资料》第 8 册，第 201 页。

集中的地区都成立了处理民族问题的专门机关,并制订具体的对待少数民族的政策。如中共中央西北工作委员会曾设立民族问题研究室,研究蒙古、回回民族的历史、政治、经济、文化以及民俗等的详细情况,并于 1940 年 4 月制定《关于回回民族问题的提纲》、7 月制定《关于抗战中蒙古族问题提纲》,颁布对于回、蒙两少数民族的具体政策①。1941 年 5 月,中共中央西北局设立少数民族事务委员会,专门领导少数民族工作。

其次,尊重与保障少数民族的民主权利。各解放区的参议会都规定了具体的人数比例,保证一定数量的少数民族代表当选,并在参议会内设立少数民族委员会,保护少数民族的特殊权益。边区政府也在少数民族集中的县、市政府机关中设立民族事务科(或设民族事务科员),负责处理该地区的少数民族工作。1942 年 4 月,陕甘宁边区还根据边区的施政纲领,将定边县的四、六区,城关区的两个行政村,曲子县的三岔镇划为回民自治区(乡),后又将新正县的一、九区,盐池县的回回庄以及城川蒙民聚居区,分别划为回、蒙民自治区。在这些自治区(乡)内,由少数民族自己选举区、乡长,实行自治管理。此种少数民族的区域自治后来成为中国共产党处理少数民族问题的重要政策。各解放区颁发的各种条例都规定尊重少数民族的宗教信仰与风俗习惯。1939年 6 月,陕甘宁边区曾组织盛大的祭祀仪式,迎送成吉思汗的灵柩途经延安南移②。1940 年 2 月,陕甘宁边区在经济非常困难的情况下拨款7000元,在延安桃花岭修建清真寺,毛泽东为清真寺题写了寺名③。

第三,建立少数民族的抗日武装。中国共产党在蒙、回、黎等少数民族聚居地区,领导各族人民组建抗日武装,共同开展敌后抗日游击战

①　参见李维汉:《回忆与研究》(下),中共党史资料出版社 1986 年版,第458 页。

②　《新中华报》,1939 年 6 月 27 日。

③　《新中华报》,1940 年 10 月 20 日。

争,成为敌后战场上重要抗日力量。1938年1月,在冀中成立了回民教导队,7月,与河间回民教导队合并组成回民教导总队,马本斋任司令员,成为冀中平原一支威震四方的抗日武装。七八月间,八路军一二〇师李井泉支队挺进大青山,与蒙古族高凤英等领导的抗日游击队会合,创建了大青山抗日根据地,并成立了以蒙古族为主的蒙古抗日游击队。由中共党员冯白驹领导的琼崖抗日游击队,领导黎、苗等少数民族开展抗日武装斗争,曾发展至七千余人,解放了海南岛五分之三的土地。此外还有宁夏海固地区的回民抗日游击团,陕甘宁边区的三边回民支队,安徽定远地区的回民清真大队,山西的壶关回民游击队、长治回民营,山东渤海地区的回民支队,广西左江地区由瑶、壮、汉各族共同组成的抗日挺进队等,都为中华民族的生存而英勇抗击日本法西斯的侵略。

第四,创办少数民族的救国组织。中国共产党为组织和动员广大的少数民族群众参加抗战,还积极联络少数民族的上层人士,创建各种救国协会和文化团体。如1940年2月,在延安成立了"延安回民救国协会",10月由该协会发起创建"中国回教救国协会陕甘宁边区分会",后又在各解放区成立支会。陕甘宁边区还先后成立了回民文化促进会和蒙古文化促进会等。这些协会和团体的建立,促进了汉族与少数民族间的文化交流和思想沟通,加强相互间的团结,推动了敌后根据地的抗日事业的发展①。

第五,扶植、推动少数民族经济文化事业的发展。中国共产党少数民族政策的重要内容是帮助少数民族"改进农牧生产,发展手工业、交通运输业",为此,各解放区对于少数民族实行了一系列优惠政策。如陕甘宁边区政府规定:从事农业的少数民族居民,可以享受分配土地、贷款、调剂种子、划分宅基的优惠,帮助他们解决生产和生活方面的困难;从事商业的少数民族居民,可以享受贷款、减免税捐的优惠,帮助他们发展经营;对于迁移至边区来的少数民族移民或难民,可以享受适量

---

① 参见雷云峰等:《中共中央与八年抗战》,第416页。

的救济粮、安排居住、拨给耕牛或荒地、贷款、三年免征公粮等优惠,帮助他们从事农牧业生产,安居乐业等。除此而外,各解放区还在少数民族聚居区创办各种传播少数民族文化的学校,如伊斯兰小学、蒙古族小学等,在成人中举办夜校、识字班等,提高少数民族的文化素质,发展民族文化。这些措施推动了少数民族聚居地区经济和文化的发展,改善了他们的生活,调动了他们的抗日积极性,也有利于各民族的团结①。

第六,培养少数民族的各类干部。中国共产党举办各种学校培养少数民族的各种专门人才。先是在中共中央党校设立民族班、回民班,在陕北公学设立蒙古青年队和少数民族工作队,后又设立民族部,吸收蒙、回、藏、苗、满等各族青年入学培训。1941年9月,在中共中央的直接关怀下,在陕北公学民族部的基础上正式创办延安民族学院,首批招生就招收了300名各族青年入学。这是中国共产党历史上第一所专门从事少数民族干部培养工作的大学,培养了大批少数民族干部,成为中国共产党培养民族工作干部的摇篮。

在中国共产党正确的民族政策的指引下,各族人民共同奋斗,不仅为夺取抗日战争的最后胜利作出了贡献,而且在抗日战火中不断消除历史上各民族间的隔阂,建立起团结友爱的新关系。敌后抗日根据地的成功经验,成为中国共产党执政后处理少数民族问题的宝贵财富。

第三节　敌后解放区的经济文化建设

一　减租减息运动

减租减息是中国共产党在抗日战争时期提出的体现抗日民族统一战线精神的土地政策。这一政策具有革命和改良的双重性质,其革命性表现在为全民族利益而把广大农民群众发动起来,争取地主阶级的

———————

① 参见雷云峰等:《中共中央与八年抗战》,第423页。

大多数站在抗日民主政权方面,有利于孤立日本帝国主义,有利于解放区经济的发展,有利于夺取抗战的胜利;其改良性表现在它只是削弱封建势力,限制封建剥削,而不是消灭封建势力和推翻封建土地制度①。这是由抗日战争的特定历史条件决定的。

　　1937年8月,中共中央洛川会议最早决定将减租减息作为抗战时期解决中国农村问题的基本政策,并写进了随即公布的《抗日救国十大纲领》。由于陕甘宁边区的一部分地区已经完成了土地革命,减租减息政策主要在陕甘宁边区未分配土地的地区和各敌后抗日根据地推行。然而,由于各解放区的领导对于减租减息运动认识不一,执行该政策的坚决程度不同,实际效果也就不一样。凡是认真彻底地实行了减租减息,同时又保证交租交息的地方,当地群众参加抗日斗争和民主建设的积极性就比较高,社会生活就比较安定,根据地就比较巩固。而有的根据地只是在部分地方实行了减租减息,或者只是把减租减息当作一种宣传口号,既未发布命令,更未动手实行,或者已经发布了命令,形式上减了租息,实际并未认真去做,发生明减暗不减的现象;另在一些地方则发生了"左"的倾向,农民不交租不交息,甚至将减租减息变成没收地主土地和废除债务。在发生这些倾向性问题的地方,群众的积极性难以发扬,统一战线的政策不能得到落实,根据地就无法巩固,经不起敌人的"扫荡",变成软弱无力的地区。

　　敌后抗战进入严重困难时期后,中共中央认真总结了五年来的经验教训,决定进一步落实和推行减租减息政策,发动各阶层人民的抗日积极性,广泛团结一切抗日阶层去战胜困难。1942年1月28日,中共中央颁发了《关于抗日根据地土地政策的决定》及其附件,2月6日又发出《关于如何执行土地政策决定的指示》的党内指示,形成敌后抗日根据地处理土地问题的纲领性文件。其主要内容是:

　　第一,从理论上阐明中共抗日民族统一战线土地政策的三个出发

---

　　① 　参见肖一平等:《抗日战争时期的减租减息》,《近代史研究》1981年第4期。

点：承认农民（雇农包括在内）是抗日与生产的基本力量，故中共的政策是扶助农民，减轻地主的封建剥削，实行减租减息，保证农民的人权、政权、地权、财权，借以改善农民的生活，提高农民的抗日与生产的积极性；承认地主的大多数是有抗日要求的，一部分开明绅士是赞成民主改革的，故中共的政策仅是扶助农民减轻封建剥削，而不是消灭封建剥削，更不是打击赞成民主改革的开明绅士，在保障农民的人权、政权、地权、财权之后，又须保障地主的人权、政权、地权、财权，借以联合地主阶级一致抗日；承认资本主义生产方式是现时中国比较进步的生产方式，而资产阶级，特别是小资产阶级与民族资产阶级是中国现时比较进步的社会成分与政治力量，富农及其生产方式是带有资本主义性质的，富农是农村中的资产阶级，是抗日与生产的一个不可缺少的力量，故中共的政策是在适当的改善工人生活条件之下，同时奖励资本主义生产与联合资产阶级，奖励富农生产与联合富农，在对富农的封建剥削部分实行减租减息后，同时须交租交息，并保障富农的人权、政权、地权、财权等。

第二，从政策上阐明中共土地政策的基本精神：首先是把广大农民群众发动起来，如果群众不能起来，则一切无从谈起，在群众发动起来后，又要让地主能够生存下去；所以在经济上只是削弱（但一定要削弱）封建势力，而不是消灭封建势力，对富农则是削弱其封建部分而奖励其资本主义部分，在政策上是以奖励资本主义生产为主，但同时保存地主的若干权利，可以说是七分资本、三分封建；目的在于拆散地主、资产阶级与敌人及顽固派的联合，争取地主、资产阶级的大多数站在抗日民主政权方面，而不跑到敌人与顽固派方面去，跑去了的，也争取其回来。

第三，从策略上阐明先打后拉，一打一拉，打中有拉，拉中有打的方针：实施减租减息运动一般应经过酝酿、斗争、团结三个阶段，当广大群众还未发动起来的时候，必须积极帮助群众打击地主的反动气焰，摧毁地主阶级在农村中的反动统治，确立群众力量的优势，使地主阶级感觉除了服从我们的政策便不能保持他们的利益，便无其他出路；在群众已经充分发动起来之后，必须及时的说服群众，纠正过左的行动，给予地主以交租交息及政治上实行"三三制"，保障地主的人权、政权、地权、财权，使其感恩怀德，愿与我们合作，达到团结抗日之战略目的；必须教育干部学会与地主作合法斗争的本领，熟悉政府的法令，熟悉拉中有打的策略，以便对付某些奸猾地主的无理进攻，同时须防止被收买。

第四，从方法上阐明政府处于调节人的立场：在处理农村纠纷中，中共与政府的工作人员，不是站在农民或地主某一方面，而是根据整个民族的抗战利益采取调节双方利益的方针；既要使农民明白现在我党的抗日民族统一战线的土地政策，是与内战时期的土地政策有根本区别的，使他们不限制于眼前的狭隘的利益，而应把眼前利益与将来利益联系起来，把局部利益与全民族利益联系起来，同时又要劝告地主不应该限制于眼前的狭隘的利益，而要顾及将来与全民族的利益等。

第五，从思想倾向上阐明目前工作的主要危险是右倾错误：没有认真实行发动群众向地主斗争，党员与群众的热气都未发动与组织起来，这种错误不但在较差的根据地中是严重存在着，就是在最好的根据地中，亦有一部分区域尚未实行减租减息与发动群众斗争。为此，应强调反对右倾错误，在这些地区把群众发动起来，在广大群众自愿自觉而不是少数人包办的基础上，迅速实行减租减息。中共中央的文件强调减租减息是中共在新民主主义革命阶段的长期土地政策，不但今天必须执行，而且还有很长时期要实行①。

各解放区的党政机关领导根据中共中央的文件精神，制订或修正了有关的法令和条例，深入发动广大群众，广泛开展减租减息运动。华北敌后各解放区普遍在原有工作的基础上，进一步完善政策，发动群

---

① 《中共中央关于抗日根据地土地政策的决定》(1942 年 1 月 28 日)，解放军政治学院：《中共党史参考资料》第 9 册，第 97—99 页；《中共中央关于如何执行土地政策决定的指示》(1942 年 2 月 6 日)，中共中央党校党史教研室：《中共党史参考资料》(五)，第 24—27 页。

众,深入进行减租减息。1942年3月,晋察冀边区政府修正公布了《减租减息条例》。次年10月,又发出指示,要求各级政府根据不同情况,确定运动的重点在于限制高额地租与废除超经济剥削。1942年5月,山东省战工会根据中共中央山东分局关于减租减息、改善雇工待遇、开展群众运动的决议,颁布《租佃暂行条例》和《借贷暂行条例》,广泛推行"二五"减租和分半减息。9月,晋西北根据地领导机关颁布《减租交租和减息交息条例》,规定山地照战前租额的七成五折,再减25％,平原水地只减25％,债务以1933年为界,以前的一律停付,以后的按具体情况分别处理。10月,晋冀鲁豫边区政府修正颁布《土地使用暂行条例》,详尽规定地租和债息政策,推动减租减息运动在各地深入开展。华中各抗日根据地创建较晚,1942年5月,中共中央华中局也发出《关于减租问题的指示》,要求各根据地广泛宣传减租减息的重要意义,并区别中心区、边缘区和游击区三种不同情况,采取不同的方法进行减租减息运动。

从1944年初开始,减租减息运动进入了一个新的阶段。由于抗日战争接近胜利,国共两党围绕着中国之命运进行着激烈的斗争,抗日民族统一战线虽然继续存在,但内部的阶级矛盾已经有所上升。在此背景下,各解放区广泛开展了"查租减租"运动,并加大了对于不法地主斗争的力度,许多地区还结合"查租减租"运动进行雇工增资、清查黑田、反对恶霸、反对贪污和反对地主富农把持政权的斗争,通过普遍深入的检查,一家一户的算账,让地主退出在减租法令颁布后多收的租额和债息,使绝大部分的贫苦农民获得了退粮退款,赎回或索回土地,巩固和发展了农民在减租减息运动中取得的胜利果实,大大提高了他们的政治觉悟和参加抗战的积极性。

减租减息运动以政府颁布的法令政策为依据,以经济调节手段为杠杆,兼顾社会各阶层的利益,用和平、渐进和稳妥的方式推进农村的经济改革,取得了良好的效果。王稼祥称:减租减息政策"是边区农村经济发展的最基本的原动力,凡是减了租的地方,广大人民的抗战与生产积极性都大大增加了"[1]。首先,减租减息政策的实施,改善了农民的生活,提高了他们的抗战积极性,广大农民踊跃参军参战,使中国共产党领导的军队发展至131万人,民兵268万人,奠定了抗战胜利和新民主主义在全国胜利的真正基础;其次,减租减息政策的实施,调动了农民的生产积极性,解放了农村的生产力,推动了根据地农村经济的发展,奠定了敌后根据地战胜严重困难的坚实基础;第三,减租减息政策的实施,照顾了各阶层的利益,协调了各阶级相互间的关系,团结了地主阶级的大多数和开明绅士一起抗日,奠定了坚持抗日民族统一战线的稳定基础;更为重要的是,减租减息政策的实施,还促使根据地的社会结构和封建土地所有制发生了深刻的变化,根据地因实行以减租减息和税收调节政策相结合的新政策,从适当削弱封建土地剥削,逐步过渡到消灭封建剥削,实质上悄悄变革着农村的社会结构和封建土地所有制,为日后彻底实行农村的土地革命作了重要的过渡和准备[2]。

二　大生产运动

大生产运动是中国共产党在敌后抗日根据地推行经济建设的主要举措。它的产生和发展既是抗日根据地生存和发展的需要,也是坚持抗战和夺取最后胜利的保证。大生产运动贯彻于抗日战争的始终,大致可以分为三个阶段:第一阶段自1937年7月至1939年2月,主要是军队开展以改善生活为目的的生产运动;第二阶段自1939年2月至1942年12月,党政军民学各机关广泛开展大生产运动;第三阶段自

---

① 王稼祥:《晋察冀边区的财政经济》,《解放》第9卷第3—4期合刊。

② 温锐:《变革封建土地所有制的另一种形式》,《抗日战争研究》1992年第4期。论者认为:此种变革农村封建土地所有制方式具有特殊的长处:1.它能尽可能地变消极因素为积极因素,全面地调动各种阶级的积极性;2.它避免了以往土地革命过程中农村生产常常出现的低落现象;3.它有利于农村手工业和工商业的发展。

1942 年 12 月至抗战结束,解放区的大生产运动在总结经验的基础上全面深入发展①。

抗日战争期间,中共中央根据敌后抗日根据地经济工作的环境和大生产运动的特点通过一系列决定,毛泽东等领导人也发表了《抗日时期的经济问题和财政问题》、《必须学会做经济工作》、《组织起来》等重要文章和报告,系统地论述了大生产运动的方针和原则,为抗日根据地的经济工作指明了方向。其主要内容是:

"发展经济,保障供给"——大生产运动的总方针。毛泽东批判那种离开发展经济而单纯在财政收支问题上打主意的错误思想和不注意动员人民发展生产,帮助人民发展生产渡过困难而只注意向人民要东西的错误作风,强调决定财政的是经济,只有切切实实的有效的经济发展,才能解决财政困难②。

"公私兼顾","军民兼顾"——大生产运动的基本原则。根据地的主要经济成分有公营经济、合作社经济、个体经济、资本主义经济、地主经济五种,除对地主经济实行减租减息,予以削弱、限制外,其他各种经济成分都应兼顾发展。毛泽东指出:"只有实事求是地发展公营和民营的经济,才能保障财政的供给。虽在困难时期,我们仍要注意赋税的限度,使负担虽重而民不伤。而一经有了办法,就要减轻人民负担,借以休养民力。"③

---

① 参见何进:《关于抗日根据地经济建设问题》,《中共党史专题讲义》,中共中央党校出版社 1996 年版。另一种意见认为:大生产运动始于 1941 年初,八路军三五九旅开垦南泥湾,然后推广至各解放区,发展为普遍的大生产运动(刘吉主编:《中国共产党七十年》,上海人民出版社 1991 年版);第三种意见认为:大生产运动始于1939 年中共中央举行生产动员大会,陕甘宁边区掀起大生产运动的热潮(陈舜卿:《关于大生产运动的几个问题》,《中国社会经济史研究》1984 年第 3 期)。

② 毛泽东:《抗日时期的经济问题和财政问题》,《毛泽东选集》(4 卷本),第 846－851 页。

③ 毛泽东:《抗日时期的经济问题和财政问题》,《毛泽东选集》(4 卷本),第 846－851 页。

各业发展,以农为主——大生产运动的实施重点。由于抗日根据地主要在敌后广大农村,没有大城市,极少中小城市,农民占全部人口的80%以上,抗战所需物力、人力主要来自农民,大生产运动必须以农业为主,兼而发展包括工业、手工业、运输业、畜牧业和商业等在内的各种产业。毛泽东强调各级党政工作人员"应以百分之九十的精力帮助农民增加生产"①。

"统一领导,分散经营"——大生产运动的领导方法。由于各抗日根据地散居敌后农村,人力物力高度分散,交通又极不方便,因此,在领导方法上必须实行统一领导原则下的分散经营。中共中央决定在大生产运动中实行首长负责,自己动手,领导骨干与广大群众相结合,一般号召和个别指导相结合的原则,指示各地成立生产委员会,由党的主要负责干部担任主任或委员,派遣最积极最有经验的干部到生产委员会中去工作,从各地实际情况出发领导大生产运动。

组织起来,互助合作——大生产运动的发展方向。毛泽东指出:"在目前条件下,发展生产的中心关节是组织劳动力","共产党员必须学会组织劳动力的全部方针和方法"②。在每一个根据地都把一切群众的力量,劳动力和半劳动力组织起来,成为一支劳动大军。其最重要的方式就是根据自愿和等价的原则,在个体经济基础上成立初级集体劳动组织——合作社,其形式有变工队、运输队、互助社等等,这些合作社不仅有助于克服根据地的经济困难,而且对于未来新民主主义经济向社会主义经济过渡也具有尝试意义。

生产自给,丰衣足食——大生产运动的特殊内容。中共中央号召一切部队、机关、学校,必须于战争条件下自行种菜、养猪、打柴、烧炭、

---

　　①　《开展根据地的减租、生产和拥政爱民运动》,《毛泽东选集》(4卷本),第865—868页。

　　②　《开展根据地的减租、生产和拥政爱民运动》,《毛泽东选集》(4卷本),第865—868页。

发展手工业和部分种粮，分别不同情况，达到粮食和办公用费的自给、半自给和部分自给。此种生产自给"形式上是落后的、倒退的，实质上是进步的，具有重大历史意义的"。此种办法"使我们的军队克服了生活资料的困难，改善了生活，个个身强力壮，足以减轻同在困难中的人民的赋税负担，因而取得人民的拥护，足以支持长期战争，并足以扩大军队，因而也就能够扩大解放区，缩小沦陷区，达到最后地消灭侵略者，解放全中国的目的"[①]。

中共中央制定的方针政策和采取的具体措施，有力地促进了各抗日根据地大生产运动的蓬勃发展。陕甘宁边区是开展大生产运动的模范。著名的三五九旅自 1941 年 3 月起在南泥湾开荒种地，经过短短几年的努力，将荒无人烟的南泥湾变成了"粮食堆满仓，猪牛羊肥壮"的"陕北江南"，至 1944 年全旅吃用有余，还向边区政府交纳公粮一万石。毛泽东、周恩来、朱德、任弼时等中央领导同志也都亲自开荒、种菜，参加生产运动。各敌后抗日根据地也积极响应中共中央的号召，一面战斗，一面生产，实行"劳动与武力结合"、"战斗与生产结合"，在十分艰苦的环境下，创造性地运用各种形式，开展大生产运动，取得了可喜的成果。

大生产运动既富于现实意义，又具有深远的影响。首先，它使解放区克服了严重的经济困难，增加了人民的收入，减轻了人民的负担，保障了抗战的物资供应，奠定了抗战胜利的基础。第二，它使人民军队提高了战斗力，不仅改善了生活，扩大了军队，而且改善了官兵关系、军民关系和军政关系，增强了劳动观念和组织纪律性。第三，它显示了中国共产党领导抗战建国的毅力和才干，表明任何困难都不能阻挡根据地人民前进的步伐。第四，初步改变了农村中一家一户的个体劳动习惯，初级合作社的普遍建立，不仅使劳动生产率有所提高，而且使广大农民

---

① 毛泽东：《论军队生产自给，兼论整风和生产两大运动的重要性》，《毛泽东选集》（4 卷本），第 1005—1009 页。

开始认识到"组织起来"的优越性。第五，它使中国共产党进一步认识了经济工作的重要性，考验和锻炼了广大的知识分子出身的干部，培养和造就了一大批懂得经济工作的领导干部，他们成为新中国进行经济建设的宝贵财富。同时，也应该指出，大生产运动是在激烈而残酷的战争的特殊环境中进行的，它所采用的群众运动方式的发展生产道路，在很大程度上是迫不得已的，在科学性方面存在着明显的缺点和不足。

三　知识分子与文化教育事业

抗日战争时期，中国共产党制订和实行了正确的知识分子政策，对于推动各项工作的开展和革命事业的发展，尤其是文化教育、科学技术的发展起了重要的作用。在第二次国内革命战争时期，中国共产党内的"左"倾机会主义者曾在知识分子问题上犯有严重错误，片面强调党的领导机关的工人成分，无端惩治知识分子干部的工作过失，排斥、打击甚至迫害知识分子，留下了很多教训，给党的事业造成极大的伤害。抗日战争爆发后，随着敌后抗日根据地的建立，各项事业蓬勃发展，需要大批的知识人才。在中国共产党的召唤和影响下，许多爱国的科学家、艺术家以及大批的青年学生纷纷奔向延安和各抗日根据地，中国共产党在确立正确的政治、军事路线的同时，也适时地调整了党的知识分子政策，吸引和组织广大的知识分子参加到抗日民族统一战线的行列中来。中国共产党在抗日战争时期的知识分子政策的主要内容是：

第一，肯定知识分子的重要性，吸引广大知识分子参加抗日事业。1939年12月1日，中共中央颁发了《关于大量吸收知识分子的决定》，指出："在长期的和残酷的民族解放战争中，在建立新中国的伟大斗争中，共产党必须善于吸收知识分子，才能组织伟大的抗战力量，组织千百万农民群众，发展革命的文化运动和发展革命的统一战线。没有知识分子的参加,革命的胜利是不可能的。"将知识分子问题提高到决定革命成败的战略高度来统一全党的认识;强调"我们党在土地革命时期,许多地方许多军队对于知识分子的不正确态度,今后决不应重复","恐惧知识分子甚至排斥知识分子的心理"必须克服,号召"一切战区的党和一切党的军队,应该大量吸收知识分子加入我们的军队,加入我们的学校,加入政府工作"①。这一政策随着抗日战争的发展和革命队伍的壮大得到进一步的实施。中国共产党努力从大后方和敌占区广泛招聘吸收军工、医务、教学、文艺等各种专门技术人才。如 1941 年 7 月,毛泽东、朱德、王稼祥、叶剑英曾致书各兵团首长,指示要尽可能地吸收大后方与广大沦陷区水平高深的医务人才,"不惜其津贴予以任用,政治上作非党干部看待,生活上作专家待遇之"②。

第二,尊重知识分子,充分发挥他们的作用。1941 年 5 月 1 日,《陕甘宁边区施政纲领》将"奖励自由研究、尊重知识分子、提倡科学知识"列为施政的重要内容。同年 11 月,陕甘宁边区参议会通过发展科学事业的决议案,主要内容是:成立科学研究调查机关,推进和提高经济文化建设;培养科学技术人员,派专门人员出外学习;出版通俗科学读物,普及科学知识;购买科学图书仪器,改善研究工作条件;尊重并合理使用各种专门干部,欢迎优待外来科学人士;组织科学团体,开展科学运动;制定条例,奖励科学技术研究;确定科学事业预算等,这八项决议鼓舞了广大知识分子投身敌后根据地建设的积极性③。为了更好地将知识分子组织起来,各抗日根据地建立了各种自然科学学会,其中最大、最完备的是陕甘宁边区的自然科学研究会,吴玉章任会长,下设农学、生物、化学、医药、航空、气象、土木工程、地质矿冶、机械电机等十多个分会,并办有《自然界》、《大众科学》、《科学园地》等刊物。

---

① 毛泽东:《大量吸收知识分子》,《毛泽东选集》(4 卷本),第 581—583 页。
② 《毛泽东年谱》(中),第 314 页。
③ 《解放日报》,1941 年 11 月 29 日。

第三,优待知识分子特别是技术干部的生活待遇,激发他们的工作热情。在敌后根据地极端困难的物质条件下,各抗日根据地的党政领导机关尽其可能制定特殊政策,为知识分子创造工作条件和提高生活待遇,吸引海内外的知识分子到根据地来工作。如陕甘宁边区政府曾制定一系列条例和规定,优待文化技术干部,根据干部的资历、能力、现任职务,将他们分为甲、乙、丙三类,其中甲类干部享受的津贴为每月15—30元,而当时一般干部的津贴是1—5元,中央政治局委员也只有10元,伙食由小灶供应,住房可享受单间宿舍,并配备勤务人员和提供乘马等交通工具。晋察冀边区政府也为技术干部规定了较高的薪金标准:技正每月小米600—1000斤,技士每月小米450—800斤,技佐每月小米250—500斤,技术员每月小米200—250斤,每月折款发给,有特殊贡献者或特殊技术者得特别优待,其经常有成绩者得予加薪;同时为各类发明、创造、改良者规定了奖励办法:荣誉奖励有建立冠以创造者姓名之研究所、荣誉宣扬、奖旗或奖匾、奖状、奖章等,有特殊发明与贡献者由陕甘宁边区政府委员会予以特别奖励等①。

第四,使用与教育并重,努力帮助知识分子实现工农群众化。1939年,中共中央在党内指示中指出:"对于一切多少有用的比较忠实的知识分子,应该分配适当的工作,应该好好地教育他们,带领他们,在长期斗争中逐渐克服他们的弱点,使他们革命化和群众化,使他们同老党员老干部融洽起来,使他们同工农党员融洽起来。"并提出了使工农干部知识化和知识分子工农群众化的口号②。延安及各根据地开展整风运动的目的之一,也在于促进知识分子对于马列主义的学习和运用,清除资产阶级和小资产阶级的思想影响。1942年5月,中共中央召开延安文艺座谈会,毛泽东在会上发表重要讲话,不仅为新民主主义文化的发展指明了为人民大众首先是为工农兵服务的方向,而且也向广大知识

---

① 参见雷云峰等:《中共中央与八年抗战》,第433—434页。
② 毛泽东:《大量吸收知识分子》,《毛泽东选集》(4卷本),第581—583页。

分子党员提出了思想入党的重大问题，指出"有许多党员，在组织上入了党，思想上并没有完全入党，甚至完全没有入党"，为此必须"展开一个无产阶级对非无产阶级的思想斗争"①，该文件成为广大知识分子进行思想革命的纲领性文件。

正是在中国共产党正确的知识分子政策召唤和吸引之下，大批知识分子来到敌后抗日根据地，投身火热的民族解放斗争，推动了根据地的教育事业、文学艺术事业、新闻出版事业和科学技术事业的蓬勃发展。

在教育方面，中国共产党将干部的在职教育放在全部教育工作的首位。1942年2月28日，中共中央政治局通过了《关于在职干部教育的决定》，将在职干部的教育内容确定为业务教育、政治教育、文化教育、理论教育4种。业务教育的范围包括与业务部门业务关系密切关联的周围情况的调查研究和政策法令指示决定的研究、各部门业务具体经验的研究、各部门业务的历史知识和科学知识等，使干部学会和精通自己的业务；政治教育的范围包括时事教育和一般政策教育，使干部通晓一般情况和一般政策，扩大眼界，避免偏畸狭隘不懂大局的弊病；文化教育（文化程度太低或不高的干部）的范围包括国文、历史、地理、算术、自然、社会、政治等，提高文化水平，是他们全部学习的中心一环；理论教育的范围分为政治科学、思想科学、经济科学、历史科学等，其中政治科学以马克思主义论战略策略的著述为理论材料，以我党二十年奋斗史为实际材料，思想科学以马克思主义的思想方法论为理论材料，以近百年中国的思想发展史为实际材料，经济科学以马克思主义的政治经济学为理论材料，以近百年中国的经济发展史为实际材料，历史科学则研究外国革命史和中国革命史等②。

---

① 毛泽东：《在延安文艺座谈会上的讲话》，《毛泽东选集》（4卷本），第832页。
② 《中共中央关于延安干部学校的决定》（1942年2月28日），解放军政治学院：《中共党史参考资料》第9册，第171—172页。

大学和专科教育，敌后根据地的大学和专科教育也体现了干部培训为主的特色。中共中央和各抗日根据地政府创办了中国人民抗日军政大学、中央党校、马列学院（后改中央研究院）、军事学院、陕北公学、自然科学院、行政学院、中国女子大学、中国医科大学、鲁迅艺术学院、延安民族学院、延安大学、华北联合大学以及"抗大"和"鲁艺"在各根据地的分校等。另有陕甘宁边区的师范学校、警政学校、医药学校、纺织学校、农业学校、职业学校、八路军抗日军人家属学校、荣誉军人学校等以及各根据地创办的专门学校。这些学校在体制上尚不完备，办学条件也相当简陋，但及时培养出了一大批德才兼备的抗日人才，为各抗日根据地的建设和日后新民主主义革命的胜利作了干部方面的重要准备。

普通教育，陕甘宁边区和各抗日根据地都建立在社会经济文化十分落后、交通不便的贫困地区，相当部分地区的文盲率高达 90% 以上。开展国民教育运动，提高全体人民的文化素质，便成为各根据地政府的重要任务。该运动包括以冬学民校为主要形式的成人扫盲教育和以小学教育为主体的学龄儿童教育。陕甘宁边区和各抗日根据地都利用战争的间隙和冬令农闲时节，开展大规模的群众性的冬学运动，采用男学组、女学组、青年组、老年组、儿童组、混合组等各种形式，帮助人民群众扫盲识字，并根据群众的需要来确定学习的内容，结合扫盲进行政治和抗日教育。另一方面，各级政府也十分重视学龄儿童的教育问题，采用民办公助的方式和全新的游击式的教学方法，大力发展中、小学教育。根据当时的经济和文化条件，除发展部分中学、职业学校外，主要是增加和发展了相当数量的小学。陕甘宁边区 1945 年已建立小学 1377 所。各敌后根据地的小学也有了相当程度的增加，如冀中区 1941 年已建立小学 4338 所，入学学生占学龄儿童总数的 62%，有五分之一的县儿童入学率高达 90% 以上，在"男女教育平等"的口号下，女生人数增加尤其快，占学生总数的 41% 以上。原来小学教育非常落后的晋绥区也发生了很大的变化，根据 1941 年晋西北 21 个县的统计，已有小学

1789所,平均每县增加85所,远远超过新政权建立以前的数字①。历时多年而经久不息的冬学扫盲运动和迅速发展的中小学教育,有效地提高了根据地人民的整体文化素质,文盲人数逐年下降,广大干部的文化水平和思想水平也有了较大幅度的提高,成为夺取抗战胜利的重要条件。

在文学艺术方面,抗战爆发后,以战地宣传为主要内容的文学艺术事业,在延安和各敌后根据地蓬蓬勃勃发展起来,创作出了如《黄河大合唱》等气壮山河的传世之作,群众性的文学艺术活动团体更如雨后春笋般地涌现出来,有力地配合了敌后抗日战场的开辟和根据地的建立。1942年5月举行的延安文艺座谈会成为延安和敌后根据地文学艺术事业发展进入新阶段的标志。广大文学艺术工作者纷纷下乡、下厂、下部队,推动了各抗日根据地文艺运动的发展。在遍及根据地的"新秧歌"运动中,涌现了像《兄妹开荒》、《夫妻识字》等为群众所喜闻乐见的新秧歌,和像《白毛女》等思想性和艺术性具有较高成就的歌剧作品;戏剧改革也取得了可喜的成绩,新编历史剧《逼上梁山》和《三打祝家庄》被誉为平剧改革的优秀作品;文学创作也出现了赵树理的《小二黑结婚》、《李有才板话》、《李家庄变迁》,欧阳山的《高干大》,马烽、西戎的《吕梁英雄传》,周而复的《诺尔曼·白求恩片断》等具有代表性的作品。

在新闻出版方面,中国共产党在延安和各敌后根据地创办了大量的抗日报刊,总数达四百多种②。在延安发行的主要报刊有:《新中华报》、《解放日报》、《边区群众报》、《解放》周刊、《共产党人》月刊、《八路军军政杂志》、《中国文化》、《中国青年》、《中国妇女》、《中国工人》等,共

---

① 参见魏宏运等:《华北抗日根据地史》,第305—307页。

② 穆欣:《抗日烽火中的中国报业》,重庆出版社1992年版,第493页。持此种看法的还有石西民,参见重庆出版社1987年出版的《抗日战争时期的中国新闻界》第3页。中国人民大学出版社1959年出版的《中国现代报刊史讲义》则认为:"1937年至1939年,在华北、华中两个主要敌后抗日根据地约有各类小型报刊700种。"

有八十余种。各敌后根据地也发行了大量的报刊,最著名的有:晋察冀根据地的《抗敌报》、《边政导报》等,晋冀鲁豫根据地的《新华日报》(华北版)、《黄河日报》等,晋绥根据地的《晋绥日报》(原名《抗敌日报》)、《战斗报》等,山东根据地的《大众日报》,华中根据地的《抗敌报》、《江淮日报》等。在延安还创办了新华通讯社和广播电台。各根据地的出版事业也有一定的发展,在延安就有解放出版社、中国青年出版社、陕北书店、新华书店等出版机构,各根据地也都建立了一定规模的印刷出版机构,大量编辑出版马列主义经典著作、中国共产党的政策文件以及各种抗战宣传材料,在现代新闻出版史上写下了重要篇章。

在科学研究方面,在敌人重重封锁、条件极端困难的情况下,广大科技工作者围绕着抗日战争和生产建设的紧迫需要,白手起家,艰苦创业,促使根据地的工业,尤其是与抗战事业、根据地发展和人民生活密切相关的军工、医药、日化、造纸、印刷、纺织等在一无所有的基础上建立和发展起来,呈现蓬勃发展的兴旺景象。

第四节　发展东方民族反法西斯统一战线

一　"东方民族反法西斯大会"召开

中国共产党关于建立和发展东方民族反法西斯统一战线的主张是由中共的政治纲领决定的。列宁关于民族和殖民地问题的学说,不仅是中国共产党领导中国新民主主义革命的理论基石,而且也是该党对待周边东方民族独立解放斗争的行动指南。共产国际"七大"关于建立反法西斯人民阵线的决议,成为推动中国共产党发展东方民族反法西斯统一战线的动力和理论依据。

早在1937年8月,中共中央政治局洛川会议通过的《中国共产党抗日救国十大纲领》就已提出将"联合朝鲜、台湾及日本国内的工农人民,反对日本帝国主义"作为中国抗日外交的重要组成部分①。次年10月,毛泽东在中共中央扩大的六届六中全会上作了题为《论新阶段》的报告,再次指出中华民族当前的第十二项紧急任务是:"建立中国与日本兵民及朝鲜、台湾等被压迫民族的反侵略统一战线,共同反对日本帝国主义",并强调"日本帝国主义的侵略战争,不但是危害中华民族的,同时也是危害日本全体兵民及朝鲜、台湾等被压迫民族的",东方民族反侵略统一战线是打倒日本侵略者的"不可缺少的部分","日本侵略战争愈延长,这一个统一战线便愈有建立的基础"②,比较完整地提出了建立东方民族反法西斯统一战线的战略构想。

随着中国共产党领导的敌后抗日游击战争的广泛开展和各抗日根据地的建立,中国共产党在东方各被压迫民族人民中的声望日益高涨,尤其是中共中央所在地延安更是成为广大东方民族的热血青年向往的革命圣地。他们不远万里,跋山涉水,冲破国民党顽固派的层层封锁,来到延安及华北、华中各抗日根据地,投身中国人民的抗日战争,并为自己民族的独立解放而奋斗。中国共产党与敌后根据地军政领导热情欢迎他们的到来,并制订了一系列政策,优待、支持和帮助他们在根据地的生活、工作和战斗。1941年5月,经中共中央政治局批准颁布的《陕甘宁边区施政纲领》明文规定:"在尊重中国主权与遵守政府法令的原则下,允许任何外国人到边区游历,参加抗日工作,或在边区进行实业、文化与宗教的活动。其有因革命行动被外国政府压迫而来边区者,不问其是宗主国人民或殖民地人民,边区政府当一律予以恳切的保护。"③从

---

① 《抗日救国十大纲领》,解放军政治学院:《中共党史参考资料》第8册,第52页。由于当时台湾和朝鲜同为日本的殖民地,中共中央在当时的文件中一般将两者并论。

② 毛泽东:《论新阶段》,解放军政治学院:《中共党史参考资料》第8册,200—201页。

③ 《陕甘宁边区施政纲领》,解放军政治学院:《中共党史参考资料》第9册,第69页。

法律上明文保护在敌后根据地活动的外国革命者和东方各被压迫民族人士进行抗日斗争。

1941 年 9 月 21 日,八路军总司令朱德受中共中央委托,邀请在延安的日本、朝鲜、越南、菲律宾、泰国、印度等东方民族友人和国内少数民族代表共五十余人举行座谈。朱德在会上发言指出:日本法西斯威胁着东方各弱小民族,东方各民族要联合起来反对日本法西斯,这不是理论问题,而是怎样行动的问题。提议在延安的各东方友人首先团结起来,组织一个东方民族反法西斯同盟。这一提议得到全体与会者的一致赞同,会议推举印度革命家巴苏华等二十人组成筹备委员会①。9 月 30 日,延安《解放日报》发表社论,批评"东方各民族的内部团结尚不够坚强","各民族间的联系更嫌不足,以致各自为战,未能形成强有力的统一战线";指出"东方各民族为要完成战胜日寇的艰苦的历史任务,只有加强各民族内部的团结,同时建立各民族的共同统一战线,举起鲜明的反法西斯侵略与保卫民族生存的大旗,以整齐的步伐,进行有计划的持久的战斗",进一步论述了成立东方各民族反法西斯统一战线的必要性和重要性②。

10 月 26 日,东方各民族反法西斯大会在延安中央大礼堂隆重开幕。来自日本、印度、犹太、荷印、菲律宾、马来亚、缅甸、泰国、越南、朝鲜等东方民族的代表,国内蒙、回、满、藏、苗等少数民族代表,以及台湾同胞共一百三十余人出席了会议。会议推举斯大林、罗斯福、丘吉尔、季米特洛夫、台尔曼、冈野进、甘地、戴高乐、蒋介石、毛泽东、朱德、宋庆龄等为大会名誉主席团,推举朱德、林伯渠、吴玉章、阿里阿罕、巴苏华、武亭、原清志、森健清等为大会主席团。会议举行了五天。由朱德作总报告,他在报告中论述了国际和远东形势以及日本法西斯的侵略意图、侵略方法,指出:"东方各民族的情况虽然不完全相同,但都受到日本法

① 《朱德年谱》,人民出版社 1986 年版,第 242 页。
② 《东方各民族团结起来》,《解放日报》,1941 年 9 月 30 日。

西斯的侵略和威胁,统一一切反对日本帝国主义的势力,组成反法西斯统一战线,这是打倒法西斯主义或是阻止它发展的最大力量和武器。"并预言:"战争的最后胜利,无疑地将属于反法西斯营垒这一面。"①中共中央和八路军、新四军领导人毛泽东、吴玉章、叶剑英等也应邀到会演讲或致辞,给与会者很大的鼓励与激励。日本代表森健清、原清志,荷印代表阿里阿罕、毕道文,朝鲜代表武亭,印度代表巴苏华,泰国代表马纳,越南代表黄振光,犹太代表桑柏格尔德等都在会上报告各自民族的反法西斯斗争情况及对于建立东方各民族反法西斯统一战线的意见②。

会议最为重要的成果是,决议成立东方各民族反法西斯大同盟,总盟设延安,各地设分盟,同盟的宗旨是:"团结东方各民族的力量,建立巩固的反法西斯统一战线,援助中国、苏联及一切被德日意法西斯奴役压迫的民族国家,共同打倒法西斯强盗,为东方各民族的自由平等与解放而努力";同盟盟员分为团体盟员和个人盟员两种,凡赞成同盟宗旨者均得要求加盟;同盟代表大会为同盟最高权力机关,每年开会一次,必要时得召开临时代表大会等。朱德、林伯渠、吴玉章、阿里阿罕、巴苏华、武亭、原清志、森健清等三十七人当选为同盟中央执行委员。会议决定组织东方各民族抗日义勇纵队,分赴华北前线参加抗日工作;成立东方民族学院,研究东方各民族反法西斯诸问题,培养干部;以大会名义通电世界各国,宣告东方各民族反法西斯统一战线的建立③。东方各民族反法西斯大会的召开和反法西斯大同盟的成立,标志着中国共产党与东方各民族共同抗击日本法西斯的统一战线有了进一步的发展。

二 在华日本人反战运动

中国共产党根据东方各民族反法西斯统一战线的精神,十分关注

---

① 《朱德年谱》,第 243—244 页。
② 《毛泽东年谱》(中),第 336 页;《解放日报》,1941 年 10 月 27—30 日。
③ 《解放日报》,1941 年 11 月 1 日。

组织、指导、发展在华日本人的反战运动,使其成为中国抗日战争中一支重要的反日力量。

1937年10月25日,八路军总部颁令明确规定了优待和感化日本战俘的政策,主要内容是:1. 对于俘虏之日军,不许杀掉,并须优待之;2. 对于自动过来者,务须确保其生命之安全;3. 在火线上负伤者,应依阶级友爱医治之;4. 愿归故乡者,应给路费等①。1938年10月,毛泽东在《论新阶段》的报告中详尽论述了"使百余万日本侵略军变成我们的友军"的种种方法,包括向两国人民士兵提出反侵略统一战线;由政府下令所有抗日军队抗日游击队全体官兵一律学习必要数量和恰当内容的日本话,进行反侵略口头宣传;尊重和优待敌军俘虏,给予教育,经过他们去影响其余;设法从日本内地组织反侵略的文化人员到中国来参加这一斗争;保护在中国的诚实的日本侨民;教育我国军民大众,区别日本帝国主义与日本人民、敌军军官与士兵、上级军官与下级军官等六大方面②。据此,中共中央在各抗日根据地和八路军、新四军部队中设置敌军工作部和敌伪工作委员会,专司其责。自1939年下半年起,在华日本人反战团体逐步建立和发展起来,主要有三个系统③:

1939年11月,由首批加入八路军的日本战俘杉本一夫等人在八路军前方总部所在地山西辽县(今左权县)麻田镇成立"在华日人觉悟联盟",后改称"在华日人觉醒联盟"。这是由中国共产党与八路军帮助创建的华北敌后根据地第一个日本人反战团体。该联盟创立后,逐步在延安、冀南、冀中、太岳、晋察冀、冀鲁豫、山东等各抗日根据地建立支部。

1940年10月,中共中央与当时正在延安的日本共产党领导人冈

① 中央档案馆:《中共中央文件选集》第11册,中共中央党校出版社1991年版,第379页。

② 毛泽东:《论新阶段》,解放军政治学院:《中共党史参考资料》第8册,第200-201页。

③ 参见军事科学院军事历史研究部:《中国抗日战争史》下卷,第159-166页。

野进（即野坂参三）等商议筹办日本工农学校，专门训练来自各抗日根据地的日本反战人士。1941年5月15日，该校正式成立。由冈野进任校长，八路军总政治部的赵安博任副校长，由冈野进和精通日语的赵安博、王学文、李初梨、何思敬等担任教员。学校的主要课程是社会发展史、政治经济学、哲学、联共（布）党史、中国革命史、日本问题、时事问题、中国语言等。学员们享受八路军连级干部的津贴标准和外国友人的生活待遇，不仅接受反法西斯的思想教育与马克思主义理论熏陶，而且积极参加当时延安正在进行的大生产运动、整风运动和参议会选举等各种活动，学习中国革命的经验。稍后，随着各根据地日本战俘的增加，该校又先后设立晋西北、山东、鲁中、鲁南、渤海、华中分校，形成抗日根据地日本人反战运动的又一系统。

抗日根据地日本人反战运动的第三个系统始建于大后方。1939年11月，日本进步作家、反战运动领导人鹿地亘等人在中共领导人周恩来等支持和帮助下创立"在华日人反战同盟"。本部设在重庆，后陆续在桂林、鄂北、洛阳等地创建支部。1940年5月起，在八路军总政治部敌工部支持和帮助下，由日军被俘人员森健清、高山等人发起创立该同盟的延安支部，并由此而在各抗日根据地发展，先后建立了晋察冀、冀中、晋西北、山东、胶东、清河、鲁南、滨海、苏中、苏北、淮南、淮北、鄂豫皖支部，形成在华日本人反战运动的又一支重要的力量。

日本反战运动各团体积极参加中国的抗日战争，他们分散战斗在各抗日前线，采用广播、"喊话"、散发传单等形式，配合八路军、新四军对日本士兵进行反战宣传教育，在瓦解敌军方面起到良好的作用。1941年10月，当东方各民族反法西斯大会在延安开幕之时，三十五位日本工农学校的学生集体宣誓加入八路军，他们在申请书中说："在过去，我们曾经拿了枪和中国弟兄打过仗"，成为"日本帝国主义侵略战争的牺牲者"，"在八路军友爱的、热心的帮助和优待下，在几个月或是一两年的过程中，使我们渐渐的认识真理，了解了这次战争的性质，我们从二十多年的欺骗和麻醉中觉醒过来，知道我们的真正敌人是日本法

西斯军部"。他们的行动受到八路军朱德总司令和与会代表的热烈
欢迎①。

　　太平洋战争爆发后,中共中央加大了援助在华日本人反战运动的
力度。1941 年 12 月 9 日,中共中央发表宣言,明确提出要向日本军
队、日本人民等"进行反对日本法西斯的更加广大的宣传鼓动,为建立
日本内部的反法西斯阵线而斗争"②;同日,又在党内指示中将建立与
发展太平洋各民族反日反法西斯的广泛统一战线列为中国抗日战争的
中心任务,指出这个统一战线应包括日本国内的反战人民和日本殖民
地人民在内③。在此前后,八路军及各抗日根据地政府发布或制订了
一系列援助日本人民反战运动的法案和文件,如 1941 年 5 月陕甘宁边
区的《施政纲领》、1942 年 1 月八路军总政治部及野战政治部的《关于
正确对待逃到我军防地避战之日本官兵的命令》、11 月晋冀鲁豫边区
政府的《优待日本逃战避战军民规程》、1943 年 6 月八路军总政治部的
《关于敌军工作的指示》等,其主要内容是:对于在战斗中被俘之日军,
"不问其情况如何,一律实行宽大政策,其愿参加抗战者,收容并优待
之,不愿者释放之,一律不得加以杀害、侮辱、强迫自首,或强迫其写悔
过书,其有在释放之后又连续被俘者,不问被俘次数多少,一律照此办
理";在尊重中国主权和边区政府法令的原则下,允许他们"参加抗日工
作,或在边区进行实业文化与宗教的活动",将他们当作国际友人看待;
并规定今后日军工作应通过日本反战团体去进行等④。后来,八路军
参谋长叶剑英将中共对待日本战俘的政策归结为三点:1. 送回日军

---

　　①　《解放日报》,1941 年 10 月 27 日。

　　②　《中国共产党为太平洋战争的宣言》,解放军政治学院:《中共党史参考资料》
第 9 册,第 16 页。

　　③　《中国共产党关于太平洋反日统一战线的指示》,解放军政治学院:《中共党
史参考资料》第 9 册,第 17 页。

　　④　参见《陕甘宁边区施政纲领》,解放军政治学院:《中共党史参考资料》第 9
册,第 69 页;军事科学院军事历史研究部:《中国抗日战争史》下卷,第 162 页。

去,起瓦解作用;2. 送统帅部处置;3. 留在我军训练成为敌军工作的战士,认为"这对于削弱敌军的战斗意志,有极大的作用"①。

继 1942 年 7 月,中共中央帮助在华朝鲜人将华北朝鲜青年联合会扩大为朝鲜独立同盟和将朝鲜义勇队华北支队改组为朝鲜义勇军后,又着手促进在华日本人反战团体的联合和统一。8 月 15 日,华北日本人反战团体代表大会和华北日本士兵代表大会同时在延安陕甘宁边区参议会大礼堂举行。出席会议的有在华日本人反战团体"反战同盟"和"觉醒联盟"的代表、日本工农士兵学校的代表,中国方面党政军领导人以及朝鲜、印度、荷兰等反战团体的代表等。八路军总司令朱德到会致贺,表示"反法西斯的日本大众士兵,是我们真正的朋友,是建立将来东亚和平幸福的好朋友",号召"把在华几百万的日本士兵都团结在你们的旗帜底下,枪口对向你们和我们共同敌人的日本军部!"②华北日本士兵大会通过了《日本士兵要求书》和《抗议日本军部暴行宣言》两个重要的反战文件,前者在日本军队史上第一次提出日本士兵的 234 条要求,内容涉及供给、军纪教育、军事行动、书信自由、家族生活、伤兵问题、政治自由、兵役制度等广泛的方面,其原则是站在人道主义和日本士兵的立场,抗议日本军阀的暴行,发动士兵与军阀作不调和的斗争;后者则表达了日本士兵对于日本军国主义者发动侵略战争的强烈抗议,表示要"坚决反对对中国人民的掠夺、暴行、杀戮、实行细菌战、拷问和虐杀俘虏等,严惩命令我们实行一切暴行的长官"等③。这两个文件对于推动侵华日军士兵的反战运动起了积极的作用。

华北日本人反战团体代表大会的主要贡献是决定将"觉醒联盟"和"反战同盟"合并,组成统一的"日人反战同盟华北联合会",领导在华日本人民的反战斗争;会议通过了同盟的纲领,其主要内容是:

---

① 叶剑英:《中共抗战一般情况的介绍》,《解放日报》,1944 年 8 月 10 日。

② 《解放日报》,1942 年 8 月 16 日。

③ 《解放日报》,1942 年 8 月 17 日、19 日。

1. 此次中日战争是日本的军部和大资本家所引起的非正义的侵略战争，是牺牲日本之生命、威胁日本人民生活的战争，因此，我们反对此次战争，为日本军自占领地区撤退而斗争；

2. 本士兵的大部分都受着战争是正义的欺骗宣传，不知不觉做了日本军部的工具，因此，我们为使日本士兵了解战争的本质，促进他们的政治自觉而斗争；

3. 日本军部是压迫日本人民，掠夺他国的野蛮的侵略者，现在的政府是军部独裁的战争政府，因此，我们为使日本士兵确信有打倒此等人民公敌，建立和平自由幸福之人民政府之必要而斗争；

4. 以中日两国人民为首的朝鲜、台湾以及南洋等国之人民都是日本军部压迫下的牺牲者，因此，我们为和全东洋人民团结起来，对共同敌人日本军部进行共同的斗争，建立真正之东洋和平而斗争；

5. 我们为了实现以上之目的，积极地援助华北中国军的抗日战争①。

会议选举杉本一夫为会长，森健清和松井敏夫为副会长，组成了有力的领导班子。这两个会议的举行使敌后抗日根据地的日本人反战斗争更加有序和活跃。

根据延安会议的精神，各抗日根据地的日本人反战团体纷纷举行会议，改组机构，建立统一的反战组织。1944 年 1 月，日本人反战同盟华北联合会举行执委会扩大会议，协议成立"日本人民解放联盟准备委员会"，提出了更为明确的战斗纲领：1. 结束战争，日本军队从一切占领地带撤退，缔结公平媾和条约，严惩战争责任者；2. 实行彻底的对外和平政策与各民族确立独立、平等、共存共荣的友好关系；3. 实行独立、富强、民族繁荣的经济政策；4. 肃清军部在日本政治上的势力，解散军部指导的各团体；5. 保证政治的自由，确立民主的政治制度；6. 改

---

① 《解放日报》，1942 年 8 月 30 日。

善、提高一般人民和士兵的生活；7. 打倒战争政府,组织联合进步的各党各派的人民政府等①。4 月,日人反战同盟正式改组为"日本人民解放同盟",在各根据地建立了十三个支部,此外还在华中抗日根据地建立了华中地区协议会,下辖四个支部,共有盟员 289 人②。各组织的盟员积极配合八路军和新四军的对敌作战,他们在各根据地创办反战刊物,散发反战传单,会见中外记者,给日军士兵送"慰问袋",演出文艺节目、战场喊话等,以各种形式深刻揭露日本法西斯的战争罪行,宣传中国军队的对敌政策,瓦解日本军队的斗志,取得了很好的效果。越来越多的日本士兵投向人民军队,其中包括一些下级军官,如日军军医山田一郎中尉在根据地从事医务工作,日军步兵山光美少尉担任八路军步兵炮教员,日军中岛透、江荣甫担任八路军技术教员等,一些反战同盟盟员如寺泽吉藏、安藤清江、浅野清、黑田嗣、松觉野、大野静夫等为中国的抗日战争献出了宝贵的生命。正是由于中共执行正确地对待日本士兵政策和反战同盟盟员们的努力,抗战前七年八路军俘虏日军和日军投诚数目达 2522 名,新四军俘虏日军人数也达到五百多名。

在中国抗日战争的火热斗争中,日本人的反战运动蓬勃发展,力量不断壮大,为中国抗日战争作出了重要的贡献。1945 年 8 月 11 日,日本人解放联盟发表通电,号召日军士兵:"不管你们指挥官发出怎样的命令,停止徒然的抵抗,立刻带着武器,到八路军、新四军和解放联盟来!"③30 日,日本人解放同盟延安本部、日本工农学校,以及日本共产主义者同盟举行大会,与中国共产党和陕甘宁边区的人民告别。中共中央和八路军总部代表叶剑英和日本反战运动代表冈野进互相致词道别。叶剑英表示:"我们过去把诸君作为友人来欢迎,今天又把你们作为好朋友来欢送,将来我们也仍然是好朋友。"9 月中旬,二百多名日本反

① 《解放日报》,1944 年 1 月 18 日。
② 叶剑英:《中共抗战一般情况的介绍》,《解放日报》1944 年 8 月 10 日。
③ 《解放日报》,1945 年 8 月 11 日。

战斗士离开延安,踏上归国征途,行前上述三团体联名致电毛泽东和朱德致谢中国共产党和根据地军民对于他们的援助,并预言:"中国与日本的关系将进入崭新的阶段,而不是像过去那样被侵略和侵略的关系,而将是友好和相互援助的关系。"①1946 年 6 月,反战同盟的成员和其他日本战俘一起被遣送归国,该同盟在抵达日本博多港后宣布解散。

三　朝鲜独立同盟与朝鲜义勇军

中国共产党根据东方各民族反法西斯统一战线的精神,在华北、华中、华南敌后战场直接支持、帮助、指导朝鲜独立同盟与朝鲜义勇军的创建和发展,共同抗击日本法西斯的侵略,培植了一支朝鲜独立复国的革命队伍②。

在各敌后抗日根据地活动的朝鲜革命者主要由三部分人组成。一是长期与中国共产党共同奋斗的老红军、老革命,人数很少,但富于革命精神,有丰富的斗争经验和共产主义的坚定信仰,是敌后抗日根据地朝鲜独立运动的领袖和核心;二是从大后方转移到敌后根据地的朝鲜义勇队成员,他们有一定数量,经历过抗日烽火的考验,并且有在大后方和敌后根据地工作和生活的比较,向往中共领导的抗日根据地,是敌后抗日根据地朝鲜独立运动的基干力量;三是来自华北、华中、华南沦陷区投诚、俘虏的日军朝籍士兵和投奔根据地抗日朝鲜侨民,他们深受日本殖民者的残酷统治和剥削,有着做亡国奴的切身体验和反抗日本法西斯的坚强意志,是敌后抗日根据地朝鲜独立运动的基本群众。

抗日战争爆发后,中国共产党改变以往单纯与朝鲜共产主义者联

---

①　[日]香川孝志、前田光繁:《八路军内日本兵》(中译本),解放军出版社 1985年版,第 106 页。

②　本节参见石源华:《中国共产党与朝鲜独立运动关系纪事研究》一书绪论,韩国高句丽出版社 1997 年版,第 347－354 页。

系为与朝鲜独立运动各党派发生广泛的联系,积极支援他们的抗日复国斗争。中共主办的《新华日报》屡屡发表社论和评论,声援朝鲜独立复国运动。1938 年 7 月和 10 月,中共领导人、时任国民政府军事委员会政治部副主任的周恩来在武汉帮助和支持"朝鲜青年战地服务团"和"朝鲜义勇队"的建立。武汉沦陷后,朝鲜义勇队奉中国军方命令分赴各战区,参加抗日战争,但中国共产党仍对该队保持着相当的政治影响力。11 月下旬,该队部分队员随周恩来到了桂林,在八路军驻桂林办事处指导下开展工作。朝鲜义勇队曾积极参加了国际反侵略运动大会中国分会桂林支会的创建和周恩来在桂林发起的义卖献金运动。更为值得重视的历史事实是,1939 年朝鲜义勇队第二支队正式成立了中国共产党支部,直属新四军党委领导①。中国共产党对朝鲜义勇队若干部分实施组织上的领导,具有重要的历史意义,它直接影响了随后朝鲜义勇队大部分队员向华北敌后抗日根据地的战略大转移。

　　抗日战争进入战略相持阶段后,正面战场和敌后战场已正式形成,随着日军战略重点的转移,敌后战场的地位越来越重要;1939 年 1 月国民党五届五中全会召开后,国民党顽固派开始推行"限共"、"防共"政策,不仅使国共关系出现摩擦,而且朝鲜独立运动中的"左"倾党派也受到种种不公正待遇,难以在国民政府统治区立足;华北敌后散居着 20万朝鲜侨民,日寇正处心积虑地推行"以韩制华"的政策,它们竭力挑拨中朝关系,利用朝鲜侨民为其战争政策服务。粉碎日寇分化中朝团结的阴谋,争取华北的朝鲜侨民参加中国抗战,成为敌后根据地军民的一项重要任务。中国共产党根据新形势的要求,决定从 1939 年下半年开始,有计划地将在中共影响下的朝鲜义勇队各部陆续调往敌后抗日根据地②。自此,朝鲜义勇队实现了向华北敌后的大进军和战略大转移。对此,国民党的官方档案中也有明确的记载。1941 年 10 月 29 日,国

①　文正一等:《抗日战争中的朝鲜义勇队》,《民族团结》1995 年第 7 期。
②　文正一等:《抗日战争中的朝鲜义勇队》,《民族团结》1995 年第 7 期。

民党中统局在《朝鲜各党派活动近况报告》中指出:"朝鲜民族革命党内部分子,素称复杂,自第二次欧战以来,日苏签订协定之后,该党不稳分子认为中日战局将改观,于是纷至陕北活动,盖八路军内炮兵团长武挺,原籍朝鲜,在中共颇有权威,以此咸与联络,希得延安方面之欢心。据闻朝鲜义勇队分队长朴孝三及号称朝鲜民族革命党灵魂之石正,均已前往"等①。

　　1940 年,朝鲜义勇队经八路军总部安排,北渡黄河进入太行山革命根据地。首先受到薄一波领导的山西"决死队"的远道欢迎,接着,又实现了与八路军三八五旅的胜利会师。八路军各级领导彭德怀、刘伯承、邓小平、罗瑞卿、陈锡联等先后会见朝鲜义勇队成员,热烈欢迎他们的来到。1941 年 1 月 10 日-12 日,进入太行山抗日根据地的朝鲜革命志士在八路军总部所在地山西桐峪举行华北朝鲜青年联合会成立大会。会议选举武亭为会长,李维民、张振光、韩德志分别为组织、宣传、经济部长。并通过联合会纲领,其要点是:团结流亡在全华北的朝鲜青年,参加光复祖国的大业;拥护朝鲜全民族的反日统一战线,发动全朝鲜民族的解放战争;努力保护华北各地的朝鲜人,特别应对青年给予政治、经济、文化等利益;保护在中国沦陷区痛苦呻吟的朝鲜人民;反对日本帝国主义侵略中国,积极参加中国的抗日战争;赞助台湾民族解放运动和日本人民反战运动,结成韩、日、台人民的反日联合战线等,会议特别强调"中国抗日战争是和我们朝鲜民族解放运动有着密不可分的共同联系",号召朝鲜革命者"积极参加中国抗日战争,打击日寇,促进朝鲜民族解放事业,朝鲜义勇队要抓紧培养干部,统一中国境内的朝鲜革命团体,把华北朝鲜侨民扩大到革命战线中来"②。朝鲜义勇队华北支

---

　　①　《国民政府与韩国独立运动史料》,台北中研院近代史研究所 1988 年刊印,第 118-119 页。文内"武挺"应为"武亭"。

　　②　《晋察冀日报》,1941 年 1 月 28 日;参见《国民政府与韩国独立运动》,台北中研院近代史研究所 1988 年刊印,第 310 页。

队同时成立。

　　随着敌后抗日根据地朝鲜侨民的日益增多和朝鲜独立活动的逐步开展，如何制订对朝政策的问题摆上了根据地党政军领导的议事日程。中国共产党依据新民主主义的革命理论和敌后抗日根据地的实际情况，制定了一整套对待朝鲜侨民和朝鲜独立运动的政策。目前见到的主要文件有：晋冀鲁豫边区政府颁布的《优待朝鲜人民规程》（1941 年 11 月 3 日）、晋西北行政公署颁布的《积极帮助朝鲜革命活动的指示》（1943 年 3 月）、晋察冀边区政府颁布的《优待朝鲜人民办法》（4 月 15 日）、山东临时参政会颁布的《优待朝鲜人民条例》（5 月 10 日）等。主要内容是：一、援助朝鲜民族解放运动，迅速打倒日本帝国主义；二、边区政府保护因反抗日本和逃避战乱来到边区的朝鲜人民；三、朝鲜人民与中国人民享有同等权利，保障其生命财产安全，帮助其解决土地、住所及低利贷与资金、农具、种子、耕牛，维持其生活，帮助发展生产；四、朝鲜人民可享受子女免费入学以及设立学校、发行刊物、帮助旅费回家、介绍参加工作等各种优待；五、支持和援助朝鲜人民参加各种抗日活动，组建以光复朝鲜为目的的抗日团体和武装；等等①。这些规定是中国共产党人将马列主义关于民族与殖民地学说与中国革命实际相结合的产物，是国际主义精神与中朝友谊的结晶。正是在中国共产党的指导和关心以及八路军、新四军的具体帮助下，敌后抗日根据地的朝鲜革命运动得到了蓬蓬勃勃的发展。

　　1941 年 10 月，华北朝鲜青年联合会积极参与发起在延安召开东方各民族反法西斯代表大会，武亭当选为大会主席团成员和东方民族反法西斯大同盟中央执行委员②。1942 年 7 月 11 日—14 日，华北朝鲜青年联合会在晋冀鲁豫边区某地举行代表大会，决定将华北朝鲜青年联

---

　　①　参见石源华：《韩国独立运动与中国》，上海人民出版社 1995 年版，第 336—337、421—422、422—423、427—428 页。

　　②　《解放日报》，1941 年 10 月 27 日—11 月 1 日。

合会扩大为朝鲜独立同盟,将朝鲜义勇队华北支队扩编为朝鲜义勇军,两者为军政统一体,政治工作与军事工作并行。会议的重要贡献是参照中国新民主主义的革命经验和朝鲜革命的实际制定了朝鲜独立同盟关于朝鲜民主革命和民族独立运动的纲领。前者十条,主要内容是:建立全国国民普选的民主政权;确保言论、出版、集会、结社、信仰、思想、罢工自由;尊重人权之社会制度;在法律上、社会生活上实现男女平等;在自主原则下,与世界各国及各民族建立友好关系;没收日本帝国主义在朝鲜一切资产及土地,将与日本帝国主义密切之大企业收归国有,土地实行分配;实施八小时劳动制及社会保险;废除对人民的赋税及杂税,建立单一累进税制;实施国民教育制度;研究朝鲜文化,普及国民文化等。后者七条,主要内容是:改善大众生活与增长革命力量,积极领导和参加大众日常斗争;努力对大众实施革命训练,发展革命组织;为居住在中国,特别是华北各地的朝鲜同胞的政治经济文化利益而奋斗;努力扩大全朝鲜民族统一战线;努力开展全朝鲜民族的反日斗争,建立革命武装队伍;反对日本法西斯侵略中国,积极参加中国抗日战争;赞助东方被压迫民族运动及日本人民反战运动,支持反法西斯正义斗争等。会议的另一成果是组成了一个强有力的领导核心。会议选举金白渊(金抖奉)、武亭、崔昌益、韩斌、朴孝三、金学武、蔡野火、王志延、金昌满、李继民、陈汉中、李春岩等十五人为中央执行委员,推选朝鲜老革命家金白渊为委员长,崔昌益、韩斌为副委员长。总部设组织、宣传、经理三部及秘书处。同时任命武亭为朝鲜义勇军司令,朴孝三、朴一禹为副司令。这个领导核心为朝鲜革命运动的进一步发展提供了最重要的组织保证①。12月1日,朝鲜独立同盟又在山西太行抗日根据地创办朝鲜青年革命学校。金白渊为校长,朴一禹为副校长,张治民为校务主任,目标在于培养大批用马列主义理论武装的、富有实际斗争经验的朝

---

① 《解放日报》,1942年8月29日。

鲜革命干部①。这样，就逐步形成了朝鲜独立同盟、朝鲜义勇军、朝鲜青年革命学校以及各根据地的分盟、支队、分校三位一体的朝鲜独立复国运动的新体制。

至 1945 年 8 月，朝鲜独立同盟先后在山东军区、新四军、冀鲁豫军区、太行军区、太岳军区、晋察冀军区、冀东军区、晋西北军区、延安、太行朝鲜青年革命学校、华南东江纵队设立了十一个分盟，除太行的两个分盟直接由总部领导外，其余都与八路军、新四军各军区的敌工部发生联系并接受领导，总盟则主要与八路军野战政治部组织部发生联系。同时，还在敌占区的天津、北平、哈尔滨、朝鲜汉城建立了分盟，在开封、徐州、济南、民权、承德、临汾、榆次、霍县、太原、石家庄、顺德、新乡及朝鲜人在华北创办的各农场建立了据点，在八路军野战政治部协助下，由同盟总部直接领导这些分盟和据点。在各主要抗日根据地都建立了朝鲜义勇军的支队和朝鲜青年革命学校的分校②。

在敌后根据地的朝鲜抗日军民与中国军民同仇敌忾，并肩战斗，参加了中国共产党领导的所有的抗日斗争和根据地建设。在对敌斗争中，朝鲜革命者冲锋陷阵，配合八路军、新四军，深入敌后之敌后，发动政治攻势：不论在下大雨的黑夜，或炎热的白天；不论在敌占区，在游击区，就是敌人派遣游击队跟踪他们的时候，也仍然坚决完成任务；他们经常在老百姓的包围圈里，用生硬不熟练的中国话，热情地进行宣传；他们不仅向老百姓宣传，而且也是对敌宣传的能手，在敌人炮楼前或电话上，用流利的日语向日本士兵指出活路；他们甚至不惜将自己的鲜血洒在中国的大地上③。1944 年 8 月，八路军总参谋长叶剑英将军在《中共抗战一般情况的介绍》中高度评价朝鲜革命者对于中国抗日战争

① 《解放日报》，1942 年 12 月 27 日。

② 武亭：《华北朝鲜独立同盟 1944 年 1 月至 1945 年 5 月工作经过报告》（1945 年 5 月 9 日），杨昭全等编：《关内地区朝鲜人反日独立运动资料汇编》，辽宁民族出版社 1987 年版，第 1150 页；《解放日报》1945 年 8 月 9 日。

③ 宁真：《朝鲜义勇军在晋察冀》，《解放日报》，1944 年 4 月 24 日。

的支持和贡献。指出为中国抗日战争而牺牲的朝鲜友人有孙一峰等十七人,朝鲜独立同盟自武亭以下的大批成员都为中国抗日战争"做了艰苦勇敢的工作"①。

在整风运动中,朝鲜革命者更是把整风学习视为学习中国共产党革命经验的最好机会。朝鲜青年革命学校(后更名为朝鲜革命军政学校)成为朝鲜革命者进行整风学习的重要场所,各分盟也都建立了整风学习委员会,组织朝鲜革命者的整风学习。朝鲜独立同盟领导人武亭在该校整风动员会上强调为使朝鲜同志在思想行动上统一起来,必须认真进行整风,并提出三项要求:朝鲜义勇军不只要有枪杆,还要有强的政治修养;要把整风和朝鲜革命实践联系起来;学习时应钻进书本里去,不应徘徊于书本之外等②。在另一场合,他盛赞抗日根据地在精兵简政、大生产、对敌斗争等方面取得的成就,是毛泽东的伟大的马列主义中国化的实现,他的主义是活的马列主义,他的主义不仅在中国革命中发展着,就是在朝鲜革命中也在发展着③。整风运动对于朝鲜革命者总体政治思想水平的提高起了积极的作用。

在各抗日根据地还涌现了一批对中国革命作出了重要贡献的朝鲜籍的杰出人物。他们中除了对敌斗争的英雄和大生产运动的模范外,还有文化方面的专家。优秀的医学专家、和平医院内科主任、朝鲜独立同盟陕甘宁分盟负责人方禹镛大夫就是一位代表人物,在他的五十寿辰时,毛泽东曾以"岁寒然后知松柏之后凋"的题词相贺,《解放日报》也发表专文,号召边区医疗界的人士向他学习④。朝鲜籍青年音乐家、中

---

① 《解放日报》,1944 年 8 月 10 日。

② 《朝鲜青年革命学校扩大生产规模加紧学习》,《晋察冀日报》,1943 年 3 月 21 日。

③ 《武亭在边区党政军民隆重纪念"八一"大会上的讲话》,《晋察冀日报》,1943 年 3 月 21 日。

④ 黄既:《岁寒然后知松柏之后凋》,《人民日报》,1981 年 8 月 3 日;《向方禹镛大夫学习　为庆祝他底五十寿辰而作》,《解放日报》,1943 年 2 月 27 日。

共党员郑律成是另一位在中国革命文化事业中作出杰出贡献的人物。他创作的《延安颂》、《八路军大合唱》、《延水谣》、《准备反攻》、《陕北公学同学歌》等近三百首歌曲，成为鼓舞中国人民夺取抗战胜利的战斗号角。其中《八路军进行曲》后更名为《中国人民解放军进行曲》，其威武雄壮的旋律至今回响在神州大地，令人振奋！催人前进①！

　　在中国抗日战争的烽火中，朝鲜独立同盟和朝鲜义勇军不断发展壮大，为争取中国抗日战争的胜利和朝鲜的独立复国作了政治、组织、军事方面的全面的准备。1945 年 8 月抗战胜利后，朝鲜独立同盟和朝鲜义勇军全体人员三千余人根据朱德总司令的命令，从延安出发，直指东北。一路上，他们一边清扫日伪残余势力，一边开展政治宣传工作，吸收了不少朝鲜人加入队伍，使朝鲜义勇军更加壮大。11 月 7 日，朝鲜独立同盟和朝鲜义勇军根据中共中央东北局的指示，在沈阳改编为七个支队，由于苏联红军不同意朝鲜义勇军立即开入朝鲜作战，该军奉命开赴东北朝鲜族聚居地区开展工作②。1946 年 3 月，该部建制撤销，部分人员归国，其余人员并入中国共产党领导的东北民主联军建制。

---

　　① 　刘建勋：《郑律成在延安》，《延边大学学报》1982 年第 4 期。1949 年后，郑律成随中国籍妻子在中国定居，经两国政府批准加入中国国籍。
　　② 　文正一等：《抗日战争中的朝鲜义勇军》，《民族团结》1995 年第 7 期。

第五章　抗日战争后期的沦陷区

第一节　日本对华新政策与日汪关系调整

一　日本对华新政策的提出

1942 年与 1943 年之交,世界反法西斯战争的形势出现重要变化。同盟国军队在西方和东方的各个战场上开始了对于轴心国军队的反攻。以东条英机为首的日本政府和军部在严酷的战争形势面前,虽然仍不承认自己的失败,并向国人隐瞒败迹,"彻底实施防谍措置",甚至"将沉没艇之乘员暂时加以集中管理,不准外出","但战败之谣言,不翼而飞","开失信于天下之端矣!"①战局逼迫着他们再也不敢像太平洋战争初期那样,得意忘形地叫喊"树立长期不败的体制"了。1942 年下半年,东条英机无可奈何地表示要"准备决战体制",以应付与同盟国"业已迫近的决战",被迫将其战略方针从进攻转为防御。

日本的对华新政策正是为了适应其军事大滑坡的局面提出的。日本政府和军部为了竭尽全力动员其本国以及中国占领区的人力、物力、财力,不得不重新审订其对华政策,以便充分利用汪精卫政权,更有效地搜刮沦陷区的物资,建设所谓"大东亚战争"的后方基地,从而集中力量,应付与美、英诸国的"决战"。当时,中国共产党中央曾发表宣言,揭露日本的"对华新政策","不是任何什么有利于日本法西斯的情况的反映,而仅仅是日本法西斯在国际地位上已陷入完全孤立状态这一种情

---

① 〔日〕服部卓四郎:《大东亚战争全史》(中译本)第 2 册,第 116—117 页。

况的反映"①。

日本政府推行"对华新政策"的第一个重大步骤是 1942 年 9 月 1 日在内阁增设大东亚省。东条英机明确指出:该省的设立是"为了完成大东亚战争,建设大东亚,将共荣圈内的各种派出机关统一起来,对各项政治事务实行一元化的统一的速效的领导"②。国民政府外交部情报司长邵毓麟一针见血称其为"大东亚殖民地省","此乃敌人对现在其军事控制下之'大东亚共荣圈'内一切地区加强政治及经济榨取的一种组织"③。长期以来,日本方面在中国沦陷区"进行掠夺和统治有许多分歧的地方:在机构上有外务省、拓务省、兴亚院的摩擦,对中国采取的'分治政策',使现地军人之间,傀儡政权之间纠葛颇深,而各大财阀又竞相渔利"④;各派出机关"在实际事务中,矛盾百出,时酿纠纷,给予中国方面的坏印象,实难忽视"⑤。成立大东亚省的目的之一正是调和日本各种势力在中国沦陷区的争夺,弥补各傀儡政权间的巨大裂痕,将治权归一,以利于"对华新政策"的出台和实施。

由于这一措施涉及日本统治集团几个方面的利益,因此一经提出,就遭到各方的反对。枢密院不表赞同,外务省因为此举将削减其部分权力,也表坚决反对,外相东乡甚至愤而辞职。但在东条英机看来,这一措施事关"圣战"全局,势在必行,便断然决定自兼外相。但围绕着争夺中国沦陷区的指挥全权,陆军省、海军省、外务省仍然争吵不休。陆军省以"作战需要"为由,主张由日本中国派遣军总司令官兼任驻华特命全权"大使",海军省强烈反对,外务省则主张"大使"、"公使"均应由

---

①　中共中央:《为抗战六周年纪念宣言》(1943 年 7 月),解放军政治学院:《中共党史参考资料》第 9 册,1979 年刊印,第 280 页。

②　日本防卫厅战史室编:《华北治安战》(中译本)下册,天津人民出版社 1982 年版,第 269 页。

③　《大公报》,1942 年 9 月 3 日。

④　启常:《日寇占领区统治一元化的企图》,《解放日报》,1942 年 11 月 16 日。

⑤　[日]服部卓四郎:《大东亚战争全史》(中译本)第 2 册,第 174 页。

文职担任。10月1日，日本政府制定了《大东亚省驻华机构及其运用》，对于人事安排，作了原则规定。20日，由有关各方达成遣华人员分配协议：特命全权"大使"、驻上海特命全权"公使"由文职官员担任；驻北平、张家口特命全权"公使"由兴亚院联络部长担任；各地机构人员暂由原来的联络部、领事馆职员留任，但尽量使陆海军人员退出；特务机关暂时保留，但权限为专司治安，其他事项移交大东亚省派驻机构等①。

　　11月1日，日本政府颁布《大东亚省官制》，宣布大东亚省成立，下设总务局、满洲事务局、中国事务局、南方事务局四个机构，撤销原拓务省、兴亚院、兴亚院联络部、对满事务局官制，并将原外务省所属的东亚局与南洋局、原拓务省所属的拓南局与拓北局的业务一并划归大东亚省主管。同日，日本政府任命曾任汪政府最高经济顾问的青木一男任大东亚相。青木一男在南京担任汪政府的最高经济顾问时就认为实行对华新政策是"绝对必要的"，并曾"提议设立大东亚省作为第一步的措施"②。同时，任命重光葵为驻南京特命全权"大使"，原兴亚院蒙疆联络部长官岩崎民男少将任驻张家口"公使"，原兴亚院华中联络部长官盐泽清宣少将任驻北平"公使"，原外务省调查部长田尻爱义任驻上海"公使"，原公使兼总领事堀内干城任驻南京"公使"。大东亚省的建立及驻华人员的调整奏响了日本政府推行"对华新政策"的前奏曲。

　　11月8日，日本第八十一届帝国议会开幕，并发表对华新政策的"转换"声明，向世界宣布了日本政府的这一重要意向。随即，日本政府、军部、驻华机关各部门间，以及日本政府与汪政府间为此进行了一系列的磋商。20日，东条英机与海相青田、大东亚相青木、驻南京特命全权"大使"重光葵等进行会谈，研究对华新政策的实施方案，取得了较

---

①　日本防卫厅战史室编：《华北治安战》(中译本)下册，第269—270页。
②　《今井武夫回忆录》(中译本)，上海译文出版社1978年版，第201—202页。

为一致的意见。

12月1日,日本驻南京特命全权大使重光葵抵达上海,就日本对华新政策的实施问题与汪政府进行磋商。汪精卫立即表示响应,于12月8日发表文章《再告全国同胞——怎样同甘共苦》,表示"大东亚战争的胜利,即是东亚共荣基础的奠定","决心与友邦日本同甘共苦";并以农作为例来说明"同甘共苦的意义":"当耕耘的时候,大家在田间流汗耕作,辛苦备尝,这是共苦,当收获的时候,大家一同在田舍里,尝新谷得安饱,这是同甘,由此可知必先有共苦而后有同甘,共苦是现在的忠实努力,同甘是将来的确实希望";他特别强调"目前最大的痛苦,是物资缺乏,物价飞腾","这些痛苦是不能免的",要求沦陷区人民要"本着共苦的意义,以极大的勇气来承受"这些"应该承受的责任","以紧张的情绪来克服恶劣的环境"①。这些言论表明了汪精卫集团对日本政府推行"对华新政策"的支持以及准备为此付出重大代价。

12月18日,日本大本营和政府联席会议通过了《以〈为完成大东亚战争处理对华问题的根本方针〉为基础的具体策略》。21日,又由日本御前会议作出决策,正式通过《为完成大东亚战争而决定的处理中国问题的根本方针》。这是日本军部和垄断财阀相勾结的产物,是推行"对华新政策"的总纲领。它首先规定了日本对华新政策的总方针:"帝国认为国民政府(汪政府)的参战是打开日本和中国的现状的一大转机,应根据日华合作的根本精神,专心加强国民政府的政治力量,同时,应力图消灭重庆借以抗日的口实,和新生的中国一起真正为完成战争而迈进",要求"对照世界战局的演变,在美、英方面的反攻到达最高潮之前","设法使对华的各种措施获得成果"。据此,从政治、外交、经济以及对重庆政府策略等方面规定了一系列具体政策。

在政治和外交方面,以"加强"汪政府的"政治力量"为主要目标,规定:对于汪政府应"尽量避免干涉,极力促进它的自发活动";"极力调整

---

① 《中华日报》,1942年11月21日。

占领地区的地方特殊性"，"加强"汪政府"对地方政府的指导"；"对于在中国的租界、治外法权和其他特殊的各种形态，应以尊重中国主权和领土的精神为基础，设法尽速予以撤销，或者予以调整"；使汪政府"以坚定的决心和信念，在各方面讲求自强之道，广收人心"，"不遗余力地在战争方面与帝国合作"；并斟酌汪政府的充实加强及其对日合作的具体表现等等，"及时考虑对《日华基本关系条约》及其附属协定加以必要的修改"等。

在经济方面，"以增加获取战争必需的物资为主要目标"，规定：要"设法重点开发和取得占领地区内的重要物资，并积极取得重要的敌方物资"；"实行经济措施时，一面力戒日本方面的垄断，一面利用中国方面官民的责任心和创造精神，实现积极的对日合作"等。

在对重庆的策略方面，规定"不进行一切以重庆为对手的和平工作"，并"使国民政府采取跟随帝国的态度"等①。

这个"新政策"从本质上并没有改变日本法西斯灭亡中国，独霸东亚的"基本国策"，只是在策略和手段上有所变化。日本陆军省军务局长佐藤贤了解释说："以前对华处理方针，均系大东亚战争发生前制订的，故尽量考虑与英美冲突，或诱导之以解决事变，那种方针或有不彻底之处。"他主张随着太平洋战争出现危局，日本应该改而采取一种新的策略："即须举全大东亚之民族，以所有之资源，集中于贯彻圣战之一途，依日华提携之根本精神，以加强国府（汪政府）之政治力，覆灭重庆抗日之根据地，及同盟统一后进中国，以期贯彻圣战。"②显然，日本对华新政策的中心环节是强化汪政府，而以"尊重主权领土"、"经济合作"、"全面和平"一类谎言作为招牌，其根本目的乃在于从中国沦陷区掠取"所有之资源"，保证"大东亚圣战"的进行，实现"大东亚共荣圈"的

①　日本外务省编：《日本外交年表和主要文书》(1840—1945)下卷，1969年再版本，《文书》，第580—582页。
②　《中华新声》(半月刊)第7卷，第30—31页。

迷梦。日本的对华新政策既反映了日本军国主义者推行"确定不变的国策"的狂妄和顽固，又暴露出它为了挽救危局而不得不强调依赖中国沦陷区和走向穷途末路的虚弱。

二　汪政府对英、美宣战

日本政府推行对华新政策的第一幕，是汪政府正式对美、英等国宣战，参加"大东亚战争"，此举是由东条英机和汪精卫共同密谋决定的。

日、美开战后，汪政府曾发表声明，对于战争的基本态度是与日本"同甘共苦"，并在各种场合反复宣传。当日军进驻上海租界时，汪伪上海市政府在宣传要点中提出，要"与日本同甘苦，共安危，扫灭侵略东亚的英美势力"，"使同胞免除白种人之压迫"等①。当日军攻占香港时，汪精卫指出："百年以来英帝国主义在东方侵略之根据地一朝打破，于保卫东亚之意义上实为极大之贡献"，指示上海各界要"举行庆祝"，并加"诱导"，"促其本同甘共苦之意，益加努力"②。同月，汪精卫发表《勖中国民众》一文，明确指出："同甘共苦"包含了三个内容：第一是"确立治安"，"以东亚现在形势而论，日本是站在前线，中国是站在后方，前线的活跃进取，有系于后方之安全，我们应该尽十二分的努力，来使治安确立"；第二是"加强军事力量"，"包括精神的力量和物质的力量"；第三是"增加生产，节约消费"，"战争需要物资，物资需要人民来负担"。汪精卫认为：这三点"是我们现在所要做的，而又是我们现在所能做的"③，当时尚没有涉及参战问题。

但随后不久，汪政府就改变态度，表示愿意追随日本向英、美宣战。

---

①　汪伪上海市政府：《关于友邦日本对英美宣战及友军进驻租界临时宣传要点》，上海档案馆藏。

②　汪精卫：《宥电》(1941 年 12 月 26 日)，上海市档案馆藏。

③　汪精卫：《勖中国民众》，《政治月刊》第 3 卷第 1 期。

1942 年 7 月，汪政府行政院副院长兼财政部长周佛海访日，正式向日本政府表示了"参战"的希望，称汪政府"不仅和友邦同甘共苦"，而且要"共存共亡，同生同死"①。

日本政府一度不同意汪政府"参战"。主要原因是当时日本大本营曾下达过为攻略重庆的五号作战进行准备的命令，日本政府设想在实施五号作战以后的某个时机，诱迫重庆国民政府订立"和平条约"，因此不让汪政府"参战"。但是，到了 10 月，太平洋战局日趋恶化，日本大本营决定中止五号作战的准备，并认为诱降蒋介石已毫无希望，故而改变了态度。10 月 29 日，日本大本营和政府联席会议决定准许汪政府"参战"，并视汪政府的"参战"为"打开日本与中国的现状的一大转机"。11月 27 日，又决定将汪政府"参战"的时间定于次年 1 月中旬。汪政府对美英"宣战"成为日本政府推行对华新政策的关键一环和重要组成部分。

12 月 20 日，根据日方的安排，汪精卫以汪政府主席兼行政院长身份偕同周佛海、褚民谊、梅思平等赴日访问，与东条英机等秘密磋商"参战"及实施对华新政策的有关问题。根据汪政府官方公布的材料，这次日汪密谋的主题是："两国如何协力大东亚战争，如何使国民政府有效地发挥其意志和力量，分担完成战争责任等问题。"②双方约定汪政府"参战"的日期为 1943 年 1 月 15 日。12 月 25 日，汪精卫在东京发表《告日本国民》的广播讲话，表示"决与友邦日本同心协力，共安危，同生死"，使"大东亚战争"得到最后胜利，发出了即将"参战"的暗示③。

1943 年初，日本政府秘密获悉：美国国会即将审议"中美平等新约"并将公布，决定让汪政府提前向美、英"宣战"。1 月 7 日深夜，日本驻南京特命全权"大使"重光葵奉命访问汪精卫，要求汪政府配合东京

---

① 周佛海：《关于中国参战问题的释疑》，《政治月刊》第 5 卷第 2 期。
② 林柏生：《在东京答日本记者问》，《新中国报》1942 年 12 月 23 日。
③ 汪精卫：《告日本国民》，《中华日报》1942 年 12 月 26 日。

提早宣布"参战"①。汪精卫按照日方指令紧急行动,于 9 日上午接连召开汪伪中央政治会议及国民政府会议,完成了有关"参战"的"法律"手续。

同日,汪政府发布对美、英宣战文告,宣布:"自今日起,对英美处于战争状态,当悉其全力,与友邦日本协力,一扫英美之残暴,以谋中国之复兴,东亚之解放。"②汪政府外交部同时通知轴心各国政府,从此以后,汪政府与日本由前后方关系进至并肩作战的关系。汪精卫与重光葵签署了《共同宣言》,宣称"为完遂对美国及英国之共同战事,兹以不动之决意与信念,在军事上、政治上、经济上作完全之协力"③。随后,重光葵又照会汪政府外交部长褚民谊,要求对中国境内除英、美以外之敌性国财产,"与帝国采同样措置",褚民谊复照表示同意,这不啻扩充了"参战"的范围,按照日方抄送的名单,日本的敌国除英、美外,还有澳洲联邦、加拿大、新西兰,断交国则有伊拉克、埃及、哥伦比亚、古巴、多米尼加、洪都拉斯、危地马拉、哥斯达黎加、尼加拉瓜、萨尔瓦多、海地、荷兰、墨西哥、巴拿马、比利时、希腊、委内瑞拉、秘鲁、乌拉圭、巴西、玻利维亚、厄瓜多尔、巴拉圭、挪威、伊朗、智利④。

对于日本来说,汪政府的"参战",在政治上和经济上的意义将远远超过军事方面。日本统治集团完全明白:汪政府并没有什么实力,不可能在对美、英作战中起什么作用。日本政府同意汪政府"参战",主要在于实施对华新政策,以便运用汪政府作为工具,在中国沦陷区动员更多的人力、物力、财力,从各方面"协力"日本与英美的"决战"。对此,《东京每日新闻》在汪政府"参战"的第二天曾发表上海专电评述:"国府参战之实质"在于"大东亚战力的培养",由于汪政府"实力"不足,不能要

①　《周佛海日记》1943 年 1 月 8 日,中国社会科学院出版社 1986 年版。
②　汪政府档案,中国第二历史档案馆藏。
③　汪政府档案,中国第二历史档案馆藏。
④　汪政府外交部长褚民谊呈文(1943 年 1 月),中国第二历史档案馆藏。

求它"参了战就派兵到第一线去,前线的武力战争依然不能不成为日本的单独战争,而如果没有大东亚的战力培养,则长期的武力战将发生困难,这重大的使命应由国民政府负担起来"①。

对于汪政府来说,"参战"除了适应日本军国主义的战略需要外,也还有它自己的企图。根据当时日本中国派遣军总司令畑俊六记载:汪政府主要首脑间,"关于国府参战问题有两种议论。一种是认为没有实力的参战是没有意义的;一种是为了统一并振作民心,而且从与日本同甘共苦的观点出发,认为可以参战"②。在太平洋战争形势朝着不利于日本方向发展时,汪政府为什么反而主动要求"参战"呢?

首先,汪精卫等人对于日本战胜美英抱有侥幸心理。他们认为如果日本"胜利","参战"就可以"在战后和平会议上占一席位"。当褚民谊向汪精卫提出不宜主动向日本要求"参战"时,汪回答:"万一抗战失败,吾人非此不能取得战后之国际地位。"③周佛海更加直率地指出:"假如英美打胜仗,这个时候我们难道因为没有参战而能得到英美的原谅,而能免去英美对我们的宰割吧?万万不能的";"我们绝对不能以为不参战,就可以获得重庆方面的原谅,而为将来留余地。抱有这样思想的人,实在是太蠢不过,不成功,便成仁,假使失败,我们还能觍颜乞怜以求苟全吗?"④对于太平洋战争的发展形势,汪精卫集团的估计是比较乐观的。他们认为:"就军事说,太平洋的军略要点,都被友军占领了;已占领的各地,一年以来已巩固了坚强的防御准备,这就奠定了最后胜利的基础。英美反攻,谈何容易?""英美以为持久战,或以获得胜利,殊不知时间越久,友邦在占领地的地位越巩固,建设越发展,英美反

① 转引自廖今天:《汪逆参战与敌寇对沦陷区的经济掠夺》,《解放日报》1943年3月25日。
② 《畑俊六日记》,转引自《华北治安战》(中译本)下册,第61—62页。
③ 褚民谊:《参加和运自述》,江苏档案馆藏。
④ 周佛海:《关于中国参战问题的释疑》,《政治月刊》第5卷第2期。

攻,更不容易。"①汪政府已与日本侵略者绑在一起,不得不孤注一掷,万一日本胜利了,则可分得一点日本法西斯的残羹剩饭。

其次,汪政府的"参战"也有其自身直接利益目标。汪政府在其制订的参战计划中强调要号召"唤起民众,彻底认识参战为中国基于自主的立场与客观的情势之正确的决策,中国因参战而对内之复兴更能推进,对外之国际地位更能提高,日本因中国参战而对我之友好尊重愈加明确,对我之诚意协力愈加强化"②。对内,汪政府企图以"参战"为由实现他们企盼已久的"统一"目标,提高所谓"独立自主"的地位。汪政府自成立以来一直是一个局隅一地的小朝廷,他们幻想通过"参战",乞求日本驻各地占领军的施舍,由他们"统一"指导华北、华中、华南各地的傀儡政权,使所谓的"中央政府"稍稍像些样子。对外,汪政府希图以"参战"的名义,向日本要求"收回"租界,"撤销治外法权","接收"英美等在沦陷区的权益,并进而谋求向日本交涉废除《汪日基本关系条约》及其附属协定,另订"平等"新约等。

汪政府向英、美宣战的文告发布后,汪精卫集团内外疑虑重重,议论纷纷:"有人以为中国参战,是受友邦日本所逼迫不得不实行的","有人以为中国如果参战,负担就要更重,人民就要更苦","有人以为英美将来一定打胜仗,我们何必卷入漩涡,将来也随着败亡呢"?"有人以为中国如果参战,日本会借着共同作战为名,对中国的主权行使加以很大的束缚和限制","有人以为和平运动的目的,在求全面和平,如果中国参战,不是关了全面和平之门吗"?"有人以为参战以后,要抽壮丁,要限制提存,经济统制更要加严,生产更要委靡",更"有人以为日本如果得了胜利,中国更要不得了"等等③,谣言四起,人心惶惶。

────────────

　　①　周佛海:《关于中国参战问题的释疑》,《政治月刊》第5卷第2期。
　　②　汪政府宣传部:《关于参战的宣传要点》(1943年1月),中国第二历史档案馆藏。
　　③　周佛海:《关于中国参战问题的释疑》,《政治月刊》第5卷第2期。

　　汪政府要员几乎倾巢出动,大造"参战"舆论。汪政府宣传部迅速制订了《关于参战的宣传要点》以及《参战宣传计划》,要求采用文字宣传(电讯社编发专稿、报纸撰著社论、杂志出版专辑等)、民众运动(举行示威运动、各团体拍发通电或宣言、举办演讲、电影或游艺会、组织参战力行推进队、个人相谈、家庭访问、小组集会等)、特种宣传(组织突击宣传队、公演队、演出画片剧、放映幻灯、绘制各种漫画和图表、延请军政长官或文化界名流广播演讲等)多种形式,广为宣传"参战"的意义①。汪精卫发表了《踏上保卫东亚的战线》等一系列文章、文告和演讲,周佛海针对各种议论,发表了《关于中国参战问题的释疑》,连平时很少撰文的汪夫人陈璧君也发表了《战后民众情绪的解剖》,再三宣称:汪伪政府的"参战"完全是"自动的参战",是"以独立自主完全自由之立场,与东亚诸邻邦,及世界诸友邦,同心协力,步入保卫大东亚战争之联合战线"②。

　　汪政府对美英"宣战"后,并未实际派兵参加对美英的作战,而只是按照日本法西斯的要求和其自身的需要,在"参战"的名义下,将中国沦陷区更紧密地纳入所谓的"战时体制"轨道,继续扮演为日本侵略军建设大东亚战争后方基地的角色。

三　日本"交还"租界与"放弃"特权

　　与汪政府"参战"同时出台的,是日汪间关于"收回"租界和"撤废"治外法权的交涉,这是日本调整对汪关系,推行对华新政策的又一重要内容。

　　"收回"租界和"撤废"治外法权,曾经是日汪间进行"和平谈判"的重要内容之一。早在1938年11月20日,日汪双方在上海市重光堂会

---

① 汪政府档案,中国第二历史档案馆藏。
② 汪精卫:《告将士书》,《中华日报》,1943年1月19日。

谈中就已商定:"中国承认日本人在中国国内居住、营业之自由;日本承认废除在华治外法权,并考虑归还日本在华租界"①。次年 12 月 30 日,日汪双方为汪政府建立而签署的《日支新关系调整要纲》再次重申:"考虑租界及治外法权等之交还"②。1940 年 11 月 30 日,日汪签署的《基本关系条约》又对此作了类似的规定。然而,这对于日本政府来说,仅是标榜"中日亲善"的一张空头支票。而汪政府为了给"和平运动"装潢门面,却抓住这点,一有机会就与日方交涉,要求日本履行诺言,并为此作了多方面的准备。

汪政府外交部曾拟定《关于收回租界之研究》的内部文件,内列租界之概况、租界之地位、过去政府对租界之策略、收回租界之必要、国际之展望、收回之策略等部分,对于"收回"租界后的政策和措施作了较为详尽的设计和准备。该文件指出:"现在国府还都,邦基重奠,国人所仰望于政府者,即为民可乐业,共享和平,以租界之为投机囤积大本营也,非收回不足以解民众倒悬;以租界之为乱党渊薮也,非收回不足以根绝乱源",强调"必收回租界乃可解除外人对华种种之非法束缚",此"为当今要务彰彰明矣"。主张"以欧战扩大,为保持中立,防止冲突,提议收回上海租界,以次推及各专用租界",认为英法美不会对此作出强烈反应,"所谓英、法、美联合行动,不外派舰与增军,在欧战扩大之今日,英、法海军以之应付大西洋、地中海及香港、越南之警备,尚不足虞","外交当局之集体表示,亦难阻遏蓬勃之收回运动",指出时为"收回"租界之最好时机。为此,确定了对内对外的各种具体办法:

一、对内准备

1. 加强上海特别市维持治安之机构,充实警力,并储备外事警察人才,为接收之准备;

2. 发挥健全之民意,唤起民众对收回租界之决心。

---

① 黄美真、张云:《汪精卫集团投敌》,上海人民出版社 1984 年版,第 291 页。
② 黄美真、张云:《汪伪国民政府成立》,上海人民出版社 1986 年版,第 422 页。

二、对外交涉

1. 由中央政府发布宣言，申述收回租界为中国之国策，乃合理之要求，各国应明了远东大势及东亚和平之真义，对收回租界应予充分之同情与考虑；

2. 中央政府调查俄、德、奥三国在华租界及汉口、九江、镇江英国租界交由中国管理后，中国政府对于居留地外侨之措施，以祛除其凭藉租界保持在华权益之谬见；

3. 中央政府以收回租界之意旨通告关系各国，并以上海市政府为主体，秉承中央之命向驻沪代领事团及工部局要求为接管之谈判；

4. 在必要时可发动租界内为外人执业之华人，使之罢工及封锁租界，使之就范。①

然而，该方案不仅不可能为当时的英法美诸国所接受，而且也遭到了日方之冷遇。

太平洋战争爆发后，日军进占英、美等国在华租界，名曰"代管"，实际上占为己有。直至 1942 年 2 月 18 日，日本占领军当局才在名义上将广州、天津两英国专管租界移交汪政府，但同时又作了种种限制性的规定。如将两租界区域暂定为特别行政区，其"行政上之机构及行政之实施，应与当地日军最高指挥官密切联络"，"一切事项应经由特务机关长"；在租界内接收之英美公馆及其他权益，除在行政实施上有必要移管外，其余"仍由日本军管理"；租界地治安警备，应受日军警备司令处理，"由中日两国军警互相协力担任"；"日本军为管理所接收之权益及保护监视敌性人，在特别行政区内配置一部分之军队"等②。如此"移交"，连日本大东亚相青木也承认："在名义上，虽然将租界退还中国，但

① 汪政府档案，原稿署时间为 1939 年 6 月，有误。按照文中内容推断文件形成的时间当在 1940 年 3 月汪政府成立之后。中国第二历史档案馆藏。

② 《移管广东沙面英租界行政权之纲要》，中国第二历史档案馆藏。

租界内之仓库、房屋及其他值钱物品,均将收归我有。于是,在租界内,不复残留一丝一缕,这种退还方式,中国民心之离反,殆属势所必然",他极力主张"重新考虑,改弦更张",制定对华新政策,以适应太平洋战局变化之需要①。日本推行对华新政策,给汪政府带来了新的机遇。

出于催促汪政府提早"参战"同样的理由,日本政府为了抢在中美、中英新约签署之前,与汪政府签订有关协定,也将原来双方约定的签约时间从1943年1月15日提早至9日。这天,汪政府行政院长汪精卫与日本驻南京"大使"重光葵在南京签署了《关于交还租界及撤废治外法权之协定》。主要内容是:日本政府将日本国在中国境内现今所有之专管租界行政权,"交还"汪政府;日本政府承认汪政府"尽速收回"上海公共租界行政权、厦门鼓浪屿公共租界行政权以及北京公使馆区域行政权;日本政府决定"速行撤废"在华治外法权,汪政府承诺"开放其领域,使日本臣民得居住营业,且对于日本国臣民不予以较中华民国国民为不利益之待遇"等②。

在这之前,汪精卫密令在汪政府行政院内设置"接收租界撤废治外法权委员会"。协定签署的第二天,汪精卫又下密令,将该委员会改组为两个委员会:"接收租界委员会",以汪政府"外交部长"褚民谊为主任委员,李圣五、吴颂皋、吴凯声、汤良礼、周隆庠、张超、王促豪为委员;"撤废治外法权委员会",以汪政府司法行政部长罗君强为主任委员,乔万选、吴颂皋、张煜全、裴复恒、周隆庠、徐维震、王敏中为委员③。同时,日本方面也设立了以"公使"堀内干城为首的"交还租界委员会"。日汪双方开始就实施"交还"租界及"撤废"治外法权的具体事宜进行交涉。

3月9日,由汪方褚民谊、李圣五、吴颂皋、周隆庠和日方堀内干

---

① ［日］服部卓四郎:《大东亚战争全史》(中译本)第2册,第176—177页。
② 《申报年鉴》(1944年度),第500—501页。
③ 《汪精卫密令》,中国第二历史档案馆藏。

城、中村丰一、田尻爱义、盐泽清宣签署了《日本交还在华专管租界实施细则条款》及《附属谅解事项》。规定：日本于 3 月 30 日将在杭州、苏州、汉口、沙市、天津、福州、厦门及重庆之日本专管租界行政权"实施交还"，"专管租界内之道路、桥梁、阴沟、沟渠及堤防等诸设施"，应无偿移交汪方；汪政府承诺日本"有关于不动产及其他之权利利益"，并"应接用从来日本方面为实施专管租界行政而雇佣之中国籍巡警，及为管理维持道路、阴沟等而雇佣之中国籍从业员"等①。同日，日本驻南京"大使"重光葵照会褚民谊，提出日方的希望要求，主要内容有：1. 希望汪方承担界内日本居留民团等为建造公共设施负有的债务；2. 希望汪方确认各地租界原条款中以永租、租借、借地等文句所规定的权利，"一律改为永租权"，其地租"避免急剧之变化"，"暂维持现行之税率"；3. 希望"所有旧租界地域不设立类似过去之特别行政区，而并入所在都市的一般行政组织"；4. 希望日本居留民团代表能与中国当局"定期或应需要随时会合举行恳谈"，疏通双方意思，"增进当地两国亲善关系"；5. 希望能保障"侨居租界内之日本臣民之居住、营业及福祉"等②。名义上是"希望要求"，实质上是日方指令，汪政府自然只能全部照办。3 月 30 日，除重庆外，杭州、苏州、汉口、沙市、天津、福州、厦门七地的日本专管租界行政权分别"移交"汪政府各地方当局接管。

3 月 22 日，由汪政府"外交部长"褚民谊与日本驻南京"大使"重光葵在南京签署《日汪关于日本交还北京公使馆区行政权实施细目条款》及《附属谅解事项》。北平公使馆区是 1901 年后根据《辛丑条约》设立的，各国以"自卫"为名，实施独占的行政权，该区域范围虽小，却俨如"独立国"。日汪约定：3 月 30 日由汪政府"实施收回"该区行政权；该区域内之"道路、桥梁、阴沟、沟渠、障壁等诸设施，应与隙地同时无偿移让"给汪政府；汪政府承诺"按照现状，尊重并确认日本国政府及臣民在

---

① 《中华日报》1943 年 3 月 15 日。

② 汪政府档案，中国第二历史档案馆藏。

公使馆区域所有关于不动产及其他之权利与利益,并应参此取必要之措置"等①。

　　在日本政府的干预下,与汪政府建有"外交关系"的意大利政府、法国维琪政府、西班牙政府也效法日本与汪政府签署相关的条约,或发表有关的声明,"交还"租界或"放弃"在公共租界享有的权益。3月29日,汪政府与意大利政府代表签署了《关于收交北京公领事馆区行政权之协定》。同日,汪政府"外交部长"与法国维琪政府驻南京大使馆代表领事萨贲德互换照会,宣布法方"放弃"北京大使馆区域行政权。西班牙政府驻南京公使麦唐纳也发表声明,决心与日本采取一致行动,"撤废"治外法权及"交还"北京公使馆区域行政权。3月30日上午10时,汪政府接收委员吴凯声在北京主持仪式,"接收"北京东交民巷公使馆区域行政权。

　　3月27日,由汪政府"外交部长"褚民谊与日本驻南京"大使"重光葵在南京签署《关于日本交还厦门鼓浪屿公共租界实施细目条款》及《附属了解事项》。厦门鼓浪屿公共租界始设于1902年1月10日,其行政权隶属于英、美、日、法、西、瑞典、丹麦等国领事团,是外人在华南方面的重要据点。日汪约定:3月30日由汪政府"实施收回"该区行政权;租界内属于工部局之一切公共设施、资产及负债由汪政府继承;汪政府承诺"按照现状,尊重并确认日本国政府及臣民在上述租界内所有关于不动产及其他之权利利益,并应对此取必要之措置"等②。同日,重光葵复照会褚民谊,提出关于确认日本国政府及臣民所有在该地域内关于土地的权利(永租、租借、借地等)一律改为永租权,以及采取必要措置"处理在厦门市之中日军事协力及经济提携"等希望条件,并赞同汪政府将厦门市改为直属行政院的特别市③。

---

①　《申报年鉴》(1944年度),第502页。

②　汪政府档案,中国第二历史档案馆藏。

③　汪政府档案,中国第二历史档案馆藏。

接着,汪政府外交部又与法国、瑞典、丹麦、西班牙等相关国家进行交涉。5月25日,汪政府外交部、宣传部发表共同公报,宣布这些国家已"赞助同意,故该租界之收回,即可全部实施"①。5月28日上午,原厦门鼓浪屿公共租界工部局宣布解散,该租界的行政权正式由汪政府"接收"。

比起上述各处来,日汪关于上海公共租界的"交接"谈判要复杂得多。上海公共租界长期操纵于英、美之手,对中国近现代政治经济生活产生着极为重要的影响,太平洋战争爆发后,该租界行政权转而为日本掌握。自1月开始,由汪政府"外交部长"褚民谊与日本驻南京"大使"重光葵及其后任谷正之进行谈判。数月间,"几经折冲,双方意见日趋接近"。6月,谷正之奉命回国述职,返任后才由双方最后达成协议。6月30日,由褚民谊和谷正之在南京签署《关于实施收回上海公共租界之条款》及其《附属谅解事项》,其主要内容与日汪关于日本"交还"在华专管租界协定内容类似,并定于8月1日由汪政府"实施收回"②。同日,褚民谊和谷正之又互换照会,确认"鉴于上海所占地位之重要",在实现日汪"协力"方面应讲求下列措施:一、"市政府令其所接用之工部局职员及其他被雇佣者之日籍人员退职时,事前由中日两国当地地方官宪间协议之";二、"市政府经中央政府之许可得聘用日籍经济顾问,必要时得聘用日籍技术顾问";三、"设置中日联络恳谈会,由市政府高级人员及日本居留民方面代表合组之,关于影响于日本方面之重要市政事项预先咨询之,该会中国方面对日方所陈述之意见等充分尊重之",等等③。这表明:日本政府虽在名义上放弃了在该租界享有的特权,但实际上仍保持着在这一区域的重大权益和影响。陈公博以上海特别市市长身份发表告市民书,称颂上海公共租界的"收回",毁灭了英

---

① 《申报年鉴》(1944年度),第499页。
② 汪政府档案,中国第二历史档案馆藏。
③ 汪政府档案,中国第二历史档案馆藏。

美侵略东亚和中国的前哨,表现了日本"理想之远大、友谊之深挚、协力之宏毅",号召市民"不只廓清英美的残余势力,尤在于廓清英美的思想"①。褚民谊还致电日本外务相重光葵和大东亚相青木一男,向日本政府表示感谢②。

汪政府随后又与在上海公共租界享有权益的法、意进行交涉。7月22日,汪政府外交部长褚民谊与法国维琪政府驻南京大使馆参事柏斯颂互换照会,确认法国维琪政府"放弃"上海公共租界行政权,条件与日汪协定类似③。23日,汪政府"外交部长"又与意大利驻南京"大使"戴良谊签署《关于意大利交还上海公共租界条款》,对有关问题作了相应的规定④。

8月1日,在上海原公共租界工部局礼堂举行"交收"仪式,汪政府立法院长兼上海特别市长陈公博、监察院长温宗尧、军事参议院长萧叔宣、外交部长褚民谊等,与日本驻南京"大使"谷正之、"公使"堀内干城、工部局总董冈崎等参加。10时30分,工部局暨所属各机关将原有旗帜降下,改升汪政府的"国旗",汪政府由此"收回"了上海公共租界。

在日本政府"归还"租界的同时,汪政府与法国维琪政府间关于"接收"法国在华专管租界的交涉也在进行。汪政府成立后,法国维琪政府并未予以承认,但在日本的压力下,与汪政府保持着"友好关系"。日汪签署"交还"租界和"撤废"治外法权协定后,汪政府在日本占领军的支持下,数度与法维琪政府驻华代表"往返磋商"。2月23日,法国维琪政府"自动"通知汪政府,表示将"交还"上海、天津、汉口、广州的专管租界,并"撤废"在华治外法权。4月1日,汪政府设置"接收法国专管租

---

① 陈公博:《为签定实施收回上海公共租界条款告市民书》,上海档案馆编:《日伪上海市政府》,档案出版社1986年版,第88—90页。

② 汪政府驻日大使馆档案,日本东京东洋文库藏。

③ 《申报年鉴》(1944年度),第499页。

④ 汪政府档案,中国第二历史档案馆藏。

界委员会"，法国维琪政府也任命全权代表团，双方开始谈判①。5 月
18 日，由汪方夏奇峰、吴凯声、吴颂皋、周隆庠与法方柏斯颂、葛尔邦、
高兰、萨贾德签署《关于法国交还天津、汉口、沙面法国专管租界实施细
目条款》及《附属了解事项》，约定于 6 月 5 日实施②。嗣后，汪法双方
进行"接收"上海法租界交涉，经一月余谈判，双方意见趋于一致。7 月
22 日，汪法双方签署了《关于法国交还上海法国专管租界实施细目条
款》及《附属了解事项》，并于 7 月 30 日举行了"接收"仪式③。7 月 23
日，上海市政府根据汪政府的指令拟定《接收法租界要点》，强调在"接
收"租界问题上，对待日本与法国的不同点，指出："两国在华地位不
同，故最近由褚部长与法方商定之总原则，仅为法方对于法籍人员人
事上之几个要求，其他如将来组织及管理等等，均非法国所能预问，
中国自有自主之权。"据此，汪政府在雇用法籍职员问题上给予法方
若干照顾，但收归行政权方面则采取了较日本专管租界和上海公共
租界更为"坚决"的措施④。

　　随即，汪政府对原上海两租界的行政、警务、司法作了重要调整。
在行政方面，将原上海市各区连同"收回"的租界合编为八区，旧公共租

---

①　惠风：《法国在华关系史检讨》，《政治月刊》第 1 卷第 5 期。

②　汪政府档案，中国第二历史档案馆藏。

③　汪政府档案，中国第二历史档案馆藏。

④　汪方接收法上海租界要点如下：1. 法租界最高警政长官称警察总监，不受
公董局之节制，接收后应将警察总监名称取消，成立警察局，由市长兼任警察局长
以适应环境；2. 所有行政督办、技正督办、司法顾问等职一律裁撤，改照新组织规
程分别调整；3. 关于会计部分，成立会计处，设处长一人，由本府总会计处处长兼
任，同时成立区金库，设库长一人，主管出纳，由本府会计系统兼任而利管理；4. 依
照中国法令成立经济处与社会福利处，将现警察总监所管辖之粮食物价管理处及
在行政督办下之营业类处统归经济处主管；5. 各所属机关之正副首领及各科股主
管人员当然应由华人充任，其官制与第一区同。同时，要点还要求在上海的法军防
军官兵"应由法国当局自动解散，将一切武器交由中国政府暂行保管，解散后之官
兵应驻于法国停泊黄浦之炮舰。"参见上海市档案馆编：《日伪上海市政府》，第 103
－104 页。

界区域划为第一区,由陈公博兼任署长,下设八个处。旧法租界区域划为第八区,也由陈公博兼任署长,下设九个处。次年2月1日,第一、八两区公署合并为第一区公署,仍由陈公博兼任署长,由此实现了上海"市政"的"统一"。在警务方面,租界收回后,改设三个平行的警察局,第一警察局辖第一区,第二警察局辖第二至第七区,第三警察局辖第八区,并由陈公博兼任第一和第八两区警察局长,由汪政府首都警察总监苏成德、原公共租界警务处总监渡正监任副局长。11月1日,第一、第三警察局及沪西警察署合并为第一警察局,由此实现上海警政的"统一"。在司法方面,撤销了旧有因租界关系而特设的上海第一特区地方法院、第二特区地方法院、江苏高等法院第二分院、第三分院,重新设置汪伪上海高等法院、上海地方法院、上海高等检察署、上海地方检察署,由此实现了上海司法机构的"统一"①。

关于广州湾法国租借地,当时未能"收回"。1945年3月10日,日军由于国际战局的变化,以武力接管了该地行政权。7月16日,在汪政府请求下,日方又将该地行政权"移交"汪政府。7月20日,汪政府发表声明,宣布"中法两国间关于租借广州湾条约,已完全失其契约之目的",汪政府已"直接收回该租借地之行政权",并任命陈学淡为广州湾行政区区长②。

日本在推行对华新政策的同时,也向它的盟国意大利政府施加压力,要求他们在中国与日本采取同步行动,这就为汪政府提供了与意大利政府交涉"收回"租界和"撤废"治外法权的机会。1943年1月11日,意大利政府发表原则声明,表示将"交还"在华租界与"放弃特权",随即双方进行反复磋商,就若干问题达成了协议。关于天津意大利专管租界,一度"因意政府内乱未定,无从洽商",9月10日,汪政府在日本占领军支持下,单方面接管了天津意租界。1944年

<hr>

① 唐学明:《上海租界收回后的新猷》,《政治月刊》第6卷第3—4期。
② 《达成领土完整目的,国府收回广州湾》,《中华日报》,1945年7月21日。

初,已被反对派赶下台的意大利法西斯党魁墨索里尼重建意大利社会共和国政府,汪政府追随日本立即予以承认。6月1日起,应意国政府要求,汪政府驻日"大使"蔡培与意大利驻日代理大使在东京进行谈判①。当时意国政府刚刚成立,急需汪政府的承认和支持,再加上天津意租界已实际为汪方"接收",在谈判中相当迁就;而汪政府虽已"接收"该租界,也希望尽快与意方正式签订协定予以确认,谈判进展顺利。5日,双方即议定了《关于意国交还天津租界撤废治外法权及放弃驻兵权协定》、《附属议定书》、《了解事项》以及意国代表声明文件②。随后,意大利政府委派施毕纳利为驻华临时代办。7月14日,由汪政府"外交部长"褚民谊和施毕纳利正式签署上述协定③。8月17日,汪政府委派外交部亚洲司长徐义宇、欧美司长范拂公专程赴天津,"接收"该租界行政权④。

日汪间关于"撤废"日本在华治外法权的谈判则经历了更为复杂的过程。1943年1月9日,日汪有关协定签署后,双方的交涉委员会随即成立,汪方以"外交部长"褚民谊为主任委员,罗君强、李圣五、吴颂皋、周隆庠、汤应煜为委员,日方以堀内、中村、田尻、盐泽、岩崎、高濑为委员,并于3月24日举行首次会议⑤。但由于日本方面的原因,事情迟迟没有进展。

"撤废"治外法权将使在华横行不法的日本侨民受到限制,因此首先遭到他们的激烈反对,日本各方也对此意见不一。为了协调各方意见,日本驻南京"大使"谷正之不得不往返于东京与南京之间,"将此项问题当地方面的意见传达中央,同时将中央的意见,再度与

① 《外交部三十三年下半年施政纲要》,中国第二历史档案馆藏。
② 《中义两国间关于交还天津租界等协定草案会议记录》,汪政府驻日大使馆档案,日本东京东洋文库藏。
③ 汪政府档案,中国第二历史档案馆藏。
④ 《外交部三十三年下半年施政纲要》,中国第二历史档案馆藏。
⑤ 《申报年鉴》(1944年度),第500页。

当地的关系者进行研究",直至 7 月 2 日,才在日本驻南京大使馆"召开会议,成立日本方面委员的最后成案"①。7 月 3 日,日汪双方交涉委员举行会议,决定日本"撤废"治外法权先从课税问题着手。这就是说,日本政府仅同意部分地、有限度地"撤废"治外法权。

7 月 31 日,由褚民谊和谷正之签署了《日本在华臣民课税条约》及《附属协定》、《了解事项》。同日,日本驻南京大使馆当局发表重要谈话,对该条约及有关规定作了进一步有利于日本侨民的解释:第一、日本国臣民在任何场合之下,"不受较次于中华民国国民之待遇";第二、"日本国臣民所应服从之中华民国法令之范围及适用之方式",应由汪政府事先通知日本驻南京大使馆,"无通告,即无服从之义务";第三、汪政府的课税权"因战时特殊事态,及其他理由,有免除及减轻之必要。例如对日本军人家属之特例,对军用供给物资的特例,对民团民会等公共设施之特例等,加以减免之特殊考虑";第四、日本在华领事裁判权未撤废前,日本国臣民违背法令之司法上措置,"仍由日本国领事馆行之";第五、对于日本国臣民违反法令,只能"用行政处分,不用强制力","以免纠纷",即汪政府官宪不能对日商实行"检查、查封、拍卖等强制执行及没收等强制行为",当日本国臣民对汪政府官宪的行政处分有不服时,汪政府应"采适当之纠正措置";第六,对于日本方面认为不适当的"通过税及其他不适当课税",汪政府"应从速整备之";等等②。由此可见,日本政府只是允诺自 8 月 1 日起,该国臣民须"服从汪政府的课税法令",作为日本"撤废"治外法权的第一步。9 月 14 日,汪政府外交部呈文行政院,报告中日双方将于 20 日公布,汪政府为"协力大东亚战争",决定四大措施:日本在华军人家属免除课税;日本在华军需物件免除课税;日本在中国所经营之超重点产业,经日方申请得酌减或免除课

---

① 《申报年鉴》(1944 年度),第 500 页。
② 《日使馆当局谈话》,《政治月刊》第 6 卷第 3—4 期。

税；对日本重要输出物资，经日方申请得酌减或免除课税等①。这表明所谓的"服从课税法令"在实施中也将大打折扣，而全面"撤废"在华治外法权更是成了一句空话。

"交还"租界和"撤废"治外法权，曾被汪政府头目吹嘘为"中日亲善史上最光荣的一页"②。周佛海得意地说："所谓不平等条约，大部已由吾辈手中取消矣。和平运动至此始有一交代，居心之苦，谋国之忠，天下后世或可见谅矣！"③在"接收"上海公共租界后说："百年来英美等国经营中国之根据地从此消灭，租界也成为历史上之名词矣。和平运动是否成功，固属将来问题，但历史总可算有一笔交代矣！"④然而，这在实际上却是日本侵华史上最富于欺骗性的一幕，正如当时延安《解放日报》评论所指出的："沦陷区的汪伪政权是完全在日寇控制下，在南京有由大东亚省派来的直接指挥伪政权的'大使'，在沦陷区有数十万日本皇军，在伪政权里面还有可以掌握实权、颐指气使的日本人的次长或顾问官之类，连汪逆自己的一言一行都无不受日本鬼子的监督。在此种情况下，所谓'交还租界及废止治外法权'，不是最可笑的骗局吗？"⑤

四　"日汪同盟条约"的签署

日本政府推行"对华新政策"、调整汪日关系的最高潮，是签署《汪日同盟条约》。早在1942年11月27日，日本大本营与政府联席会议讨论对华政略问题时，东条英机就提出汪日"基本关系条约"是否"应加

---

① 《汪伪外交部关于对日减免课税措置呈》(1943年9月14日)，《中华民国史档案资料汇编》第5辑第2编附录，第846—847页。

② 褚民谊：《在日汪交还租界及撤废治外法权两委员会首次会议上的讲话》，《中华日报》1943年3月5日。

③ 《周佛海日记》1943年7月24日。

④ 《周佛海日记》1943年8月1日。

⑤ 《什么是敌寇对华新政策》，《解放日报》，1943年4月27日。

以修订"的问题。企划院总裁铃木贞一表示赞同,认为目前的根本目的是对美英的战争"战胜第一","对于以前条约,也不妨重新加以检讨"。大藏相贺屋兴宣也认为:"既有条约,苟有不正之处,即应加以修正。"①显然,在日本军国主义者看来,只要有利于对英、美战争的胜利,不妨"修正"过去的条约。于是,在 12 月 21 日的御前会议上,对此作了决策,并把它作为推行对华新政策的重要内容。

在汪政府方面,自 1940 年 11 月签署"日汪关系条约"以来,就一直表示不满。周佛海说:该条约"处处表示日本控制及分割中国之心,盖驻兵规定为其一,华北及内蒙等地特殊化为其二"②。陈公博则批评说:该条约"连停战协定都够不上,更谈不上基本条约",日本口口声声宣扬东亚新秩序,但该条约的内容"无一条不是旧秩序,而且是旧秩序中最坏的恶例"③。日本政府提出对华新政策后,汪政府趁机要求日本政府废止"汪日基本关系条约"及秘密协定和附件。

1943 年 3 月起,日、汪高级领导人进行了一系列互访,就废止"基本关系条约"问题进行磋商。3 月 13 日至 14 日,东条英机作为日本战时首相首次访问南京和上海,和汪政府要人汪精卫、陈公博、周佛海、褚民谊等进行会谈,讨论了日本军事援汪和取消华北特殊化等问题。4 月 1 日,汪政府以感谢日本"交还"租界和"撤废"治外法权为由,特派汪政府立法院长陈公博为特使访问日本,其真实的意图则是"以修订条约、取消华北特殊化为要点"④。陈公博在日本拜会了天皇,并与东条英机会谈。此行虽然没有取得具体结果,但日、汪双方已就修订"基本关系条约"问题进行了交涉。

8 月 19 日,日本政府为了进一步了解实施对华新政策后的中国沦

---

① ［日］服部卓四郎:《太平洋战争全史》(中译本)第 2 册,第 177 页。

② 《周佛海日记》1943 年 9 月 24 日。

③ 陈公博:《八年来的回忆》,中国第二历史档案馆藏。

④ 《周佛海日记》1943 年 4 月 5 日。

陷区实况，为修改"基本关系条约"作准备，特派大东亚相青木一男访华。他访问南京、上海、北平以及中国东北各地，与汪政府要人进行了会谈。9月21日，汪精卫、陈公博受日本政府邀请秘密赴日，商谈修改"基本关系条约"问题。汪、陈会见了天皇，并与东条英机、外相、大东亚相、海相等进行会谈。东条表示：如果全面和平实现，日本不仅撤退在华全部军队，而且还要放弃《辛丑条约》所规定的驻兵权。目前，将努力取消各地特殊化的情况，以加强汪政府的权力①。日汪间基本商定了修订"基本关系条约"的原则。

　　汪精卫回国后，与日本驻南京"大使"谷正之继续进行谈判。10月13日，谷正之将日本政府草拟的"新约"共五款面交汪精卫，该约"将二十九年所签之各项条约及附属文件完全取消，即驻兵及各地特殊现象、经济上之优先要求均取消"，但"中日满共同宣言仍然有效"，并且"条约所规定者，均须和平实现后始能实现"等②。汪精卫等认为：这个方案乃是"望梅止渴"，提出"除撤兵须待战争终了始能实施外，其余在全面和平实现前也宜逐步实施，即一面高悬理想，一面仍宜改善现实也"③。自15日起，日、汪双方就"新约"草案三度进行会谈，汪方参加者有汪精卫、周佛海、褚民谊、周隆庠，日方参加者有谷正之、太田参事官及清水书记官，最终达成了协议。29日，汪伪中央政治委员会举行临时会议，通过了《汪日同盟条约》。30日，汪精卫和谷正之代表双方正式在南京签署该条约及附属议定书。条约的主要内容是：1."永久维持两国间善邻友好，互相尊重其主权及领土"；2."为建设大东亚并确保其安定起见，应互相紧密协力，尽量援助"；3. 实行两国间紧密之经济提携；4. 宣布"汪日基本关系条约"及其一切附属文书等一并失效；5. 规定

---

①　参见蔡德金等：《汪精卫伪国民政府纪事》，中国社会科学出版社1984年版，第225页。

②　《周佛海日记》1943年10月13日。

③　《周佛海日记》1943年10月14日。

"日本国约定于两国间恢复全面和平,战争状态终了时,撤去其派在中华民国领域内之日本国军队","放弃"在中国的驻兵权等①。

《汪日同盟条约》被日、汪吹捧为"中国近百年来独一无二的平等条约"。签约前夕,周佛海在日记中写道:"此次条约修改如果成功,则吾辈对民族、对国家、对千秋万代均有交代,此心质诸天地鬼神无愧怍矣。"②汪精卫则在庆祝《汪日同盟条约》签署大会上发表长篇训词,颂扬条约"在中日关系开一纪元,在东亚开一新纪元,中日两国从此以后,完全站在平等互惠的立场,结成永久友好关系,以共同致力于大东亚之建设"③。而陈公博直至战后接受审判时还在辩解:"同盟条约内容内,已取消一切密约附件,更取消所谓华北驻兵及经济合作,而且更将内蒙返还中国。所剩下来的,只有一个东北问题了。"④

但是,不管日本军国主义者如何吹嘘,汪政府的头目们如何辩解,这终究是一个骗局,就在签约的同一天,汪精卫和谷正之又互换照会约定:"现在中华民国所存既成事实,如鉴于本条约之旨趣,须调整者,应于两国间恢复全面和平,战争状态终了时,准据条约之旨趣,加以根本的调整。虽在战争状态继续中,应按照情形所许,逐次由两国间协议,准据本条约之旨趣,加以所要之调整。"⑤也就是说,只要战争状态不终了,日本侵略军即可自由决定在何种程度上履行条约,或根本不履行条约。

日本政府在推行"对华新政策"的同时,也在南洋各国占领区推行一系列"新政策",以确保石油、橡胶、锡、钨、奎宁等特殊重要战略物资的掠取。汪政府追随日本之后,也与南洋各国的傀儡政府发生了某些关系。

---

① 汪政府档案,中国第二历史档案馆藏。
② 《周佛海日记》1943 年 10 月 15 日。
③ 汪精卫:《永久友好关系之结成》,《政治月刊》第 6 卷第 6 期。
④ 陈公博:《对于起诉书的答复》,中国第二历史档案馆藏。
⑤ 汪政府档案,中国第二历史档案馆藏。

太平洋战争爆发后，日军就占领了泰国南部和首都曼谷，并于1941年12月21日，以武力逼迫泰国签署"同盟条约"，日军由此以泰国为基地，南进马来亚，北攻缅甸。在日本政府的"媒介"下，汪政府曾派员赴泰"宣慰侨胞，与泰国朝野颇多联络"。1942年7月，泰国外交部长华达刚与汪伪"外交部长"褚民谊互相致电，彼此正式承认①。

缅甸原为英国殖民地，太平洋战争爆发后为日军占领。1943年初，日本在缅甸推行"新政策"，决定改直接的军事占领为"承认"缅甸"独立"，扶植傀儡政权实施统治。8月1日，缅甸宣布"独立"，巴莫出任新政府"总理"，并与日本签署"同盟条约"，日缅"在军事上、政治上及经济上进行全面合作"②。同日，汪政府行政院长汪精卫致电巴莫，承认缅甸傀儡政府，并称"大东亚共荣圈内，又加入一独立国家，相互合作，前途益见光明"。

在菲律宾也和缅甸一样，1943年10月14日，日本菲律宾方面陆军最高指挥官声明撤废"军政"，承认菲律宾"独立"，由洛勒尔任"大总统"，并于同日与日本签署"同盟条约"。次日，汪伪政府致电菲律宾傀儡政府加以"承认"③。

对于印度，日本政府利用印度人民与英国殖民者之间的矛盾，扶植亲日派的"印度独立运动"。1943年10月21日，"自由印度临时政府"在昭南成立，由鲍斯任主席兼军事及外交部长。23日，日本政府发表声明，承认该政府，鲍斯成为日本军部掌握的又一傀儡。汪政府追随日本由宣传部长林柏生对中外记者发表谈话，表示全力支持印度"独立"运动④。

在此前后，汪政府还奉日本政府之命加强了与"满洲国"的联系。

---

① 《申报年鉴》(1944年度)，第1279页。

② 《申报年鉴》(1944年度)，第1280页。

③ 《申报年鉴》(1944年度)，第1315—1316页。

④ 《印度开展反英独立运动，我国决心全力支持》，《中华日报》1942年8月18日。

1942 年 5 月 4 日,汪精卫以汪政府元首身份访问"满洲国",并会见"满洲国"皇帝溥仪。6 月初,"满洲国"特派国务总理张景惠为特使访问南京。1943 年 4 月,汪政府委派周佛海为特使,视察"满洲国"各地方产业建设,并与"满洲国"当局"作坦白之恳谈"。随后汪政府又先后在奉天和哈尔滨设置"总领事馆"①。

1943 年 11 月初,日本政府在东京发起召开大东亚会议。参加会议的有:日本政府首相东条英机、泰国政府总理代表温华达亚肯亲王、"满洲国"总理大臣张景惠、菲律宾"总统"洛勒尔、缅甸"总理"巴莫、"自由印度"临时政府"主席"鲍斯以及汪政府行政院长汪精卫。由东条英机任议长,由于日本政府的有意安排,汪精卫在会议上的地位名列各傀儡头目之首。他在会上称颂:"先进国的日本,已将他独立自主的光辉照耀于世界,如今还要东亚各国都得到独立自主,不惜加以援助,使之团结一致",表示要出其"全力",与"各新兴国家""奋力齐驱","把英美所扶持的榨取政策、垄断政策,根本予以消灭,另创造出一个合乎人道的新天地"②。

6 日,由日、汪、满、泰、缅、菲六国共同签署了《大东亚宣言》,确定并公布了"大东亚各国为互相提携完遂大东亚战争,解放大东亚于英美桎梏之中,完成其自存自卫"的五项纲领:1."共同确保大东亚之安定,根据道义以建设共存共荣之秩序";2."互相尊重其自主独立,求互助敦睦之实,以确立大东亚之荣睦友谊";3."互相尊重其传统发展,发挥各民族之创造性,以提高大东亚之文化";4."在互惠之下紧密合作,文革谋求其经济发展,增进大东亚之繁荣";5."与友邦敦睦交谊,消除人种差别,普遍进行文化交流,进而开放资源,以贡献于世界之发展。"③

---

① 《申报年鉴》(1944 年度),第 493—500 页。
② 《大东亚会议经过》,《政治月刊》第 6 卷第 6 期。
③ 日本外务省编:《日本外交年表和主要文书》(1840—1945),《文书》下卷,第 594 页。

日汪吹嘘这是一次"划时代的盛会","代表着东亚十亿人民",取得了"惊人的收获","不但将使东亚民族的团结更趋巩固,且将在世界造成一稳定的力量,足以左右世界局势,使世界一切被压迫的民族都能从英美铁蹄下反抗起来,根本推翻英美的统治,而创造一个真正自由平等的大同世界"①。在表面上,"大东亚会议"将日汪关系的调整推向最高潮,而实际上,这仅是连遭挫折的日本军国主义者玩弄的又一场骗局,是"大东亚共荣圈"梦想破灭过程中的一曲挽歌罢了。

五　汪政府"统一"沦陷区的活动

日本推行对华新政策的另一重要内容,是"表示不干涉中国内政的诚意","树立"汪政府的"中心势力",即肯定汪政府在各傀儡政权中的领班地位。

汪政权建立后,日本设置的"最高军事顾问部"和"最高经济顾问部"成为凌驾于汪政府之上的"太上皇",拥有至高无上的权力;日本驻各地特务机关及其派出的"联络员"更是颐指气使,汪政府大小官员的一举一动都要看他们的眼色行事。随着太平洋战局的逆转,这种状况已不能适应日本对华战略的要求。日本军国主义的决策者们已经感觉到给予汪政府以某些有限度的"独立"与"自主",对于"加强战争协力,强化两国之综合战力"是非常必要的。为此,日本对华新政策的内容之一,就是"极力调整占领地区内的地方特殊性","加强"汪政府对地方政府的"指导"等②。

但是,日本政府的这一决策是上层统治集团根据战局的剧变匆忙决定的,并未和驻中国沦陷区军方进行充分酝酿。日本中国派遣军司

---

① 《划时代的盛会》,《政治月刊》第6卷第6期。

② 日本外务省编:《日本外交年表和主要文书》(1840—1945),《文书》下卷,第580—581页。

令部认为:"以扶植加强国民政府(汪政府)作为对华政策的中心,不适合现状",总司令畑俊六大将直率指出:此为"行不通的穷途之策"。副总参谋长兼日本驻南京大使馆武官落合甚九郎少将则向大本营提出反对意见,指出:"国民政府(指汪政府)很不可靠,如果不改变国民政府的性质,以其薄弱的力量,只能起阻碍我方作战的作用,甚至有崩溃的危险。"①日本驻华占领军方面几乎一致的看法是:"日华合作并不是扶植和加强国民政府那样简单的事情","以为扶植加强国民政府就能争取民心,是完全不了解占领地区和国民政府实际情况的臆断。"②

　　然而,日本最高统治集团既经决策,便执意坚决贯彻。1942 年 12月 24 日,日本军部电召中国派遣军总参谋长河边正三中将以及各军参谋长返回东京,专门解释对华新政策。陆相严厉指出:对华新政策"要排除万难贯彻到基层,彻底执行,特别要努力转变下级人员的思想,如果在执行中遇到阻碍,可采取人事上的措施,或按军纪予以处分。军纪的整肃、军队的威严为强行本方针的基础。军队应回到本来职能方面去,专心于作战的准备。倘以治安警备为借口干涉政治,军队将会堕落。国民政府虽有弱点,但过于干涉反而会削弱其政治力量。望与当地各机关密切联系共同努力。"③日本大本营参谋总长也指出:要断然执行天皇的旨意,并解释说:"避免干涉,不等于完全放手不管,而是要军队处于后援地位予以推进的意思。"④这表明日本军部将不惜以"整肃"军纪来制止反对者。在这种情况下,日本中国派遣军总参谋长表示:决心尽全力执行方针。畑俊六总司令也无可奈何地在日记中写道:这是"仅有的最后一策,成败尚属疑问,但既经御前会议决定,我等谨遵执行。"⑤日本华北方面军总司令冈村宁次则表示了更为积极的态度,

①　日本防卫厅战史研究室:《华北治安战》(中译本)下册,第 273—274 页。
②　日本防卫厅战史研究室:《华北治安战》(中译本)下册,第 273—274 页。
③　日本防卫厅战史研究室:《华北治安战》(中译本)下册,第 273—274 页。
④　日本防卫厅战史研究室:《华北治安战》(中译本)下册,第 273—274 页。
⑤　日本防卫厅战史研究室:《华北治安战》(中译本)下册,第 273—274 页。

他在华北各兵团参谋长及主管政务人员会议上指出："过去日本方面，尤其是一部分军队在行政、经济方面采取了无视中国方面的立场，挫伤其自主性的过火态度，应予改正。"①经商定，日本驻中国派遣军计划在1943年3月以前完成准备，至7月底完成日、汪在这方面的"调整"。

　　正是在这样的背景下，汪政府开始了"统一"沦陷区的活动。汪政府"还都"南京后，名义上虽号称"中央政府"，但实际"统辖"地区只限于上海、南京两市和苏、浙、皖、赣等省沦陷区，以及广州、武汉及附近的狭小地区，为一区域性的地方政权。日本直接控制的"华北政务委员会"管辖着北平、天津、青岛三市和冀、豫、鲁、晋等省沦陷区，形式上虽属汪政府领导，事实上则是一个自成体系的独立王国。而"蒙疆自治政府"管辖着绥、察等省沦陷区，更是独立于汪政府之外，俨然"满洲国"第二。此种状况，一方面是日本侵略者在中国沦陷区实行"分而治之"策略的结果，它们在各地扶植傀儡，由各地驻军直接操纵，并有意使之互相摩擦，互为牵制，以便于控制、利用；另一方面，也是日本军阀和财阀内部、中国汉奸卖国集团内部的利害矛盾和冲突的反映。这种局面对于日本统治占领区曾经是有利的，可是在新的形势下则不能符合日本侵略战略的要求了。日本侵略者这时需要一个"统一"的伪中央政府，为它看守后方，搜刮财物，把中国沦陷区建设成为"大东亚战争兵站基地"。于是，改"分而治之"为"以伪制伪"，扶植汪政府"统一"沦陷区，便成为日本推行"对华新政策"的重心之一。

　　1942年12月，日本大本营、政府联席会议研究决定了"调整"汪政府对地方政府关系的具体措施，强调要"加强"汪政府对地方政府的"领导"，"消除中央和地方之间无意义的摩擦，感情用事"，"酿成融洽的气氛，使中央和地方一起成为更新中国的构成部分，同心协力为完成战争而迈进。"并具体规定：1."省政府以下各地方政府的人事，一任中国方面自由处理，帝国不加干涉"；2."省政府以下的施政"，除作战、警备方

①　日本防卫厅战史研究室：《华北治安战》（中译本）下册，第273—274页。

面外,"应广泛委之于中国方面,有效地运用中国方面的责任感和创造精神,促进其依靠自己主动的行动,加强政治力量及积极地对日作战";3."帝国帮助中国方面,贯彻上级政府对下级政府的政令","防止由于下级部门的抗拒而使中国方面的行政系统似有中断现象"等①。同时,对于汪政府同"华北政务委员会"以及海南岛、蒙疆地方傀儡政权间的关系作出了一些新的规定。

　　汪精卫及其一伙得到日本军部的"册封",顿感身价百倍。在"参战"的第二天,汪政府行政院就召集全国高级行政长官会议,着重讨论"参战"后所谓中央与地方关系的战时施政对策。汪精卫一伙最为不满的,是"华北政务委员会"的自成一体,与南京"中央"分庭抗礼。在他们看来,"武汉、广州之不能实行国府统一管理,因为战争关系,接近前线,尚可理解,而华北俨然独立国,最不能令人信服"②。"华北政务委员会"委员长王揖唐更为汪精卫集团所不容,必欲去之而后快。1940年6月9日,王揖唐接任委员长之职后,自称"外臣",一切惟日本主子之马首是瞻,依靠着日本华北方面军撑腰,处处与汪精卫政府作对。

　　汪政府最高国防会议建立后,立即决定由"华北政务委员会"委员长兼任汪政府全国经济委员会副委员长和新国民运动促进委员会常务委员,"双管齐下",试图在"统制经济"的口号下,掌握华北经济的指挥权;在一个主义(大亚洲主义)、一个党(汪伪国民党)、一个领袖(汪精卫)的旗帜下,从思想方面"统一"华北。1943年1月20日,在日本华北方面军导演下,华北法西斯主义团体新民会举行第二次全体联合协议会,宣言"拥护国府参战方针",与汪精卫领导的"东亚联盟运动"实行合作,同意在华北也推行"新国民运动";并改组了新民会人事,由朱深代替坚决反汪的王揖唐继任会长,"推戴"汪精卫为该会名誉会长,汪精

---

　　①　复旦大学历史系编译:《日本帝国主义对华侵略史料选编》(1931—1945),上海人民出版社1983年版,第417—420页。

　　②　《中华日报》,1943年4月15日。

卫立即复电同意,标志着汪派政治势力向华北沦陷区的进一步渗透。

2月,汪政府在日本方面支持下,采取了实行华北"中央化"最关键的行动,逼迫王揖唐辞职,改组"华北政务委员会"。当时王揖唐身兼"华北政务委员会"委员长和汪政府中央考试院长两职。汪精卫首先逼迫他辞去考试院长一职,他们制造舆论说:"王揖唐先生就任华北政务委员会委员长新职已久,因年事已高,政务繁忙,实难应付,原有之考试院长一职,理当自行让出,俾使位置他人。"但王装聋作哑,不予理睬。汪进而命人通知王,考试院长一职非辞不可,并内定由陈中孚继任,但王依然置若罔闻。汪精卫最终只好"摊牌",去电命王"即辞考试院长职"。王揖唐只好照办,但又要求保留他任考试院长时支领的一笔"机密费"。正当双方为此争执之时,王揖唐的老政敌王克敏把握时机,在北平刮起一股"倒王"风潮,指控王揖唐"贪污渎职,废弛公务"①。经日方派员调查,认为情况属实,便指令汪政府加以撤换。2月8日,汪政府批准王揖唐辞去"华北政务委员会"委员长及考试院长职务,明令由朱深继任委员长,为汪精卫"统一"华北扫除了一个障碍。

2月9日,改组后的"华北政务委员会"宣布:自即日起禁止悬挂五色旗,改悬汪政府使用的"国旗"。这一行动被汪政府吹嘘为"从此不但在实质上,并且在形式上表现了南北的统一"②。3月30日,为了协调南北的"剿共"行动,"华北政务委员会"设立了"华北剿共委员会",为政府、新民会、军方三位一体的总力战机关,在北平设总会,在华北各省、市、道、县设各级委员会。8月5日,汪政府委派军事委员会委员荣臻兼任该委员会专任委员,以协调双方的行动。6月26日,"华北政务委员会"在南京设立办事处,由张心青任处长。7月2日,朱深因病逝世。5日,日本占领军用飞机将王克敏从青岛接回北平,继任委员长。14日,他赴南京"晋谒"汪精卫,报告就职经过,并讨论"华北今后庶政措

---

① 《周佛海日记》1943年2月8日。

② 《申报年鉴》(1944年度),第9页。

施"。他在南京接见记者称："华北为中央之华北,华北政委会系属国府统制下之机构,今后一切庶政措施,自当秉承中枢意旨办理。"①10 月 4日,汪政府任命胡毓坤为军事委员会驻华北特派委员,以"统一中央军事机构,确保地方治安"。11 月 11 日,汪伪中央政治委员会通过《修正华北政务委员会组织法》,将该委员会原六总署二厅改组为治安、经济、农务、工务、教育五总署及总务、内务、财务三厅等。在日本推行对华新政策后,汪政府与"华北政务委员会"之间的联系是得到了加强,表面上该委员会已"归顺"中央,但实质上由于日本华北方面军的严密控制,其独立王国的地位并未从根本上得到改变。

汪政府推行"统一"沦陷区活动的另一个重要方面,是建立淮海省。多年来,汪政府与"华北政务委员会"之间辖区的划分一直是个争论不休的问题。早在 1939 年日汪双方在组建汪政府的谈判中,汪精卫就反对日本华北方面军提出的华北疆界案,不同意伪华北临时政府的辖区朝南延伸至安徽和江苏北部。对此,日本军部代表影佐祯昭作了一些让步,同意将华北疆界南延至山东省为限,即将原由伪临时政府管辖的华北、华中接壤地区归汪政府管辖。

1940 年 3 月,"华北政务委员会"成立。其组织条例规定:该委员会"负责处理河北、山东、山西三省及北京、天津、青岛三市管辖地区内的防共治安、经济及其他由国民政府委托的各项任务,并监督其管辖下的各省市政府";同时又对内发出指示说:"临时政府时期管辖区域内实施的政治、经济、金融、建设等各项工作,一如既往进行处理,不得因设立委员会有所变更",并不理睬汪政府的立场②。为此引起汪政府与"华北政务委员会"间围绕着江苏、安徽、河南交界的淮海地区的管辖权问题不断发生争执。在汪政府方面,因淮海地区接近南京,富有农产品、盐、矿产资源,又是铁路、运河等交通枢纽,在军事上和经济上具有

---

①　《中华日报》,1943 年 7 月 17 日。

②　日本防卫厅战史研究室:《华北治安战》(中译本)下册,第 64—69 页。

重要地位,势在必争。而华北日军则采取"舍名求实"的态度,"表面上虽然作了很大让步",但"有关接壤地带的所有工作"仍"全部委由华北政务委员会承办"①。

直到太平洋战争爆发,日本军方才作出有利于汪政府的决定。1941年12月10日,日本中国派遣军总司令部下达《华北、华中接壤地带处理纲要》,将华北、华中接壤地带划分为两部分,规定:"华北方面军作战地区内的河南北部,在目前仍维持现状,徐海道及淮北地区在1942年初从华北分离,改为国民政府(汪政府)的直辖区域。"但仍将淮海地区列为特殊地域,继续保持华北日军在该地区的巨大势力,《纲要》同时规定:该地区"有关中国方面政务的幕后指导,应受总司令官的指挥,而通过特务机关执行工作",而"苏北特务机关及海州特务机关,仍隶属于徐州兵团(华北方面军),继续执行原来的任务";该地区经济指导工作仍"由华北方面承担",并"暂准为'联银券'流通地带,继续保持现状,以缓和徐海道金融的急剧变化,并防止由于'联银券'的不稳定引起全华北的动摇";在物资流通方面,"尤应考虑华北的需要(主要为农产品),为确保其需要,应采取特殊的措施";该地区的华北新民会组织虽予以撤销,"但对其人员,应由推行中国方面(汪伪)政策的东亚联盟组织尽可能予以吸收"等②。

据此,自1942年1月1日起,原属日军华北方面军第十二军管辖的苏淮地区移交给日军华中方面军第十三军。后台易手之后,汪政府才敢有所动作。1942年1月15日,汪政府设置直辖行政院的苏淮特别区,辖区包括江苏的徐州、铜山、丰县、沛县、砀山、邳县、萧县、宿迁、睢宁、东海、灌云、沭阳、赣榆、泗阳、淮安、淮阴、涟水、阜宁;安徽的宿县、泗县、灵璧、亳县共一市二十一县。2月19日,在徐州成立苏淮特别区行政公署,由郝鹏举任行政长官。这个所谓特别区,虽然在行政上

---

① 日本防卫厅战史研究室:《华北治安战》(中译本)下册,第64—69页。
② 日本防卫厅战史研究室:《华北治安战》(中译本)下册,第64—69页。

已归属于汪政府,但根据日本军方意见,"为了防止因急剧变动引起人心动摇",该地区的"财政、治安、教育、交通通信事业、通货等仍保持现状,并使之继续发展"①。因此,该地区的归属问题从根本上仍未得到解决。

日本政府推行对华新政策后,汪政府再次向日方要求彻底解决苏淮特别区的归属问题。1943年1月18日、19日,汪精卫亲临徐州视察,表明汪政府决心染指这一地区。1944年1月13日,汪伪中央政治委员会决定将苏淮特别区改称淮海省,设省府于徐州,由郝鹏举任省长兼任省保安司令、国民党省党部主任委员。2月19日,汪政府财政部长周佛海宣布自3月1日起在淮海省停止发行"联银券",但不禁止流通。4月进而实行"中储券"与"联银券"的全面兑换,规定一切公用开支及银行存放款必须采用"中储券",至10月"联银券"禁止在市面流通②。汪政府取得了淮海地区的金融统治权。当然,日本侵略军是不可能让汪伪政府真正实现华北和华中的"统一"的,事实上"直到战争结束为止,在华北华中一体化问题上仍是一个悬案"。

汪政府推行"统一"沦陷区活动的第三个重要方面,是"调整"与"蒙疆联合自治政府"的关系。"蒙疆联合自治政府"是日本侵略军利用德王等一小撮民族分裂主义者在晋北、察南、绥远地区建立的傀儡政府。1937年11月22日,由"察南自治政府"、"晋北自治政府"、"蒙古联盟自治政府"合组成"蒙疆联合委员会"。1939年9月1日,改称"蒙疆联合自治政府",由德穆楚栋鲁普(下称"德王")任主席,以黄、蓝、白、赤四色旗为"国旗",用成吉思汗纪元年号,以张家口为"首都",是中国沦陷区内又一"国中之国"。

1941年春,日本中国占领军当局为了确定两个傀儡政府间的关系,由汪方代表周佛海等和蒙疆方面代表李守信、关口保(日人)等在青

①　日本防卫厅战史研究室:《华北治安战》(中译本)下册,第64—69页。
②　日本防卫厅战史研究室:《华北治安战》(中译本)下册,第64—69页。

岛举行秘密谈判,并由周佛海和李守信代表双方签署了《协定书》。主要内容是:一、"蒙疆联合自治政府"承认汪政府"是继承中国法统的正统政府","重庆政权无论是在法理上,实质上已降为地方政权";二、汪政府承认"蒙疆联合自治政府"是"日、满、汉、蒙各族强度结合的地方政权,鉴于历史的、国防的、经济的重要性,在蒙疆联合自治政府全面施政既成事实的基础上,承认蒙疆联合自治政府高度自治"等。在附件中还规定:汪政府承认"蒙疆联合自治政府"沿用成吉思汗纪元年号,使用四色七条旗为其政权标志,并同意其在长城各口驻兵①。

　　这一协定是在日本占领军方面的压力下签署的。对于"蒙疆联合自治政府"来说,承认汪伪政府的"中央"地位虽属表面文章,但与以德王为首的民族分裂主义分子一向谋求的"蒙古独立建国"意愿是相违背的,引起强烈不满。德王曾说:"日本人忘了他们许下的帮助蒙古建国的诺言,反而叫我当汪精卫的儿子,我可以做日本的儿子,但不能做他的儿子的儿子。"德王等对协定采取了置之不理的态度,汪政府对于"蒙疆联合自治政府"的政务丝毫不能干预。1941 年 6 月,在日本军方安排下,汪精卫以政府主席的身份视察张家口,但遭到了德王的冷遇。他先是称病不见面,后在日本军方干涉下,被迫在家里与汪精卫见面,也只是冷淡地应付,会谈不到 20 分钟,就不欢而散②。

　　1943 年春,汪政府趁日本政府推行对华新政策之际,企图将它的"统一"活动推及于"蒙疆联合自治政府"所辖地区。汪政府起草了《蒙古自治法草案》,共三章十八条,作为与蒙疆傀儡政府交涉的方案。主要内容是:一、汪政府"尊重蒙古民族之独立、自治、自主",蒙疆政府"尊重国民政府(汪伪)之职权及其各部、院首长","两政府相依为命,完成大东亚圣战之神圣任务";二、蒙疆政府"在军事行动时间内","得国民政府之谅解,特准与日本发生有范围之外交关系";三、蒙疆政府"应隶

---

① 　卢明辉:《蒙古"自治运动"始末》,中华书局 1980 年版,第 241 页。
② 　卢明辉:《蒙古"自治运动"始末》,第 243—244 页。

属于国民政府行政院,其职掌系统人事由德王直接支配之";四、汪伪国民党在绥东、察南、雁北分设国民党省、市、县、区党部;五、蒙疆银行及所属分行,"一律改为中央银行蒙疆区分行,其发行纸币,得重新印刷,额数不得超过八×单位";六、蒙疆政府辖区内所有之工厂、矿山、铁路等,"其最高主权,仍归国民政府,但在军事时期内,仍由蒙疆自治政府管理之";七、蒙疆政府军队"一律冠上中央蒙疆区某师等名称",正规军分别调整为蒙古靖安军、蒙古军、救国同盟军(东亚同盟军)三部共六个师,"以绥远、察哈尔、热河、雁北为作战地区,如遇特殊情况,得调华北区";八、双方在 1943 年底以前"组织军事代表团,赴宁、蒙两地参观军事行政(军械、军需、给养在内),并各派代表 3—5 人组织设立办事处于张家口及南京,直接取得联系"等①。这是汪政府向"蒙疆联合自治政府"实行全面渗透、控制的方案。

3 月,汪精卫委派"和平建国军"第四路总指挥杨中立将这个草案送到张家口。这一系列举动本来是在日本军部支持下进行的。但日本当地驻军为了防止苏联从北部发动袭击,决定继续加紧对"蒙疆联合自治政府"的直接控制,因而对汪政府干涉他们在蒙疆的既得利益,"深表不满"。于是,这个汪集团苦心炮制的草案"还未与德王见面,就被日军所否定",杨中立也被当地驻军顶了回来。同年 7 月 12 日,汪精卫、陈公博、周佛海与日本中国派遣军总司令官畑俊六会谈时,汪方面再次提出"统一蒙疆"的要求。周佛海说:"蒙疆虽称自治,但另有年号,另有旗帜,俨然为一独立国,盼日方援助,促成中国统一,勿令此分裂状态长此下去",却未能取得任何结果②。

如果说,汪精卫在华北、淮海地区的"统一"活动取得了一些表面的和局部性质的进展,那么,它统一"蒙疆联合自治政府"的活动是遭到了彻底的失败。

---

① 卢明辉:《蒙古"自治运动"始末》,第 257—259 页。

② 《周佛海日记》1943 年 7 月 21 日。

第二节　汪政府战时体制的确立

一　高度集权的战时政治体制

汪政府根据日本对华新政策的要求,在"参战"后将其统治区的政治、军事、经济、文化纳入了所谓"战时体制"的轨道,大大增强了军事法西斯独裁统治的色彩。

1943年1月9日,汪伪中央政治委员会举行临时会议,在决定向英美"宣战"的同时,通过设立最高国防会议。该会议为战时最高权力机构,由汪精卫任主席,周佛海任秘书长,汪精卫、陈公博、周佛海、王揖唐、鲍文樾、叶蓬、任援道、陈群、褚民谊、梅思平、林柏生等为委员。自成立至战争结束,共举行76次会议,由此而将政治、军事、经济、文化各方面权力集中到汪伪统治集团的少数人手里。

汪伪最高国防会议成立后,对中央和地方的行政机构都进行了改革,以适应"战时体制"的要求。汪政府的中央行政机构初设十四个部和四个委员会。1943年1月13日,汪伪最高国防会议通过了《改革行政机构案》,主要采取三方面的措施,强化中央行政机构:一、移转管辖,将原隶属于行政院的全国经济委员会和新国民运动促进会改为直隶政府,将原隶属于考试院的铨叙部改为隶属行政院,以利于集中事权。二、裁并部会,将原社会运动指导委员会与赈务委员会合并为社会福利部;将原粮食委员会改为粮食部;裁撤原边疆委员会,在内政部内设边务局;裁撤原侨务委员会,在外交部内设侨务局,将原水利委员会与交通部合并为建设部。三、集中责任,将原行政院内秘书处、参事厅、法制局合并为一,设秘书长一人,综理事务,以"增进行政效能";将各部原设政务次长、常务次长各一人,改为设次长一人等①。经过这番调整,行

---

① 汪政府档案,中国第二历史档案馆藏。

政院减少了六个委员会,下属内政、外交、财政、教育、司法行政、实业、建设、宣传、粮食、社会福利、铨叙、陆军、海军共十三个部,机构有所缩减,职权有所集中,是其实行战时政治体制的重要步骤。

　　一周后,汪伪最高国防会议又通过决议案,将省政府委员制改为省长制。在汪精卫集团看来,因袭原国民政府的省政府委员制"责任不明,效率难彰",已不能适应战时的需要,决定改设事权集中于一人的省长制。主要内容是:省政府设省长一人,"承行政院院长之命,综理全省行政事务,并指挥监督所属职员及各机关";省政府设政务、财政、教育、建设四厅及保安、警务、经济、社会福利、粮食、宣传、审计、清乡事务等局,承省长及上管命令处理事务;省政府设省政会议,由省长、各厅处局长及参事组成,由省长任主席,主要审议"省令之颁发及单行条例规程之制定"、"增加或变更人民负担"、"地方行政区划之确定及变更"、"全省预算决算"、"处分省公产或筹划省公营事业"、"地方自治监督"、"省政府所属荐任以上官吏任免"及其他"省长交议事项"等①。对于县一级政府则强调"将一切权力集中于县长",由县长"综理县政,监督所属职员"。同月,汪政府内政部根据实行"战时体制"的需要,要求"各省政府限期改组县政府,并拟订有关法规",加强县长的个人集权②。

　　为了稳定所谓"战时治安",汪政府还进一步强化保甲组织,并编组保卫团,加强对于基层组织的控制。1943 年 4 月 1 日,汪政府行政院公布了《各县编查保甲户口暂行条例》。主要内容是:"编查"保甲,"严密人民之组织,彻底清查户口,增进自卫能力,完成治安工作";各县政府组织"保甲户口编查委员会",各地方原有之一切自卫组织均应改编保甲;保甲之编组,以户为单位,户设户长,十户为甲,甲设甲长,十甲为保,保设保长,编组时"不得分割乡镇之一部并入他乡镇";户口"清查由甲长执行,复查由保长执行,按月至少一次,抽查由区长执行,按季至少

---

① 《申报年鉴》(1944 年度),第 429 页。
② 《申报年鉴》(1944 年度),第 433 页。

一次",全部工作"由县长监督";保长、甲长负责辖内"安宁秩序","户长应联合甲内他户户长至少五人共具联保连坐切结","为办理救灾御匪,或建筑碉堡公路等事,须多数居民共同工作者,得将保甲内18岁以上45岁以下之男子编成壮丁队,由保长甲长督率分任之";"保甲内住户有勾结窝藏匪犯或故纵逃脱者,除依法惩办外,凡甲长及曾具切结联保之各户长,应各科以4日以上30日以下之拘留,但自行发觉曾据实报告并能协助搜查逮捕者,免予处罚"等①。

汪政府在强化保甲制度的同时,还加强"保卫团"的建设,用以"辅助军警维持治安"。其编制分为总团、区团、队、排、班。以五人为班,以甲长为班长,五班为排,以保长为排长,五排为队,以乡长或镇长为队长,五队为区团,以区长为区团长,由县长兼任总团长,"必要时总团得设团务主任,区、队、排、班均得增设副长,以具有军事知识者与技术者为限"。并强行规定:"凡20岁以上40岁以下之男子,均有入保卫团受训练之义务",其任务"以侦查盗匪及反革命分子或携带违禁物者,水灾之救济,火警之消防为主"等②。

这样,汪政府从中央、省、市、县到区、乡、保、甲自上而下层层均按战时体制的要求进行改组,形成了较前更为严密的法西斯统治网,为日本侵略者推行对华新政策,进一步搜刮掠夺沦陷区的战略物资创造了更好的条件。

汪政府的"战时体制"还体现在对于军事机构的强化。1942年8月20日,汪伪中央政治委员会为应付太平洋战争爆发的新局面,"充实军事力量",通过了《调整军事委员会机构案》。主要内容是:"强化军事委员会委员长的统率权",进一步确立汪精卫在汪政府军事系统中的独裁地位;改变军令、军政两权分立制为军事委员会集权制,将原行政院所属军政部和海军部改隶军事委员会,"以集中其权力","统一指挥及

---

① 《申报年鉴》(1944年度),第434页。
② 《申报年鉴》(1944年度),第435页。

训练";军事委员会设总参谋长一人,为委员长之幕僚长,"辅佐委员长襄理一切,兼负调整指导部署之责,以谋军务处理之圆满,及建军效率之增进";将军事委员会办公厅、参谋部、军事训练部、政治训练部合并为陆军部,"使军令、军政、军训、政训,成为一元化",另设陆军编练总监公署、军事参议院、海军部、经理总监公署、调查统计部、航空署等①。

　　1943年2月15日至17日,汪政府召开全国第二次军事会议,汪伪高级将领集聚一堂,商议"参战期间应如何积极强化国军实力,以巩固大东亚战争之后方治安,并加强训练,充实装备,期于能在前线分担杀敌致果之责任"等②。随后,汪政府按照"战时体制"的要求,实现军政一体化的原则,逐步实现由汪政府的军事头目去控制地方政权。"军事委员会"驻各地绥靖公署主任一般都兼任省、市长,省、市保安司令,国民党省、市党部主任委员,集数要职于一身,以便集中权力,实行军事法西斯统治。

二　"和平军"的扩建与整编

　　太平洋战争爆发后,特别是日本政府推行对华新政策前后,日本侵略军和汪政府对于活动在华北、华中敌后的国民党部队加强了军事进攻和政治诱降,国民党部分高级将领在日、汪压力下,对抗战前途失去信心,妥协投降倾向明显增长。另一方面,重庆国民党最高当局在抗日战争中继续推行消灭异己的政策,将嫡系部队大部分安置在大西南和大西北,或用于封锁陕甘宁边区,而将所谓杂牌军部队安置在华北、华中、华南与日军交战前线,或在敌后从事抗日游击作战,命令他们积极从事反共摩擦,并在待遇上实行歧视政策。这样就使得这些杂牌军的

---

　　①　《一年来之建军与协力大东亚战争》(1943年1月3日),《政治月刊》第5卷第3期。

　　②　《第二次全国军事会议特辑》,《政治月刊》第5卷第3期。

将领陷入重重困境:既要与日军在战场上周旋,又要奉命进行反共摩擦活动,武器、弹药、薪饷往往极其菲薄,兵员补充也完全没有保证,难以维持生存,其离心倾向日益增长。在日、汪软硬兼施之下,纷纷叛国投敌。

汪政府属下的和平军由此而得到了较快的发展。其发展高潮是"从1942年春开始,也可以说是从孙良诚投降开始的,从那个时候起,在抗战营垒中的投敌将领共有将级军官67人之多"①。1943年3月13日,汪伪军事委员会秘密制定《1943年度国军整备要纲暨苏浙皖军队整编大纲》,全面整备日益扩大的武装力量。其方针是:"依中日之协力,迅速整理素质、训练、装备均不完备之现有军队,重建为编制装备充实之新国军,以期增强大东亚战争共同之力量,并准备今后建军工作";"编制新国军之目标仍在于保境安民,但考虑将来逐渐演变为国防军";"实行整编,以军事委员会之责任而断行之,当地日军须协助之";"实行整编之际,严禁秘匿企图,并研究防止动摇之对策,并须注意勿予作战警备以显著之影响。"②同年,汪伪军事委员会又拟定《建立新军招募计划》,决定在陆军部设立新军招募处,办理招募士兵之计划、指导、检验等事宜,计划分别从山东、河南、苏淮特别区、安徽(皖北、皖中地区)、江苏(苏北地区)、浙江(浙东地区)、湖北(鄂北豫南地区),共计招募士兵1.4万名③。在这一时期形成的和平军部队主要有:

第二方面军　1942年4月22日,国民党冀察战区冀察游击总指挥兼鲁西行署主任孙良诚在鲁西南定陶、曹县地区,率第六十九军、第十三旅及特务旅共二万五千人投汪。汪政府将该部改编为第二方面军,孙良诚任总司令。6月,经汪伪军事委员会点编,核定该部编制番号如下:第二方面军总司令孙良诚,参谋长甄纪

①　叶剑英:《中共抗战一般情况介绍》,《解放日报》,1944年8月24日。
②　《中华民国史档案资料汇编》,第五辑第二编附录,第268—271页。
③　《中华民国史档案资料汇编》,第五辑第二编附录,第276—278页。

印,总参议郭念基。下辖两军五师以及一特务团一教导团,共计三万多人①。8月20日,原开封绥靖公署主任刘郁芬调任汪伪军事委员会参谋总长,由孙良诚继任。孙本人率总部赴开封就职,所部分驻山东定陶、曹县及河南濮阳、东明与考城一带,成为当时汪伪集团在中原地区规模最大的一支军队。

第三方面军　1943年1月18日,国民党苏鲁战区新编第四师师长吴化文、参谋长徐子珍、新编第一师师长于怀安、鲁西保安司令部参谋长宁春霖等率部四万余,在山东临沂、沂水地区公开投汪。20日,汪政府将该部改编为山东方面军,吴化文任司令,宁春霖任副司令,郭受天任参谋长,于怀安任第一军军长②。7月29日,山东方面军改称第三方面军,仍由吴化文任总司令,成为汪精卫集团在山东地区的一支重要武装力量。

第二十四集团军　1943年4月23日,国民党新编第五军军长孙殿英在河南林县临淇镇投敌。5月10日,国民党冀察战区副司令、第二十四集团军总司令、河北省政府主席兼省党部主任委员庞炳勋在被捕后也通电全国投敌,共七万余人③。6月22日,汪伪军事委员会将该部改称伪和平军第二十四集团军,由庞炳勋任总司令,孙殿英任副总司令,辖第四十军、第二十七军、新编第五军,总部设于汤阴,各部分驻河南滑县、林县等地区④。

汪政府除将国民党军三支主力部队改编为和平军外,还收编了其他一些国民党正规军队和地方零星部队,并且将部分和平军部队加以

①　黄广源:《孙良诚投敌及其下场》,《文史资料选辑》第54辑,中华书局1964年版。
②　蔡德金等:《汪精卫伪国民政府纪事》,中国社会科学出版社1982年版,第190页。
③　《中华日报》,1943年5月17日。
④　延安总部:《中国共产党抗击的全部伪军概况》,《解放日报》1943年8月24日。

扩编和升格。

1942 年 1 月，汪政府将苏皖边区绥靖军收编为和平军四个师，归军事委员会直接统辖。2 月间，又将淮海地区保安司令部所属第五旅及第十二旅改组为和平军第三十六师。①

1942 年冬，汪政府建立豫皖苏鲁边区绥靖司令部，由胡毓坤任司令，驻商邱。翌年又将该部和张岚峰部合编为和平军第二集团军，由张岚峰任总司令，下辖两军。②

1943 年 2 月 25 日，国民党第一二八师师长王劲哉在湖北咸宁地区被俘投敌，改编为和平军第四十三师，由王劲哉任师长。③

1943 年 3 月 24 日，汪政府取消和平军暂编第十一军李宝琏部、第十二师张启黄部、第二十二师刘相图部、第二十九师邹平凡部的暂编名义，将各部编为和平军正规师。④

1943 年 6 月 6 日，国民党苏鲁战区鲁南指挥部总指挥、第一一二师副师长兼第三三四旅旅长荣子桓率所部四千人投敌，被收编为和平军第十军，由荣子桓任军长等。⑤

在这一阶段，汪政府海军也有所发展。1942 年 3 月，汪政府设立了刘公岛海军警备司令部。7 月，复将伪威海卫基地部升编为威海卫要港部，由鲍一民任司令。管辖区域为：北自河北秦皇岛，南至江苏连云港响水口，兼黄、渤两海域，下辖威海卫基地队、连云港基地队、青岛基地区队、芝罘基地区队、石臼所基地区队，拥有海祥军舰、海和炮艇等共八艘。1943 年 4 月，又设立伪海军汉口基地部，由孟秀椿任司令。管辖区域为：长江上游（自湖北宜昌至江西九江）、洞庭湖水域、汉水流

---

①　《中华日报》，1943 年 1 月 3 日。

②　徐向辰等：《汪伪军事组织和伪军的变迁》，《江苏文史资料选辑》第5辑。

③　左史：《汪伪军事机构及伪军概况》，《江苏文史资料选辑》第 12 辑。

④　延安总部：《中国共产党抗击的全部伪军概况》，《解放日报》1943 年 8 月 24 日。

⑤　蔡德金等：《汪精卫伪国民政府纪事》，第 200 页。

域,拥有江靖等炮艇共七艘,任务是"负长江上游水上治安维持之责,并随时随地协同友邦海军,警备江汉各地防务"。至1943年底,汪政府海军共拥有小舰艇共五十九艘,其中吨位稍大者,如海兴、海祥、海绥、海靖、协力、和平等军舰,江绥、江靖、同春、民德、东海、海和、江兴、江复、江东、江亚、江宣、江扬、江权等炮艇,"均系友邦海军本诸东亚道义精神,无代价让渡"的;吨位稍小者,如江平级炮艇十二艘,江一号级炮艇二十八艘,是汪伪集团在"还都"后建造的①。

伪财政部税警总团是汪精卫集团的又一支重要的武装力量,独立于汪伪军事委员会之外,自成一个体系。自1940年7月始,先后建立了中央税警学校、中央税警团第一支队、第二支队。1943年3月1日,正式建立伪中央税警总团。先由罗君强任总团长,熊剑东任副总团长。1944年1月,由周佛海自兼总团长,兵力最盛时达二万余,装备较伪和平军其他部队优良,任务"除掌理盐场保卫及盐务缉私外,得由政府命令担任地方警备及剿匪戡乱事宜"②。

据1944年度的《申报年鉴》公布的材料:"迄三十二年(1943)底为止,综计国军实力已达四十二个师、五个独立旅及十二个独立团,华北方面有十二个集团军及八个独立旅。"③汪伪和平军发展到了它的鼎盛期。

从1944年开始,随着太平洋战局的变化,日军败迹进一步明显,汪政府的军事力量进入了收缩、整顿的新阶段,其作战重点也逐步转向对付中国共产党领导的抗日武装力量。几经调整及并编,汪政府和平军正规军的建制在战争结束前夕如下:

　　第一方面军兼苏州绥靖公署(任援道部),辖有:第二军第一、二师,第三军第三、四师,另有独立旅、教导旅、特务旅,驻苏南、淮南、皖中地区;

① 《申报年鉴》(1944年度),第1055—1056页。
② 《中央税警总团条例草案》,中国第二历史档案馆藏。
③ 《申报年鉴》(1944年度),第1053页。

第二方面军兼苏北绥靖公署(孙良诚部),辖有:第四军第三十九、四十师,第五军第四十一、四十二师,第九军第二十四、二十五、二十六师,直属第三十八师、独立第十九、二十旅,驻苏中、苏北地区;

第三方面军兼蚌埠绥靖公署(吴化文部),辖有:第六军第四十六、四十七师,第七军第四十八、四十九、五十师,驻淮南地区;

第四方面军(张岚峰部),辖有:第一军第十七、十八师,第八军第十四、十六师,直属第十五师,驻河南商邱地区;

第五方面军兼开封绥靖公署(庞炳勋部),辖有:第二十三、五十一师,第十四旅,驻河南新乡、淇县、汲县地区;

第六方面军(孙殿英部),辖有:第十一军第七、八师,驻河南滑县、浚县地区;

徐州绥靖公署(郝鹏举部),辖有:第二十八、三十三、三十五师,独立第七十一、七十三、十八旅,驻苏北、淮北地区;

武汉绥靖公署(叶蓬部),辖有:第十二、二十九师,暂编第五、六师,独立第十三旅,驻武汉和信阳地区;

杭州绥靖公署(丁默邨部),辖有:第十二军第三十四、三十六、三十七师,独立第十师,独立第四、六旅,驻浙江地区;

广州绥靖公署(褚民谊部),辖有:第二十、三十、四十三、四十四、四十五师,驻广东地区;

中央警卫军(陈公博兼军长),辖有:警卫第一、二、三师,驻南京地区;

独立第十一军(富双英部),驻兖州地区等。①

除此而外,汪政府还加强了壮丁训练,以进一步扩大其武装力量的后备军。1944年2月,汪政府拟定了《壮丁训练计划》,决定在军事委

---

① 　参见《华中伪军战斗序列表之四》(1945年夏),《新四军军史》(未刊稿);蔡德金等:《汪精卫伪国民政府纪事》,第268—270页。

员会下设全国壮丁训练委员会,由陆军部和内政部共同组织,"以训练全国适龄壮丁,完成协力大东亚战争之准备为目的";"凡有中华民国国籍而未具备免训条件之适龄男子,均有参与壮丁训练之义务"等①。

随着战争的临近结束,国内各种矛盾尤其是国共两党间的斗争日趋激烈。重庆国民党当局通过各种秘密渠道,接受汪政府要员和军事将领的"输诚",各地和平军与国民党有关战区前沿部队互相联络,不断向八路军、新四军发起进攻。根据八路军延安总部公布的材料:到1943年8月全国62万伪军中"百分之九十(56万)以上为共产党所抗击"②。1944年和1945年上半年,中国共产党领导的八路军、新四军抗击伪军的人数上升到占其总数的95%③。在中国抗日军民的打击下,汪政府和平军的穷途末日已一天天临近。

三 以"统制"为特征的战时经济体制

日本政府为适应同美英进行决战的需要,不仅推行对华新政策,而且实施"大东亚经济体制",以确保日本"占领圈内自给自足的战争经济"。为此,他们要使中国沦陷区成为"大东亚战争进行中的兵站基地",明确规定日本对华新政策在经济方面的措施,"以增加获取战争必需的物资为主要目标"④,要求在中国沦陷区"取得为完成帝国的战争所必要的更多物资,确保军队的自给,并有助于维持民生,谋求于占领区域内重点地并有效地取得重要的国防物资,同时积极地获得敌方的

---

① 《中华民国史档案资料汇编》第五辑第二编《附录》,第279—282页。

② 延安总部:《中国共产党抗击的全部伪军概况》,《解放日报》,1943年8月24日。

③ 中央人民政府人民革命军事委员会:《关于抗日战争时期中国人民解放军5个统计材料》,《新华月报》1951年9月号。

④ 日本御前会议:《为完成大东亚战争而决定的处理中国问题的根本方针》(1942年12月21日),复旦大学历史系编:《日本帝国主义对外侵略史料选编》,第420页。

物资"①。

太平洋战局出现的新形势,使得日本侵略军在战争前期实行的"竭泽而渔"、"杀鸡取蛋"的抢劫式掠夺难以继续实施。1942 年 11 月 27 日,日本大东亚相青木一男在日本大本营、政府联席会议上发言,指责那些主张在沦陷区囊括一切的日本军方人士说:日本对美英之战"如果战胜,美英势力自不能在中国复活,故在今日,似无囊括一切,尽归我有,连根拔尽之必要。万一战败,无论今日如何搜罗,结局总归乌有,现在之先决问题在赢得战争,其他不足考虑"。他直率指出:"在华经济统制现在都是日本人在搞,日本社团获得暴利,是否可以交给中国人去办"②。这种主张为日本统治集团所采纳,他们决定变换统治手法,在保证日本军事需要的前提下,同意给汪政府以较多的"自主权",并由其出面推行以"统制"为特征的战时经济体制。

1943 年 1 月 13 日,汪伪最高国防会议首先决定将原隶属行政院的全国经济委员会改为直接隶属于政府,由行政院长汪精卫自兼委员长,华北政务委员会委员长及行政院副院长为副委员长,行政院外交、财政、实业、建设、粮食各部部长及华北政务委员会经济、农务、工务各署督办为当然委员,其职能也从原来的经济政策审议扩大为经济设计、计划、咨询、审议和调查,成为汪政府推行战时经济的领导机构③。

2 月 13 日,汪伪最高国防会议又通过了全国经济委员会拟定的《战时经济政策纲领》,主要内容包括"增加生产"、"调剂物价"、"节约消费"、"稳定币值及调剂金融"、"改造经济机构"等五项。该纲领提出要"使军需及主要民需工业之原料及燃料能得最便利之供给";"以严格的法律制裁取缔投机及居奇";"健全金融机构,使金融力量逐渐集中,以

---

① 日本大本营和政府联席会议:《以〈为完成大东亚战争而决定的处理中国问题的根本方针〉为基础的具体策略》(1942 年 12 月 18 日),复旦大学历史系编:《日本帝国主义对外侵略史料选编》,第 418 页。

② 〔日〕服部卓四郎:《大东亚战争全史》(中译本)第 2 册,第 176、131 页。

③ 汪伪最高国防会议:《战时经济政策纲领》,中国第二历史档案馆藏。

与经济政策其他部门相适应"等，并特别强调："各种旧有经济机构，不适合战时经济体制者，一律予以调整或改组"；"各种产业部门，自生产以至于配给之各个阶段，务使其联合组成一贯的机构，作计划的运营"；"各种健全的产业机构，得在政府的指导监督之下，为自治的统制"；"各种主要产业得在政府的指导监督之下，施行团的经营制度"①。这是汪政府推行战时经济的纲领性文件。汪政府的战时经济体制由金融统制、物资统制、产业统制三大支柱组成，三者互为联系，共同支撑战争后期汪政府在沦陷区的经济统治。

　　金融统制，是汪政府实施战时经济体制的必要前提。首先是强化以汪伪中央储备银行为中心的战时金融网，统制中国沦陷区的大小银行。1942年9月，汪政府财政部操纵太平洋战争后已落入日本军部之手的中国、交通两银行复业，使其"辅助中储行，完成安定金融之使命"②。1943年又改组中国国货、四明、中国通商、中国实业四家银行，将其中所谓"官股及商股中的敌性弃权股"由汪方接收，"无偿让渡于中储银行"，并派员监察，使四行"置于中储银行的领导之下"③。其次是在日本军部支持下建立以中储券为中心的"新货币体系"。1942年5月，汪政府财政部首先宣布"中储券"为江苏、浙江、安徽及南京、上海之"惟一法币"，禁止法币的流通，随后又推广至广东、厦门两地。1943年4月，日本军方宣布停止军用票的新发行，"中储券"逐渐成为华中和华南的惟一通货，12月后又推广及淮海地区。汪政府战时金融网和新货币体系的建立，加强了他们对于沦陷区经济的实际控制力，为其推行物资统制与产业统制奠定了基础。

　　物资统制，是汪政府实施战时经济体制的核心，也是日本政府实施对华新政策在经济方面的基本目标。1943年3月11日，汪伪最高国

①　汪伪最高国防会议：《战时经济政策纲领》，中国第二历史档案馆藏。
②　《申报年鉴》(1944年度)，第636页。
③　《申报年鉴》(1944年度)，第630页。

防会议决定设置全国商业统制总会(简称"商统会")。16 日,该总会在上海建立,作为实行物资统制政策的执行机关。日本驻汪政府经济顾问冈田酉次指出:"把统制主要物资流通工作从日军移交给中国方面,希望尚未充实政治力量的南京政府来办,这一件事本来就是认为有些不合理的。但是事实上日本政府从培植和加强中央政府这一对华新政策的观点出发,期待着它的政治效果,才决心这样做的。执行这一政策的中心机构就是全国商业统制总会。"①

该总会初隶实业部,后改直属行政院。由唐寿民任理事长,闻兰亭任监事长,由一批依附于日汪的上海大资产阶级头面人物组成②。其主管事项为:"统制物资之收买配给"、"各地域物资交换之营运"、"输出物之供给"、"输入物资之配给"、"军需物资之采办"、"实业部及其他主管部指定或委托事项"等③。3 月 20 日,汪政府又设立物资统治审议委员会,由汪政府有关部长、日本经济顾问、日本驻南京"大使"及驻华海陆军代表组成,周佛海任委员长,任务为"督导商统会完善地运用其机能,强化物资统制",是商统会的审议、监督机关,并负责与日方的联络④。4 月 13 日,汪政府又决定设立物资调查委员会,为调查统计机关,由日汪两方有关机关共同组织,陈公博为委员长,任务为"彻查上海中外商民非法囤积大量主要物资"等情况⑤。以上三个机构是汪政府实施物资统制的主要机构,其中商统会的规模最大,地位也最重要。

商统会之下陆续建立了由日汪联合组成的四个专业委员会作为核心组织。它们分别是:粉麦专业委员会(主任委员孙仲立)、棉业专业委员会(主任委员江上达)、糖业专业委员会(主任委员黄江帛)和油粮专业委员会(主任委员陈子彝)。下辖由实业部主管的火柴、化工、毛纺

---

①　[日]冈田酉次:《日中战争内幕记》第 37 章(未刊译稿)。
②　全国商统会:《商统会成立以来之经过》,《商业统制会刊》创刊号。
③　《全国商业统制总会暂行条例》,《中华日报》,1943 年 3 月 21 日。
④　《申报年鉴》(1944 年度),第 613 页。
⑤　《申报年鉴》(1944 年度),第 778 页。

织、皮革、百货、皂烛、金属、玻璃、酒精、麻、丝绸、烟、棉花、棉制品、电
器、煤、橡胶业十七个同业联合会以及由粮食部主管的茶、食用油、蛋、
畜产、糖、杂粮、面粉业七个同业联合会。

　　商统会建立后，接替原日本兴亚院在华机关，主持实施经济统制。
其主要活动是：一、实行物资移动签证管理。首先在苏、浙、皖及上海、
南京三省二市实行，物资多达三十七种，几乎包括全部生活资料、工业
原料、燃料、运输工具和通讯器材。禁止一切物资运往敌后抗日根据
地，不准兵器、弹药、火药、鸦片等物资移动，米、麦、豆类、棉花未经许可
不准运进上海，汽油、机械、金属、药品、棉纱布及其制品、火柴、肥皂等
十二种物资未经许可不准运出上海，并对人员出入上海随身携带的物
资数量作了严格规定等①。二、实行物资登记。为了掌握物资情况，便
于"限价收买"，防止物资拥有者隐匿不卖，首先从棉纱棉布开始实施登
记，后推及化学工业品（包括原料、西药、颜料、染料及酒精）、毛纤维及
制品、茧、丝及丝制品、工业油脂及制品等共十九种物资②，其"存贮买
卖制造"必须登记，"主管官署得随时派员检查仓库，及公司行号主要商
品之存货"③。更制定《囤积主要商品治罪暂行条例》，对于违反规定而
避不登记者，处以罚金、判处徒刑乃至无期徒刑、死刑的严厉处罚。三、
实行棉纱棉布的统买与配给。作为"防止中国经济崩溃"的紧急措施，
对沦陷区市场上的棉纱棉布实行"强制购买"，收买价仅达当时市价的
四分之一，如有人拒绝或妨碍收买，将处一年以上五年以下徒刑，并处
以五万元以下罚金。强购所得大部分运往日本，少量配给市民④。
四、实行粮食统买政策。汪政府接管了原日军军需米区域，统一实行粮
食收购，在日汪军事力量支持下，进行空前巨大的粮食搜刮活动，收购

　　① 汪政府：《对物资移动取缔办法》，中国第二历史档案馆藏。
　　② 《申报年鉴》（1944年度），第616页。
　　③ 《申报年鉴》（1944年度），第775页。
　　④ 汪政府：《收买棉纱棉布暂行条例》及《实施要纲》，中国第二历史档案馆藏。

范围包括米谷、麦子、面粉、豆类、杂粮、油料等。在清乡区采用所谓"分担制",实行赤裸裸的摊派,在非清乡区采用所谓"收买制",以低于50%的价格实行强行收购。1943年的收买数量共计63万吨①。五、实行口粮及日用品的配给制度。先是"计口授粮",后推而及于香烟、火柴、肥皂、食盐、食糖、食油、煤球等,均按户口实行配给等②。

　　1944年6月,日本政府为了操纵汪政府更有效地推行经济统制政策,掠取物资,又对商统会进行了改组,在商统会下设米粮、棉业、粉麦、油粮、日用品五个统制委员会,由袁履登(陈国权暂代)、闻兰亭、孙仲立、陈子彝、罗纳斋分任主任委员,主持实施物资统制政策,商统会则改为指导监督机关③。名义上,各统制委员会直属汪政府行政院领导,实际上通过这种分而治之的办法,日本方面加强了操纵和控制。日汪推行的物资统制政策,完全超越正常的经济规律,依靠政治、军事强力推行自己的经济政策,不仅为日本侵略战争保障了供给,而且掩饰了日本侵略者掠夺中国战略物资的丑恶面貌,起到了日本商人在日军枪杆子下强制收买物资所无法起到的作用。

　　产业统制,是汪政府推行战时经济体制中最为薄弱的一环。其主要形式是调整由日本资本完全控制的"国策公司"与日汪合办的"子公司"间的关系,表现为调整华中振兴公司与其附属公司华中铁道公司、华中轮船公司、华中矿业公司、华中盐业公司、华中蚕丝公司、华中水电公司、华中电气通信公司、淮南煤矿公司、上海内河轮船公司等之间的关系。各子公司由日本"将各地中国人的企业加以合并而组成,固定资产作为华方股本,日方主要以流动资金作为股本。形式上华方股本占51%,日方股本占49%,而实际上许多公司日方股本占70%－90%以上,这些中日合办的企业,表面上向汪政府注册,作为中国法人,由中国

①　《申报年鉴》(1944年度),第630页。
②　《申报年鉴》(1944年度),第20页。
③　何望贤:《五统制委员会的事业》,《申报月刊》复刊第2卷第10号。

人当董事长，但实际上营业权完全操纵在日本人之手，中国人的董事长完全是个傀儡。"①

1944 年 3 月 30 日，由汪政府实业部长陈君慧、建设部长陈春圃与日本驻华"公使"堀内干城、华中振兴公司总裁高岛南次郎签署《华中振兴股份有限公司与中日合办公司间业务连络要领》及《中日合办各国策公司调整通则》②。这些文件在表面上扩大了汪方的控制力，如规定"中日合办各国策公司应受国民政府主管部之直接指挥监督"，其组织经营管理"应遵照中国法令办理"；"中日当局对各公司有改进意见时，经双方协议后，由主管部发布部令，日本大使馆对各公司不以命令行之"；"振兴公司对各公司经营上有意见时，应征询主管部同意，俟决定由主管部发布部令行之"；"服务于各公司之职员，其待遇规程，应一律平等"；等等。

然而，这并不意味着日本军部放弃了对于沦陷区中国产业的严格控制。在同一文件中明明白白规定着：各国策子公司在章程变更、资本构成变更、年度资金资材计划及其变更、预算决定及变更、董事长、副董事长、业务董事选解任、决算及利益金处分等公司运营的关键问题上，必须"预先与振兴公司总裁协议，得其谅解后，再行讲求必要之处置"，还规定各子公司应随时向振兴公司报告其营业状况，并就经营问题与振兴公司"作紧密之联络"，这表明日本财阀仍然控制着各子公司经营过程中的所有重要环节。

日本侵略军在这一时期玩弄的另一阴谋，是所谓的"归还"日本军管理工厂和"移交"英美在华产业。在沦陷区将所有华人经营的稍具规模的工厂强行接管，交由日本商人经营，称为"军管理"。据《申报年鉴》（1944 年度）统计，此种工厂在苏浙皖沦陷区共有 140 家，内纺织厂 67

①　袁琳：《抗日战争时期日汪勾结掠夺中国资源的策略》（未刊稿）。
②　汪政府档案，中国第二历史档案馆藏。

家,其他工厂 73 家[①]。1940 年 3 月,汪政府成立后即向日方要求"交还",日本占领军开始改换方法,逐步解除"军管理",其中一部分发还中国资本家,三年中共有 60 家。日本推行对华新政策后,为了拉拢沦陷区的中国资本家,决定将所谓"军管理"工厂全部发还,并将华中蚕丝工厂解散,将所谓有丝厂、绸厂都交还中国业主经营。1943 年 2 月至 10 月,日本军方还分三批向汪政府"移交"被日军没收的英美在华产业,共 1551 件[②]。

1944 年 5 月,汪政府还在中国沦陷区发动所谓的"收集废金属运动"。汪伪行政院制定了《收集废金属办法》,规定"以新国民运动促进委员会各分、支会及当地行政机关为主干,督饬各区公所办理",其收集范围是:"凡一切建筑物内外非必需之金属设备,确可收集而无妨碍者"、"凡一切非必需之金属物品,确可收集而不妨碍民生者"、"凡破烂废弃无用之金属"及"破坏废弃而不能应用之机轮、车轴、路轨、自来水管"等,均在"收集"上缴之列[③]。这是对中国沦陷区人民的一次空前的浩劫,也反映了走向败亡的日汪在战略物资方面的奇缺。

直至战争结束,汪政府实际上始终未能对其统治区内的产业实行有效的控制。所谓的产业统制以及"交还"军管理工厂与"移交"英美在华产业的花样,在更大意义上是对日本财阀垄断中国沦陷区经济命脉的掩饰,只是这种垄断行径在形式的某些方面改日本军队直接操纵为经由汪政府的间接控制罢了。

四　以"新国民运动"为中心的战时文化体制

汪政府在实施战时政治、军事、经济体制的同时,也推行所谓"战时

[①]　《申报年鉴》(1944 年度),第 230 页。
[②]　《申报年鉴》(1944 年度),第 23 页。
[③]　《中华民国史档案资料汇编》第五辑第二编《附录》,第 401—403 页。

文化教育体制"。该体制以开展"新国民运动"和实行"国民精神总动员"为中心。早在太平洋战争爆发前夕,汪伪国民党六届四中全会就决定在沦陷区开展"新国民运动",作为思想文化方面巩固汪政权的重大措施。太平洋战争爆发后,该运动进入了轰轰烈烈的宣传阶段。

　　1942 年元旦,汪精卫颁布了《新国民运动纲要》,提出八点要求,其核心是要求沦陷区人民把"一切一切的自由","统统收起来",换上一个"协力的自由",以培植适合于"大东亚战争"需要的所谓"新精神"①。1942 年 7 月 1 日,汪政府新国民运动促进委员会成立,由汪精卫兼任委员长,以汪伪宣传部长林柏生为秘书长。以后又先后在安徽、浙江、江苏、广东、湖北、上海、南京、汉口等省市建立分会,由各省市行政首脑兼任分会主任委员。"新国民运动"进入了组织训练阶段,并首先把工作重心放在青少年身上。汪政府仿效德国组织青年挺进队和日本组织青少年团的做法,"选拔有觉悟之青年学生,就其精神生活、物质生活,予以根本之训练与改造","逐渐推广、普及于一般民众"②。

　　7 月 4 日,该委员会在南京举行首次全体会议,通过了《新国民运动青年训练纲要》、《新国民运动第一期组织训练计划大纲》、《中国青年模范团组织原则》、《中国青年团组织原则》、《中国童子军组织原则》等文件③。7 月 9 日,由汪政府颁布《新国民运动总动员令》。10 月 14日,又颁布并实施《中国青年团暂行总章》和《中国童子军暂行总章》。12 月 29 日,更由汪政府明令组建"青年模范团"。该团宗旨是:"集结优秀青年施以最严格之训练及最严密的组织,使其坚守和平反共建国国策,与大亚洲主义之信仰,具有勇猛精进、刻苦耐劳之精神,及丰富切实之知能,俾成为青年团童子军之模范,推行新国民运动之中坚,服从

----

① 汪精卫:《新国民运动与精神总动员》,《汪主席和平建国言论集续集》,汪伪宣传部刊印,第 353 页。

② 汪精卫:《国府还都二周年接见中外记者问》,《汪主席和平建国言论集续集》,第 378 页。

③ 《新运会首次开会》,《中华日报》,1942 年 7 月 5 日。

领袖、推行主义、兴复中华、保卫东亚之劲旅。"其成员从所谓"体力健全、知力充足、生活严肃、思想纯正、能刻苦、能力行、志愿以毕生心力为国家为东亚而奋斗之优秀青年"中选拔作为"预备团员","经各项训练合格"后成为"普通团员及基本团员",派任为"青年团"、"童子军"各级指导人员①。该团"尊奉领袖汪先生为最高统帅",以团本部为最高组织,团本部下设三个联队:第一联队驻南京,周学昌任指导委员;第二联队驻广州,陈耀祖任指导委员;第三联队驻武汉,杨揆一、张仁蠡任指导委员。该团成为汪伪政府推行"战时文化教育体制"的别动队。

1943年1月9日,汪政府决定将"新国民运动促进委员会"由行政院划归汪政府直辖,提高了它作为战时思想文化统制机构的权威性。13日,汪伪最高国防会议通过了《奉行领袖训示决议》,决定在沦陷区推行"国民精神总动员",以深切认识"完成大东亚战争"之意义、"树立兴复中华、保卫东亚之中心势力"、"使总力参战之意识普及而深刻化"、革除"个人主义与放任主义之恶习"、"普及国家集团主义之正确意识"、"完成战时体制下之国民基本组织"等为七大目标②。据此,汪政府进一步加强对于青少年的"思想训练"。同月,汪伪中央青年干部学校正式成立并招生,至6月已开办四期,"集训"学员309人。在校学员一律仿效德国青年挺进装束,身穿青黄色服装,头戴橄榄形歪帽,实行军事编制,受训项目分精神教育、思想训练、军体训练、劳动服务、生活训练、工作指导、技能训练等。林柏生在校中大搞对汪精卫的偶像崇拜,每日晨操时都高呼"汪主席万岁",甚至让学员一听到"领袖"两字就立刻"肃立",并逐步将这种做法推向整个沦陷区③。

6月10日,汪伪最高国防会议进而通过《战时文化宣传政策基本纲要》,详尽规定了"战时体制"在思想、文化、教育各方面的要求,形成

---

① 《中国青年模范团暂行总章》,中国第二历史档案馆藏。

② 《申报年鉴》(1944年度),第1097页。

③ 郭秀峰:《关于汪伪东亚联盟总会的情况》(未刊稿)。

汪政府战时文化体制的完备形态。其实施也由以青少年为重点转而推向整个沦陷区社会。《纲要》规定"战时文化教育体制"的"基本方针"是："动员文化宣传之总力，担负大东亚战争中文化战思想战之任务"，要求在整个沦陷区"激扬举国一致之战时意识"，"确立文化宣传总力体制"。

据此，《纲要》规定了实施"文化宣传总力体制"的七项方针：

一、"认定大东亚战争之完遂为一切东亚理想实现之前提"，以完遂大东亚战争为战时文化宣传之最高目标；

二、"扫除英美个人自由主义之毒素思想"，"提高国民打倒英美侵略主义之敌忾情绪"，转移沦陷区人民反日斗争之锋芒；

三、"防止国际共产主义之扰乱，扫除阶级斗争之毒素"，以所谓"中国固有之民族伦理观念"来摧残沦陷区人民反日斗争之意志；

四、"养成勤劳的积极的向上的自肃的人生观，革除享乐的颓废的虚无的放任的末流习气"，使沦陷区人民成为日本侵略者安分守己的顺民和俯首贴耳的奴隶；

五、"统合国家民族共同意志"，纠正"盲目崇外排外之错误思想"，意在磨灭沦陷区人民的民族意识，"统合"到汪集团的"共同意志"之下；

六、在"普及科学教育"、"发展中国实业"的幌子下，"协力东亚共荣圈建设之成功"；

七、"集中文化人才，团结文化力量，调整文化事业，确立文化宣传总力体制"等。

根据这些方针，汪政府采取各种措施，"充实及强化现有关于出版、新闻、著述、广播、电影、戏剧、美术、音乐各部门之机构"；"调整充实强化现有各种检查机构"，加紧对"图书、新闻、杂志、电影、戏剧、唱片、广播等有关文化宣传作品的严格审查及检查"，删除所谓"违反国策"之文字、实施对各国在华出版物之登记与检查，严厉取缔"敌性"新闻、电讯，"以谋宣传力量之统一"等，加强了对于沦陷区思想文化机构的严密控制①。

1943年夏,汪政府举办了"新国民运动第一届青少年时期集训营"、"南京公务人员集训营"、"上海公务人员集训营"等活动,受训人数达千人以上②。除继续对青少年实施"精神集训"外,已将思想训练的重点转向政府官员。11月,汪政府又举行"全国宣传会议",进一步研究具体实施"文化宣传总力体制"的措施,内容涉及文化宣传机构之调整、文化宣传事业之推进、国民思想之"肃正"、对渝攻势之宣传、国际宣传与联络等等,由此全面强化了在沦陷区思想文化领域的法西斯独裁统治。

第三节　东北沦陷区殖民地的深化

一　"临战体制"下的残暴统治

太平洋战争的爆发,使"满洲国"也绑上了日本法西斯侵略战争的战车。根据日本大本营的决定,"满洲国"虽在形式上不宣布参战,实际上却与日本一样,与英、美处于战争状态。1941年12月8日,溥仪发表"时局诏书",宣称"与日本天皇陛下精神如一体","生死存亡,断弗分携",表示将"举国人而尽公之诚,贡献世界之和平;举国力而援盟邦之战,以辅东亚戡定之功"等。随即,他一再向关东军表示:"一定举国力为大东亚圣战的胜利,为以日本为首的大东亚共荣圈,各国的共存共荣而奋斗到底。"③并采取若干措施,视日本的敌对国为敌对国。如伪交通部宣布因战争的关系,终止与除日本、中国(汪政府)、泰国、法属安

---

① 《申报年鉴》(1944年度),第979—981页。
② 戴英夫:《汪精卫新国民运动内幕》(未刊稿)。
③ 参见步平等:《苦难与斗争的十四年》下卷,中国大百科全书出版社1995年版,第27页。

南、苏联以外的地区和国家的邮递关系①;伪经济部宣布战前给予外国人的经营许可作废,陆续接收一批外国资产,强行指定管理人,享有经营权和收益处分权,并在伪满中央银行设立"特殊财产资金部",管理使用日本的交战国在中国东北的财产和收益②。

在关东军的直接操纵指挥下,"满洲国"迅速建立起所谓的"临战体制",其战略任务:一是协助日军防备苏联的进攻,"确保北边绝对之巩固,使南方圣战无后顾之忧";二是尽力搜刮战略物资,确保并扩大"对日农产及经济上之给与",将东北建成满足日本法西斯进行"大东亚圣战"需要的后方战略基地③。为了适应此种战略需要,"满洲国"从中央到地方的行政机构都进行了调整,以实现"临战体制"。

首先是强化日本人在各级政府中的地位与作用。由日本人控制的"满洲国"政府核心机构总务厅的权力进一步扩大,新成立的警务总局、防空部、企画部等与战争直接有关的重要机构都直属于总务厅管辖,总务厅的权力涉及属于国务总理大臣权限的所有事项;原来由日本人担任的各部门实际行政首脑"次长"的权力也进一步扩大,决定"满洲国"重大事务的次长会议——"火曜会"的活动进一步公开化,其作出的决议常常不经国务会议审议就直接交付执行;有些省、县则改由日本人担任省长、县长,日本殖民者从傀儡政府的后台操纵者一变而为前台演出者。

第二是增设若干适应战时需要和强化殖民统治的新机构。1942年4月,重新设立外交部(原为总务厅外务局),以适应战时"外交"事务之需要。10月,设立勤劳奉公局,初属民生部,后升格为勤劳奉公部,专职管理强迫人民实施服役制度,把东北人民完全"劳工化"。1943年

---

①　"满洲国":《政府公报》,1941年12月23日。

②　参见吉林金融研究所:《伪满洲中央银行史料》,吉林人民出版社1990年版,第447页。

③　参见《东北沦陷十四年大事编年》,辽宁人民出版社1990年版,第447页。

4月，又宣布重新设立文教部(原并入民生部)，强化在东北的殖民地奴化教育；将治安部改为军事部，增强"满洲国"军队配合日军作战的意义；新设警察总局，专司原属治安部的警察业务，加强对人民的控制和统治，实施对于人民的高压措施；1943年9月，为了推行所谓的"思想矫正"制度，又专门设立司法矫正局等。

第三，调整各省、市的政府机构，强化对其之控制。1943年10月，日"满"在临近苏联边境的地区，设立了兴安总省和东满总省，分别辖有兴安东、南、西、北四省和牡丹江、间岛、东安三省[①]，总省长由日本人担任，享有比一般省长大得多的权力，不仅可以指挥所属官吏，而且可以在必要时不经过"中央"政府直接请求驻地日军出兵，进行武力镇压。对于东北地方省、市、县各级政府，日"满"主要推进"政府"、"协和会"、"兴农合作社"三位一体的控制体系，并将整个东北划分为东、南、西、北及兴安五个协议区，由日本关东军控制。

在"临战体制"下，日本加强了对于东北沦陷区的残暴统治。1941年12月，"满洲国"颁布了《治安维持法》和《治安维持法施行法》，成为强化日本法西斯统治的纲领性文件[②]。该文件的要害是将所谓"变革国体"、"流布否定国体"、"冒渎建国神庙或帝室尊严"等言行，以法律的形式肯定为违反治安的行为，从而为日满军、警、宪、特大肆逮捕所谓的"思想犯"、"政治犯"，镇压东北人民的抗日斗争制造法律依据。

他们首先对在东北地区活动的中国共产党和中国国民党的地下组织和活动人员进行疯狂的搜捕和迫害。最为典型的是"巴东木事件"和对国民党地下组织的三次大逮捕。1943年3月和5月，在"巴东木事件"中，日"满"军警在黑龙江中部东北抗日联军第三路军活跃的巴彦、木兰、东兴三县实施两次大逮捕，共逮捕662人，被捕者受尽酷刑，其中

---

① 1945年5月，东满总省撤销，牡丹江省和东安省合并为东满省，原间岛省恢复原状。

② "满洲国"：《政府公报》第2293号，1941年12月27日。

被判死刑 66 名,无期徒刑 60 名,有期徒刑 277 名,均为抗日救国组织的干部或骨干①。1941 年 12 月、1944 年 4 月、1945 年 5 月,日"满"先后三次在东北各地采取"统一"行动,逮捕国民党地下活动人员及无辜群众,累计总人数达一千三百余人,其中很多人被判处死刑和无期徒刑,直至日本战败,许多人还被囚禁在狱中,受尽酷刑②。

日"满"镇压、打击的锋芒也指向一般不满于日本法西斯统治的东北民众,尤其是爱国的知识分子和青年学生。1941 年 12 月,东北爱国知识分子和青年学生的进步组织"读书会"在哈尔滨举行各地代表会议,为日"满"军警一网"打尽",旋即又在各地搜捕其成员,合计 355 人。日"满"军警常常在各大中城市以执行《治安维持法》和"清除不良分子"为由,进行"大搜捕"。如 1943 年 4 月 19 日,在"新京"逮捕 3160 人,27 日在奉天逮捕 3576 人。6 月 22 日又在奉天逮捕 3500 余人等③。

随着日军在太平洋战争中逐步失利,日"满"对于东北沦陷区的统治更趋凶残。1943 年 9 月,在日军发动"九一八"事变十二周年之际,日"满"颁布了《保安矫正法》和《思想矫正法》。该文件的要害是对"有犯罪之虞者",实施"预防拘禁",并强迫服劳役,其"矫正"的对象为:被处刑已终了其执行者、假释者、犹豫执行者、不予起诉者。只要按照这些人的"环境、性格、思想之情况及其他情形",被认为有可能犯下列行为者:"对帝室罪"、"内乱罪"、"背叛罪"、"危害国家罪"、"对于建国神庙及其摄庙之不敬罪"、"军机保护法之罪"、"治安维持法之罪"、"国防资源秘密保护法之罪"等,就可任意逮捕,关入矫正辅导院④。被收容者不仅在极其恶劣的条件下被迫参加煤矿、铁矿等高强度的劳动,而且还要在严刑拷打下进行"思想矫正",很多人在双重迫害下严重伤残,甚至

---

①　解学诗:《伪满洲国史新编》,人民出版社 1995 年版,第 661—662 页。
②　据解学诗:《伪满洲国史新编》记载:第一次大逮捕人数为 500 余人,第二次大逮捕人数为 400 余人,第三次大逮捕人数为 400 余人,第 492、668、670 页。
③　参见《东北沦陷十四年大事编年》,第 447 页。
④　"满洲国":《政府公报》第 2788 号,1943 年 9 月 18 日。

死亡。

矫正辅导院初设奉天、哈尔滨、鞍山、本溪、抚顺五地,后又增设齐齐哈尔、佳木斯、鹤岗、阜新、鸡宁五地①。据日本满洲矫正追想录刊行会统计,至战争结束时,已在各地设矫正院本院十八处,分院十余处,监禁人数达1.3万余人②。此种统计还只是指官方正式设立的机构及其拘捕的人数,实际上各地还自行设立了许多类似的机构,甚至不少铁矿、煤矿也设立了矫正院。"满洲国"总务厅次长日人古海忠之和伪司法大臣阎传绶承认:各种矫正辅导院在1943年关押七千多人,1944年上升到二万人,1945年8月达到五万人③,将东北地区完全变成了暗无天日的囚场和地狱。

太平洋战争爆发后,随着八路军向热辽地区的进军和敌后游击区的开辟,日本关东军除了继续在东北抗日联军活动地区实施"集团部落"的法西斯政策外,又与日本华北派遣军的"治安强化运动"相配合,在长城一线南北侧制造"无人区"。执行这一任务的日军前线指挥官铃木启久少将在沿长城2—4公里划定了一条"无人地带",强调务必"在20天内将这一带居民彻底赶出去,在限期内将中国居民的房屋一律焚毁"。并规定"绝对不允许中国居民至无人地带进出和耕作,凡通过禁区的人一律须持军部发给的特别通行证,有人反抗,严惩不贷"。1943年12月,"满洲国"宣布:在长城沿线的"无人区"面积为2500平方公里,涉及人口100万。在制造"无人区"的过程中,日军实施残酷的杀光、烧光、抢光的"三光"政策,使10万人丧生,无数的房屋财产被毁④。赶离家园的农民被迫住进所谓的"人圈",即日军选择其易于防备之地,划定范围,强迫迁移者修筑4米高、2米宽的围墙,墙外筑有深沟,置有

①　《矫正辅导院官制》,"满洲国":《政府公报》第2965号,1944年5月1日。
②　满洲矫正追想录刊行会:《动乱下的满洲矫正》,1976年刊印,第7页。
③　陈明德整理:《鹤岗矫正辅导院》,中国抗日战争史研究会等编:《日军侵华暴行实录》(一),北京出版社1995年版,第56页。
④　参见步平等:《苦难与斗争十四年》下卷,第66—67页。

电网,里面建造简易平房,将所有的人都圈住在其中。入住者如同关入监狱,外出种地、赶集等受到严厉限制,违者将作为"通匪"处罚。在所谓"人圈"内,更是受着政治、经济方面的严重迫害,不仅需要支付繁重的捐税,过着牛马不如的生活,而且稍有不慎就会被扣上"私通八路"的罪名,遭到逮捕、刑讯,甚至受酷刑致死。

以长城线附近的光隆县为例,日寇施行的酷刑主要有:

1. "断食空腹",几天内不给吃饭;

2. "倒栽莲花",头朝下将人活埋;

3. "军犬舞蹈",让一群军犬一纵一跳地反复扑上去,将人活活咬死;

4. "滚绣球",把人衣服脱光塞进一个钉满钉子的木笼里,把人滚死;

5. "电磨粉身",用特制的一种电磨,把人磨成肉酱;

6. "枪戳沙袋",把人放在口袋里,叫新兵用刺刀扎,说是练武试胆;

7. "虾公见龙王",把人头脚绑在一起蜷曲着,投进河里或池里淹死;

8. "开膛取心",双庙村据点内的日寇中川吃了五十多个人的心;

9. "钢针绣骨",用大铁丝往手指头上或头顶上深扎。

除此而外,还有"皮鞭沾水"、"辣水涨肚"、"薰烧活人"等毒刑,日寇在该县实施"无人区"的三年,共计屠杀同胞1.54万人,抓走1.5万人,除杀害1000人外,几乎全部送往东北与日本内地充当劳工,有相当多的人被强迫去中苏国境抢修军事工程,竣工后即遭杀害。全县十六余万人口,至战争结束时,只剩下十万余人,非正常死亡高达五万多人,占总人口的三分之一①。

日本法西斯对于中国东北民众的残害还在于继续使用活人进行细

---

① 史光:《兴隆县境内的无人区》,《河北文史资料选辑》第15辑。

菌战试验。太平洋战争爆发后，日军加大了准备细菌战的力度，以弥补日本缺乏钢铁、稀有金属和汽油等战略物资短缺的不足。关东军七三一部队长石井四郎中将对于日本的战略意图作了这样的说明："日本没有充分的五金矿藏及其他制造武器所必需的原料，所以日本务必寻求新式武器，而细菌武器便是其中的一种。"①细菌战成为日本法西斯进行太平洋战争的秘密武器。日军在中国最主要的细菌部队关东军七三一部队，亦即"关东军防疫给水部"，至太平洋战争爆发时已拥有队本部（七三一部队），下辖细菌研究部、细菌实验部、防疫给水部、细菌生产部、总务部、训练教育部、器材供应部、诊疗部八个部及管理监狱的"特别班"，另有海拉尔支队（五四三支队）、孙吴支队（六七三支队）、牡丹江支队（六四三支队）、林口支队（一六二支队）四个支队，后又将原属"满铁"的大连卫生研究所划归七三一部队管辖。除七三一部队和一〇〇部队外，日本法西斯又在华北建立北京细菌武器研究所（北支甲一八五五部队）、在华中建立南京荣字一六四四部队（华中防疫给水部）、在华南建立波字八六〇四部队（华南防疫给水部）等②，在中国占领区构筑了一个实施细菌战的战略网络。七三一部队仍然是实施研究、实验细菌战的核心基地和指挥中心。

　　他们继续使用活人进行细菌试验，在七三一部队特设的监狱中，常年关着几百名所谓的"原木"或"猴子"，绝大部分是中国的爱国者。此种被送入细菌部队的对象可由日本宪兵和警察随意按主观意志决定，"除所谓政治犯外，凡有可能判处死刑的刑事处分案犯，均可作'特殊输送'。华北、华中方面的被俘人员，通过大东公司送交石井部队去的也有"，"为了造成'特殊输送'条件，惟一的手段就是残酷的刑讯，即把人抓来后采用灌凉水、殴打、过电、手指挟铅笔等刑讯，强迫其供认是谍报

---

　　①　《前日本陆军军人准备和使用细菌武器被控审判材料》，转引自解学诗：《伪满洲国史》，第 828 页。

　　②　参见步平等：《苦难与斗争十四年》下卷，第 209—211 页。

者"等①。日本法西斯用活人进行试验的手段主要有:各种细菌传染试验、注射疫苗试验、冻伤试验、毒气试验、解剖观察、人血与马血换用试验、梅毒传染试验、细菌武器性能试验、人体移植手术试验,以及以活人为靶子的野外试验等,多得不可胜数。

　　1945 年初,日本的战败已成定局,日本大本营下令加快对苏细菌战的准备,石井四郎确定了生产两吨毒化跳蚤的任务,一旦苏军进攻中国东北,即实施大面积传播剧烈传染病鼠疫,其结果将在中国北满地区遍撒鼠疫病菌,不仅使苏联百万红军,而且也使中国的和平居民大受其害。幸而,苏联红军的提前进攻摧毁了日本法西斯的阴谋②。更为可恶的是,日本细菌部队在战败逃亡之际,不仅用速效毒气全部杀死了监狱中关押的"实验材料"四百余人,以消灭罪证,而且将其生产的传染病菌和细菌武器投撒遗弃在当地,继续残害中国人民,造成了难以根治的战争遗害。

二　敲骨吸髓的经济掠夺

　　太平洋战争爆发后,根据日本法西斯将中国东北建成"大东亚圣战"后方基地的战略总方针,日"满"加剧了对于东北沦陷区的经济侵略和掠夺。1942 年 12 月 22 日,在日本关东军的操纵下,"满洲国"政府颁布了《战时紧急经济方策要纲》,成为强化日本法西斯经济掠夺的纲领性文件。该文件的要害是考虑"满洲国"在日本"国防上的特殊地位",紧急"整备强化"产业结构,建立"国防经济体制","集中地应急满足日本战时紧急需要"等③。根据这个要纲,日"满"颁布了一系列计

---

　　①　《日本宪兵少尉森三吾口供》(1954),中央档案馆等编:《日本帝国主义侵华档案资料选编》第 5 卷《细菌战与毒气战》,第 87—88 页。

　　②　参见步平等:《苦难与斗争十四年》下卷,第 222—231 页;解学诗:《新编伪满洲国史》,第 834 页。

　　③　日本产业调查会:《满洲产业经济大观》,1943 年刊印,第 448—451 页。

划、大纲、法规等,重要的文件有:1942 年 4 月的《第二个产业五年计划》、10 月 6 日的《产业统制法》、12 月 8 日的《满洲国基本国策大纲》、1943 年 1 月 20 日的《战时紧急农产物增产方策要纲》等,日本法西斯围绕着建立战略后方基地的目的,紧急进行产业调整,疯狂掠夺战略物资,以满足日本进行法西斯战争的需要。

首先是钢铁、有色金属、煤炭、石油等维持战争必不可少的战略物资。日"满"在上述各文件中对于这些战略物资的增产指标都有明确的规定,如钢铁计划增产 60%,煤炭生产量要求达到 4000 万吨,有色金属铜、铅、锌等要求增产五倍,液体燃料以 9000 万公升为目标等。为了摆脱日本战争资源极度贫乏的困境,日"满"采用各种方法疯狂掠夺东北的资源与战略物资,其主要方式有①:

第一,调整产业结构,扩建急需工业设备。如日"满"在东北的主要钢铁企业鞍山昭和制钢所和本溪湖煤铁公司新建高炉三座,扩充生产设备,并从华北和朝鲜输入原料,充分发挥东北高炉设备的生产能力,还实施大中小同时并举的方针,增设小型高炉以增加钢铁产量,1944年又将两家主要企业连同东边道开发会社合并为"满洲制铁公司",进一步以行政手段强制促进钢铁生产,使钢铁产量一度有所增长;又如日"满"为了解决日本奇缺的石油供应问题,先是扩建满洲西炼油厂,使其生产能力一度达到 20.446 万吨粗油,同时新建满洲东炼油厂,设计能力为 19.25 万吨粗油,1943 年 11 月又将抚顺煤炭液化厂与吉林人造石油公司合并,成立满洲人造石油株式会社,指定为陆军指导工厂,重点生产飞机和汽车专用油,成为专门进行军需生产的企业。

第二,颁布《产业统制法》,强化战略物资的统制。1942 年 10 月颁布的《产业统制法》比 1937 年颁布的《重要产业统制法》适用产业范围

---

①　有关工矿业的情况参见中国抗日战争史学会等编:《抗战时期的经济》,北京出版社 1995 年版,第 134—144 页;步平等:《苦难与斗争十四年》下卷,第 86—100页;解学诗:《新编伪满洲国史》,第 677—710 页。

从 21 种扩大到 85 种,几乎囊括了所有的产业;其统制监管的程度也大大加强,主管部大臣有权颁令合并事业的全部或转让、委托一部,转让、租赁事业设备等,也有权处理事业的设备新设、扩充、改良,事业的停止,生产量的确保,生产方法的改良,生产的限制,产品的规格,生产技术的提供,原料的获得,产品的配给,以及试验、研究等广泛的事项,当经营者违反法令时,主管部大臣有权停止、限制其业务,并作出免除其职员的行政处分,实际上,日"满"可以对东北的产业进行为所欲为的处理。

第三,"杀鸡取卵",疯狂破坏东北资源。为了弥补战争巨大的物资缺口和支撑严峻的战争危局,日"满"不择手段,不守规律,不顾后果,采用"杀鸡取卵"和"竭泽而渔"的殖民掠夺方式,使东北的自然资源遭遇到前所未有的破坏。如为了"大出炭",东北各地煤矿普遍实施了利用残留煤柱取代坑木,少设坑木,广开井口,多设工作面,以及单一煤层片盘开掘等"残柱式"、"蚕食式"、"大舞台式"等最野蛮、最原始的方式疯狂采煤,由于只顾眼前掠夺,吃肥弃瘦,煤田被掘得千疮百孔,煤炭资源遭到严重破坏。另外,对于森林资源、铁矿资源等也是滥采滥伐,肆意糟蹋浪费。

第四,实施"金属回收强化运动",掠夺战争急需物资。由于掠夺性生产成果甚微,日"满"又在所谓的金属"回收"上大做文章,主要对象是生铁、钢材以及铜、铝、铅、锡、锑等有色金属。1942 年 4 月,日"满"开始推行"金属回收强化运动",时间两个月,主要分为"工厂营业所清理"、"一般物件回收"、"官厅物件回收"等,回收的还是废品。1943 年起,日"满"开始把搜刮的矛头指向"现用品"。8 月,"满洲国"更颁布《金属类回收法》,成立专司其职的金属类回收本部,征收的对象改为"使用铜(包括黄铜、青铜之铜合金)、铁和其他金属的物资",并规定指定"回收"的设施和物件,如被转让或作其他处理,将受到严厉处罚。据此,东北各地的人民、企业、商家以及公众场所,甚至"满洲国"王宫内府、古寺庙都遭到了空前的洗劫,举凡铁制门、窗、栏杆、路灯架子等 15

类,铜制牌匾、器皿、茶具等 97 种,均被搜刮一空。10 月,著名古庙钟灵寺的铜像 207 尊,被拆得只剩 20 尊。

农产品是日本维持战争而必须大肆掠夺的又一重要战略物资。日本法西斯所企盼的"大东亚圣战"的满洲后方基地自然也是其"粮食基地"。《战时紧急经济方策要领》和《第二个产业五年计划》都对农业"增产"、"搜货"、"配给统制"、"对日输出"作了规定。尤强调"我满洲国作为粮食基地的使命日益紧迫,在根据基本国策大纲积极推进农业增产的同时,还应该采取临时紧急对策,彻底执行和完成我国所担负的任务"①。日"满"在掠夺农产物方面有以下主要措施:

第一,继续向东北移殖日韩移民与实施"紧急农地造成"。1941 年 12 月 31 日,日本殖民当局拟订了《满洲开拓第二期五年计划要纲》,决定"遵照东亚共荣圈内大和民族分配布置之基本国策"和"二十年百万户计划和开拓政策基本要纲","适应当前战时态势",在 5 年内移民 22 万户,加上第一个五年计划期间已移入的移民,共计 30 万户,此外移入青年义勇队 13 万人②。同时,日本方面还制订了《朝鲜人满洲开拓五年计划》,计划五年间每年从朝鲜移民 1 万户至东北③。从 1942 年至 1945 年间,日本实际移入东北日本移民 4.1 万户,青年义勇队 1.8 万人,共占土地 140 万町步④。日本殖民者想尽各种方法掠夺中国农民的土地,使他们被迫背井离乡,另谋生路。被强行移出原居地的中国农民 1942 年有 6554 户,1943 年有 9608 户,1944 年预计 1.0615 万户⑤。

----

①　《战时紧急农产物增产方策要纲》(1943 年 2 月),中央档案馆等编《日本帝国主义侵华档案资料选编》第 14 卷,第 425 页。

②　《满洲开拓第二期五年计划要纲》(1941 年 12 月 31 日),中央档案馆等编:《日本帝国主义侵华资料选编》第 14 卷,第 690 页。

③　《朝鲜人满洲开拓第二期五年计划要纲》(1942 年 10 月 26 日),中央档案馆等编:《日本帝国主义侵华资料选编》第 14 卷,第 706 页。

④　中央档案馆等编:《日本帝国主义侵华资料选编》第 14 卷,第 629 页。

⑤　转引自孔经纬:《中国近百年经济史纲》,吉林人民出版社 1980 年版,第 129 页。

1943 年 11 月,日本政府为进一步掠夺中国东北的土地资源,使东北成为其进行侵略战争的粮食基地,又制订了《支援农地造成计划》,决定紧急"开垦第二松花江流域及东辽河流域的未耕地,主要为水田,预定完成的总面积相当于鹿儿岛全县的粮食耕地面积";开垦所需要的劳动力,"满洲国将动员勤劳奉仕队以及满洲国其他劳动力担任";"开垦完了的耕地,由日本开拓民进行耕种,朝鲜和满洲人也可以耕种"等①。这一计划的实施使二万多受害的东北农民流离失所,家破人亡②。

第二,强制"出荷"粮食政策,全面掠夺和统制农产物。所谓"粮谷出荷",是指用低价强行征购农民生产的大部分粮食,始行于 1941 年。太平洋战争爆发后,得到了全面实施。1942 年 11 月,日"满"制定了《农产品强制出卖法》,次年 1 月公布的《战时紧急农产物增产方案要纲》规定了实施"出荷政策"的细则。为了完成"出荷"计划,搜刮农民手中的剩粮,伪满中央及各省、各县(旗)都成立了"出荷督励班"或"出荷督励本部",综合政府、协和会、兴农合作社之力,军警宪特一齐出动,到处搜刮粮食。不服从者即遭到严厉的镇压,非打即骂,甚至纵火烧房,逮捕入狱。农民收获量的 40% 以上均被搜刮而去,有的粮食产品的出售量高达 70% 以上。如 1943 年大豆"出荷"量占生产量的 74.2%,稻子为 69.6%,玉米为 32.1%,高粱为 38.2%,小麦为 36.2%,谷子为 37.1%,平均为 42%③。在日"满"刺刀的胁逼下,"出荷"的粮食数量逐年增长,"1941 年 680 万吨,1942 年 720 万吨,1943 年 780 万吨,1944 年 820 万吨,伪满崩溃的 1945 年 900 万吨。伪满政府每年以最低的价格,把东北农民生产的粮谷掠夺到手,然后再按照物动计划分别

---

①　《日本政府支援农地造成计划》(1943 年 11 月 26 日),中央档案馆等编:《日本帝国主义侵华资料选编》第 14 卷,第 743 页。

②　转引自滕利贵:《伪满经济统治》,吉林教育出版社 1992 年版,第 124 页。

③　东北财经委员会调查统计局编:《东北经济参考资料》(二),《伪满时期东北经济统计》(一),转引自中国抗日战争史学会等编:《抗战时期的经济》,第 152 页。

运往日本、朝鲜、关东州和华北等处,每年约有 300 万吨以上。"①

　　第三,严格实施粮油配给制,强制压低中国居民消费水准。为了保证日本侵略者最大限度掠夺东北的粮食,日"满"当局在乡村实施"粮谷出荷"的同时,又用粮油配给制,从中国居民口中夺粮,给东北人民带来更为惨重的灾难。曾任伪满民生部、厚生部大臣的金名世供认:"由于实行粮谷配给制度,中国人根本没有资格吃大米。大米只配给日本人和一小部分伪满官吏";"1942 年,伪满政府把榨取的粮谷大部分运往日本等处,致使现地粮食严重不足。于是又改变了城市人口粮食配给数量,由原来的 15 公斤减少到 9 公斤,并配给豆饼、橡子面,以此替代粮谷的数量。当时农村虽未实行配给,但因生产是有限度的,而榨取却逐年增加,每当粮谷出荷以后,农村就发生粮荒,农民过着十分悲惨的生活。尤其实行粮谷配给以后,因为配给不足而买粮吃,或在年节吃一次大米,都要受到惩罚。"②

　　第四,扩大鸦片种植,毒害中国人民。长期以来,鸦片毒化政策一直是日本统治中国东北的基本政策。太平洋战争以后,该政策成为日本推行南进政策的重要武器,"满洲国"成为"大东亚圣战"的鸦片基地。1942 年 9 月,日本兴亚院举行"支那鸦片需给会议",决定"由满洲国和蒙疆生产并保证供应大东亚各地区所需鸦片"。自 1942 年起,伪满大兴鸦片种植之风,"不但把热河以前所递减的面积完全恢复,并且重新指定奉天、吉林、四平三省为新的鸦片栽种地区,实行集团栽培办法。1942 年,奉、吉两省的鸦片栽种面积各 500 陌(每陌等于 13 亩),四平省是 300 陌。""1943 年奉、吉两省各 700 陌,四平省是 500 陌。1944年,奉、吉两省各 1000 陌,而四平省 700 陌。1945 年,奉、吉两省各

---

　　①　《金名世证词》(1954 年 11 月 11 日),中央档案馆等编:《日本帝国主义侵华档案资料选编》第 14 卷,第 545 页。

　　②　《金名世证词》(1954 年 11 月 11 日),第 546—547 页。

1500 陌,而四平省也达到 1000 陌"①。战后远东国际法庭判定日本侵略军在中国东北"从事麻药交易,不仅要腐化中国人民,并且有比这更阴险的性质","把满洲所栽培的以及朝鲜与其他地方输入的鸦片,在满洲精制后,再运往世界各地"②。日本侵略者曾将鸦片运往日本、德国以及中国的华北、华东沦陷区等,牟取暴利,换取军需物资和外汇。同时,日本一方面以此毒化中国人民,使其因吸食鸦片而家破人亡,甚至中毒死亡,另一方面又以戒毒为名,将吸毒者中有劳动能力者编成劳动队,驱逼到矿山、工厂充当苦力,使东北人民受尽其害。

日本殖民者在东北沦陷区经济上的榨取和勒索,还突出地表现在对于东北人民的横征暴敛。从 1941 年至 1945 年,日"满"当局 4 次推行"战时大增税"。1941 年末,实施第一次大增税,新增了通行税、法人所得税、资本所得税、油脂税等,提高了酒税、烟税、卷烟税、房屋税、事业所得税等的税率,国内税比上年激增 82%。1942 年 10 月,实施第二次大增税,新增了清凉饮料税、交易税,提高了酒税、劳动所得税、事业所得税等,并恢复了已经废除的小麦、棉花、水泥统税等。1943 年 12 月,实施第三次大增税,以消费税为重点,再次提高了酒税、清凉饮料税、烟税、法人所得税等。1944 年 12 月,实施第四次大增税,除继续修改税制和增税外,大幅度提高了香烟和鸦片的价格,进行最后一次以税收为掠夺手段的抢劫。太平洋战争期间的四次大增税,使税收种类由原来的 20 多种增至 60 多种,税率、税收总额和国内人均税额大幅度提高③。除此而外,日"满"当局还采用滥发纸币,发行巨额公债,强制人民储蓄等手段,聚敛东北人民的财富和资金,以支持"大东亚圣战"的

---

① 《金名世证词》(1954 年 4 月 17 日),转引自中国抗日战争史研究会等编:《日军侵华暴行实录》(一),北京出版社 1995 年版,第 173 页。

② 《远东国际军事法庭判决书》,第 300 页,转引自解学诗:《新编伪满洲国史》,第 765 页。

③ 参见中央档案馆等编:《日本帝国主义侵华档案资料选编》第 14 卷,第 794 页;步平主编:《苦难与斗争十四年》下卷,第 121－122 页。

需要。

强制征集和奴役劳工,是日本殖民者战时实行经济掠夺政策的又一典型表现。太平洋战争爆发后,由于日本加紧掠夺东北战争资源以及修筑军事工程的需要,也由于战争的因素,来自华北的移民日益减少,"满洲国"的劳动力严重短缺。据"满铁"的统计,1941年日"满"各部门需要的中国劳工达200万人以上①。劳工对象主要有:一、"特殊工人",指日本"华北军移交于满洲国的俘虏和投降兵"以及在当地"清乡"、"讨伐"中捕获或拘留的"俘虏"和"嫌疑犯"、妨碍新民会工作的人等,这些人中相当部分人是中国抗日军人和志士;二、矫正辅导院的"收容者",即所谓"有可能犯罪"的人在"预防犯罪"时被抓获的无辜百姓;三、所谓"国兵漏",指20—30岁的青年男子未被征兵役者(需在三年内服役12个月);四、采用各种非法手段,如骗招、强征、摊派、抓捕而来者等。使役劳工最多的当属日"满"直接从事战时紧急物资搜刮的重工业部门,尤其是采煤业和制铁业,以及军事防务上的特殊工程,有的甚至被远送至日本服役。劳工们在这些地方遭受着奴隶般的管理,像牛马一样被驱使,冻死者、饿死者、病死者、事故致死者、甚至在输送途中受迫害致死者,不计其数②。对于他们的生活工作状况,时人曾有这样的记载:

　　　　在矿区里,一切建造都是经过残酷设想而构成。电网围绕着一排排的鸽笼式的板房,这就是大多数采煤工作住宅区。倘是夏天,到处都是臭味,成队的大头蝇飞来飞去。倘是冬天,窗户只有半片,雨点风雪横袭进来把土炕弄得湿漉漉的,使你坐卧不安。这里一切都是军事管理,五六百人编成个大队,设大队长一人,不过

------

① 满铁第二调查室:《劳务关系资料》(1941年5月9日),转引自解学诗:《新编伪满洲国史》,第742页。

② 参见中央档案馆等编:《日本帝国主义侵华档案资料选编》第14卷,第913—955页;李联谊:《中国特殊工人史略》,抚顺矿务局煤炭志办公室1991年编印,第10—41页;步平等编:《苦难与斗争十四年》,第277—300页。

照矿上的习惯叫"把头",有生杀予夺之权……此外,还有矿警和日本宪兵,枪刺森严地巡逻着,稍有反抗,就得遭毒打、枪杀,以及给军犬咬死。①

差不多在每一个矿山、工程附近都有扔弃中国劳工尸骨的"万人坑",著名者有丰满东山、鹤岗煤矿、大石桥镁矿、辽源方家坟、满炭墓地、富锦五顶山、海拉尔地下工事、虎头要塞等地。中国劳工的嶙嶙白骨是日本侵华残暴和罪恶的最好记录。

三　协和会的战时活动与思想统治

伪协和会成立于 1932 年,曾被称为"满洲国的精神母体",是日本法西斯在东北实施思想统治和奴化教育的最主要的团体,也是伙同日伪军警宪特从思想文化、社会组织方面镇压东北人民抗日斗争的别动队。1936 年伪协和会改组后,被明确定为"满洲国"的"国家团体",与伪满政府"表里一体",其作为日本法西斯殖民统治工具的特征更加鲜明。"七七"事变后,伪协和会复以"国民组织化"的形式,进一步为奴化、奴役和严密控制东北民众服务,它通过协和会青年训练所全面组织训练青少年,通过协和奉公队控制与奴役成年人,通过其分会和所谓国民邻保组织,全面控制一般会员和广大群众②。

太平洋战争爆发后,伪协和会进一步强化了其统治和控制民众的功能,并反映出明显的战时特征,是日本法西斯强化殖民统治的主要工具。1942 年 3 月 14 日,伪协和会本部举行会议,重点讨论战时协和会之任务,涉及的论题有:指挥国兵思想、国民勤劳报国、增产出荷、储蓄运动、国民邻保组织、联合协议会、省本部委员会之运营、青少年运动、

---

① 哈华:《人的屠场——在抚顺和本溪湖的矿山里》,《解放日报》,1944 年 10 月 18 日。

② 参见解学诗:《新编伪满洲国史》,第 351—355、571—575 页。

义勇奉公队、二位一体制之强化等涉及服务战争的重大问题,确定协和会运动的重点是:"进一步运用二位一体制,使其充分发挥作用","集结民族力,强化国民防卫力"等①。同年,该会制定的《康德十年度运动方针》更是详尽规定了该会的三大重点实践项目。其一是"思想战的强化",要求"信奉惟神之道,奉戴帝旨,振兴国民精神"、"发扬击溃美英的热情,排击敌性思想的妄动"、"完全封锁西南地区和北边的匪区活动"、"组织训练知识阶层,特别是中坚青年,自发地开展强有力的思想运动"、"联系国内弘报、文化机关和宗教、教化团体,实行国民思想一体化的指导"、"与大东亚各国民团体提携,促进亚细亚民族团结和兴亚经济的显现"等;其二是"战时经济体制的强化",要求"开展勤劳兴国运动,谋求国民皆劳精神的提高"、"大力开展农业增产运动,以期战时粮食的确保和民生的向上"、"谋求岗位奉公,效率提高,挺身于工矿增产运动"、"实施国民储蓄运动,建立战时国民生活伦理"等;其三是"国民动员体制的强化",要求"以精锐会员的旺盛的实践力为中心,谋求分会活动的整备强化"、"以分会活动为中轴,整备协和义勇奉公队、协和青少年团,以期战时国民防卫任务的完成和国民训练的彻底"、"根据城市、农村的特点,全面强化国民邻保组织的活动,使之成为国民动员的基础"、"促进智能组织的活动,并强化教育者有组织的活动,谋求智能动员的充分"、"整备并强化各省级本部委员会,谋求确立有力的指导体制"等,强调协和会应"适应战时的跃进","确立长期战必胜的基础,每天都以决战的觉悟挺身于会的运动"②。该文件体现了伪协和会配合"大东亚圣战"的基本运作思路。以伪协和会为核心,日"满"实施了一系列强化思想统治的措施:

---

① 《满洲评论》第 22 卷,第 11 号,转引自中央档案馆等编:《日本帝国主义侵华档案资料选编》第 3 卷《伪满傀儡政权》,第 670 页。
② 《康德十年度运动方针》,转引自中央档案馆等编:《日本帝国主义侵华档案资料选编》第 3 卷,第 670—671 页。

　　第一，开展"兴亚思想战"，美化日本的侵略战争为"亚洲的解放战争"。日"满"不仅在报纸杂志上发表大量的文章，而且出版各种宣传小册子和专著，反复宣传"大东亚战争的目的，是为了从美、英的桎梏中解放东亚，以确立东亚永远的和平"；鼓吹"为了亚洲民族的兴隆与振兴东方道德，要完成兴亚的圣战，唤起以亲邦日本为中心的必定建成大东亚共荣圈的信念"；强调"对于美、英的思想谋略及其傀儡重庆政权之思想蠢动，也不予以余地"等①。他们把"满洲国"在太平洋战争中的地位确定为"兴亚之先驱，民族协和之摇篮，圣战兵战总基地，镇北之壁垒，增产之宝库"，为此"责任尤重"，"无论在勤劳增产，防卫守边上，都应当率先垂范"②。

　　第二，显扬"惟神之道"，奠定日"满""建国"的基础。所谓"惟神之道"是伪满建国之本。太平洋战争爆发后，日"满"在东北全境大兴土木，建造日式"神社"，供奉天照大神，强迫当地民众前去参拜。至1944年8月，东北各地的"神社"多达195所，其中99所是太平洋战争后新造的。"神社"之地是神圣不可侵犯的，行经该处，骑马的要下马，乘车的要下车，行人须停步向"神社"致敬，否则即是犯法，将遭受严厉的惩罚③。1943年3月制定的《协和会运动基本要纲》指出："念建国的渊源，来自惟神之道，致崇敬于天照大神，以一德一心，实现建国理想，迈进于创建的道义世界"；并强调"根据建国的道统，超越民主主义的议会政治或专制的独裁政治，通过会之政治实践，以宣扬协和道义的政治理念"④。关于"惟神之道"的宣传鼓噪，不仅出现于报刊、广播等新闻媒体和御用学者的论著，而且也被引入中小学生的课堂和教本之中，强行向青少年灌输，毒化他们的灵魂。显然，把天照大神供奉为"满洲国"的

---

①　《协和会运动基本要纲》(1943年3月8日)，转引自中央档案馆等编：《日本帝国主义侵华档案资料选编》第3卷，第672—682页。
②　《盛京日报》，1943年12月2日。
③　参见步平等：《苦难与斗争十四年》下卷，第153—154页。
④　《协和会运动基本要纲》(1943年3月8日)。

"建国元神"，把日本的祖宗硬搬为"满洲国"的祖宗，这是日本法西斯在东北实行全盘日化的重要殖民措施。在此思想指导下，日本军国主义文化以电影、戏剧、美术、音乐、文学等各种形式在东北大地泛滥成灾。

第三，对各民族分别实施国民训练，构筑以日本为中心的民族"协和"关系。1943 年 3 月，伪满协和会根据太平洋战局的需要，明确规定了对于生活在中国东北的日、鲜、"满"、蒙、俄五族不同的训练要求：对于日本人，应"使其明确地树立成为忠诚之满洲国国民的使命观，提高其民族的品格德性，要成为各民族的中心，并且具备被人敬爱的素质"，"确立适应于大陆生活的科学方式，学习中国语，以实现适应于永久居住的生活新体制"等；对于朝鲜人，应"训练其成为忠诚的满洲国国民和忠良的日本臣民，特别为了适应征兵令的施行，实施以精神教育和日本语教育，并奖励入籍等"；对于"满洲国"人和蒙古人，应"使其成为忠诚的满洲国国民，昂扬其国家意识，理解一德一心的真义，信仰惟神之道"等；对于俄罗斯人，应"训练其成为忠诚的满洲国国民，普及日本语，以提高其就职能力，谋求生活之安定"等①。太平洋战争爆发后，日"满"关系由原来的"友邦"关系发展为"亲邦"关系，这不仅是一个简单的名字变换，而是标志着中国东北殖民地化的进一步深化。当时的新闻媒体指出："亲邦就是父母之邦的意思，日、满两国之关系，就如父子的关系，至亲之爱和道义把两国结合在一起。"②形象地勾画出日"满"关系的新变化和新发展。

第四，确立国民动员体制，充分发挥"满洲国"的战时国民总力。为了动员中国东北的全部"民力"用以大东亚战争，日"满"以伪协和会为中心确立了国民运动一元化的指导体制。其主要措施是：1. 全面扩充、强化协和会地域分会及车间分会，扩大、整备基层组织之国民邻保组织；2. 整备、扩充协和义勇奉公队、协和青少年团、科学技术联合部

---

① 《协和会运动基本要纲》(1943 年 3 月 8 日)。

② "满洲国"国务院总务厅：《旬报》第 84 号(1942 年 6 月 1 日)。

会、开拓部会,加强其运营与指导;3. 以协和会运动为中心,与关系团体、宗教教化团体等进行有组织的联系,综合开展各种国民运动;4. 与国防妇女会、军人后援会、兴农合作社、商工公会、劳务兴国会、空务协会、能率协会等保持密切联系,作为协和运动的重要环节而积极活动;5. 与佛教总会、道教总会、基督教总会、回教协会、世界红卍字会、道德总会等密切联系,使其成为发挥国民总力的一个环节而加以指导;6. 适应时局的进展,在精神上及实践上联系国外团体,以共同确立兴亚国民运动的体制等。据此,伪协和会各级组织纷纷实施青少年训练、国民防卫训练、各种岗位训练、妇女训练以及对于国民邻保组织的指导等彻底的“国民训练”,“显扬奉公的大义,坚持必胜必成的信念,献身于保卫国土、勤劳增产,以实现确立总力的态势”①。实质上是将中国东北的各阶层人民都绑上日本侵略者的战车。

第五,推行战时奴化教育,适应“决战体制之确立”。1943 年 10 月,伪满成立了“文教审议会”,以国务总理为会长,总务厅长、文教部大臣为副会长,参议、各部大臣和次长、各大学校长、各会社总裁等为委员,其宗旨是“致力教育刷新、学校教育强化、社会教育及礼教振兴,以确立未曾有的重大时局之文教决战体制”②。1944 年 8 月,又在伪协和会内设置“满洲教育研究会”,为“满洲国教育研究的中央机关”③,成为推行战时奴化教育的有力机构。其主要措施是:1. 在课程设置上,将原来的“国民道德”课改为“建国精神”课,并颁布了《建国精神教授要目一览》,规定了“皇帝陛下”、“帝旨奉体”、“建国神庙”、“惟神之道”、“东亚之共荣”、“日本之国体”等 42 门课,强迫学生接受奴化教育;2. 推行学生勤劳奉仕制度,组织学生勤奉队,规定大学男生每年必须从事30—45 天劳役,随着太平洋战争战局的恶化,勤劳奉仕令的适用范围不仅

---

① 《协和会运动基本要纲》(1943 年 3 月 8 日)。
② 《盛京日报》,1943 年 10 月 16 日。
③ 《盛京日报》,1944 年 8 月 30 日。

波及女生,而且扩展至所有学校的学生,时间也延长为大学生二三个月,中学毕业生五个月(实际九个月),直至大中毕业生"通年动员",劳动强度也日益增强,学生变为从事日本掠夺战争资源生产的苦力;3.强化和扩充军事化教育,对中等以上学校的学生实施军事教育和军事训练,不仅男生要参加各种军事训练,女生也要参加救护训练,学校配置专职的武官及其助理主管学生的军事训练,使学校变成了大兵营,妄图通过军训使学生变成日本殖民统治的顺民和驯服工具①。

在日本关东军的严密统治和控制下,"临战体制"无论在政治上、还是经济上、文化教育上,都使东北沦陷区的殖民地化进一步深化。

---

① 参见步平等:《苦难与斗争十四年》下卷,第157—174页;《协和会运动基本要纲》(1943年3月8日)。

第六章　中国对同盟国的外交关系

第一节　中美、中英改订新约

一　国民政府的废约努力

太平洋战争爆发后，中国战场的战略地位急骤上升，中国领衔签署《联合国家共同宣言》，在国际社会的发言权有所增强，从而为中国改变低下的国际地位创造了良好的条件。国民政府为废除不平等条约作了多方面的努力。

早在太平洋战争爆发之前，随着美、英等国与日本矛盾日趋尖锐和援华态度转向积极，国民政府已经在争取英、美经济财政援助的同时，与他们交涉废除不平等条约问题。1941 年 4 月，国民党中央训令新任外交部长郭泰祺在归国途中赴美交涉订立中美平等新约。5 月 31 日，郭泰祺与美国国务卿赫尔交换函件，美国政府承诺：一俟中国境内和平恢复，美国愿与中国政府商谈取消美国在华特权。7 月 4 日，英国政府也照会中国作了类似的表示①。尽管中美、中英换文还只是"空头支票"，但仍对中国的抗战具有鼓舞作用。

太平洋战争爆发后，废除中外间不平等条约的条件逐渐成熟。在战争初期，与美、英等国军队在太平洋战场连连失利的情形形成鲜明对比的是，中国军队取得了第三次长沙会战的胜利，这一胜利在国际上引

---

①　郭泰祺:《呈报商订中美、中英换文经过》(1941 年 7 月 25 日)，陈志奇主编:《中华民国外交史资料汇编》第 10 卷，第 4743—4744 页。

起了强烈反响,使中国的国际形象大大改观。美国陆军参谋长马歇尔、海军部长诺克斯先后来电和发表《告中国人民书》,庆贺中国军队取得的胜利,称颂这是所有同盟国军队的共同胜利。国际舆论也给予了高度评价,英国《泰晤士报》评论称长沙大捷是"12月7日以来,同盟军惟一决定性之胜利";伦敦《每日电讯报》则称:"际此远东阴雾密布中,惟长沙上空之云彩确见光辉夺目。"①中国军队为世界反法西斯战争作出的重要贡献,为中国废除与列强各国的不平等条约奠定了实力基础。

国民政府外交部不失时机为废除中外间不平等条约作了积极的努力与准备。7月26日,外交部拟定了《取消其他特权及特种制度办法》和《租界租借地及其他特殊区域之收回办法》,关于军事,规定取消外国军舰在我沿岸沿海及海港湾江湖中游弋停泊之特权及外国在中国指定地区驻扎军队和警察之特权,废止条约规定中国在本境指定地带不得驻扎军队或设立炮台之限制等;关于势力范围,规定取消条约规定中国不得将某地割让或租给他国之条款,取消外国在某地享有之筑路开矿等特权或优先权,宣布外国间互相协定强指中国某地方为势力范围之条款无效,废止中国在某地不设平行铁路之声明或类似之限制等;关于通商,取消外国在华沿岸贸易及内河航行之特权,以及外籍人员得充中国境内引水员特种制度,外侨在中国设立之行栈、工厂、学校、教会、医院,应受中国法律之限制与管理,敌侨在中国设立者,照敌产处理等;关于交通,规定国内铁路由敌方投资或经营者,准用清理敌产之规定,凡友邦政府或人民经营者,我方备价收回,取消外国在华经营及收发一切有线无线电信特权、在华设立邮政特权、外国邮件由外籍职员检查制度等;关于财政,外人在华应依法缴纳一切捐税,禁止外人在华所设银行发行钞票,废止海关任用外籍总税务司及其他外籍人员之制度;关于租界租借地及其他特殊区域,均应立即无条件收回;并强调废止非以平等互惠为原则之最惠国待遇,取消日本在东三省,苏联在外蒙、新疆、北满

---

①　吴相湘:《第二次中日战争史》下册,第792页。

之特权等,这两个文件较为全面地提出了废除中外间不平等条约将涉及的各种问题及中国方面的处理原则,为日后的废约谈判作了重要的准备①。

中国领衔签署《联合国家共同宣言》,第三次长沙大捷后中国战场在世界反法西斯战争中战略地位的上升,以及中国朝野为废除不平等条约所作的外交努力,迫使美、英等国政府将应否同意立即取消与中国的不平等条约,提上议事日程。美国外交界存在着两种意见,一派反对立即废除与中国的不平等条约,主要理由是:一、中美刚换文约定战后解决该问题,无须立即改变态度;二、中国大部分领土正在日本军阀占领之下,此时宣布放弃在华特权,敌人势将据以攻讦美国的行动为一种"软弱"的姿态;三、中国政府与人民对于军事行动及其战果的关注,远在放弃特权的外交词令之上;四、在中国战后的一段不稳定之时期,美国在华人民或极需仰赖治外法权及其他有关特权予以保护;五、战后美国政府必将有求于中国政府,保留治外法权及其他有关权利,必将增强美国政府谈判之地位;六、由于美国为数不多的州禁止中国人拥有不动产,在中美谈判缔结新约时,美国人在华不动产问题不易解决;七、目前之战争可能继续相当时间,无人预测各方面可能发生的变化,如此时缔约,战后或将不合时宜等。另一派则主张立即废除两国间的不平等条约,主要强调三点理由:一、美国与联合国不仅为生存而战,而且为人类之权利与尊严,以及政治、经济与社会制度之平等而战,放弃在华特权这种时代错误,将符合并表彰联合国作战之目标;二、中国人极善于折冲樽俎,讨价还价,他们了解美国人民对在华治外法权所持之态度,即使将这些权利保留至战后,届时仍将无补于美国政府的对华谈判地位;三、治外法权倘保留至战后,美国人民将受到鼓励,回到中国再度从事在治外法权之制度下始能经营之行业,将会引起中美之间之

<hr>

① 军事委员会侍从室档案,《中华民国史档案资料汇编》第五辑第二编《外交》,第 147—149 页。

冲突,为预先防止这种早已不合现代观念的制度重现,应立即废除旧约等①。当时在中国的著名美国学者、燕京大学校长司徒雷登也提议:"如能在此危急时期,我们带头对华取消一切特权条约,承认其平等权利,乃不失为一明智宽厚的政治手腕","将使在英勇奋斗中的中国全民上下一致欢欣绝顶,并可使日本对西方列强此最易受攻击之点的宣传归于无效。"该提议得到美国驻华大使高斯的高度评价②。美国国务院的最后结论是:美国不拟主动提出该案,除非中国政府要求进行商讨。

英国政府内部也发生了类似的争论。以外交部执行顾问布伦南为首的一些人认为:虽然中国亟欲以条约结束治外法权及与此相关的权利,但在当时特殊的时机下,只要列强承诺在战后放弃其权利,中国就会满足。他们主张英国应该停止行动,待远东之军事形势好转之后再来讨论,以获取"最高的效果"。外交大臣艾登则认为:"现在把治外法权废除,是适当的政策",不必"担心人们会认为那种姿态是示弱行为",但他强调"进行时要让中国晓得主动的是我们,而非美国"。英国政府最终决定英国暂不主动提出废除治外法权问题,与美国约定采取同步行动③。

国民政府利用有利的国际形势,对英、美等国发起了舆论攻势。此种攻势是从批判英国首相丘吉尔1942年3月17日关于在印度、缅甸、马来西亚、新加坡、香港等重建英国殖民统治和重建大英帝国的誓言开始的。四天后,中国旅美学者林语堂发表《亚洲的命运》,点名批评丘吉尔精心策划的"欧洲第一"的战略方针,是殖民主义的阴谋,目的是反对支持中国抗日,削弱战后中国在谈判桌上的地位,使"白人帝国主义在亚洲的巢穴""十分安全"。林语堂批评说:"现在我们可以明白为什么

---

①　FRUS,1942,China,pp. 271 - 272.

②　联合报社:《1941年美国远东外交关系文件》,1962年刊印,第341页。

③　K. C. Chau:《英国在华汉外法权之废除》,引自台北近代史研究所编:《中国现代史论集》第9辑,第439—445页。

英国要关闭滇缅路和削弱中国,为什么英国要拒绝帮助中国建设自己的空军,从帝国主义的观点来看,这些问题就可以一目了然。"指责英国"缺乏一位有才干的首相和更多有献身精神的官员","丘吉尔辈缺乏洞察力、勇气、远见卓识和较好的政治素养"①。中国国内的著名国际关系学者钱端升、陈朗川等教授也著文批评英国的殖民主义和对日作战不力。重庆各报都刊登了这些文章,造成了一定的声势。4月19日,宋美龄在美国《纽约时报》发表《如是我观》的长篇文章,直接提出了要求列强废除在华特权的明确要求。文章回顾了列强与中国签署不平等条约的历史,批评列强"以枪口相威逼,一次又一次令中国蒙羞受辱",侵犯中国的主权,尤指出领事裁判权是"一种恶劣的司法制度",呼吁各相关国家尽早废除在华特权;文章批评西方在太平洋战争前对于中国抗战的冷漠以及对日本侵略的温顺,甚至变相的祖护,使"中国人民以难以置信的惊愕之情目睹了西方军队的投降场面";文章颂扬中国人民的坚持抗战对于世界反法西斯战争作出的重大贡献②。《纽约时报》在发表文章时曾冠以"东方第一夫人致西方"的醒目标题,使文章引起国际舆论界的广泛注意。8月27日,著名历史学家、行政院政务处长蒋廷黻就《中英南京条约》签订一百周年发表公开演讲,呼吁"不平等条约应该早取消,完全取消"等③。10月6日,重庆《大公报》趁美国总统特使威尔基行将归国之际,发表社评《希望美国首先放弃对华不平等条约》,指出"这种不平等条约的枷锁,那不仅是中国四亿五千万人的奇耻大辱,且根本摧残了中国国家的独立尊严,剥蚀了中国民族的生存大权";"最难令人索解的是我们并肩作战的盟邦还与中国不平等","中国已把国家命运生存整个交给血泪交迸的战争","当然有权要求盟友把

①　林语堂:《亚洲之命运》,转引自李世安:《太平洋战争时期的中英关系》,第30—32页。
②　《蒋夫人宋美龄言论集》,台北近代中国出版社1998年版,第80—85页。
③　蒋廷黻:《江宁条约的思想背景》,《大公报》1942年8月29日。

我们身上的锁链解除"；要求威尔基特使转告罗斯福总统暨美国人民，希望美国首先放弃不平等条约等。在中国舆论的强烈要求下，美国国务卿赫尔承认："中国政府在废除领事裁判权方面的任何要求都会在美国得到强有力的支持。"①

促使美、英等国与国民政府商议废除列强在华特权的另一重要背景，是西方列强在中国享有的种种特权已随中日战争的爆发而发生重要变化。由于日军占领了大半个中国，尤其是占领了西方列强权益集中的东南沿海地区，列强已无法在沦陷区行使其特权；在中共领导的敌后抗日根据地，实行新民主主义的政治经济制度，列强也不可能在这些地方享有领事裁判权等特权；而在国统区，由于西方列强在华政治经济势力的下降和战争的特殊因素，国民政府也采取了某些措施，收回或者限制列强在华特权的行使。如国民政府成立财政部关务处，收回了英国人把持近百年之久的海关之权；颁布战时法令，限制外国人在华活动，逮捕违反中国法令的外国人。在贵阳，中国官方以间谍罪逮捕了两名来自香港的英籍欧亚混血华人，关入中国监狱，英国驻华使馆对此爱莫能助；在昆明，中国当局传讯了英国缅甸兄弟钢铁公司在华代理人麦凯，审理该公司对于中国人的欠款案件，使英国人惊呼："整个不平等条约体系，包括治外法权已经不存在了。"②这种状况显然有利于中国方面的"废约"努力。

日本与汪政府在"废除不平等条约"问题上玩弄的花招，也为国民政府废除不平等条约的努力造成了某种有利的态势。太平洋战争爆发后，美、英等国在其利益集中的东南沿海及长江中下游地区所享有的政治经济特权已为日本占领军夺取，原来居住在租界内的美、英人士被日军作为敌侨，关进了集中营，其产业也为日本占领军接收，成为其战利品。日本法西斯为了欺骗中国沦陷区的民众，正以亚洲反对英美帝国

① *FRUS*, 1942, China, p. 282.
② 参见李世安：《太平洋战争时期的中英关系》，第65页。

主义的"领袖"自居,大肆鼓吹"东亚解放"、"黄色人种革命"等滥调,酝酿推行"对华新政策",与汪政府实施所谓"交还"租界和"撤废"治外法权的闹剧。重庆《大公报》发表社评指出:汪精卫宣传"他已将英美驱逐,收回了租界,取消了领事裁判权,废弃了不平等条约;重庆却拥护不平等条约,替帝国主义的特权作战。日本发言人也做着同样的宣传。这种宣传真是恶毒之至。但不平等条约的存在,是一种事实。"日汪的宣传使中国人民感到莫大的羞愤,"我们的盟邦又何吝惜而不给我们为正义而战的中国人解除这种羞愤呢?"①这从另一侧面对于美、英的对华政策发生了一定的影响。

二　中美新约的签署

面对中国朝野废除不平等条约的强烈呼声,美、英两国自 1942 年 4 月起就与中国改订新约事进行频繁的磋商。

1942 年 6 月,美日中途岛大海战之后,美军在太平洋上从守势转取攻势;中国战场的军事形势却因缅甸战役的失败、对外海陆联系全部中断而更加严峻,美国政府由此认为:已到了美、英主动采取废约行动的好时机。8 月 27 日,美国国务卿赫尔向英方提出他设计的"废约方案":美、英两国分别立即与中国政府进行谈判,在短时间内达成废除在华领事裁判权的简要条约,并对由此产生和与此有关的问题进行调整。确定国家关系的综合性条约可留待战后进行谈判。其理由是,综合性条约谈判"所需时日较长,容易走漏风声,谈判中双方分歧的泄露易为敌国挑拨离间提供口实";"且在中国领土全部收复之前,也不宜进行此种谈判"②。尽管此议不为英国方面赞成,但美国政府并不动摇,9 月 5 日,再次照会英国政府,指出:中国政府"正在对外政治关系上采取主

① 《希望美国首先放弃对华不平等条约》,《大公报》1942 年 10 月 6 日。
② *FRUS*,1942,China,pp. 282 - 286.

动","目前可能是采取确切行动的最好时机",并强调此时废除与中国的不平等条约,可以实现三个目标:一、为联合国家的事业赢得某些心理上和政治上的利益,具体的协助中国,增强中国对日作战的决心;二、消除美英对华关系中存在的不正常现象;三、规定美英两国公民在中国享有通常在其他友邦享有的正常权利等①。经过美、英间反复交涉,英方在保留要求上海的"特殊地位"等的前提下,与美方达成共识。

　　9月11日,国民政府任命魏道明继胡适为驻美大使。美国政府立即意识到,新大使在到任后将随时可能提出废除不平等条约问题,美国政府决定赶在中国提出之前,主动宣布与中国谈判废除两国间的不平等条约。10月初,美国总统罗斯福正式批准赫尔的"废约方案"。3日,美国驻英大使通知英国外交部:美国建议两国在10月9日同时在华盛顿和伦敦约见中国大使,用绝对机密的口头方式说明几个月来美英会商取消在华领事裁判权的情形。英方不同意美国的机密通知方式,主张两国发表联合文告,10月10日见报。美方同意发表公开文告,但不同意取联合文告形式,主张由美、英分别发表,英方表示同意②。

　　10月9日,美国副国务卿韦尔斯约见魏道明,宣读了美方的声明,并称美方将在一周内向中方提出草约。次日,美国政府正式发表声明,宣布立即放弃在华特权。蒋介石一面致电罗斯福致谢,一面于9日和12日两次致电正在美国活动的外交部长宋子文和驻美大使魏道明,强调"领事裁判权以外,尚有其他同样之特权,如租界及驻兵与内河航行、关税协定等权,应务望同时取消,才得名符其实也。"对于交涉方法,蒋氏指示:"应静待美政府提出其所谓简短的草约后,我方再表示意见",但可"间接表示甚望其将过去所有各种不平等条约一律作废,整个撤销,重订平等合作之新约"。

　　10月24日,美国国务卿赫尔将《中美关系条约草案》面交魏道明,

---

① *FRUS*,1942,China,pp. 287 - 288.

② *FRUS*,1942,China,pp. 295 - 298.

共八款,主要内容是:一、废除在华领事裁判权;二、废除《辛丑条约》规定的一切特权;三、上海、厦门公共租界归还中国;四、美国政府及侨民在华业已取得的不动产权不变;五、两国人民享有在对方国家旅行、居住及经商的权利,两国给予对方国人民关于法律手续、司法审判、各种租税及经营商业之待遇,不低于本国人民之待遇;六、两国领事官员享有现代国际惯例所给予的权利、特权、豁免;七、战后六个月内进行谈判,签订近代广泛的友好通商设领条约;八、条约的批准与生效等①。草案以取消领事裁判权为中心,未提及通商口岸制度,上海、厦门公共租界特区法院制度,内河航行,沿海贸易,美国军舰在中国领水游弋,外籍引水员雇用等美国在华享有的其他特权。30 日,国民政府外交部在详加研讨后,撰成《对于中美关系条约草案意见》、《中美关系条约修正草案》、《中美关于新约范围以外之特权应即废止之换文》等文件,对美国所提草案作了修正,将中美新约的范围扩大为全面废除中美间的不平等条约②。11 月 3 日,魏道明奉命将外交部上述文件送交美方,美方同意以此作为双方交涉的基础。

双方在谈判中争执的主要问题有:关于经营商业之国民待遇问题、关于限制不动产权利之行使问题、关于设置领事馆问题、关于内河航行及沿海贸易问题、关于通商口岸制度之废止与海外商运问题等。双方互作让步,达成了协议。如经营商业的国民待遇问题,中方主张改为"不得低于第三国人民之待遇",即由国民待遇改为最惠国待遇,由于美国实行联邦制,经营商业问题还需受各州法律的限制,实行中方主张有困难,经商议双方同意删除第三款中"经营商业"字样,留待将来在商约中规定。对于沿海贸易和内河航行权问题,最终双方也以互相给以"同样之权利"达成一致意见。对于美国除领事裁判权以外在华享有的其

---

①　《战时外交》(三),第 716—719 页。

②　林泉:《抗战期间废除不平等条约史料》,台北中正书局 1983 年版,第 542—568 页。

他特权,美方接受了中方提出的以换文方式予以废除的建议①。中美之间的谈判相当顺利,至 11 月下旬谈判已实际结束。

　　然而,中美新约的签署却是一拖再拖。中方最先希望能在 11 月28 日国民党五届十中全会闭幕会上宣布,但因中英谈判不顺利而延搁。12 月 21 日,中美新约及换文定稿。其时,汪精卫应日本首相东条英机邀请访问东京,日汪间正就日本"交还"租界、"撤废"治外法权、"移交"英美产业等进行谈判。在此刺激之下,蒋介石力争中美新约能在元旦签署,以免日汪抢先签约,使中美新约"因之减色"。但中英新约谈判仍未结束,中美新约的签署再次被拖延。1943 年 1 月 9 日,日本大本营在获悉中美、中英新约将在 1 月中旬签署的密电后,抢先与汪伪政府签署《交还租界撤废治外法权协定》,宣布"交还"在中国的专管租界,"承认"中国收回上海、厦门公共租界、北京使馆区,"撤废"治外法权。这虽系日汪间的一场闹剧,但仍使蒋介石视为"平生遗憾,更知外交被动之苦也"②。

　　1 月 11 日,中国驻美大使魏道明和美国国务卿赫尔代表两国政府在华盛顿签署《关于取消美国在华治外法权及处理有关问题之条约》,简称"中美新约"。按照美国惯例,条约在未经参议院批准以前不得公布,由中美共同拟定《中美条约及换文之概要》,于同日公布。2 月 1日,罗斯福总统向美国国会提出中美新约。11 日,参议院经过简短辩论一致批准该条约。5 月 20 日,中美两国在华盛顿互换批准书,中美新约正式生效。据此,撤废的美国在华特权计约八大类,包括治外法权、使馆界及驻兵区、租界、特别法庭、外籍引水员等特权、军舰行驶之特权、沿海贸易及内河航行权以及影响中国主权之其他问题等③。这些内容基本集中在政治、军事方面,中美新约的签署及批准建立了中美

---

①　林泉:《从不平等到平等》,《传记文学》第 40 卷第 3 期。

②　[日]古屋奎二:《蒋总统秘录》(中译本)第 4 册,第 307 页。

③　《中美、中英平等新约签订经过》,台北"总统府"机要档案。

间的平等互惠关系,从法理上结束了百年来美国在中国享有的领事裁判权等特权,具有重大意义;但该条约尚未完全解决经济、文化领域美国依据不平等条约享有的一些特权,如美国人在华投资设厂、创办学校、设立教堂等均未涉及,存在着明显的局限性。

中美新约签署后,国民政府又趁热打铁,向美国政府提议废除实施已六十年之久的《排华法案》。该法案制订于1882年,禁止华工入美十年,并禁止批准华人归化为美国公民,以后《排华法》一再限期,并在1904年由美国国会决议无限期有效,限制性规定也越来越多。这种对中国人实行的"特殊丑恶形式的种族歧视",在太平洋战争爆发后已越来越不得人心。美国国会中主张废除《排华法》的人日益增多,1943年6月29日,参议员马格纳森提出"HR3070"案,主要内容有三条:1. 废除现存的一切排华法令;2. 每年允许105名中国移民进入美国,其中79名分配给中国本土移民,26名分配给各地中国血统移民;3. 准许合法的中国移民加入美国国籍等①。在中国方面的一再敦促下,罗斯福总统于10月11日致函国会,提出:"我们要有足够的勇气承认过去的错误,并加以改正",呼吁国会废除《排华法》,清除美国法律中"不合时宜的东西",由此而"改正一项历史性错误","消除日本人的歪曲宣传",加强中国"对于盟国的信任"等②。10月21日和11月26日,美国众议院和参议院先后通过"HR3070"案,即《马格纳森法》。12月17日,罗斯福总统签署了该法案。

中国朝野对美国废除排华法案作了高度评价。国民政府立法院长孙科发表广播演讲,称颂此举"在促进平等原则与消除对华歧视上乃重要里程碑,并且坚定了中国对美国真正友谊的信心"。《时事新报》称"此举不但改正了历史错误,而且替中美邦交奠下深厚的基础"。《自由西报》则称"此举将获得中国人民对美国人民一致拥戴与友善,并且是

① 邓蜀生:《美国与移民》,重庆出版社1990年版,第264—265页。
② 关在汉编译:《罗斯福选集》,商务印书馆1982年版,第444—445页。

一个世纪的结束"①。重庆《大公报》发表社评,详细论述美国此举对于反对日本法西斯的意义,指出:日本所一向宣传的白种人蔑视黄种人及其他有色人种,白种人想统治世界,以及日本根据此种理论所高唱的"大东亚共荣圈"、"亚洲人的亚洲"以及它对菲律宾、缅甸、印度赐号"独立",玩弄傀儡,均因此而彻底破产;"日本的恶意宣传一扫,而日寇的无形兵力也被解散,这不但中国军民闻而欣慰兴奋,倍增抗战杀敌的勇气,而菲、缅、印等民族也将不受日寇的欺骗,坚定对联合国家的向心力,这对于太平洋战争实无异于添莫大的战斗力。"②战时中美关系由此而更加密切。

三　中英新约的签署

中英间缔结新约的谈判是与中美间的谈判同步进行的。10 月 24日,当美方向中方提出草约时,英方向中方说明,英国的草约文本与美国相似,现正与印度及各自治领商议。30 日,英国驻华大使薛穆将英方草约面交中方,计九款,比中美新约草约多一款,规定新约适用之领土、人民及公司,包括大不列颠联合王国、北爱尔兰、印度、英王之一切殖民地、海外领土、保护国、在英王保护或宗主权下之一切疆土及英国的一切委任统治地。另在第四款中增加了交还天津、广州英租界的内容。11 月初,国民政府外交部研究拟定了《中英新约草案初步审查意见书》和《第二次审查意见书》,制定了《中英新约修正草案》。

12 日起,中英双方在重庆进行缔约谈判。与中美缔约谈判相比,中英间的谈判要复杂和艰难得多,在谈判的一个月间,风波迭起,险象环生,几次迫近破裂的境地。双方在谈判中争执的主要问题是:九龙租借地问题、经营商业的国民待遇问题、内河航行及沿海贸易问题、购置

---

① 　陈志奇主编:《中华民国外交史料汇编》第 12 卷,第 5988 页。
② 　《大公报》1943 年 1 月 28 日。

不动产权问题等。

关于九龙租借地问题。收回香港是太平洋战争后国民政府战时外交的重要目标之一。早在太平洋战争爆发的前夕，中国新任驻英大使顾维钧就奉命试探英国政府对于中国收回香港的态度，并向英方说明香港问题是中国政府渴望尽快解决的问题之一①。然而，英国政府的既定方针是：不把香港归还中国，出于从经济上、战略上长期占领香港之需要，也不把九龙租借地归还中国。10 月 14 日，英国外交部政务次长在下院明确表示："废约只是废除治外法权"，香港不归还中国②。英国外交部远东司长克拉克更在内部文件中指示："如果美国支持中国收回香港，英国绝不能屈服于美国压力。"③英国提出的新约草案，只字未及香港问题。国民政府外交部审查英方草案后，决定暂不涉及整个香港问题，集中力量要求交还九龙租借地。提出：1898 年 6 月 9 日签订的《中英展拓香港界址专条》应予废止；英方在九龙租借地之行政与管理权，连同其官有资产与官有债务应移交中华民国政府④。双方的观点绝然对立。

对于中方的修正提案，英国政府面临三种选择：一是同意归还九龙租借地，那么在英国人看来将使香港成为"孤岛"，必将极大地降低其经济地位及减损其战略价值；二是拒绝中国要求，英国也担忧将得不到美国的支持，公众舆论也会同情中国；三是拖延。11 月 30 日，由丘吉尔主持的战时内阁会议，决定拒绝放弃英国在九龙新界的地位，坚持九龙租借地问题不在中英新约的讨论范围之内⑤。艾登甚至表示"不惜冒

---

①　《顾维钧回忆录》第 5 卷，第 14 页。

②　《备忘录》(1942 年 10 月 14 日)，英国外交部档案 F0371—35679。本章所引英国外交部档案、国防部档案均转引自李世安《太平洋战争时期的中英关系》，中国社会科学出版社 1994 年版。

③　《克拉克备忘录》(1942 年 11 月 20 日)，英国外交部档案 F7822—828—10。

④　《战时外交》(三)，第 765 页。

⑤　英国外交部档案 F0371—31777。

中断讨论之险,仍要站稳立场",态度极为顽固。英方的态度引起中方强烈不满,蒋介石一度准备"自动发表废除不平等条约之声明,以不承认英国在华固有之权利;一俟战后,用军事力量由日军手中取回,则彼虽狡猾,亦必无可如何"①。然而,外交部长宋子文、驻英大使顾维钧等却担忧因为香港问题而拒签新约,会使中英关系彻底恶化,不利于中国解决更为棘手的中苏关系,会使中国在外交上陷入被动。他们认为:"先缔约不失为外交上有利的一着;同时,我们可以公开讲明,希望英国在战后归还香港。"顾维钧劝告蒋介石说:中英新约是英国主动送上门来的礼物,"我明白委员长的意思,该送来的礼物应当一次送来,可是英国愿意分两次送","依我看还是先收下这第一份礼为宜,可以在收礼的同时暗示一下我们在等待第二份礼的到来,这样可以不致引起什么误解。"他强调:"战争期间,盟国应该表示团结一致,这点极为重要。"②此主张为蒋介石所采纳。而英国方面出于对美国反对和干涉的担忧,也同意中方采用照会方法对归还九龙租借地问题表示保留。最终,中方在签约的同时照会英方,声明中国对于九龙租借地问题"保留日后提出讨论之权",英方复照称:业已将此通知转达本国政府。英方在换文中没有作出任何承诺,承担任何义务③。归还九龙租借地问题的交涉以中方的失败而告终。

　　关于经营商业的国民待遇问题、内河航行和沿海贸易问题、购置不动产权问题,中美在交涉新约过程中已通过互让就这些问题迅速达成了解决办法,美方及时将中美谈判情况通报英方。但英方却强调英国的特殊性,坚持要求上述三项权利,外交大臣艾登指示薛穆在经营商业的国民待遇问题这一点上要"坚持到最后时刻"。英国外交部对美国在谈判中的处置方法大为不满,指责说:在上述三个"我们认为至关重要

---

①　[日]古屋奎二:《蒋总统秘录》(中译本)第13册,第781页。
②　《顾维钧回忆录》第5卷,第17—18页。
③　《战时外交》(三)第781页。

的问题上,美国人处处拆我们的台";"由于他们的快速战术,事实上我们被剥夺了与中国人进行实际谈判的任何机会";"而如果美国人作了让步,我们大概也只能这样做了";"看来只好等到日后订立广泛条约时再把整个事情扭转过来了"①。随后,英方又以在经营商业的国民待遇问题上让步为条件,要"尽最大努力保证关于不动产权的条款"。最后达成的协议是:英方放弃内河航行和沿海贸易权及经营商业的国民待遇要求;中方同意双方互相给予对方侨民购置不动产的权利②。

1943 年 1 月 11 日,国民政府外交部长宋子文和英国驻华大使薛穆在重庆签署《关于取消英国在华治外法权及处理有关问题之条约》,简称"中英新约",其基本内容与中美新约相似。但比起中美新约来,中英新约具有更大的局限性,就政治领域而言,香港问题没有提出讨论,九龙租借地问题悬而未决,刘公岛问题也因 1940 年刚签约展期十年而暂予搁置③。

尽管中美、中英新约还有不彻底之处,但毕竟是中国人民长期进行反帝斗争,尤其是六年半艰苦卓绝的抗日战争取得的一大胜利,百年来作为中国对外关系基础的不平等条约体系彻底崩溃。消息传出,举国欢腾,普天同庆。国民政府颁令,放假三天,"悬旗志庆"。蒋介石为此发表告全国军民书,称颂新约"不仅是我们中华民族在历史上为起死回生最重要的一页,而且亦是英美各友邦为世界人类的平等自由建立了一座最光明的灯塔"④。中共中央也决定各抗日根据地"在战地环境许

---

① 《布雷南备忘录》(1942 年 12 月 3 日),英国外交部档案 FO371—31664。

② 《艾登致薛穆》(1942 年 12 月 24 日、27 日),英国外交部档案 FO371—31665。

③ 1940 年 3 月 15 日,中英互相换文,确定自 1940 年 10 月 1 日起,将 1930 年 4 月 18 日所订之《中英出借刘公岛房屋便利之换文》展期十年,原订条件不变。据此,英国继续在刘公岛享有某些特权。

④ 《中华民国史档案资料汇编》第五辑第二编《外交》,第 535 页。

可下,均应于旧历元旦前后召开军民庆祝大会"①。各报纷纷发表社论志贺,《大公报》社论题为"百年耻辱,一笔勾销";《中央日报》社论题为"平等自由的光明灯塔";《国民日报》社论题为"五十年外交奋斗之光荣"等。

中美、中英新约的签署,标志着中美、中英间建立了国际法意义上的平等互惠关系,对于中国人民的抗日战争事业起了巨大的鼓舞作用。蒋介石和罗斯福、丘吉尔互致贺电,称颂此举为"盟国间在伟大作战中之一竭诚密切合作",确信"联合国家争取胜利与改善世界之目的,更易达成"②。中国舆论指出:这一举动"不但可以激励我们前方将士的战志,而且可以坚定我们全国民众的信心,不但中国的军民因此可加强其为自由平等与独立而奋斗的意志,即全世界爱好自由平等的民族亦皆透彻认识联合国家的最终目的,对于今后战局必有不可预测的效果"③。

中美、中英新约的签署,也极大地改善了中国的国际形象,增强了中国在世界反法西斯战争中的强国地位,从而将大大有利于推进反法西斯战争的进程和战后中国国际地位的提高。伦敦《泰晤士报》发表专论指出:"战胜为急务,以中国之坚卓抗战,得英、美之明白承认完成主权,其精神将益加强,并保证战胜后居大国优越地位,以重整新亚洲。"④

在中美、中英新约的影响下,同盟各国相继宣布放弃在华特权,陆续与中国签署平等新约。1943年8月20日,中国与巴西在里约热内卢签署新约;10月20日,中国与比利时在重庆签署新约;11月10日,中国与挪威在重庆签署新约;1944年4月14日,中国与加拿大在渥太

---

①　《新华日报》,1943年2月5日。

②　林泉:《抗战期间废除不平等条约史料》,第735—736页。

③　《中央日报》,1942年10月31日。

④　《伦敦大使馆致外交部报告关于英美取消在华治外法权签订新约英伦各报专论一致颂扬电》(1943年1月16日)。

华签署新约；1945 年 4 月 5 日，中国与瑞典在重庆签署新约；5 月 29 日，中国与荷兰在伦敦签署新约。战后，中国又先后与法国（1946 年 2 月 28 日，重庆）、瑞士（4 月 13 日，伯尔尼）、丹麦（5 月 20 日，南京）、葡萄牙（1947 年 4 月 1 日，南京）等签署新约。百年来，中国人民废除不平等条约运动胜利告终。

第二节　中美的合作与冲突

一　中美高层互访的加强

太平洋战争爆发后，美国成为援助中国抗战的主要大国，中美关系获得了前所未有的发展，其重要标志是两国高层人物的互访得到加强。

1942 年 12 月，国民政府任命宋子文为外交部长并常驻美国，与驻美大使协同工作，在华盛顿政府、国会、商界频繁进行活动，争取美国财政、军事援助，谋求中国的大国地位，取得了积极的成果。宋子文多次出席美英参谋长联席会议，宣传中国的抗战，争取更多份额的美国军事援助，也为蒋介石的作战方针进行辩解。如 1943 年 5 月，宋子文在美英参谋长联席会议上，力主美国应重点援助中国空军，要求 6 月、7 月、8 月，中印空运吨位悉拨空军飞机器材，9 月后中印空运应以 4800 吨拨给空军使用，为此与史迪威发生争执①。会后，宋子文又访晤李海海军上将，请其影响罗斯福总统的决策，取得了实效。8 月，罗斯福和丘吉尔举行魁北克会议，未邀请中国代表参加会议。宋子文据理力争，致电美国政府要求参与协商重要军事方案的权利，并指出："美英官方虽然多次强调四大国的领导地位，但中国代表却未被邀请出席卡萨布兰卡会议或华盛顿会议。这两个会议制订的计划，都关系到以蒋委员长为最高统帅的盟军中国战区。这些决定只是在事后才通知中国方面，结

---

① 《战时外交》(三)，第 225—226 页。

果导致对中国应承担义务的不同解释。如果确立起真正的合作并实行之,这种误解本可避免的。"①正是在宋子文的努力下,他被邀赶赴魁北克,在会上表达了中国的意见,并促使罗斯福同意中国代表参加联合参谋团及军火分配委员会。

1942年11月26日至次年7月4日,宋美龄应罗斯福总统之邀访问美国,受到美国朝野的热情接待和欢迎。宋美龄虽以私人身份出访,以治病疗养为由,实际上是蒋介石的特使,其使命是协助宋子文办理中美外交,向美国人民广泛宣传中国抗战,争取美国朝野的同情。宋美龄不仅在美国各地发表演说,如纽约市政厅、麦迪逊广场、芝加哥运动场、旧金山市政厅、好莱坞等,并且受到罗斯福总统的接见并应邀在美国国会发表演讲。1943年2月12日,蒋致电宋指示演讲要点:一、中美两国传统友谊过去一百六十年间毫无隔阂之处,是世界各国历史所未有之先例;二、感谢美国朝野援助中国抗战之热忱;三、今后世界重心将由大西洋移往太平洋,中美须有共同之主义与长期之合作,始能实现太平洋永久和平;四、战后太平洋各国应以开发西太平洋沿岸之亚洲未开发之物资与解放其被压迫民族,使世界人类得到总解放为第一要义;五、中美为太平洋上东西两岸惟一之大国,肩负着实现太平洋永久和平的时代责任等②。次日,蒋介石又两次电宋补充数点:一、感谢美国国会通过中美新约及其撤销在华特权;二、证明华盛顿、林肯、罗斯福的"以解放被压迫人类为己任",既是"美国立国平等、自由之精神"和"耶稣基督博爱、和平教义",也即是"中国孔子大同世界与国父孙博士三民主义立国之基本原理";三、强调太平洋问题及战后亚洲经济开发的重要性等③。2月18日,宋美龄在美国国会发表演讲,受到美国公众舆论普遍好评。美国女参议员史密斯夫人称:宋美龄的演讲"言词无多,而如

① FRUS,1943,China,pp. 94-95.
② 《战时外交》(三),第790—791页。
③ 《战时外交》(三),第791—792页。

此有力,殊人惊叹";参议员拉佛莱特称:"此乃余担任参议员十七年来所闻演说中最完善者,余不禁感觉吾人应该紧记吾人必须立即在财政及物资方面援助中国,使能超过吾人所之诺言。"①宋美龄的访美,在美国刮起一股"宋美龄旋风",对于增进美国人民对于中国抗战的了解,推动美国政府加强援华起了一定的作用。1944年6月,国民政府行政院副院长孔祥熙也奉派访问美国,与美国政府要人就中美合作、国际合作及垫付美军在华用款等问题进行广泛的洽商,并出席在美国举行的国际货币金融会议。1945年5月,国民政府行政院长兼外交部长宋子文再次访问美国,就"雅尔塔密约"及中苏谈判等问题与美同当局进行磋商,并率中国代表团出席在旧金山举行的筹建联合国会议。

美国政府也不断派遣高级官员访问中国。1942年7月,罗斯福派遣他的行政助理居里再度来华访问,并亲自致函蒋介石,对居里使命作了说明:"居里先生目前次访华之后,本人畀倚至深,随时咨询,凡有关中美关系之一切军事、政治、经济各问题,彼以沉默之姿态,在幕后活动最力,深信彼能将尔我间特殊观点与相互所取之态度,作忠实与正确之沟通,此实为尔我不能面谈不得已而求其次之最善办法。"罗斯福特别解释,美国"正竭尽全力以帮助中国之争取胜利,正如现我协助英国及其他同盟国战胜敌人之努力,无分轩轾"②。自7月20日至8月7日,居里访问重庆,与蒋介石会谈达十四次,向蒋介石详细介绍了美国的远东战略,并就反攻缅甸、飞机供应、改善中英邦交、史迪威之地位、空运紧急物资、战后政治、印度问题、改善中苏关系等,广泛交换了意见。当时,蒋介石对美国援华物资太少、美英参谋长联席会议和军火分配委员会没有中国代表以及史迪威监管与控制美国援华物资非常不满,居里的来访,安抚了蒋介石,疏解了双方的冲突和误解,缓和了史、蒋矛盾,使太平洋战争期间中美关系出现的第一次危机平安渡过。

① 《大公报》,1943年2月20日。
② 《战时外交》(三),第627页。

10月2日—8日,罗斯福又派遣私人特别代表威尔基访问中国,并致函蒋介石介绍威尔基:"彼为反对党名义上之领袖,彼对于政府外交政策以及作战事项,皆竭力予以拥护,并协力以造成今日国内精诚团结之现象。"①威尔基与蒋介石以及国民党要人就加强中美合作、战时经济、中国工合运动、印度独立、英苏关系、中共问题以及战后稳定太平洋局势等进行磋商,并在重庆发表演讲,指出"贵国抗战之胜负关系全人类的生存","美国更应进一步联络贵国以及其他同盟国家","使贵国可以完全解放,使其他现正遭受蹂躏的国家也可以完全解放"等,颇受好评②。威尔基回国后,写了《天下一家》的小册子,介绍他访问各国的情况,其中对于中国抗战颇多肯定,并敦促美国政府加强援华。10月26日,罗斯福致电蒋介石,对于威尔基访华结果表示满意,称"威尔基先生已以最热烈之语词,称述彼在中国人民中所见到之良好精神。福深信彼之访华,使吾等在美者对于协调吾人共同作战力量之各种重要问题,获得更明切之见解,而证明此行有莫大之补益"③。

1944年6月18日至30日,当中国战场出现军事、政治、经济全面危机的时候,美国副总统华莱士访问中国,旨在稳定中国局势。华莱士向蒋介石转达了美国政府对于中国成为一个强国寄予"信心和希望",建议国民党和共产党取得谅解,并表示美国愿意充当调解人。早在华莱士使华前,蒋介石即致电中国驻美大使魏道明向华莱士作非正式表示:"如其来华有调解中央与共党合作之表示,则中国抗战局势不仅因之动摇,而以后共党势力必更加枭张,无法消弭赤化之祸害。"④但美方并不为之而改变既定方针。由于华莱士的坚持,蒋介石被迫同意美军观察组进驻延安。7月10日,华莱士向罗斯福报告:美国政府"除了支

①　《战时外交》(一),第749页。
②　《大公报》1942年10月6日。
③　《战时外交》(三),第779页。
④　《战时外交》(一),第862页。

持蒋介石外,似乎没有其他选择",但"充其量只是一笔短期投资",蒋介石"没有治理战后中国的才能和政治力量",美国必须"在支持蒋介石的同时,通过各种可能途径对他施加影响,迫使他在中国进步人士的指导下采取能唤起民众支持、能使中国在作战方面有新的起色的政策"[①]。华莱士此行为以后美国对华政策的定向作了重要的准备。9月,当史迪威与蒋介石矛盾激化之时,罗斯福又派遣赫尔利为特使赴华,调处史、蒋矛盾引起的紧张的中美关系。(详见另节)

中美高层人物的频繁互访,是战时中美关系的一个重要特征。在世界大战的特殊环境之下,这种互访对于及时交流两国的战略思想和外交政策,疏解互相关系中出现的种种矛盾和突发事件,起了良好的作用。

二　"迪克西使团"

太平洋战争爆发后,美国的远东战略有两个目标:其一,是利用中国取之不尽的人力资源,给中国以一定的援助,"用较小的代价使中国成为一个从那里能极大地毁坏日本的作战基地"[②],实际上是依托中国战场来拖住日本,减轻其在太平洋战场所受的压力,使其能首先击败德国,再打垮日本;其二,以援华为手段,在远东扶植一个亲美的"强国",代替日本的位置,"在远东为和平、战后的稳定和与美国及其他国家的政治经济合作发挥有效的影响",既抗衡苏联对亚洲的扩张,也削弱英国在亚洲旧有的殖民影响。

要实现这两个战略目标,美国就将不可避免地介入中国的国共关系问题。首先,中国共产党领导的军队和敌后抗日根据地日益壮大,占

---

① ［美］伊·卡通:《中国通——美国一代外交官的悲剧》(中译本),新华出版社1980年版,第139—140页。

② *FRUS*,1942,China,p. 139.

领和控制着广大的敌后区域,并从战略上包围着相当多数的侵华日军,
成为美国官方不可忽视的政治实体;其二,抗日阵营内部,国共两党的
压制与反压制、防范与反防范、摩擦与反摩擦越演越烈,已发展至严重
的军事对峙,存在着演化为大规模武装冲突的危险,这不仅影响了中国
的政局稳定,而且也严重削弱了中国的抗日力量,在美国人看来,发展
下去将使其国家利益受损,而使日本得益;其三,随着美国援华力度的
不断加强,美国人对重庆政府的抗日态度和治政措施的不满也日益加
深。在他们的心目中,国民党的独裁、腐败、失职与共产党的民主、廉
洁、效率形成鲜明对照,尽管国民党竭尽全力把中共描绘得一无是处,
一再警告不要被中共的宣传所迷惑,但是美国人对于战斗在穷乡僻壤
而保持神话般活力的中国共产党人却抱有越来越大的兴趣。

　　加强对于中国共产党的研究,调处国共关系,逐步成为美国对华外
交的一项重要任务。美国驻华大使馆二等秘书谢伟思分析美国政府的
动机主要有两点:第一,"共产党军队可能对我们的战争努力产生的积
极的军事价值",中共的军队"控制着通往内蒙、满洲和日军在华北各基
地的地区,他们所处的战略地位的重要性还会因为俄国加入对日作战
而大大加强";第二,出于对战后美国的远东战略考虑,"一旦日本战败,
共产党将稳据华北大部分地区,并且处于日军撤出的绥远、热河和满洲
真空地带的最有利的位置,加上他们在大批自由派知识分子和青年学
生中所获得的同情,以及可能得到的来自俄国的支持,国民党要想战胜
共产党是不可能的";国共内战将会引起革命,其结果会"使中国共产党
远远超出他们现在所追求的温和民主的范畴","更趋向于与俄国而不
是与英美两国建立友好合作的关系",这将会对美国利益造成严重的不
利影响①。美国参战后不久,部分美国驻华官员就主张与中共领导的
抗日军队建立军事上的联系,扩大对华抗日合作,并设想这种军事合作
至少能为白宫判定太平洋战场的作战方案提供有用的情报。1943 年 1

---

　　①　*FRUS*,1943,China,pp. 193 - 199.

月，美国驻华大使馆内的"中国通"们建议在中国共产党地区设立美国总领事馆，并派遣军事观察团，以便于制订对待国共关系的积极对策①。2月，美国国务院远东司在一份《备忘录》中肯定了上述意见，并指出派遣美国官员访问共产党控制区，可以获得双重利益，"既可以向中国人表明我们对整个问题的关切，同时又可以使我们得到有关这个问题各个方面的更多的情报"②。

处于国民党军事进攻威胁之中的中国共产党对于美国意欲介入国共关系采取了欢迎的态度。1942年5月，周恩来会见美国记者斯诺，表示中国共产党欢迎在重庆的美国军事代表团和美国记者去延安参观访问③。11月，周恩来等中共领导人在与美国驻华官员谈话中进一步指出：美国对国民党的影响是有可能改善当前国共关系恶劣局面的惟一的力量；说明中共军队作为对日战争的参加者应当按比例得到美国的租借物资④。次年3月，当周恩来获悉美国有派遣官员访问中共控制区的意向后，立即向美国官员表示：中共欢迎美国政府派一批军官作为观察员到陕西、山西等敌后根据地去搜集情报，并常驻在那里工作⑤。中共中央的意图十分明显：一是争取与美国方面建立具有官方性质的联系；二是要求合理分配美国援华物资，从而在政治上加强与国民党谈判的地位，在军事上进一步壮大自身的力量。

然而，国民党方面却对美国介入国共关系采取强烈反对态度，蒋介石担忧美国的介入将会对其权力形成潜在的威胁，危及其统治秩序。于是，步步为营，抵制来自美国方面的要求。当他得知史迪威要求国民党解除对于抗日根据地的军事包围，装备并利用中共军队参加对日作战时，指责美国此举"更将使共党鸥张无忌，而使我政府对中共之处理，

①　*FRUS*，1943，China，pp. 258‑260.

②　*FRUS*，1943，China，pp. 205‑208.

③　参见《周恩来年谱(1898—1949)》，中央文献出版社1989年版，第532页。

④　*FRUS*，1943，China，p. 197.

⑤　*FRUS*，1943，China，p. 214.

更增困难,不惟不能阻止共党之内乱,适足以奖励我国之内乱也"①。
在美国方面的一再交涉下,蒋介石一方面再三向美国政府保证:"我中
央对中共本无武力制裁之意,始终如一以容忍感化为怀";另一方面采
用种种手段阻止美国与中共发生直接联系。直至1944年2月9日,罗
斯福直接致电蒋介石,询问美军观察团可否去山西、陕西等地考察军
事?蒋介石虽表示愿意"提供方便",但仍坚持考察路线只能限于国统
区内②。

　　1944年中,国民党军队在豫湘桂战役中遭到大惨败,中国正面战
场出现了政治、军事、经济全面的危机,美国政府加大了介入中国国共
关系的力度,派遣美军观察组去延安,成为美国解决中国危机的重要举
措之一。6月下旬,美国副总统华莱士在访问中国时,向蒋介石再三表
示对于国共关系的关切,明确提出派遣观察员去延安的希望,最终迫使
蒋介石同意美军派遣军事观察组进驻延安。美军中缅印战区司令部迅
速完成了军事观察组的组建工作。其使命是获取日本在华北和满洲的
有关情报,估计"共产党对战争潜在的贡献能力","提供共产党扩大他
们战果最有效的办法",并协助美国政府寻求"应以何种最适合的方式
才有助于友善地解决国民政府与共产党之间的矛盾",同时,此举也是
美国政府为阻止国共关系日益恶化、挽救中国战场危机而做的一种
努力。

　　7月22日和8月7日,美军观察组,又称"迪克西使团"的成员18
人,分两批飞抵延安,组长由"中国通"包瑞德上校担任,谢伟斯、卢登任
该组政治顾问,其他成员包括航空兵军官、陆军军官、军医、技师、海军
军官和信号兵等。美国中缅印战区给观察组的任务指令是:派往中国
共产党控制地区的观察组,请注意下列项目的情况,希望得到特别重
视:敌军战斗序列;敌军空军战斗序列;汪伪军军队的战斗序列;共产党

①　《战时外交》(一),第162页。
②　FRUS,1944,China,pp. 329 - 330,pp. 348 - 349.

军队的力量、位置、作战部署、装备情况、训练状况、战斗力；共产党在敌军内部和敌占领区中情报能力的利用和发展；共产党官员的全部名单；敌军在中国北部地区的机场和空防力量；情报目标；敌军轰炸的损失情况；气候情况；经济情况；共产党军队的作战行动；敌军的作战行动；共产党对战争所能做出的贡献的估价；共产党控制地区目前的扩展状况；援助共产党军队以增强他们战斗力的价值最有效的方法；海军情报；共产党军队的战斗序列；共产党战争能力的潜在贡献的估计等①。

中共对于美军观察组进驻延安持非常欢迎的态度，《解放日报》发表了由毛泽东亲自撰写的社论《欢迎美军观察组的战友们》，称颂美军观察组是"同一战壕里的战友"，期待美军观察组冲破国民党封锁来到延安，将认清国共关系的真相，并指出："这是关系四万万五千万中国人反抗日寇解放中国的问题，这是关系中国两种主张两条路线谁是谁非的问题，这是关系同盟各国战胜共同敌人建立永久和平的问题。"中共中央和八路军总部为美军观察组的工作提供了一切可能的便利。中共领导人毛泽东、朱德、周恩来等多次会见他们，八路军主要将领专门为观察组作了介绍各部队和各抗日根据地的报告。彭德怀作八路军七年来在华北抗战状况报告，陈毅作新四军在华中七年抗战状况报告，叶剑英作有关敌后作战及八路军编制装备报告，聂荣臻、林彪等介绍各抗日根据地状况。同时，在延安参观游览，如延安日本工农学校、南泥湾三五九旅、抗日军政大学等。中国共产党希望美军观察组的进驻延安能"使美军统帅部对于中国共产党始终坚持团结抗战，实行民主的政策和中共领导下的敌后抗战力量，获得真实的了解，并据以决定正确的政策"②。其具体目标是：争取实现"盟国给我以军火物资药品和技术上的援助"，"盟国在我边区及主要根据地派遣外交使节，或设外交机关"，

---

　　① ［美］包瑞德：《美军观察组在延安》（中译本），解放军出版社1984年版，第32页。

　　② 《解放日报》，1944年8月15日。

"盟国通讯社或其政府新闻处在延安设立分社,或派遣特约通讯员及记者来延"等①。

美军观察组在中共帮助下,迅速分批前往华北各抗日根据地进行实地考察,广为收集各种情报,在两个月内就成功发送了 112 份报告,其中绝大部分是重要的军事情报,如华北、西北地区的地理、气候和经济状况、日军在华北的机场和防空力量,八路军的实力、布防、作战部署、训练状况等。更为重要的是,美军观察组在延安与中共领导人的深入接触,增进了互相间的了解,他们接受了中共提出的若干重要主张,他们发回的报告对于美国对华政策的制订发生了重要的影响。他们高度评价共产党情报机构的工作效率,指出:"东京的报纸的稿子在日本出版后只有十天,延安就可以收到了。""他们为我们的海军和空军搜集天气预报,这是极其重要的,由于他们的合作,在通讯主任木克上尉的监督下,许多小型无线电台和指挥行动的仪器被送往共产党控制区的边远部分,惊人的、大量有用的报告一旦通过小型无线电台发出,延安就收到"。这表明双方的合作十分融洽②。

8月23日,毛泽东会见美军观察组政治顾问谢伟思,详细阐明了中共对于时局的分析及其方针政策,其要点是:一、民主改革国民党,是团结抗战和解决中国内政问题的关键。指出:"国民党必须整顿,它的政府必须改组,像它现在这个样子,它是不能指望进行一场有效的战争的,要是美国替它打赢这场战争,那胜利后也肯定要发生动乱。"二、希望美国政府对中国内部事务发挥积极的作用,指出:能否防止国民党发动内战,取决于外部力量能否约束国民党,在这些力量中,最主要的是美国;"美国可以告诉蒋介石,为了战争的利益,他应当怎么办。可以把蒋介石按美国意愿办事作为美国向他提供援助的条件。"三、中共和美国不仅在战时,而且在战后也有广阔的合作前景,指出:战后中

① 参见《中共中央文件集》第 14 卷,第 314—318 页。
② [美]包瑞德:《美军观察组在延安》(中译本),第 42 页。

国的工业化,只有通过兴办自由企业和得到外资的援助才能做到,中美两国的利益是相关又相似的,它们在经济上和政治上都是调和的;美国同中共合作对于一切有关方面都是有益的和值得高兴的,不会损害美苏关系;美国无须担心我们不给予合作,我们应当合作,我们也必须得到美国的援助等①。毛泽东的谈话,不仅对美军观察组的官员产生了深刻的影响,而且通过谢伟思等送往美国国务院的报告,也对美国的对华政策发生了重要的影响。美国政府后来派遣赫尔利来华调处国共关系和逼迫蒋介石组织联合政府的方针,既是美国远东政策的表现,也与中共的外交努力有关。

同时,中共争取美国军火援助的努力也通过美军观察组取得了若干进展。8月下旬,中共发现在美国正式承认国民政府为中国惟一合法政府的情况下,要求美国外交承认中共不大可能时,迅速将工作重点放到争取美国军火援助上来。中共领导人的想法与美军观察组谢伟思等人的主张可以说是不谋而合。谢伟思等人认为:美国与中共的合作"应从向中共提供其极度缺乏的基本军事装备开始,并辅之以对使用这些装备的训练"。这样做,不仅对战争将会起十分的作用,当美国军队在中国沿海登陆作战时,将会得到中共军队的各种掩护和情报帮助,而且将迫使国民党放弃武力解决国共矛盾,在政治上实行改革,从而制止国民党发动内战的企图②。谢伟思等人的主张得到了史迪威的赞同。

9月上旬,中共中央一方面命令沿海各部队,速向京沪及华北各地发展,特别要在沿海一带广泛地开始游击战争及准备大城市的武装起义,建立各种秘密的情报和联络机构,以迎接美军的登陆作战并实现中美联合作战;另一方面,又指示驻重庆代表向美国史迪威将军和赫尔利

---

① 《谢伟思报告》(1944年8月27日),转引自汪熙主编:《中美关系论丛》,复旦大学出版社1985年版,第361—362页。

② 《延安观察组迪克西使命》,参见陶文钊等:《抗日战争时期中国对外关系》,第441—442页。

特使提出："根据我军历年抗战的战绩,今日抗击敌伪的战略地位(敌后沿海及大城市附近交通要道两侧),我军的实力(50 万正规军,200 万以上民兵),和我军配合盟国军队作战的各种可能,以及国民党军队的连战皆衰弱无能","十八集团军和新四军应占全中国军队所接收全部援助数量的二分之一的比例,至少应得三分之一的比例。"后又指示在与美方交涉时,不提三分之一,只提二分之一,"因不论战绩、兵力、地位,其都优于国军也"①。中共中央公开提出平分美国租借物资的要求,与政治上要求建立联合政府和联合统帅部是紧密联系在一起的。

　　美军观察组从 10 月开始,先后策划了一系列与中共联合作战的军事行动计划。如谢伟思曾秘密建议美国用缴获的德国武器援助中共,以承认中共独立政府为交换,令其在江南地区发动攻势作战。后美军观察组又秘密制订了"连云港计划"(空投支援中共在山东的部队)、"伯尔德计划"(为二万五千中共游击队提供武器装备并加以训练)、"麦克卢尔计划"(美国空降兵部队在中共军队支持下在山东沿海登陆作战)等。

　　由于美军观察组的进驻延安以及中共与美国驻华部分官员双方的努力,美国政府曾经存在着与中共建立正式关系,并向中共军队提供军事援助,公正处理国共关系的可能,但是随着 9 月 6 日赫尔利的来华,美国对华政策开始逐渐偏向扶蒋反共的方向,其转折点就是震惊中外的"史迪威事件"。1946 年 4 月 20 日,美军观察组结束工作离开延安。

三　史迪威事件

　　太平洋战争爆发后,中美两国虽然结为战时盟国,但国民政府对日战争的基本战略和美国政府的远东战略并不完全相同,两者的战略意

---

　　①　《毛、刘致张、饶、曾电》(1944 年 9 月 10 日)、《中央致董必武电》(9 月 9 日)、《毛致林伯渠电》(9 月 12 日),转引自陶文钊等:《抗日战争时期中国对外关系》,第442 页。

图有时可以互相衔接,有时却是互相冲突的。如前所述,美国的远东战略有两大目标,但其基本点是要求中国积极对日作战,尽快击败日本,而国民政府却将希望寄托于美、英等国的与日交战,"运用英美之力,以解决中日问题"。蒋介石认为:太平洋战争爆发后,日本的大部分兵力将被美国吸引过去,可以指望由美国"替他打日本",他自身则利用西方的援助,保存实力,等待时机消灭共产党,这就是为共产党人所批评的"消极抗日,积极反共"的战略。中美战略方针间的差异以及美国两个战略目标间的矛盾,导致中美关系波澜迭起。史迪威事件正是这种矛盾和冲突的集中表现。

史迪威与蒋介石的矛盾由来已久,最基本的分歧大致有下列各项:在政治战略方面,蒋介石认定:太平洋战争爆发后,对日作战的重担已由美国人接任,他不断批评英、美的"先欧后亚论",鼓吹"先亚后欧论",希望依赖美国打败日本,实行所谓"长期抗战",实际上是把"保存实力看得比对日作战更重要"。蒋的这一态度引起史迪威严重不满。美军中缅印战区司令部政治顾问戴维斯在一份备忘录中尖锐批评国民政府的对日作战态度,内称:"一,中国政府的目的,第一是确保其自身的存在及在国内的至高无上的地位;第二是尽可能保持强大的军事力量以便有资格参加最后的谈判。二,中国政府的政策是:保存实力而不是消耗其军事实力,指望由美国的海陆空军力量,或者俄国的陆空军力量去打败日本。三,如果有可能指望中国统帅部同意采取攻势的话,那多半只是在说服它相信它所消耗的军事装备能立即得到补充,并有利可图时,才是可能的。四,如果不附带任何交换条件,转交给中国的租借物资都将被囤积起来,而不会被中国政府按照租借法的规定,将这些物资用于对日作战。"①蒋介石的方针与美国要利用中国的力量削弱、打击日本的战略目标是不相吻合的,为此遭到史迪威的激烈批评和指责。史、蒋的分歧实际上是中美远东战略的分歧。

---

① *FRUS*,1942,China,pp. 129 - 131.

在军事战略方面,按照美国的远东战略,史迪威的基本思路是:尽快进兵缅北,打通滇缅路,恢复美国向中国提供物资的运输线,为此主张按美国方式整编中国军队,担负在亚洲大陆进攻日军的任务,甚至不惜以供应租借物资为条件,强迫蒋介石出兵缅北。蒋介石虽赞成发动缅甸战役,但以英国军队同时在缅南发动两栖作战,美、英提供海、空支援为先决条件,不肯贸然出兵。他热心支持的是陈纳德提出的"空中战略"。1942年10月,美国驻华空军指挥官陈纳德致信美国总统特使威尔基,全面阐述他的空战计划,主要内容是:美国驻华空军只要拥有并维持一支105架战斗机、30架中型轰炸机和12架轰炸机组成的空中力量,就可以在中国境内击败日本,并有助于整个太平洋战争①。1943年1月9日,蒋介石致电罗斯福,支持陈纳德的空中计划,要求美国军方优先保证对于美国驻华空军部队和中国空军的物资供应。陈纳德的"空中战略"没有要求中国军队担任重任,比较符合蒋介石依靠美国军队打败日本的战略意图,然而,这一方案将与史迪威的进兵缅北计划争夺战略物资,其可靠性也有疑问,遭到史迪威的坚决反对。史、陈两人为此从重庆争吵至华盛顿,蒋介石是陈纳德的有力支持者。

与政治战略相关的还有是否装备中国共产党军队的争执。对此,美国政府内部意见不一,但驻华美军司令史迪威及其政治顾问戴维斯、谢维思等出于对美国战时和战后利益的考虑,力主美国在援助国民政府的同时,也要和中共合作。他们认为中共"有一种生机勃勃的气象和力量,一种和敌人交手的愿望,这在国民党的中国是难以看到的"②。一再表示要"给同日本作战的中国共产党人供应美国武器装备",并指示部下与中共方面拟定种种军事合作计划。美军观察组进驻延安,正是他们坚持和活动的结果。他们认为这样做既符合战胜日本的需要,

---

①　陈香梅:《陈纳德和飞虎队》(中译本),上海学林出版社1988年版,第146—147页。

②　*FRUS*,1945,China,No. 5,p. 204.

又能"在政治上抓住中共,不让他们倒向俄国"。他们的这些主张和行动,遭到视中共为其心腹之患的蒋介石死命地抗拒,毫无通融余地。

与军事战略相关的则是租借物资控制权争执。美国在战时虽然在政治上执行扶助中国成为大国的政策,但在军事上、经济上却并未真正将中国作为大国平等相待。中国战时获得的美国租借物资不及英国的5％,苏联的15％,甚至不如退居北非一隅的法国的半数。更有甚者,当时给予英、苏的租借物资,货一上船,所有权即归英、苏,而给中国的租借物资即便运到中国,控制权仍操之史迪威之手,成为史、蒋争执的又一重要内容。争执首先围绕着租借物资的支配权展开,史迪威声明在租借物资支配问题上,他以总统代表行事,而中国战区参谋长职责中并不包括物资支配权,蒋介石致电罗斯福提出抗议,要求改变史迪威独立控制租借物资的状况,让史迪威服从自己,但美方的答复是:即使换人,也将担任同样的任务,并对租借法案行使同样的控制权①。史迪威由此得以继续支配租借物资,并以此作为压迫蒋介石的重要筹码。当史迪威和陈纳德发生"空中战略"之争时,该项争执又转移到陆军和空军的物资分配份额上。1943 年 4 月前,美国援华租借物资的八分之五用于陆军,八分之三用于空军。蒋、陈在提出"空中战略"后,极力主张租借物资应优先供应空军,为此不断与史迪威及美国政府交涉。1943年初,陈纳德的主张曾一度得到罗斯福的支持。3 月,罗斯福下令成立以陈纳德为司令的美国第十四航空队,并指示应维持陈纳德部队的继续作战能力。4 月召开的"三叉戟会议"决定自 7 月起将"驼峰"运输线的运输能力提高至每月 7000 吨,其中 4700 吨拨给陈纳德使用②。总

---

① ［美］沙勒:《美国十字军在中国》(中译本),商务印书馆 1982 年版,第 111—112 页。

② 指日军攻占缅甸,切断中国与西方盟国的交通线后,美国开辟的从印度阿萨姆的提斯浦尔基地飞越喜马拉雅山,到达中国昆明和重庆的空运线。1943 年卡萨布兰卡会议后,空运量增加,并利用回程空机运送中国兵员到印度训练。年底每月空运量突破万吨。至 1945 年 5 月达 7 万吨。

统的直接干预,表面上平息了双方的争执,但互相间的积怨却由此而更加加深。1944 年 6 月,豫湘桂战役进入高潮,华中、华南战局危急,陈纳德告急,要求每月给他 1 万吨物资。执掌分配大权的史迪威却在美国陆军部支持下,没有及时给予救援,使华中战场出现大溃败,围绕着"空中战略"的失败及其责任问题,蒋、史间,史、陈间互相攻击,推诿责任,更加闹得不可开交①。

　　导致蒋、史最终决裂的是军事指挥权争执。蒋、史对于中国战区参谋长史迪威的军事权限问题从开始时就存在分歧。蒋介石认为:史迪威是他的下属,对于中国军队没有独立的军事指挥权;而史迪威则以宋子文与史汀生换文为依据,认为有权指挥中国军队,双方认识不一致。再加上战时中美关系的种种政治、军事问题及其他方面的分歧,导致双方矛盾不断升级。1942 年 3 月,中国远征军入缅作战,蒋、史就发生指挥权之争,史迪威指责蒋介石的"战术思想非常离奇",虽然给予他指挥全权,实际上却是蒋本人遥控指挥,指手划脚,朝令夕改,致使部队不听调遣,贻误战机,感觉"受制于人,精神负担太大"②。蒋介石则埋怨史迪威"脱离我军,擅赴印度","不知军纪何在"③? 4 月,美国以轰炸机16 架轰炸东京,此举对于中国军事形势有严重影响,然而事先并未征询中国同意,本来双方曾约定轰炸东京的飞机不能返回中国,美方亦未实现诺言,结果招致日军 5 月对于中国浙东地区的报复性进攻,美军又不及时支援,造成浙东中国二万军民的伤亡,亦引起双方不愉快的争执④。5 月,双方又在陆军改革问题上发生严重分歧。在蒋介石看来,军队改革只是期望用美式武器装备中国军队,而史迪威提出的方式却

---

　　①　参见陈香梅:《陈纳德和飞虎队》,第 135—145 页。

　　②　[美]巴巴拉·塔奇曼:《史迪威与美国在华经验》,商务印书馆 1984 年版,第389—390 页。

　　③　梁敬锠:《史迪威事件》,商务印书馆 1973 年版,第 44 页。

　　④　郭荣赵编译:《蒋委员长与罗斯福总统战时通讯》,台北中国研究中心 1978年版,第 95—96 页。

建议精简合并现有的师,清除无能的高级将领,授予前线总司令以指挥全权,这将会影响蒋介石对于军队的控制力。史迪威在2月内提出十一个军事改革计划,蒋介石无一作复,使史迪威通过改革军队取得指挥权的计划破产。

7月,史迪威致书蒋介石,强调他首先是总统代表,其次才是中国战区参谋长①。蒋介石致电在美国的宋子文,私下指责史迪威:"言行无常,似有精神病状态,望其在华尽职,恐非所能",要他转告美国政府,"最好能由其自动召回。"②随后,美国总统特使居里访问中国,对于蒋、史矛盾有所调解,但问题并未解决。1943年下半年,因史迪威要求蒋介石将包围陕甘宁边区的军队调往山西抗日前线而双方再起冲突。9月15日、28日、29日和10月,蒋介石连电美国,要求撤换史迪威,未为美方接受。至1944年3月,蒋、史又在中国远征军入缅作战问题上闹翻。4月4日,蒋介石虽在史迪威中断美援威胁下,下令中国军队入缅作战,却没有放弃对于远征军的指挥权,他对部队的遥控指挥,使史迪威恼怒不已。7月初,国民党军队在豫湘桂战役中大溃败,史迪威立即以挽救华中战场危局为名,建议美国陆军部强压蒋介石把全部中国军队的指挥权交给自己。史、蒋矛盾由此而激化。

7月7日,罗斯福致电蒋介石,表示将晋升史迪威为上将,由他"统率全部华军和美军","并包括共产军在内",以挽救危局。史迪威为了迫使蒋介石交出军权,再次利用美援卡住蒋的脖子,宣布凡不属于他指挥的军队均不能得到美援。蒋介石为了取得美援,一度曾同意委任史迪威以指挥中国军队的全权,并在军队编制方面作了一些准备,但要求罗斯福总统派一代表来华,调整蒋、史关系。为此,罗斯福决定派遣特使赫尔利来华。事态似乎有了转机,赫尔利的调解有所进展。然而,9月18日,罗斯福总统鉴于豫湘桂战局进一步恶化及陆军部的建议,向

---

① 《战时外交》(三),第608—609页。
② 《战时外交》(三),第611页。

蒋介石拍来了"最后通牒"式的电文,逼迫蒋介石交出军权,于是,事态起了戏剧性的变化。蒋介石决定冒中断全部美援之险而与美国政府摊牌。他向罗斯福强硬表示,愿意接受美国的要求,但决不接受史迪威,要求"另派富于友谊合作精神之任何美国将领接替史迪威"。由于美国总统特使赫尔利转而支持蒋介石,并建议"任命另一位美国将军在蒋委员长领导下指挥在中国的一切陆空部队"①。10月20日,史迪威被调离回国。

史迪威事件标志着对于当时的美国政府来说战后的长期政治目标已显得比战时短期的军事目标更为重要,美国政府不愿因一个史迪威而交恶国民政府,以影响战后美国在远东的政治利益。史迪威事件对于中美关系影响很大,它中断了由史迪威以及驻延安军事观察组所宣传和推行的美国和中国共产党直接联系的工作进程,使美国对华政策由此而确定了扶蒋反共的方向。

四　美国扶蒋反共政策的确立

以1944年10月25日魏德迈继任中国战区参谋长兼驻美军总司令和11月30日赫尔利继任美国驻华大使为标志,美国政府的对华政策确定了扶蒋反共的方向。

9月6日,正当史、蒋矛盾激化之时,赫尔利作为总统特使赴华,其使命是:防止国民政府崩溃;支持蒋介石任国民政府主席和军队统帅;协调委员长与美军指挥官的关系;促进中国战争物资的生产和防止经济崩溃;为打败日本,统一中国军队等。赫尔利在协调史、蒋关系的过程中,形成了不同于史迪威的看法,其基本思路是:美国应该坚决支持国民政府,并联合苏联对中共施加压力,迫使中共承认并接受蒋介石的领导,交出军队,参加政府。为此,他在史、蒋争执中支持蒋介石,认为

---

① 《战时外交》(三),第643页。

"史迪威在政治上不能了解蒋介石,或与他合作",史、蒋的僵局"有深远的影响,会导致战争的延长和增加美国人力和物力的损失",他甚至危言耸听地对罗斯福说:"你若在此争论中支持史迪威,你将失去蒋介石,并且可能连中国也一起丢失。"①

　　史迪威去职后,美国政府内部关于对华政策的争论并未结束。与赫尔利持对立观点的有艾奇逊、谢伟思等驻华外交官和美国国务院内的一些高级官员。1944年12月28日,中共领导人会见包瑞德,希望派一个非官方的代表团去美国,毛泽东和周恩来愿一同或单独一人前往华盛顿与罗斯福进行会谈,并强调此事应由魏德迈将军单独处理,"绝对不能让赫尔利将军知道"。美军观察组及时向重庆美军总部转告中共的意向,但当时魏德迈不在重庆,而且魏德迈与赫尔利早有互通信息的约定,结果观察组的电文落入赫氏之手。赫尔利为此大怒,致电华盛顿,称:"如果共产党人与美国陆军达成这样的安排,那末我们试图拯救中国国民政府的努力将会付诸东流。"②结果,魏德迈从缅甸前线赶回重庆进行调查,并为自己部下加入此事表示歉意,包瑞德被免去观察组组长职务,并因赫尔利的反对而失去了晋升准将的机会。毛泽东和周恩来的赴美之行自然也是烟消云散。

　　然而,赫尔利的反对派并未就此罢手。1945年2月19日,美国驻华使馆代办艾奇逊、谢伟思等五人乘赫尔利回国述职之机,联名向国务院拍发紧急报告,反对赫尔利推行的对华政策。主要内容是:如继续赫尔利的政策,"中国的混乱将不可避免,中国内部冲突的爆发将加快";美国由于军事需要应"与共产党及其他有助于这次抗日战争的团体进行合作,并给以供应";"向蒋介石建议组织最高战时委员会或战时政府,包括共产党和其他团体的代表,将中共军队编入中央政府军队,执行联合作战计划,由美国军官指挥";可将上述建议"私下通知蒋介

　　①　[美]沙勒:《美国十字军在中国(1938—1945)》(中译本),第172页。
　　②　FRUS,1945,China,No.7,pp.175-176.

石,如蒋拒绝,美国应准备发表公开政策声明"①。此份报告得到美国国务院的支持,由此而引起赫尔利与国务院在对华政策上的一场争论。

赫尔利视艾奇逊等人的行动是驻华美国使馆内的一场政变,他向国务院声明:"发这封电报是他的部下对他不忠的行动,它使承认共产党为武装作战一方的问题又复活了,而史迪威将军正是为了这个问题被召回的。"②魏德迈支持赫尔利的立场。赫、魏的主张得到了罗斯福的支持,艾奇逊一派意见被否决,此后难以对美国对华政策的制订发生影响。4月2日,在争论中占了上风的赫尔利在华盛顿举行记者招待会,声明美国"承认中国的国民党政府,而不是任何武装的军阀和政党",认为蒋介石在长期的抗日战争中,"运用了他所有的权力,然而他不是有法西斯思想的人,他的抱负是把他所有的权力交给一个民有、民治、民享的政府"。他公开宣布不与中共合作,并断然否定美国将向共产党提供武器等③。赫尔利的这个讲话即是他与国务院关于对华政策争论的一个总结。

随后,赫尔利按照既定的政策,积极扶蒋反共。首先,推动美国政府大大增加对国民党的援助。1945年1月至8月,美国给予国民政府的经济援助达到2.265亿美元,相当于1943年和1944年两年经济援助总额6000万美元的3.7倍,给予的租借军事援助总额也是前两年总额的二倍④。魏德迈在军事方面也一改史迪威的做法,采取了许多旨在壮大国民党军事力量的新措施,如建立每周一次的中美联席会议制度;组建中国陆军总司令部,专门指挥野战军作战,何应钦任总司令,麦克鲁任作战司令,齐夫斯任后勤司令,由中美军官

① *FRUS*,1945,China,No.7,pp.37-39.
② [美]伊·卡恩:《中国通——美国一代外交官的悲剧》(中译本),第197页。
③ *FRUS*,1945,China,No.7,pp.317-320.
④ 《中美关系资料汇编》第1辑,第497页。

共同组成各职能部门;派遣美国军事顾问至中国战斗部队师一级
司令部;在广西、云南各地举办参谋、步兵、炮兵、摩托、工兵、译员等
训练学校,在兰州成立训练与装备中心,在日本投降前,帮助蒋介石
装备了20个美式机械化师;帮助建立战时生产局、战时运输局以及
中美联合生产委员会,发展军需品生产和运输;增加驻华美军人数,
至战争结束时已达六万余,其中空军3.4万;成立中美特种技术研
究所,进行心理、谍报以及反共等方面的特种技术合作研究等。美国
政府在"援华"的旗帜下,加紧从政治、经济、军事各方面支持国民
政府。

　　同时,赫尔利继续以调停人身份介入国共谈判,企图将中共军队统
一于国民政府军队之中。(详见另节)他曾表示:"最主要的是引诱共产
党交出军队,无论付出什么代价,如能做到这一点就算成功了。"[1]为
此,赫尔利严格限制美国驻华官员与中共间的接触和联系,否决了所有
美国驻华军官和外交官制订的装备和训练中共军队的计划,禁止向中
共提供任何援助。"艾奇逊报告事件"发生后,赫尔利对美国驻华机构
进行了大清洗,一批具有远见的敢于反映实情的外交官被逐出在华外
交机构,谢伟思等六人甚至被美国联邦调查局以泄密罪逮捕。美国的
对华政策不能不在错误的道路上越走越远。

　　为了迫使中国共产党就范,赫尔利还积极谋求让苏联向中共施加
压力。他认为,中共在政治上依赖苏联,只要苏联与美国采取同步政
策,就能迫使中共接受国民党的条件,交出军队,参加政府。1945年1
月14日,赫尔利致函罗斯福,建议在美英苏三国雅尔塔会议期间,与丘
吉尔、斯大林达成协议,促使他们赞同美国的政策,意欲以美、英、苏联
合支持蒋介石的国际压力,迫使中共同意"统一"于国民政府。赫尔利
的这一建议成为美国赞同签署《雅尔塔密约》的动因之一,给战后中国
政治留下了无穷的祸害。

────────────

　　①　FRUS,1944,China,No. 6,p. 669.

第三节　中英关系的波折

一　中英远东战略的分歧与争论

太平洋战争爆发前,英国尽管在战略上与日本对立,对日本侵犯其在华利益不满,却始终对日本的侵华行动推行绥靖政策,在中国海关问题、天津英租界问题、华北白银问题以及封锁滇缅公路问题上,损害中国利益,换取与日本的暂时和平,给中国民众留下的印象不佳。中英关系随着国民政府争取英国援华的失望而日趋冷淡。太平洋战争爆发后,英国在远东消极抗敌,节节败退,并且不时和中国争夺美援物资,使其国际威望及在中国人心目中的地位进一步下降。中英虽然结为战时盟国,在反对日本法西斯这一点上有着共同的利益,也曾在缅甸战场上并肩作战,但英国的远东战略与中国的抗日外交间差距很大,双方出现矛盾和冲突为势所必然。

英国政府的远东战略有三个要点:其一,"重欧轻亚"、"先欧后亚"论。英国认为欧洲是决定英国生死存亡的关键之地,远东虽然也有英国巨大的殖民利益,却不对其本土构成直接威胁。为此,英国牢牢拉住美国,不使其稍离"先欧后亚"的轨道,这与蒋介石奉行的"先亚后欧"论,南辕北辙,无法协调。其二,维护英帝国的远东殖民利益。在英国统治集团看来,远东的抗日战争既是反法西斯战争,又是保护英国殖民利益的战争,对于两者的位置,他们常常把后者摆在首位。蒋介石曾批评英国的远东政策,无论军事、经济与政治上,"绝不肯牺牲丝毫之利益,以济他人","英国之自私,诚不愧为帝国主义之楷模矣"[1]。其三,与美国扶植中国成为大国的政策不同,英国既希望中国坚持抗战,拖住

---

[1]　转引自李荣秋:《珍珠港事变到雅尔塔协定期间的美国对华政策》,台北东吴大学"中国学术著作奖委员会"1978年版,第112页。

日本,使其能在战胜德国后,顺利恢复其在远东的旧有殖民地,又害怕一个独立强盛的中国会对其在亚洲事务方面的绝对发言权提出挑战,更担心新生的中国会成为亚洲被压迫民族反抗殖民主义的榜样,形成与大英帝国相抗衡的中心,并在亚洲引起民族解放的连锁反应。中国则在经历了漫长的抗战历程后,进入了"四强"的行列,支持亚洲被压迫民族的独立解放运动,提升自身的强国地位,成为其重要的外交目标,这也势必与英国的远东殖民利益发生冲突。

1941年8月,美、英首脑联合发表了《大西洋宪章》,肯定了民族自治原则,但丘吉尔很快作出自己的解释,称该原则只适用于欧洲,不适用于印、缅等地,将英国的远东殖民地排除出《大西洋宪章》适用的范围之外。太平洋战争爆发后,以丘吉尔为代表的英国统治者坚持殖民统治立场,不仅明确反对印度、缅甸等旧有殖民地的独立,而且不断地贬低中国的抗日战争,丑化中国的国际形象,激起中国朝野的坚决反对和批判,也一再导致战时中英关系面临破裂的危机。

1942年8月4日,蒋介石在会见美国总统代表居里时也对英国的战时对华政策作了激烈抨击,指出:"目前英国所采取之政策,实甚短见","倘无中国之抗战,亚洲大陆早已为日本所独占,印度早成为缅甸第二,而日本铁路早已纵横西比利亚原野矣,英人见不及此,仍视中国为百年前之中国,忪忪觎觎,俛首于英人之压迫,甘受屈服",表示"英国对我既不愿以平等相待,藐视我为劣等之民族,故即彼有协助之贡献,亦非吾之所可接受"等①。

1944年9月28日,丘吉尔在题为"战争和国际形势"的演讲中,针对国民党军队在豫湘桂战役中遭受的失败,说:"我非常遗憾地注意到,尽管中国得到过量的美国援助,但这个伟大的国家由于被七年的战争弄得筋疲力尽,所以遭到严重的失败。其中损失了陈纳德的美国飞行

---

① 参见陈志奇:《中华民国外交史资料汇编》第11卷,第5323页。

大队所需要无价的飞机场。这些不能不十分令人失望和不安。"①丘吉尔的演讲再次引起国民政府的强烈反应。国民党军方的《扫荡报》发表社论驳斥丘吉尔的讲话,首先引证美国租借物资分配给各国的比例,指出这些美国物资大部分给了英国和苏联,中国仅得到2%,说明"过量"之说的荒谬;接着历数英国自抗战以来损害中国人民的所作所为,指出丘吉尔之所以尽一切来反对中国,是因为中国进行了七年半卓有成效的抗日,形成了对英国在远东利益的威胁,尤强调三点:第一,中国的抗战会激励印度为独立而战;第二,香港的九龙问题是中英关系中的"脓包",是英国良心上的耻辱;第三,英国担心战后中国会变成一个强大的国家,成为远东举足轻重的大国。态度之严正,措辞之尖锐,为战前所未有②。10月2日,国民党军事委员会发言人,评述丘吉尔的讲话,"以正视听"。其要点是:中国军队靠的是抗战决心来对抗日军的优势兵力;中国军队将美援物资和其他物资主要用于缅甸战役,才导致本土军事失利;丘吉尔沾沾自喜夸耀的英军在缅甸的胜利主要是中国军队取得的;中国毫不犹豫地为英属缅甸的抗日大业奉献了自己所能做的一切等③。中国舆论批评远东战场不受重视,大批美援给了英国和欧洲战场,中国未能得到应有的援助,呼吁美国加强对华援助。国民党对于丘吉尔的批判,包含着为自身军事失败辩解和开脱的意义,但丘吉尔指责中国得到的美援"过量",却为国民党提供了反英的借口和发泄的机会。在中国朝野一片反英声中,英方被迫做了让步。根据英国驻华大使薛穆的建议,一方面由英国政府向国民政府提出抗议,要求结束反英运动;另一方面,由英国政府发表声明,肯定中国军队在缅甸的贡献,并让东南亚战区总司令蒙巴顿上将于10月14日亲往缅甸北部慰问中

---

① ［英］丘吉尔:《战争和国际形势》(1944年9月28日),英国外交部档案 FO371—41689,F4516—4516—10.本节所引英国外交部档案资料均转达引自李世安:《太平洋战争时期的中英关系》,中国社会科学出版社1994年版,特此注明并向作者致谢。

② 《重庆致外交部》(1944年10月3日),英国国防部档案 WO208—399。

③ 《重庆致外交部》(1944年10月3日),英国国防部档案 WO208—399。

国军队,同时由英国总参谋部发布特别嘉奖令,表扬中国军队。此次风波在双方的妥协下告一段落。

二　中英战时交涉的主要问题

由于中英两国在远东战略问题上存在严重分歧,中国朝野的反英浪潮持续不断,中英间的交涉也层出不穷,其数量之繁多,争执之激烈,在同盟国间是很突出的。主要争执除香港问题、印度独立问题外,还有下列数端:

中国的四强地位。1943年3月21日,丘吉尔发表广播讲话,有意不提中国是四强之一,只提美、英、苏三强,还谈到在击败德国之后,英国将采取某些措施让军队复员,只字不提反对日本法西斯的斗争。在广播前,英方还故意安排中国驻伦敦军事代表团的成员去听演讲。中国驻英军事代表当即提出抗议,国民政府外交部为此与英方进行严重交涉。外交部次长吴国桢约见英国驻华大使馆官员,指出中国的不满集中在三个问题上:第一,丘吉尔的意思是中国是战后需要西方援救的国家,不仅不是四强之一,而且不能参加战后的世界组织;第二,丘吉尔提出在打败希特勒后要部分撤军;第三,丘吉尔大谈战后问题,而不提如何打败日本[1]。随后,中国报刊掀起了批判丘吉尔谈话的浪潮。最终迫使丘吉尔指示英外相艾登在马里兰州发表演讲时,承认中国是四强之一,中国为世界作出了贡献[2]。事态虽暂告平息,但双方的分歧并未解决。5月,丘吉尔又向全世界发表广播演说,建议由美、英、苏总揽一切,再次把中国"摒之门外"。正在美国访问的宋美龄随即在芝加哥

---

[1]　《薛穆致艾登》(1943年4月5日),英国外交档案 FO371—5799,FZ174—254—10。

[2]　《首相致艾登》(1943年3月22日),英国外交档案 FO371—35739,FI725—25—10。

发表学说"加以巧妙的反驳",并事前电请罗斯福总统从无线电中收听,争取美国的支持。结果,罗斯福对宋美龄表示与她"有同一感情"。美国参议员、民主党领袖发表演说,指责丘吉尔,称"我们不能存有击败日本为次要的观念,中国必须出席和平会议,应有他合理之地位,并非为一被救之儿童。中国为四强之一,应决定将来之和平会议",迫使英国外交大臣改口称"中国必为四强之一"①。

　　缅甸战役。英国先是拒绝中国军队入缅作战,继而又不积极抗击日军入侵,处处掣肘中国军队的行动,最终独自仓皇撤往印度,导致中国远征军败北,英国在缅甸问题上,最主要是担心中国参与保卫或解放缅甸会导致缅甸倾向中国并走向独立。当曾经在仁安羌救援过英军的中国军队新三十八师退入印度境内时,英印当局竟以"维护治安秩序"为由,要求解除中国军队武装,遭到严拒②。当盟国间讨论反攻缅甸计划时,中、美均取积极态度,1943 年 7 月至 8 月,国民政府外长宋子文访问英国,曾反复强调收复缅甸、重开滇缅公路对于中国抗战的重要性③。8 月 7 日,重庆《中央日报》发表社论,呼吁盟国协力收复缅甸。美国政府也希望尽早发动缅甸战役,由于美军飞越喜马拉雅山的空运尝试失败,只能改为沿喜马拉雅山边缘飞行,不断遭到日军飞机袭击,损失惨重,因而认为最好的办法是重开滇缅路,史迪威曾蒙耻缅甸,重返缅甸报仇雪恨,也是美方急于发动缅甸战役的动机之一。但英国反对在缅甸进行大战役。丘吉尔相信缅甸战后会自动落入英国之手,他指示暂把缅甸问题放下,他强调英国不应该"选择一个错误的地方与日军进行决战"。开罗会议期间,在罗斯福的坚持下,一度确定了由英国在缅南发动两栖作战,中、美军队在缅北发动攻势作战的计划,即代号"海盗"的作战计划。但会后很快因英军拒不进行缅南作战而使计划告

---

①　《战时外交》(一),第 841—842 页。

②　史悦:《国民党驻印军始末及缅北战役概记》,《上海文史资料选辑》第 4 辑。

③　《中央日报》1943 年 8 月 6 日、8 日。

吹。英国的消极态度反映了其自私的远东战略。美国外交官戴维斯曾一针见血地指出："如果这些属地直至战争结束时还在敌人的占领下，则将来在和平会议时，英国人的主权可以分毫无损地恢复，而如果这些属地因借中、美的帮助而夺回，则英国人的主权可能会受到影响。"①英国为此拖延收复缅甸作战达两年之久，直至 1944 年 5 月才在美国的压力下被迫参加缅甸战役。

西藏和东三省问题。英国政府不仅在香港问题上顽固坚持殖民立场，而且在中国的西藏主权和东三省回归问题上，阻挠中国的统一。英国虽然不能否认中国对于西藏的主权，但不断玩弄花招，企图分离西藏与中国的关系。1943 年 5 月，英国驻华大使薛穆到中国外交部，就中国军队在青海集结事提出质询，称此举使西藏当局深感不安，英国政府以为中国政府在中亚细亚有所举动不甚相宜，希望中国政府能表示无此事实，以便转告西藏当局，使其安心。"外交部严正表示："一国之内部队之调遣，实与另一国无关"，将其挡了回去。蒋介石为此批示：西藏为中国领土，我国内政决不受任何国家询问，"如此再提此事，应请其勿遭干预我国内政之嫌，以保全中英友谊。"②6 月，英国外交部在一份题为《西藏的地位》的备忘录中认为：西藏的战略价值极其重要，是"保卫"印度的一个重要地区，为使印度免受俄国和中国的"侵略"，必须由英国控制西藏，把西藏从中国分离出去，建立一个"西藏国"作为印、苏、中三国之间的缓冲国。为此，英国一直反对中国在西藏行使管理权③。1944 年，国民政府将新疆地方军阀盛世才调任重庆农林部长，成功地实现了对于新疆的直接控制，接着，调兵进驻新疆和西藏邻近各省，大有改变西藏地方政府管理西藏现

---

① 　FRUS, 1942, China, p. 129.

② 　《中华民国史档案资料汇编》第五辑第二编《外交》，第 592—593 页。

③ 　英国外交部：《西藏的地位》(1943 年 6 月 23 日)，英国外交部档案 FO371—46213。

状的可能,引起英国政府的恐慌。当中国政府准备在西藏修筑一条公路,以便从印度运进战略物资时,英国立即认为这是中国政府决心用武力去统一西藏的象征,为此英国驻华大使数次向中方提出抗议,反对中国在西藏修公路,也反对中国政府在西藏邻省驻兵①。在英国的威胁下,国民政府放弃了在西藏修筑公路,也没有进一步采取措施统一西藏。开罗会议上,双方再次就西藏问题进行交涉和争执。中方表示:"西藏本为中国领土之一部分,其与中国之关系纯属中国内政,切盼英国根本改变其过去对西藏所持之政策,俾中英能彻底了解,增进邦交";英方则坚持视西藏问题为现实问题,"中国前既允许西藏完全自治,则英方之立场自以此为出发点"。中方要求"英方放弃其不合理之政策,否则不免影响两国邦交";英方则坚持"如欲寻觅解决方案,当由中英双方同时重行考虑其所持之立场"等②。

　　战后由中国收回东北,是中国人民进行伟大的抗日战争的最起码最基本的要求。太平洋战争爆发后,国民政府多次声明战后要收回东北主权,并要求英国政府发表宣言支持中国的这一立场。但英国政府却不愿这样做,担心会引起连锁反应,危及它在香港等地的地位和利益。相反,英国处心积虑地意欲造成东北是一个独立国家的印象。在英国出版的地图上,东北和西藏、蒙古都被标为独立于中国的国家,在外交场合和外交文件中,称呼东北为满洲,国民政府数次提出抗议,均不为其理睬。1943 年初,中英在东北回归中国问题上的争论终因英国人赫利在华盛顿太平洋会议上大放厥词而公开化。赫利在会上提出的方案是:我们赞成恢复中国在满洲的主权,但由于满洲的工业的发展,完全靠日本人,所以是否可以考虑战后在安排满洲前途时,一方面终止日本对满洲政治上的控制;另一方面让日本继续在那儿进行工业生产。

───────────

　　①　《致英国外交部》(1943 年 5 月 11 日),英国外交部档案 FO371—35737、F2418—134—10。

　　②　《战时外交》(三),第 534—535 页。

尤强调"应该有余地考虑是否允许日本人战后在满洲继续从事经济活动"①。此举引起了中国朝野的强烈反应,国民政府外交部向英国政府提出强烈抗议,中国舆论也纷纷谴责英国的阴谋,坚决要求战后东北回归中国。中国著名国际问题专家钱端升教授致书英国议会领袖斯塔福德·克里普斯和英国著名政治家西赛尔,表达了中国人民坚决要求收回东北的意志和决心,指出赫利事件使中国人民怀疑英国是否反对无条件将东北归回中国,要求英国政府发表公开宣言,支持战后将东北归还中国。虽然中国方面的抗议并未使英国官方改变立场,英国外交部坚持"东北三省及台湾的前途必须留待战后和平会议来处理",但这一事件使中国朝野的强硬立场进一步公之于世,在国际社会留下了良好的印象,为日后开罗会议决定将东北和台湾、澎湖列岛归还中国打下了基础②。

战争贷款问题。1942年2月,当美国宣布对华提供五亿美元贷款之时,英国政府也宣布将给予中国5千万英镑贷款。在国民政府看来,英国政府既已宣布给予贷款,就应予以兑现;但英国方面则以此举为一种姿态,"就像一幅字画拿来挂在墙上看着就行了",其用意是进行宣传和鼓舞中国人民的士气,并没有付款的打算,英国本身财政拮据,有赖美国帮助,也没有兑现贷款的实际能力。消息传出,引起中方强烈不满,认为这是"英国又一次背信弃义的行动"③。随后双方进行长达两年的交涉,至1944年5月2日,由中国驻英大使顾维钧和英国外交大臣艾登在伦敦签署了《中英财政协助协定》,确定英国对华贷款总额仍为五千万英镑,用于战时偿付在中国因战争而为国家所需物资之购买、支持因按对日战事结束前中国政府所订合同所作购买而在英镑区负担

————————

　　①　《华盛顿致外交部》(1943年1月10日),英国外交部档案FO371—35793、F202—134—10。

　　②　参见李世安著:《太平洋战争时期的中英关系》,第12—15页。

　　③　《顾维钧回忆录》第5卷,第9—10页。

之服务费用、备供发行内债所需之英镑、供给中国政府支付在印度与缅甸之中国军队之薪给及当地开支所需之卢比货币、支付两国政府随时商定在英镑区内之其他服务费用等①。实际上直至战争结束,中国并未完全得到英国的战争贷款。

　　宋美龄访问英国问题。1942 年 11 月至次年 7 月,宋美龄抵美访问,受到罗斯福总统和美国政府非常隆重和热烈的接待,在同盟国间传为美谈。英国政府为了与美国实行平行政策,也由皇太后出面,邀请宋美龄访问英国。然而,由于中英间存在种种问题,两国领导人之间心存芥蒂,宋美龄不仅没有接受英方的访问英国的邀请,而且也谢绝在华盛顿与英国首相丘吉尔会面。这种对于英国外交的冷遇,从另一侧面反映了战时中英关系的低落。

三　中英访问团的互访

　　尽管战时的中英关系经历了种种波折,但共同抗击法西斯侵略战争,还是其主要方面,两国人民之间存在着深切的同情和热烈的声援。1942 年 4 月,英皇以英国最高军人荣誉大十字勋章赠予中国战时统帅蒋介石。英国驻华大使薛穆在致勋赠词时称:此举"除向贵委员长军事成就表示敬意外,复亦为本国人民对全体中华民族反抗英勇斗争表示崇敬敬佩之忱。"《中央日报》为此发表社评,指出英国勋章的授受是"中英两民族友好交流的象征"②。为了消除中英间的种种误解,缓解互相间的冲突,寻求沟通与谅解,在中英双方有识之士的努力下,曾互派代表团进行访问,对于增进两国间的了解和友谊起了积极的作用。这是战时中英关系中不容忽略的又一重要方面。

　　1942 年春,中国驻英大使顾维钧获悉英国国会拟派遣代表团访问

---

①　王铁崖:《中外旧约章汇编》(三),第 1297—1298 页。

②　《战时外交》(二),第 191 页。

中国，以期改善两国关系。他立即建议蒋介石以中国政府领袖和最高统帅的身份出面邀请，为蒋介石所采纳。顾氏认为应该抓住这个契机，改善中英关系。在英国访华团抵达中国之前，顾氏奉派赶回国内协助接待工作。11月10日，英国国会议员代表团抵达重庆，进行为期一个月的访问。代表团以艾尔文勋爵为团长。四名成员分别代表英国保守党、工党、自由党三个主要政党及国会上下两院。他们性情善良，不囿于成见，热爱中英友好事业。其使命除了实地考察中国的抗战形势外，将向中国人民说明欧洲的战局和英国面对的严重局面，解释英国必须集中力量打败德国纳粹，然后才能将注意力转移至远东来。

代表团受到中国朝野的热烈欢迎，应邀出席了一系列的宴会、茶话会和招待会。当时，正值国民党中央举行五届十中全会，在顾维钧的建议下，代表团被邀列席了11月16日的会议，这是国民党历史上第一次邀请外国人出席中央全会，既表达了国民党对于英国访华团的重视和中英人民间的团结和友谊，也有利于推动国民党与英国各政党间关系的发展，起了良好的作用。代表团先后访问了重庆、西安、成都、昆明等大都市，并赴潼关抗日前线视察，对中国人民在极端困难的条件下万众一心同仇敌忾的抗战精神，留下了深刻的印象。陪同代表团活动的顾维钧在事后给蒋介石汇报时指出："这次访问是成功的，访华团对战时中国的精神面貌、政府政策、人民的气质以及中国在战争中面临的问题获得了一个总的印象"，"对促进两国间的同情和了解肯定是十分有益的"①。

1943年12月，国民政府为推动中英战时合作，沟通双方对于互相关系和重要国际问题的意见，并对上年英国国会代表团的访问进行回访，决定派遣代表团访问英国。代表团由国民参政会秘书长王世杰任团长，参政员王云五、胡霖、杭立武、立法委员温源宁为团员。其使命是：宣达中国对英国人民之友好、考察英国努力抗战状况并报道于中国

①　《顾维钧回忆录》第5卷，第149页。

政府与人民、与英国朝野交换意见等①。蒋介石致函英皇乔治和首相丘吉尔介绍中国访英团赴英访问。

中国代表团在一个月的时间里访问了英国二十余座城市，受到英国各界人士的热烈欢迎和热情接待。英王乔治夫妇亲切接见代表团，丘吉尔也病愈后将中国代表团作为第一批外国客人接待。1944 年 1 月 25 日，丘吉尔在唐宁街首相官邸与代表团全体成员及驻英大使顾维钧"接谈半小时"，态度庄严坚定，"谈至东方共同仇敌时，渠以郑重词调申述英国国策，必以军力迫使暴日无条件投降求饶，方算对得起我们这一代和下一代，词语沉着，字字有声，盖对中国国民保证也"②。使代表团成员深感满意。在一次矿工联合会举办的国际形势报告会上，一位矿工发问："世界的重心，现代为美国，下代为苏联，再下代为中国，英国应如何及早与美、苏、中取得彻底的联系呢？"表达了英国人民对于中国人民的信任，并对中国的前途充满了信心，更使代表团感受到英国人民的情谊③。

中英代表团的互访，系半官方性质，双方在访问中都没有对中英关系中悬而未决的问题进行讨论，也没有互相进行争执和质难，因此，不可能使有争议的问题获得解决或有所进展，但是双方的互访对于促进两国政府和人民间的了解和同情是大有裨益的。1944 年 1 月 30 日，丘吉尔致函蒋介石称颂中国访英团之成功，赞扬访问团诸君所表示的"谦恭和悦与完美合宜之态度，使凡与接触者均发生敬爱与仰慕之感"，向中方表示感谢④。4 月 7 日，访英团王世杰、王云五、杭立武、胡霖相继在国民参政会报告访问英国经过及观感，亦对此行作了肯定的评价，指出："英人不分朝野，不分党派，对我具有深厚同情，并盼两国于战后

---

①　《军事委员会参事室主任王世杰致蒋委员长签呈》(1943 年 11 月 2 日)，陈志奇主编：《中华民国外交史资料汇编》第 14 卷，第 6143 页。

②　杭立武：《国民政府时代之中英关系》，台湾商务印书馆 1983 年版，第 50 页。

③　杭立武：《国民政府时代之中英关系》，第 42 页。

④　《战时外交》(二)，第 134 页。

之继续合作"等①。在当时的情况下,此种方法既是明智的,也是成功的,中英访问团的互访取得了良好的效果。

第四节　中苏关系的恶化与缔约

一　中苏关系的恶化

以日苏签署《中立条约》为转折点,中苏关系逐渐逆转。1941 年 6 月,苏德战争爆发,苏联的生存面临严峻考验,对华援助完全中止,其远东政策的重心从战争初期的帮助中国拖住日本,确保自身安全,转变为敷衍中国,稳住日本,避免两线作战,两国在欧洲大战爆发后已经淡化与松懈的双边关系迅速恶化。另一方面,太平洋战争爆发后,中美实现结盟,美国援华的力度大大加强,占据了主导地位,国民政府转而依靠美国的帮助战胜日本,苏联在国民政府外交中的地位一落千丈。苏联驻华军事总顾问崔可夫对此感触尤深,指出以蒋介石为首的国民党依靠美国的意向"越来越明显",他"在中国已无事可做"②。

中苏间的正面冲突是从新疆问题开始的。新疆地处西北边陲,同苏联的中亚地区接壤。1933 年 4 月,新疆地方军阀盛世才发动政变,依靠苏联军队的支持,平定了新疆的各种反对势力,稳定了统治,苏联势力也随之渗入新疆,中央政府鞭长莫及,失去了对于该地的权力控制。新疆成为苏联的势力范围,不仅苏联军队可以在新疆常驻,而且苏联有权在新疆开矿、采油、采金和修筑铁路,新疆的对外贸易,完全依赖苏联,而与内地中断了联系。抗日战争爆发后,国民政府虽然经由新疆运输各种苏联援华物资入内地,但新疆与中央政府的关系却依然如旧。这种状况至 1941 年前后发生变化,由于盛世才与新疆地方民族势力间

---

① 《中华民国史事纪要》(1944 年 4—6 月),第 33—35 页,台北"国史馆"藏。
② ［俄］崔可夫:《在华使命》(中译本),新华出版社 1980 年版,第 164 页。

的矛盾以及苏联势力的介入,引起双方的猜疑、摩擦、冲突以至残杀;另一方面,也由于苏联在苏德战争中暂时失利,导致盛世才对苏联的离心倾向,并向国民政府输诚。盛世才在致蒋介石的信中,指责苏联"挂着马克思主义假招牌,以帮助落后国家与民族为名,暗中进行其侵略伎俩,其用心较之其他帝国主义者尤为毒辣!"检讨他过去的"联苏","实由学识与经验之不足,致被挂着马克思主义假招牌的人们所愚弄欺骗",表示今后绝对不能再与此类合作,"誓以致诚拥护钧座与国民党之领导,效忠党国"等①。

　　盛世才的"倒戈",给国民政府控制新疆创造了条件。国民政府迅速制订《收复新疆主权方案》,规定:"一面利用盛之地位及力量并扶之,使其逐渐中央化;一面敷衍苏联,迟缓其对新之策动并尽速加强我甘、青、藏边军务,及一切必要之准备,俟机再确实控制之";并计划将美、英势力引入新疆等②。1942 年 7 月,国民政府利用盛世才在新疆策动反苏行动,逮捕新疆政府中的亲苏人员,并于年底迫使苏联驻哈密地区的红八团部分人员撤退。8 月,国民政府很快决定了对苏方针及实施步骤,主要内容是:一、关于苏方在新取得之合法利益应由中央与之商订;二、如无协定根据而无关主权时,应分别予以调整;三、其所得利益妨碍我主权时,应分别予以调整或取缔;四、关于国境检查,我国应在霍尔果斯及其他新边要地派驻军队布置防务,作为中央恢复新疆主权之一种表示;五、苏联飞机入新省境内,须先依照外国航空器飞行国境统一办法及检查暂行办法办理,否则以非法越界论;六、苏联车辆未经中国政府许可,不得擅自入境;七、苏联人民未持有我国合法出入境签证者,不得擅自出入新疆省境等。并强调:"苏方在新非法行动相沿已久,兹予矫正,自感不便,但在现

---

　　①　《盛世才致蒋介石》(1942 年 7 月 7 日),《苏联对新疆之经济侵略》,《传记文学》第 53 卷第 2 期。

　　②　《战时外交》(二),第 438 页。

在国际局势之下，我方进行调查与之提高，苏方似不致公然表示拒绝，惟难免有色取行违情形，我方似应选派精明干练之负责人员执行之，并先派兵入新以为我决心处置之表示，但在实际上不可过于操切，以免影响邦交。"①随即中方开始采取一系列行动。

苏联方面迅速作出反应。苏联驻华大使潘友新多次直接会见蒋介石，交涉新疆问题，同时在新疆采取报复行动。1943 年 1 月，苏联驻迪化总领事普式庚宣布："新疆当局之反苏行为，迫使苏联决定撤回对新疆的一切支援。"红八团撤退时，拆除了独山子油田机器和头屯河铁工厂机器，运回苏联。4 月 10 日，普式庚再次声明：完全停止苏联在新疆的地质考查团工作，撤回工作人员和机器②。5 月 17 日，由苏联驻华大使与国民政府代表进行了将近十个月的中苏合办独山子油矿谈判，也因苏方拆除设备运苏而告中止③。6 月 16 日，苏联驻华大使潘友新将苏方决定正式通知中国官方：一、撤销迪化飞机厂，将新疆苏联工人、职员及技术人员，以及苏联设备运回苏联；二、停止独山子油矿及炼油工作，召回各专家，并将自有设备运回苏联；三、缩减苏联驻新疆商业机关之活动；四、召回在新疆之其他苏联专家④。1944 年 2 月，国民政府资源委员会和苏联对外贸易人民委员部签署合同，中方以 170 万美元现款购买苏方在独山子油矿遗留之全部油井建筑及设备，并于 21 日接收完竣⑤。自此，中苏在新疆的经济合作完全停顿。

然而，中苏在新疆的交涉却并未结束。由于盛世才在新疆的残暴统治，激起新疆各族人民的仇恨和反抗。苏联的影响和卷入也鼓励了

---

① 《战时外交》（二），第 445—446 页。

② 《战时外交》（二），第 447 页。

③ 吴相湘：《俄帝侵略中国史》，台北中正书局 1969 年版，第 443—444 页。

④ 《潘友新致蒋介石信》（1944 年 6 月 16 日），转引自陶文钊等：《抗日战争时期对外关系》，中共中央党校出版社 1995 年版，第 472 页。

⑤ 《吴湘泽报告》（1944 年 2 月），转引自章伯锋等主编：《抗日战争》第 4 卷，第 1683—1684 页。

部分新疆少数民族领袖反对国民党统治的愿望。自 1943 年春起,新疆不断发生各族人民的起义。1944 年 8 月,国民政府逼迫盛世才提出辞呈,任命吴忠信为新疆省主席,企图缓和新疆各族人民的不满情绪。但由于对苏关系恶化后,中苏边疆贸易锐减,物价飞涨,人民生活大幅下降,致使各族人民的反抗斗争有增无减,至 1944 年底形成"三区革命"的高潮。此时,由于苏联的反法西斯战争已进入反攻阶段,苏联已不再担心来自西部边界的威胁,对新疆政策也转趋强硬,对新疆各族人民的反抗斗争明里暗里采取支持的态度,甚至出动飞机轰炸中国军队,这引起国民政府的更大疑忌和仇视,两国间交涉不断,中方质问苏联驻华大使,指责苏联飞机轰炸中国军队,要求苏方调查该项飞机来源,并防止类似事件发生;苏方则称该事件系由中国军队因追缉哈萨克人民、遂侵入外蒙古之领土引起,声明苏方根据 1936 年 3 月苏蒙互助条约,为保护外蒙古领土安全起见,将不得不予该共和国以一切必需之援助及支持等。双方的争执复转向外蒙古主权问题,中方声明根据 1924 年中俄解决悬案大纲协定,苏联承认外蒙古为中国之一部分及在该领土内中国之主权;1936 年之苏蒙互助协定,中方当时即提出抗议,不予承认,苏方当时亦在复照中重行确认 1924 年中俄协定仍保持其效力等。蒋介石还将该事件诉之于罗斯福总统,希望美方予以干涉,但罗斯福却复电蒋介石,建议暂时搁置外蒙古、新疆边境事件,"以待此次战争之结束",事态虽未恶化,但争执却进一步升级了①。

中苏关系恶化的另一标志是国民政府在国内不断挑动反苏行动。随着中国共产党领导的抗日武装力量和敌后抗日根据地的日益壮大,国共摩擦、冲突的日益升级,蒋介石越来越将共产党问题与"第三国际"与苏联政府的支持相联系,由此而对苏联产生越来越强烈的恶感,并大量削减对苏贸易等,恶化两国关系。苏联政府也采取了相应的行动,1942 年 3 月,召回了苏联驻华军事代表团,开始对国民政府采取公开

————————
① 《战时外交》(一),第 165—167 页。

批评的态度。1943 年夏,当国民党顽固派再次大规模发动反共摩擦,苏联政府公开指责国民政府抗战不力和对中国共产党领导的抗日力量进行围攻。1944 年夏,苏联新闻媒体更是连篇累牍地发表文章,批评蒋介石不将全部兵力用于抗日作战,而是使用大量兵力包围陕甘宁边区,抨击国民党军队在豫湘桂战役中没能组织好对日本军队的反击,大多数部队一触即溃,一败千里,向同盟国呼吁改组中国国民政府,给国民政府造成了很大的国际压力。

苏联政府还在同盟国内部和国际事务中有意贬低、留难国民政府。当美国政府欲将中国列入世界四强行列时,曾一再遭到苏联政府的反对和阻难。1943 年 10 月,苏联政府曾反对中国签署《普遍安全宣言》。11 月,斯大林又借口苏联未与日本处于战争状态,拒绝罗斯福提出的举行美、英、苏、中四国元首会议的建议,不愿与中国平起平坐讨论国际问题。德黑兰会议期间,罗斯福多次和斯大林讨论中国问题,斯大林始终对中国抱蔑视的态度,罗斯福提出:战后应由美、英、苏、中四大国组成一个"有权立即处理对和平的任何威胁"的警察委员会。斯大林表示:他不认为中国在战争结束时会是强大的,要中国参加四大国会议或组织,显然是不合适的。罗斯福解释说,他并不是不认识现在的中国很弱,而是想到更远的将来,毕竟中国是一个有四亿人民的国家,将他们当作朋友,总比当作一个潜在的麻烦来源要好一些。但是,斯大林依然不置可否。1944 年夏秋间,当筹备建立联合国的顿巴敦橡胶园会议召开时,苏联政府再次拒绝与中国代表坐在一起。会议不得不重演开罗—德黑兰的一幕,分为两个阶段举行,使中国处于美、英、苏决定重大问题后被通知的被动境地,这使中国的对苏不满情绪益发增强。1944 年下半年,中苏关系下降到了抗日战争开始以来的最低点①。

---

① 　参见石源华:《中华民国外交史》,上海人民出版社 1994 年版,第 613 页。

二　雅尔塔密约的签署

1943 年底,苏军在苏德战场上发起了大规模反攻作战,美、英在欧洲开辟第二战场的时间表已经确定,欧洲战场的胜利大局已定。尽管大战的战火仍在熊熊燃烧,但是各盟国的首脑已开始将注意力转向战后的利益分配和政治安排。美、英、苏三国为此举行了一系列的会议和各种会晤,力图为自己的国家获取更多的权益。中国虽已荣列"四强"行列,但未能享受"四强"待遇,反而成为美、英、苏三国进行秘密交易的对象。

苏联是谋求在华特权的主要国家。出于自身的国家安全考虑,苏联早就计划从西向东在新疆、外蒙、东北的中国境内建立自身的势力范围,构筑一道抵御美国在远东势力的防波堤。由于盛世才的"倒戈",国民政府势力进入新疆,使苏联对新疆的控制受到影响,苏联转而支持新疆各族人民的反政府斗争,随着"三区革命"的发展,使苏联有理由认为它可以继续保持其在新疆的影响;外蒙古已在它的实际控制之中,需要解决的只是正式独立的名义问题;其主要的目标是中国东北地区,苏联念念不忘要恢复沙俄在 1904 年—1905 年日俄战争中失去的在中国东北的权益,并将承诺对日参战视为索取中国权益的最好时机。

1943 年 11 月,美、英、苏举行德黑兰会议,首次就三国击败德国后苏联的对日作战问题进行磋商。斯大林提出了在远东获取不冻港的问题,并表示参战的条件"也许等到俄国人积极参加远东战争的时候再说比较好些"[1]。随着欧战的临近结束,斯大林关于对日作战的条件逐步明朗,并就此与美、英进行了一系列极其秘密的谈判。参与其事的,除罗斯福、斯大林、丘吉尔外,还有华莱士、哈里曼、莫洛托夫、赫尔利等。

---

[1]　《德黑兰、雅尔塔、波茨坦会议记录摘编》,上海人民出版社 1974 年版,第 57—61 页。

　　1944 年 10 月中旬,丘吉尔、斯大林和罗斯福特使哈里曼在莫斯科举行会议,讨论苏联对日作战问题。斯大林表示:苏军须在德国失败后三个月始能完成兵力调动,集中 60 个师在远东发动攻势,要求美国在 1945 年 6 月 30 日前协助贮存 150 万人所需粮食、燃料、交通工具等战争物资,共计固体物资 86.014 万吨,液体物资 20.6 万吨,并且处理好俄国参战的政治方面问题——即指中国承认苏联在远东的对日要求等①。苏联政府以参战为筹码,向美国索取大量物资,并要挟美国满足其在远东对日作战的政治条件。12 月 14 日,哈里曼会见斯大林,再次讨论苏联参战的政治条件,斯大林明确提出:千岛群岛和库页岛南部归还俄国;租借旅顺港和大连在内的辽东半岛南部;租借从大连到哈尔滨再到满洲里的铁路;承认外蒙古的现状——保持外蒙古共和国作为一个独立的实体,其范围远远超过了德黑兰会议所讨论的内容②。

　　对于美、英、苏间的这种秘密交涉,中国国民政府有所觉察。1944 年 11 月 9 日,中国驻英大使顾维钧致电蒋介石,密报"苏联国内近月来对旅顺港颇多关注之证,不但杂志著论,称旅顺为苏联之宝,一如其他苏联领土,且有专书出版,追述旅顺之失,视为遗憾";并称美国海军李海上将曾向他透露:"美方曾表示,希望苏联早日参加对日作战,俾促日寇之败,并探苏联之意,而苏联隐示,欲乘机取得旅顺,为参加条件之一",实为探询中方态度③,然而国民政府却无法探知确讯,也难以采取制止行动。雅尔塔会议前夕,苏联政府曾秘密通知中国,表示愿意接待蒋介石的个人代表宋子文访问苏联,讨论苏联加入对日作战、战后朝鲜地位、苏联利用中国东北港口、战后中苏经济关系、中苏边界和平以及中苏间建立更密切更协调关系诸问题,中国官方立即通过美国驻华大使赫尔利密报美国政府,希望美国方面的"合作与建议";然而,美国代

---

① 吴相湘:《俄帝侵略中国史》,第 456—458 页。
② 《德黑兰、雅尔塔、波茨坦会议记录摘编》,第 57—61 页。
③ 《战时外交》(二)第 540 页。

理国务卿格鲁的答复却是："我们不应使中国政府得到那样的印象，认为在中苏关系中我们准备承担的'顾问'责任。"明确表示不在中国与苏联之间扮演"调停者"，实际上拒绝了中国方面的求援①。

1945年2月4日，罗斯福、丘吉尔、斯大林在雅尔塔举行三国首脑会议。8日下午，罗斯福、斯大林秘密磋商苏联对日作战的政治条件，内容涉及库页岛南部和千岛群岛问题、大连与旅顺口问题、中东铁路与南满铁路问题等。斯大林再三强调：如果此等条件不能满足，将难以向苏联人民解释为何要参加对日作战；苏联对德作战是因为德国威胁了苏联的生存，但他们却不能懂得苏联何以要和一个并未发生重大冲突的国家作战？假如此等政治条件可予实现，人民即将懂得宣战是为了国家利益，且比较容易向最高苏维埃会议解释这一决定。双方约定在苏联把25个师的军队调到西伯利亚至满洲边界后，再把有关决定通知中方。斯大林特别强调，在会议结束时将经三国同意的条件见诸文字②。

10日，斯大林提出《苏联参加对日战争的政治条件的草案》，美方提出三点修改，即大连港"应在国际控制下成为自由港"，中东、南满铁路"应由中、苏委员会来控制管理"，有关港口和铁路的协议"需要取得蒋介石委员长的同意"等。双方略经讨论，即于次日邀约丘吉尔共同签署《雅尔塔密约》。该密约规定苏联将在欧洲战争结束后2个月或3个月内参加同盟国对日作战，其条件是：

1. 外蒙古（蒙古人民共和国）的现状须予维持。

2. 由日本1904年背信弃义进攻所破坏的俄国以前权益须予恢复，即：

甲、库页岛南部及邻近一切岛屿须交还苏联；

乙、大连商业港须国际化，苏联在该港的优越权益须予保证，

---

① 《赫尔利致斯退丁纽斯》（1945年2月4日）；《格鲁致赫尔利》（2月6日）；转引自章伯锋等主编：《抗日战争》第4卷，第1688—1689页。

② 吴相湘：《俄帝侵略中国史》，第459—460页。

苏联之租用旅顺港为海军基地须予恢复；

丙、对担任通往大连之出路的中东铁路和南满铁路应设立一苏中合办的公司，以共同经营之，经谅解，苏联的优越权益须予保证，而中国须保持在满洲的全部主权。

3.千岛群岛须交还苏联。

三强领袖同意，苏联的要求须在击败日本后毫无问题地予以实现。苏联政府承诺"准备和中国国民政府签订一项苏中友好同盟条约，俾以其武力协助中国达成自日枷锁下解放中国之目的"①。这就是美、英、苏三国以中国主权为筹码，为满足各自利益而签署的违反国际法准则的雅尔塔密约。这是大国强权政治在同盟国间的一次丑恶的表演。由于斯大林的建议，而且罗斯福担心，通知中国政府的任何事情，不出24小时就会让全世界知道，三国约定该密约在斯大林最后决定对日宣战前，暂不通知中国。

美国政府何以会签署这样的密约呢？首先，由于"去年我国军事失利，罗感觉我国力量不够，美国舆论又不愿见美士兵牺牲，故罗转而盼苏联参加远东战争"②。其次，美国军方对于日本军力的估计错误，他们以为日本陆军尚有强大力量，如苏联不参战，日本即使丧失本国诸岛，仍可在中国大陆作战，战争可能延长至1946年秋甚至1948年③。为此，美国急切希望苏联能在欧洲战争结束后，挥师东进，参加对日作战，尽早打败日本，减少美军伤亡。第三，同样重要的因素是由于美国出于战后维护远东利益的政治需求，罗斯福担心在美国军队付出巨大代价最终打败日本之后，苏联军队将不请自来，长驱直入中国东北地区，将该地和外蒙古占为其势力范围，那就将直接影响美国在远东的战略利益。为此，预先签署一个条约，将能限制苏联在东方的扩张，并促

---

①　《反法西斯战争文献》，第216—217页。

②　《宋子文致蒋介石电》(1945年5月26日)，《战时外交》(二)第547页。

③　吴相湘：《俄帝侵略中国史》，第459页。

使苏联政府承认和支持中国国民政府在中国东北的主权。

英国政府在讨论和签署该约的过程中很少发言,貌似被动,实则另有企图。英国战后在远东的最大目标是恢复其在战前享有的权益,包括恢复在印度、缅甸、马来亚等地的殖民统治,继续占有香港等。英国政府签署该密约,将可在香港等问题上与苏联保持某种平衡,便于它在远东恢复殖民统治。

苏联政府是签署该密约的策动者和主谋,密约内容也主要体现了苏联政府的远东战略利益。它和当时有求于它的美国和在香港等问题上心怀鬼胎的英国,背着中国达成了严重损害中国主权的肮脏交易,演出了现代国际关系史上极不光彩的一幕。

雅尔塔会议后,美、苏两国间关于中国问题的秘密交易仍在继续进行。对于美国来说,它已插足中国内政,期望按照自己的意图处理国共关系,使中国成为两党并存竞争的资产阶级共和国,成为美国在远东的附庸,既借以抵制战后苏联在亚洲的扩张,又抑制英法殖民势力的复归远东。而实现这一计划的关键在于如何使苏联政府在处理中国的国共关系问题上与美国采取同步政策。4月15日,美国驻华大使赫尔利回国述职途中抵达莫斯科,奉命向斯大林表示:美国的对华政策"决定支持蒋介石领导下的中国国民政府"。斯大林答称:苏联支持这个政策,表示愿与美国合作,完成中国军队的统一,同时无端指责中国共产党人不是共产主义者,而是土地改革者,此种提法经赫尔利传播,迅速传遍美国统治集团,引起极大关注。5月28日,斯大林又一次向美国总统特使霍普金斯表示:无论战时平时都愿意尊重蒋主席在中国的领导地位,愿意中国成为一个坚固统一的国家①。

对于苏联政府来说,随着苏军参战日期的临近,频频要求美国履行诺言,催促中国国民政府接受雅尔塔密约。5月下旬,斯大林在会见美国总统特使霍普金斯时,再次希望美国政府立即将密约内容通知中国

---

① 　吴相湘:《俄帝侵略中国史》,第472页。

政府,敦促其履行一切。双方商定中国国民政府代理行政院长兼外交部长宋子文应于 7 月抵达莫斯科谈判中苏条约,届时由美苏双方同时和中国政府说明雅尔塔密约的内容①。

　　然而,由于赫尔利在霍普金斯访问莫斯科期间,已将雅尔塔密约的内容透露给了蒋介石,美国政府不得已提前将密约内容通知中国国民政府。6 月 9 日,杜鲁门总统在白宫约见宋子文,通报密约有关内容,并表示:"一旦苏联参加对日作战,则美国政府对于雅尔塔协定便不能不予以支持!"宋氏作出强烈反应:"中国政府绝对不能同意让苏联按照雅尔塔协定的规定,在东三省行使这样程度的控制权!中国一旦具有充分的力量,一定要以军事行动来解决这一争论——在今后五百年之内随时都可以这样做。"②6 月 11 日,蒋介石致电宋子文,指示"关于俄国备忘录案,暂以兄个人意见对美表示,'租借'地名称为我国之历史耻辱,今后不能再有此污点之发现,非设法除去不可"等③。但是,杜鲁门总统并不为中国方面的交涉所动。14 日,美国政府正式将密约通知中国,力促国民政府按照美苏商定的时间表,派遣宋子文赴莫斯科与苏联缔约。

　　按照国际惯例,中国没有参加签约,也就不存在履行条约的义务和责任。但是,由于该条约是由美、苏、英共同签署的国际条约,中国国民政府受同盟国关系制约,无法拒绝。如果拒绝,即将出兵中国东北的苏军可能会更加无拘束地在中国东北自由行动,给中国造成更大的伤害。15 日,中国外交部向美国方面提出三点建议:第一,不论中苏可能签订什么条约,美、英均应为协定当事人;第二,旅顺口应指定为中、美、英、苏四国联合海军基地;第三,千岛群岛及库页岛南部转让苏联,应由四国而不是单独由中苏两国来讨论等。显然,无可奈何的中国国民政府希望将美国拖入中苏谈判之中,以为自己的后援,但是这些建议均为美

---

①　陈志奇主编:《中华民国外交史资料汇编》第 14 卷,第 6782—6783 页。
②　吴相湘:《俄帝侵略中国史》,第 473 页。
③　《战时外交》(二),第 558 页。

国所拒绝①。中国国民政府别无选择，只能接受美苏的安排，与苏联政府进行中苏缔约的谈判。

三　《中苏友好同盟条约》的签署

按照美苏商定的日程表，以国民政府行政院长宋子文为首的中国代表团与苏联政府领导人在莫斯科举行中苏谈判。会谈分为两个阶段，自6月30日至7月12日为第一阶段，双方进行五轮谈判。后因斯大林和莫洛托夫参加波茨坦会议而暂停。8月7日至8月14日为第二阶段，双方又进行四轮谈判，最终签署了《中苏友好同盟条约》。

苏联政府在谈判中态度傲慢。早在6月12日，中国代表团出发之前，苏联驻华大使彼得罗夫就会见蒋介石，提出缔结中苏友好互助条约的五项先决条件：

1. 恢复旅顺港之租借，建立苏联海军根据地。

2. 大连商港国际化，并保证苏联在该港有优势的权利。

3. 为保证苏联与租借港之联系起见，在保持中国在东三省主权完整条件下，组织中苏合办公司，共同使用中东铁路和南满铁路。

4. 关于蒙古人民共和国，应保持现状，即蒙古人民共和国为一独立国家。

5. 库页岛南部及与其接壤诸岛以及千岛群岛应当还苏联②。

蒋介石则在谈话中强调："租借地一类的名义，我中国人民认为是国家的耻辱，我们不好再用这种名义，中苏友好互助条约是一种光荣的

---

① ［美］赫伯斯·菲斯：《中国的纠葛》（中译本），北京大学出版社1989年版，第348页。

② 《战时外交》（二），第561—562页。

条约,如有租借地一类的名义,则将失去条约的原意。"①中苏谈判一开始,斯大林就拿出"雅尔塔密约",气势压人地指出:"商谈条件是可以的,但是,只能拿这个东西做根据,这是罗斯福签过字的。"谈判不时出现僵局,苏联方面还以"苏联在参加对日作战以前,应先和中国政府签订协定"为由,催逼中国代表团让步签约②。

中国代表团长宋子文在谈判中除据理力争外,始终与美国驻苏大使哈里曼保持密切联系。在谈判开始后的十天中,宋子文五次会见斯大林,同时也五次会见哈里曼。显然,国民政府希望通过美国的帮助和干涉,迫使苏联能有所让步。然而,在谈判的第一阶段,美国政府虽在一些问题上同情中国,却始终恪守不介入中苏谈判的立场。7月4日,美国国务卿贝尔纳斯就中国方面要求美国对"雅尔塔密约"关于外蒙古文字作出解释一事致电哈里曼:"在目前的双边会谈中,美国政府如试图充当'雅尔塔协定'任何有关条文的解释者,那将是不明智的。但是您可以非正式地告知宋,据您所知,美并未讨论过如何解释'雅尔塔协定'中有关外蒙须维持现状的条款,在未进行这种讨论的情况下,这些书面文字可以接受的含义,即应维持外蒙古在事实上和法律上的现状。您应向宋表明,美不能对'雅尔塔协定'中的文字作出任何官方解释。您的非正式的解释仅供他本人得知,不得在官方的谈判中引用。"③美国的立场反映了当时美国远东战略在政治上和军事上的考虑。1951年哈里曼在美国国会作证时对此作了说明:

关键的问题倒不在于苏联是否参加太平洋战争,而在于是否及时参战,有助于联合参谋总部关于进攻日本本土的计划的实施。存在的巨大危险是苏联可能袖手旁观,而等我们牺牲了大批美国生命,打败日本之后,红军长驱直入满洲和中国北部的大片地区,

①　《战时外交》(二),第561—562页。
②　吴相湘:《俄帝侵略中国史》,第467—470页。
③　《贝尔纳斯致电哈里曼》,《民国档案》1991年第2期。

那时苏联人就能轻而易举地以"公众要求"为口实,建立满洲和蒙古人民共和国了。罗斯福总统力图使斯大林先前所作的一般化保证化为俄国人尽早参加太平洋战争的明确行动,限制苏联在东方的扩张和取得苏联对中国国民党政府的支持①。

中国代表团孤立无援,只能独力与苏联争辩。

在谈判的第二阶段,由于 7 月 16 日美国在新墨西哥州成功爆炸第一颗原子弹,导致苏联对日作战的重要性大幅下降;同时,也由于中国在苏联的压迫下,在谈判中作出了太多的让步,将有损美国在远东的利益。美国政府逐步介入了中苏谈判,并加大了援助中国的力度。8 月 5 日,美国驻苏大使哈里曼奉命通知斯大林:美国政府相信宋子文已满足了苏联在"雅尔塔协定"中提出的要求,希望苏联"不再要求中国让步","不要和中国签订要他们进一步让步的协议,不利于我们的利益",建议在中苏协议中"再次肯定斯大林口头保证东北地区遵守'门户开放'政策,并同时公之于众",表示美国政府不反对成立一个中苏美英四方组成的委员会,作为管理大连自由港的最高机构等②。8 月 8 日,哈里曼代表杜鲁门总统会见斯大林,要求苏联方面"能向美国公众说明,关于苏中之间现正谈判中的有关使用东北地区的港口和铁路的协议,无论苏方或中方都没有背离该地区的门户开放政策",斯大林表示同意③。美国态度的转变使中国代表团在对苏谈判中的艰难处境有所改变,并推动了中苏条约的最终签署。

中苏双方在谈判中主要围绕着外蒙古问题、大连商港问题、旅顺军

---

① 《战后世界史长编》(1951 年),上海人民出版社 1985 年版,第 62 页。

② 《贝尔纳斯致电哈里曼》,转引自陶文钊等:《抗日战争时期对外关系》,第 492 页。

③ 《会谈备忘录》,转引自章伯锋等主编《抗日战争》第 4 卷,第 1761 页。

港问题、东北铁路问题等进行了艰苦而激烈的交涉①。首先是关于外蒙古问题交涉,争执最为激烈,几使谈判决裂。焦点问题是如何理解"外蒙古现状应予维持"。中方认为,1924年签署的《中俄解决悬案大纲协定》已确定苏联尊重中国在外蒙古的宗主权,此即是现状,不能变更;苏方认为,"维持现状"是维持蒙古人民共和国"独立"的现状,中国必须承认外蒙古脱离中国独立。中方表示,中国目前可不向苏联提商外蒙问题,盼苏联亦不提此难题,中国任何政府如丧失土地完整,必为国人不谅;苏方表示,外蒙在地理上之地位,可供他人利用之,以推翻苏联在远东之地位,日人业已试过,如吾人在外蒙无自卫之法律权,苏联将失去整个远东等。双方谈判陷入僵局,中方坚决拒绝承认外蒙古独立要求,强调如承认外蒙之现状,中国政府将发生动摇;苏方则坚持该问题不解决,宁可中断会议。最后,中国在求助美国无望后,由蒋介石亲自决定有条件作出让步,即在苏联政府保证"东三省之领土、主权及行政必须完整"、"新疆伊犁以及全新疆各地被陷区域完全恢复"、"中共对军令、政令必须完全归中央统一"三个条件下,中国"愿自动提出外蒙问题,拟由外蒙人民用投票方式解决",苏方表示同意。随后,中方又提出外蒙古疆界问题,并坚持以中国旧地图为基准,双方经数度争执,最后约定"以其现在之边界为边界"。

其次是大连商港问题。苏方提出以《中俄租借旅大条约》为根据,将大连作为苏联专用港口,由苏中共同管理,遭到中方拒绝。随后,苏方稍作让步,主张由华人出任管理大连行政的董事会主席,仍遭到中方拒绝。8月10日,在美方的协调下,双方达成协议:大连开放为自由港,行政权属于中国,港务主任由苏联人担任等。

第三是旅顺军港问题。苏方要求由苏联管理旅顺军港,并一度主

① 章伯锋等主编《抗日战争》第4卷"1945年的中苏条约"节,第1689—1776页;吴相湘:《俄帝侵略中国史》,第475—483页;石源华:《中华民国外交史》,第625—626页。

张扩充至旅顺港外 100 公里岛屿，附属地之行政官吏由中国在征得苏方同意后任用，旅顺附近之缪岛、雷岛不设防等，遭到中方反对。后在美国协调下，双方决定由中苏两国共同使用旅顺口为海军根据地，苏军在规定区域内驻扎陆海空军，民事行政权归中国，但该地之防护由中国政府委托苏联政府办理等。

第四是中东铁路和南满铁路问题。双方的争执集中在两个问题上：其一是中苏联合公司的人事安排，苏方要求设公司理事会，设理事十人，中苏各半，理事长为华人，铁路局长为俄人；中方主张中东铁路可按苏方意见办理，但南满铁路局长应由华人担任，争执再三，仍未为苏方同意。其二是铁路运输苏联军队问题，此事关系中国东北国防安全问题，中方坚持铁路运输军队只限于进攻东北日军及撤军之时，平时旅顺苏军移动不能利用铁路；苏方始而主张进驻旅顺的苏军在运输武器、弹药及接防时可以使用铁路，在中方强烈反对下，退而主张限制铁路运兵数量，由四个师逐步退至一个师；最终决定铁路运输以军用物资为限等。

8 月 6 日，美国向日本投下了第一颗原子弹，8 日，苏联宣布对日宣战，战争局势发生激烈变化，日本即将投降。美国政府的远东政策由此而变得强硬起来，明确反对中国政府在东北问题上再向苏联作出重要让步；苏联政府则已开始将美国作为自己的主要敌手，既对美国干预中苏谈判表示疑虑，也不对中国国民政府抱信任态度，它在与中国签约的同时，不同意在协定中具体写明不支持中共的文字，也回避接收日本在东北的战利品问题，以为自身日后的行动自由留下活动的余地；中国政府面临着苏联百万大军进入东北，深感事势严重，因担忧苏联在中共问题上变卦而急于要求与苏联签约。14 日午夜，中苏两国外交部长王世杰和莫洛托夫在莫斯科签署《中苏友好同盟条约》以及附属协定，换文《关于中国长春铁路之协定》、《关于大连之协定》、《关于旅顺口之协定》、《关于中苏此次共同对日作战苏联军队进入东三省后苏联军总司令与中国行政当局之协定》、《关于外蒙古之换文》等。主要内容是：

1. 两国在对日战争中互相帮助与支持,不与日本单独谈判和平,战后共同密切合作,不缔结反对对方的任何同盟,不参加反对对方的任何集团;

2. 苏联支持中国国民政府,尊重中国对东三省的完全主权,并无意干涉新疆的内部事务;

3. 宣布大连为自由港,对各国开放,中国以所有港口工事设备之一半无偿租与苏联,行政权属于中国,港务主任由俄人担任,期限三十年;

4. 中苏共同使用旅顺口海军根据地,苏联可在规定地区驻扎陆、海、空军,该地民政由中国执行,另设中苏军事委员会,由苏方任委员长,期限三十年;

5. 中东铁路和南满铁路合并为中国长春铁路,由中苏共同所有、共同经营,两国合组铁路公司,双方各五人组成理事会,各三人组成监事会,由中方任理事长,苏方任监事长,铁路局长和总稽核分由苏、中人员担任,并依照平等原则任用各处、科、站长,中国政府担任铁路保护,由苏联境内到旅大往返货物免征关税,期限三十年;

6. 战后在外蒙古举行公民投票,如民意赞成独立,中国承认外蒙古之独立,以其现在之边界为边界;

7. 进入东北的苏联军队在日本投降后三个月内,全部从东北撤退等①。

《中苏友好同盟条约》是在"雅尔塔密约"的基本框架下签署的,是美苏强权政治和妥协的产物。该约的签署使苏联提出的要求基本如愿以偿,美国政府也为因此而与苏联在远东达成某种平衡而感到满意。中国国民政府虽然处于被动和被迫的地位,但也认为:"即使这个条约不能发生预期的积极作用,至少也能有其消极的作用。"当时的谈判代表、国民政府外交部西亚司司长卜道明事后这样追叙中国签约的原因:

---

① 王铁崖:《中外旧约章汇编》(三),第 1331—1340 页。

在苏军数十万全线攻入中国东北的情况下，"苏俄当可凭藉武力实现其全部愿望，那时中苏间将发生种种权益和领土的纠纷"；"我若提出交涉，美国将因我拒绝了雅尔塔协定，未与苏俄成立条约对我不予援助，而对苏俄则因雅尔塔协定的存在，反有支持苏联实现其全部要求之义务"；"不仅如此，苏俄势必利用我之孤立状态，根据雅尔塔协定笼统的规定，乘势更进一步的分裂中国领土，在东北、内蒙、华北及新疆等地建立其傀儡政权，因此造成更混乱的局势"；"我国若与苏俄预先签订一项条约，用条约来限制'雅尔塔协定'的流弊，约束苏俄的侵略行动，并对日后苏俄可能违约的行动预先把握一种交涉的政治立场，那时不仅我们进退有所依据，而且美国对中苏间可能发生的纠纷亦不能坐视无睹，而应根据道义与公理的立场予我以声援"等①。

8月24日，中苏两国政府互换批准书，条约生效。中苏两国领导人互相致电祝贺。蒋介石的电文说："深信今后两国政府根据条约，将能表现互信互助之精神，以尽力为中、苏两大国家及全球造成幸福及繁荣。"斯大林复电称："确信此项条约及协定将为进一步发展贵我两国友好关系之坚固基础，借谋两国人民利益与繁荣及远东与全世界和平及安全之巩固。"②然而，这个条约并没有促进战后两国关系的正常发展，也未能如美国所设想的为远东带来和平和稳定。战后的中苏关系将随着美苏冷战的形成和升级以及国共内战的全面展开而历尽波折。

第五节　中国参与战后国际政治的安排

一　中国签署莫斯科四国宣言

中国在签署《联合国家宣言》后，十分关注参与建立新的国际秩序。

---

①　转引自吴相湘：《俄帝侵略中国史》，第484—485页。
②　《中央日报》，1945年9月1日。

鉴于美、英于 1941 年 8 月共同发表《大西洋宪章》,蒋介石指示国防最高委员会秘书长王宠惠研究太平洋宪章问题。1942 年 7 月 7 日,王宠惠将研究结果报告蒋介石,在肯定《大西洋宪章》基本精神的同时,指出其美中不足之处在未提及暴日和消极的民族自决,应予补充①。中国舆论对此问题也积极关注,表示中国人"全心全意"要求加入新的国际秩序②。

美国在1942年下半年整个战局发生有利于盟国的变化后,也开始考虑战后世界的安排问题。罗斯福总统设想在战后建立一个维护和平的世界性国际组织,由美、英、苏、中四大国在其中起支配作用。1943年8月上旬,国务卿赫尔及国务院的顾问就建立这样一个国际组织起草了一份四国宣言草案。草案经罗斯福、丘吉尔认可后,被分送斯大林和正在美国的宋子文。8月下旬,斯大林在推托罗斯福关于举行美、英、苏三国首脑会议建议的同时,同意举行三国外长会议。美、英方面遂将四国宣言列为外长会议优先讨论的事项③。

美国国务院在将四国宣言草案送交宋子文时口头说明,宣言草案已列入美、英、苏三国会议议程,中国政府对该草案"如有意见或评论须要向美国政府表示者,当为美国政府欢迎"④。国民政府军事委员会参事室主任王世杰在对宣言草案研究后认为,该草案内容"对我均甚有利",但"苏联对我国参加此项宣言,尚难免不持异议",因此,他向蒋介石建议:"我方政策在力求此项草约得经四国同意迅速成立。"该建议获得蒋介石首肯⑤。

美、英、苏三国外长会议于10月18日至30日在莫斯科举行。签

---

① 《战时外交》(三),第 796—797 页。

② 《大公报》,1942 年 12 月 7—8 日,1943 年 1 月 3 日、9 日。

③ 罗伯特·达莱克著、陈启迪等译:《罗斯福与美国对外政策》,商务印书馆1984 年版,第 597—600 页。

④ 《战时外交》(三),第 799 页。

⑤ 《战时外交》(三),第 800 页。

署宣言是会议的主要议程。正如王世杰所预料,苏联反对将中国包括在内,只愿讨论三国宣言。苏联政府对宣言内容并无不同意见,但认为既然中国没有参加会议,当然就不应签署宣言,实际上不愿承认中国的大国地位。但美国国务卿赫尔根据罗斯福的指示,坚持中国必须作为宣言的签字国。为此,他与苏联外长莫洛托夫举行多次会谈,强调四国宣言的重要性,表示"将中国排除在四国宣言之外是不可思议的。我国政府认为,中国在战争中已经作为四大国之一出现在世界舞台上,如果美、英、苏在宣言问题上将其抛弃,那将很可能在太平洋地区的政治和军事方面产生十分可怕的反应"①。赫尔甚至表示,如果宣言不能以四国名义签署,美国绝不会在三国宣言上签字。由于美国方面的强硬态度以及英国对美国立场的支持,苏联被迫同意发表四国宣言。但在10月26日的会议上,莫洛托夫又提出中国无代表在莫斯科,主张仍由美、英、苏三国代表签署。会后,赫尔立即约见中国驻苏大使傅秉常,要他尽快获得中国政府授权,代表中国签署宣言。

　　傅秉常在三国外长会议开始后,与赫尔保持密切联系,并随时向重庆报告会议进展情况。26日,他急电蒋介石,请授予签字全权。蒋介石于27日复电,授权傅秉常全权代表中国政府在四国宣言上签字②。

　　10月30日,美、英、苏、中《关于普遍安全的宣言》正式签署。宣言向全世界宣告,四国将继续对轴心国的战争,直至轴心国无条件投降;并根据一切爱好和平国家主权平等的原则,建立一个普遍性的国际组织,以维持国际和平与安全③。11月2日,蒋介石致电罗斯福总统表示感谢:"此次四国宣言之签订,全由阁下坚持正义团结之精神所感召,实为一伟大之成功。此举对于未来世界之和平与安全,必有莫大之贡

---

　　① Cordell Hull: *The Memoirs of Cordell Hull*, Macmillan Company, N. Y. 1948, p. 1282.

　　② 《傅秉常致蒋介石》(1943年10月26日)、《蒋介石致傅秉常》(1943年10月27日),《领袖特交文电:拾伍、开罗会议》,台北"国史馆"藏。

　　③ 《国际条约集(1934—1944)》,世界知识出版社1961年版,第402—403页。

献,殊堪庆幸,余兹请阁下接受余热烈之感忱。"①四国宣言的签署是大战期间盟国合作的重大事件,它奠定了日后联合国的最初基础。对中国而言,四国宣言也意义重大,它进一步确认了中国的四强地位,并奠定了此后在联合国安理会中常任理事国的地位。

二 开罗会议与《开罗宣言》

太平洋战争爆发后,中国与美国虽然成为反法西斯战争的盟国,但两国政府间并无英、美之间那样的经常性双边工作机制,更不用说像丘吉尔与罗斯福那样经常性的首脑会晤了。对此,中国政府多次抱怨受到不平等的待遇。为安抚中国并商讨战后世界安排,罗斯福总统于1943年6月初向在美国的国民政府外交部长宋子文表达了拟邀丘吉尔、斯大林与蒋介石共同会谈的意愿。蒋介石获悉后,于6月7日致电宋子文,请其面告罗斯福,表达在苏、日公开决裂前他本人参加四国高峰会谈可能使斯大林感觉不便的担忧。7月4日,罗斯福致电蒋介石,表示与蒋会晤"殊为重要",建议两人相见于重庆与华盛顿间之中途地点。7月8日,蒋介石复电,表达与罗会晤之期望,并建议会晤时间以当年9月以后最为适宜。此后,美国方面先后提出会晤地点在阿拉斯加及华盛顿,均被国民政府以不便为由婉拒。10月28日,在莫斯科三国外长会议期间,罗斯福再次致电蒋介石,邀请蒋与他及丘吉尔三人在11月20日—25日期间在埃及的亚历山大会晤,当面讨论中美间及战后世界重要问题,以求"圆满之解决"。蒋介石于11月2日复电表示愿意赴会。但在美、英、苏三国首脑会晤地点及日期决定后,罗斯福又于11月9日致电蒋介石,将美英中首脑会晤改为11月22日—26日在开罗举行。蒋介石获悉罗斯福将与斯大林举行会谈,担心中美首脑会晤在美苏首脑会晤之后,遂电罗斯福,希望中美会晤安排在美苏会晤之

---

① 《战时外交》(三),第496页。

前。罗斯福复电允诺①。

　　为出席开罗会议，国民政府军事委员会参事室与国防最高委员会秘书厅分别准备了中国拟在会议上所提问题的方案。这两个方案涉及日本无条件投降应接受条款、盟国间战时军事与政治合作、战后重要问题及战后中美经济合作等问题。其主要内容包括：日本应完全解除武装，其战犯交付联合国审判，将旅顺、大连、台湾及澎湖列岛、琉球归还中国，赔偿中国自"九一八"起一切损失；加强中美军事合作，中、美、英联合先行收复缅甸；中、美、英、苏共同或分别承认朝鲜独立，保证印度于战后立即获得自治领地位；战争结束后现有之联合国团体应继续存在，而以四大国为主席团，维护世界和平之责；战后美国在资金与技术方面，协助中国经济重建，树立健全制度②。这两个方案集中体现了国民政府对开罗会议的期望，其重点在收复中国失地、提高中国国际地位及加强中美合作等方面。

　　蒋介石本人对第一次与美、英首脑举行高峰会议也抱有很大的期望。11月18日，即离开重庆赴开罗这一天，他在日记中写道："此次与罗邱会谈应注重于最大之问题：甲、国际政治组织，乙、远东委员会组织，丙、中英美联合参谋团之组织，丁、占领地管理方案，戊、反攻缅甸之总计划，己、朝鲜独立，庚、东北与台湾应归还我国。"显然，蒋介石对此次会谈与正在进行的世界大战尤其是战后世界安排之间的关系具有足够的认识，但因首次与美英首脑会晤及中国本身的实力，他又持十分谨慎的态度："余此去与罗邱会谈，应以澹泊自得无求于人为惟一方针，总使不辱其身也。对日处置提案与赔偿损失等事，当待英美先提，切勿由我主动自提。此不仅使英美无所顾忌，而且使之畏敬，以我乃毫无私心

---

　　①　《战时外交》(三)，第 491—497 页；The U. S. Department of State：*The Conference at Cairo and Tehran*，1943，GPO，1961，pp. 1755 - 5673.

　　②　《战时外交》(三)，第 498—501、503—506 页。

于世界大战也。"①

蒋介石于 11 月 21 日抵达开罗。同行的有宋美龄、国防最高委员会秘书长王宠惠、军事委员会办公厅主任商震、侍从室第一处主任林蔚等二十人②。开罗会议的议程由美、英代表团抵达开罗后于 22 日定下,中国代表团于当日深夜方才获悉③。23 日,会议正式开始。由三国首脑及其幕僚出席的正式会议主要讨论军事问题。

国民政府在出席开罗会议前,由美国派驻中国任蒋介石参谋长的史迪威制定了拟在会上提出的军事方案,其主要内容为陆、海、空军联合作战,收复缅甸,打通滇缅交通线,以及由美国提供武器分三批装备中国 90 个师和每月向中国提供一万吨空运物资④。会议中讨论的焦点集中在收复缅甸的作战计划上。在 11 月 23 日举行的三国首脑都参加的第一次大会上,蒋介石强调了收复缅甸对整个战局的重要性,并认为缅甸之战的关键"完全在于海军与陆军之配合作战,同时发动",即英国海军必须在孟加拉湾发动两栖作战,与中国陆军形成南北夹攻之势。英国首相丘吉尔虽表示在意大利投降后,可增加在孟加拉湾作战之英国军舰,但并不愿作出英国海军两栖作战的承诺⑤。在此后进行的三国军事联合参谋会议中,史迪威奉蒋介石之命以中国战区参谋长身份,坚持缅甸作战水陆必须同时夹攻。由于美国支持中国的缅战计划,最后经蒋介石与丘吉尔会商后达成共识,英国海军在安得曼岛登陆作战,而中国则允诺将每月空运量减少至 8700 吨⑥。

---

① 《事略稿本》(1943 年 11 月 17 日、18 日),台北"国史馆"藏。

② 《战时外交》(三),第 509 页;梁敬錞:《开罗会议与中国》,亚洲出版社有限公司(香港)1962 年版,第 23—24 页。

③ 《王宠惠呈蒋介石关于开罗会议日志》,《战时外交》(三),第 514—515 页。

④ 《战时外交》(三),第 501—503 页。

⑤ 《军事问题会商经过》,《战时外交》(三),第 536—537 页。

⑥ 梁敬錞:《开罗会议与中国》,第 74 页。但开罗会议刚结束,丘吉尔就变卦,推翻自己作出的承诺,取消英国海军在缅甸的登陆作战计划。详见本章第三节第一目。

开罗会议期间有关中国及战后世界安排的政治问题主要在蒋介石与罗斯福两人的会晤中讨论,对中国而言,这也是更为重要的议题。抵达开罗后,王宠惠将原先准备的方案中涉及政治方面的内容修订成四个节略,提供给蒋介石。这四个节略分别是:关于设立四国机构或联合国机构问题、关于过渡期间国际安全问题、关于德国投降问题、关于远东之问题。但蒋介石认为这四个节略所涵盖的各种问题无法在会议期间逐一讨论,因为会议重点在调整对日作战战略及日本战败后之惩处办法,所以决定有关政治问题,分别轻重,提出与罗斯福讨论,而将节略书面提交美国以备参考①。

整个开罗会议期间,蒋介石与罗斯福共有八次会面,其中 11 月 23 日赴罗斯福晚宴后长谈与 11 月 25 日赴罗斯福官邸茶叙后谈话,最为重要②。蒋罗会谈涉及下列内容:

一、中国国际地位。罗斯福表示中国应作为四强之一,并以平等地位参加此后的国际组织,蒋介石欣然接受。

二、日本皇室地位。罗斯福以战后日本皇室的存废征求蒋介石意见。蒋介石表示,事关日本政体,应在战后由日本人民自己决定,以免造成国际关系中可能后患无穷的错误。

三、军事占领日本。罗斯福认为,在战后对日军事占领问题上,中国应担任主要角色。但蒋介石认为,中国尚未有承担这一重大任务的准备,应由美国领导执行,中国于必要时辅助执行。蒋并提出,此问题

---

① 《王宠惠呈蒋介石关于开罗会议日志》,《战时外交》(三),第 527—528 页。

② 梁敬錞:《开罗会议与中国》,第 35 页。蒋罗之间的会谈,美方没有正式记录。1956 年台湾方面将蒋罗 11 月 23 日晚会谈记录译成英文提供给美国,被编入《美国外交文件集》,FRUS, Cairo and Teheran Conference, pp. 323 - 325.(中译本见《德黑兰、雅尔塔、波茨坦会议记录摘编》,上海人民出版社 1974 年版,第 447—451 页)。中文方面有王宠惠所作的记录(见《开罗会议与中国》,第 39—41 页),与上述提供给美国的英文件内容基本相同。台湾于 20 世纪 80 年代初出版的《中华民国重要史料初编》中无蒋罗会谈记录,只有《政治问题会商经过》中的简要记录,见《战时外交》(三),第 525—535 页。本文讨论蒋罗会谈,皆依据上述两种资料。

可视实际形势发展再作最后决定。

四、对华实物赔偿。蒋介石提出，日本战后对华赔偿，一部分可以实物支付，如工业机器与设备、战舰、商船、火车头等可移交中国。罗斯福对此表示同意。

五、收回失地。蒋介石与罗斯福同意，日本用武力从中国夺去的中国东北四省（包括辽东半岛及旅顺、大连）、台湾和澎湖列岛，战后必须归还中国。罗斯福还问，中国是否想要琉球群岛。蒋介石回答说，中国愿由中美两国共同占领琉球，并在国际组织托管下由两国共管。罗斯福还提出香港、大连宜由中国收回后，改作国际自由港。蒋介石表示同意，但以国际保证为条件，并提出应由美国与英国、苏联分别商讨这一问题。

六、战后中美军事合作。罗斯福提议，中美在战后应就防止远东未来侵略作出互相支援的安排；美国应在太平洋上维持适当军事力量，以有效担负防止侵略的责任。蒋介石同意这两项提议，并希望美国提供帮助装备中国陆海空军，以加强中国国防及承担国际义务的能力。蒋还提议，中美军事基地可互相使用，并表示中国准备将旅顺港交中美共同使用。罗斯福又提议，有关亚洲事务，两国应在作出决定前彼此磋商。蒋介石表示同意。

七、朝鲜、越南与泰国。罗斯福认为，两国应就朝鲜、越南和泰国的未来地位达成共同谅解。蒋介石在表示同意的同时，强调朝鲜应予独立的必要性，中美两国应帮助越南在战后取得独立，并使泰国恢复其独立地位。罗斯福表示同意。

八、战后对华经济援助。蒋介石认为，战后中国经济重建十分艰巨，希望美国能给予各种形式的财政援助和技术援助。罗斯福表示对此问题将予以认真考虑。

九、外蒙古、唐努乌梁海。罗斯福特别问到唐努乌梁海的现状及其与邻近地区的历史关系。蒋介石指出，唐努乌梁海原为外蒙古的组成部分，后为俄国夺走；外蒙古与唐努乌梁海皆原属中国，应与苏联谈判解决。

十、统一指挥问题。蒋介石提议，中美成立参谋长联合会议，或中国加入现有的英美参谋长联合会议，以示一律。罗斯福允诺与其军事幕僚商量以便作出决定①。

根据罗斯福事后对其儿子所讲，他与蒋介石的会谈还涉及中国国内政局。罗斯福向蒋介石建议，国民党应在战争期间与共产党组成一个联合政府。蒋介石则表示，如果美国保证苏联能尊重中国东北的边界，他可以邀请共产党参加国民政府②。

根据蒋罗会谈商谈结果，罗斯福令其特别助理霍普金斯起草了会议宣言草案，并首先交中国代表团审阅。蒋介石对其内容表示可以同意，但草案中漏缺"澎湖列岛"应予加上。11月26日，美方约中、英代表团共同商讨会议宣言草案时，英方对宣言草案提出修改意见，欲将东北、台湾与澎湖列岛等"当然应归还中国"改为"当然必须由日本放弃"，将决定使朝鲜"成为一自由独立之国家"改为"脱离日本之统治"，实际上是对宣言草案只字未提被日本占领的英国在远东的属地不满。中国参加此次商讨的王宠惠当即明确表示反对，指出"日本放弃之后，归属何国，如不明言，转滋疑惑"，"如不明言归还中国，则吾联合共同作战，反对侵略之目标，太不明显"。由于美国代表团支持中国的立场，英国

---

①　对于台湾提供的蒋罗会谈记录，有学者怀疑其准确性，认为有关中国领土的内容有些"被篡改了"，见 Keith. Sainsbury：*Turning Points：Roosevelt，Stalin，Churchill，and Chiang Kai‐shek*，1943：*The Moscow，Cairo，and Teheran Conference*，Oxford University Press，1985，p. 189. 刘晓原在其著作中，将会谈记录与霍布金斯文件中中方提交的备忘录比较，认为会谈记录在不少方面故意强调了罗斯福的主动性，从而偏离了事实真相。如会谈记录表明罗斯福首先提出香港问题，并要将琉球交给中国，都是故意误导，Xiaoyuan Liu：*A Partnership for Disorder：China，the U. S. and their Policies for the Post‐War Diposition of the Japanese Empire*，1941‐1945，Cambridge University Press，1996，pp. 137‐138.

②　Elliott. Roosevelt：*As He Saw It*，NewYork：Duell Sloan and Pearce，1946，p. 164.

上述提议未被接受①。

开罗会议于 11 月 26 日结束。会后,罗斯福、丘吉尔赴德黑兰会晤斯大林。蒋介石在游览金字塔后于 27 日离开开罗。12 月 1 日,中、美、英三国《开罗宣言》正式发表:

> 三国军事方面人员,关于今后对日作战计划,已获得一致意见,我三大盟国决心以不松弛之压力,从海陆空诸方面加诸残暴的敌人。此项压力已经在增长之中。

> 我三大盟国此次进行战争之目的,在于制止及惩罚日本之侵略。三国决不为自身图利,亦无拓展领土之意。三国之宗旨在剥夺日本自 1914 年第一次世界大战开始以后在太平洋所夺得的或占领之一切岛屿,在使日本所窃取于中国之领土,例如满洲、台湾、澎湖列岛等,归还中华民国。日本亦将被逐出于其以暴力或贪欲所攫取之所有土地。我三大盟国轸念朝鲜人民所受之奴役待遇,决定在相当期间,使朝鲜自由独立。

> 我三大盟国抱定上述之各项目标并与其他对日作战之联合国家目标一致,将坚持进行为获得日本无条件投降所必要之重大的长期作战。②

对国民政府而言,开罗会议的成果主要是政治方面的。蒋介石本人对此评论道:"在开罗逗留七日,其间以政治之收获为第一,军事次之,经济又次之。然皆获得相当成就,自信日后更有优良之效果也。东北四省与台湾、澎湖列岛为已经失去五十年或十二年以上之领土,而能获得美英共同声明归还我国,而且承认朝鲜于战后独立自由,此皆为国民革命之主要目标与期望,而今竟能发表于三国共同声明之中,实为空

---

① 《战时外交》(三),第 528—532 页。美方宣言草案漏缺"澎湖列岛"由中国代表团成员、军令部第二厅厅长杨宣诚核出并报蒋介石,见梁敬𬘓:《开罗会议与中国》,第 50 页。

② 《国际条约集(1934—1944)》,第 407 页。

前未有之外交成功也。"①开罗会议确立了使日本无条件投降的原则，并以明确的语言和国际公约的形式确定将日本强占中国的领土归还中国；会议也进一步提高了中国的大国地位，因而成为民国外交史中重要的一页。

三　敦巴顿橡树园会议

莫斯科四国宣言签署后，大国间关于国际组织的筹建提上议事日程。1944 年 5 月，美国政府制定了一个初步计划，拟邀请中国、英国、苏联赴华盛顿附近的敦巴顿橡树园开会具体商讨筹建事宜。蒋介石获悉后于 6 月 2 日致电罗斯福，表示对此"极为欣慰"，"盖东方人民如无代表，则此会议将对于世界之一半人类失去其意义"，并表明"中国向来主张早日成立此种机构，如其可能，并望在战时结束以前成立"。但由于苏联以尚未与日本开战为由，不愿与中国坐在一张会议桌上，最后会议只得采取开罗会议模式，即第一阶段为美、英、苏三国会议，第二阶段为美、英、中三国会议。7 月 10 日，魏道明将这一安排报告重庆，蒋介石批示"应可赞成"②。

国民政府外交决策层对成立新的国际组织早就有过考虑和研讨。1942 年 7 月国防最高委员会秘书长王宠惠主持的国际讨论会拟具了一份"国际集团会公约"，主张为在战后确立集体安全制度、保证永久和平，应建立新的对侵略能行使制裁的国际组织③。军事委员会参事室主任王世杰也在开罗会议前向蒋介石递交的节略中，主张尽早成立中、美、英、苏四国机构，并以四国机构筹建联合国总机构④。

---

① 《事略稿本》1943 年 11 月 28 日日记，台北"国史馆"藏。

② 《战时外交》(三)，第 828—830 页。

③ 《国际讨论会拟具国际集团会公约》，中国国民党党史会档案，国防 005/5。

④ 《王世杰拟关于四国会议问题节略》，《特交档案：外交——对国联、联合国外交》第 10 卷，台北"国史馆"藏。

　　接受参加敦巴顿橡树园会议邀请后,国民政府就成立新的国际组织准备了多个草案,其中以王宠惠主持的国防最高委员会方案和王世杰主持的参事室方案及驻英大使顾维钧提出的方案最为重要,也最具代表性。王宠惠方案分基本态度与对重要问题之立场两部分:关于前者,王宠惠认为国际组织以"愈坚强有力为愈宜",并应尽快成立,中国应与美、英、苏取得同等地位,而对与会方针则主张"暂不提出整个提案",只就美方草案建议补充或修改;对于后者,王宠惠提出,区域组织应隶属国际组织之下,国际组织议案之表决取多数通过原则,对运用制裁应有具体之规定,并宜设置国际警察或空军,倡导国际间经济和文化合作,设置国际法院等①。王世杰方案分基本政策、设立程序与组织原则三部分。王世杰主张国际组织应在战争结束前成立,并应有充分力量,但美、英、苏、中四国不应享有过大之特权,因为"我如主张其他特权,势必增加各小国对我之反感。且四国纵令享有其他特权,实际上我亦未必能利用"。对国际组织的设立,他主张应包含代表大会、理事会和国际法庭。在组织原则中,王世杰强调国际组织对于侵略国负有执行经济、政治与军事制裁之责任,并应具有执行军事制裁之充分力量,即成立强有力之国际空军。他还提出,国际组织大会与理事会的决议依三分之二多数表决为原则,国际组织具有修正不合时宜的国际法的权力,可设立区域组织等②。顾维钧方案分应取立场、与会策略与应注意事项三部分。在吸取国联面对法西斯侵略时无所作为的教训的基础上,顾维钧强调新的国际组织的中央机构必须具有权威,而会员国有实施制裁侵略的义务,并应预先规定实施制裁大纲,以避免国联之弊端。对中国与会之策略,顾维钧在权衡中国在四强中地位和会议实际情况

　　①　《战时外交》(三),第832—833页。
　　②　王世杰拟"我政府关于国际安全和平组织问题之主张(要点)",1944年7月20日,《特交档案:外交——对国联、联合国外交》第17卷,台北"国史馆"。并见《战时外交》(三),第834—835页。

的基础上,主张采取现实、灵活的立场,"慎重发言,减少提案","避免提出与任何一国正面冲突之主张,而多事居间调和",以确保中国作为四强之一的国际地位。顾维钧还主张,国际机构的投票原则应改国联的全体一致为多数原则,但应包括全体常任会员国方为有效,"以重我地位也"①。

这三个方案在成立一个强有力的国际组织、国际组织必须能够进行制裁、国际组织投票表决取多数原则等方面,基本上是相同的。但有关实施制裁的手段,顾维钧着重通过法律程序确定会员国的义务,而王宠惠和王世杰则主张应具有实施军事制裁的力量,建立国际警察或国际空军。三个方案的差异主要在于中国的国际地位,顾维钧与王宠惠持相似的看法,认为中国应与美、英、苏以平等地位参与国际组织,享有大国特权,"以重我地位",并据此确定中国在会议期间的策略,即应"减少提案","居间调和"。而王世杰则对此持反对态度,认为四大国不应享有过大之特权,因为中国未必能利用大国地位,反倒会增加小国的担忧。

国民政府最后根据王宠惠方案和顾维钧方案确立了参加敦巴顿橡树园会议的方针。8月中旬,王宠惠根据顾维钧方案修订了他原先的方案,作出两条重要增补:1.一旦会议无法取得一致意见,可留待他日,不必坚持,"总以促成会议有初步成功为主";2."中、美、英、苏四国所投之票,必须在赞成之列"。这一修订后的方案于8月18日电知在美国的中国代表团,作为中国与会的基本方针②。8月下旬,蒋介石又指示中国代表团:"一、此次会议,系初步商谈之性质,吾人希望其成功。对于若干困难问题,我方不必坚持,因在将来联合国之大会中,仍可提

---

① 《顾维钧致蒋介石》(1944年8月6日),《顾维钧文件》,美国哥伦比亚大学珍本与手稿图书馆,第75盒;并见《领袖特交文电:柒》。
② 《战时外交》(三),第866—867页。王世杰方案由蒋介石嘱外交部送在美国的孔祥熙参考,但并未作其他指示,王世杰为此颇为失望。见《王世杰日记》,1944年7月21日。

出解决。二、对于苏联，虽不共同会议，但仍宜设法联络"①。

出席敦巴顿橡树园会议的中国代表团由驻英大使顾维钧、外交部次长胡世泽、驻美大使魏道明和驻美军事代表团团长商震组成，顾维钧任首席代表，正在美国的行政院副院长孔祥熙"就近指导"②。

敦巴顿橡树园会议第一阶段于8月21日至9月28日在美、英、苏三国间进行。虽然由于苏联与美、英之间在安全理事会常任理事国否决权行使范围和会员国资格问题上无法取得共识，但三国还是在基本问题上达成一致：新的国际组织名称为"联合国"；联合国设四个基本机构，即大会、安全理事会、秘书处和国际法院；大国在安全理事会中有常任席位；大会重要决议由会员国三分之二多数票通过，一般决议以简单多数决定。

对于中国代表团无缘会议第一阶段，中国代表团感到非常失望。顾维钧认为，与将中国列为四强之一的莫斯科宣言相比，会议"在这方面几乎倒退了一步"，"很显然，中国只能面对既成事实——第二阶段会议只不过是摆摆样子而已"③。如何应对这一困难而又尴尬的境地，具体而言，对第一阶段会议已达成的草案取何态度，成为中国代表团面临的主要问题。在这一问题上，中国代表团中出现了意见分歧。驻美大使魏道明、代表团空军专门委员毛邦初等认为，三国草案与中国的实际需要相差甚远，中国应该提出自己所有的建议，与美、英两国进行从容不迫的讨论，不论美、英或者苏联的代表有无可能接受；中国要表现出

---

① 《出席国际和平组织会议代表团会议纪要》(1944年8月29日)，《顾维钧文件》，第74盒。

② 国民政府最初于7月下旬指派胡世泽为会议代表，8月10日加派顾、魏、商三人，8月16日明确顾为首席代表。孔祥熙本人虽欲率团与会，但蒋介石只请其"就近指导"。此外，驻美大使魏道明对未任命其为首席代表颇为不满。详见《领袖特交文电：柒》，《顾维钧回忆录》第5分册，第391—392页。并参见金光耀：《顾维钧与中国参与敦巴顿橡树园会议》，载《顾维钧与中国外交》，上海古籍出版社2001年版。

③ 《顾维钧回忆录》第5分册，第405页。

愿意为会议作出充分的贡献,因此不能让第二阶段会议草草了事。但顾维钧认为,这一立场是不切实际的,根据"现时之国际情势,与我国之地位,我方对于该建议书(即三国草案),似不宜坚持修改,或拒绝同意",因为一方面三国草案"需要补充之处固多,但其业已列入者,对于我国之权益,似尚无不利之点",另一方面,美英两国参加第二阶段会议,主要是为了"维护中国的声望",而不是听取重要意见,所以,为了装点门面而延长会议的做法是不可取的。顾维钧主张,"中国代表团应该作出适当的妥协"。最终,代表团根据顾维钧的意见决定取现实的态度:"我方主要目的在促成此次会议之成功,使四国能提出一国际和平安全机构方案。再此次会议,原系初步商谈性质,一切现时不能解决之问题,仍可留待将来联合国全体会议中提出讨论,是以我方对于各项问题,可不必坚持,并可藉以表示我国爱好和平及与各友邦合作之精神。但对于和平安全机构之重要意见,我方仍应提出并详为说明,一则可使世人明了中国之正义立场,二则又作为将来在大会中或将再行提出之张本。"同时,"我国现时处于四强之一之地位必须维持"。代表团决定,在第二阶段会议期间以补充意见的方式向美英表明中国的看法①。

中、美、英三国参加的第二阶段会议于 9 月 29 日举行开幕仪式,10月 3 日上午,顾维钧代表中国提出补充意见七点并作说明:一、维持和平与安全必须根据正义与国际公法之原则,以免新的国际组织沦为强权政治的工具;二、保障各国政治独立与领土完整,以增加各国特别是小国的安全感;三、侵略应加定义,并尽量列举侵略的各种行为;四、组织国际空军,以作为安全理事会权威的象征和采取行动的手段;五、国际公法的方针与修订应由大会倡导,以有利于推进符合国际公法原则

　　①　《中国代表团报告书》;中国代表团会议记录,1944 年 9 月 29 日、30 日,《顾维钧文件》,第 74 盒;《顾维钧回忆录》,第 5 分册,第 417—418 页。

的安全；六、国际法庭应能强制裁判；七、应促进教育和文化合作①。

对中国提出的七点补充意见，美国和英国代表团并不完全赞同，三国就分歧之处展开了讨论。对于第一点，英国最初认为国际法是不明确的，当出现争端时，国际法只会引起争论。经中国代表团据理力争，美国表示支持中国的立场，英国才表赞同，同意列入联合国宪章。对于第二点，美英方面坚持第一阶段草案中"主权平等"字样已包含政治独立与领土完整的涵义，中方不再坚持。对于第三点，美英方面均反对对侵略加以定义，因为一方面难于对侵略下令人满意的定义；另一方面原草案已说明将制止侵略，于是顾维钧表示对此问题可作进一步考虑；对于第四点，美英明确表示根据实际情况无法予以同意；对于第五点，美英接受中国的要求，同意联合国大会应负责提倡研究国际公法，并推进国际公法的发展与改进。对于第六点，美英原则上同意，但又称："此问题复杂，可由修订法庭法规之专家委员会讨论决定"。对于第七点，美英同意"经济与社会理事会"应特别设法促进教育以及其他国际文化合作②。讨论结果，美英接受了中国补充意见中一、五、七三点，对第六点表示原则接受，第三点留待以后讨论，而对第二、四点则予以拒绝。

在讨论中国补充意见的同时，美英方面提出希望尽快结束第二阶段会议，在10月9日同时在四国首都公布敦巴顿会议文件。美英代表强调，美、英、苏"三国草案经长时期之讨论磋商始得成立"，希望中国政府能予以同意③。这样，在补充意见未被全部接受的情况下，中国代表

---

①　《顾维钧等致宋子文并转蒋介石》(1944年10月3日)，《顾维钧文件》，第70盒；FRUS，1944，Vol. I，pp. 864 - 865.

②　《顾维钧等致宋子文并转蒋介石》(1944年10月3日)，《顾维钧文件》，第70盒；FRUS，1944，Vol. I，pp. 865 - 866. 中美双方关于讨论的记录基本一致，但关于第3点稍有出入，顾维钧的电文称，美方表示"此问题仍在考虑中，并可由大会再行讨论"。

③　《顾维钧等致宋子文并转蒋介石》(1944年10月2日)，《顾维钧文件》，第70盒。

团面临着是否同意并完全接受第一阶段会议结果的抉择。尽管代表团内存在不同意见，但首席代表顾维钧认为，促成会议的成功和维持中国的四强地位是首要之事。10月2日，他致电重庆当局，认为美、英、苏三国草案"整个目的期在以实力保障国际之公安，注重实际之效率，不尚理论之空谈，欲矫国联盟约规定空疏之病，故凡与此目的无直接之原则，概不阑入"；该草案对中国主张之主要问题如制裁侵略等均已采纳，虽有数点未被列入，原因在于"其出发点之不同，故特从略"，但"草案全部对我国家权益似无不利之处"。据此，顾维钧对中国在会议中所处的实际地位作了分析，并对应取的相应对策提出自己的看法："钧等察英美首席代表语意，此次会议英美邀我参加，乃系形式之举，与莫斯科会议三强发表宣言请我署名于后同一意义。形势如此，倘我对其草案坚持修改，不予同意，则三国政府同时将其发表，我独向隅，不特四强团结之精神不克保持，我国国际地位亦有影响。钧等思维再四，惟有在开会期间仍将我国立场及主张继续提出讨论予以阐明外，敢请从速授权，对此事相机办理，至本周最后必要时对草案表示我国政府之同意，一面仍请迅速准备届时公布手续，使四国同时发表之议可成事实。"①顾维钧的建议得到国民政府的认可。10月6日，外交部长宋子文复电："准予授权，相机办理。"②中、美、英第二阶段会议于10月7日结束，10月9日会议公报正式发表。

虽然与美、英、苏三国相比，中国在敦巴顿橡树园会议上所发挥的作用是有限的，但由于确定了务实的方针和灵活应对的策略，还是对会议的成功作出了贡献。中国补充意见中被采纳的三点日后就被写入了《联合国宪章》。会议也巩固了中国的大国地位。

---

①　《顾维钧等致宋子文并转蒋介石》（1944年10月2日），《顾维钧文件》，第70盒。

②　《宋子文致顾维钧》（1944年10月6日），《顾维钧文件》，第70盒。

四　旧金山会议与联合国成立

　　敦巴顿橡树园会议后，美、英、苏三国首脑在 1945 年的雅尔塔会议上就安全理事会常任理事国否决权行使范围和会员国资格问题进行了讨论，并根据苏联的建议达成共识：有关需采取经济、政治或军事制裁解决的争端，安理会常任理事国即使是当事国也有权投票，而可以通过和平方式解决的争端，争端当事国不参加投票；由于苏联在战争中作出的牺牲和贡献，它可以有两个加盟共和国作为联合国发起国。三国首脑还商定，于 1945 年 4 月 25 日在美国旧金山召开联合国制宪会议，会议请柬由美国、英国、苏联、中国及法国临时政府发出①。

　　2 月 13 日，美国驻华使馆将雅尔塔会议有关联合国事宜的决定通知中国。国民政府外交部次长吴国桢在向军事委员会报告这一决定时认为："五常任理事之一遇有争议，涉及其本身时仍有权否决施用任何制裁办法"，故"可表示英美对于苏联让步"；"再就整个三国会议公告而言，对于波兰、南斯拉夫之处理以及在解放国家内，规定三强有权干涉其内政"，不过"就我国目前环境而言，我对三国会议所提之安全理事会投票办法，亦只得同意"②。显示出有所不满而又无奈的心情。

　　3 月中旬，国民政府外交部拟定出席旧金山会议有关各项问题方案共七件，分别为：甲、草拟国际法院规程应注意之要点；乙、设立领土代管制度之原则；丙、对区域组织问题之意见；丁、中国所提已经英美接

---

　　①　《德黑兰、雅尔塔、波茨坦会议记录摘编》，第 135、172 页。三国首脑在讨论未来的安理会常任理事国的投票权时，实际上考虑的只是确保联合国的决议没有三大国的同意不能通过，中国并未在他们的考虑之中，见该书第 136 页。另法国后未接受发起国的地位。

　　②　吴国桢：《分析三国会议对于安全理事会投票程序之决定之意义》，台北"国史馆"藏国民政府档，转引自李朝津：《顾维钧与旧金山会议》，载金光耀主编：《顾维钧与中国外交》，上海古籍出版社 2001 年版。

受之三项建议编入宪章问题；戊、对于我国所提而未经英美接受各项建议之态度；己、解散国际联盟之步骤；庚、各国对敦巴顿建议案之意见与我国应采之态度。该方案在甲件中指出，在国际法院法规问题上，中国"对外可暂勿作硬性主张，并与英美协商，在可能范围内，与苏联采取一致态度，避免不必要之摩擦"。对于联合国安理会投票权，针对一些国家关于当事国不应投票的主张，外交部认为，中国已同意雅尔塔会议的相关决定，"未便再作主张，惟对于常任理事为争议国时仍得投票一点，不必为之辩护"①。

在中国出席旧金山会议代表团的组成问题上，国民政府高层，无论是蒋介石还是宋子文，最初都主张由三五人组成的小型代表团，并由宋子文、顾维钧、王宠惠组成②。但2月下旬，中国共产党向国民党谈判代表王世杰提出，中共应派代表参加旧金山会议代表团。3月7日，周恩来致函王世杰，具体提出周恩来、董必武、秦邦宪作为中共代表参加代表团。对中共的提议，王世杰以"不便转达"为由予以拒绝③。这时，已被内定为旧金山会议代表的中国驻英大使顾维钧在与蒋介石会面时表示，中国代表团的组成应有广泛的基础，包含各种不同政治主张的代表，以便向世界昭示，代表团是真正的全国性的代表团，扭转国际上有关中国政治不统一、四分五裂的看法，从而巩固中国的大国地位。在顾维钧的游说下，蒋介石开始"对包括有几个无党派代表人物感兴趣"。3月19日，宋子文告诉顾维钧，代表团人选已定，由外交部长宋子文、驻英大使顾维钧、国防最高委员会秘书长王宠惠、驻美大使魏道明、著名学者胡适、资深外交官施肇基、大公报总经理胡霖、金陵女子学院校长

---

①　外交部：《有关国际和平机构各项问题之方案》（1945年3月），《顾维钧文件》，第79盒。

②　《顾维钧回忆录》第5分册，第475—476页。

③　《王世杰日记》1945年2月24日、3月13日。并参见邓野：《旧金山会议中国代表团组成问题》，《历史研究》1994年第3期。

吴贻芳组成①。胡、胡、吴为无党派人士,代表团内仍无中共和其他党派人士。

在向国民党提出旧金山会议代表团应包括中共代表的同时,中共方面周恩来于2月中旬和3月上旬两次致函美国驻华大使赫尔利提出同一问题②。此后,美国总统罗斯福关注并介入这一问题。3月22日,重庆收到罗斯福落款为3月15日的一封致蒋介石的电报,称:"余愿使阁下知悉,如阁下之代表团容纳共产党或其他政治结合或政党在内,余预料不致有何不利情形,实则此种办法有显著之利益,若能容纳此类代表,在会议中必能产生良好印象。"罗斯福还有意指出,"美国两大政党之代表,在美国政府代表团内均有其地位"③。蒋介石当时正在昆明,宋子文向顾维钧出示了这份电报。顾维钧当即认为,这表明罗斯福对代表团应包括共产党人这个问题很重视,尽管他提得轻描淡写,语气谨慎,充满外交辞令,但确实希望代表团中有共产党的代表。由于顾维钧翌日将经昆明赴美国,宋子文请其将这份电报面交蒋介石。

3月23日,蒋介石看到罗斯福的电报后,"起初似乎颇感兴趣,继而显得心烦意乱",强调中国的情况与其他国家不同,并问顾维钧罗斯福提出这一建议意图何在? 顾维钧认为,这与中国出任联合国安理会常任理事国的资格有关,在各大国中,中国最易受别国攻击,而罗斯福既已支持中国为一个强国,可能对中国在大会上的地位有些担心,因此希望看到中国代表团显得越强有力越好。蒋介石当时仍坚持决不让共产党人进入代表团④。然而,对美国尤其是罗斯福总统本人的建议,蒋介石毕竟不能置之不理。而原先反对中共加入代表团的宋子文和王世杰在罗斯福来电后也改变了态度,认为如同意中共派代表,"罗总统当

---

①　《顾维钧回忆录》第5分册,第475、484页。

②　《中美关系资料汇编》第1辑,第151—152、223页。

③　《战时外交》(三),第906页。

④　《顾维钧回忆录》第5分册,第488—493页。

必以钧座(指蒋介石——引者注)为宽大,不能有何闲言",今后中美交涉"亦可免去一种心理上障碍"。但王世杰又主张只允许中共派一名代表,让秦邦宪去,"其捣乱之力当亦有限度"①。3月26日,蒋介石致电罗斯福,通知他中国已决定出席旧金山会议的十名代表,其中包括中共的董必武与青年党的李璜和民主社会党的张君劢。次日,国民政府正式发表代表团名单,成员为:宋子文、顾维钧、王宠惠、魏道明、李璜、张君劢、董必武、胡适、吴贻芳、胡霖②。

中国代表团由宋子文任团长,但由于会议期间宋子文专心于与美国洽商财政及其他事务,并不常在旧金山,有关会议事宜皆委托给顾维钧全权处理。代表团秘书长由外交部次长胡世泽担任,代表团内设起草委员会和报告委员会,分别由吴经熊和张忠绂任主任。代表团成立时为52人,后陆续增至百余人③。

旧金山会议的主旨是制定联合国宪章。联合国宪章的基本框架在敦巴顿橡树园会议已经确定,美英与苏联间的分歧之处经雅尔塔会议也已达成共识。但雅尔塔会议后,美苏间关系因波兰问题而日趋紧张。因此,旧金山会议与敦巴顿会议的一个显著不同是,美苏在大战中形成的合作已开始为冲突所替代,而中国代表团也面临着如何在美苏间自处的问题。美国为使旧金山会议顺利进行,提议美、英、苏、中四强先行协商。4月3日,美国国务卿斯退丁纽斯与三国驻美大使开始讨论会议程序问题。美国提出,会议应设主席一人,由美国担任,另设副主席三人。但苏联主张设主席四人,由四大国轮流主持会议。英国则在美

---

①　《王世杰致蒋介石》(1945年3月23日),《领袖特交文电:七》,台北"国史馆"藏。

②　《战时外交》(三),第907页。董必武是由顾维钧推荐的。原先内定的代表施肇基在增加了董、李、张后改任代表团高等顾问。

③　中国代表团报告书,《顾维钧文件》第81盒。根据代表团专门委员张忠绂的说法,光代表团秘书处就增至120余人,但其中大多数是挂名领薪或来旧金山游玩而不干实事的,见张忠绂:《迷惘集》(香港,无出版日期),第188页。

苏间调和,表示可以接受四个主席,而每次会议都由美国主席主持。但苏联坚持四个主席轮流主持会议的主张。面对美苏间的争执,中国代表团内顾维钧、王宠惠和魏道明讨论后认为,应该支持美国方案,同时"为避免有不赞成苏方提议之嫌",可提出"美方代表缺席时由其他三国轮流主席",并以此意见请示重庆。4月9日,蒋介石指示:"关于联合国主席事,我方可赞助英大使提议,由美代表担任,但应事前向苏表示,依照国际惯例,国际会议主席多推地主国担任,故我赞成美方担任。"当日稍后,中国代表团又接到蒋介石第二个电报指示,嘱对苏联解释可便中说明,不必特意为之①。根据蒋介石的指示,在美苏冲突中,中国代表团应站在美国一边,而不必太顾及苏联的反应。但实际主持代表团工作的顾维钧认为,一方面与美国合作并支持美国是代表团的基本原则之一,另一方面由于中国在四强中的地位比较微妙,不应不必要地冒犯和惹恼苏联②。因此,中国代表团在旧金山会议期间,对美苏冲突虽偏向美国,但并不放弃在两者间居中调停的立场。会议主席的争执一直延续到4月下旬会议正式开幕后,才在全体会议中以表决方式,通过英国方案。但此后,苏联又坚持为乌克兰谋求一个委员会主席的职位,而美、英方面对此都持异议,双方再次陷入僵局。最后在苏联代表团暗示下,中国代表团出面调停,才使这一难题得到解决③。

旧金山会议于4月26日正式开幕。根据四大国商定,所有提案在提交大会或各委员会前,必须先经四大国审查批准。中国代表团对联合国宪章草案,除对在敦巴顿橡树园会议所提补充意见中三点已被纳入表示满意外,又在提交会议讨论前提出三项新的修正案,即:甲、国际间如有危害和平事件发生,安全理事会应有权采取临时办法;乙、国际

---

①　《魏道明致外交部》(1945年4月8日),《吴国桢来电》(4月9日),《顾维钧文件》第82盒。

②　《顾维钧回忆录》第5分册,第497—498、516页。顾维钧并责备魏道明无保留支持美国的做法。

③　《顾维钧回忆录》第5分册,第524—525页。

法院之判决,法院本身不能行使,是以应有一种机构以执行之;丙、当非会员国为国际争议之一造,或当非会员国将争议事件送交大会或安理会时,此等非会员国在国际组织中之地位及安全理事会对此等非会员国之权力,在宪章中应有说明①。修正案吸取国际联盟的教训,即当侵略发生后,国联不能迅速作出反应,或无法采取有效行动,针对联合国宪章草案中的不足,提出了中国的看法。四大国外长讨论中国修正案时,美、苏最初分别称对第一、第三项须加以研究,但最终美、英、苏三国对这两项表示一致接受,而对第二项三国均持反对意见,中国于是撤回第二项②。在四大国外长讨论安理会非常任理事国的选举时,英国提出应注意对和平贡献之大小,意在增加中等国家特别是英联邦国家入选的机会,中国代表团当即以口头修正案的形式,建议非常任理事国的选举应按地域平等分配。此提议获得通过后,被列入联合国宪章,从而有利于小国、弱国入选安理会③。

托管制度是旧金山会议中争论最为激烈的问题之一。托管制度是美国最初提出的概念,即在国际组织监督下由受托国对殖民地进行管理,意在取代殖民地制度。但这一主张遭到最大殖民帝国英国的强烈反对。丘吉尔曾言,他对美国关于托管制度报告的每一个字都不同意,只要他当首相一天,就决不让出英帝国遗产的任何部分④。而美国对托管制度的看法在大战后期也有变化。美国军方认为,太平洋地区有关美国国家安全,因此必须在美国掌握之下,主张将太平洋地区列为战略地区,另类处理。雅尔塔会议期间,美、英、苏三国就托管制度达成谅解,托管领土仅适用于:一、国联的现有委任统治地;二、此次战争中割

---

① 《中国代表团会议结论》,第六次会议,1945 年 5 月 2 日,《顾维钧文件》第 85 盒。

② 《顾维钧致外交部第 33、34 号电》(1945 年 5 月 3 日),《顾维钧文件》第 83 盒。

③ 《顾维钧致外交部第 33、34 号电》(1945 年 5 月 3 日),《顾维钧文件》第 83 盒。

④ 《德黑兰、雅尔塔、波茨坦会议记录摘编》,第 188 页。

自敌国之领土;三、自愿要求置于托管制度下之领土①。这一谅解意味着托管制度将不涉及英国的已有殖民地,是美国对英国的一大让步。中国对托管制度有自己的主张。外交部为出席旧金山会议拟定的七个方案中第二个就是关于托管制度的。该方案主旨为,托管制度的目的是"改善被代管领土之人民之经济教育状况,促进社会福利",尤其是要"扶助其完成自治或独立";被代管领土若"政治发展已届成熟者",应"将其独立之日期及早公布","其政治发展尚未成熟者,应逐渐予土人以参加当地议会之权,使其能早日获得自治及独立"②。与三大国在雅尔塔会议达成的谅解相比,中国的主张最明显的特点是以殖民地独立为托管制度的最终目标。

旧金山会议期间,美国提出的结合托管制度建立战略地区的提案遭到一些与会国家特别是小国的反对。中国代表团认为,建立战略地区的设想与以往国联的委任统治制度一样,而有违于托管制度的基本目标。虽然中国代表团不便反对美国的提案,但对托管制度坚持在自治之外,须加上独立字样。5月17日,会议小组委员会讨论托管制度时,美、英及法国、澳大利亚等国代表均反对中国的提案。中国代表顾维钧四次起立发言,"态度异常坚决","会场空气异常紧张,形成中国与英美尖锐之对立"③。由于小组委员会无法达成妥协,只能进行会外协商。美国代表为此专门拜访顾维钧,表示只要中国与美、英等国意见一致,可以在托管理事会中给中国一个永久性席位。顾维钧答道,中国在此问题上并无特殊利益,也无意为自己谋求特殊好处,只希望将民族独立包括在联合国的基本目标之中④。由于中国的坚持,独立两字最终

①　《德黑兰、雅尔塔、波茨坦会议记录摘编》,第225页。
②　外交部:《有关国际和平机构各项问题之方案》(1945年3月),《顾维钧文件》第79盒。
③　《毛邦初致蒋介石》(1945年5月21日),《领袖特交文电:七》,台北"国史馆"藏。
④　《顾维钧回忆录》第5分册,第530—531页。

被列入联合国宪章第十二章国际托管制度阐述托管制度目的的条文中。

旧金山会议历时两月，6 月 25 日，全体大会通过联合国宪章。次日，大会举行宪章签字仪式。中国代表团在五个发起国中按字母列于首位，因此会议后期代替宋子文出任首席代表的顾维钧在联合国宪章上第一个签署下自己的名字，随后中国其他代表一一签字。签字结束后，发起国代表相继致词，顾维钧代表中国发言：

> 今天是我们全体联合国极重要的一天。吾现在代表中华民国签字于新安全组织之大宪章时，心里发生了无穷的感想。我们一生已两次遭遇了世界上侵略势力所造成的大流血大破坏。此次战争中国是第一个被侵略的国家。今日联合国能在隆情厚谊的美国金山制定奠立世界和平基础之大宪章，实觉无限愉快。现在欧洲胜利既已完成，对日最后胜利不久亦可取得，余个人深信并深望这世界安全组织，一本各国始终不断的合作精神，能使我们的子孙不致重遭战争的苦痛，而得享受和平与幸福。①

旧金山会议的成功与联合国的成立是世界反法西斯战争的胜利成果。中国作为最早投入反法西斯战争的国家，因为在战争中不可替代的贡献而成为联合国的创始会员国和安理会常任理事国。但是，由于中国与美、英、苏等大国间实力上的差异及实际上仍存在的不平等关系，以及国内动荡复杂的政局，中国的这一地位在联合国筹备过程中是不确定的。而中国代表团在敦巴顿橡树园会议和旧金山会议上的成功应对，维护和确定了中国作为四强之一的地位，这在近代中国对外关系史上具有重要的意义。此外，在联合国成立过程中，中国对联合国宪章的诞生和指导战后国际关系的原则，如宪章中维持和平与安全必须根据正义与国际公法之原则的条文、托管制度的制定、安理会非常任理事国选举按地域平等分配的原则等，都作出了重要的贡献。

---

① 《顾代首席代表签订新安全组织大宪章时演词》，《顾维钧文件》第 83 盒。

第七章　豫湘桂战役与中国
战场的局部反攻

第一节　豫湘桂战役

一　日军"一号作战"计划

　　1943 年是第二次世界大战进程中转折性的重要年头。日本自中途岛海战后在太平洋上转入战略守势，至 1943 年 2 月在瓜达卡纳尔岛战役中败退在战略上进一步陷入被动局面，而美军则乘势开始战略反攻，从 5 月起与日军在太平洋上展开逐岛争夺战，步步向前推进。在欧洲战场上，苏军在 1943 年 2 月取得斯大林格勒保卫战的胜利后开始战略反攻。7 月，英美军队对意大利本土发起进攻，9 月意大利宣布投降。日德意轴心开始崩溃。

　　面对美军强大的反攻和每况愈下的战局，日本统帅部不得不考虑收缩战线并着手调整战略。日军参谋本部 7 月初的一份文件痛苦地承认日本与对手间的实力差距，而且随着战争的进展，"我国国力将下降，战力对比恐将更加悬殊"。因此，"今后数年之国力，只能维持现在的态势，勉强实行攻势防御作战以图摧毁敌反攻，势将破坏国力基础，难以承担战争的消耗"①。9 月初，大本营判断战局将朝更不利于日本的方向发展："盟军反攻尔后将更加激烈，世界战争将以盟军对轴心军之继续攻势为推移，自本年下半期以至明年春夏之交，将达其高潮。在东亚

————————————

　　①　《日本军国主义侵华资料长编》下册，第 101—192 页。

方面,美英将联合中国、印度、澳洲,加重对日压迫;在东南方面之反攻将继续加强,并将自西南,及东北两方面,缩小对日包围圈,自空海两方加强对我占领要域之攻击,企图尽速解决东亚战局。"①基于这一判断,大本营政府联络会议于 9 月 25 日制定《今后应采取的战争指导大纲》。该大纲确定的基本方针第一条虽强调"帝国于今明年内以决定战局大势为目标,摧毁美英之攻势,并迅速确立必胜的战略态势。同时急速加强决战力量,特别是航空战力,主动地进行对美英战争",但其第三条指出要"迅速确立国内决战态势,加强大东亚团结",实际上已将日军防御的战略重点大大后撤。为此,该大纲划出"在太平洋、印度洋绝对确保的要域为:千岛、小笠原、内南洋及西部新几内亚、巽他、缅甸在内的范围",即所谓的"绝对国防圈"②。这一大纲的主旨是战略收缩,它是太平洋战争后期日本面对美军反攻在作战方针上作出的重大调整。

在中国战场上,日军于 1942 年底放弃四川作战计划后就取守势战略。但 1943 年春季以来在华美国空军日趋活跃,逐渐掌握了制空权,并不断袭击长江和沿海的日军运输船只,因此上述大纲对在中国的战略确定为:"对重庆继续施加强大压力,特别是遏止从中国大陆起飞对我本土的空袭与对海上交通的破坏。同时,伺机谋求迅速解决中国问题。"11 月初,日军参谋总长杉山元提出:"压制中国大陆的美空军似有困难,船只在中国东海相继被炸沉,其基地似在中国东南部。难道不能从华中和华南打通粤汉铁路,使美空军不得使用中国东南部的基地吗?"并指示部下对此进行研究。11 月中旬,杉山元又指示中国派遣军:"为了防止中国东海的海路被切断,要尽力消灭美空军。"③这样,日军在太平洋上战略收缩的同时,在中国大陆却将进攻提上了日程。

---

①　[日]服部卓四郎:《大东亚战争全史》第三册,台北军事译粹社 1978 年版,第 2 页。

②　《日本军国主义侵华资料长编》下册,第 107—108 页。

③　日本防卫厅防卫研究所战史室著、天津市政协编译委员会译:《一号作战之一:河南会战》,中华书局 1982 年版,上册第 4 页。

11 月 25 日,以中国为基地的美军第十四航空队从江西遂川机场起飞对台湾的新竹发起空袭。这次空袭极大地震动了日本大本营,加快了其在中国策动进攻的计划。11 月底,日本大本营研究打通中国大陆的作战,将作战目的定为"打通粤汉、湘桂以及京汉铁路南部,实现与南方地区的铁路联络,同时摧毁铁路沿线重要地点上的敌航空基地,以阻止在华美军空袭我本土"①。12 月 7 日,中国派遣军根据大本营的命令拟订了《纵贯大陆铁路作战指导大纲》,准备在次年分几期在京汉、湘桂铁路发动攻势。随后大本营在与中国派遣军的讨论中将这次攻势作战称为"一号作战"。12 月底,大本营陆军部以作战课长服部卓四郎为主进行了虎号兵棋演习,将一号作战的目的列为:"一、尔后美机 B29 为空袭日本国内起见,将利用桂林柳州基地,我须予以攻略,以完成本国防卫。二、将来敌可能自印度、缅甸及云南向华南方面采取攻势,我必须确保桂林、柳州附近,以应付之。三、鉴于海上交通逐渐不安之情况,可修补纵贯南北之此等铁路,经由法属越南,确立与南方军之陆上交通。四、藉中国军基本武力之摧毁及综合战果,以策中国政府之丧亡。"②

进入 1944 年后美空军的攻击更为加强,1 月上旬对长江和东海航运的空袭就达到 12 次。日本统帅部深感在华美空军势力已不容忽视,增强了摧毁其基地的迫切性。1 月上旬,服部就一号作战向陆军大臣东条英机报告,根据虎号兵棋演习列举了摧毁航空基地、打通大陆、击溃中国军队等项作战目的。东条认为,作战目的必须简单明了,最后将一号作战的目的明确为摧毁美空军基地一项③。但随后在制订作战纲要时,虽强调了摧毁美空军基地这一目标,仍然保留了打通大陆交通线

---

① 《一号作战之一:河南会战》上册,第 10 页。
② 服部卓四郎:《大东亚战争全史》第三册,第 194 页。
③ 《一号作战之一:河南会战》上册,第 17 页。

的内容①。

1月24日，日军参谋总长杉山将一号作战计划奏请天皇批准，并说明："消灭中国西南的敌航空基地，阻止敌机对本土及中国东海的活动为第一目的。此外，即使将来海上交通断绝，也可将南方物资经中国大陆运回。在本作战期间期望努力完成纵贯大陆铁路"，将作战目的定为摧毁美空军基地和打通大陆交通线两项。天皇批准了这一作战计划②。当日，大本营下达了一号作战命令，明确"中国派遣军总司令官应攻占湘桂、粤汉及平汉铁路南部沿线要域"，以"消灭在中国西南之敌空军主要基地"，并指令先于4月前后在京汉铁路开始作战，6月间开始在湘桂方面作战③。

日本驻中国派遣军接大本营令后，着手拟定作战计划。在研判中国战场局势时，中国派遣军认为，国民政府目前最关心的是重新打通滇缅公路，其反攻首先是为了实现这一目的。因此，一号作战目的虽在于摧毁美空军基地，但对于消灭重庆军队尤其是其核心中央军，应予以极大关注。3月10日，中国派遣军制定《一号作战计划》。该计划确定一号作战的目的是："击败敌军，占领并确保湘桂、粤汉及京汉铁路南部沿线的要冲，以摧毁敌空军之主要基地，制止敌军空袭帝国本土以及破坏海上交通等企图，同时摧毁重庆政权继续抗战的意图。"作战方针是："派遣军于1944年春夏季节，先由华北，继由武汉地区及华南地区分别发动进攻击溃敌军，尤其是中央军，并先后将黄河以南京汉铁路南部及湘桂、粤汉铁路沿线之要地，分别予以占领并确保之"，"其次，只要情况许可，于1945年1、2月份攻占南宁附近，将桂林至谅山通道打通并确保之"，"在进行作战时，应努力将京汉南部及粤汉两条铁路修复，如情况允许，将湘桂铁路一并予以修复。"该计划还分别拟定了京汉和湘桂

---

① 《一号作战之一：河南会战》上册，第18页。
② 《日本军国主义侵华资料长编》下册，第133页。
③ 《日本军国主义侵华资料长编》下册，第134页。

方面作战的具体方案,前者以华北方面军发起攻势,作战期定为一个半月,后者以第十一军、第二十三军发起攻势,第十三军策应,作战期定为五个月①。中国派遣军制定的这一计划将一号作战的目的最终确定为:摧毁美空军基地、打通大陆交通线以及通过打击中国军队摧毁国民政府继续抗战的意志。

在决定进行一号作战前,中国派遣军遵大本营令,已在从中国战场抽调部分兵力用于太平洋战场。一号作战确定后,为确保足够兵力实施作战,日军停止原调第三、第十三师团的计划,将此两师团继续使用于中国战场,并从关东军调入第二十七师团,先后新编十四个独立步兵旅团和八个野战补充队及军直属部队,派遣军所属空军第三飞行师团也升编为第五航空军。为发动一号作战,日军共调集 50 万军队、10 万匹马、15000 辆汽车、1500 门火炮和约 250 架飞机,战线跨南北 2000 公里②。这是日军发动侵华战争以来规模最大的一次作战。

二　豫中会战

日军一号作战的首期目标是占领河南境内的平汉(日军称京汉)铁路黄河以南沿线地区,担任这一任务的是华北方面军。华北方面军根据派遣军的指示在 2 月拟定了作战设想,准备以全部兵力的一半投入战斗,"为此,只好在某种程度上暂时牺牲我占区的治安"。"作战分两阶段进行,首先突破正面的敌军阵地,将我主力部队集结于黄河南岸。随后部队佯作沿京汉线南下,以郾城附近为中心,使主力朝西方向迂回,围歼第一战区敌军,特别是汤恩伯军。作战目标为洛阳,根据情况也可能在许昌附近向右迂回。在此期间以部分兵力打通京汉线,与武汉地区连接起来。"华北方面军预定作战结束时的占领线是自洛阳西面

---

① 《一号作战之一:河南会战》上册,第 26—32 页。
② 徐勇:《征服之梦》,广西师范大学出版社 1993 年版,第 376—378 页。

经临汝、襄城直至郾城一线①。

为发动河南境内作战，日军自1月起重建黄河南岸的邙山头阵地，修复黄河铁桥，并将平汉铁路从新乡附近向黄河北岸延伸。2月下旬，日军开始频繁调兵。3月25日，黄河铁桥修复。至4月，日军调集至黄河北岸第一线的部队有第十二军的第三十七师团、第六十二师团和第一一〇师团及四个独立旅团，在第二线集结的有从东北调来的第二十七师团和从绥远调来的坦克第三师团，总计约15万人，由华北方面军司令官冈村宁次指挥。

3月初，日军的集结引起国民政府的关注。3月中旬，蒋介石判断日军此次军事行动的目的在于"打通平汉线而修复之"②。担任黄河南岸防御的中国军队是第一战区，共十八个军，约30万兵力③。根据蒋介石的指示，第一战区制定了在嵩山附近与日军决战的作战指导方案，准备先以河防部队阻敌渡河，在日军渡河成功后，河防部队凭借许昌、洧川、长葛、新郑、郑州、荥阳一带据点疲惫日军，同时汤恩伯部与第四集团军在登封、密县北侧构成守势阵地，在襄城、叶县、临汝、登封、密县、禹县地区构成攻势阵地，与日军在此进行决战。第一战区并按此方案着手调集部队、决战地带道路破坏及地形改造、疏散洛阳城内机关与民众等战前准备④。根据相持阶段以来的作战经验，国民政府判断日军即将发起的军事行动仍是战役性的，上述作战方案就是基于这一判断制定的。

4月17日入夜，日军第三十七师团先头部队利用夜色在中牟附近悄然向中国守军阵地逼近。午夜时分，担任河防任务的暂编第二十七

---

① 《一号作战之一：河南会战》上册，第40—41页。

② 《徐永昌日记》第七册，第256、259—260页。

③ 第一战区司令长官蒋鼎文，但副司令长官汤恩伯直接指挥第二十八集团军、第三十一集团军等一半以上兵力。

④ 《蒋鼎文拟中原会战经过概要》，中国第二历史档案馆编：《中华民国档案资料汇编》，第五辑第二编《军事》(四)，第61—64页。

师发现敌情,奋起阻击日军,黄河沿岸顿时枪声四起。豫中会战就此打响了。

4月18日拂晓,日军第三十七师团在飞机和大炮掩护下向暂二十七师阵地发起猛攻。中国守军以手榴弹、步枪为主要武器进行防守,日军战史记载,中国军队"进行了意外顽强的抵抗,斗志也很旺盛"①。但由于暂二十七师成立不久,装备简陋,并为避免背水作战之不利,乃在抵抗数小时后放弃阵地,向南转移。这样,战役打响当日,日军就在中牟一带轻易突破黄河,并随即架起轻便桥梁,其后续部队陆继渡过黄河。

由于开战第一天日军仅从中牟一处发起攻势,中国军队决定趁其孤军突入,立足未稳之际进行反击,以暂二十七师固守现有阵地,并由暂编第十五军军长刘昌义率新编第二十九师之第八十六团和军辎重之一营及特务连等部,由新郑兼程北上迎敌。4月19日凌晨,第八十六团等部向北发起反攻,冒着日军炮火与敌展开手榴弹战,作战异常勇猛,并击溃当面之敌。但日军后续部队迂回推进,从左翼直拊中国军队后背。中国军队虽奋力御敌,终因兵力相差悬殊,且暂二十七师伤亡已过半数,而不得不于当日晚上向南转移。

日军虽从中牟首先发起河南作战,但其主攻方向则定在郑州北面的邙山头方面。4月19日清晨,日军出动两个战队飞机共计200架次,对邙山头一带进行猛轰,随后第十二军主力在炮火掩护下沿黄河南岸向汉王城发起进攻。汉王城中国守军预备第十一师一个营拼死抵抗,多次退敌,战至正午,阵地全被日军飞机、大炮炸毁,"营长王鑫昌以下官兵三百余人,均与阵地共同牺牲,状至惨烈"②。日军占领汉王城后又向黄河南岸制高点摩旗岭进攻。其间,中国军队增援部队曾向汉王城发起反击,并逼近城麓,但最终仍未成功。而摩旗岭阵地也在19

---

① 《一号作战之一:河南会战》上册,第52页。
② 台北"国防部"史政编译局:《抗日战史》第六册,台北1988年版,第310页。

日夜失守。摩旗岭阵地失守,使中国军队失去设在该高地上的炮兵观测所,对日军所能施加之炮火威力顿时锐减①。

日军突破黄河防线后,第一战区副司令长官汤恩伯于 4 月 20 日晚下达命令,调整部署,将所辖兵力分为南北两兵团,南兵团以第二十八集团军总司令李仙洲为指挥官,指挥第十二、第二十九军等部,除以一部巩固许昌、新郑等地外,主力机动侧击日军;北兵团以第三十一集团军总司令王仲廉为指挥官,指挥第十三、第八十五军,固守密县、禹县、临汝、登封间各据点,以期对从中牟和邙山头进犯之敌,在许昌、襄城、禹县、密县间地区予以歼灭②。

但日军在突破第一线河防阵地的同时,派出多股突击部队穿越中国守军防线,攻击战略要冲,打乱了中国军队的部署。4 月 18 日晨,日军第三十七师团从中牟突破后,以第二十二联队三百人组成郑州挺进队,全队人员一律轻装,只携四挺机枪,以每小时 6—8 公里速度急行军,向西直插郑州。由于日军不走正道,中国守军毫不知晓。19 日黎明,日军到达郑州东南火车站附近,用绳梯开始攀登城墙。守城的中国军队暂编第一旅这才发现敌情,仓促之间无法组织起有效的抵抗,郑州东南一角被敌占领。20 日晨,由邙山头南进的日军第六十二师团也派出挺进队,在郑州西郊发起进攻。中国守军暂一旅在日军两面夹击下凭借工事进行抵抗,数度击退入城之敌。但日军后续部队陆续抵达郑州城下,并以飞机对守军阵地轰炸,战至 22 日,城防工事被毁殆尽,中国守军伤亡惨重,固守陇海花园的第三三〇团加强连全体殉国。当日晚,中原铁路枢纽郑州失守③。

日军第三十七师团,除派出郑州挺进队,并以大部向西南追击暂编

---

① 19 日正午日军向摩旗岭发起进攻后,中国军队炮兵就突然停止了对敌炮击,见《一号作战之一:河南会战》上册,第 58 页。

② 《抗日战史》第六册,第 249 页。

③ 《抗日战史》第六册,第 317 页。据日军战史记载,日军于 4 月 20 日进占郑州,见《一号作战之一:河南会战》上册,第 63—64 页。

第十五军外,还于 20 日派出新郑突击队,从郭店南进直逼新郑。而随第三十七师团渡河的日军独立混成第七旅团则从东向西突击新郑。21 日凌晨,日军向新郑发起进攻。中国守军第一一五团与敌激战,两名营长先后负伤。后日军迂回从西南突入城内,双方展开混战,战至正午,日军占领新郑。23 日,分别从中牟和邙山头进犯的日军又向密县猛攻。时值天降暴雨,中国守军在积水之战壕内艰难迎敌,终不能支,当天密县陷于敌手。此外,尉氏、荥阳等地也相继失陷。

至 4 月 24 日,日军第十二军已推进至汜水、密县、新郑一线,其所辖除第一一〇师团部署于密县外,第三十七师团、第六十二师团和独立混成第七旅团均向新郑附近集结,第二线兵团坦克第三师团等也陆续渡过黄河,完成预期的河南作战第一期目标。

中国军队虽在一周内被敌突破多处,但官兵在作战中还是十分勇猛。日本战史记载,中国军队"斗志一般旺盛,我军发起冲锋以前,坚持抵抗,并且屡次进行反攻。在正面战斗时抵抗尤其顽强,但受到侧后方攻击时则易崩溃",中国军队"高级指挥官的部署极为迅速,各部队的行动大致能按命令执行,部队彼此之间也能保持良好的联系。但初期受到我军突然袭击,似乎发生了混乱"①。第一战区在初战失利后仍积极准备"举全力对渡犯之敌反攻"。此时中国方面对日军战役目的仍不明确,军令部判断其目的"一、因抽兵而先发攻势,以防我反攻;二、声北击南,其目的恐仍在粤汉线;三、打击有力之汤(恩伯)部,防其活动,并妨害我之抽兵。"因此对第一战区反攻请求,军令部于 24 日决定:"一、汤(恩伯)集结反攻部队于登封、禹县、临汝;二、敌如西进不已,则断然反攻之,如敌尚回旋周折,则以今后所得敌未渡犯之力量究竟如何,以定反攻时期。"②第一战区据此令汤恩伯部攻击密县之敌,汤部主力第十

① 《一号作战之一:河南会战》上册,第 84 页。
② 《徐永昌日记》第七册,第 287—288 页。

三军等遂向密县进击①。

　　主力集结于新郑的日军第十二军根据原定作战计划,在 4 月下旬着手部署对许昌的进攻,并准备在攻下许昌后迅速南下,在郾城附近向西迂回,对第一战区主力进行围歼。4 月 27 日,第十二军下达第六十号作战命令,规定了所辖各部的作战任务。28 日,又进一步明确作战目标为"尽力摧毁敌高级司令部,俘获其高级指挥官",尤以汤恩伯直系为重点,并要求各部在攻下许昌后,"应准备以后能连续十数日发挥机动性能"②。第十二军各部奉令后在飞机、大炮掩护下向许昌一带逼近,沿途遭到中国军队抵抗。至 29 日,许昌一带日军已逾三万,坦克达 150 多辆,日军第三十七师团及刚到第一线的第二十七师团一部推进至许昌城西北和东北郊,独立第七旅团一部抵达许昌城东南,渡过黄河不几日的骑兵第四旅团则在向许昌以南进击,与在许昌西北正向南推进的第六十二师团遥相呼应,许昌已在日军围困之中。

　　4 月 30 日凌晨,日军第三十七师团向许昌城北门、西门、南门发起猛攻,第七旅团也从东门开始进攻。守卫许昌城的中国军队是新编第二十九师。面对日军四面围攻,全体官兵凭借城墙、碉堡、掩体等奋起抵抗。整个上午,攻城日军无法取得进展,只得惊叹中国守军"毫无撤退迹象","将死守许昌"③。下午,日军加强攻击,并调 12 架轰炸机飞临许昌进行轰炸,炮兵则向西门外和城墙西南角集中猛轰,守城工事大部被毁。日军决死队凭借飞机、大炮的掩护发起冲锋,终于在黄昏从城墙西南角突破,中国军队数度反扑,均未能将日军逐出城外。稍后,日军坦克部队向南门猛攻,终将城门冲破,突入城内,并对四周狂轰达一小时之久。入夜,西、南两门守军被迫退入城内,与敌展开白刃战、肉搏

---

　　① 《蒋鼎文拟中原会战经过概要》,中国第二历史档案馆编:《中华民国档案资料汇编》第五辑第二编《军事》(四),第 71 页。

　　② 《一号作战之一:河南会战》上册,第 92—93 页。

　　③ 《一号作战之一:河南会战》上册,第 105 页。

战。子夜,北门也被日军突破。在日军三路夹击下,5月1日拂晓,新二十九师师长吕公良率部向东北方向突围,但在许昌城外遭日军第二十七师团伏击,吕公良及副师长黄永淮等均阵亡殉国。许昌遂被日军占领。

4月30日日军对许昌发起攻击的当日,蒋介石电令第一战区"汤(恩伯)兵团对窜犯许昌附近之敌,应予以严重打击;对密县之敌,暂行监视,佯动牵制",将作战重点从几天前部署的密县转向许昌附近①。但日军第六十二师团先发制人,于30日向进至许昌以西颍桥镇欲机动侧击的中国第二十师发起进攻,中国军队遭到重创,伤亡达三分之二。因此汤恩伯只得建议于禹县附近集中有力部队,予敌打击。5月1日,蒋介石复电同意汤恩伯意见,并令"汤兵团除监视密县之敌外,应集中全力(第十二军、第十三军、第二十九军、第八十五军、暂十五军、第七十八军等),使用于禹县附近,与敌决战"②。5月2日,汤恩伯调整部署,南兵团第十二军集结于郏县、宝丰地区;第七十八军推进襄县;第八十九军集结漯河、郾城一带;北兵团第十三军主力集结白沙、告成间地区;第八十五军集结登封;第二十九军固守禹县,摆开与敌决战的态势。

按原定作战计划,日军第十二军在攻下许昌后将南下郾城,然后向西迂回包抄第一战区主力部队。但日军华北方面军在作战开始后,认为汤恩伯部队尤其是其主力第十三军正北上集结,是对其进行围歼的良机,而且中国军队集结对日军南下将是威胁,因此要求第十二军攻下许昌后主力迅速向西迂回。而刚抵达第一线的坦克第三师团则提出,

---

① 《蒋鼎文拟中原会战经过概要》,中国第二历史档案馆编:《中华民国档案资料汇编》第五辑第二编《军事》(四),第73页。军令部部长徐永昌对这一部署有不同看法,认为"大兵团指导,不应该追随敌人应战",并提出两项建议:"一、俟机打击西进之敌;二、东向击敌之后",蒋介石采纳了前者,《徐永昌日记》第七册,第293页。

② 《蒋鼎文拟中原会战经过概要》,中国第二历史档案馆编:《中华民国档案资料汇编》第五辑第二编《军事》(四),第73页。

如从许昌南下，汝河南岸无适当道路，从坦克师团行动考虑，以在许昌附近实行迂回为宜。第十二军遂于5月1日下达第七十五号作战令，改郾城迂回为许昌迂回，目标为围歼中国第十三军，"扼杀其南下企图"①。

第十二军主力在许昌向西迂回后，第二十七师团和第三十七师团一个联队奉命继续南下，向郾城推进，以完成打通平汉铁路南段的任务。5月5日，日军向郾城发起进攻，当日击溃守军第八十九军新编第一师防线，占领郾城。随后，日军沿平汉线南下，于7日攻下遂平。而武汉方面的日军第十一军也根据中国派遣军部署，派出由7个步兵大队组成的宫下兵团，从信阳北上，以配合华北方面军打通平汉铁路作战。5月9日，第二十七师团先头部队与宫下兵团在确山会师，平汉铁路被日军打通。

日军在河南境内发动攻势的目标是打通平汉铁路与打击中国第一战区主力部队，在占领许昌后，日军侦知许昌以南并无重兵防守，打通平汉铁路易如反掌，因此后者成为主要任务。5月2日，日军第十二军转入迂回作战，其具体部署为：由坦克第三师团和骑兵第四旅团担任突击力量，向临汝及其以西地区突进；第六十二师团在左翼向禹县方向推进，与在密县附近的第一一〇师团配合，围歼中国军队主力第十三军；第三十七师团在右翼向西推进，确保长埠街至临汝沿线要冲，并歼灭南撤之中国军队②。

5月3日，日军第十二军分三路发起猛烈攻势。第六十二师团以万余兵力对禹县实行钳形攻击，中国守军第二十九军依城抵抗，全城陷入炮火之中。至黄昏，守军支撑不住，弃城向西北转移，禹县及其附近地区为日军占领。第三十七师团一部与独立第七旅团猛攻襄城，于深夜突入城内，占领该城。坦克第三师团主力从中路突进，对郏县展开进

---

① 《一号作战之一：河南会战》上册，第114页。

② 《一号作战之一：河南会战》上册，第135页。

攻,守军官兵虽与敌激战,但无法抵挡日军坦克的锋芒。午后,郏县陷于敌手。

5月4日,日军第六十二师团向西北方向尾追中国第二十九军,日军第三十七师团沿郏县—临汝大道推进。而坦克第三师团则乘豫中平原之利,一路突进,直抵临汝城下展开强攻,很快从东门突入城内,临汝随即告失。

日军以坦克兵团快速突进,迂回作战第三天就占领临汝,冲垮了南兵团的防线,完全打乱了中国军队的原有部署,使告成、白沙间的北兵团第十三军侧后方处于日军的威胁之下。而在密县的日军第一一〇师团在迂回作战开始后,分多路向第十三军阵地进犯,并切断其与在登封的第九军之间的联系。面临被日军围歼的危险,第十三军只得转移,于5月5日向南突破日军第六十二师团防线,并在临汝以东穿越日军坦克第三师团与第三十七师团间空隙,脱离日军包围圈。

日军坦克第三师团在占领临汝后,不及补充燃料,就向西北继续突进。而沿途中国守军已悉数南移,因此从临汝向西至伊河间,日军坦克如入无人之境。至5日,其先头部队向龙门高地发起进攻,其中一部竟已渡过伊河。洛阳顿时面临日军进攻的威胁。

洛阳自古以来为中原战略重地,又扼陇海铁路线要津。第一战区除汤恩伯部以外的第四、第十四、第三十九集团军的四个军六个师均集结于以洛阳为中心的地区。日军发动河南作战后,其后续渡河部队第九独立旅团曾在4月下旬沿陇海路西犯,但在汜水以西金沟一线被中国军队阻截。5月7日,为击退龙门之敌,第一战区作出部署,以刘戡兵团(由第十四军〔欠九十四师〕、暂四军〔仅辖暂四师〕、新六师等组成)抵御龙门之敌,并相机转移攻势;以第十五军及第九十四师守备洛阳;以第四集团军及第九军坚守洛阳以东汜水至登封一线;并令汤恩伯部第十三军、第八十五军由临汝方面尾击进犯龙门之敌,以期在龙门附近对日军进行夹击。5月8日,重庆大本营也分别电令刘戡兵团向龙门前进,汤恩伯部与刘兵团配合,以夹击日军①。

　　但推进至临汝附近的日军第三十七师团全力追寻第十三军、第八十五军,刚转移至临汝以南山区的汤恩伯部没能组织与敌正面交锋,被迫向嵩县方向西移,致使刘戡兵团无法与之联络②。5月9日夜,山西境内的日军第一军派遣其独立第三旅团及第五十九旅团,在垣曲境内强渡黄河,中国守军不及阻截,河防被敌突破。日军第一军渡过黄河后直趋渑池,12日攻陷渑池,切断潼关与洛阳间陇海铁路,并沿铁路向东推进,从西面威胁洛阳。日军南北进击,尤其是第一军突破黄河南下,使中国军队在龙门附近夹击日军的计划破产。

　　5月13日,根据蒋介石组织反攻的命令,第一战区重新调整部署,命令第十三军北上向宜阳以南之敌攻击,刘戡兵团在新安至宜阳一线向东进攻,第三十八军在刘戡兵团左翼扫除磁涧及以北地区之敌,以上部队都以向洛阳围逼为目标,仍期望对日军实行夹击③。但实际上面对多路推进的日军,中国军队此时根本无法组织反攻,因此该计划形同具文。

　　5月14日,日军分几路向中国军队发起进攻。从伊川西进的第六十二师团猛攻宜阳,当日下午宜阳不守。从伊阳西进的第三十七师团则进占嵩县。随后,第六十二师团和第三十七师团沿洛河与伊河向西猛追败退的汤恩伯军队。而日军第一军与坦克第三师团等部围攻在新安以南的刘戡兵团,刘戡部虽奋力抵抗,终因背腹受敌,向南沿洛河左岸往洛宁撤退。这样,中国军队原本计划在洛阳一带对日军进行夹击,却因洛阳外围中国军队相继撤退,洛阳反被日军团团围住,成为一座孤城。

---

　　①　《蒋鼎文拟中原会战经过概要》,中国第二历史档案馆编:《中华民国档案资料汇编》第五辑第二编《军事》(四),第79—80页。
　　②　《蒋鼎文拟中原会战经过概要》,中国第二历史档案馆编:《中华民国档案资料汇编》第五辑第二编《军事》(四),第80页。
　　③　《抗日战史》第六册,第284—285页。

　　洛阳城防由第十五军（辖第六十四、第六十五师）及第九十四师担任，第九十四师守城厢，第六十四师守洛阳城西的西工区，第六十五师守城北的邙岭。5月8日，日军向洛阳逼近之时，蒋介石命令守城部队死守10—15日①。5月9日，日军坦克第三师团逼近洛河南岸，并于次日渡过洛河。11日，坦克第三师团开始猛攻第六十四师防区。日军以坦克为前驱，反复冲锋，中国守军奋力抵御，阵地失而复得者九次。激战整日，敌我双方仍成对峙之局，而洛河河水染成赤色②。12—13日，日军继续以几十辆坦克反复冲击中国阵地，并曾一度从西南角突入城内，但最终仍被中国军队驱赶出城。此时，第十二军命令坦克第三师团沿洛河河谷追歼向西退却的中国军队，因此13日后坦克第三师团脱离洛阳前线③。

　　日军坦克第三师团调离后，由十个步兵大队和一个炮兵大队组成、直属于华北方面军的菊兵团接手进攻洛阳。但日军遇到中国守军顽强抵抗，进展甚慢。战至22日，中国守军除以一部继续坚守东西车站外，第十五军主力全部退入城内，与第九十四师共同固守城厢。而日军久攻不下，除增援部队外，将坦克第三师团重调至洛阳前线。洛阳守卫战到了最后关头。

　　5月24日清晨，日军以数十架飞机轰炸洛阳城区，并空投传单劝降，但守军置之不理。正午，日军以百余门大炮对城区狂轰滥炸两小时，随后数百辆坦克及尾随的步兵向洛阳城猛攻。洛阳西北角和西关首先被攻破，随后各处相继不守，傍晚日军坦克突入城内。但中国官兵仍拼死抵抗，日军战史记载："各个正面均彻夜进行攻击，随时随地展开激烈的巷战，逐屋逐街相继攻克"④，可见守军抵抗之顽强。至25日上

---

　　①　《蒋鼎文拟中原会战经过概要》，中国第二历史档案馆编：《中华民国档案资料汇编》第五辑第二编《军事》（四），第81页。

　　②　《抗日战史》第六册，第337页。

　　③　《一号作战之一：河南会战》下册，第32页。

　　④　《一号作战之一：河南会战》下册，第88页。

午洛阳终告失守。

在攻打洛阳的同时,沿洛河两岸追击的日军穿插进攻,轻装突进,中国军队此时已毫无斗志,一路败退。洛河沿岸韩城、洛宁、长水等地相继弃守。5月20日,卢氏又被日军占领。5月下旬,日军在河南转入守势。

豫中会战历时一个多月,中国第一战区部队面对日军进攻,一再败退,丢失了大半个河南,使日军达到了打通平汉铁路和打击中国军队有生力量的预期目标。中国军队战败主因在于战略指导失误。中国方面从第一战区到大本营直到会战打响仍不明白日军进攻的战略意图,因此作战部署仍按以往对付日军局部战役办法,即以一部从正面阻截,主力从侧面进行出击。而日军此次作战为达到其目的,采用大规模穿插迂回战法。中国军队作战部署多次被敌打乱,却又缺少应变能力。其次,河南境内中国军队虽均属第一战区,实际上却分归蒋鼎文和汤恩伯指挥,而两人之间缺少信任,更谈不上配合。会战之初,蒋部很少介入,到了会战后期,汤部又怯于北上配合作战①。因此在整个河南境内中国军队虽然人数占优,而在局部却并无明显优势。再者,此次日军作战,大量使用坦克,不仅机动快速,也使装备简陋的中国军队难挡其锋芒②。当然,会战后期,第一战区不少部队斗志丧失,闻敌丧胆,望风披靡,也是溃败的重要原因。

三　长衡会战

当豫中会战正在进行时,驻华中的日军第十一军也开始准备向湖

---

①　徐永昌在其日记中评论两人:"汤恩伯一味飘忽,保存实力,而蒋铭三张皇失措。"《徐永昌日记》第七册,第299页。

②　蒋鼎文在总结此战失败时提到"以血肉之躯,当装甲部队之锋,终难限制其活动。"见《蒋鼎文关于中原会战溃败原因之检讨报告》,中国第二历史档案馆编:《中华民国档案资料汇编》第五辑第二编《军事》(四),第93页。

南方向中国守军发起进攻。与担任豫中会战的日军相比,第十一军更具进攻作战经验,兵力也更为充足强劲。在湖南作战期间,它辖有 11 个师团共计 100 个大队,加上华北方面策应作战的 30 个大队和华南方面策应作战的 20 个大队,日军投入兵力比 1938 年进攻武汉时的 140 个大队更多①。

　　4 月上旬,第十一军开始着手制订作战计划。根据"一号作战"的总体部署和自身拥有的兵力,第十一军判断此次向南进击长沙一举可破,关键在衡阳长沙间的作战,而进入桂(林)柳(州)地区将面临严峻困难。因此,将向南作战分为攻取衡阳和攻取桂柳两个阶段。4 月中旬,第一阶段作战计划制订完成。其要点为:一、将兵力分为两线。第一线五个师团并列于华容、岳州南部、崇阳一线,其中第四十师团在湘江以西,第一一六、第六十八、第三、第十三师团在湘江以东。第二线以第五十八师团部署在监利、第三十三师团部署在蒲圻西南方附近,正在集结途中的第二十七师团调至崇阳附近。二、于 5 月 27 日至 28 日开始发动攻势,围歼沅江、益阳附近及新墙河、汨罗江间中国军队。第二线部队负责扫荡残兵及修补道路。三、突破汨罗江防线后,应准备进攻中国军队主要防线宁乡、长沙、浏阳。四、突破浏阳一线后,应以部分兵力急袭突进占领衡阳②。日军此次作战部署,吸取前三次长沙会战经验,强调向纵深急进突破,同时配置第二线兵团,以防中国军队迂回侧击。

　　守卫湖南的中国第九战区此时辖有第一、第三十、第二十七共三个集团军,计十个军三十余师,此前已多次与日军第十一军交战,但对日军此次作战的意图和部署却反应迟缓。日军虽从三四月间就向崇阳、岳阳、华容等地抽调军队,国民政府军事委员会至 5 月 14 日方指示第

<hr />

　　①　日本防卫厅防卫研究所战史室著、天津市政协编译委员会译:《一号作战之二:湖南会战》上册,中华书局 1984 年版,第 7、14 页。
　　②　《一号作战之二:湖南会战》上册,第 12—13、20 页。

九战区:"敌打通平汉路后,必续向粤汉路进攻,企图打通南北交通线,以增强其战略上之优势,其发动之期,当不在远,务希积极准备,勿为敌人所乘,以粉碎其企图为要。"①及至 5 月 27 日日军全线发起攻势,军事委员会才于 5 月 31 日颁布长衡会战计划,判断日军将"会攻长沙","并以有力兵团钻隙奇袭衡阳",命令"第九战区以现有兵力,于长沙附近与敌决战"。第九战区遂决定"于湘江东岸新墙、汨罗、捞刀、浏阳河、渌水间,湘江西岸资水、沩水、涟水间,节节阻击,消耗敌力,控置主力于两翼,在渌水、涟水北岸地区,与敌决战"②。中国军队不仅在时机把握上先失一着,而且因对日军作战方针不甚明了,仍沿袭以往的侧翼迂回攻势,在战役部署上又陷于被动。

5 月 23 日,日军第十一军司令官横山勇由汉口出发至蒲圻,设立战斗司令所。5 月 25 日中国派遣军决定将其前进司令部推进到汉口,显示其投入此次作战之决心。5 月 27 日,日军第一线五个师团在东起崇阳西至洞庭湖以西公安、南县一线,分三路向中国军队发起攻势,长衡会战(日军称湖南会战)由此打响。

在东路,日军第三师团、第十三师团分别从崇阳、白霓桥向通城、麦市进犯。中国守军新编第十三师势单力孤,虽经抵抗,通城、麦市一线还是于 5 月 30 日失守。随后,日军第三师团沿南江桥、团山铺南下,中国第二十军奉命抽调第一三三师至团山铺堵击,但未能阻敌向平江突进。平江守军虽与敌展开激战,也因伤亡过重未能守住,6 月 1 日平江陷敌。同日,第十三师团南下攻占长寿街。日军控占汨罗江一线后,继续南下,直指浏阳。第九战区根据以往作战经验,除以第四十四军防守浏阳外,调第七十二、第二十、第二十六、第五十八军至浏阳外围侧击、尾击日军,企图围歼日军。日军第三师团自 6 月 6 日起向浏阳防线发起攻势,第四十四军顽强抵抗,与敌激战,致使日军一度自认"战斗进展

---

① 台北"国防部"史政编译局:《抗日战史》第八册,第 208 页。

② 《抗日战史》第八册,第 208—209 页。《抗日战争正面战场》,第 1256 页。

不甚理想"①。中国守军与敌对峙九昼夜,苦战至 14 日上午,城防被攻破,浏阳终告不守。与此同时,日军第十三师团从左翼直趋浏阳东南一带,连陷东门市、达浒、蒋埠江等地,至第三师团攻陷浏阳时已抵达浏阳以南,使第九战区侧击、尾击日军的计划完全落空。

在西路,集结于华容、石首一带的日军第四十师团亦于 5 月 27 日向第九战区防线发起攻势,并于 28 日、31 日先后占领南县、安乡,渡过洞庭湖。随后,日军突向沅江。6 月 5 日,日军在飞机掩护下,从三面猛攻沅江城。中国守军奋力御敌,战况激烈,第九十二师有一营官兵包括营长均壮烈殉国。6 日,沅江陷敌。攻占沅江后,日军第四十师团以主力南犯益阳。此时,为增强湘江以西防守兵力,军事委员会特令第六战区之第二十四集团军归第九战区指挥,驰援益阳一线。6 月 10 日,日军第四十师团向益阳发起围攻,守军第七十七师奋起迎敌,城防在敌我之间几度易手后被日军占领。奉令增援的第一〇〇军第十九师于 13 日向敌猛攻,夺回益阳②。而日军第四十师团大部此时已南下进犯宁乡,与守军第五十八师发生激战。面对日军重炮、毒气,第五十八师官兵"忠勇用命,力抗顽敌,浴血抗战",在日军突入城区后,与敌展开巷战,"毙敌遍巷"③。但日军第四十师团主力按急进突破的作战部署又已南下直趋湘乡,西路战斗遂告一段落。

中路是日军发起湖南会战的重点。日军第一一六、第六十八师团在 5 月 27 日晚乘夜色强渡新墙河,守军第二十军在新墙河南岸荣家湾、新墙、杨林街一线与之展开激战。28 日,日军后续部队源源渡过新墙河南犯,相继占领八仙桥、黄板桥、黄沙桥、关王桥等阵地,于 30 日抵达汨罗江北岸。汨罗江南岸是数米高的悬崖,中国守军利用地形构筑纵深网形阵地,并埋设地雷阻挡日军。31 日,日军向汨罗江南岸发起

---

①　《一号作战之二:湖南会战》上册,第 67 页。

②　《王耀武致徐永昌等电》,《抗日战争正面战场》,第 1268 页。

③　《王耀武致徐永昌等电》,《抗日战争正面战场》,第 1271 页。

进攻,中国军队依托工事顽强抵抗,予敌以较大伤亡,击毙日军中下级军官多名①。但汨罗江防线坚持两天后仍告失守。日军第一一六、第六十八师团随即又向捞刀河突进,相继占领福临铺、金井等地。8 日强渡捞刀河,与守卫长沙的第四军在南岸发生战斗。11 日,这两个师团已抵达浏阳河北岸,长沙东侧外围处于其控制之下。而此时长沙西侧外围已受到进犯宁乡的日军第四十师团的威胁。

长沙是日军前几次湖南作战的主要目标,但此次日军作战部署与前几次不同。担任第一线进攻的部队在突破中国守军防线逼近长沙后,并不直接攻城,而是在两翼策应。第十一军专门指定经过攻城特殊训练的第五十八师团担任进攻长沙的任务,对步、炮、空协同作战有周密安排的第三十四师团担任进攻岳麓山的任务,另派配备有 150 毫米榴弹炮,150、100 毫米加农炮的野战重炮部队参战②。发起进攻后才赶赴第一线的第三十四师团于 6 月初投入战场,10 日在长沙东北的白沙洲附近西渡湘江,随后推进至岳麓山东、北两面。原先集结于岳阳附近的第五十八师团跟随第一一六、第六十八师团推进,于 12 日渡过捞刀河,直插长沙东郊,与第三十四师团隔江相望,从东西两面对长沙形成夹攻之势。第一线进攻的五个师团则在两翼对中国军队施加压力,使进攻长沙的两个师团无后顾之忧。在此情况下,中国方面仍根据前几次长沙作战经验,准备以两翼侧击的战法与日军在长沙决战,就难以避免被动的局面了。

担任长沙守城任务的是第四军,下辖第五十九、第九十、第一〇二师及炮兵第三旅,共计一万人③。6 月初,当日军进抵汨罗江时,第四军以第五十九师防守长沙市东车站以南,以第一〇二师守长沙市东车站以北,以第九十师守湘江西岸的岳麓山。

---

① 《一号作战之二:湖南会战》上册,第 45—46 页。
② 《一号作战之二:湖南会战》上册,第 75 页。
③ 《抗日战史》第八册,第 254 页。

6月14日，日军第五十八、第三十四师团分别从湘江东、西岸向长沙和岳麓山外围推进，与第四军守城部队展开交火。次日，日军继续向中国守军主阵地推进。16日，日军在飞机、重炮掩护下，向长沙城南和湘江西岸的岳麓山、虎形山、牛形山猛攻，中国官兵拼死苦战，数次击退日军进攻。但战至夜晚，城南、虎形山、牛形山等阵地被日军攻破。17日，日军继续向长沙城妙高峰、天心阁及岳麓山、桃花山猛攻。第五十九师凭借妙高峰等阵地死守，中国空军十多架战机也在上午对妙高峰当面之敌予以扫射，打击日军进攻气焰。但湘江西岸岳麓山、桃花山阵地在日军连续进攻，侧背又被其迂回部队威胁，并遭日军施放毒气的情况下，第九十师防守部队"损伤过半，虽经增援，似有不支"，战局危急。岳麓山为长沙城屏障，一旦岳麓山被占，长沙将无以为守。第四军军长张德能遂决定从湘江东岸第五十九、第一〇二师抽调兵力增援湘江西岸，"与敌作决死之斗，以确保岳麓山炮兵阵地，控制长沙"。当晚，湘江东岸部队遵令转移，"但当时情况紧急，渡河未及，船舶、渡口、部队时间均未十分计划，渡河后之集中地点、指挥人员，亦未指派，以致秩序混乱，无法掌握，坠江溺毙者，不下千余"①。而日军又以火力对正在渡江的中国军队进行袭击，进一步加大了伤亡。18日凌晨，日军对长沙城和岳麓山发起总攻，飞机、重炮轮番轰炸，并施放大量毒气。第四军官兵坚持至午后，岳麓山和城内阵地先后失守，长沙城终被日军占领。

至6月中旬，日军在开战20天后，已占领浏阳、长沙、宁乡一线。但第十一军明白，由于第九战区主力回避决战，稍战即退，损失并不很大，如不予以打击歼灭，第二期向桂林、柳州方向作战将有后患。因此，6月18日在占领长沙的当日，第十一军就下达向衡阳挺进的命令②。中国方面在长沙失守后，仍采用两翼侧击的战法对付日军突进，准备与

---

① 《第四军参加长衡会战作战经过报告书》，中国第二历史档案馆编：《中华民国档案资料汇编》第五辑第二编《军事》(四)，第157页。

② 《一号作战之二：湖南会战》上册，第78页。

之在衡阳决战。6月20日,军事委员会电令第九战区:"国军以阻敌深入,确保衡阳为目的,以一部于渌口、衡山东西地区持久抵抗,以主力由醴陵、浏阳向西,由宁乡、益阳向东,夹击深入之敌而歼灭之。"①

日军南犯仍分东、中、西三路。在东路,日军第十三师团在6月中旬就南渡浏阳河急速推进,20日攻占醴陵,然后转向东进,22日又占萍乡。日军第三师团也于此时南下进犯萍乡地区。第十三师团遂根据军部命令以耒阳为下一步进攻目标。24日,第十三师团折返西向,沿醴陵、攸县公路长驱南进。攸县并无中国军队守卫,日军不费吹灰之力于26日进占攸县。随后日军进逼安仁,第三十七军在安仁以北顽强阻敌,激战两昼夜终于不支,安仁陷敌。7月1日,日军第十三师团进抵耒阳附近,对衡阳南翼构成威胁。而在醴陵、萍乡一带,中国军队与日军第三师团展开拉锯战,战况惨烈,双方阵地几度易手。

在西路,日军第四十师团不待宁乡战斗结束,即于6月18日南下进犯湘乡。21日,湘乡被占。随后,日军继续南下,猛攻永丰。7月3日,永丰失守。第四十师团攻占永丰后,一部向南进犯金兰寺,一部向东南推进指向渣江,从西翼策应进攻衡阳。

在中路,日军第一线兵团第六十八、第一一六师团在长沙战斗还在进行之时,即南渡浏阳河,于6月13日攻占株洲。随后,日军分兵两路,沿湘江东、西岸一路南下。第九战区部队虽沿途阻截,但仍被日军逐次突破。6月23日,日军在衡阳城东30里的泉溪市附近与担任衡阳城防任务的第十军部队发生交火,揭开了衡阳保卫战的序幕。6月26日,第一一六师团主力推进至衡阳西北方向的杨柳桥,第六十八师团则占领衡阳以东的飞机场。次日,该两师团分抵衡阳城西、南两面,对衡阳形成合围,衡阳成为一座孤城。

衡阳地处湖南中部,湘江中游西岸,南岳衡山南麓。整个城市东西宽约500米,南北长约1600米。湘江东岸是粤汉铁路,湘桂铁路经湘

---

① 《抗日战争正面战场》第1258页。

江大桥与粤汉铁路相连,使衡阳不仅是湘粤两省的交通枢纽,也是进入西南四省桂、黔、川、滇的门户。粤汉铁路东面有衡阳机场,是美国在华空军在华中最重要的基地。衡阳如此重要的战略地位和军事价值,使其成为中日双方攻守争夺之焦点。

　　担任衡阳城防的第十军曾在第三次长沙会战中坚守长沙城,有丰富的防守作战经验。1943年冬参加常德会战后驻防衡山。第十军下辖第三师、第一九〇师、预十师,但因常德会战造成的损失尚未恢复,兵力并不充足,三个师的番号实际上却只有七个团。连同归其指挥的暂五十四师、新十九师和炮兵部队,总计兵力约1.8万人①。而面对的则是日本两个主力师团。

　　早在5月29日日军刚发起攻势时,蒋介石就以电话命令第十军军长方先觉"固守衡阳十天乃至两周,吸引消耗敌军兵力,在配合外围友军,内外夹击,以歼灭敌军主力于衡阳近郊地区"②。方先觉接令后,根据衡阳城东是湘江,城北有河流,城西大部为密布鱼塘、莲池之沼泽地区,而城南是丘陵地带,因此判断日军主攻方向将在城南,并按此进行部署:第一九〇、暂五十四师守备湘江东岸,预十师防守湘江西岸衡阳城南,新十九师防守湘江西岸城南城北,第三师则守备衡阳外围的下摄司附近,并于日军抵达前疏散完衡阳城中民众,炸毁湘江铁桥。

　　6月28日拂晓,日军第六十八、第一一六师团对衡阳城南面和西南的第十军阵地发起攻势,妄图一举突破守军防线,占领衡阳。早有准备的中国守军奋起抵抗,其防御之坚固、作战之英勇出乎日军的预料,且炮火相当活跃,将至前线指挥战斗的日军第六十八师团师团长佐久间、参谋长原田贞等多名指挥官击伤③。日军对衡阳的这次攻势延续5昼夜,除黄昏、拂晓和午夜,战况略为沉寂一两小时外,其余时间敌我

---

① 《衡阳保卫战战斗经过概要》,载《近代中国》(台北)第42期,第53页。
② 《衡阳保卫战战斗经过概要》,载《近代中国》(台北)第42期,第54页。
③ 《一号作战之二:湖南会战》上册,第101页。

双方连续拼杀。日军进攻先以飞机、大炮轰炸,并施放毒气,随后以步兵猛冲。中国守军则在日军轰炸时蛰伏在掩体和工事内,待日军步兵逼近时,以火力将其歼灭于阵地前。若日军突入阵地,则以手榴弹、刺刀与敌展开肉搏战,歼敌于阵地内。一些阵地在双方之间几度易手。30日一天,二二一高地四次被日军突破,守军第二营伤亡达百分之七十,伤势稍轻者虽仍在前线搏杀,但难抵日军连续进攻。入夜,预十师第三十团团长陈德坒亲率预备队增援。"时值黑夜,伸手不见五指,该二高地官兵与突入之敌混战一起,敌我莫辨,双方均静静的不敢弄出一点音响,以免暴露自己的位置,有如捉迷藏,我官兵以手摸抚,穿粗棉布衣者为自己人,穿光滑咔叽布军衣者为敌人。发现敌人,即以刺刀刺杀。因此,枪支碰撞声,与被刺者之惨叫声,时起时寂。"至天色微亮,双方后续部队赶到,又是一场激战,最终中国军队将日军赶下山去,恢复阵地①。日军在其战报中承认:"衡阳城之敌,利用地面障碍及防御设施,仰仗火力配合反攻,进行顽强抵抗",日军"前进迟缓"②。战至7月2日,日军在付出重大伤亡后,仅占领停兵山、张家山南麓等前沿阵地,而衡阳城南第一线其余阵地仍牢牢控制在中国守军手中。日军因损失过大需等待补给,不得不于7月2日午夜停止对衡阳的第一次总攻。

　　日军在准备第二次总攻的同时,对衡阳城由全面进攻改为重点进攻,以大批飞机对衡阳城进行轰炸,并投下大量燃烧弹,使城内火光冲天,昼夜均在熊熊燃烧,民房大部付之一炬,第十军囤积粮弹也多被焚毁。但第十军亦抓住时机,调整城防部署,并令在衡山的第三师第八团归还建制。该团于7月5日突破日军阵线,冲入孤城之中,增强守军力量③。

　　7月11日,日军发起对衡阳城的第二次总攻。自拂晓起,日军飞

①　《衡阳保卫战战斗经过概要》,载《近代中国》(台北)第42期,第61页。
②　《一号作战之二:湖南会战》上册,第102页。
③　《抗日战史》第八册,第280页。

机对衡阳展开整日轮番轰炸,其炮兵则对城西南主阵地猛轰,并施放毒气,随即步兵发起总攻。第十军各部在各自阵地进行了极为顽强的抵抗。预十师第二十八团防守城南五桂岭阵地,战至 12 日,第八连连长以下官兵伤亡殆尽,仅余一位班长率兵两人据守一碉堡,仍与敌作殊死战。第三十团第二营,一个上午就换了三个营长:第一个营长为国捐躯,接任的营长身负重伤,继任的营长指挥作战至下午也被敌军击伤,战况之激烈可见一斑①。在张家山阵地,日军连续三昼夜以成百人为一梯队,在炮火掩护下持续发起进攻。守军阵地四度失守,四度夺回。多名营、连长在第一线率兵杀敌壮烈殉国或身负重伤。一名卧地呻吟之伤兵拉响最后一颗手榴弹,与敌同归于尽。驱敌之后,工事残破,"官兵累垒积尸加盖沙土为避弹之胸墙,臭气熏天,群蝇乱飞,不顾也!"只为击退日军的下一轮进攻②。至 7 月 16 日,战斗更为惨烈。日军再度发起猛攻之时,天气骤变,豪雨倾盆。守军在茫茫雨幕中跃出战壕,与敌展开白刃肉搏,彼此进行拉锯战。担任衡阳城南防御重任的预十师激战至此,伤亡惨重,连炊事兵、运输兵悉数尽上一线搏杀,所属三个团番号虽在,实际上多是第二线阵地增援的第三师第八、第九团官兵。当日晚,萧家山、枫树山等处被日军突破。第十军遂放弃第一线阵地,连夜调整部署,全力固守第二线阵地。而日军虽攻占衡阳城南第一线阵地,却也付出重大代价,许多中队已无军官,不得不由士官负责指挥③。日军对中国守军第二线阵地的进攻一方面继续遇到顽强的抵抗,无法取得进展,一方面面临弹药不足,呈难以为继之势。7 月 20 日,日军不得不结束对衡阳的第二次总攻,仍改为重点进攻。

　　此时湖南战场制空权已渐为美国驻华空军控制。美国空军对日军

---

　　① 　预十师第三十团第二营营长甘握回忆,见《近代中国》(台北)第 42 期,第 18 页。

　　② 　《衡阳保卫战战斗经过概要》,载《近代中国》(台北)第 42 期,第 66—67 页。

　　③ 　《一号作战之二:湖南会战》上册,第 143 页。

补给线的轰炸使日军难以向前线正常运送弹药,而且白天作战也因制空权的丧失颇受限制①。因此自 20 日起,日军只能每日在拂晓和黄昏前后以重炮对第十军阵地猛轰,并空投传单,煽动、引诱守军放弃抵抗。第十军至此已在日军重围之中守城一月。军长方先觉于 8 月 1 日致电蒋介石报告:"本军固守衡阳,将近月余,幸我官兵忠勇用命,前仆后继,得以保全;但其中可歌可泣之事实,与悲惨壮烈之牺牲,令人不敢回忆!自开始构工,迄今两月有余,我官兵披星戴月,寝食俱废,终日于烈日烘炙雨侵中,与敌奋斗,均能视死如归,克尽天职;然其各个本身之痛苦,与目前一般惨状,职不忍详述,但又不能不与钧座略呈之:一、衡阳房舍,被焚被炸,物质尽毁,幸米盐均早埋藏,尚无若大损失;但现在官兵饮食,除米及盐外,别无若何副食,因之官兵营养不足,昼夜不能睡眠,日处于风吹日晒下,以致腹泻腹痛,转为痢疾者,日见增加,既无医药治疗,更无部队接换,只有激其容忍,坚守待援。二、官兵伤亡惨重,东抽西调,捉襟见肘,弹药缺乏,飞补有限,自午卅辰起,敌人猛攻不已,其惨烈之战斗,又在重演,危机隐伏,可想而知!"②

7 月底,日军陆续向衡阳前线增调第五十八、第十三师团,部署向衡阳发起第三次总攻。8 月 3 日,日军炮兵对中国守军阵地开始作地毯式狂轰滥炸,衡阳西南半壁约 4500 米的正面全为硝烟弹雨所笼罩。次日,日军步兵向经过一昼夜猛轰的守军阵地发起全线总攻。第十军阵地虽在日军轰炸下毁损严重,但广大官兵仍沉着应战,奋勇杀敌,日军第一天的进攻均被击退。5 日,日军再度发起进攻,中国军队抵死奋战,予敌以极大杀伤。第一一六师团黑濑联队一大队长被击毙,这是该联队在衡阳前线被击毙的第六名大队长③。但中国军队也伤亡惨重。

---

① 日本防卫厅防卫研修所战史室:《中国方面陆军航空作战》,东京朝原出版社,第 478 页。

② 《衡阳保卫战战斗经过概要》,载《近代中国》(台北)第 42 期,第 71 页。

③ 《一号作战之二:湖南会战》下册,第 39 页。

当日,第十军军、师长举行紧急会议,商讨此后作战方针。认为因无可抽调之兵,弹药也将告尽,守城至多再支撑三天,但城内有伤病员六千余人,无法突围,因此只有死守一条路①。6 日,日军攻势更猛,守军渐渐不支,城西北角率先被敌突破。7 日,日军倾其所有兵力向衡阳城发起最后的总攻。至 8 日拂晓,衡阳半个市区已为日军攻占。当晚,方先觉率守城的第三师、第一九〇师、预十师、暂五十四师各师长举白旗向日军投降②。历时 47 天的衡阳保卫战至此结束。整个衡阳一战,中国第十军 1.8 万余人,伤亡 1.5 万余人,其中阵亡约七千人。日军自称伤亡 1.938 万人,内含军官 910 人③。

衡阳激战之时,集结在外线的中国军队有八个军共计 10 万人以上。蒋介石虽多次命令向衡阳增援,但被派往衡阳担任解围任务的仅有第六十二、第七十九两个军和第六十三师。而真正全力杀向衡阳前线进行解围的只有第六十二军。第六十二军于 7 月下旬向衡阳进军,与日军在衡阳西南一带展开激战,曾推进至衡阳南郊的火车西站。终因孤军深入作战,无法抵挡日军衡阳攻城部队和外围增援部队的夹击而败退。

日军第十一军攻占衡阳后,虽已筋疲力尽,但为不给中国军队喘息机会,以利下一阶段广西境内的作战,决定乘势进击。于是,第十一军倾其各主力师团由北向南宽广正面急进。8 月下旬,为统一指导湘桂作战,日军新成立第六方面军,调华北方面军司令官冈村宁次任司令官,统率直接担任湘桂作战的第十一、第二十三和防卫武汉附近的第三十四军及配备于长、衡地区的直辖部队,实施打通湘桂铁路计划④。而衡阳一战后,湖南前线的中国军队尚未调整部署,在日军快速突进之

---

①　《衡阳保卫战战斗经过概要》,载《近代中国》(台北)第 42 期,第 74 页。

②　《一号作战之二:湖南会战》下册,第 55 页。

③　《衡阳保卫战战斗经过概要》,载《近代中国》(台北)第 42 期,第 76 页。

④　日本防卫厅防卫研究所战史室著、天津市政协编译委员会译:《一号作战之三:广西会战》上册,中华书局 1985 年版,第 112 页。

下,无法组织有效抵抗,防线一触即溃。仅半月间日军就横扫衡阳至湘桂边境间 250 公里,至 9 月上旬,已轻易占领祁阳、零陵,将战火烧到了湘桂边境,连第十一军自己也为进展如此快速而惊叹①。

四　桂柳会战

1944 年夏中日双方在衡阳激战之时,日军在太平洋上的塞班岛和缅甸战场上的英帕尔两地连遭败绩,而攻占衡阳又比原计划晚了一个月。为此,新成立的日军第六方面军不得不调整原来的湘桂战役第二阶段在广西境内的作战计划,决定第二十三军于 9 月上旬从西江地区发起攻势,于 10 月下旬前作好进攻柳州的准备,第十一军从衡阳南面展开攻势并攻占全州后,于 10 月下旬前作好进攻桂林的准备,该两军于 11 月上旬开展包围攻势,围歼桂、柳附近的中国军队,并攻占桂林、柳州等地②。

日军第十一军于 9 月上旬占领零陵后,以第十三、第四十、第五十八师团继续向湘桂边境推进,并于 9 月 11 日越过省境后至全州北面。驻扎于广东的第二十三军也于 9 月上旬沿西江逼近广西。日军两个军从北、东两面对桂北中国军队形成合击之势。

驻守广西的是第四战区。此时第四战区兵力单薄,仅七个师约六万人,而其中过半兵力刚参加了长衡会战,战力并不充实③。国民政府方面在衡阳被攻占前已判断日军必将继续攻打桂林、柳州地区。8 月 24 日,军令部向第四战区及第七、第九战区颁发作战指导,要求在日军大举侵桂时,第四战区以"主力死守全州",日军如深入桂林附近,则调集军队"协力守军包围歼灭之";第七战区除留一部固守梧州并准备攻

---

① 《一号作战之三:广西会战》下册,第 6 页。
② 《一号作战之三:广西会战》上册,第 108 页。
③ 《抗日战史》第九册,第 129 页。

击沿西江西进之敌外,另准备以一部适时参加桂林决战;第九战区部队则积极夹击侧击进犯日军①。

　　南犯的日军第十一军进入广西境内的第一个目标就是桂北重镇——全州。全州此时是国民政府在西南地区重要的物资补给点,存有弹药粮草等各种作战物资。因此,蒋介石在8月底、9月初两次直接电令守卫全州的第九十三军军长陈牧农:"以主力固守全州","迅速完成作战诸准备","粮草及其他战斗资材之准备,虽以二个月为基准,但须以极激烈之战斗计算,并须将可能之轰炸损耗计入,务期在敌人断续攻击之下,能固守三个月以上"②。担任全州防守任务的第九十三军,是在日军发动豫湘桂战役后为增强桂北兵力而从四川调防的,9月上旬刚抵达全州完成部署。9月12日,日军向全州外围阵地发起进攻。次日,日军全线进攻,守军阵地被突破。14日,第九十三军根据第四战区司令长官张发奎命令,在破坏未能运走之军需物资后放弃全州城防,转移防线至兴安附近。日军遂轻易占领全州。

　　日军第十一军陷全州后稍作调整,又沿湘桂线继续南犯。中国守军沿途进行抵御后逐次南移。至10月初,日军已进占兴安以南地区。此后,日军虽在大溶江正面遭遇中国军队顽强抵抗,难以推进,但桂北门户已经洞开。

　　广东境内的日军第二十三军于9月9日沿西江向粤桂边境发起攻势。西江两岸至广西梧州只有第七战区的三个步兵师,难以阻挡日军的进攻。日军北翼第一〇四师团沿西江北岸挺进,接连攻陷四会、高要、德庆,逼近桂东重镇——梧州。其南翼第二十二师团沿西江南岸推进,连陷高明、新兴、云浮、郁南,与第一〇四师团隔江呼应。而第一〇

　　①　《军令部拟桂柳会战有关战区作战指导要纲》,1944年8月24日,中国第二历史档案馆编:《中华民国档案资料汇编》第五辑第二编《军事》(四),第223—224页。
　　②　蒋介石令陈牧农密电稿,1944年8月26日,9月2日,中国第二历史档案馆编:《中华民国档案资料汇编》第五辑第二编《军事》(四),第227—228页。

四师一部穿越粤桂边境山地，于 9 月中旬迂回至梧州北边。21 日，日军向梧州发起进攻，而守军防守部署尚未完成，虽奋力迎敌，但战至次日不得不放弃防守，梧州被日军占领。24 日，日军第一〇四师团又从梧州西犯，进攻丹竹。丹竹是中美空军在广西重要的前进机场，但仅有一团守兵。守军虽浴血抵抗，终因力量相差悬殊，于 28 日失守。

与此同时，在雷州半岛的日军独立混成第二十三旅团也从遂溪向北发动攻势，在占领廉江后北犯进入广西，于 9 月 23 日攻陷容县，随后继续推进，于 10 月初至桂平以东邕江右岸。

第四战区面对日军从北、东、南三面向桂林、柳州地区的进逼，于 10 月上旬决定调集可机动兵力，部署于武宣东南地区，形成局部优势，首先击退由西江西犯的日军，以利此后作战①。10 月 19 日，中国军队在中美空军支援下向日军第二十三旅团突然发起攻势。日军毫无准备，处于被动挨打的境地，伤亡重大。第二十三旅团通讯中心遭轰炸，使旅团与上级之间通讯中断达一周之久②。血战数日，中国军队将桂平、蒙圩外围各据点收复。但日军第十一军主力此时已全部侵入湘桂路至湖南道县以南约 40 公里处的江华一线，而第二十二师团主力也在 10 月下旬投入桂平正面战线，面对不利战况，第四战区只得放弃刚刚发起的攻势，将所有兵力向桂林、柳州附近集中。

桂林此时是广西省会，湘桂铁路经此直趋柳州，为广西交通枢纽。9 月初当日军沿湘桂铁路南犯时，第四战区指派第十六集团军副总司令韦云淞为桂林防守司令。韦云淞于 10 月 10 日拟定作战计划，基本方针为"防守军以确保桂林之目的，以主力固守城北要点及杉湖。榕湖以北城区为核心阵地；以一部固守近郊各要点，掩护核心，采持防御，吸引胶着敌人于桂林近郊，俾与我外线兵团，协力合击敌人而歼灭之"。

---

① 《桂柳会战第四战区作战计划》，1944 年 10 月 13 日。

② 《一号作战之三：广西会战》下册，第 40 页。中国第二历史档案馆编：《中华民国档案资料汇编》第五辑第二编《军事》(四)，第 232 页。

具体部署为第一三一师固守桂林北部地区,第一七〇师固守桂林南部地区,外围部队则对日军进行侧击尾击①。

日军第六方面军于10月11日命令第十一、第二十三军准备攻占桂林、柳州。第十一军于10月14日将战斗指挥所推进至全州,20日在全州召开兵团长会议,部署各师团作战任务。26日,第六方面军向第十一军下达攻占桂林的命令。

10月28日,从全州南下的日军第五十八师团对桂林北面发起进攻。随后,抵达桂林东郊的第四十师团也向桂江东岸的中国守军阵地开始进攻。中国守军凭借桂林城郊的石山、岩洞等天然屏障进行抵抗,阵前预埋之地雷也予敌极大杀伤。11月1日,日军除继续从北、东两面进攻外,一部对桂林西北城郊的笔架山等阵地发起进攻。次日,第三十四师团一部又从西南方面向桂林城逼近。至此,日军从东、北、南三面对桂林形成合围之势。由于自10月下旬以来阴雨不断,道路泥泞,致使日军炮兵前进迟缓,一时无法对桂林发起总攻。6日,绕道东面推进的日军第三十七师团一部抵达桂林城南郊,完成对桂林的四面合围之势。此时,桂林城外四郊均已展开激战,日军逐渐向城区逼近。8日,日军炮兵进入前线阵地,城东的第四十师团一部在强大的炮兵火力掩护下强渡桂江,突入市区与守军展开巷战。桂江东岸的七星岩洞中尚有一连步兵和野战医院官兵约八百人,因洞口被日军炮火封锁,无法突围,洞内储存弹药又起火燃烧,致使全部遇难殉国②。

11月9日,日军对桂林城发起总攻。凌晨,日军炮兵对桂林开始集中炮击,城区内一片火海。守军虽遭日军围攻,但仍斗志顽强,奋力御敌。在城北,日军自认"攻击不能顺利进展","老人山的守备非常坚固"。在城东,伏波山上的中国军队予敌以重大伤亡③。激战至晚上,

① 《抗日战史》第九册,第201页。
② 《抗日战史》第九册,第208页。
③ 《一号作战之三:广西会战》下册,第115—116页。

日军从四面突入城内。10 日,城内中国官兵继续抵抗,但阵地相继被日军攻破或隔离。第一三一师师长阚维雍率部苦战至此,见战局已无法挽回,遂自尽殉国。其余阵亡将官有城防司令部参谋长陈继桓、第三十一军参谋长吕旃蒙、第一七〇师副师长胡厚基等。当日午后,桂林陷敌。

在进攻桂林的同时,日军第十一军认为正面之敌非常薄弱,无须以一军的主力全力对付,遂在 11 月 3 日决定调派第三、第十三师团向柳州发起攻势。第十一军的这一决定未事先报告第六方面军,并与第六方面军在柳州以西围歼中国军队主力的战役设想不合,故引起第六方面军的不满,但并没有能改变第三、第十三师团已经向柳州推进的局面①。

柳州是第四战区司令长官部所在地,但防守力量并不强大,防守准备更是不足。9 月中旬之后,第四战区因战事两次调防柳州守军。11月 3 日,第二十六军奉命接手柳州防务,至 7 日方才辗转赶赴守区,完成防御部署。11 月 9 日,日军从北、东、南三面向柳州发起猛攻,守军奋力抵抗,但损失惨重,阵地相继被敌突破。10 日晨,第四战区司令长官张发奎电话指示第二十六军军长丁治磐:"桂林情况不明,该军应避免无谓牺牲,着即适应情况,开放西侧道路,配属炮兵应撤离大塘。北市区之一个团,可撤至南岸,对所有仓库,应遵前令彻底破坏。"②第二十六军奉令后遂向西撤离守区。11 日,柳州被日军占领。这样,第四战区司令长官张发奎曾宣称可坚守一年的西南战略要地,日军一发起总攻即告失守。

日军占领桂林、柳州后,完成一号作战的主要目标——摧毁美国空军在西南的两大空军基地。但由于第十一军未按方面军部署行事,第二十三军推进缓慢,没能如愿歼灭中国军队主力。而中国第四战区在桂、柳失守后,调整部署,准备以宜山为中心重布防线。第六方面军遂

---

① 《一号作战之三:广西会战》下册,第 78—81、86—92 页。

② 《抗日战史》第九册,第 219 页。

于 11 月 15 日向第十一、第二十三军发布追击令,"决定继续迅猛追击,消灭残敌。""第十一军可不受作战地界限制,消灭宜山附近敌军,并应与第二十三军紧密配合,消灭忻城以西地区及其附近之敌。此外,应以一部迅速向金城江以西地区挺进,占领黔桂铁路。""第二十三军应与第十一军密切配合,消灭忻城附近之敌。此外,应以一部向前推进,争取占领南宁。"①

攻占柳州的第三、第十三师团在 11 月 12 日即根据第十一军的命令开始转入追击,沿黔桂铁路西犯。第四战区没能组织有效防御,日军轻易突进,未经激战就于 15 日占领黔桂线上重要城市宜山。随后,日军直扑黔桂线上的下一个城市怀远。此时防守怀远的只是一个工兵团、一个坦克营、一个炮兵连及一个教导营等特种部队,但守军进行了顽强的抵抗,使日军无法从正面轻易突破。战至 11 月 20 日,怀远被日军占领。继续西进的日军沿途虽遇到中国军队的零星抵抗,但由于第四战区并未作出有效的防御部署,日军沿黔桂线不断推进,于 22 日占领河池,28 日占领南丹,逼近贵州省界。

与此同时,日军第二十三军一部从柳州南下,于 11 月 24 日轻取南宁。12 月初,在越南的日军也派兵北上。12 月 10 日,两股日军在绥渌会合,日军打通了直贯中国大陆的南北交通线。

日军第十一军所部从柳州沿黔桂线西进追击,至广西贵州交界处已逾 300 公里,由于后勤补给无法跟上,沿途又有美国空军袭击,实际上已难以继续推进。但第十一军仍在 11 月下旬向第三、第十三师团下达越过省界向贵州境内独山、八寨挺进的命令②。11 月 30 日,日军第十三师团由六寨圩进入贵州境内。次日中国守军在黑石关抵御日军,但当日防线就被突破。日军乘势推进,于 12 月 2 日抵达独山。中国守军未及有效抵抗,就被穿中国军服的一部日军混入城内,因此仓皇退出

① 《一号作战之三:广西会战》下册,第 155 页。
② 《一号作战之三:广西会战》下册,第 180 页。

独山城。12月3日晨,日军完全占领独山。从黎明关进犯贵州的日军第三师团则于12月2日下午占领八寨,并在当夜继续向都匀突进。次日在都匀东南与中国军队交战。

日军迅速突入贵州境内,威胁贵州,震动了整个大西南后方。蒋介石惊呼:"战况危急,不仅西南各省人心动摇,而且美国有要求撤侨之事,益造成社会之惶惑不安。八年抗战之险恶未有如今日之甚者也。"①国民政府虽在桂柳会战之初就向黔桂边界地区调兵,由黔桂湘边区总司令汤恩伯指挥,准备抵御入侵贵州之敌,但因缺少交通工具,部队调防缓慢,至日军入侵贵州,只有一个军及两个师的部队进抵都匀以南地区,与日军交锋,而其余部队仍远离战线,鞭长莫及。

日军突入贵州后,战线越拉越长,供给更加困难,兵力损失也十分严重,而美军飞机的不断袭击加剧了日军的困难。此时已入冬季,大多士兵还穿着夏服。因此在占领独山后,第十一军指挥部以作战目的已经达到,下达了反转命令②。12月4日,日军在对独山城区大肆破坏后,开始沿黔桂线全线后撤。

中国军队随日军后撤尾追跟进,相继收复独山、八寨,并进入广西,于12月12日收复南丹。继续尾追的中国军队在河池遇到日军的抵抗和反击,双方展开激战,伤亡均重。中国军队攻势受挫,战况形成相持局面。桂柳会战至此告一段落。

桂柳会战是在长衡会战刚结束后展开的。日军从湘、粤两省向广西迅猛进犯,中国方面在广西兵力不足,处于劣势。但在指挥上,第四战区未能组织起有效的全盘防御部署,致使中国军队陷入更为被动的境地。而在作战中,尤其在桂林、柳州失守后,中国军队明显士气低下,"一般指挥官缺乏必胜信念、旺盛精神","军队一般精神不甚巩固,士气

---

① 吴相湘:《第二次中日战争史》,第1062页。
② 《一号作战之三:广西会战》下册,第203页。

衰落"①。这种种因素最终导致中国军队在广西、贵州的溃败。

整个豫湘桂战役期间,从 1944 年 4 月至 12 月的八个月中,中国军队在豫、湘、桂三个战场上虽在局部也有顽强的抵抗,但在全局上接连败退,河南、湖南、广西以及广东、福建等省的大部和贵州的一部共二十多万平方公里的国土沦于敌手,洛阳等四个省会城市和郑州等 146 个中小城市以及衡阳等七个空军基地和三十六个飞机场为日军占领。这与国民政府军队在抗战后期对日作战相对消极、作战能力下降是分不开的。日军在结束一号作战后,虽基本达到其打通大陆交通线和摧毁美军在华中空军基地的战役目标,但实际上由于国共两党军队对日军的进袭和干扰,所谓的大陆交通线并未真正打通,中美空军则依托西南的机场,仍控制着中国上空的制空权,继续对日军予以打击。而日军由于战线拉长,兵力损耗,在战略上反处于被动不利的地位,在整个中国战场上陷入了困境。

第二节　　中国驻印军和远征军的攻势作战

一　十万知识青年从军运动

抗战后期国民政府军队在作战中减员严重,仅 1944 年豫湘桂战役期间兵员损失就达 60 万。战时国民政府推行的兵役法规定知识青年可以免役或缓役,致使原本因征兵区域缩小而兵源有限的状况更为加剧。中国驻印军与远征军自 1943 年下半年再次出兵缅甸,与美国军队并肩作战,军中迫切需要具有英语能力和文化素质的中下级军官和士兵。在这样的历史背景下,从 1943 年年底起产生了遍及国统区的知识青年从军运动。

1943 年 11 月,国民政府军事委员会军政部根据远征军司令长官

---

① 《桂柳会战之经验及教训》,《抗日战争正面战场》,第 1337 页。

陈诚为其补充有一定文化素质兵源的要求,命令四川省军管区选送300名知识青年补充远征军。四川军管区参谋长徐思平随即出巡川北各师管区宣传和督导。11月13日,徐思平在绵阳演讲后,当晚就有15名中学生表示愿服兵役。15日,徐思平在三台县向东北大学师生演讲,当场就有15名男生、4名女生申请参军。此后,青年学生踊跃报名参军。至12月7日,报名参军接受体检者有六百余人,被录取者213人。知识青年从军运动由此拉开序幕①。

继四川之后,知识青年从军运动先后扩展到湖北、西康、陕西、甘肃、河南、绥远、青海、江西、福建、安徽、浙江等十余省。为推动从军运动,由三青团主持的全国学生从军指导委员会于1944年1月11日成立,蒋介石亲任委员长,三青团中央干事会书记长张治中、教育部长陈立夫、军政部兵役署长程泽润为常务委员。随后各省也成立了相应的委员会。

1944年秋,日军在长衡会战结束后以重兵从湘、粤两省突入广西,震动了整个大后方。9月15日,蒋介石在国民参政会即席演讲称:"国家在此紧急战时关头,要先其所急,使知识青年效命于战场,因为知识青年有知识,有自动判断的能力,队伍中增加一个知识青年,就不啻增加了十个普通士兵。"②10月11日至14日,国民党和三青团在重庆召开"发动知识青年从军运动会议"。蒋介石亲临会议两次讲话,强调知识青年从军事关抗战和国家前途,号召知识青年踊跃应征。会议决定征集十万青年入伍,国民党、三青团各负责征集五万人③。14日会议结束时,成立"全国知识青年从军指导委员会",蒋介石兼任主任委员,何应钦、吴铁城、陈果夫、张治中、白崇禧、陈立夫、张定蟠、徐思平为常

①　江沛:《战时知识青年从军运动述评》,提交"第二次民国史中青年学者国际学术研讨会"论文,南京大学2002年12月。

②　《勖知识青年从军》,重庆《大公报》1944年9月20日,转引自江沛《战时知识青年从军运动述评》。

③　江沛:《战时知识青年从军运动述评》。

务委员,罗卓英等十六人为委员①。随即,各省、市、县都成立了知识青年从军选征委员会。

在这之后,知识青年从军运动逐渐步入高潮。《中央日报》连篇累牍地发表社论,整版整版地报道各地青年从军的消息,其他报纸也大造舆论。国民政府提出的"一寸河山一寸血,十万青年十万军"的口号响遍国统区。为激励青年学生从军,一些国民政府高官带头送子女入伍。蒋介石在发动知识青年从军大会上当场让蒋经国和蒋纬国参军,张治中表示要让儿子从国外回来从军,冯玉祥夫妇遍访西南各地,鼓励青年从军。蒋介石侍从室第二处主任陈布雷题词慰勉其侄陈迈从军,书称:"你是我家第一个请缨入伍的志愿兵,门楣有光,我祖我父亦将含笑。长风万里,壮哉此行,练得好身手,学得好技术,报效国家,复仇雪耻。我以满腔热烈的情绪期待尔奏凯归来。"②一时传为佳话,激起众多青年报名参军。

国民政府各机关还制订相应政策、法案,以保证从军青年的各种利益,解除他们的后顾之忧。11月19日,国防最高委员会颁布《知识青年从军优待办法草案》,主要内容是:(1)原任职于各级党政教育机关者得保留其职务,并按日照发其工资薪金全额;(2)原肄业于各级学校者得保留其学籍,如系公费生及领有奖学金者一并保留;(3)原从事于国营公营事业组织,得由原机关保留其职务,并照发薪津等。对于从军青年复员后的待遇也有明确的规定:(1)公教人员得依本人志愿仍回原机关工作,该机关不得藉任何理由拒绝其复职,并须给予升迁优待机会;(2)学生得以本人志愿仍回原校原级并特许参加升级考试;(3)参加留学考试及各种考试,予以优先录取之机会;(4)凡志愿参加国内外军事学校以及出国研究国防科学者,得由政府择优保送之;(5)应征青年因作战阵亡或受伤残废积劳病故者,除政府照规定从优抚恤外,其家属得

① 《中央日报》,1944年10月15日。
② 转引自吴相湘:《第二次中日战争史》,第1069页。

由申送地点之党政机关救济等①。考试院、军政部也颁布相关规定。一些学校也制订优待入伍学生的办法，如中央大学规定：从军学生如系自费生，自报名之日起一律改为公费生；从军同学复员时欲转院系者，得依本人志愿请求准予转系；借读生从军者，退伍后一律转为本校正式生等②。

知识青年从军运动从1944年秋冬之际掀起高潮后，遍及国统区许多省份，尤以四川省最为热烈。一些沦陷区青年也跋山涉水来到大后方参军。青年从军者以学生为主，广及公务员、教师、新闻界、医务界、金融界、文艺界、法律界、商界、宗教界各界人士及国民党、三青团党团人员，还有很多女知识青年。广大知识青年出于强烈的爱国情怀，表现出高昂的参军热情。重庆大学、中央大学的学生报名率达到三分之一，西北工大则达80％以上。知识青年踊跃参军，渴望到前线杀敌报国，完全冲破了中国传统的"好铁不打钉，好男不当兵"的观念，尤其是女知识青年的从军更是对传统思想观念的猛烈冲击，显示了中国人民同仇敌忾，万众一心，抗击日本法西斯侵略的不屈意志，将中国人民的抗日决心推向一个新的高潮。大批知识青年参加军队，在一定程度上改变了原来军队的构成，对于军队机械化和通讯快捷化起了积极作用。

报名从军的青年至1944年底达122,572人，至1945年2月下旬征集入伍工作告一段落时，知识青年从军人数达15万余③。超出原定计划数一半。从军的知识青年从1944年12月24日起开始报到入营，陆续接受训练，并成立青年远征军，编为第二〇一师至二〇九师九个师。经过为期三个月的训练后，各师正式纳入正规军编制，分别归属于中国远征军第六军、第九军、第三十一军，另有相当部分调入新一军、新

---

①　《中央日报》，1944年11月21日。

②　《中央日报》，1944年12月9日。

③　《中央日报》，1944年12月31日，1945年2月22日。

六军、第五军，辎重汽车第十四、第十五团，宪兵第三、四、五团，伞兵总
队，译员训练班，无线电训练班及派赴美国受训的海空军等单位。其中
部分青年军派赴驻印军，在缅甸前线中担任交通运输、坦克兵等技术兵
种工作，为缅北战役的胜利作出了积极的贡献①。

二　中国驻印军缅北反攻作战

1942 年中国远征军入缅作战失败后，缅甸被日军占领，抗战前期
中国主要国际交通线滇缅路由此中断。此后，美国空军虽开通了从印
度飞越喜马拉雅山至昆明的驼峰空运线运送美国援华物资，但对于整
个中国战场而言只是杯水车薪。第一次入缅作战结束后不久，史迪威
就于 1942 年 7 月向蒋介石提出收复缅甸的计划。随后，中、美、英三国
开始磋商反攻缅甸。1943 年 8 月美英首脑魁北克会议期间，罗斯福与
丘吉尔决定于当年冬天从印度进入缅甸开始反攻，并为此成立盟军东
南亚战区，由英国蒙巴顿将军任统帅，史迪威任副统帅。

由印度突入缅甸的作战任务主要由中国驻印军承担。1942 年中
国远征军一部从缅甸退往印度。根据史迪威的建议，在印度的中国军
队集结于比哈尔省的蓝姆伽地区，接受美国租借法案所提供的物资和
美国军官的训练，并由驼峰空运线的返程飞机从中国国内运送官兵至
印度，补充兵员。驻印军由史迪威任总指挥，1943 年 1 月刚编成之时
仅有新一军，军长郑洞国，下辖新二十二、新三十八师，另有直属三个炮
兵团、两个工兵团和汽车兵团等②。

1943 年 9 月，驻印军根据盟军东南亚战区的反攻计划，制定缅北
作战计划，决定于 12 月中旬向缅北发起攻势，于攻势开始前集中于印
度东北的雷多附近，待雷多至新平洋公路完成后即向新平洋突进，攻势

---

① 江沛：《战时知识青年从军运动述评》。
② 郑洞国：《中国驻印军始末》，《远征印缅抗战》第 72 页。

作战的第一目标为孟拱、密支那一线①。在这之前，1943 年 1 月 27 日，驻印军工兵第十、第十二团开拔至雷多，协同美军两个工兵团及三个工兵营，开始修筑由雷多至印缅边界野人山区的中印公路。新三十八师先遣部队也深入野人山区，掩护中美工兵筑路，并于三四月间击退企图干扰中美联军筑路计划的日军。9 月，雨季结束，中印公路修筑加快，而完成训练、准备补充的驻印军各部也渐次抵达雷多。驻印军总指挥部遂于 10 月 10 日令新三十八师以掩护筑路的先遣部队南向攻击前进②。缅北反攻战由此拉开序幕。

从印度进入缅北是人迹罕见的原始森林山区，山脉与河流皆南北纵向，东西间交通隔绝，形成狭长的河谷，地形险要。驻印军进入缅北后首先面对的是日军沿胡康河谷设置的防线。10 月 24 日，新三十八师第一一二团由缅北野人山向胡康河谷的大洛、新平洋、于邦一线推进。10 月 29 日，攻克新平洋。11 月初，第一一二团向于邦发起进攻。于邦是日军第十八师团防守胡康河谷的重要据点。日军"凭借于邦既设阵地工事之强固，顽强死守，以待其后续部队之到达"。第一一二团因兵力有限，无法突破日军防线，双方形成对峙。此时，日军第十八师团从滇西抽调第五十五、五十六联队增援于邦。11 月 22 日，日军增援部队进行反扑，偷袭第一一二团指挥所，并将第一营包围。第一营官兵被围不惊，粮食耗尽后以芭蕉充饥，坚持月余。12 月中旬，新三十八师另外两团抵达前线。21 日，师长孙立人亲临前线部署第一一四团主力直趋于邦，随后驻印军总指挥史迪威亦抵达前线。24 日凌晨，新三十八师向于邦日军发起总攻，"先以山炮向敌阵地施行一小时之攻击准备射击，继以步兵实行果敢之冲锋"，"如此经一周连续之攻击，卒于十二

---

① 《中国驻印军缅北作战计划》，《抗日战争正面战场》第 1440 页。该书仅记此作战计划为 1943 年，具体时间不详，据《抗日战史》此计划为 1943 年 9 月制定，见该书第九册第 334 页。

② 《中国驻印军新一军新卅八师司令部虎关区作战经过概要》，《抗日战争正面战场》，第 1444 页；《抗日战史》第九册，第 316—322 页。

月廿九日晨将于邦敌阵完全攻占"。此役击毙日军军官 11 人,士兵
173 人①。于邦之战虽是局部性小战斗,却极大地提高驻印军官兵战
胜日军的勇气,成为此后缅北反攻中冲锋陷阵奋勇杀敌的信心来源。
而日军战史则记载:"历来的行情都是日军一个大队(团)对付中国的一
个师而绰绰有余。尤其在九州编成、转战中国素有把握的第十八师团
与中国军战斗,更有最强的自信心。岂然胡康河谷的中国军无论在编
制、装备或战法与训练上都完全不同,——使我军损失惨重。"②

在攻克于邦的同时,驻印军于 12 月 28 日令新三十八师为左翼,新
二十二师一部为右翼,分别向太白家、大洛一线攻击。新二十二师取道
丛山密林,辟路迂回推进,出敌不意发起进攻,于 1 月 31 日攻占大洛。
新三十八师则以两路夹击,于 2 月 1 日占领太白家③。

攻占大洛、太白家后,驻印军继续以新三十八师为左翼,新二十二
师为右翼,向缅北门户——孟关攻击前进。日军第十八师团在师团长
田中信一指挥下,利用河川沼泽和既设阵地沿大奈河布防,并以优势炮
火封锁渡口和各道路。驻印军避免正面攻击,以新二十二师由右翼迂
回至孟关以南、北、东三面,先夺取孟关外围。新三十八师则由左翼作
大规模迂回,直趋深入敌后,接连占领马高、拉树卡等处,肃清大奈河以
北之敌,对日军形成钳形攻势。新二十二师遂从三面围攻孟关,经过激
战,于 3 月 5 日攻克该地。整个孟关之战,驻印军毙敌 1400 余人,重创
日军第十八师团④。

日军第十八师团从孟关溃逃后集结至瓦鲁班,准备伺机反扑。驻

---

① 《中国驻印军新一军新卅八师司令部虎关区作战经过概要》,《抗日战争正面
战场》第 1445—1447 页。

② 转引自吴相湘:《第二次中日战争史》下册,第 971 页。

③ 《中华民国驻印军缅北会战经过概要》,中国第二历史档案馆编:《中华民国
档案资料汇编》第五辑第二编《军事》(四),第 454—455 页。

④ 《中华民国驻印军缅北会战经过概要》,中国第二历史档案馆编:《中华民国
档案资料汇编》第五辑第二编《军事》(四),第 455 页。

印军截获日军此项命令后,当即兵不解甲,马不停蹄,分数路迅速南进追击败敌。此前美军一部已抵达瓦鲁班,但因攻击未得手而于 3 月 6 日后撤。新三十八师获悉后立即急行军增援美军,突击当面之敌。新二十二师主力沿公路南进。坦克第一营则超越追击逃敌,至瓦鲁班以北与敌遭遇,"即以炽盛之火力,纵横扫射,死尸累累,枕藉道途。当于遗尸中捡获十八师团司令部关防一颗。"9 日,驻印军攻克瓦鲁班。"此后,败残之敌,毫无斗志,节节溃退。"15 日,丁高沙坎被攻占。从而将胡康河谷之日军全部肃清①。

从瓦鲁班败退的日军第十八师团在瓦鲁班以南 30 公里的坚布山隘口部署防御阵地,企图阻止驻印军推进。接连败退的日军此时已疲惫不堪,构筑工事也进展缓慢②。驻印军不予敌喘息之机,立即向坚布山隘口进攻。由于受日军火力瞰制,且隘口树木茂密,迂回困难,驻印军仰攻深感困难。因此在新二十二师正面攻击之时,新三十八师从东面辟道迂回,截敌后路。随后南北夹击,于 3 月 29 日完全攻占坚布山隘口。

坚布山隘口为胡康河谷与孟拱河谷的分水岭,占领隘口后驻印军即进入孟拱河谷。孟拱河谷纵长约 110 公里,平均宽度不及 10 公里。河谷南端的孟拱城有铁路和公路与曼德勒、密支那连接,战略地位重要。日军退守孟拱后,获得兵员和物资补充,沿河谷设防,企图逐次抵抗。驻印军仍以新三十八、新二十二师为左右两翼,分沿公路以东和公路并列南下。至 4 月底,新三十八师已攻占高利、马兰等据点。5 月 3 日,新二十二师在坦克营和美军飞机支援下,对英格坎陶发起猛烈攻击,并一举突破日军阵地。

5 月以后,缅北进入雨季,行军作战日益困难,日军则期待雨季迟

---

① 《中华民国驻印军缅北会战经过概要》,中国第二历史档案馆编:《中华民国档案资料汇编》第五辑第二编《军事》(四),第 456 页。丁涤勋:《悲壮激烈的胡康河谷反攻战》,《远征印缅抗战》第 339—341 页。

② 日本防卫厅防卫研究所战史室著、天津市政协编译委员会译:《缅甸作战》,中华书局 1987 年版,下册,第 29 页。

滞驻印军进攻。但驻印军为迅速打通中印公路，不顾恶劣天气，继续推进。新三十八师一部从深山里开路，冒雨忍饥，兼程急进，向加迈以南迂回，于5月26日强渡南高江，占领西汤，切断加迈与孟拱间交通。正面日军在后路被切断后，无心应战，逐渐后撤。新二十二师遂于6月初突破日军马拉高阵地，逼近加迈。日军为挽回败势，以增援兵力集中于加迈，全力反扑，但未能得逞。6月16日，加迈在新二十二师和新三十八师一部协同猛攻下被占领①。

在攻克加迈前，驻印军总指挥部于6月11日令新三十八师主力会同英印军一个旅奇袭孟拱。新三十八师即由师长孙立人亲率第一一三、一一四团冒雨向孟拱秘密急进。此时孟拱地区日军有第十八、第二、第五十六师团各一部，总兵力约达一个师团，在人数上占优。6月18日，第一一四团进入孟拱北部地区，恰逢英印军一部五百余人在孟拱东南进攻中遭日军反扑并被包围，紧急之中向新三十八师求援。第一一四团一部连夜冒雨强渡大雨后水涨流急的南高江，于20日向日军发起进攻，成功地救英军于危急之中。随后经两昼夜激战，第一一四团占领孟拱外围据点，将城中之敌完全包围。23日，第一一四团向城区攻击，经两日激烈之巷战，于25日完全占领缅北重镇孟拱②。

在这之前的4月上旬，当驻印军主力越过坚布山隘口向孟拱河谷攻击前进时，驻印军总指挥部以奇袭密支那为目的，将刚到战场的新三十师第八十八团、第五十师第一五〇团与美军两个步兵营组成中美混合突击支队，由美军米尔准将任支队长。密支那是缅北最大城市之一，亦是缅甸铁路北端的终点，沿铁路南下可达孟拱、曼德勒、仰光。另有公路南接八莫至腊戍，与滇缅公路相连；西经孟拱至胡康河谷，衔接正

---

①　郑洞国：《中国驻印军始末》，《远征印缅抗战》第78页；《抗日战史》第九册，第349页。

②　《中国驻印军新一军新卅八师司令部孟拱区作战经过概要》，《抗日战争正面战场》第1464—1465页。

在延伸的中印公路。城郊还有机场，其战略重要性不言而喻。

中美混合突击支队于4月下旬以孤军从古树蔽日之山区挺进，沿途克服种种险恶的自然环境，排除日军轻微抵抗，经二十余日之努力，突进一百多公里，于5月15日迫近密支那附近，并切断密支那与孟拱间公路。由于中美突击队推进神速，日军毫无准备，因此5月17日向密支那机场发起进攻时，日军猝不及防，机场被一举攻占。早在雷多待命的驻印军两个营随即空运抵达。此后，驻印军其他部队亦相继空运降落密支那。

中美混合突击队于攻占密支那机场当日即向市区开始攻击。守城日军总数约有三千余人，依据市区建筑物及预设之坚固工事顽抗。双方攻守激烈，伤亡重大，不少阵地数度在敌我之间易手。更因大雨滂沱，攻势进展甚慢。史迪威为此三次撤换前线指挥官，最后交由新三十师师长胡素接替美军将官指挥前线作战①。

7月7日，为纪念"七七"抗战七周年，驻印军向密支那日军发动全面进攻。激战整日，驻印军仅推进百余码。此后，攻城各部均以坑道攻击方式，挖壕推进，每日前进一二百码不等。7月下旬，驻印军增援部队陆续抵达密支那前线，遂对日军展开总攻，逐步向市区推进。至31日，大半市区已被攻占。次日，指挥防守密支那的日军水上源藏少将见大势已去，自杀身亡②。8月2日，第五十师组成敢死队百人，携带轻便武器，分组潜入日军后方，将日军通讯设施完全切断，并猛烈攻击其指挥所，日军防线完全崩溃。8月3日，经两个半月血战，密支那终被驻印军攻克③。

密支那一役，驻印军毙敌两千余人，俘获七十余人④。此战胜利，

①　《抗日战史》第九册，第404页。

②　《缅甸作战》下册，第73页。

③　《攻克密支那街市经过》，《抗日战争正面战场》，第1469页。

④　《抗日战史》下册，第406页。

意义重大,不仅使驻印军完全掌控缅北各要点,而且使驼峰空运线可南移至安全航线,从而使空运量急剧增长,且以雷多为起点的中印公路也得以迅速延伸。

驻印军攻占密支那后,所属部队包括新从国内空运至印度的部队编为两个军,新一军由孙立人任军长,辖新三十、新三十八师,新六军由廖耀湘任军长,辖第十四、新二十二、第五十师。在史迪威调离中国后,驻印军由美国中将索尔登任总指挥,原新一军军长郑洞国任副总指挥。

10月中旬雨季将过之际,驻印军在休整两个月后,南进向八莫发起进攻。八莫位于密支那以南,地处中缅边境要冲,是中印公路从密支那南下进入云南的必经之路。驻印军以新一军为左翼,沿密(支那)八(莫)公路向南推进;以新六军为右翼,沿孟(拱)曼(德勒)铁路转进八莫以西地区。

左路的新一军以新三十八师为第一线兵团,新三十师为第二线兵团,于10月21日沿密八公路向南攻击前进。10月29日,新三十八师攻占八莫外围据点庙提,肃清太平江北岸日军。太平江水流湍急,而庙提对岸地形险要,日军又构筑坚固工事,渡河困难。新一军军长孙立人亲临前线调整部署,以一部在正面继续进攻,而将新三十八师主力转移于左翼山地,由太平江上游铁索桥渡江,实施迂回进攻。从太平江上游迂回的部队渡江后,与在庙提正面攻击的部队相互呼应,连克莫马克、曼西,突进至八莫东南,切断八莫、南坎间公路。至11月中旬,已将八莫团团围住。

日军在密支那被攻陷后,为阻止中印公路打通,继续从缅南向八莫、南坎增兵。增赴八莫的日军在8月中旬抵达后,即赶筑工事,企图死守。新一军包围八莫后,对城区发起进攻。至11月底,新三十八师将主力全部调至八莫前线,在陆空密切协同下,加紧围攻,逐步缩小包围圈。日军虽数度反扑,均遭击退。激战至12月15日,八莫被驻印军完全占领,日军守城司令原好三大佐以下官兵大部被歼,仅六七十人乘黑夜泅水逃窜①。八莫之战后不久,新六军第十四、新二十二师奉调空运回国。

当新三十八师围攻八莫之时,驻印军为争取战略主动,避免因日军死守八莫而推延战局进展,于11月19日令第二线兵团新三十师南下对南坎发动攻势。南坎位于八莫东南百余公里,距中国边镇畹町仅六十余公里,在八莫被攻占之后,是阻隔缅北与滇西间相连的惟一重要据点。日军在此设有重兵防守,并修筑坚固阵地。

新三十师于11月下旬分三路沿八南公路和两侧山地南进。12月初,在康马、南于一线与从南坎企图增援八莫的日军遭遇,双方展开激战,战况惨烈。日军反复增援猛扑,驻印军官兵奋勇御敌,均将其击退。12月中旬,新三十师一部向日军正面防线左侧迂回,突入敌后,将八南公路切成数段。27日,一举攻占劳文及其西北的飞机场。由于日军主力布置于南坎正面,当面攻击损伤太大,驻印军决定再采取迂回、奇袭并用的战法,向南坎西南大规模迂回。1945年1月5日,新三十师和新三十八师各一团开始翻越崇山峻岭,秘密迂回。7日起大雨连续三日,山洪暴发,山路泥泞,人马行动困难。但驻印军官兵不畏艰难险阻,奋勇向前,钻隙突破,偷渡瑞丽河,于1月14日进抵南坎西南侧。随后星夜突进,于15日上午一举袭占南坎。正面防守之敌,在南北猛烈夹击下,也几乎全部被歼,仅少数残敌零星溃逃②。

攻克南坎后,驻印军乘胜继续攻击前进,以使中印公路早日通车。1月16日,驻印军以新三十师围歼老龙山之敌,以新三十八师沿公路向东进攻中印公路上日军最后一个据点芒友。新三十八师推进中,相继攻占色兰、苗西等芒友外围据点,并于1月21日与远征军第一一六

---

① 《中华民国驻印军反攻缅北第二期战斗经过概要》,中国第二历史档案馆编:《中华民国档案资料汇编》第五辑第二编《军事》(四),第459—461页;《中国驻印军新一军八莫区战斗经过》,《抗日战争正面战场》,第1475—1478页。

② 《孙立人致龙云代电》(1944年12月23日、1945年1月29日),《抗日战争正面战场》,第1481—1487页。

师第三四八团取得联络。23 日,芒友日军纠集主力分三路进行反扑,被驻印军击溃。新三十八师另一部则向南迂回,切断日军退路。随后驻印军向芒友发起总攻,经两日激战,于 27 日上午攻占芒友①。新三十八师与远征军第九、第三十六、第八十八师胜利会师。中印公路终告打通。

芒友被攻占当日,新三十师经过 5 日激战歼灭老龙山阵地的日军。打通中印公路后,驻印军沿滇缅公路南下乘胜攻击日军。日军此时以第五十六师团主力和第二、第十八师团一部,企图利用滇缅公路沿线天险要隘继续抵抗。2 月 11 日,新三十师主力强渡南开河,进入山地与敌激战,将其击溃后突进。14 日,向贵街发起总攻,于当日午后 2 时占领贵街。新三十师乘胜向南进击,于新维以北十英里处遇日军依山隘顽抗。新三十师除从正面对敌猛攻外,以两侧部队向敌侧背压迫。19 日,正面部队乘敌军心动摇之际,一举突破日军主阵地。次日晨,又乘大雾弥漫冲入新维市区,苦战三小时,全歼守敌,攻克新维。

2 月 23 日,驻印军以新三十八师主力超越新三十师,沿公路分三路南下,直指腊戍。日军在新维、腊戍间山地隘口扼险死守。新三十八师官兵在坦克、炮火掩护下,奋勇向前,连克日军沿路据点。3 月 6 日晨,进抵老腊戍,完成对腊戍包围态势。次日,攻占飞机场和火车站,并突入市区,展开白刃巷战。3 月 8 日,完全攻占腊戍②。

新一军在攻克腊戍后,以新三十八师沿滇缅公路继续向西突进,于 3 月 24 日与新六军第五十师胜利会师于细胞。3 月 30 日,第五十师与英军在乔梅会师。至此,驻印军胜利完成缅北反攻任务。

---

① 《中华民国驻印军反攻缅北第二期战斗经过概要》,中国第二历史档案馆编:《中华民国档案资料汇编》第五辑第二编《军事》(四),第 465 页。

② 《孙立人致龙云电》(1945 年 3 月 9 日),《抗日战争正面战场》,第 1490 页;《中华民国驻印军反攻缅北第二期战斗经过概要》,中国第二历史档案馆编:《中华民国档案资料汇编》第五辑第二编《军事》(四),第 467—468 页。

三　中国远征军滇西反攻作战

1942 年中国远征军入缅作战失败后,除一部转入印度后编为驻印军外,大部撤退至云南西部,编为第十一集团军和第二十集团军,沿怒江东岸设防,与西岸日军隔江对峙。1943 年 4 月,远征军司令长官部成立,初由陈诚任司令长官,后由卫立煌继任。

1944 年 4 月中旬,正当驻印军从胡康河谷向孟拱河谷挺进之际,国民政府军事委员会在美国方面要求和要挟下,制定远征军策应缅北作战方案,拟渡过怒江攻击当面之敌,并相机攻占腾冲。远征军司令长官部据此制定渡江攻击计划,以第二十集团军为攻击军,强渡怒江,以腾冲为目标;以第十一集团军为防守军,负责怒江东岸防守,并以一部渡江作战,策应第二十集团军[①]。

5 月 11 日黄昏,第二十集团军所属两个加强团由栗树坝、双虹桥间强渡怒江,第十一集团军也派出三个加强团由惠通桥等处渡江,策应第二十集团军攻击作战。次日,远征军各部强渡均告成功。渡江各部面对日军死守,展开猛攻,血战数日,克复红木树等日军沿江等据点。5 月 20 日,军令部长徐永昌以远征军各部强渡怒江后进展顺利,而驻印军已占领密支那机场,在此情况下日军已难以向滇西大量增兵,因此提出“我远征军主力似应即乘机渡河,扩张战果,进攻腾冲、龙陵、芒市之敌而占领之”。该建议获蒋介石批准后即付诸实施,以第二十集团军为右集团,攻击腾冲;以第十一集团军为左集团,攻击龙陵、芒市[②]。

第二十集团军强渡怒江后,以第一九八师攻击北斋公房。北斋公

---

① 《远征军策应驻印军作战指导方案》,《抗日战争正面战场》,第 1504 页;《抗日战史》第九册,第 338 页。

② 《徐永昌再致何应钦转蒋介石签呈》(1944 年 5 月 20 日),《抗日战争正面战场》,第 1505—1506 页。

房是日军在高黎贡山上的一个据点,腾冲北边的咽喉,从山脚到山顶75华里散设着日军的堡垒。第一九八师在空军支援下,经数日激战全歼顽抗抵御的日军,翻越高黎贡山隘口①。第二十集团军其余各部也击溃当面之敌,向南追击,于6月底逼近腾冲北郊。

腾冲是日军在滇西最坚固的防守据点,城池一公里见方,城墙全用大青石垒砌而成,城外有来凤山、飞凤山等为天然屏障。7月2日,第二十集团军以第五十三、第五十四军对腾冲外围发起攻势。3日,攻克飞凤山等,迫近腾冲城郊。但日军依据坚固工事死守,攻城部队进展缓慢,伤亡重大。26日,远征军在空军支援下,以优势兵力对来凤山日军四个堡垒群同时猛攻,"官兵奋勇,前仆后继,血战竟日,迄傍晚止,歼敌大部,确占该山"。日军被迫退入城内,"四门紧闭,深沟高垒,企图困斗"。远征军兵临城下,将敌四面包围。但腾冲城墙既高且厚,兼有大盈江等河水环绕东西北三面,有险可凭。远征军攻城月余,在空军连续猛烈轰炸下,将城墙炸开缺口十余处,方于8月21日开始向城内日军攻击。但"顽敌家家设防,街巷堡垒,星列棋布,尺寸必争,处处激战。我敌肉搏,山川震眩,声折江河,势如雷电,尸填街巷,血满城沿"。远征军各部战斗减员严重,遂从他处调兵增援腾冲前线。苦战至9月14日,终将日军全歼,攻克腾冲。第二十集团军自渡过怒江至此,共生俘日军官四人,士兵六十余人,击毙日军少将以下军官百余人,士兵6000人②。

第十一集团军渡过怒江后,以第七十一军新二十八师于6月初进攻松山。松山扼惠通桥咽喉,距桥仅六公里,有日军守军3000人,构筑有四个各自独立又互为犄角的坚固工事群。新二十八师攻击二十余日,伤亡惨重。6月下旬,由第八军承担起进攻的任务。第八军在空军

---

① 董铎:《腾冲歼敌记》,《远征印缅抗战》,第425—426页。
② 《第二十集团军腾冲战役战斗经过》,《抗日战争正面战场》,第1508—1509页。

和炮兵轮番轰炸下,先后发起八次围攻,但至8月底仍无明显进展,而伤亡重大。此时,远征军司令长官卫立煌传达蒋介石命令,限第八军于9月上旬攻克松山,逾期依军法论处。第八军遂召集各师师长重新部署作战计划。9月初,第八军以一部对松山顶峰日军主阵地进行佯攻,而以工兵在松山顶峰日军阵地垂直下30公尺处挖掘两条地道,装进10吨炸药,将整个松山顶峰炸翻,终于全歼日军3000余人,攻占松山。第八军在松山之战中官兵伤亡逾3000人①。

第十一集团军另一部第七十一军主力于6月初向龙陵攻击前进,6月6日迫近龙陵近郊,10日攻入龙陵市区。城内尚有数百日军负隅顽抗。此时因连日暴雨,远征军行军困难,弹药输送亦无法及时跟上,致使未能一鼓作气攻克龙陵。而腾冲日军却以2000兵力南下增援,并冲入龙陵城内。芒市日军亦北上窜犯,对攻击龙陵的远征军形成反包围态势。远征军被迫退出龙陵城,"各官兵目睹功败垂成,各个嘘声叹气"②。此后中日双方在龙陵城外激战至7月底,处于胶着状态。

8月14日,远征军向龙陵发起第二次攻击。在空军和炮兵猛烈轰炸下,步兵展开猛攻,反复冲杀至20日,将龙陵外围据点全部占领。此时日军2000余人又从芒市北上,持续向远征军进攻。远征军全力阻击,激战至9月中旬,迫敌退回芒市。而远征军为恢复战力,也重新调整攻城部署。

10月29日,远征军向龙陵发起第三次攻击。攻城部队在空军和炮兵支援下,先后突破日军阵地,并与负隅顽抗之敌激烈搏杀。"经五日之激战,将龙芒公路截断,并逐次攻略龙陵城区外围坚固据点",于11月3日凌晨完全克复龙陵③。

龙陵被攻克后,日军在滇西已成强弩之末。远征军乘胜跟踪追击,

---

① 王景渊:《血战松山》,《远征印缅抗战》,第396—397页。
② 《卫立煌致何应钦抄电》(1944年6月17日),《抗日战争正面战场》,第1513页。
③ 《卫立煌致蒋介石电》(1944年11月),《抗日战争正面战场》,第1520页。

扫荡残敌。19 日,远征军挺进至芒市,对千余守敌发起猛烈围攻。次日,日军残部向西南败退,芒市被攻占。11 月底,远征军进抵遮放,截断遮放、畹町间公路,经激战于 12 月 1 日占领遮放。

此时日军在滇西的据点只剩在中缅边境的畹町了。12 月 12 日,蒋介石电令远征军司令长官卫立煌:"着远征军迅速攻击畹町之敌,限亥月养日(12 月 22 日)以前占领畹町具报。"①远征军接令后部署对滇西日军的最后进攻。12 月 28 日,远征军对畹町地区日军开始全线攻击。日军虽"凭坚固守顽抗,赖我官兵前仆后继,奋勇搏斗,进展尚称得手"。经半月多激战,远征军突破畹町外围阵地后,三面包围畹町,于 1945 年 1 月 20 日,歼灭守敌,占领畹町②。随后,远征军继续追击,肃清残敌,并进入缅甸境内与驻印军胜利会师。

中国驻印军和中国远征军在缅北、滇西的反攻作战,自 1943 年 10 月向胡康河谷发动进攻起,至 1945 年 3 月结束缅甸战斗,历时一年半,取得了辉煌的胜利。以中国驻印军为例,大部时间以两个师的兵力(最多时两个军辖五个师)连续击破日军六个师团的兵力,击毙日军 27699 人,击伤 42760 人,俘虏 395 人③,成为抗战时期中国军队攻击作战歼灭日军的典范。中国军队在反攻作战中也付出了惨重的代价,驻印军伤亡 12729 人,远征军阵亡 26697 人,伤 35541 人,失踪 4056 人④。

缅北、滇西反攻作战的胜利有力地支援了美军在太平洋战场对日军的反攻,加速了日本法西斯的最后失败,为全世界反法西斯战争作出

---

①　《蒋介石致何应钦卫立煌》(1944 年 12 月 12 日),《抗日战争正面战场》,第 1522 页。

②　《宋希濂等致蒋介石》(1945 年 1 月 20 日),《抗日战争正面战场》,第 1526 页。

③　《中国驻印军中国统计》,中国第二历史档案馆藏档,转引自马振犊《惨胜》,广西师范大学出版社 1993 年版,第 297 页。

④　《中国驻印军反攻侵缅日军作战经过史料》附表三,《历史档案》1985 年第 2 期;《远征军司令长官部所属各战列部队各战役伤亡官兵骡马统计表》,转引自张宪文主编:《抗日战争的正面战场》,第 307 页。

了重要的贡献。中国军队的英勇作战和取得的辉煌战绩不仅使国人感到振奋,也赢得了并肩作战的盟国的尊敬和赞扬。缅北、滇西反攻作战打通的中印公路及驼峰空运线的改善,使大批美国援华物资得以运往中国,支援了中国抗战。

第三节　正面战场的局部反攻

一　正面战场敌我战略部署

抗日战争进入 1945 年时,中日双方的战略态势发生了重要变化。在中国战场上,日军中国派遣军因在一号作战中攻城略地,完成其所谓作战目标,而在 1 月 1 日制定的《今后作战指导意见》中提出:"抓住目前战略、政略上的最后良机,以异常的决心覆灭敌抗战根据地四川要地,扼重庆军总反攻于未然,迫使重庆政权崩溃,俾能有助于指导战争全局。"企图于 1945 年春季发起对四川的攻势作战[1]。

但在太平洋战场上,日本大本营于 1944 年 12 月中旬确认在菲律宾莱特岛与美军作战已处于不利境地后,就开始考虑全盘作战指导问题。1945 年 1 月 19 日,日本陆军与海军共同确定联合作战计划,鉴于在太平洋战场上的败局已无可挽回,决定"在日本本土上完成最后决战","把华中沿岸要地、台湾、南洋群岛、硫磺岛等要地作为外围防御线",并将主要作战目标"从过去的对重庆和对苏联转向美国"[2]。1 月 22 日,日本大本营根据新的作战计划向中国派遣军下达了新的命令。该命令明确日军在中国战场的作战目的"在于击破进攻中国大陆的主敌美军,粉碎其企图,同时确保大陆要域",为此须加强东南沿海特别是

---

[1]　日本防卫厅防卫研究所战史室著、天津市政协编译委员会译:《昭和二十(1945)年的中国派遣军》第一卷第一分册,中华书局 1982 年版,第 75 页。

[2]　《昭和二十(1945)年的中国派遣军》第二卷第一分册,第 1 页。

长江下游的战备，并继续对重庆方面实施压迫，但限制对晋西南至黄河、老河口、宜昌等地一线以西进行大规模作战①。这一作战计划在"本土决战"的战略方针下，实际上确定了日军在中国战场上处于战略退却的态势。

中国派遣军根据大本营上述命令于 1 月 29 日召开军司令官联席会议。中国派遣军总司令冈村宁次在会上表示，"在北方确保大东亚圈内的宝库；在东方海岸要域布成铁桶般的阵地，当敌登陆时予以歼灭；在西方排除万难挺进深入重庆辖域，以摧毁敌之根据地。"②即在遵照大本营命令以东南沿海为防御重点的同时，仍企图继续其向中国军队发动攻势的计划。由于在湘、桂的机场被占后，中美空军利用老河口、芷江两地的机场分别袭击平汉铁路、长江和粤汉、湘桂铁路，予日军以沉重打击，冈村宁次下令以摧毁两地的空军基地为攻势作战的目标，以华北方面军和第六方面军一部攻占老河口，以第六方面军攻占芷江。

在国民政府方面，尽管在豫湘桂战役中损兵折将、弃城失地，但由于整个对日作战局势发生有利于盟国的根本性转变，因此已开始考虑对日军反攻作战的计划③。1944 年 12 月，为便于协同盟军对日作战及准备反攻，国民政府特在昆明设立中国陆军总司令部，统一指挥远征军、黔桂湘边区、滇越边区、第四战区及第五集团军的部队，由参谋总长

---

① 《日本军国主义侵华资料长编》(下)，第 519—520 页；《昭和二十(1945)年的中国派遣军》第二卷第一分册，第 3 页。

② 《日本军国主义侵华资料长编》(下)，第 521 页。

③ 还在 1943 年 11 月，军令部长徐永昌就根据蒋介石的指示拟订了一份总反攻作战计划。该大纲基本方针为"先以第五、第六、第九战区会师武汉，再与盟军相策应，逐次肃清长江、黄河流域及沿海之敌，进而规复东北。但倭寇有总崩溃之征兆时，各战区应不失好机，同时反攻"。《国军总反攻作战指导计划大纲》1943 年 11 月 4 日，《抗日战争正面战场》，第 112—114 页。1944 年 2 月，蒋介石也在第四次南岳军事会议上提出："我们的抗战，经过这整整五年的奋斗牺牲，到今天已经到了一个新的转折点，就是第二期抗战即将结束，我军向敌反攻决战的阶段——第三期抗战开始的时候到了。"台北国防研究院等编：《蒋总统集》，第 1484 页。

何应钦兼任总司令。同时,再次调整了各战区序列,以适应对日作战最后阶段之需要。1945 年 2 月,军令部拟订《中国陆军作战计划大纲》,确定"中国陆军以开辟海口之目的,于盟军在东南海岸登陆之同时,向桂湘粤采取攻势,特须保持重点于黔桂路方面,攻略宜山、柳州,与盟军会师西江"。而在华中等地区,国民政府则仍按战略持久战方针进行作战部署,以"主力固守","遏阻敌奸窜扰","完成攻守作战之准备"①。因此,国民政府此时确定的战略重点是策应盟军在东南沿海地区登陆。在中国战场中日双方战略态势已发生有利于中国方面的转变时,这一战略构想没有拟订中国军队独自先行开始攻势作战的计划,就显得有点保守了。

二　豫西鄂北会战

日本华北方面军根据中国派遣军部署,在 1944 年 12 月中旬就命令其所辖第十二军于次年 3 月实行以攻占位于湖北西北部的老河口机场为目标的作战。1945 年 1 月中旬,驻扎于平汉铁路黄河以南沿线及洛阳等地的第十二军确定作战基本构想,即利用中国军队战区衔接部位的弱点,进行贯穿突破,选定容易机动作战的南阳平地向西突进。据此,第十二军制定作战计划,决定"于 3 月末开始行动,以主力快速袭击和突破鲁山(郾城西北偏西 90 公里)、舞阳、沙河店(确山西北 40 公里)一带之敌阵地,神速挺进西峡口、老河口之线"。企图以其所辖第一一〇师团、一一五师团、坦克第三师团、骑兵第四旅团等部进犯豫西鄂北地区,一举攻占南阳、老河口机场②。日军还以驻武汉的第三十四军第三十九师团由荆门一带北进,策应第十二军作战。

防守豫西、鄂北地区的中国军队是第一、第五战区。为加强掩护

---

① 《蒋介石致李宗仁等密电稿》(1945 年 1 月 8 日),《抗日战争正面战场》,第136页。
② 《昭和二十(1945)年的中国派遣军》第一卷第二分册,第 39—42 页。

川、陕门户及空军机场，并确保平汉铁路以东地区及尔后协同作战，国民政府又将第一、第五战区平汉铁路以东辖区合并成第十战区。1945年1月初，在日军显露向豫西、鄂北进攻迹象之后，蒋介石电令第五战区司令长官李宗仁和第一战区代司令长官胡宗南密切协同，作战方针为"第一、第五战区，以广领要地，掩护机场，巩固川陕门户之目的，应就现态势，配合路东及敌后部队，行战略持久战，主力固守函、卢、宛、鄧、襄、樊，以遏阻敌奸窜扰，并利用豫、陕山地，广建根据地，完成攻守作战之准备。"具体部署为第五战区以主力固守枣阳、南阳一线，第一战区以主力固守镇平、朱阳关、函谷关一线，两战区其他部队准备适时策应作战，第十战区则攻击日军背后①。

3月22日，日军第十二军第一一〇师团、第一一五师团、坦克第三师团由鲁山、舞阳、叶县分三路向中国军队阵地发起进攻，豫西、鄂北会战由此打响。正面对敌的第五战区并未进行大规模抵抗，即根据重庆指示将主力向湍河以西转移，而以一师兵力防守南阳，准备与日军在湍河一线决战②。因此，开战仅两天，日军前锋已逼近南阳。25日，日军除以一部正面攻击南阳外，其余大部兵力绕过南阳，继续西犯。

南阳在日军主力向西进犯后，即陷入日军重围之中，成为一座孤城。3月28日，日军万余步兵在坦克和炮兵支援下开始猛攻南阳。南阳守军第一四三师在强敌围攻下，退守城垣奋力抵抗。30日，日军突入南阳城内，守军与之展开巷战，至深夜，南阳被日军攻占。

当日军向豫西发起进攻之初，其骑兵第四旅团即按作战计划超越第一一五师团，冒雨急进，先后渡过唐河、白河，突破中国军队正面防线，直插腹地，于3月26日抵达鄂北重镇老河口的外围。老河口是第五战区司令长官部所在地和中美空军基地。27日凌晨，日军骑兵第四

---

　　　① 《蒋介石致李宗仁等密电稿》(1945年1月8日)，《抗日战争正面战场》，第136—137页。

　　　② 《抗日战史》第六册，第363页。

旅团以 4000 兵力向老河口外围阵地发起进攻,中国守军第一二五师官兵顽强抵抗,美国驻华空军也前来助战,战斗十分激烈。战至傍晚,日军攻占老河口城外飞机场和马窟山等外围阵地,但也因伤亡过大,不得不停止进攻。31 日,日军再次向老河口发起攻势,"随着与重庆军阵地益发接近,城墙上重庆军的射击也更加激烈,加之受到汉水对岸的炮击,不能按预期的速度前进"①。日军进攻再度受挫。此时,从南阳以南西进的日军第一一五师团在占领邓县后抵达老河口,并于 4 月 2 日替代骑兵第四旅团实行进攻老河口的任务。4 月 7 日拂晓,第一一五师团在坦克掩护下发起猛攻。守军奋勇抗击,但伤亡甚大,战至次日,城防被突破,继续与敌巷战,直至晚上才乘夜色突围撤出。老河口遂告陷落②。

与此同时,从南阳以北西犯的日军第一一○师团于 3 月 28 日攻占内乡后,继续西进,于 31 日攻占西峡口,随后沿丁河进逼重阳店。日军坦克第三师团最初遭遇大雨和美国空军袭击而行动受阻,随即与第一一○师团协同西进,也于 4 月 1 日攻陷淅川。

当日军在豫西继续西犯之时,蒋介石于 4 月 4 日电令第一、第五战区:"深入内乡、淅川之敌,受我陆空军严重打击,伤亡惨重,攻势已挫,据俘供称,敌所携行粮秣,仅供一周之需,其后方追捕,亦只备两星期之用。自开战迄今,已逾两周以上,现敌军补给,仅能维持数日,尤当天雨,战地泥泞,敌战车已难活跃,此实为我歼灭敌人之最佳机会,希即督饬所部,积极反攻。"③4 月 5 日,中国军队对向重阳店推进之敌发起反击攻势,并形成三面围攻之势。10 日,中国军队以野战重炮、山炮、迫击炮猛烈轰击,美军战机也出动扫射,使日军伤亡惨重。战至 15 日,日

①　《昭和二十(1945)年的中国派遣军》第一卷第二分册,第 77 页。
②　章伯锋、庄建平主编:《抗日战争》第二卷(下),第 2192—2193 页。
③　《抗日战史》第六册,第 373—374 页。

军被围一大队乘夜色方得以潜逃①。与此同时,中国军队还向老河口等地发起反攻。4 月 28 日,中国军队一度攻入老河口,但因无后继部队跟进而被迫退出,与日军隔襄河对峙。4 月 29 日,日军再向重阳店发起进攻,中国军队积极抵抗,予日军以重大杀伤,致使日军撤退时连处理战死者的时间也没有,只得剁下死者的手指后掩埋。由于美军战机轰炸,至战斗后期,日军甚至发生断炊②。5 月下旬,日军停止在豫西的进攻。

在鄂北方面,策应豫西作战的华中日军第三十九师团于 3 月 20 日夜由荆门一线北犯,向中国守军第五战区第五十九军阵地发起进攻。中国军队边抵抗边后撤,23 日自忠(宜城)被敌攻陷。第五十九军随即以南漳为后方,在自忠西北组成防线御敌。中日双方激战至 28 日,终因第五十九军一部抽调支援老河口方面导致兵力不敷,南漳失守。29日,中国军队反击,收复南漳。但同日,日军一部北上攻占鄂北重镇——襄阳。30 日,樊城也告不守。日军第三十九师团占领襄、樊后,以主力西进,向谷城发起进攻,策应第十二军对老河口的攻击,而以一部转进再攻南漳。4 月 4 日,南漳再度失守。此时,日军第三十九师团以已达到策应作战目的,决定将向谷城进犯的主力撤回襄阳。而中国军队则开始发动反击。4 月 10 日,经激战,中国军队再克南漳。随后,中国军队乘势追击,向襄、樊地区发起反攻。16 日,襄阳、自忠被收复。18 日,中国军队又攻克樊城。至此,鄂北地区恢复战前态势。

此次会战中,中国空军、美国空军和中美混合团出动战机数百架,不仅完全压制住日本空军的活动,而且对日军地面部队尤其是坦克部队连续攻击,造成其重大损失,甚至不得不放弃白昼活动,有力地支持了中国地面部队的作战③。

———————————

① 《昭和二十(1945)年的中国派遣军》第一卷第二分册,第 132—133 页。
② 《昭和二十(1945)年的中国派遣军》第一卷第二分册,第 146、148 页。
③ 《抗日战史》第六册,第 382 页。

豫西鄂北会战历时两月,日军虽完成其预期占领老河口空军机场的任务,但并未能抑制住中美空军的活动。由于中国战场整个战略态势已发生变化,日军在战役后期已呈疲态。整个会战中,中国军队伤亡3.5万人,日军伤亡约1.5万人①。

三　湘西会战

日本中国派遣军在1945年1月下旬确定发起对芷江的进攻时,战略目标在摧毁中美空军基地,并准备下一步对四川的进攻。但4月1日美军在冲绳岛登陆后,日本大本营命令驻湘桂铁路沿线的第十一军往华北集结,这样在华日军对四川的进攻已完全不可能。但日军仍欲进攻芷江摧毁中美空军基地,于是发起了对中国军队的最后一次攻势——湘西会战②。担任这次进攻任务的是驻扎在湖南的日军第二十军。第二十军辖五个师团,由于豫湘桂战役后日军战线拉长,防区扩大,先期投入攻势作战的主要是第一一六师团和两个支队(共有两个联队又三个大队)。

防守湖南西部地区的是编入中国陆军总部的第四方面军及第三方面军。中国军队在3月即发现日军调动迹象,判断日军"有抽集三个师团以上兵力,分路会犯我芷江要地,以排除其大陆交通线及空中威胁之企图"③。4月14日,日军发动进攻前夕,中国陆军总司令何应钦根据蒋介石的部署拟定作战计划,决定以第四方面军主力于武冈、新化附近一线与敌决战,第三方面军阻击黔桂路及桂穗路之敌,策应第三方面军,并以新六军为总预备队置于芷江④。

---

①　《抗日战史》第六册,第377页。

②　《昭和二十(1945)年的中国派遣军》第二卷第一分册,第14页。

③　《陆军总部及第六战区策应王耀武集团保卫芷江作战指导方案》,1945年3月,《抗日战争正面战场》,第1341页。

④　《何应钦复蒋介石电》(1945年4月14日),《抗日战争正面战场》,第1345页。

　　4月15日,日军第一一六师团由邵阳方面分几路全面西犯。日军中央纵队从邵阳向小塘攻击前进,未遇激烈抵抗于18日占领岩口,22日进抵山门时遇中国守军顽强抵抗,成僵持局面,随后中央纵队一部继续西进,至雪峰山东麓半江峰地区遭中国军队抗击。日军右纵队由邵阳西北突进,与中国军队激战三昼夜,占领隆回司,4月下旬进至大黄沙、放洞附近遇中国军队有力阻击。日军左纵队西犯后于18日占领桃花坪,随后在洞口遭中国军队顽强抵抗,进攻受挫。中、美空军在日军开始进攻后,也从4月23日起,对日军地面部队进行打击,致使日军伤亡增大,白昼活动受到极大限制。

　　在日军第一一六师团由邵阳大举西犯的同时,其关根支队和重广支队也分别从南、北两翼开始攻势。关根支队由东安向新宁发起进攻,17日攻占新宁。随后日军分兵两路向武冈和武阳推进。中国军队沿途阻击,与敌展开激战,日军进攻受阻。重广支队于4月15日西渡资水进犯,中国军队在新化以南进行阻击,予敌以重大杀伤。

　　4月下旬,当日军进攻受阻,中日双方处于相持状态下,中国军队开始部署反攻。4月26日,何应钦下令第九十四军归第二十七集团军指挥,向日军进攻南翼武冈地区进击,参加决战①。5月1日,第九十四军攻克武阳,日军残部纷纷后逃,南翼被中国军队突破。北翼重广支队在中国军队攻击之下,也于5月上旬后撤。日军南、北两翼均已败退。日军中路第一一六师团虽仍向当面中国军队阵地猛攻,但在守军坚强抵抗下毫无进展。

　　5月4日,何应钦下达攻击命令,目标为"击灭进犯之敌,恢复我资水西岸之原阵地,并相机攻略宝庆(邵阳)",要求"各部队应密切协同,全军一齐猛烈进攻,如敌动摇,应不分昼夜,与敌保持接触。并应以钻

---

　　① 《何应钦致蒋介石徐永昌密电》(1945年4月26日),《抗日战争正面战场》,第1349页。

隙、迂回、超越、追击诸法,分别截断包围退却之敌而歼灭之"①。几乎
与此同时,日军在久攻受阻并获悉美式装备的新六军已空运至芷江后,
开始改变原定以芷江为目标的进攻计划。5月4日,第二十军给第一
一六师团下达命令,决定避免与中国军队决战,应适时脱离战线,向山
门、洞口一带后转。5月9日,中国派遣军也下达了终止芷江作战适时
回到原来态势的命令②。

　　中国军队各部根据攻击命令,分别调整部署,转入攻势位置。南、
北两翼则继续已开始之进攻。5月9日,中国军队开始全线反攻。"霎
时湘西战场杀声震天,爆声四起,硝烟蔽空,我陆军健儿,个个英勇争
先,敌军为之胆寒,被迫步步退缩"③。在中国军队奋勇攻击之下,日军
各部被分隔切断,陷入困境。日军战史记载,被围攻的日军"陷入苦战。
部队因缺乏弹药,只好进行白刃战,粮食也已吃完,只能以杂草和水充
饥。连日激战,损失极大,战力显著减退"④。5月12日后,日军后续
部队第四十七师团投入战场,但未能改变整个战役已有态势。日军在
中国军队猛烈进攻下,节节败退。中国军队乘胜收复失地。至6月7
日会战结束,日军退至原防线,双方恢复战前态势。据中国第四方面军
统计,整个战役,毙伤日本军队近3万人,己方伤亡1.8万余人⑤。

　　日军发动对湘西的进攻,旨在打击芷江空军基地,但在中国军队的
坚强抵抗下攻势受挫,随后又在中国军队的反攻下狼狈溃逃。侵华日
军对正面战场的最后一次攻势以失败告终,也宣告日军在中国战场上
已处于强弩之末的被动局面。

---

　　①　《何应钦蒋介石密电》(1945年5月4日),《抗日战争正面战场》,第1349—
1350页。
　　②　《昭和二十(1945)年的中国派遣军》第二卷第一分册,第55—58页。
　　③　《抗日战史》第八册,第385页。
　　④　《昭和二十(1945)年的中国派遣军》第二卷第一分册,第67页。
　　⑤　《第四方面军湘西会战敌我伤亡统计表》,《抗日战争正面战场》,第1386页。
日方统计其伤亡数为26,516人;见《日本军国主义侵华资料长编》下册,第588页。

四　收复广西战役

　　1945 年 4 月 1 日美军在冲绳岛登陆对整个对日战争产生了重要影响,并由此改变了侵华日军的作战部署。4 月 14 日,日本大本营通知中国派遣军:"为对付美苏,内定将第三、第十三、第三十四各师团及第二十七师团,调往华北集结待机。"①4 月 27 日,中国派遣军下达命令:"第三师团 7 月上旬从全县出发,经由汉口、郑州开往徐州;第十三师团 8 月上旬从全县出发,经由京汉线开往北京;第三十四师团 6 月上旬从全县出发,经由南昌、南京开往天津;第二十七、第四十师团 5 月下旬从广州附近出发,对残存在三南地区的敌第七战区抗战根据地给以一定程度的摧毁以后,经由赣州、南昌,然后第二十七师团开往济南,第四十师团开往南京。"并命令刚开始对湘西芷江进攻的第六方面军"要适时撤回湘桂沿线的兵力,确保武汉地区及北部粤汉线要地,而继续执行以前任务"②。这一部署使日军在中国战场上开始全面战略退却。

　　1945 年春,日军虽向豫西鄂北和湘西发动攻势,但其整个战略态势败相毕露。因此,中国战区最高统帅部为适应新的战略形势,准备与盟军协同作战,制定代号为"白培计划"的中国战区总反攻计划,其主旨是:"决定于是年秋间,开始对盘踞中国大陆之日军断行总反攻,以遮断在华日军与越南及其以南地区之陆上交通,使印缅战区盟军作战容易,并迅速夺取中国西南沿岸诸港口,以增加中国战区陆、空军之物质供应,充实战力,俾能在对日作战之最后阶段,有最大之贡献。"③同时,鉴于日军发起湘西战役后,广西境内空虚,决定以第二方面军进军广西,

---

　　①　《昭和二十(1945)年的中国派遣军》第二卷第二分册,第 3—4 页。
　　②　《昭和二十(1945)年的中国派遣军》第二卷第二分册,第 12 页。
　　③　蒋纬国:《抗日御侮》第 9 卷,第 366—367 页。

收复桂林、柳州①。

4月21日，日军为在后撤时减轻中国军队追击压力，以第三、第十三师团一部向广西都安一带发起攻击，24日，进攻部队沿原路返回。中国第二方面军乘势推进，于27日占领都安。随后，以主力经都阳山脉向南宁迫近。5月27日，中国军队攻克南宁，残敌弃城逃窜。第二方面军除以第六十四军一部向龙州追击外，另以第四十六军向柳州东南攻击前进。第六十四军一部于6月7日克复思乐，8日攻克明江，并于7月3日收复龙州、凭祥，将桂南日军驱逐于国境之外。第四十六军在攻击前进中，于6月底迫近柳州。

中国第三方面军于5月初也开始向广西西北的河池、黎明关进攻。5月19日，攻克河池，21日攻克黎明关，并沿黔桂铁路追击，于6月6日攻入宜山。但日军由柳州方面增援，与中国军队反复争夺宜山。激战至6月14日，中国军队击退日军，再度攻占宜山。随后，第三方面军进军柳州，与第二方面军会师。6月29日，攻克柳州。中国军队攻克柳州后，分兵三路向桂林攻击前进，歼灭沿途顽抗之敌，于7月28日收复桂林②。

在广西境内反攻连连告捷之时，中国陆军总司令部准备扩大反攻作战规模，于7月中旬制定攻略桂林、雷州半岛、衡阳、广州、香港作战指导案，拟分三阶段攻占上述各地，即第一阶段于9月15日前攻占桂林、雷州半岛，开辟第一海口；第二阶段于11月1日前攻占衡阳、曲江；第三阶段于次年3月1日前攻占广州、香港，开辟第二海口③。但中国军队刚按此计划进行部署，日本即宣布无条件投降，对日作战遂告结束。

---

① 何应钦:《日军侵华八年抗战史》，第265页。

② 何应钦:《日军侵华八年抗战史》，第265—268页。

③ 《中国陆军总司令部攻略桂林雷州半岛衡阳广州香港作战指导案》，《抗日战争正面战场》，第148—149页。

第八章 战后中国政治的设计和争执

第一节 大后方抗日民主运动的新高涨

一 "宪政实施协进会"的建立

抗日战争进入相持阶段后,大后方曾出现过民主宪政运动,在中国共产党和民主人士的提议和推动下,国民参政会一届四次会议于1939年9月通过了要求国民政府召开国民大会实行宪政的决议①。国民政府当局被迫允诺在1940年冬召开国民大会,实施宪政,但不久即自食其言,以战时环境为借口,以政治高压为手段,迫使战时第一次民主宪政运动归于沉寂。

太平洋战争爆发后,民主宪政运动再起的条件逐步成熟。中国加入世界反法西斯阵营,尤其是中国跻身"四强"行列,同盟国政治军事形势日趋好转后,中国抗战的国际环境大为改善,国际地位有所提升,中国以怎样的政治面貌出现于世界政治舞台,引起国人高度关注,不仅为中国共产党和各民主党派推行民主宪政运动提供了较好的历史机遇,而且鼓舞了国民党内的民主派起而为实现中国的民主政治呼号呐喊,同时也推动了国民党当局实施预备宪政的若干行动。纪念抗日战争六周年之际,中共中央适时提出了"改良政治"的主张,要求国民党当局"按照三民主义原则,实行若干必要的政治上的改革,借以达到各阶级、各党派、各民族间之现状进一步的和睦关系,能够为准备反攻发动人民

_____

① 《国民参政会资料》,四川人民出版社1984年版,第133页。

的积极性"①。中国民主政团同盟主席张澜指出："这次世界大战爆发前十余年和战争的初期，有些人因为被轴心国表面上短期的军事声势和军事胜利所震撼摇惑，遂认为民主政治已届没落时期，以为独裁政治行将成为今后世界政治演进的一种合理新形态，于是率先效尤，一党专政，领袖独裁，厉行党治的风气，张甚一时。年来保障人类自由，倡行民主政治的同盟各国逐渐胜利，声势日振，正义日张，民主政治乃为世界各国所重新认识，加强重视，均认为此次世界大战，完全是民主政治与独裁政治的战争，也就是自由平等独立和奴役压迫侵略的战争"，"从此独裁政治将日趋于崩溃，民主政治更将普遍地成为世界各国政治形态的惟一极则"。并借英国首相丘吉尔之言，猛烈抨击国民党政府实行的"一党专政"，内称"一党专政之极权制度，以秘密警察为其爪牙，取政府之一切官职，虽至微官胥吏而垄断之，举凡地方民政官与法庭，均在行政首长控制之下，国内外皆布有最完整之间谍网。此种制度行之过久，则彼广大群众对其国家生命，即毫无左右之权。舍官吏阶级而外，别无独立人物"，强调实现民主宪政已成为世界不可逆转的政治潮流②。国民党内的民主派宋庆龄、何香凝、冯玉祥、谭平山、李济深、陈铭枢等，也陆续发表文章和谈话，要求结束党治，还政于民，实行民主政治。如宋庆龄发表公开谈话称："应该实现总理的三大政策，开国民会议，在绝对民主的原则下，动员全国民众，使他们都有同等的机会参加抗战建国工作。对各党各派也应该给以同等的机会，使他们的党员得尽个人的能力参加工作，争取最后的胜利。"③国民政府立法院长孙科也在《中央日报》上发表文章，坦承"我们是民主阵线四大盟邦之一，对外既与盟邦携手，和法西斯敌人作战，对于国内政治建设方向，当然只有走向民主的

———————

　　① 《中国共产党中央委员会为抗战六周年纪念宣言》，《解放日报》，1943年7月2日。

　　② 张澜：《中国需要真正民主政治》，《张澜文集》，转引自章伯锋等主编：《抗日战争》第3卷，第1300—1304页。

　　③ 《解放日报》，1943年5月17日。

路线,以与国际路线相配合",并从稳定国民党统治出发,警告说:"如果我们把宪政实施,一天天搁下来,不能完成国家的建设,那就不但违背了建国纲领,而且是很危险的一件事",将使"政府对人民损失威信,更予反对党以攻击本党的口实,而中央也就会为人民所不满。"①这表明战争局势的变化已对中国的执政者造成强大的压力,为中国民主宪政运动造成了有利的态势。

太平洋战争期间,随着国民政府专制独裁统治的进一步强化,大后方出现了日益加深的政治、军事、经济危机。在政治上,"一党专制"、特务横行、保甲制度三位一体,使人民没有安全保障;在经济上,国民党官僚资本垄断经济命脉,国统区物价飞涨,民生凋敝,经济困难重重;军事上,依赖外援,消极避战,除打了第三次长沙战役等少数胜仗外,在重大战役中连连溃败,而且降官如毛,降将如潮,汪伪政府 60 万和平军中 50 万来自国民党军队,尤其是豫湘桂战役的失利,激起了国人的强烈愤慨和不满。张澜批评说:"年来言政治,则官吏公开贪污,上行下效,法令皆成具文;言财政,则专卖统制于各种收税机关,繁重苛扰,结果是政府受怨,民众受困,大利归于中饱;言粮政,则无谷者必须地地缴谷;言役政,则有人者不肯出人;不平现象,到处皆有。"并指出:只有"从速实行真正民主政治,使人民有权来监督政府,纠弹官吏,并协助政府办理各事,政治才有望合理改善,挽回颓势"②。黄炎培也愤慨地指出:"炎培往来各地,亲见非法逮捕拘禁,几乎到处都有,或怀挟私怨,滥用职权,或假借公务行敲诈,甚至地非监狱,人无罪名,而久久不见天日。"③孙宝继更直率指出:"在战时或对决定重大政策之时,则一举一

　　① 达生:《国民党统治区民主运动消息》(1944 年 9 月 30 日),转引自解放军政治学院:《中共党史参考资料》第 9 册,第 471 页。

　　② 张澜:《中国需要真正民主政治》,《张澜文集》,转引自章伯锋等主编《抗日战争》第 3 卷,第 1306 页。

　　③ 《抗战后期国民党统治区某些报刊揭露国民党政权专制、腐败的片断资料》,转引自解放军政治学院:《中共党史参考资料》第 9 册,第 313 页。

动,俱属有关于整个国家民族的命运,所以决不可由一部分人或一党人甚或一党人中的一部分人,擅自决定","如果在朝党或多数党不明白这个道理,一味滥用权力,擅自行动,或对异己加以监视、压迫、虐待、逮捕、逐放,甚或残杀,则请问与暴政有何区别? 暴政的结果如何,我们可以从历史上找出来。"[①]改变国民党的腐败统治,实行民主宪政已成为坚持抗日战争至最后胜利的重要保证,成为国统区民主宪政运动再起的重要动因。

太平洋战争爆发后,中美结成战时盟国,美国加大了对中国的财政、军事援助,随着大批贷款、租借物资和美军人员的来华,国民党的"腐败、失职、混乱、经济困窘、苛捐杂税、空话连篇"引起美国驻华军政人员和政府的强烈不满。美国外交官谢伟思从十个方面批评国民党当局的内外政策,指出"国民党与蒋委员长的地位是到了过去十年来最微弱无力的地步","国民党在它所面临的严重危机之前,渐渐不复为中国社会中团结和进步的力量,逐渐不成它曾经扮演的并对现代中国有过最大贡献的角色","国民党不但无力自动扭转难局,相反的,其政策加深了危机"等[②]。美军在华人员大量不利于国民党当局的报告纷纷送回美国国内,对美国最高当局的对华政策发生了很大的影响。美国政府虽然从其长远的国家利益出发,执行维持蒋介石领导地位的基本政策,但敦促甚至压迫国民政府改变现状,实行民主改革亦成为其对华政策的重要内容。罗斯福总统明确要求蒋介石:"中国宜从早实行宪政,国民党退为平民,与国内各党派处于平等地位,以解决纠纷。"[③]美国的态度成为大后方民主宪政运动再起的外部原因,对于国民党当局造成了很大的政治压力。

---

① 《抗战后期国民党统治区某些报刊揭露国民党政权专制、腐败的片断资料》,转引自解放军政治学院:《中共党史参考资料》第9册,第313页。

② 《谢伟思致国务院报告》(1944年6月20日),转引自解放军政治学院:《中共党史参考资料》第9册,第333—335页。

③ 《中华民国史资料丛稿》第5辑,中华书局1979年版,第39页。

1943 年 9 月 8 日,迫于国内外压力的中国国民党在重庆举行的五届十一中全会上通过了《关于实施宪政总报告之决议案》,内称:"今抗战胜利在望,宪政基础已立",应"从速召开国民大会,颁布国民共信共守之大法,以完成建国之大业。"并决议如下各端:

1. 全国党政机关,除后方各省应就原有基础加紧推行地方自治之工作外,今后随各地之恢复,应积极辅导各该地人民加速完成地方自治及职业团体组织,确立宪政之基础,并为复员建国之中心工作。

2. 国民政府应于战争结束后一年内,召集国民大会,制定宪法而颁布之,由国民大会决定施行日期。

3. 凡前次依法产生之国民大会代表,除背叛国家或死亡及因他故而丧失其资格者外,一律有效;前次选举未竣或未及举办选举之各区与各职业团体,均应依法补选,至于国民大会召集之前三个月办理完竣。

4. 关于筹备国民大会及开始实施宪政各项应有之准备,由政府督饬主管机关负责办理①。

这个决议案将宪政的实施推迟到战争结束后一年,不能不使人感觉到是国民党当局的一种缓兵之计,而承认在国共内战期间由国民党一党包办的国民大会代表,更是表明国民党当局仍然坚持其专制独裁的立场。

同月,最高国防委员会设置了"宪政实施协进会",蒋介石自兼会长,国民参政会主席团成员为当然会员,另由蒋介石在国民党中央委员、国民参政员及其他富有政治学识经验或对宪政有特殊研究之人士中指定 35 人—49 人为会员。由蒋介石指定孙科、王云五、莫德惠、黄炎培、吴铁城、褚辅成、张君劢、左舜生、董必武、傅斯年、王世杰为常务

① 荣孟源主编:《中国国民党历次代表大会及中央全会资料》下册,光明日报出版社 1985 年版,第 834—844 页。

委员,以孙科、黄炎培、王世杰为召集人。下设三个委员会,第一组委员
会(关于宪法草案研究事项)以孙科、王宠惠为召集人,第二组委员会
(关于民意机关事项)以王世杰、吴铁城为召集人,第三组委员会(关于
宪政有关法令实施状况事项)以黄炎培、许孝炎为召集人。规定该会的
任务是:1.向政府提出与宪政有关之建议;2.考察关于地方民意机关
设立情形并随时提出报告;3.考察与促进宪政实施有关法令之实施情
况并随时提出报告;4.沟通政府与民间团体关于宪政问题暨其他有关
政治问题之意见;5.依政府之委托审议一切与宪政实施有关之事件①。

该协进会虽由各党派代表人士组成,然而实权完全操诸国民党当
局之手,所有活动都秉承会长蒋介石的意旨进行。至1944年5月该会
共开全体会两次,常委会六次,各组委员会若干次,通过各类提案二十
二件,其主要内容有:1.组织国人讨论《中华民国宪法草案》;2.建议加
强各级民意机关,提高国民参政会及省市参议会职权;3.提请提前实
行提审制度,保障人民身体自由;4.主张改善图书杂志审查与新闻检
查制度;等等②。但均未取得实质性的进展,国民党当局实行专制独裁
统治的基本局面没有任何改变。然而,国民党当局对于实施宪政的允
诺,却为大后方抗日民主宪政运动的高涨创造了条件。

二 民主宪政运动的新高潮

以国民党当局的宪政允诺为契机,中国共产党正确地判断国民党
当局的举动是为"国内外形势逼迫及舆论要求"而不得不采取,"虽其目
的在于欺骗人民,借以拖延时日,稳定国民党的统治,但是只要允许人

---

① 《宪政实施协进会组织规则》《宪政实施协进会会员名单》《宪政实施协进
会会员分组名单》,中国国民党党史会编印:《中华民国重要史料初编》第四编《战时建
设》(二),第1782—1784页。以下简称《战时建设》。

② 《宪政实施协进会工作报告》(1944年5月),《战时建设》(二),第1791—
1793页。

民讨论,就有可能逐渐冲破国民党的限制,使民主运动推进一步",为此决定因势利导"参加此种宪政运动,以期吸引一切可能的民主分子于自己的周围,达到战胜日寇与建立民主国家之目的"。中共不仅派代表参加国民党当局召集的宪政协进会,并且在延安及各抗日根据地举行有多数党外人士参加的宪政座谈会,"团结这些党外人士于真正民主主义的目标之下",更在党内严格检查"三三制"执行情况,"力求巩固与非党人士的民主合作",为在全国实行民主宪政作出榜样①。

1944 年 3 月 12 日,周恩来在延安发表重要演讲《关于宪政与团结问题》,系统阐明中国共产党关于民主宪政问题的基本主张。他首先根据孙中山先生的民族、民权、民生理论论证了中共领导的敌后抗日根据地所实行的一切,"完完全全是革命的三民主义性质的","不仅可以坚持抗战,而且可以有力量组织反攻;不仅在我们各个抗日根据地实行得很有成绩,而且很可以推行于全国",要求国民党当局"如欲实行宪政,必须真正拿革命三民主义来做宪政的基础,而且要不怕面对现实,来看看我们各抗日根据地实行的成果"。

其次,指出实行宪政必先实行的最重要的三个先决条件:其一是"保障人民的民主自由",这是目前全国人民最迫切需要的。如果"人民的住宅随时可以受非法搜查,人民的身体随时可以被非法逮捕,被秘密刑讯,被秘密处死,或被强迫集训,人民集会结社的自由是被禁止,人民的言论出版受着极端的限制和检查,这如何能保障人民有讨论宪政和发表主张的自由呢?"其二是"开放党禁","就是要承认各抗日党派在全国的合法地位","不要把各党派看做'奸党''异党',不要限制与禁止他们一切不超出抗日民主范围的活动,不要时时企图消灭他们"。其三是"实行地方自治","对于陕甘宁边区及敌后各抗日根据地,也应该给予他们以自治的权利,真正的地方自治实现了,全国的民主宪政自然会水

---

① 《关于宪政问题的指示》(1944 年 3 月 1 日),《中共中央文件选集》第 14 册,第 178—179 页。

到渠成"。表示中国共产党愿与全国人民各党各派一致呼吁和争取其实现。

接着,周恩来针对国民党的宪政筹备方案提出了三点具体主张:第一,主张以革命的三民主义来建设中国。提出宪法应"承认革命民权"、"直接民权","承认中国境内的民族自决权","承认中央与地方的均权制","承认'建设之首要在民生'","必须以实现民生幸福和繁荣为目的"。第二,主张彻底的国民大会选举法和组织法,重新选举国大代表。批评过去的国大选举完全违背"普遍、直接、平等和不记名投票的原则","而且是内战时期的选举,为国民党一手包办,不合抗战时期已经变更了的情况,其成分又都属于有钱有势的阶级,不能代表广大的工农平民",提出新选举法"不应有任何被选举权的不当限制,尤其不应以党义考试来限制,不应有候选人的指定,不应当由乡镇长来推选候选人,不应有对少数民族、边疆及华侨的不平等待遇,并且允许各党派的竞选自由"。第三,主张应在抗战期间召开国民大会,实施宪政,反对国民党当局将宪政实施推迟到战后,指出"一切问题都看执政的国民党有没有决心和诚意实施宪政,就应该在抗战期中提前实行","民主的动员是最有力的准备反攻,取得抗战胜利,而且从民主中才能找到彻底解决国共关系的途径"[①]。周恩来的演讲对于推动该运动在大后方的全面发展起了重要的作用。根据中共中央的指示和周恩来的演讲精神,中共中央南方局在各民主党派和民主人士以及民族工商业者、西南地方势力中广泛开展活动,推动大后方的民主宪政运动迅速出现了新的高潮。

各民主党派在民主宪政运动中起了冲锋陷阵的作用。1944 年 5 月,中国民主政团同盟发表《对目前时局的看法与主张》,与中共中央的政策主张相呼应,批评国民党当局"训政十余年,国民的组织未见加密,国民的道德未见提高,贪污土劣只有增加并无减少,糜烂腐败更加普遍并未减轻",导致中国的"政治、外交、军事、经济、财政以及文化与教育,

---

① 《解放日报》,1944 年 3 月 14 日。

一切一切都生了问题";谴责国民党当局允诺准备实施宪政半年余,"依然只限于口头,限于纸片,而取缔人民自由的章则或条例,照旧是层出不穷,妨碍人民自由的非法机关,照旧是重重叠叠,人民在这样的环境之下,由苦闷而发为呼吁,因呼吁无效而流于怨望";抨击国民党实行专制独裁,"除一个执政党而外,绝对不允许其他在野的党派合法的存在、公开的组织,乃至从事社会事业或其他的正当职业,也要因党派的关系受着显然的歧视","其国民不能自由发表负责的言论与主张,不能合理地批评政治的措施与人事,其新闻的记载只能限于好的一面,而绝不允许暴露坏的一面","其人民的身体自由毫无切实的保障,可以由若干秘密的来历不明的机关非法拘捕,非法幽禁,非法处死,甚至不知拘捕于何地,幽禁于何所,处死于何时,被害者的家属无从接见,其亲友亦无从援救",强调"实现民主的起码条件,在无保留无犹豫给予人民以各种基本自由";和中国共产党的立场相同,该同盟亦认为中国的民主改革已刻不容缓,强烈要求国民党当局在抗战期间即召开国民大会,实施宪政①。

其他各党派亦颇为活跃,国社党领袖罗隆基发表演讲疾呼:"中国需要真正的民主",这种民主在"政治上必须保障人民的基本自由权利,经济上必须生产手段公有",指出国民党军队"军事上吃败仗,完全是政治上不民主的缘故",主张实行"多党政治"。张君劢则发表《联合国家中之治国与乱国》,批评国民党当局的"寡头统一","专恃有形之武力和军警等,而忽视其自动自发之忠诚,则猜忌防制之术终有穷之,而其一致所生之效果,微未不足道矣!"指出"惟有民主,惟有有言论结社自由之民主,有反对党之民主",才能"去乱国而成治国"。青年党领袖李璜在燕京大学发表演讲,主张在目前应实现三大自由——人身的自由、思想信仰的自由、出版的自由,要求国民党当局取消一党专制,承认各党

---

①　《中国民主同盟历史文献(1941—1949)》,文史资料出版社1983年版,第18—28页。

派的合法地位,使各政党能够自由充分的发展。左舜生也著文主张"切实调整国共关系","加速实现民主,以澄清国际的疑虑,并举国内团结之实"。该党机关报还载文提议根本改造国民参政会,批评该会不足称为"过渡的民意机构",只是"聊备一格之外交姿态而已"!中华职教社的负责人黄炎培更是在复旦大学演讲时发出了"为民主拼命"和"成为一个大运动"的激昂号召,指出:"要民主,我们自己不动,休想别人把礼物送上门,要成功,一定要我们'求'的有力,要成功的快,也得拼命的'求'","要说的就说,要干的就干,良心以为该做便做,硬是要做,认为不当做的便不做,绝对不做"等①。

在中国共产党和各民主党派的共同努力下,大后方文化教育界的进步人士和青年学生迅速行动起来,成为推动民主宪政运动高潮的重要力量。他们在各地建立了民主宪政促进会、研究会,创办各种刊物,举行座谈会、演讲会,发表通电、文告等等,在国统区汇成了一股声势浩大的民主潮流。

在重庆,1944年1月,黄炎培创办了《宪政月刊》,张志让任总编辑,为民主宪政运动提供了一个重要的阵地,该社每月组织一次宪政座谈会,共计举办十七次,邀集各界名流,讨论实施宪政的各种热点问题,发生了很大的政治影响。如第四次座谈会讨论妇女和宪政问题,与会者认为:"因为妇女在中国社会所处的特殊地位,所以将来在宪法上妇女的权利要特别重视",主张"妇女要有从事社会活动的权利,目前要有研究宪草的各种权利;宪政运动的宣传组织工作,要扩大到劳动妇女和农村妇女中间去;宪法上应明文规定妇女在国民大会代表中的名额;宪法上应该具体规定对劳动妇女在政治、经济、法律、教育上和男子一律

---

① 以上国社党、青年党、中华职教社的反应,参见达生:《国民党统治区民主运动消息》(1944年9月30日),转引自解放军政治学院:《中共党史参考资料》第9册,第469—470页。

平等";等等①。第八次座谈会讨论保障人身自由问题,与会者严厉批评国民党当局的专制统治,达成两点共识:一是"要求提早实行提审法";二是"要求法权统一,不得以命令代法令","人治尽好总不及法治",建议"各位大律师发起一种组织,对保障人身自由为无条件的辩护,以充分保障人身自由"等②。1944年9月,黄炎培等三十人还联名发表《民主与胜利献言》,提出七项主张,要求国民党当局"处此千钧一发之时机",及早实现"人民渴望之民主制度","不惟其名,务求其实"等,"非此不足以一新政象,激发人心,增进团结,以迎最后胜利"③。

在成都,1944年6月由张澜、李璜等名流组成的成都民主宪政促进会提出对于国是的十项主张,认为"非立即实行民主,不足以团结各方,争取胜利",其要义有三:第一,"切实施行约法","尊重人民言论之自由"、"人身之自由"、"思想信仰及一切结社集会之自由","公教人员、学生士兵入党入团须基于自愿,并不得以党员团员资格为铨叙考核之标准及享受其他特权";第二,刷新政治,"给予各级民意机构以必要的权力","政府用人应一本天下为公之旨,选贤与能","切实改革征兵、征实、征税等之弊端,严惩贪污,杜绝中饱,革除苛政,以减轻人民痛苦";第三,实施全民动员,"举凡训练群众、组织民众,均以国家立场出之,不再以党的立场出之"等。该国是主张刊出时被有关新闻机关删得残缺不全,但仍发生了重要的影响④。自1944年5月起,代表四川地方势力的《华西日报》也连续发表社论,力主"迅速刷新政治","肃清变相的法西斯",指出目前的军事危机"决不是单靠盟国的若干协助,就可以改变的","政治的彻底刷新"是"解决一切问题的锁钥",提出要警惕那些

---

① 《新华日报》,1944年4月10日。
② 《宪政月刊》第10号,1944年10月1日。
③ 《宪政月刊》第9号,1944年9月1日。
④ 《新华日报》,1944年7月3日。

"想利用人类为民主,为和平,与德意日法西斯侵略强盗所流的血,暗中灌溉新的暴力统治"的企图①。

在桂林,1944年6月,先后成立了"抗战动员宣传委员会"和"桂林文化界抗战工作协会",以李济深为会长,邀集一批进步的文化人、名流学者,动员大批青年学生,"力主动员全民,坚决抵抗,痛斥畏祸先逃,动摇战志之失败主义",要求国民党当局加强民主抗战。由于当时军事形势非常危急,桂林的民主宪政以实行民主动员、解决军事危局为特征,得到了国统区各界人士的热烈响应。舆论普遍指出:"不动员民力,当然会自陷于无法无力之境",要求国民党当局改弦更张,从认真动员做起,急起直追,"敌人已经扼住我们的咽喉,要窒息我们","倘再因循,真就误事透底,要谋补救,都来不及了"。

昆明也是开展民主宪政运动的重要基地。由于西南联大、云南大学等校的进步师生广泛参加了运动,使该地的运动表现出更为激进的态势。教授们创办了《自由论坛》刊物,公开表明:"我们需要什么? 第一,是自由! 第二,是自由! 第三,仍是自由!"1944年7月7日,云南各校师生三千余人联合举行时事座谈会,集中讨论政治改革问题,不少著名教授参加了会议。潘大逵教授呼吁:"青年们应加紧争取民主,争取自由,不要吝惜任何牺牲!"著名诗人闻一多更是号召青年"闹"起来,"打破可怕的冷静!"会后,他又撰专文揭露大后方的深重危机,呼吁青年们起来为民主而斗争,"现在是非常时期","任何平时的规范都是可以搁置的枝节,火烧上眉毛,就是抢救!"②

西南地方实力派也在一定程度上加入了这次民主宪政运动。广西和云南的民主宪政运动开展得轰轰烈烈,就与李济深为首的广西地方势力和以龙云为首的云南地方势力的支持有关。1944年6月15日,

---

① 《华西日报》,1944年5月11日、18日、20日,7月12日。

② 参考达生:《国民党统治区民主运动消息》(1944年9月30日),转引自解放军政治学院:《中共党史参考资料》第9册,第465—466页。

李济深在桂林发表演讲,大声疾呼铲除失败主义,"希望中央与各地方长官要尽到领导抗战的责任,立刻动员广大民众,组织起来,并使一部分武装起来",主张加强民主抗战,在国统区发生重要影响①。而在龙云控制下的《云南日报》和《云南民国日报》也连篇累牍地发表评论和文章,批评国民党中央将地方政府"从前所有之一切权力渐次吸收,而集中于各部院会手中,以致政令频繁,机关林立,直接指挥,收效殊鲜","省政府有责无权,有事无权",要求改变"一切均归中央统制"的独裁政策,"切实保障地方权益,使地方能因地制宜,运行其高度的职权"②;更批评国民党的腐败政治"处处阻碍军事进展",对待中央军与杂牌军"应该一视同仁,打破地方关系,实行平等待遇";等等③。四川地方势力的代表人物刘文辉战时深居西康,沉默寡言,此时也发表谈话,主张加强各党派、各军队团结,中央与地方、政府与人民的团结,"进行大后方的保卫战"④。

大后方民主宪政运动的高涨,表明民族资产阶级和上层小资产阶级以及地方实力派领袖对于国民党当局的独裁专制统治的认识已较前有了进步,要求改革现状的愿望越来越强烈,在政治主张方面开始与中国共产党接近,并在行动上逐步实现同步。1944年底,豫湘桂战役失利后,国民党统治危机进一步加剧,在中国共产党的领导和指引下,民主宪政运动进而发展为争取建立"联合政府"的斗争,中共与各民主党派的关系也由此而进一步密切。

三　国统区人民反抗专制统治的斗争

与大后方民主宪政运动同步发展的是大后方各阶层人民反抗国民

① 《新华日报》,1944年6月28日。
② 《云南日报》,1944年5月26日。
③ 《云南日报》,1944年8月12日。
④ 刘文辉:《在省参会的开幕词》,《西康日报》,1944年8月8日。

党专制统治的斗争,两者相辅相成,使国民党独裁统治出现了抗日战争爆发以来前所未有的危机。反对国民党推行的特务制度、经济统制政策、横征暴敛政策以及民族压迫政策成为国统区人民抗暴斗争的重点。

国民党的两大特务系统——国民政府军事委员会调查统计局(军统)和中国国民党中央执行委员会调查统计局(中统)在战时迅速膨胀,他们和国民党军警相结合,在大后方为所欲为。随着国民党统治危机的出现和日趋严重,特务统治,军警横行,成为国民党当局维持其统治的重要手段,也激起了大后方人民各种形式的反抗斗争。1944 年 7月,遭受国民党特务迫害而被迫离开重庆的著名抗日文化人邹韬奋在上海病逝,激起国统区人民的极大悲哀和对特务统治的痛恨。10 月 1日,重庆数千学生举行集会追悼邹韬奋先生,并发出了"向法西斯进军"的口号,表达了国人对于国民党特务统治制度的强烈抗议①。

在大后方人民的反特抗暴斗争中,成都"市中事件"和重庆"胡世合事件"影响最大。1944 年 10 月,成都市立中学因校方处理年级之间的纠纷不当,激起学潮。31 日,成都市长余英中命令警察局长方超率领武装警察冲进学校,打伤学生三十余人,逮捕四十余人,酿成重大事件。成都各大中学学生代表会,发表《告全市人民书》,揭露事件真相,抗议军警暴行,同时成立后援会慰问受伤同学。叶圣陶、沈志远等 52 人发表慰问同学书,全市 32 所大中学校联名致信国民政府,数千学生集会游行,要求省政府公布事件真相,医治受伤同学,保障人身自由,严惩凶手,撤处市长等。四川省政府主席张群被迫接受上述各项要求②。

1945 年 2 月,又发生"胡世合事件"。20 日,国民党特务田凯无故枪杀正在正常执行业务的重庆电力公司外勤工胡世和。这一暴行激起

① 参见谢本书、温贤美主编:《抗战时期的西南大后方》,北京出版社 1997 年版,第 150 页。

② 参见谢本书、温贤美主编:《抗战时期的西南大后方》,北京出版社 1997 年版,第 151—152 页。

了一场以重庆电力工人为中心，得到全市各界人民支持和响应的群众性抗暴斗争，"严惩凶手，保障人权"成为全市人民一致的要求和共同的斗争目标。《新华日报》先后发表《特务横行越来越凶，偷了电还枪杀工人》、《不能忽视的一件惨案》等消息和社论，推动群众性抗暴斗争的进一步发展。在中共地下党的领导下，电力工人组织了"胡世合血案后援会"，散发求援传单，召开记者招待会，举行追悼会等，抗议国民党特务的暴行，向国民党当局提出了在肇事地枪决凶手田凯、惩处伙同行凶的警察局保安队员、保障电力工人工作自由和生命安全、优恤受害工友胡世合等要求。23 日，3 万重庆市民在特务肇事地举行悼念活动，25 日，更有近 10 万市民前往胡世合灵堂吊唁，国民党当局被迫将田凯枪毙，给胡氏家属发放抚恤金 10 万元，并由市长亲自"主祭"为胡氏举行公祭，公祭三天内共有 20 万市民参加，形成了声势浩大的抗议示威怒潮。西安、成都、昆明、贵阳、桂林等地也都开展各种形式的反特抗暴斗争，这些斗争深刻揭露了国民党统治的黑暗，推动了大后方民主宪政运动的发展①。

　　国民党当局执行的经济统制政策，在战时虽有其一定的合理性，但由于执行机关滥用职权，对于民营企业实行窒息政策，导致国统区的民营企业家濒临破产，难以为继。他们也起而参加大后方的民主宪政运动和反对国民党专制统治的斗争行列。1944 年 5 月，中国西南实业协会、迁川工厂联合会、中国全国工业协会、国货厂商联合会、中国生产促进会等五工业团体，联合起草《解决当前政治经济问题方案之建议书》，呼吁国民党五届十二中全会改变经济政策，保护民营企业。同年 5 月 20 日，重庆宪政月刊社举行座谈会，集中讨论保护民营企业问题，与会者尖锐批评国民党当局推行的经济统制政策，指出："原料方面自从统制以来，有些物品日渐减少，而有些物品竟致绝迹不见"；运输方面"各

---

　　① 《关于胡世合事件》，《中共党史资料》第 13 辑，中共党史资料出版社 1985 年版，第 233—237 页。

地关卡林立,滞留货物,使工业界四肢不灵";"机械方面则都市里更堆着机器,停置不用,甚而有拆成废铁按斤出卖者,但在各地乡村中对于这种机器却正是求而不有";营业方面政府"不准更改价格,然而事实上黑市满街,于是我们工业界只好坐视亏本";"此外以不合标准,管理不佳等理由,下令停闭的中小工厂,更是为数不少,而一息残存的几家较大的工厂,也只是苟延撑支而已"等,大声疾呼:"在今天这种机器停搁、技工失业、原料久封不启等等实况下,我们工业界不得不发出这一要求'生产自由'的呼声!"破产的痛切经验使民营企业家们深切感受到,如果不改变国民党的统制政策,那么,所有的正当工商业必然要被窒息至死! 为此他们团结起来,投身于反对国民党的专制与垄断的斗争①。以黄炎培为代表的民营工商业家在民主宪政运动的积极活动充分反映了民族企业家的情绪和立场。

国民党当局在农村的横征暴敛,使大后方广大农民也濒临绝境。《解放日报》利用国民党官方公布的材料描述了大后方农村的现状:"农田面积逐年锐减"、"农业生产量惊人降落"、"牲畜大量死亡"、"土地加速集中"、"土地租押金飞涨"、"农民分化愈趋尖锐"、"高利贷重利盘剥"、"经济剥削变本加厉"、"农民挣扎于饥饿死亡线上"、"保甲长鱼肉农民、出征壮丁妻室被奸、农民铤而走险"等。指出:"大后方农村在大地主大资产阶级的统治压榨之下,广大农民正日益剧烈的走向饥饿与死亡的境地"②。

国统区农村出现了"民怨沸腾,民变蜂起"的局面。先是国民党统治较为薄弱的边远省区,后发展到国民党严密控制的重要省区,都发生了农民的抗暴斗争,甚至武装起义。1943年,甘肃临夏、临洮等二十余县的各族农民10万人联合举行反蒋斗争,要求免粮免款,坚持斗争达

---

① 参见达生:《国民党统治区民主运动消息》(1944年9月30日),解放军政治学院:《中共党史参考资料》第9册,第470页。

② 《解放日报》,1943年8月30日。

十个月之久,最后国民党当局出动飞机轰炸残酷镇压了此次起义。广西大瑶山各族农民为反抗国民党"设治局"的残暴统治,群起捣毁"设治局",一度将国民党势力逐出大瑶山。海南岛白沙县农民也举行了"七月起义",进攻国民党自卫队,并以各种原始武器与国民党军队开展激战,一度占领五指山。后在国民党军队三路"清剿"之下,惨遭失败,被害群众多达万人以上。1944年,河南桐柏、遂平、唐河、确山、泌阳、信阳和湖北随县、应山等县农民为反对国民党强抓壮丁先后举行起义。农民起义军七千余人曾将国民党驻信阳的何励生部缴械,国民党调来大批军队镇压,屠杀五千余人。起义农民并未屈服,数万人继组织"农民救国军",提出了"反对军队勒派壮丁","反对不抗日军队",与国民党军进行激战,消灭了残害民众的国民党六十九军二十八师,击毙师长,成为国统区农民抗暴斗争中最为典型的事件①。

　　国民党当局的残暴统治及其民族压迫政策也导致了大后方内少数民族的抗暴斗争,有些地区还达到了相当激烈的程度。早在1941年11月,云南基诺族人就发动了反抗国民党征兵命令的武装暴动。国民党当局对只有8000人口的基诺山区下达了800个征兵名额,该乡乡长为抗议此种暴行而服毒自杀,成为起义的导火线。起义军喊出了"踏平宣慰街,赶走国民党"的口号,与国民党军展开了激战。次年8月和10月,国民党当局两次出动重兵围剿起义军,并大开杀戒,仍不能取胜,双方战成僵局,同意暂时停战。12月,双方再起战事,国民党军又遭起义军重创。1943年4月,国民党军改而实行剿抚结合,抚重于剿的政策,国民党军逐渐占据优势,由于连年战斗并遭多次烧杀抢掠已贫困不堪的基诺族人决定与国民党当局进行谈判。双方达成协议,国民党一切武装部队十日内撤离基诺山,并保证不再继续烧寨子和抢走、屠宰耕牛,双方实现停火。随后,国民党当局又允诺"现阶段不再向基诺山征

---

　　① 参见李良志、李隆基主编:《同盟抗战　赢得胜利》,上海人民出版社1995年版,第400—402页。

兵派粮,原下达的征兵命令作废;停战后几年不再向基诺山征兵派粮,并免除过去三年所欠一切捐税",7月,国民党军撤走,历时近两年的基诺族起义告终①。

1942年秋至1943年夏,又在贵州东部发生各族人民武装反抗国民党统治的"黔东事件"。1942年8月,松桃县各族群众4000人,在苗族领袖石宝山领导下,打出"中元左翼军"的旗帜,举行暴动,目标是"安定人民社会,专杀贪官污吏","建立新的政府,实行地方自治"等,起义军连克数乡,两攻县城,10月中旬为国民党军所镇压。10月下旬,镇远境内发生了分别由吴宗尧等和杨树勋等领导的苗、侗、汉族群众的武装起义,起义文告猛烈抨击国民党政府假借抗日救国之名,"趁火打劫,以发国难财",决意"除暴安良,打倒恶劣政府并及魔妖土狂,取消苛捐杂税,以免民众受殃",两支起义部队一度十分活跃,后为国民党援军镇压失败。11月,又发生朱伯屏等领导的"大中华定国军"第五路左翼军和陈信哉等领导的"救国救民军"第六军的武装起义,他们以"奉天命扫尽妖氛,平定天下,永享太平"和"抗兵抗粮","解除人民痛苦"为旗帜,聚兵反抗国民党当局的统治,延至次年3月才在国民党大军围剿之下失利②。黔东地区发生的一系列以少数民族为主体的武装起义,表明国民党专制统治在少数民族聚居区也出现了严重的危机,从另一个侧面配合了大后方的民主宪政运动的发展。

抗日战争后期,大后方人民反抗国民党专制统治的斗争风起云涌,成为推动国统区抗日民主运动发展的重要方面。随着国民党当局统治危机的全面来临,一个要求改组国民党政府,建立联合政府的更大规模、更为强劲的抗日民主运动的高潮就将到来,国共两党围绕着战后中国政治前途的争执也趋向表面化和激烈化。

①　参见王军:《基诺族起义》,云南人民出版社1982年版。
②　参见程奎朗:《黔东事变经过》,《贵州文史资料选辑》第2辑;谢本书、温贤美主编:《抗战时期的西南大后方》,北京出版社1997年版,第347—350页。

第二节　抗日战争后期的国共两党谈判

一　1942 年—1943 年的两党谈判

太平洋战争爆发后,出现了有利于改善国共关系的国际环境,中共中央判断:由于中国已加入世界反法西斯同盟,"世界大势及国内大势迫得国民党要作某种政治上的转变,但过程仍是慢的",对国民党应实施"以疏通团结为主,以防制其反共为辅"的方针,在宣传上"务必避免刺激国民党,静观变化,少作批评,极力忍耐,不要躁急"等①。针对国民党中央五届九中全会决定的方针及随后准备策动反共摩擦举动,中共中央一方面在军事上作了必要的准备,另一方面决定了"巩固自己,沉机观变"的方针,并为恢复两党谈判作了艰苦的努力。

1942 年 6 月 30 日,毛泽东致电在重庆的周恩来,请考虑利用纪念"七七"机会,找国民党王世杰谈一次国共两党关系问题,并在战时首次表示愿见蒋介石一谈②。7 月 7 日,中共中央发表《为纪念抗战五周年宣言》,指出:"中国共产党认为:中国各抗日党派不但在抗战中应是团结的,而且在抗战后也应该是团结的",希望"按合理原则改善国共两党及一切抗日党派间的关系","商讨解决过去国共两党间争论问题"和"争取抗战最后胜利及建设战后新中国的一切有关问题"③,宣言拉开了本轮国共谈判的序幕。

7 月 3 日和 11 日,中共代表董必武、周恩来先后约见国民党代表王世杰、张治中,指出克服抗战困难的主要办法是国共合作,障碍两党

---

① 　中共中央、中央军委:《关于太平洋战争爆发后战略方针》(1941 年 12 月 28 日),引自《毛泽东年谱》中卷,第 348 页。

② 　《毛泽东年谱》中卷,第 390 页。

③ 　《解放日报》,1942 年 7 月 7 日。

团结的军事政治问题总可谈得解决办法,请国民党的联络参谋速回延安,并指派人员和共产党代表经常接洽,同时要求国民党释放叶挺、廖承志①。7月21日和8月14日,蒋介石两次约见周恩来,表示已指定张治中、刘斐同中共谈判,联络参谋将继续去延安,并提出想同毛泽东会面,请周电告延安②。迄此,国共两党领袖都表达了见面的愿望,但两党谈判的实际进程中发生的种种问题却使蒋、毛在此轮谈判中无缘相见。

8月19日、29日,9月3日,毛泽东曾三次致电周恩来,表达了见蒋的意见,指出:"目前不在直接利益我方所得之大小,而在乘此国际局势有利机会及蒋约见机会我去见蒋,将国共关系根本加以改善。这种改善如果做到,即是极大利益,哪怕具体问题一个也不解决也是值得的。蒋如约我到重庆参加10月参政会,我们应准备答应他。"③周恩来力持异议,8月19日,致电毛认为"目前形势虽有政治解决趋势,但具体问题尚未谈到,且实行压迫,一无减轻;而会晤地点又在西安","蒋毛会面似嫌略早"④。9月5日,再电毛,陈述毛见蒋"时机尚未成熟",蒋对人"包藏祸心",如"约毛来渝开参政会后,借口留毛长期驻渝,不让回延",则"于我损失太大"。中共中央决定,先由林彪去西安,"看蒋的态度和要解决的问题,再定毛是否出来"⑤。但毛泽东依然表示:"林彪见蒋时,关于我见蒋应说我极愿见他,目下身体不大好,俟身体稍好即可出来会见,不确定时间","如此较妥";并指出"目前似已接近国共解决悬案相当恢复和好时机,对于国民党压迫各事,应极力忍耐,不提抗议,

---

① 参见黄修荣编著:《抗日战争时期国共关系纪事》,中共党史出版社1995年版,第541页。

② 参见黄修荣编著:《抗日战争时期国共关系纪事》,第541—542页。

③ 《毛泽东年谱》中卷,第402页。

④ 《周恩来书信选集》,中央文献出版社1988年版,第223页。

⑤ 《毛泽东年谱》中卷,第402页。

以求悬案之解决与和好之恢复。"此时毛见蒋的愿望并未完全消失①。

9月14日，林彪在国民党联络参谋周励武陪同下前往西安，但蒋介石已返回重庆，留话要林转往重庆面谈。林彪在西安先后与国民党方面李宗仁、胡宗南、张治中、谷正鼎等进行洽谈，初步交换双方意见。10月7日，林彪一行抵达重庆，协同周恩来正式与国民党开始皖南事变后两党间的正式谈判。13日，周恩来、林彪会见蒋介石，主要由林彪表示中共方面意见。林首先传达毛泽东关于国共关系"应彼此接近，彼此相同，彼此打成一片，以求现在能彻底统一，更求将来能永远团结"的意见，指出"此三句口号已成为中共普遍成熟之思想，见之于中共七七宣言，且已成为政治上全党所一致遵从之行动，谁也不能动摇。"林彪进而全面阐述了国共两党在理论、政纲、组成等方面的共同之点，关于理论，"中共虽信奉共产主义"，但"不主张将恩格斯、马克思、列宁与斯大林的教条，主观的搬来中国应用，我党共产主义之目的，在救中国，与三民主义为救国主义，理论上并无二致"；"就两党之理论方法与所处同一之客观情势与所抱同一之总目的而言，并无纷歧之点"。关于政纲，"我党名称虽为共产党，实际即为救国之党，过去所制定之所谓十大纲领、三大纲领，语其要旨，不外求民族之独立，民权之平等，与民生之自由，近半年来，我党已将向来之理论与方策作一总检讨，结果不外上述三要旨，此项检讨不久在会议中即可宣布"。关于党的组成分子，凡属中共党员"只以目击当时帝国主义者所施于中国之侵略压迫，如划设租界、实行领事裁判权，夺取我内河航行权等种种不当中国人为人，不当中国为国家之事实，大家激于义愤，心切雪耻救国，故相率入党"，"中国目前既在救国之阶段，则国共两党目前惟一共同之任务即在救国，此客观事实之需要与时代之使命既属相同，然则两党之间尚有何鸿沟之可言？"林彪批评国民党顽固派总是希望挑起内战，"果如所期，则抗战建国将前功尽弃"，强调"中国社会之特点，决不容国内再发生战争，否则，必为

---

①　参见黄修荣编著：《抗日战争时期国共关系纪事》，第545页。

全国社会之所反对”等，林彪的谈话重在说明中国共产党的立场，未涉及具体问题，蒋频频点头，但未表示意见①。

10 月 16 日，周、林会见国民党代表张治中，林代表中共中央要求国民党当局实行“三停、三发、两编”，即停止全国军事进攻，停止全国政治压迫、停止对《新华日报》的压迫；发饷、发弹、释放新四军被俘人员；允许中共军队编为两个集团军等②。一涉及具体问题，国民党代表即开始推诿塞责。周恩来很快感觉到国共谈判具体问题的时机还不成熟，国民党方面虽倾向于以政治方式解决中共问题，但并不急于解决，也不先提要求，而是看中共方面能作出什么让步，他们以为时间越延长，中共的困难就越大，越有利于使中共就范③。据此，中共中央决定“重在缓和关系，重开谈判之门，一切不宜在目前提的问题均不提”④。

随即，国共两党均为双方关系的缓和做了一些努力。11 月 12 日至 27 日，国民党举行五届十中全会，通过《特种研究委员会报告本党今后对共产党政策之研究结果案》，公开宣布“对共产党仍本宽大政策”，“不特予歧视，而且保障其公民应得之权利与自由”⑤。29 日，中共中央就此发出党内指示，认为该决议“开辟了今后两党继续合作及具体地谈判与解决过去存在着的两党争论问题的途径，虽然这些争论问题还不见得很快就能完全地解决”⑥。中共中央发言人发表谈话，称“在

---

① 《蒋委员长召见第一——五师师长林彪谈话记录》(1942 年 10 月 13 日)，《中华民国重要史料初编——对日抗战时期》，《中共活动真相》(四)，中国国民党党史委员会 1985 年版，第 236—242 页。以下简称《中共活动真相》。

② 《周恩来年谱》，第 540 页。

③ 《周恩来致毛泽东并中共中央书记处电报》(1942 年 10 月 27 日)，转引自李良志、李隆基主编：《同盟抗战　赢得胜利》，第 449—450 页。

④ 《周恩来年谱》，第 542 页。

⑤ 荣孟源主编：《中国国民党历次代表大会及中央全会资料》(下)，第 793—794 页。

⑥ 《中共中央关于国民党十中全会问题的指示》，转引自《毛泽东年谱》中卷第 415—416 页。

对外对内的最重要问题上,国共两党之见地并无二致"①。11 月中旬,
国民党中央委员郑延卓携款 30 万元到陕甘宁边区赈灾,毛泽东两次与
他会面,并请携信转交蒋介石,称赞郑之来延安,"宣布中央德意,惠及
灾黎",表示"前承宠召,适感微恙,故派林彪同志晋谒。嗣后如有垂询,
敬乞随时示知,自当趋辕聆教"②,表示出相当的和解精神。中国共产
党根据国民党十中全会后,趋向好转的一面已渐增长,坏转的一面已渐
减弱的新情况,制定了"三争取,三勿忘"的应对方针,即争取好转,勿忘
防御;争取合作,勿忘斗争;争取发展,勿忘巩固③。

12 月 16 日,蒋介石再次约见周恩来、林彪,以此为标志,两党谈判
进入实质性阶段。24 日,周、林根据中共中央指示向国民党代表张治
中提出四项要求:

1. 党的问题,在《抗战建国纲领》下取得合法地位,并实行三
民主义,中央亦可在中共地区办党办报;

2. 军队问题,希望编四军十二师,请按中央军待遇;

3. 陕北边区,照原地区改为行政区,其他各地区另行改组,实
行中央法令;

4. 作战区域,原则上接受中央开往黄河以北之规定,但现在
只能作准备布置,战事完毕保证立即实施,如战时情况可能(如总
反攻时),亦可商承移动。④

周、林声明:如此四项可以谈,林即留此继续谈,倘相距太远,就请蒋介
石提示具体方针,交林带回延安商量。就中共方面而言,此为迫蒋对于
各项问题表态。

---

① 《中共中央发言人对中国国民党十中全会发表谈话》,《新华日报》,1942 年
12 月 9 日。

② 转引自李良志、李隆基主编:《同盟抗战　赢得胜利》,第 452 页。

③ 《中共南方局关于国共关系的报告提纲》(1942 年 12 月 12 日),转引自章伯
锋等主编:《抗日战争》第 3 卷,第 1074 页。

④ 《中共活动真相》(四),第 248 页。

12月31日,国民政府参谋总长何应钦就上述四项要求的研究意见呈报蒋介石,其结论是:该四项要求"系根据本党所示宽大政策而来,其目的在对于党政军各方面皆欲取得合法地位,不能认为有悔祸诚意";"本党宽大政策之真正作用,应为瓦解中共,绝非培养中共,故林、周所提四项不能作为商谈基础";如须商谈则应以"中共不应有军队"、"中共不应在各地方擅立非法政府"为商谈基础,"假定上述原则中共不肯接受,则不必强求商谈,尽可加紧防制,使其停止于非法地位,以期动摇其内部,增加其苦闷,俾便将来之解决";"如采取敷衍态度,似可告以此事牵涉太多,并令林彪先行回去"等①。这个文件表明国民党上层此时并无解决国共关系的准备和愿望,这给本轮谈判埋下了失败的根子。

1943年1月9日,周、林与张治中再次举行谈判,国民党方面认为,中共四项办法与国民党方面要求"相距较远",解决问题必须根据"皓电"提示精神,共产党方面则认为四项办法与"皓电"精神并无不合,距离只在部队数目和移动时间,谈判无果而终。随后国共两党代表又进行数次谈判,除争执中共的四项办法外,国民党方面提出中共军队问题,中共方面也提出了要求释放新疆的徐杰(即陈潭秋)、毛泽民等140人问题等,但谈判毫无进展②。

2月12日,毛泽东电复林彪、周恩来,判断"国共谈判成功大概要等到实行反攻前夜,不到反攻,彼方认为是不需要和我妥协的,彼方正在注视日、苏关系变化,以为日、苏开战彼可渔人得利";尽管如此,为了推动谈判有所进展,仍指示"可以答应以'皓电'为谈判基础",可以提出李先念部与于学忠部对调作为委曲求全的表示,可以答应少编一二师等③。同时,中共中央领导人毛泽东、朱德、王稼祥、叶剑英联名致电各

---

① 《参谋总长何应钦呈蒋委员长就林彪周恩来所提要求四项排列并附具研究意见列表签呈鉴核》(1942年12月31日),《中共活动真相》(四),第245—246页。

② 参见黄修荣编著:《抗日战争时期国共关系纪事》,第554—557页。

③ 《毛泽东年谱》,第427页;《周恩来年谱》,第549页。

战区,就主动加强统一战线工作作出指示,指出:"国际国内的政治形势日趋好转,国民党上层虽仍采取拖的办法,而下层与局部已出现需要与我党我军调整关系的现象,我方应不放松每一机会和每一事件,主动加强局部统战工作,改善关系,以求更加促进国内整个形势的好转",并命令"如有摩擦事件,必须先经报告,不许自由行动"①。4月6日,中共中央书记处发出指示:"无论国民党对我态度怎样不好,都不要与国民党以外之中外人员团体或党派签订秘密协定,以免给国民党以借口。"②即便如此,本轮国共谈判仍无进展。2月下旬和3月28日,周、林先后约见张治中、何应钦,双方交涉不仅依然没有结果,而且其重点已转移到讨论当时已经发生的国共军事摩擦问题。此后,双方间的谈判实际已经停止。

1943年5月,共产国际宣布解散,国民党顽固派乘机发动新的反共攻势,国共谈判再也无法继续。6月4日,张治中通知中共代表:前方摩擦正在继续,情况不明,谈判"须搁一搁"。周恩来表示:谈判暂搁是"意(料)中事",林彪决定回延安,如要谈时可以再来,他本人也拟回延安,以便延安了解外面情况,找到更好的解决办法。7日,蒋介石会见周、林,表示允许他们回延安。此为皖南事变一年半以来,蒋介石首次同意周恩来回延安。本轮国共谈判历时近一年终于无果而终,但双方都留有余地,继续谈判的可能性仍然存在。

二　1944年的两党谈判

1943年6月10日,共产国际正式解散。国民党顽固派过高估计该事件对于中国共产党的冲击和影响,企图利用该事件摧毁中国共产党。国民党军委会军统局长戴笠提出了对付中共的方案,具体拟出四个,其

---

① 黄修荣编著:《抗日战争时期国共关系纪事》,第557页。

② 黄修荣编著:《抗日战争时期国共关系纪事》,第561页。

基本原则和目标是："利用第三国际解散时机,把握中共弱点,以达到政治解决为原则,惟在军事上仍须施极大压力,促其就范","以使中共将军权、政权交还中央。"①国民党顽固派迅速发出了以"解散中国共产党"、"共产党交出军队政权"、"取消边区"为主要内容的反共声浪,同时,国民党河防大军被调防至陕甘宁边区附近,与原有包围边区的部队会合,共计50万兵力,由胡宗南统一指挥,准备兵分九路"闪击"延安。

中共中央及时作出了反应,决定实行"以宣传对付他们的反共宣传,以军事对付他们的军事进攻"的方针,并具体化为五项工作:"一、实行政治攻势,打击国民党的反共气焰;二、在军事上实行必要的准备,调若干兵力来边区及晋西北,加强军事技术训练,组织机关自卫军及加强民兵工作;三、加紧进行清查特务奸细的普遍突击运动与反特务的宣传教育工作;四、加强党内与人民中的阶级教育;五、进行揭露国民党种种罪恶行为与反动思想、政策的宣传工作,以对抗国民党的反革命宣传。"②由于中国共产党实行合理的军事抗争和坚定的宣传攻势,以及国内外舆论的强大压力,国民党的反共攻势不久便偃旗息鼓了,两党又重新回到对话和谈判的立场上来。

1943年9月,国民党举行五届十一中全会和国民参政会三届二次会议,虽然在会上仍有顽固派攻击中共"破坏抗战,危害国家",叫嚣"打下延安"、"消灭共产党"等,但两个会议都不得不承认中共问题是一个

---

①　四个具体方案分别是:1.军事上十八集团军完全国军化,一律听中央编遣,政治上取消边区政府,听候中央处置,党务上正式解散中国共产党;2.军事上十八集团军调驻黄河以北指定地区,取消政委制度,解散军内共党组织,听候中央处置,党务上修改党章党纲,改组为纯政党性之团体;3.军事上取消十八集团军之政委制度,解散军内之共党组织,政治上改组边区政府,恢复原有行政区,党务上保存中共现有组织的存在,但在国民党任何机关中不进行秘密活动与党团组织;4.军事上取消十八集团军之政委制度,政治上改组陕甘宁边区为陕西省两个行政区,并放弃其在甘宁两省之侵占地区,党务上保存中共组织之存在,但在国民党内之任何机关中不得进行秘密组织与党团活动等。

②　《毛泽东年谱》中卷,第451、456页。

纯粹的政治问题,"应用政治方法解决"①。中共方面也积极作出反应,中共中央任命董必武为谈判代表,并要求他向国民党方面传递信息:"延安欢迎政治解决,不愿破裂,如继续合作,则延安保证继续实践四条诺言,并要求国民党撤退包围边区的军队。"②10月5日,《解放日报》发表社论,正式宣布:"在蒋先生和国民党愿意的条件下,我们愿意随时恢复两党的谈判。"③

国民党方面也作出了缓和的姿态。10月20日,国民政府最高国防委员会设置宪政实施协进会,周恩来被指定为委员,董必武为常务委员。11月12日,蒋介石找董必武谈话,表示"决不会在国内动武的",请周恩来来重庆,"如请他出来什么都好谈些"④。次年1月,国民党驻延安联络参谋郭仲容会见毛泽东,奉命要求林伯渠、周恩来、朱德赴渝,毛泽东当即表示林、周或可先后赴渝,并嘱电告当局⑤。2月2日,国民党当局电复延安,表示欢迎中共代表周、朱、林同去重庆。17日,毛泽东再次会见郭仲容,告以中共中央决定派遣林伯渠赴重庆谈判,行期在3月12日以后。

随后,国共两党都对本轮谈判方针作了研究和准备。3月12日,周恩来代表中共中央在延安发表演讲,向国民党当局提出五项要求,即:承认中国共产党在全国的合法地位;承认陕甘宁边区及各抗日根据地为国民政府的地方政府;承认八路军新四军及一切敌后武装为国民政府所管辖所接济的部队;恢复新四军的番号;撤销对陕甘宁边区及各抗日根据地的封锁和包围等⑥。4月16日,国民党当局也制定了《中共问题政治解决办法草案》,以"国家军令政令必须统一"为基本方针,

---

① 荣孟源:《中国国民党历次代表大会及中央全会资料》(下),第841页。
② 《毛泽东年谱》,第475页。
③ 《评国民党十一中全会及三届二次国民参政会》,《解放日报》,1943年10月5日。
④ 黄修荣编著:《抗日战争时期国共关系纪事》,第582页。
⑤ 《毛泽东年谱》中卷,第493页。
⑥ 《毛泽东年谱》中卷,第511页。

重弹在军令军政问题、十八集团军问题、政令问题、陕甘宁边区问题上的老调，该四项"如中共均能确实遵办以后，政府可准予中国共产党合法地位"①。

5月2日，林伯渠到达西安。4日、6日、7日、8日，与赶往该地的国民党代表张治中、王世杰进行了四次谈判。9日，国民党方面将国共谈判初步意见整理出来，以书面形式送交林伯渠，请其签字后上报蒋介石。11日，林伯渠对该文件作修改后签字，并送还张治中，并请其也签字，但遭拒绝，称此为"林先生所提出或同意我们一部分意见，自只应由林先生签字"②。经过西安谈判，两党初步交换了意见，并各自向中央作了报告。

5月17日，林伯渠抵达重庆，19日会见蒋介石，22日，开始正式谈判。林伯渠将《中国共产党中央委员会向中国国民党中央执行委员会提出关于解决目前若干急切问题的意见》共二十条，其中关于全国政治者三条，关于两党悬案者十七条，面交国民党代表。张治中认为：中共所提条件太多，有些条件的提法，无异是在宣布国民党罪状，要求中共方面考虑修改二十条的内容和词句，并拒收和转交蒋介石。林表示此件为中共中央对于西安商谈文件的答复，没有修改的余地，双方争辩很久，无法达成谅解。会后，林伯渠将情况电告中共中央。31日，毛致电林指示说：为尊重国民党方面意见，将拥蒋及执行四项诺言加入此次文件，将二十条"改为十二条，其余八条作为口头要求，仍请政府考虑解决"，"如彼方再不接收与解决，则曲在彼方，我方委曲求全之诚意可大白于天下"③。6月5日，林伯渠将中共中央新提十二条（附口头要求八条）送交张治中、王世杰。这是一个全面表述中共主张的重要文件，内容如下：

一、关于全国政治者：

---

① 《中共活动真相》（四），第255—256页。
② 《张治中回忆录》下册，文史资料出版社1985年版，第687页。
③ 《毛泽东年谱》，第516页。

1. 请政府实行民主政治,与言论、出版、集会、结社及人身自由;

2. 请政府开放党禁,承认中共及各抗日党派之合法地位,释放爱国政治犯;

3. 请政府允许实行名符其实的人民地方自治。

二、关于两党悬案者:

1. 根据抗战需要、抗战成绩及现有军队实数,应请政府将中共编为六个军四十七个师,每师一万人,为委曲求全计,目前至少给予五个军十六个师的番号;

2. 请政府承认陕甘宁边区及华北、华中、华南敌后各抗日根据地民选政府为合法的地方政府,并承认其为抗日所需的各项设施;

3. 中共军队防地抗战时期维持现状,抗战结束后另行商定;

4. 请政府在物资上充分援助十八集团军及新四军,自1940年以来,政府即无颗弹、片药、文钱、粒米之接济,此种情况请予改变;

5. 同盟国援助中国之武器、弹药、金钱,应请政府公平分配于中国各军,十八集团军新四军应获得其应得之一份;

6. 请政府撤销对于陕甘宁边区及各抗日根据地的军事封锁与经济封锁;

7. 请政府饬令军事机关停止对于华中新四军及广东游击队的军事攻击;

8. 请政府饬令党政机关释放各地被捕人员——此等人员均属爱国志士,请予恢复自由,以利抗日;

9. 请政府允许中共在全国各地办党办报,中共亦允许国民党在陕甘宁边区及各抗日根据地办党办报。①

---

① 《中共中央向国民政府提出之意见书》(1944年6月5日),解放军政治学院:《中共党史参考资料》第9册,第441—442页。

该文件还指出："中共方面诚恳希望我国民政府予以合理与尽可能迅速之解决","若我国共两党不但继续合作,而且能将国内政治予以刷新,党派关系予以改进,则不特于目前时局大有裨益,且于明年配合同盟国举行大规模之反攻,打下坚固之基础。"

然而,中共方面的让步并未能取得任何实效。当天,国民党方面将《中央对中共问题政治解决提示案》送交林伯渠,内容如下:

一、关于军事问题:

1. 第十八集团军及其在各地之一切部队,合共编为四个军十个师,其番号以命令定之;

2. 该集团军应服从军事委员会命令;

3. 该集团军之员额照国军通行编制,不得在编制外另设纵队、支队或其名目,以前所有者应依照中央核定之限期取消;

4. 该集团军之人事,准予按照人事法规呈报请委;

5. 该集团军之军费,由中央按照国军一般给予规定发给,并须按照经理法规办理,实行军需独立;

6. 该集团军之教育应照中央颁行之教育纲领教育训令实施,并由中央随时派员校阅;

7. 该集团军之各部队,应限期集中使用,其未集中以前及其在各战区内之部队,应归其所在地区司令长官部整训指挥。

二、关于陕甘宁边区问题:

1. 该边区之名称定为陕北行政区,其行政机构称为陕北行政公署;

2. 该行政区域以其现有地区为范围,但须经中央派员会同勘定;

3. 该行政区公署直属行政院;

4. 该行政区须实行中央法令,其因地方特殊情形而需之法令,应呈报中央核定施行;

5. 该行政区之主席由中央任免,其所辖专员县长等,得由该主席提请中央委派；

6. 该行政区之组织，应呈请中央核准；

7. 该行政区预算，应逐年编呈中央核定；

8. 该行政区及第十八集团军所属部队驻在地区，概不得发行钞票，其已发之钞票，应由财政部妥商办法处理；

9. 其他各地区所有中共自行设立之行政机构，应一律由各该省政府派员接管处理。

三、关于党的问题：

1. 在抗战期内，依照抗战建国纲领之规定办理，在战争结束后，依照中央决议召开国民大会，制定宪法，实施宪政，中国共产党应与其他政党遵守国家法律，享受同等待遇；

2. 中国共产党应再表示忠实实行其四项诺言。①

这是一个与中共要求针锋相对的文件，综合起来是要中共方面做三件事："第一，十个师以外的队伍全部限期取消；第二，规定十师集中到那里就必须到那里；第三，敌后解放区所有的政府一律都交给流亡重庆的省政府接收。"②这样的条件是中共方面理所当然不能接受的。

国共两党的立场相距过远，国民党坚持解决办法须依照政府提示案，不能变更；中共方面表示坚决不能接受政府提示案，指示林伯渠将该案退回国民党代表。双方函件来往，国共谈判毫无进展，陷入了僵局。7 月 26 日，国民党中央宣传部长梁寒操举行记者招待会，谎称：国共的观点"事实上并无严重分歧"，"已经有了一部分解决了"，指责根本解决问题的障碍在于共产党"所做的事和他们所说的话相反"，企图把谈判未取得进展的责任推给共产党。8 月 12 日，周恩来在延安答新华社记者问，逐条批驳梁氏的言论，声明国共谈判"任何一个具体的即使

---

① 《中共活动真相》(四)，第 267—271 页。

② 周恩来：《论统一战线》(1945 年 4 月 30 日)，《周恩来选集》上卷，人民出版社 1980 年版，第 204 页。

是最微小的问题都没有得到解决","双方在解决问题的原则上有着很大的距离",根本解决问题的障碍在于"国民党统治人士及其政府始终固执其一党统治与拖延实行三民主义的方针,而不愿立即实行真正的民主"①。

9月,两党的争执又转移到国民参政会三届三次会议上。9月15日,国民党代表张治中在会上报告国共谈判经过,再次强调"中央政府所求的,只为军令与政令的统一",指责中共方面"还没有接受中央提示案和实行遵守国家军令政令的表示",声明"中央政府决不变更政治解决的方针","期待中共修正其所持的观点,早日解决此一问题"等②。同日,中共代表林伯渠亦在会上报告国共谈判经过,声明中共方面"很盼望把问题解决,我们所提意见都是正确的合理的,希望政府能一切从抗战民主团结利益出发,接受我们的合理要求";更进而提出希望国民党立即结束一党统治的局面,由国民政府召开国是会议,"组织各抗日党派联合政府,一新天下耳目,振奋全国人心,鼓励前方士气,以加强全国团结,集中全国人才,集中全国力量","准备配合盟军反攻,将日寇打垮!"③9月19日,中共中央发表《延安权威人士评国共谈判》,指出:"虽中共中央及其代表十分宽容忍耐,委曲求全,但由于政府方面对错误政策之顽固不化,对谈判缺乏诚意,玩弄手段,以致谈判毫无结果,任何一个具体问题,即使最微小的问题都没有得到解决。"并宣布"现在谈判经过已在参政会报告,参政会并决议组织视察团来延,四个半月来之国共谈判由此告一段落"。中共方面表示"仍希望张、王两氏来延视察与谈判",也欢迎"参政会推选之五位参政员来延参观,交换意见"④。

---

① 《中共中央文件选集》第14册,第306—312页。

② 《中央日报》,1944年9月17日。

③ 《解放日报》,1944年9月22日。

④ 解放军政治学院:《中共党史参考资料》第9册,第439—440页。

国共两党均未关闭谈判的大门,但此轮谈判却已结束。11 月 7 日,林伯渠由重庆返回延安。国共两党的争执和谈判进入了以建立联合政府为中心内容的新阶段。

三　围绕着联合政府问题的国共谈判

"建立联合政府"的政治口号是中国共产党首先提出来的。1942 年—1943 年和 1944 年国共两党两轮谈判的失败以及同时开展的民主宪政运动难以取得进展,使中共中央深感改变国民党一党专制统治是解决国共争执、实现全国团结抗日的关键所在。1944 年 8 月 17 日,毛泽东最早提出与民主党派领袖商量建立各党派联合政府的问题,并指出:"应先召集党派及团体代表会,改组政府,方有召集民选国大之可能;否则是即使召集,也是假的。"[①]9 月 4 日,中共中央指示在重庆的中共代表林伯渠等,目前向国民党及国内外提出改组政府主张,时机已经成熟,其方案是:"要求国民政府立即召集各党、各派、各军、各地方政府、各民众团体代表,开国是会议,改组中央政府,废除一党统治,然后,由新政府召开国民大会,实施宪政,贯彻抗战国策,实行反攻"[②],废除国民党一党专政,成立联合政府,既是抗战后期民主宪政运动进一步发展的客观需要,也是国共谈判中所要解决的核心问题,并成为大后方人民争取抗日民主的斗争目标。

"建立联合政府"口号的提出也与国民党军队在豫湘桂战役中遭受惨败而引起的大后方全面的政治经济军事危机有关。豫湘桂战役进入 8 月以后,国土丧失之广,同胞流离痛苦之深,国家所受耻辱之重,极大地震动了国统区各阶层人士,也动摇了国民党当局的统治,蒋介石不得不承认:"战况危急,不仅西南各省人心动摇,而且英、美有要求撤侨之

---

① 《毛泽东年谱》中卷,第 536 页。

② 转引自黄修荣编著:《抗日战争时期国共关系纪事》,第 617 页。

事,益造成社会之惶惑不安,八年抗战之险恶未有如今日之甚者也。"①
改变国民党一党专政,建立联合政府,成为中共和各民主党派解决时局
危机的基本主张。1944 年 10 月 10 日,周恩来发表著名的讲演《如何
解决》,指出:国民党当局"死死守着一党专政,个人独裁","剥夺人民自
由,实行官办自治,钳制舆论,摧残文化,垄断专卖,横征暴敛,纵使特务
机关蹂躏人权,纵使官僚资本破坏民业,致造成目前最严重的政治经济
危机";这种错误的失败主义和法西斯主义的政策,如果再不改弦更张,
而仍要倒行逆施下去,则种种危机还会继续增长,还会更加严重"。强
调解决危机的惟一出路就在于"取消一党专政,成立联合政府",并提出
六项具体步骤,指出"只有这样的国是会议和联合政府,才是全国民主
的真正起点,只有这样的联合统帅部,才能听命政府,协和盟邦,击退敌
人的进攻,配合盟国的反攻"②。同日,中国民主同盟也发表《对抗战最
后阶段的政治主张》,呼应中共的主张,明确提出"立即结束一党专政,
建立各党派之联合政权,实行民主政治"的政治口号,并就此提出十项

---

①　转引自吴相湘:《第二次中日战争史》下册,第 1062 页。

②　《解放日报》1944 年 10 月 12 日。周恩来提出的六项步骤是:1. 各方代表应
由各抗日党派(国共两党及其他抗日党派)、各抗日军队(分国民党中央军、地方军及
中共领导的敌后抗日军三方面)、各地方政府(分大后方各省及敌后解放区民选政府
两方面)、各民众团体(分大后方及敌后解放区带全国性的各界人民团体)自己推选,
人数应按各方所代表的实际力量比例规定,代表总额为应时局急需,且便于召集起
见,可不必太多。2. 国是会议,国民政府应于最近期间召开,以免延误事机,陷大后
方于不可收拾的地步。3. 在国是会议上,根据孙中山先生革命的三民主义的原则,
必须通过切合时要、挽救危机的施政纲领,以彻底改变现在国民党政府所执行的军
事、政治、经济、文化等等错误政策。4. 在众所公认的共同纲领的基础之上,成立各
党派的联合政府,以代替目前一党专政的政府,吸收全国坚持抗战、民主、团结的各方
领导人物,罢免失败主义法西斯主义的分子,以保证真正民主政治的实现。5. 联合
政府须有权改组统帅部,延纳各主要军队代表加入统帅部,成立联合统帅部,以保证
抗战的胜利。6. 在联合政府成立后,应即重新着手筹备真正人民普选的国民大会,
准备于最短期间召开,以保证宪政的实施。

具体主张①。中共与中国民主同盟关于"建立联合政府"的具体办法虽然有所不同,但以此作为解决时局危机的基本思路则是一致的。

　　"建立联合政府"还与美国政府当时的对华政策及其活动有着密切的关系。美国对于国共关系的关注和干预,早在蒋介石发动皖南事变时即已开始,太平洋战争爆发后其力度不断有所增强。1943年夏,国民党顽固派发动的反共攻势以及国共大规模内战的危险,引起美国对于中国局势的严重关注。9月,美国罗斯福总统在一次谈话中对战时的国共冲突和战后的中国内战表示担忧,认为美国应"竭尽全力调解重庆和共产党之间的分歧"。在开罗会议上,罗斯福又第一次向蒋介石建议:在战争还在进行的时候,国共两党就应建立一个联合政府②。豫湘桂战役爆发后,国民党正面战场的溃败局面,更使美国震惊不已,对于介入国共争执的紧迫感进一步加强。1944年6月,美国副总统华莱士访问中国,寻找解救正面战场危机的办法。他在与蒋介石的会谈中,一再表示对于国共关系问题的关切,并促使蒋同意派一军事观察组进驻延安。美国国务院在解释此举的动因时称:"一、国共关系的不断恶化对中国对日作战有着普遍的不利影响;二、局势进一步恶化可能导致严重危及中国政治统一的内部冲突;三、它并且可能在将来导致引起中国与苏联关系的复杂化。"美国驻延观察组的基本任务之一,便是协助

---

　　①　《中国民主同盟对抗战最后阶段的政治主张》(1944年10月10日),转引自解放军政治学院:《中共党史参考资料》第9册,第476页。中国民主同盟的十项具体主张是:1.召集各党派会议,产生举国一致之政府;2.保障人民言论、出版、集会、结社、职业、身体之自由,废除现行一切有妨害上列自由权利之法令与条例;3.开放党禁,承认各党派公开合法地位,立即释放一切政治犯;4.迅速筹备实施宪政,立即召集全国宪政会议,制颁宪法;5.在宪法颁布前,赋予国民参政会以各民主国家议会具有之主要职权,并扩大省市参议会之职权;6.充实一切地方自治基层组织,普遍实行民选;7.废除特务及劳动营等类组织;8.简化政府机构,分明权责;9.本公平原则,按照生活指数,改善公务员待遇,并厉行裁汰冗员,严惩贪污;10.对于战时战后之受灾人民,统筹切实救济等。

　　②　转引自陶文钊等:《抗日战争时期中国对外关系》,第378页。

美国政府探求"应以何种最适合的方式才有助于友善地解决国民政府与共产党之间的矛盾"①。这一举动表明美国已正式承认中共及其军队与政权事实上的存在。9月,美国总统特使赫尔利奉派来华,"调处"国共关系是其重要使命之一。尽管赫尔利此行的目的是为了"防止国民政府崩溃",支持蒋介石"作中华民国的主席和军队委员长",但为了"统一中国境内一切军事力量",赫尔利也要求蒋介石放弃一党专政,在民主化问题上多作让步,因而也在某种程度上可以接受中共和各中间党派关于"建立联合政府"的主张,当然其内涵与中共的主张是有本质区别的。

10月3日和13日,中共中央代表林伯渠两次致函国民党代表张治中、王世杰,明确表示:"现在惟一挽救时局的办法,就是要求国民政府与国民党,立即结束一党专政的局面","成立各党派联合政府","此计不决,则两党谈判即使可能解决若干枝节问题,至于关系国家民族的重大问题,必不能获得彻底解决"。对于国民参政会组织的延安视察团林表示欢迎,并仍请张、王到延安一行。自此,成立联合政府问题成为下一轮国共谈判的核心问题②。国民党方面迅速作出反应,10月4日,国民政府行政院发言人招待外国记者称:组织联合政府一说"不值讨论,吾人亦不拟讨论"。8日,经毛泽东修改审定的新华社评论,严词驳斥了"不值讨论"说和"不拟讨论"说,强调"不管国民党当局'讨论'与否,废止寡头专政,改组国民政府与统帅部,这个要求是无法抗拒的"③。

10月17日、18日和23日,美国总统特使赫尔利与中共中央代表林伯渠、董必武进行了三轮会谈,中共方面向美国代表阐述了国共两党在政治军事问题上的严重分歧和中共中央关于解决两党关系的既定主张,赫尔利强调蒋介石为抗日领袖,是全国公认的事实,但现政府不民主,他已告诉蒋,要马上行动,实行民主,释放政治犯,不能再等了;称赞

① 转引自陶文钊等:《抗日战争时期中国对外关系》,第435页。
② 转引自黄修荣编著:《抗日战争时期国共关系纪事》,第624—625页。
③ 《解放日报》1944年10月9日。

中共军队组织、训练都好，力量强大，是决定中国命运的一种因素，许诺国共合作后，中共应取得合法地位，有言论出版集会等自由，在军事机关中也应有中共党员参加，分配军事物资也不应偏于哪一党派等；赫尔利的计划是：先约张治中、王世杰与林伯渠、董必武谈，得出两党合作的初步结果，后由赫尔利同蒋介石商量，蒋同意后，他去延安和毛泽东谈，求得双方合作基础，最后由蒋介石和毛泽东见面，发表宣言，实现合作①。

　　然而，赫尔利实际上并没有按照这张日程表行事。10 月 21 日，赫尔利代替高斯出任美国驻华大使，急于在调处国共关系上建功的赫尔利，于 11 月 7 日由林伯渠陪同抵达延安，毛泽东、周恩来亲到机场迎接。

　　11 月 8 日上午、下午、9 日下午、10 日上午，毛泽东与赫尔利进行了四轮谈判。在第一轮谈判中，赫尔利首先说明自己是受罗斯福总统的委托并作为他的私人代表来谈判中国的事情，此次来延安曾得到蒋介石的同意和批准。他在会上宣读了由他起草并经国民党方面修改过的《为着协定的基础》五款，其主要内容是：中共军队遵守并执行国民政府及其军事委员会的命令，其一切军官和士兵接受政府的改组，然后国民政府才承认共产党的合法地位②。

　　在第二轮谈判中，毛泽东指出："中国需要在民主的基础上团结全

---

　　①　参见黄修荣编著：《抗日战争时期国共关系纪事》，第 625、626、628 页。

　　②　五款的具体内容是：1.中国政府与中国共产党将共同工作，来统一在中国的一切军事力量，以便迅速击败日本与重建中国；2.中国共产党军队将遵守与执行中央政府及其全国军事委员会的命令；3.中国政府和中国共产党将拥护为了在中国建立民有、民治、民享的孙中山的原则，双方将遵行为了提倡进步与政府民主程序的发展的政策；4.在中国将只有一个国民政府和一个军队，共产党军队的一切军官与一切士兵当被中央政府改组时，将依照他们在全国军队中的职位，得到一样的薪俸与津贴，共产党军队的一切组成部分将在军器与装备的分配中得到平等待遇；5.中国政府承认中国共产党的政党地位，并将承认共产党作为一个政党的合法地位，中国一切政党将获得合法地位。

国抗日力量,首先希望国民党政府的政策和组织,迅速来一个改变,这是解决问题的起码点";重申改组国民党政府和建立联合政府的主张。并对《为着协定的基础》提出了具体的修改意见,主要内容是:1. 将现在的国民党政府改组为包含所有抗日党派及无党派政治人士的代表的联合国民政府;2. 将原案中共领导的军队改为一切抗日军队都应遵守与执行联合国民政府及其联合统帅部的命令,并为这个政府及其统帅部所承认;3. 增加保障人民各种自由权利的规定;4. 承认中共及一切抗日党派的合法地位等①。在第三轮谈判中,双方进行进一步的磋商。11 月 9 日晚上,中共中央举行六届七中全会,批准了经修改后的五点协定。在第四轮谈判中,毛泽东和赫尔利在《中国国民政府、中国国民党与中国共产党协定》上签字,其全文如下:

1. 中国政府、中国国民党与中国共产党应共同工作,统一中国一切军事力量,以便迅速击败日本与重建中国;

2. 现在的国民政府应改组为包含所有抗日党派和无党派政治人物的代表的联合政府,并颁布及实行用以改革军事政治经济文化的新民主政策,同时军事委员会应改组为由所有抗日军队代表组成的联合军事委员会;

3. 联合国民政府应拥护孙中山先生在中国建立民有、民治、民享之政府的原则,联合国民政府应实行用以促进进步民主的政策,并确立正义、思想自由、出版自由、言论自由、集会结社自由、向政府请求平反冤抑的权利、人身自由与居住自由,联合国民政府亦应实行用以有效实行下列两项权利:即免除威胁的自由和免除贫困的自由之各项政策;

4. 所有抗日军队应遵守与执行联合国民政府及其联合军事委员会的命令,并应为这个政府及其军事委员会所承认,由联合国得来的物资应被公平分配;

---

① 《毛泽东年谱》中卷,第 556—557 页。

　　5. 中国联合国民政府承认中国国民党、中国共产党及所有抗日党派的合法地位①。

　　毛泽东表示："我今天还不能和赫尔利将军同去重庆，我们决定派周恩来和你同去。"10日下午2时，周恩来随同赫尔利返回重庆，以继续与国民党方面的谈判。

　　对此次谈判所达成的协定，中共方面是满意的，毛泽东在致罗斯福的信中称："这一协定的精神和方向，是我们中国共产党和中国人民八年来在抗日统一战线中所追求的目的之所在。"②赫尔利由于对于中国政治的隔膜，他并不了解国共在联合政府问题上争执的内涵，他认为这是中国共产党签署的把军权交给国民政府的惟一文件，因为"修正草案中的基本原则几乎全是我们的"，"国民政府与中共达成协议，将在政治上和道义上加强国民政府，并将防止崩溃"③。

　　赫尔利与中共方面达成的协定，遭到国民党方面强烈的反对。11月18日和19日，赫尔利与蒋介石进行了两次长谈，试图说服蒋介石接受该方案，但蒋介石不为所动，并提出三条反建议。赫尔利虽然对国民党方面的顽固立场表示不满，但最终还是转而接受了国民党方面的主张。其基本的原因是：赫尔利认为"他的使命是把中国所有的军事和政治集团统一到蒋介石的领导之下，保存现有的国民党政权，由所谓少数党和武装集团组成并无实权的松散联盟从属于国民党政权"④。

　　11月23日，赫尔利会见周恩来，转告国民党三条反建议：一、国民政府允将中国共产党军队加以整编，列为正规军，其经费、饷项、军械及其补给与其他部队受同等待遇，国民政府承认中国共产党为合法政党；二、中国共产党将其一切军队移交国民政府军事委员会统辖，国民政府

　　①　参见黄修荣编著：《抗日战争时期国共关系纪事》，第632页。
　　②　《毛泽东年谱》中卷，第558页。
　　③　FRUS，1944，China，pp. 669 - 701.
　　④　[美]沙勒：《美国十字军在中国》，第190页。

并指派中共将领以委员资格参加军事委员会;三、国民政府之目标,本为中国共产党所赞同,即为实现孙总理之三民主义,建立民有、民治、民享之国家,并促进民主政治之进步及其发展之政策①。该反建议回避了最为关键的建立联合政府问题。

于是,围绕着"五条协定"和"三条反建议",国民党、共产党以及赫尔利之间进行了反复的交涉和较量。蒋介石认为,同意成立联合政府就等于承认国民党被共产党彻底打败了,这是"生死存亡的问题"②,提出三条反建议实际上是要"招安"中共军队。以后又提出一些新的方案,如主张设置战时内阁性之机构,使中共及其他党派之人士参加、由军事委员会指派中国军官二人(其中一人为中共将领)和美国军官一人主持中共军队的编制及军械补给,由美国将领一人直接指挥中共军队等,万变不离其宗,就是要诱使中共交出军队③。中共方面则坚持建立联合政府的主张和五条协定,认为蒋介石不签署"五条"反而对中共战略利益有利,"五条"所包含的内容作为整案,不拆开提出,蒋介石既然不同意成立联合政府,中共也不入阁,继续在敌后争取一二年时间大发展,以"取得全局的中心地位"④。并于 12 月 7 日电召周恩来回到延安。赫尔利和魏德迈则以向中共军队提供美援和军火作为交易的筹码,诱使中共参加政府,中共不为所动;在周恩来返回延安后,赫尔利又通过美军驻延安军事观察组长包瑞德威胁毛泽东、周恩来:如果中共不接受国民党的建议,会在美国造成不利的影响。毛泽东答复说:"蒋介石的三条建议等于要我们完全投降","赫尔利说我们接受这个席位,就是'一只脚跨进了大门',我们说如果双手被反绑着,即使一只脚跨进了大门也是没有任何意义的";并表示在五点建议中我们已经做了我们将

① 《1944 年 5 月—1945 年 1 月国共谈判资料》,《民国档案》1994 年第 3 期。
② 参见陶文钊等:《抗日战争时期中国对外关系》,第 450 页。
③ 参见黄修荣编著:《抗日战争时期国共关系纪事》,第 637 页。
④ 参见《胡乔木回忆毛泽东》,第 356—358 页。

要做的全部让步,我们不再作任何进一步的让步"①。中共一度甚至准备公布五点协议,这使赫尔利大为恐慌,赫尔利紧急致电周恩来,不同意公布五条协议,包瑞德也出面缓颊,希望中共不要让赫尔利太难堪,"若广播谈判条件,导致与美国决裂,将对中共不利"。毛泽东表示中共方面"毫无与美方决裂之意,五条协定草案可以不发表",但重申"牺牲联合政府,牺牲民主原则,我们决不能干,我们所拒绝者仅仅这一点,其他一切都是好商量的"②。

　　1945 年 1 月 7 日,赫尔利致电毛、周,提议在延安举行有他参加的国共两党会议。11 日,毛泽东复电赫尔利,指出"恐此项会议得不到何种结果",表示婉拒,并重提在重庆举行国是会议之预备会议,如国民党方面同意,周恩来可到重庆磋商③。20 日,赫尔利在与国民党方面经过十天商讨后,致电毛泽东,称国民党的三点反建议已有所更改,建议中共方面派代表赴重庆作一短期访问,俾与政府商谈问题。24 日,周恩来再次奉派赴重庆谈判。中共方面的谈判基调是:一、争取联合政府,与民主人士合作;二、召开党派会议作为具体步骤,国民党、共产党、民盟参加;三、要求国民党先办到以下各项——释放张学良、杨虎城、叶挺、廖承志等,撤退包围陕甘宁边区的军队,实现一些自由,取消特务活动等④。

　　然而,国民党方面的谈判方针却是换汤不换药,除坚持原三条反建议外,又增加了四条:一、行政院下设各党派参加的战时内阁性的新机构;二、成立有国民党、共产党、美国各一人参加的整编委员会,整编中共军队;三、为中共军队设一美国军官作总司令;四、国民政府承认中共合法。对此,周恩来表示拒绝,并坚持先解决国民党一党包办的问题。

---

①　《毛泽东年谱》中卷,第 563—564 页。
②　《毛泽东年谱》中卷,第 564—565 页。
③　《毛泽东年谱》中卷,第 572 页。
④　《毛泽东年谱》中卷,第 574 页。

2月2日,国民党代表提出了关于政治咨询会议的方案,国民政府同意召开有国民党代表与其他党派代表参加的会议,职责是:一、结束训政与实施宪政之步骤;二、今后施政方针与军事统一之方法;三、国民党以外党派参加政府之方式等,这表明国民党有可能接受党派会议。中共方面也提出了一个关于党派会议的协定草案,其要点是:党派会议应包含国民党、共产党和民主同盟三方代表,有权讨论和解决结束国民党一党统治、改组政府、起草施政纲领、保证各代表有平等地位和来往自由等。双方的分歧仍然集中在结束国民党一党专政和建立联合政府问题上,但中共方面没有拒绝王世杰方案,只说可回延安商讨①。

2月3日,中共中央六届七中全会主席团会议决定:蒋介石如提出召开国民大会,我们要抵制。并指示周恩来"除非明令废止一党专政,明令承认一切抗日党派,明令取消特务机关及特务活动,准许人民有真正自由,释放政治犯,撤销封锁,承认解放区,并组织真正民主的联合政府,我们是碍难参加政府的",态度趋向强硬②。13日,蒋介石会见周恩来,也明确表示:建国大纲所定之还政于民的程序不能变更,国民党只能还政于未来之国民代表大会,不能将政权移交于中共所要求召集之党派会议;中共不能推翻国民党与蒋介石本人,必须与国民党彻底合作③。周恩来逐条进行批驳,国共谈判再度陷入僵局。

2月14日,国民党代表王世杰举行记者招待会,单方面公布国民党在谈判中所做的让步和妥协,批评中共拒绝接受政府提议,等于公开宣布两党谈判的破裂。15日,周恩来在离渝前发表声明,指出王氏的说法是"不坦白和不公平的",说明由于国民党当局坚持要中共交出军队,坚持国民党一党专政制度,反对建立民主的联合国民政府,导致谈判无果而终。次日,周恩来飞返延安,本轮国共谈判宣告结束。

---

①　参见黄修荣编著:《抗日战争时期国共关系纪事》,第650页。
②　《毛泽东年谱》中卷,第576页。
③　《王世杰日记》1945年2月14日,台北中研院近代史研究所1990年。

由于在史迪威事件后,美国政府已基本上确定了扶蒋反共的对华政策,赫尔利介入国共谈判五个月,虽然主观上企图调处国共关系,按照美国的设想改革中国的政治机制,结果却是不仅没有缓和中国的分裂与内战危险,反而增加了蒋介石坚持独裁专政、分裂内战的意念和政策趋向。

第三节　中国各党派的战后政治设计

一　国民党"六大"与其设计的战后政治构架

1945 年春,世界反法西斯战争已处于最后胜利的前夜。在欧洲战场,战争已在德国本土进行,3 月美英联军渡过莱茵河,攻入德国腹地,4 月苏联军队完成了对柏林的包围,纳粹德国的败亡已成定局。在太平洋战场,美军已攻占马里亚纳群岛、硫磺岛、冲绳岛,并加强了对日本东京及其他战略要地的地毯式轰炸,摧毁了日本的主要军事工业基地。在中国战场,正面战场和敌后战场都开始了局部反攻,日本法西斯同样面临绝境。中国的各派政治势力开始各自为战后中国政治设计蓝图,并为此展开各种形式的斗争。

中国国民党于 1945 年 5 月 5 日至 21 日在重庆举行了第六次全国代表大会。会议的基本任务是:统一全党思想,策划战后国家发展大计,最重要的是抵制中共提出的联合政府,继续维持国民党的一党专政制度。

国民党统治集团当时正面临着来自多方面的政治压力,首先,中共所领导和倡导的以建立联合政府为旗帜、由各民主党派和国统区人民参加的民主运动蓬勃发展,已汇成一股强大的历史潮流,猛烈地冲击着国民党当局的统治,迫使他们必须作出必要的应对。

其次,美国政府对于国民党独裁统治及军事溃败的不满与日俱增,各种不利于国民党统治集团的情报和报告不断送往华盛顿,而美国最高当局和驻中国机构催促国民政府实行改革的劝告和敦促,也源源不断地提出,甚至以停止美援为要挟,迫使国民党当局必须做出一些"革新"的举措,来换取美援与美国的支持。

第三,国民党内部出现了"党政革新运动"。豫湘桂战役后,国民党政府政治上贪污腐败日益暴露、经济上通货膨胀情况急剧恶化,国际舆论批评指责有增无减,党内人心涣散,国民党内一批少壮中委和中层干部起而寻求振兴自救之道,他们痛愤国民党之腐败无能和元老派的昏庸误国,具有"亡党亡国,大乱将到"的危机忧患意识。他们逐渐组成松散的跨派系的联合,以国民党的中央全会为其政治论辩的场所,要求实行革新党政人事,改变国民党的现状,这在很大程度上反映了国民党内的派系斗争,但也向国民党的现实政治发起了挑战①。

最重要的是,抗日战争已临近胜利,作为一个执政党在面临党内外各种挑战的情况下,必须确定自身的大政方针,以"争取抗战的最后胜利,谋求战后国家的复兴"。

1943年9月,国民党五届十一中全会曾通过决议:"本党第六次全国代表大会,应于事实上可能时,尽速召开,至迟应于战争结束后半年内召开之。"②1945年元旦,蒋介石发表新年文告,提出"将抗战胜利与宪政实施毕其功于一役"的意见,表示俟军事形势稳定,反攻基础确立,最后胜利更有把握的时候,不待抗战结束,政府决定及时召开国民大会,颁布宪法,"还政于民"③。显然,这是对中国共产党"联合政府"号召的一种对应。1月6日,蒋介石召集五院院长商讨召开国民党全国代表大会及国民大会问题,决定于5月5日举行国民党"六大",国民大

---

① 参见王奇生:《派系、代际冲突与体制内的自省——以1944年至1947年国民党党政革新运动为视点》,1999年12月,2000年1月"1949年的中国"国际学术会议论文。

② 《中国国民党第五届中央执行委员会第11次全体会议速记录》,中国国民党党史会藏。

③ 《总统蒋公思想言论总集》卷32,中国国民党党史会编印,第101、107页。

会召集日期可在党代表大会中决定。8 日,蒋介石主持国民党中央常务委员会会议,核定上述决定,并推叶楚伧、陈布雷、吴铁城等七人筹备有关事项①。22 日,又由国民党中常会决定加派张继、张治中、潘公展、朱家骅、王世杰十四人参加,组成二十一人的"审议委员会",以叶楚伧、吴铁城为召集人,共策筹备事宜②。

2 月起,在各地区和各党部选举国民党"六大"代表。有 45 个单位的代表因情形特殊无法如期完成选举,而采用由该单位提出加倍人数,由国民党中央圈定代表人选③。外蒙、西藏、台湾等边疆党部的代表,由代表候选人委员会提出代表人选,由中央常委会决定。4 月间,各地代表抵达重庆。

5 月 5 日,国民党"六大"在重庆复兴关中央干部学校大礼堂举行。出席代表六百余人。会议根据蒋介石的提名,通过居正、于右任、戴传贤等 36 人为主席团,吴铁城、狄膺为正副秘书长。会议共举行二十次大会,蒋介石致开幕词并作政治报告,吴铁城、吴鼎昌、程潜、翁文灏、潘公展、孙科、何应钦分别作党务、政治、军事、经济、中共问题、宪草问题、部队整编及湘西战役等报告,会上提出各种议案 400 余件,讨论通过了有关党务、政治、经济、军事、外交、教育等各项决议案 250 余件。就议案内容观察,大会关注的重点政治事项居首,经济事项次之,余依次为党务、外交、军事、教育。

这次大会以实施宪政为中心议题,拒绝中共"联合政府"的主张。蒋介石在会议开幕词中,针对中共关于联合政府的主张,打出了"还政于民"的旗帜,提议于 1945 年 11 月 12 日召开"国民大会",实施宪政,

① 《中国国民党第五届中央执行委员会常务委员会第 274 次会议记录》,中国国民党党史会藏。

② 《中国国民党第五届中央执行委员会常务委员会会议记录汇编》(下),第 1303 页,中国国民党党史会藏。

③ 《中国国民党第五届中央执行委员会常务委员会会议记录汇编》(下),第 1352—1353 页。

指出:"召集国民大会的日期必须及早确定,且必须使之如期集会,不可展缓,即使遇到任何困难或阻力,本党亦应毅然决然执行我们革命建国的使命,力排万难,促其实现。"并不点名地指责中国共产党和各民主党派关于建立联合政府的主张是"野心家假借民主名义,僭窃民权,便利私图,陷国事于紊乱无主的状态"①。

为了显示"行宪"的决心,会议通过了《促进宪政实现之各种必要措施案》,决定在闭会后若干措施以为实施"宪政"之准备,如:"一、三个月内取消军队中原设的党部;二、各级学校不设党部,三民主义青年团改属于政府,担任训练青年工作;三、六个月内后方各县市临时参议会依法选举,而各省临时参议会于所属县市参议会有过半数已经成立时,立即依法选举,俾皆能成为正式民意机关;四、制定政治结社法,俾其他各政治团体得依法取得合法地位;五、党部在训政时期所办理有国家行政性质之工作,应于闭会后陆续移政府办理。"②实践证明,这些措施并不能改变国民党独裁统治的实质,在实践中也并未得到认真执行。

大会关于"国民大会"的决议,则明显地表现出国民党不肯放弃其对于整个国家政权的垄断,坚持"一党独裁"的原则。他们所准备举行的"国民大会",仍然是一个反民主的、一党包办的大会。如会议通过的决议规定,抗战以前产生的"国大"代表"除因背叛国家及死亡或因他故而丧失其资格者外,一律有效"③。这些代表是在战前人民毫无权利的极不自由的情况下选举产生的,当然不能为中共和其他民主党派所接受。同时,还规定"国民大会开会时,仍应以国民政府公布之五五宪法草案为讨论基础","国民大会的职权问题,以及其他与国民大会召集有

①　《中国国民党总裁蒋中正在第六次全国代表大会致开幕辞》(1945 年 5 月 5日),《战时建设》(二),第 1799—1800 页。

②　中央执行委员会秘书处编印:《中国国民党第六次全国代表大会记录》,第200—201 页,中国国民党党史会藏。

③　《中国国民党六全大会第九次会议关于国民大会召集日期案讨论速记录》(1945 年 5 月 14 日),中国国民党党史会藏。

关之各项问题"，仍要交国民党中央执行委员会"慎重研讨后酌定之"①。这表明国民党所勾画的战后政治蓝图，仍将坚持独裁的方针，体现了国民党统治集团的政治利益，其抵制中共和各民主党派建立联合政府要求的意图，昭然若揭。

中共问题也是本次大会讨论的重点问题。潘公展在第八次大会上作了《关于中共问题的报告》，强调"与中共之斗争无法妥协，今日之急务，在于团结本党，建立对中共斗争之体系，即创造斗争的优势条件与环境。故须从政治上、军事上强固党的力量。当前对中共之论争，应集中于反驳联合政府，反驳抗日战争中有两条路线的论调，反驳中共具体纲领，与反对解放区人民代表大会"②。这段讲话及其列出的四个重点，鲜明地反映了两党斗争的焦点所在。

大会组成特种委员会对此议案进行审查，并于第十六次大会通过两个决议：其一是公开发表的《对中共问题之决议案》，一方面仍然指责中国共产党频年以来"仍坚持其武装割据之局，不奉中央之军令政令"；另一方面又表示将"宽大容忍，委曲求全"，"在不妨碍抗战、有害国家之范围内，一切问题可以商谈解决"③。继续摆出政治解决国共关系问题的姿态。其二是党内文件《对中共问题之工作方针》，指责中共"坚持其武装割据，借以破坏抗战，致本党委曲求全政治解决之苦心，迄无成效"；"最近更变本加厉，提出联合政府口号，并阴谋制造其所谓'解放区人民代表会议'，企图颠覆政府，危害国家"；要求本党党员"提高警觉，发扬革命精神，努力奋斗，使本党政治解决之方针得以贯彻"。并制订了六项具体措施：一、"大量吸收工农党员，发展本党在农工社会中的组织"；二、"吸收富于革命性的知识分子，并正确地领导青年"；三、"对

① 《中国国民党历次代表大会及中央全会资料》(下)，第960页。
② 王千秋：《重庆的喜剧——国民党第六次全国代表大会内情》，1946年油印本，第27页。
③ 转引自章伯锋、庄建平主编：《抗日战争》第3卷，第1384页。

外应配合政治环境,加强国际宣传,对内应加强党员政治训练,纠正中共之虚伪宣传";四、"一切社团中之本党同志,应加强党团组织,争取第三者对本党之同情";五、"在沦陷区应确立并加强党的领导","由中央选派坚强干部深入敌后工作";六、"加强中央及各地对于本问题之统一指导机构"等①。由此可见,国民党"六大"选择了与中国共产党全面较量的方针,准备随时以所谓的"妨碍抗战、危害国家"的帽子强加在共产党的头上,进而用武力解决所谓的"中共问题"。

　　强化国民党的集权体制,是国民党"六大"的又一重要内容。5月17日,大会主席团提请选举蒋介石为国民党总裁,吴敬恒在关于选举总裁案的说明中,颂扬蒋介石"在过去一二十年中,擘划军政设施,辛劳备至,总理在其遗墨中论及总裁才能时,亦隐有以蒋总裁为其继任人之意",吹捧"抗战前后,对我国最注意之人士即为总裁",并提议总裁一职,职位重要,故用"推选"方式产生②。大会全体一致通过推选蒋介石为总裁,并将原党章中总裁代行总理职权,修改为"行使"总理职权,从法理上强化了蒋介石在国民党内至高无上的地位。5月28日,国民党举行六届一中全会,全体新当选的中央执监委员和候补执监委员举行效忠蒋介石的宣誓,其誓词为:"余誓以至诚遵奉总理遗嘱,服从总裁命令,信仰本党主义,遵守本党纪律,严守党的秘密,绝对不组织或加入其他政治团体,绝对不自私自利,绝对不以个人感情或意气用事,如有违背誓言,愿受本党最严厉处分。"③对于一般党员,国民党新党章也规定,凡国民党党员"不得于党外攻击党员及党部",否则以违纪论处。这些规定表明国民党在组织上已进一步集权化,这与其政治路线是相适应的。

　　国民党"六大"对于经济问题也有所讨论,代表的提案中经济类多

---

① 转引自章伯锋、庄建平主编:《抗日战争》第 3 卷,第 1384—1385 页。
② 《中国国民党历次代表大会及中央全会资料》(下),第 1002 页。
③ 《中国国民党历次代表大会及中央全会资料》(下),第 1025 页。

中华民国史　第十卷

达 70 余案,会议通过了《本党政纲政策》、《土地政策》、《农民政策纲领》、《工业建设纲领实施原则》等决议案。这些决议案虽也涉及"耕者有其田"和"扶助民营企业"的内容,却并不准备认真实行,其基本精神则是为扩大国民党统治集团的垄断资本利益服务的。如规定"都市土地,一律收归公有","一切山林川泽矿产水力等天然资源,应立即宣布完全归公","凡私有土地,应即速规定地价,照价征收累进税和土地涨价归公",这些均有利于国民党国家资本集团扩展势力。同时,又规定"凡有独占性之企业及为私人之力所不能办者,均归国营或公营","原属民营之事业产量未足定额时,由政府筹措",更是为国民党国家资本集团限制、吞并民族资本大开绿灯①。这从另一个层面反映了国民党统治集团将继续在中国维护大地主大资产阶级的政治经济利益。

国民党"六大"还对兴办党营生产事业,巩固党的经济基础问题有所讨论和决定。为了适应国民党"还政于民"后的经费问题,与会代表提出数件关于筹措党务经费的提案,交党务组负责审查。第十六次大会讨论通过了党务组的审查意见,决定交下届中央执行委员会采行。根据决议案,党费筹措除紧缩机构以节开支,增收党员捐款以供县以下党部经费,宽筹 100 亿基金取其子息以供中央及省市党部经费外,还作出了一个重要的决定,那就是将党费基金全部投资于各种事业,以巩固党的经济基础。并规定党营生产事业,以实践三民主义经济政策为原则,以有关国计民生文化教育事业为宜,应完全依照合法手续成立合作社或公司组织经营等,具体确定文化、电影、合作运输、金融保险储蓄、农林畜牧等为经营范围。此为国民党利用基金营利,厚植党费的起点,对日后国民党解决经济问题具有重要的影响②。

会议选举国民党中央执行委员 222 人,候补中央执行委员 90 人,

---

① 《中国国民党历次代表大会及中央全会资料》(下),第 925、936 页。

② 参见邵铭煌:《为抗战胜利而绸缪:中国国民党第六次全国代表大会之召开与时代意义》,北京"1994 年的中国"国际学术讨论会论文,1999 年 12 月。

中央监察委员 104 人,候补中央监察委员 44 人。5 月 28 日至 31 日,国民党六届一中全会在重庆举行,推选戴季陶、于右任、邹鲁、李文范、陈布雷、程潜、张治中、吴铁城、宋子文、何应钦、潘公展、朱家骅、张厉生、陈果夫、丁惟汾、段锡朋、张道藩、冯玉祥、叶楚伧、陈济棠、孙科、陈立夫、陈诚、白崇禧为中央执行委员会常务委员,推选吴稚晖、张继、王宠惠、邵力子、程天放、林云陔、王秉钧为中央监察委员会常务委员。这次选举有两大特色,一是将几乎所有的高级军官全部吸收为中央执行委员,加强国民党对于军队的集中控制。其二是选举中派系斗争激烈,复兴社、黄埔系、朱家骅派、政学系、新桂系联手对付以陈立夫为核心的CC派,使派系斗争达到了登峰造极的地步,陈布雷在日记中记载:"念此次大会竞选中委情形之恶劣,甚为本党耻之,亦为本党前途忧之";"此次选举中,各部分猜疑过甚,互信消失,纠纷怨望,无所不有,真堪浩叹!"①有论者认为,国民党"六大"在决定今后时局的关键时刻,由于派系斗争激烈,使国民党陷入分裂而不团结,种下了日后在大陆失败的前因②。

国民党"六大"拒绝了中国共产党和各民主党派关于成立联合政府的主张,最终确定了继续一党专政的方针。

二　中共"七大"与"联合政府"的新内涵

1945 年 4 月 23 日至 6 月 11 日,中国共产党第七次全国代表大会在延安举行。出席大会的正式代表 547 人、候补代表 208 人,代表着全国 121 万党员。毛泽东、朱德、刘少奇、周恩来、任弼时、林伯渠、彭德

---

①　《陈布雷先生从政日记稿样》(民国三十二年 1 月 1 日至三十四年 12 月 31 日),第 774—775 页,转引自邵铭煌:《为抗战胜利而绸缪:中国国民党第六次全国代表大会之召开与时代意义》。

②　邵铭煌:《为抗战胜利而绸缪:中国国民党第六次全国代表大会之召开与时代意义》。

怀、康生、陈云、陈毅、贺龙、徐向前、高岗、张闻天、彭真15人为大会主席团,毛泽东、朱德、刘少奇、周恩来、任弼时为大会主席团常委,任弼时、李富春为正副秘书长,彭真等22人组成代表资格审查委员会。会议的基本任务是:总结中国革命的基本经验,设计战后中国政治的蓝图,确定正确的政治路线,为彻底打败日本侵略者,建设新民主主义的新中国做准备。这次会议本早应举行,因战争关系,交通分割,以及中共开展整风运动的关系,推迟了若干年。与中共历史上历次代表大会相比,这次会议是在前所未有的新的国际国内党内形势和条件下举行的。

首先,国际形势有了重大变化,世界将走向进步,人民民主势力一定胜利的历史总趋势已经确定,"这一新形势和第一次世界大战时代的形势大不相同,在那时还没有苏联,也没有现在许多国家人民的觉悟程度。两次世界大战是两个完全不同的时代"。

其次,国内形势也有利于人民,"战争教育了人民,人民将赢得战争,赢得和平,又赢得进步"。中国国内虽依然存在着代表大地主大资产阶级大买办阶层的国民党政府,时刻有将中国拖入内战的危险,但"中国人民不但有了比过去任何时候都高的觉悟程度。而且有了强大的中国解放区和日益高涨的全国性的民主运动"①。"七大"召开时,中共已领导着19个解放区,总面积约95万平方公里,人口9550万,八路军、新四军等军队91万人,民兵220万人,其地域包括辽宁、热河、察哈尔、绥远、陕西、甘肃、宁夏、山西、河北、河南、山东、江苏、浙江、安徽、江西、湖北、湖南、广东、福建等省的大部分或小部分,抗击着中国战场56％的日军和95％的伪军,"成为民主中国的楷模,成为配合同盟国作战、驱逐日本侵略者、解放中国人民的主要力量"②。

第三,中国共产党自身也获得了大发展,实现了大团结。中共党员

---

① 毛泽东:《论联合政府》,《毛泽东选集》(4卷合订本),第932—933页。
② 毛泽东:《论联合政府》,《毛泽东选集》(4卷合订本),第946页。

已从 1937 年的五六万发展至 120 万,"经过整风、路线学习、审查干部,党内思想更加一致,小资产阶级思想的地盘缩小,组织更加纯洁,又通过了《关于若干历史问题的决议》,全党达到了空前的团结。这种思想上的准备经过三四年,其意义是非常伟大的"①。

毛泽东在会上致开幕词和闭幕词,并作了《论联合政府》的政治报告,朱德作《论解放区战场》的军事报告,刘少奇作《关于修改党章的报告》等。会议最重要的内容是讨论并通过了毛泽东《论联合政府》的报告,该报告赋予了"联合政府"新的内涵,确定了中国共产党在新时期的政治路线,构筑了未来新民主主义共和国的蓝图。

"联合政府"的口号是 1944 年 9 月提出的。正如毛泽东指出的:"长期以来找不到一个适当的口号,现在有了联合政府这个口号,很好。联合政府是具体纲领,是统一战线政权的具体形式。这个口号一提出,重庆的同志如获至宝,人民群众也非常拥护。"②这个口号是针对国民党一党包办的"国民大会"而提出的,其实质是"改组政府,我可参加,联合政府仍然是蒋介石的政府,不过我们入了股,造成一种条件"③。国共间环绕着联合政府进行了多轮的较量,双方毫无通融妥协之余地。1945 年 3 月 31 日,毛泽东在主持中共中央六届七中全会讨论"七大"政治报告草案时指出:联合政府有三种可能性:其一是"坏的可能性,那就是要我们交出军队,国民党给我们官做。军队我们当然是不交的,政府还是独裁的,我们去不去做官呢?我们要准备这种可能性,不应完全拒绝去做官,这是委曲求全为了团结抗战,好处是可以进行宣传"。其二是"形式上废止一党专政,实际上是独裁加若干民主"。其三是"以我们为中心,我们的军队发展到 150 万以上、人口一亿五千万以上时,政

① 《任弼时报告七大筹备经过》,《中共党史资料》1982 年第 3 辑,中共中央党校出版社 1982 年版,第 118—119 页。
② 《毛泽东年谱》中卷,第 586 页。
③ 《毛泽东年谱》中卷,第 576 页。

府设在我们的地方"。毛泽东特别指出:"在蒋介石发展到无联合的可能时,就应如此做。这是中国政治发展的趋势和规律,我们要建设的国家就是这样一个国家。"①毛泽东在这段讲话中,对于"联合政府"的政治内涵赋予了三个层次的意义,这三个层次的内涵随着时局的变化与国共力量的升降而发生转换。

毛泽东在中共"七大"的政治报告着重论述了联合政府问题。其基本的主张是:"中国急需把各党各派和无党无派的代表人物团结在一起,成立民主的临时的联合政府,以便实行民主的改革,克服目前的危机,动员和统一全中国的抗日力量,有力地和同盟国配合作战,打败日本侵略者,使中国人民从日本侵略者手中解放出来。然后,需要在广泛的民主基础之上,召开国民代表大会,成立包括更广大范围的各党各派和无党无派代表人物在内的同样是联合性质的民主的正式的政府,领导解放后的全国人民,将中国建设成为一个独立、自由、民主、统一和富强的新国家。""走团结和民主的路线,打败日本侵略者,建设新中国。"②显然,毛泽东给"联合政府"赋予了第三个层次的新内涵。

毛泽东首先将两个中国之命运问题尖锐地提到了全党面前,指出:"或者是一个独立、自由、民主、统一、富强的中国,就是说,光明的中国,中国人民得到解放的新中国,或者是另一个中国,半殖民地半封建的、分裂的、贫弱的中国,就是说,一个老中国。"③接着指出:"中国的国家制度不应该是一个由大地主大资产阶级专政的、封建的、法西斯的、反人民的国家制度";"中国也不可能、因此就不应该企图建立一个纯粹民族资产阶级的旧式民主专政的国家";"我们主张在彻底地打败日本侵略者之后,建立一个以全国绝对大多数人民为基础而在工人阶级领导之下的统一战线的民主联盟的国家制度,我们把这样的国家制度称之

---

① 《毛泽东年谱》中卷,第586—587页。
② 毛泽东:《论联合政府》,《毛泽东选集》(4卷合订本),第930—931页。
③ 毛泽东:《七大开幕词》,《毛泽东年谱》中卷,第592页。

为新民主主义的国家制度。"毛泽东强调："这是一个真正适合中国人口中最大多数的要求的国家制度。因为，第一，它取得了和可能取得了数百万产业工人，数千万手工业工人和雇佣农民的同意；其次，也取得了和可能取得占人口百分之八十，即在四亿五千万人口中占了三亿六千万的农民阶级的同意；又其次，也取得了和可能取得广大的城市小资产阶级、民族资产阶级、开明士绅及其他爱国分子的同意。"针对有些人怀疑中共在得势后是否会学俄国那样，实行无产阶级专政，毛泽东指出："中国现阶段的历史将形成中国现阶段的制度，在一个长时期中，将产生一个对于我们是完全必要和完全合理同时又区别于俄国制度的特殊形态，即几个民主阶级联盟的新民主主义的国家形态和政权形态。"①

这个新民主主义的政权形态就是中共所极力倡导的"联合政府"，显然其内涵与中共最初提出"联合政府"时已有很大的变化。其根本的区别在于这个联合政府是无产阶级领导下的各个民主阶级的联盟，要把中国从现在的国家状况和社会状况向前推进一步，从半殖民地半封建的国家和社会状况，推进到新民主主义的国家和社会。在政治上，推翻外来的民族压迫，废止国内的封建主义和法西斯主义的压迫，建立一个联合一切民主阶级的统一战线的政治制度；在经济上，按照孙中山先生的原则和中国革命的经验，实行国家经营、私人经营和合作社经营三者组成的新民主主义经济；在文化上，实行"民族的、科学的、大众的文化"，决不是"少数人所得而私"的文化。"联合政府"成为中国共产党现阶段实现新民主主义革命路线的最为合理和合适的形式，是抗日民族统一战线的最高形式。

毛泽东在报告中特别批评了国民党所一手包办的所谓"国民大会"，指出："在这个会上通过一个实际上维持独裁反对民主的所谓'宪法'，使那个仅仅由几十个国民党人私自委任的、完全没有民意基础的、

① 毛泽东：《论联合政府》，《毛泽东选集》（4卷合订本），第956—957、963页。

强安在人民头上的、不合法的所谓国民政府，披上合法的外衣，装模作样地'还政于民'，实际上，依然是'还政'于国民党反人民集团。"一针见血地揭露国民党是想把所谓"国民大会"当做法宝祭起来，"一则抵制联合政府，二则维持独裁统治，三则准备内战理由"，指出历史的逻辑将向他们所设想的反面走去。中国共产党提出以成立临时的联合政府和正式的联合政府作为结束国民党一党专政的两个步骤，并指出："不管国民党人或任何其他党派、集团和个人如何设想，愿意不愿意，自觉不自觉，中国只能走这条路。这是一个历史法则，是一个必然的、不可避免的趋势，任何力量，都是扭转不过来的。"①

为了实现建立民主联合政府的政治目标，中国共产党制定了正确的政治路线，那就是："放手发动群众，壮大人民力量，在我党的领导下打败日本侵略者，解放全国人民，建立一个新民主主义的中国。"毛泽东在报告中总结了中国共产党二十四年的奋斗历史及其主要经验，强调"没有中国共产党的努力，没有中国共产党人做中国人民的中流砥柱，中国的独立和解放是不可能的，中国的工业化和农业近代化也是不可能的。"②报告详尽规定了中国共产党在国民党统治区、沦陷区和解放区的不同任务，号召全党和全国人民迅速行动起来，为夺取抗日战争的胜利和民主政治在中国的实现而努力奋斗。

中共"七大"还决定以大会的名义向各解放区人民提议："尽可能地在延安召开中国解放区人民代表会议，以便讨论统一各解放区的行动，加强各解放区的抗日工作，援助国民党统治区人民的抗日民主运动，援助沦陷区人民的地下军运动，促进全国人民的团结和联合政府的成立。"③这标志着中国共产党已向着建立以中国共产党为领导中心的联

---

① 毛泽东：《论联合政府》，《毛泽东选集》（4卷合订本）第969—970页。

② 毛泽东：《论联合政府》，《毛泽东选集》（4卷合订本），第999页。

③ 毛泽东：《论联合政府》，《毛泽东选集》（4卷合订本），第993页。中共"七大"后，在延安成立了"中国解放区人民代表会议筹备委员会"，并由各解放区代表共同开过一次筹备委员会成立大会，日本投降后，因时局变化，该会议没有举行。

合政府迈开了重要的一步。

根据会议制定的总路线和总任务,会议还规定了若干具体路线和政策。朱德所作的《论解放区战场》的军事报告,总结了中国共产党在抗日战争时期的军事路线,系统阐明了人民军队的建军原则和人民战争的战略战术,确定了中国共产党在三种不同地区的军事任务:在全国,是要求改组国民党一党专政的统帅部,按照孙中山先生民主主义原则,成立一个能够胜任统一指挥的联合统帅部,毫无例外地把一切新式武器去武装一切能对敌作战的部队,以加紧战胜敌人,消灭敌人,完成民族的解放,为打败日本侵略者而共同奋斗;在沦陷区,是加强对人民的政治争取工作和组织工作,加强对敌伪军警的政治影响以争取他们的反正,加强敌后各城市工作和组织地下军的任务,脚踏实地,准备力量,以便时机成熟的时候,即摧毁日寇,光复我们神圣的河山;在解放区,是扩大解放区,缩小敌占区,扩大人民武装,消灭与瓦解敌伪军,在现有基础上加强正规兵团、地方兵团与民兵自卫军的训练,提高军事技术,加强指挥机关,准备大反攻的物质基础等,人民军队的中心战略任务是,实行从抗日游击战争到抗日正规战争的战略转变,以迎接抗日大反攻的到来①。

周恩来所作的《论统一战线》的发言、彭德怀所作的《关于华北八年抗日游击战争的成绩和经验》的发言、陈毅所作的《新四军和华中工作的经验》的发言、陈云所作的《要真理不要面子》的发言、彭真所作的《在敌占区城市工作问题》的发言、张闻天所作的《对小资产阶级思想作风特点的认识》的发言、李富春所作的《如何争取胜利》的发言、林彪所作的《关于群众观点和发动群众问题》的发言、刘澜涛所作的《关于党在东北工作问题》的发言、马凤舞所作的《关于组织和领导回民斗争问题》的发言、张鼎丞所作的《关于整风问题》的发言、傅钟所作的《关于团结问

---

① 朱德:《论解放区战场》,解放军政治学院:《中共党史参考资料》第9册,第523—526页。

题》的发言、叶剑英所作的《关于国际形势问题》的发言等,从各方面总结了历史经验,对于中共的总路线和总方针作了具体阐述。

会议的另一重要议程是通过刘少奇所作的《修改党章的报告》,并通过了新的党章,选举了新的中央委员会。刘少奇指出:"毛泽东思想,就是马克思列宁主义的理论与中国革命的实践之统一的思想,就是中国的共产主义、中国的马克思主义";"毛泽东思想,就是马克思主义在目前时代的殖民地、半殖民地、半封建国家民族民主革命的继续发展,就是马克思主义民族化的优秀典型。"①新党章确定了以毛泽东思想作为中共一切工作的指针,并将"努力地提高自己的觉悟程度和领会马克思列宁主义、毛泽东思想的基础"规定为每个共产党员的基本义务。"七大"产生了以毛泽东为首的中央委员会,其中中央委员 44 人,候补中央委员 33 人。七届一中全会选举毛泽东、朱德、刘少奇、周恩来、任弼时、陈云、康生、高岗、彭真、董必武、林祖涵、张闻天、彭德怀为中央政治局委员,毛泽东、朱德、刘少奇、周恩来、任弼时为中央书记处书记,毛泽东当选为中央委员会主席、中央政治局主席、中央书记处主席。形成了一个具有很高政治威信的、能够领导中共去夺取抗日战争和中国革命胜利的坚强领导集体。

中国共产党"七大"是一次"团结的大会、胜利的大会",它所提出的"联合政府"的口号及其赋予的新涵义,是在总结了中国民主革命二十四年英勇奋斗的历史经验的基础上制订的正确的政治路线和奋斗纲领,勾画了未来共和国的清晰蓝图。它表明中国共产党的领导集团对于中国民主革命的发展规律已经有了比较明确的认识,从而使中共在马列主义、毛泽东思想的基础上达到了空前的团结,不仅为夺取抗日战争的最后胜利奠定了基础,而且也为夺取中国革命在全国的胜利指明了方向。毛泽东在大会闭幕式上满怀信心地预言:"中国人民将要在中国共产党的领导之下,在中国共产党第七次大会的路线的领导之下,得

---

① 《刘少奇选集》上卷,人民出版社 1981 年版,第 333—334 页。

到完全的胜利,而国民党的反革命路线必然要失败!"①

三　中间党派的政治主张

在中国共产党与中国国民党分别举行"七大"和"六大",确定争取抗战胜利和战后建国政治路线,勾画各自的政治蓝图前后,中国第三种政治势力也有了一定的发展,以中国民主同盟为代表的中间党派积极参政议政,扩大政治影响,试图形成中国的第三大党,在国共两党之外另辟第三条道路。

根据当时中国的政治环境,中间党派的某些领导人发出了"中国需要第三个大政党"的呼声。罗隆基撰文指出:"假使中国要走上真正民主的轨道,中国目前迫切需要第三个大党",这个大党有两个很大的作用:"第一,缓冲国共两党的武力冲突,防止内战;第二,团结国共两党以外的进步人士,促进民主。"并论证说"假使反对内战的人民真有了组织,真有了政团为之领导,他们拒绝供给从事内战的财力与人力,内战自然打不起来","两大政党间有了倚重的平衡力量,于是谁是内战的发难者,谁就成了民意的公敌,自然内战不至轻易发生",这是第三大党的缓冲作用;"有了一个纯粹以民主主义为信仰,以实现中国的民主为目标的政团,他们团结一切小党派及无党派的进步人士,这必能使中国的民主提早实现",这是第三大党的民主效用。他的结论是:"当前是中国复兴的最大机会,亦是中国复兴的惟一机会,同时亦是中国最艰难困苦的一个时期","只有产生第三个有力的政党,国家目前许多困难才有解决的途径。"②

1944 年 9 月 19 日,中国民主政团同盟顺应时局的需要,在重庆举

---

① 毛泽东:《愚公移山》(1945 年 6 月 11 日),《毛泽东选集》(4 卷本),第1003 页。

② 昆明《民主周刊》第 1 卷第 16 期,1945 年 4 月 9 日。

行全国临时代表大会,决定将中国民主政团同盟更名为中国民主同盟,使其更具政党的色彩。中国民主政团同盟成立于1941年3月,其背景是国民党顽固派制造了震惊中外的"皖南事变",在日本法西斯加紧侵华的战争环境中,这种打击和企图消灭中共领导的抗日武装的倒行逆施,不仅遭到中国人民的坚决反对,而且也激起国际舆论的强烈谴责。国民参政会中一些在野党派人士开始登上政治舞台,一面试图调解国共矛盾和冲突,同时也企图谋取自身的发展空间。该同盟由国家社会党、中国青年党、第三党(中华民族解放行动委员会)、救国会派、职业教育派、乡村建设派三党三派的主要人物参加,实际上只是几个中间党派领导人的较为松散的联盟。该同盟改组为中国民主同盟后,"不再是过去党派的联合,而成为争取民主的各界各阶层的大联合"。尽管该同盟领导人自称他们不是一个政党,但实际上他们同其他政党一样,选举产生了由99人组成的中央执行委员会和15人组成的常务委员会,由张澜任主席,下设组织、宣传、文化、财务、国内关系、国际关系六个委员会和秘书处,由章伯钧、罗隆基、张申府、张澜(兼)、梁漱溟、张君劢和左舜生分任主任委员和秘书长。并在各地设立支部,如东南总支部、华北总支部、四川省支部、昆明支部、上海支部、重庆支部等。参加对象也由原各民主党派的负责人扩大为广大的作家、编辑、大学教授、中小学教师和工商界的从业员,而且相当多的无党派关系的盟员也加入进来,使同盟具有了一定的群众基础①。

　　尽管中国民主同盟领导人的政治哲学和基本纲领与中国共产党并不相同,但他们在中国抗战最后阶段的政治主张却与中共的政治主张颇有相似之处,因此,在反对国民党"一党独裁",争取民主的问题上,他们一般能与中国共产党携手并肩,团结合作。1944年10月,中国民主同盟发表《对抗战最后阶段的政治主张》,共五条三十五款。其主要内

――――――――――

① 参见曾守约:《介绍中国民主同盟——为中国实现民主团结》,《中华论坛》第4期,1945年4月1日。

容是：1.贯彻抗战国策，切实整理军队，以期加强反攻，争取最后胜利；2.立即结束一党专政，建立各党派之联合政权，实行民主政治；3.确立亲睦之外交政策，加强对英美苏及其他盟邦之联系，以期彻底合作，并把握当前之胜利，奠定世界永久之和平；4.确立战时经济、财政之合理机构与政策，以期对内对外树立政府与国家之信誉，并奠定和平建设之坚实基础；5.彻底革新目前之教育文化政策，保证思想、学术之自由发展，并迅速提高一般国民之文化水准等①。从中可见，中国民主同盟的基本立场是赞同和呼应中国共产党关于建立"联合政府"的政治主张的，尽管对于一些具体问题的要求，与中共提出问题的侧重点有所不同，但是从总体上观察，该同盟与中国共产党站在同一战线与国民党的专制政治进行斗争。

1945年1月15日，中国民主同盟针对蒋介石在其新年文告中提出的"及时召开国民大会，不必再待战争结束以后"的主张，针锋相对地指出："假定能召开一个举国一致而又确能解决当前一切实际问题的国民大会，吾人在原则上自亦赞成之，但目前事实上乃绝少办到的希望。如仅仅将二十五六年所选出之一部分代表，再就无法选举之若干省份指派若干，以足1400名之额，更益以数百名国民党中委及候补中委为当然代表，以此而欲制定一部全国共遵之宪法，以此而居然'还政于民'，并欲以此而成就全国的团结统一，吾人以为必将适得其反。"明确表示了反对的态度，其理由与中国共产党方面所表述的内容并无二致。中国民主同盟在该宣言中重申了该同盟的十点主张：

1. 立即结束一党专政，建立联合政权；

2. 召集党派会议，产生战时举国一致之政府，并筹备正式国民大会之召开，宪法之制定；

3. 保障人民言论、出版、集会、结社、职业、身体之自由，废除

① 《中国民主同盟对抗战最后阶段的政治主张》(1944年10月10日)，解放军政治学院：《中共党史参考资料》第9册，第476—477页。

现行一切有妨害上列自由权利之法令条例；

4. 开放党禁，承认各党派公开合法地位，并立即释放一切政治犯；

5. 废除特务及劳动营一类纯粹法西斯之组织；

6. 全国一切派系不同之军队，应本平等待遇之原则，统筹装备、给养、训练、补充之公平，以求得作战指挥之统一并渐进于军队国家化之正轨；

7. 财政绝对公开，凡预算决算及增加人民负担之措施，必须交现有民意机关审查通过；

8. 保障人民最低生活，改善士兵及公务人员之待遇，对战时战后之受灾人民，尤应统筹救济；

9. 立即停止党化教育，保障讲学自由及从事教育职业之自由；

10. 促进中苏邦交，加强对英美及其他盟邦之联系，以期彻底合作。

宣言强调："吾人以为在战争未结束以前，必须将此项过渡办法切实做到，中国始有实现民主宪政之可能，否则借延宕以资敷衍，弄名词以布观听，则不惟当前一切困难无从解决，整个国家民族且有陷于分裂破碎之虞。为国民党计，与其空谈'为政于民'，何如实行与民合作以免自误误国之为愈也。"①该宣言的态度较之 1944 年 10 月发表的政治主张更为明确，也更有抗击国民党当局的力度。

中国民主同盟领导人通过发行报章刊物来宣传他们的政治主张，如左舜生主编的《民宪》(半月刊)，章伯钧主编的《中华论坛》，黄炎培主办的《国讯》、《宪政》，罗隆基主编的《民主周刊》，潘光旦主编的《自由论坛》等，都盛行一时，颇具影响力。在中国民主同盟的领导和组织下，各

---

① 《中国民主同盟对时局宣言》(1945 年 1 月 15 日)，解放军政治学院：《中共党史参考资料》第 9 册，第 478—479 页。

界民主人士积极参与了反对国民党专制统治的斗争，重点在于要求成立联合政府，反对国民党片面的"还政于民"。1945 年 3 月 1 日，蒋介石再次发表谈话，重弹"11 月 12 日举行国民大会，通过宪法，实行宪政"的老调。昆明文化界 342 人联名发表公开声明，谴责蒋氏此举"只是蒙蔽国际视听，拖延国内民主的技术"，责问国民党当局"宪法是十年前一党包办的草案，国民代表是十年前一党包办的选举，试问以这样的代表，通过这样的宪法，再来选举大总统，产生新政府，这样的民主有真实的意义吗？试问这样迂回迁延的方式，能够挽救当前千钧一发的危局吗？"再次提出了以召开党派联席会议、建立联合政府为中心的四项主张，其主要内容是：一、政府立即邀约全国在野各党如中国共产党、中国民主同盟等各自推选的代表，而后会同各政党代表共同推定社会上无党无派各界进步人士，共同举行国是会议，决定战时的政治纲领，并重行起草国民大会组织法及选举法，筹备召集真能代表人民的国民大会，以通过宪法，实行宪政；二、国是会议为战时最高民意机关，由该会议产生举国一致的联合政府，以执行战时纲领，并共同负担抗战及参预一切国际会议，奠定世界和平的责任；三、现政府应立即宣布解散特务组织，取消言论出版登记制度，释放全国政治犯，切实保障人民身体、思想、言论、演剧、集会、结社、居住、旅行、通信等自由；四、彻底改组国家最高统帅部，使统帅部成为超党派的国家机构，以统一全国军事指挥，集中全国军事力量，以便配合盟军反攻，彻底消灭日寇，争取抗战胜利，并保障在民主政治基础上实现军队国家化的原则[1]。显然，这些政治主张与中国共产党的政治主张十分相似。

中国共产党"七大"和中国国民党"六大"结束后，环绕着"联合政府"问题展开的两个中国命运之争，更加激烈。国民党一意孤行，5 月间，宣布将于 7 月 7 日召开国民参政会第四届会议，审议召集国民大会

───────────

[1]　《昆明文化界关于挽救当前危局的主张》(1945 年 3 月 12 日)，《解放日报》1945 年 5 月 11 日。

办法等，并仍决定于 11 月 12 日召集"国民大会"。6 月 16 日，中共中央负责人发表声明，宣布中国共产党决定不参加第四届国民参政会。6 月 19 日，中国共产党七届一中全会通过了《关于召开中国解放区代表会议筹备事项的决议》，决议国民党如独裁地召开所谓国民大会，中共召开解放区人民代表会议，日期也定在 11 月①。毛泽东指出："参加蒋介石召开的国民大会是危险的，故我们拒绝参加。我们决定不参加，把一个问题摆在美、蒋面前，也使中间派有文章做。"②在国共两党针锋相对的情况下，中间党派表现出前所未有的活跃。

7 月 1 日，褚辅成、黄炎培、章伯钧、左舜生、冷遹、傅斯年六参政员经蒋介石同意访问延安，调解国共分歧。4 日，中共中央代表与六参政员达成共识，双方一致同意停止国民大会工作，从速召开政治会议，中共方面并建议：政治会议之组织，由中国国民党、中国共产党、中国民主同盟三方面代表各自推出三分之一的代表，并经其他方面同意的无党派代表人士共同组成之；政治会议性质应是公开的、平等的、自由的、有决定权的；政治会议应议的事项为：关于民主改革的紧急措施、关于结束一党专政与建立民主的联合政府、关于民主的施政纲领、关于将来国民大会的召集；政治会议召开以前，应释放政治犯，并由各方面先作预备性质的协商等③。10 日，蒋介石接见六参政员，表示对他们带回来的中共意见将加以研究考虑，实际上却将其束之高阁。然而，六参政员访问延安本身表明，在中国的政治舞台上第三种力量已被国共双方所承认，并各自都想加以利用。

对于国民参政会第四届会议，中国民主同盟内部意见不一，以云南省支部为代表，主张抵制该会议。他们认为："国民参政会七年的历史，

---

① 参见黄修荣编著：《抗日战争时期国共关系纪事》，第 664—665 页。

② 参见《毛泽东年谱》中卷，第 607 页。

③ 参见毛磊、范小方等主编：《国共两党谈判通史》，兰州大学出版社 1996 年版，第 245 页。

只证明'参政'徒有其名,而'国民参政'更无其实。国民参政会是政府圈定指派的机关,一党包办,绝对不能代表民意。国民参政会今天惟一的作用,是为政府伪装国内民主,蒙蔽国际观听的工具,是中国实现真正民主的障碍。"为此,他们不仅反对将于11月12日召开的国民大会,而且也反对在7月7日召开的国民参政会。他们提出了"圆桌会议"的政治口号,表达了他们强烈的参政意识,其具体主张是:

1. 召集中国国民党、中国共产党及中国民主同盟三大政团的圆桌会议;

2. 在这圆桌会议上,由三大政团共同推定国内无党派的代表人士,请其前来共同参加会议;

3. 由这种圆桌会议产生举国一致(包括各党各派及无党无派代表人士)的联合政府;

4. 联合政府再拟定人民代表,组织宪法起草委员会重新起草宪法;

5. 联合政府重新起草国民大会组织法与选举法,依据这种新的法律,重新选举真正代表民意的国民大会;

6. 由联合政府召集新选的国民大会代表制定宪法,实施宪政,并实行真正的还政于民。

他们认为,国共谈判不能成功的基本原因有两条:其一是国共两党的谈判"没有一个缓和调剂的力量,两党外的政团及人民代表对谈判缺乏一个公正的评判者";其二是"政府几年来始终不肯认识、承认正在发展、代表中国民主运动新生力量的中国民主同盟,其结果不能得到中国第三大政党的合作与协助,全国人民所热望推行的团结统一方案,也就始终得不到效果"①。显然,他们已自称为中国第三大政党,并表达了中国政治非第三大党加入不得成功的强烈意识。

---

① 中国民主同盟云南省支部:《为纪念抗战八周年敬告国人书》(1945年7月7日),《中国民主同盟历史文献》(1941—1949),第44—46页。

　　然而,中国民主同盟总部的领导人却依然参加了第四届国民参政会,由于中国共产党代表的拒绝到会,与会的民主党派及无党派参政员就成为与国民党代表就国是发生争执的主角。会议经过激烈辩论,通过了关于国民大会的决议案,关于国民大会之日期,因意见未尽一致,"由政府斟酌情形决定";关于国民大会代表问题,"请政府参照本会参政员提案衡酌法律与事实,妥定办法";"宪法制定时,应即予实施,俾政府还政于民之旨,早获实现"等①。对此,新华社发表记者时论,进行严厉批判,并告示国人"独裁制度丝毫未变,内战危险空前严重"②。7月19日,中国民主同盟负责人章伯钧发表谈话,呼吁国民党当局:"顺适世界民主潮流,容受人民的要求,以壮士断腕之决心,作悬崖勒马之毅行,实施民主改革,放弃原定举行国民大会之决定,迅速召开政治会议。假如错认时机,固执成议,则此后纠纷益增,演成分裂,将难以邀国人之谅解。"③主张停开国大,立即召开政治会议,共商国是。

　　7月28日,中国民主同盟总部发表对时局宣言,再次呼吁召开各党各派政治会议,挽救危局。宣言指出:"谋取团结实现之关键,只视各党派及无党无派人士之政治性的会议能否重开。本同盟以为在此紧迫时期,此项会议实以万难再缓。应请政府体察时势,顾念民情,即早召集。"要求国民党当局"为表放弃专政,实现民主之诚心",立予实行四事:确实保障人民身体、言论、出版、集会、结社、迁徙、居住之充分自由,释放一切爱国政治犯,彻底取消一切特务及类似特务之法令及机构,承认各党派公开活动之权利等,强调该四事"实为任何民主国家内人民最起码之权利,政府果欲实行民主,即宜立刻照办,同时进行政治协商,召开上述会议,务使最短期内,达成改组举国一致政府之目的,以利国

----

　　① 《参政员提案案由及国民参政会之决议文》,《战时建设》(二),第1454—1455页。

　　② 《新华社记者论时局内战危险空前严重》,《解放日报》,1945年7月23日。

　　③ 重庆《新华日报》,1945年7月19日。

家"①。

综观以中国民主同盟为代表的民主党派在抗日战争后期的政治活动和政治主张,其基本宗旨是试图在国共两党之外形成能左右中国政局的第三大党,在激烈的国共冲突中寻求新的出路,建立资产阶级民主共和国。他们在政治上反对国共内战,反对国民党的独裁统治,反对召开国民党一党包办的"国民大会",赞成共产党的"联合政府"主张,赞成举行各党派的政治会议共商国是,赞成由联合政府主持重新选举代表,举行新的"国民大会",通过宪法,实行宪政。他们的政治主张,与中国共产党当时的斗争纲领比较接近,在反对国民党的专制独裁统治、争取抗日战争胜利的斗争中,他们中的大多数可以成为中国共产党的朋友和同盟军。但由于他们与中国共产党的政治理念和基本纲领并不相同,互相间的分歧在所难免,战后国共两党斗争更为激烈,中国民主同盟内部就出现了分化,分别倒向国共两党,他们组建第三大党的理想将在中国革命的实践中破灭。

---

① 《中国民主同盟历史文献》,第 49—50 页。

第九章　抗日战争的胜利

第一节　国民政府结束战争的准备

一　中国陆军总司令部成立

中国陆军总司令部（下简称"陆总"）的建立动因始于豫湘桂战役后中美关于中国战场军事指挥权之争。豫湘桂战役的溃败，使"日本人实际上是没有阻拦地沿汉口到郑州的铁路进军，他们将得以在夏季结束前打通从朝鲜到华南的内陆交通线，这将意味着中国沿海省份与重庆完全隔绝"①。美国军方担忧日军将长驱直入，占领昆明，切断驼峰空运，使盟军驻在成都的远程战略轰炸机基地丢失，甚至导致整个中国战场的崩溃。而当时欧洲盟军在诺曼底登陆成功，已转入反攻，开始收复西欧大陆。欧洲战场的成功战例和中国战场的险恶军事形势，使美国参谋长联席会议产生了在中国战场也采用相同的办法，任命一名美国军官来担任中国战区盟军统帅的动议。

同时，美国装备中国军队的工作也取得了较大的进展。美国已装备了十二个美械军及四个半美械军，共约三十几个步兵师。这些美械部队的配备如下：每师辖步兵三团，炮兵一营，工兵一营，通讯兵一营，辎重兵一营，卫生队一部和一个特务连；每团辖步兵三营，迫击炮、平射炮一连，通讯连、卫生队、特务排各一个，每团3000人；每营辖三步兵

①　美国战略情报局长多诺万致罗斯福备忘录（1944年6月中旬），转引自陶文钊：《中美关系史（1911—1950）》，重庆出版社1993年版，第315页。

连,机枪连、八一迫击炮排、火箭炮排各一个;每连辖三排,每排辖步兵三班,六〇迫击炮一班,全连配备轻机枪九挺、汤姆森手提枪十八支、六〇小炮六门及火焰喷射器一具等。在所有美械装备军队中以新一军、新六军、第五军、第十八军、第七十四军五部火力最强,称为五大主力,每军除辖三个步兵师外,另配置直辖炮兵、骑兵、工兵、装甲、辎重团各一个,以及通讯、高射机枪、战防炮、平射炮、特务营、新兵训练处等。这些美械军队的编练,使中国军队在豫湘桂战役中虽然损失了四五十万人,但总的战斗力却有所增强①。美国大量装备中国军队,使得美国在中国军队中影响扩大,实际上接受美械装备的中国军队很多都在美国将军的指挥之下,如中国驻印军归史迪威将军指挥,中国战区中美空军混合团归摩斯上校指挥等等。在美国军方看来,由美国将军指挥中国军队,是摆脱中国战场困境的最佳方案。

史迪威成为美国军方理所当然的人选。在他们看来,现任中国战区参谋长的史迪威将军既熟悉中国战况,又在领导中美联军进行缅甸战役中战绩卓著,于是他们计划将史迪威将军由中将晋升为上将,由他来统率中国军队,如同艾森豪威尔指挥欧洲战场一样。史迪威本人也积极赞同这个方案,他认为,当前中国的局势"实恶劣之至,管理不善与忽视,现在已结出丰硕的果实。如无急剧和很快应用的补救办法,吾人将蒙受极大的挫折。"如果罗斯福给蒋一份措词十分强硬的电报,指出中国局势的严重性,强调美国在中国的投资和利益,坚持非常的形势必须采取非常的补救措施,可迫使蒋同意这种安排。他设想运用正在陕西围困中共军队的胡宗南部,并在中共军队的帮助下,向洛阳、郑州、武汉发起反攻,认为这是挽救中国形势的惟一办法②。7月7日,罗斯福

---

①　参见姜克夫编著:《民国军事史略稿》第3卷下册,中华书局1991年版,第780页。

②　陶文钊:《中美关系史(1911—1950)》,第316页;郭荣赵编译:《蒋委员长与罗斯福总统战时通讯》,第280页。

致电蒋介石,要求蒋同意授以史迪威"调节盟国在华资力之全权,并包括共产军在内",表示将晋升史迪威为上将,"统率全部华军及美军"①。史迪威为了迫使蒋介石交出军权,利用美援卡住蒋的脖子,宣布凡不属于他指挥的军队均不能得到美援物资。

蒋介石没有断然拒绝美方的要求,一方面表示原则同意委任史迪威以指挥中国军队的全权;另一方面致电罗斯福,解释中国之部队与内政情况不似他国之单纯,为使史迪威将军有统帅中国部队绝对之权力而无窒碍,必须有一准备时期,要求罗斯福委派一人来华调整史、蒋之间的关系②。在军队编制方面,他们设计了一个应付美方进逼的对策:计划将国民党军队划分为攻击兵团(第一线兵团)与守备兵团(第二线兵团),列入史迪威指挥的只是列入作战序列的第一线兵团的部队,第二线兵团的部队仍由原战区司令长官指挥。至于被重兵围困的中共军队,除非他们"接受中央政府之军令与政令",否则不能归史迪威指挥③。这第一线兵团的设想,就是后来"陆总"的由来。8月,蒋介石又拟以史迪威为中国战区统帅部参谋长兼中美联军前敌总司令之名称,规定其职责是:承中国战区统帅之命令,负指挥本战区前线各军作战之全责。赫尔利使华后,中美双方在会议中又将该名称改为"中华民国陆空军前敌总司令"④。

后来事态发生了戏剧性的变化,蒋介石决定冒中断全部美援之险而坚持要求美国召回史迪威,他向罗斯福强硬表示:愿意接受美国的要求,但不能接受史迪威,要求另派"富于友谊合作精神之任何美国将领接替史迪威"⑤。由于美国总统特使赫尔利转而支持蒋介石,更重要的

---

①　《战时外交》(三),第611页。

②　《蒋委员长致罗斯福总统电》(1944年7月8日),郭荣赵编译:《蒋委员长与罗斯福总统战时通讯》,第282页。

③　《战时外交》(三),第643页。

④　陈志奇主编:《中华民国外交史料汇编》第13卷,第6365、6368页。

⑤　[美]沙勒:《美国十字军在中国(1938—1945)》(中译本),第172页。

是对于美国来说,其战后的长远政治目标已比战时短期的军事目标更为重要,美国不愿交恶蒋介石,史迪威被调离中国。1944年10月25日,由魏德迈将军继任中国战区参谋长兼驻华美军总司令。

"陆总"正是在这样的背景下应运而生。1944年冬,国民政府军事委员会重新编组国民党军队,除原由军事委员会直辖的十个战区和五个行营外,成立中国陆军总司令部,驻昆明,由参谋总长何应钦任总司令,龙云、卫立煌任副总司令,其主要任务是:保卫云贵川抗战大后方,准备反攻作战。下辖四个方面军、昆明防守司令部和中印公路东段警备司令部,共计28个军,86个师,及其他特种部队:第一方面军,由卢汉任总司令,驻云南蒙自;第二方面军,由张发奎任总司令,驻广西百色;第三方面军,由汤恩伯任总司令,驻贵州贵阳;第四方面军,由王耀武任总司令,驻湖南洪江;昆明防守司令部,驻云南保山;中印公路东段警备司令部,由黄琪翔任司令①。

1945年2月2日蒋介石颁发告"陆总"所辖各将领书,指出:"此次盟邦以极大的热情友谊,不惜以物资、精神同时对我援助","不独协助我指挥作战训练及装备武器,划一编制,即交通、通信、卫生、补给、后勤诸项,亦均负责帮助办理,此正我建军整军之绝好机会";强调盟邦美国与中国"在政略上毫无利害之冲突,在战略上实有互助之必要,而在两国传统友谊上,美国更时时表现其援助我国独立自由之热忱,故其在物质上、技术上均畀我以积极之援助","今后中国陆军总司令部所辖各级指挥机构中,均已派定美籍联络官";要求"陆总"诸将领"对于军队之整理、训练、情报、作战、后勤等诸业务,应尽量接受其建议,学习其优长,并虚怀雅量接受其批评与纠正,一扫国军以往虚浮骄之颓风","切盼此次西南整军之成功,完成反攻之胜利,以开拓我全国整军之成功,奠定

---

① 参见姜克夫:《民国军事史略稿》第3卷下册,第783页;冷欣:《从参加抗战到目睹日军投降》,台北传记文学社1967年版,第104页。

最后胜利之基础"①。

魏德迈继任中国战区参谋长兼驻华美军总司令后,美国方面没有进一步要求蒋介石实现让美军将领全权指挥中国军队的要求,而且调整了与蒋介石的关系。依据美国扶蒋反共的新政策,采取了很多旨在扩大国民党军事力量的措施,如建立每周一次的中美联席军事会议制度;任命麦克鲁任"陆总"作战司令,齐夫斯任后勤司令,由中美军官共同组成"陆总"各职能部门;派遣美军顾问组到中国师一级战斗部队;在广西、云南各地举办参谋、步兵、炮兵、摩托、工兵、译员等训练学校;在兰州成立训练与装备中心,继续帮助国民党军队装备美式机械化部队;等等②。

"陆总"成立后,立即配合美英军队完成打通中印交通线的战略任务,参加保卫云贵川大后方的战斗,并在湘西开始了反攻作战,日本投降后,"陆总"总司令何应钦代表中国统帅部在南京主持接受侵华日军投降的仪式,"陆总"下属部队成为在越南、广东、湖南以及上海、南京等地区接受日军投降的重要部队,为夺取中国抗日战争的最后胜利作出了贡献。

二　接纳汪政府要员的"输诚"

联络、利用汪精卫集团,进行反共布置,使之成为接受日军投降时的先遣队,是国民党当局为结束战争所做的重要准备工作。长期以来,国民党主力部队绝大部分都布置在大西南、大西北,华北敌后及长江中下游沦陷区都落入中共领导的八路军、新四军战略包围之下。国民党为了与中共争夺战后华北,尤其是长江中下游原国民政府统治中心地

① 国民政府国防战史局及战史会档案,《中华民国史档案资料汇编》第五辑第二编《军事》(一),第724—727页。

② 参见石源华著:《中华民国外交史》,第617页。

区的控制权,并准备配合美国军队在东南沿海地区登陆作战,决定由"军统局"牵头,各机关和各战区一齐出动,加紧对汪政府要员的策反,以实现利用汪集团进行反共布置,战后抢占华北以及上海、南京等战略要地的目标。1944 年 12 月,第三战区司令长官部拟定了《协助同盟军登陆前后防制奸伪办法》,策动汪伪和平军为其所用,是其"防制奸伪"的主要内容之一,内规定"利用"和"确实掌握"已策动成熟之伪军,在沦陷区建立秘密据点,"慎选策动优良之伪军,并注意伪保安团队以及地方武力",将"此项部队潜伏沦陷区重要城市,非必要时不见诸行动"等。蒋介石对此件批示,批评其"尚欠积极,应再研拟积极清除之办法报核为要"①。

重庆当局的这一战略意图,得到了汪精卫集团的响应。随着日本在太平洋战争中失败的迹象日益明显,汪政府要员们瞻望前途,忧心如捣。他们担心:如果日本军队战败,他们必定不会"反省自责","而心归怨于我政府之不协力或无力,将一切怨毒丛集于我政府少数要员身上,尤以其少壮军人为然";第二,南京、上海以及长江下游地区遍布中共领导的新四军,如果日本投降撤兵,重庆军队不能马上赶到,新四军必乘隙而入,首当其冲的打击对象也必定是汪政府要员;第三,即使重庆军队接收南京、上海,其"民族英雄之气焰亦必使人难受"②。他们既害怕日本败军的骚扰,又害怕重庆政府接收大员的报复,更担忧落入中国共产党之手会遭受惩办。顾前思后,认为比较好的出路是暗中向重庆当局"输诚",以积极的反共举动,帮助国民党保住南京、上海等要害地区,并以此为资本,争取蒋介石的宽容和谅解,为战后逃避罪责寻找政治退路。

在汪政府领导集团中,最先向重庆当局"输诚"的是汪政府的实力派人物、行政院长周佛海。长期以来,周佛海一直是蒋介石系统的重要

① 《中华民国史档案资料汇编》第五辑第二编《政治》(三),第 278—279 页。
② 左史:《汪伪军事机构及伪军概况》,《江苏文史资料选辑》第 12 辑。

人物,投日后他凭借着原先在国民党内的地位、关系和影响,始终与重庆国民党军政大员陈立夫、张群、唐生智、何应钦、顾祝同、陈布雷、胡宗南等保持着若即若离的关系。重庆政府派往上海、南京等沦陷区活动的地下工作人员川流不息地出入周佛海的门庭,在遇到麻烦时,不断地得到他的关照。重庆军事委员会驻沪代表蒋伯诚和国民党"中统局"驻沪代表、国民党中央组织部副部长吴开先都与周佛海有直接的联系,在被日宪兵逮捕后,都因周的疏通、庇护而免遭于难。1943年春,他与"军统局"局长戴笠建立了直接联系,听命于重庆当局的指挥。周佛海母亲去世时,戴笠披麻戴孝代周"尽孝",关系非同一般。重庆当局通过秘密电台,不断指示周佛海,要他"对于共产党在此间情形,时予通知",并要他在战争结束的"过渡时期",负责"保全"东南富庶之区①。

汪政府代主席陈公博在汪政府要员向重庆当局的"输诚"热潮中也不甘落后。但他与周佛海不同,在长期的政治生涯中,曾主编《革命评论》,组织"改组派",策动"护党救国运动",参与军事倒蒋等,一直是蒋介石在政治上的反对派,他向重庆当局的"输诚"比起周佛海来,要困难得多,但他也费尽心机,通过各种途径,向重庆政府频送秋波。早在1942年下半年,陈公博已与重庆"军统局"建立了两座秘密电台联系,重新为蒋介石的反共政策效力。1944年3月,汪精卫赴日医疗后,陈公博负起了指挥汪政府军事的全面责任。他发现数十万和平救国军所处的军事态势十分不利,长期以来,由于日本占领军害怕和平救国军的过于集中驻扎,会妨碍其殖民统治,一直实行"分而治之"的方针,和平救国军被分割在陇海路以北、商丘以东的山东和河南北部,长江以北、陇海路以南的皖北和苏北地区,长江以南的安徽、江苏、浙江地区以及湖北、广东地区,不仅彼此的防务不相衔接,而且分别属于日本华北、华中、华南派遣军控制和指挥。更重要的是他们分别处在八路军和新四

① 左史:《汪伪军事机构及伪军概况》,《江苏文史资料选辑》第12辑。

军的战略包围之中,"没有一个部队不给共产党包围"①。陈公博在接受重庆方面的反共指令后,深恐分散各地的和平救国军会轻而易举地被八路军、新四军各个歼灭,又感到长江以南地区兵力薄弱,不足以对付中共领导的抗日武装的进攻威胁,为了确保在战争结束时,原国民党统治中心上海、南京及其周围地区不落入共产党之手,决定利用日本政府推行"对华新政策"的机会,不断向日本占领军当局进行交涉,实行和平救国军的军事布局大调整。

　　陈公博经过缜密考虑,决定暂时北以陇海路为界,南以钱塘江为界,组成一个防共区。在军事布局上采取层层南移的方针,实现以京沪杭为重点的战略收缩。首先,是把陇海路以北、商丘以东的和平救国军尽可能集中到陇海路以南的皖北和苏北地区,加强长江以北的军事力量,加固防卫京沪的屏障。陈公博认为和平救国军第二方面军孙良诚部和第三方面军吴化文部都处在八路军、新四军的包围之中,处境很困难,又分别受日军开封重田兵团和济南土桥兵团节制,"不能互为依靠","最好能使他们向南京靠拢,以保存实力"。这一安排在取得日军当局同意后实施②。1944年10月,陈公博下令将孙良诚部从河南开封调防苏北扬州、泰州、淮安、阜宁、盐城地区,孙良诚任伪军事委员会苏北绥靖公署主任。11月,又将和平救国军第二十四集团军庞炳勋部移驻开封,填补孙部南调后的空缺。接着,陈公博又将原驻山东的吴化文部南调皖北,担任津浦路南段的护卫任务,并保卫南京的大门。

　　同时,陈公博将原驻苏北、皖北的部分和平救国军逐步调至长江以南,加强江、浙、皖汪政府统治中心地区的军事力量。1944年6月,陈公博将原驻苏北的第三十六、三十七、三十八师合编为第十二军,由项致庄兼任军长,以便于调动。其时,项氏已秘密接受重庆当局要员陈立

---

　　①　陈公博:《对于起诉书的答辩》,上海高等人民法院档案室藏。

　　②　张耀宸:《汤恩伯勾结敌伪的一个例证》,《江苏文史资料选辑》第5辑。

夫的指令，要他设法带兵回家乡浙江，"建立一个据点，以迎接胜利"①。
同年9月，在陈公博的支持下，项致庄调任伪浙江省长，并兼任伪国民
党省党部主任委员、省保安司令、杭州绥靖公署主任，第十二军也同时
由苏北调往杭州地区。他们设想在战争结束时，迅速组成"杭州指挥
部"，以和平救国军第十二军为基本队伍，加上第一方面军驻浙江的部
队谢文达部、程万军部，由张恒指挥，迅速控制沪杭铁路沿线，防备浙东
新四军部队的进击②。

　　1945年1月，陈公博为了加强上海、南京的军事力量，将和平救国
军第一方面军总司令部由南京移至苏州，由总司令任援道兼任伪江苏
省省长、国民党省党部主任、省保安司令和新成立的苏州绥靖公署主
任，重点防卫京沪铁路沿线。在吴化文部抵达安徽蚌埠后，将原驻安徽
的警卫第二师和第一方面军第四师调防南京，并组建中央警卫军，陈公
博自兼军长，下辖三个师。对于上海，1945年1月，周佛海在取得重庆
当局批准后，接替陈公博任伪市长兼保安司令。为防备新四军向上海
进攻，曾"调黄埔军校学生数人分任要职"，加强对于税警团部队、中央
税警学校及警察部队三万余人的控制，并"拟具保卫大上海计划，交由
程克祥电呈中央备案，以后就根据这个计划配备兵力、排定战斗序列并
且补充军实，加紧训练"③。由于日本迅速投降，这个计划未及全部实
施。战后，周佛海不无遗憾地说："盟军如果在上海附近登陆，我们一定
也必有相当表现，以后虽然敌军投降没有机会使用，但是在中央没有到
达之前，我们维持了四十多天过渡时期的治安，未令一匪人市区，未闻
市区开一枪，市内没有发生大规模的劫掠和焚烧，却是因为有了这样的
准备。"④

　　①　徐向宸等：《汪伪军事组织和伪军的变迁》，《江苏文史资料选辑》第5辑。
　　②　徐向宸等：《汪伪军事组织和伪军的变迁》，《江苏文史资料选辑》第5辑。
　　③　周佛海：《简单的自白》，江苏档案馆藏。
　　④　周佛海：《简单的自白》，江苏档案馆藏。

　　在陈公博调兵遣将，实施军事布局调整的同时，汪政府的军事将领们或由陈公博、周佛海间接接洽通知，或由重庆"军统局"或前线相关战区司令长官直接委任，或由重庆当局派遣代表亲赴部队接洽，都暗中接受了重庆当局的委任，为帮助国民党当局抢夺抗战胜利成果作了准备。1945 年 2 月 23 日，陈公博在南京召集汪政府高级将领会议，参加会议的有：庞炳勋、孙良诚、孙殿英、张岚峰、项致庄、任援道、郝鹏举、杨揆一、鲍文樾、叶蓬等。会议决定如果美国军队在中国登陆，汪政府军队将集中兵力全力对付八路军、新四军，对于国民党军队不采取进攻的姿态。会议讨论了和平救国军各部最感缺乏的子弹问题，陈公博要求各军"自行设法购买或制造"，更"密嘱各军与中央部队联合剿共时，设法密送械弹过来，使得增厚剿共的战斗力"①。

　　8 月 15 日，日本政府宣布无条件投降，汪政府也随之烟消云散。以上海、南京为中心的东南沿海地区的日本侵略者，原已在中共领导的抗日武装的战略包围之下，日本投降后，中共领导的人民武装迅速发动战略大反攻，中共中央已任命了各大、中城市的市长，准备解放上海、南京以及整个东南沿海地区。然而，由于美国对于国民党政权的支持，出动空军帮助运送国民党军队迅速进入东南战略要地，并利用日伪军队作为"卫戍部队"，抵御人民军队的进攻，致使中共的战略意图未能如期实现。显然，数十万汪伪军队于一夜之间成为重庆国民党的先遣队，抵抗中共领导的人民军队对于日伪的受降活动，是其中一个重要的原因。

三　收复台湾的准备

　　1943 年 12 月，中美英《开罗宣言》公布，奠定了台湾及澎湖列岛回归中国的法律地位。国民政府加强了收复台湾的准备工作。

　　当时，与国民党政府有关的台湾抗日团体主要有三支：其一是台湾

---

①　陈公博：《八年来的回忆》，上海高等人民法院档案室藏。

革命同盟会。1940年3月29日,由台湾留居祖国的反日团体台湾革命青年大同盟、中华青年复土血魂团、抗日复土大同盟、台湾革命党、台湾革命民族总同盟、台湾独立革命党、台湾国民革命党等,联合组成"台湾革命团体联合会"。次年2月10日,更名为"台湾革命同盟会",总部设重庆,下设总务、组织、宣传、行动四部,并在金华、漳州设南北执行部,后改为八个地方分会。该同盟会以"保卫祖国,收复台湾"为工作目标。他们接受国民党中央党部的领导,并开展活动①。1942年4月,该会呈请中国最高当局准予成立"台湾省政府","以励人心",使五十年失地得以归依祖国②。其二是台湾义勇队,成立于1939年春,总部设金华,后移龙岩,隶属于国民政府军事委员会政治部,下设三个区队及"台湾少年团",主要在东南各省开展抗日活动③。其三是中国国民党中央直属台湾党部,1940年成立筹备处,总部设香港,后先后迁九龙、桂林、韶关、赣州、泰和等地,1943年4月,更名为"中国国民党直属台湾执行委员会",设在漳州,吸收台籍党员689人,积极开展抗日复台工作④。国民党当局积极支持、充分利用这些团体开展抗日复台工作。

　　1944年1月4日,国民党台湾党部呈文国民党中央党部,提出《台湾党务工作意见书》,对于收复台湾的准备工作提出五项建议:

　　　1. 台胞以漳、泉、潮、梅为最多,拟在各地以台湾工作团名义,集结内地台胞随时予以训练,加强主义认识,增进军事及航海技术,团员仍操原有职业,平时利用其各种关系推进岛内工作,总反攻时协助英美海军袭取台湾;

----

　　①　参见吕芳上:《抗战时期在大陆的台湾抗日团体及其活动》,《中国近代史事论集》,近代中国杂志社1994年版,第477—485页。
　　②　《大公报》,1942年4月14日。
　　③　参见薛军力、徐鲁航:《台湾人民抗日斗争史》,北京燕山出版社1997年版,第244—250页。
　　④　参见吕芳上:《抗战时期在大陆的台湾抗日团体及其活动》,《中国近代史事论集》,第491—496页。

2. 台胞团体与全国舆论均主张从速建省,以使台岛人心及工作胜利计,应在台湾党部所在地开办台湾党政人员训练班,以资收揽人才及造就人才,并利组织工作之开展;

3. 为配合党政班工作及研拟各种收复与建设方案起见,先成立"台湾政治设计委员会",聘请台湾问题专家为委员,可向中央提供各种方案,亦可藉此树立省政基础;

4. 为明了内地台胞状况,以备协助台岛工作及将来收复进行计,拟举办内地台胞总登记,由台湾党部负责办理;

5. 查台湾志愿兵征调已三十余万,分布越、缅、海南岛各地,拟选派干员参加远征军及第四战区司令部担任策动该项志愿兵工作,以为将来配合同盟国海军进攻台岛之前导。

1月18日,国民党中央党部秘书长吴铁城复函台湾党部书记长萧宜增,称意见书"所拟尚无不合,准予试行"①。

4月17日,国民党台湾党部就《马关条约》签订四十九年发表《告国内外同胞书》,明白指出:"我国抗战之成败,当然以台湾之能否收复为断",此乃"我四万万同胞全体的责任",号召国人"切实注意台湾,纠正以前不大注意台湾的毛病,须研究台湾,要把台湾的一切研究得清清楚楚,然后向全国宣传,使大家都能了然于台湾的重要","负起全部的责任,致力于台湾的收复,俾完成抗战之使命"②。28日,国民党台湾党部又呈请国民党中央恢复台湾省制,内称:"窃查台湾前为我国行省,台民原为中华同胞,此壮丽河山曾因《马关条约》而割让,我固有主权应随此次对日宣战而收回;开罗会议后,须经同盟领袖之公认,正宜掌握时机,使主权由初步收回而达完全管领;首要之图,端在政权名分,得民

① 萧宜增:《台湾党务工作意见书提要》(1944年1月4日),中国国民党党史会藏。

② 国民党台湾党部:《"四一七"告国内外同胞书》(1944年4月17日),中国国民党党史会藏。

心，以共赴事功"，为此"似应即由政府明令宣布台湾恢复省制，始足以正内外视听，而促台胞内向，事关国土收复，国族生存大计"①。国民党台湾党部的这些活动对于推动国民政府的收复台湾准备起了积极的作用，然而，直至战争结束国民党政府却始终未能恢复台湾省制。

　　1943 年 9 月 6 日，孙科致函国民党中央秘书处，转送台湾义勇队提出的意见书，其主要内容是：在国防最高委员会设"台湾问题委员会"，或在中央党部设"台湾革命工作指导委员会"，决定台湾党务、政治、军事之全盘计划，审核其工作进度，依工作计划分配经费及工作，实施"台湾工作人才总登记"，依其才能分配工作，在我国训练机构设立"台湾政治干部训练班"及"军事干部训练班"，以准备将来设立"台湾省政府及台湾军管区"等，要求国民党十一中全会讨论决定②。1944 年 4 月，在各方人士的推动下，国民政府决定在中央设计局内设立"台湾调查委员会"，由陈仪任主任委员，着手编拟《台湾接管计划纲要》，经该委员会历次开会讨论，并送中央设计局各有关组处陆续签注意见，又根据国防最高委员会颁布之《复员计划纲要》加以整理，拟定 16 项 82 条草案，于 10 月 27 日签呈国民党总裁蒋介石鉴核，1945 年 3 月 23 日"业奉总裁修正颁发"。这个文件是国民党当局准备收复台湾的一个重要的准备文件，分列通则、内政、外交、军事、财政、金融、工矿商业、教育文化、交通、农业、社会、粮食、司法、水利、卫生、土地共计十六大类。主要内容是：1.台湾接管后一切设施，以"力谋强民利益，铲除敌人势力为目的"；2.民国一切法令均适用于台湾；3.地方政制以台湾为省，接管时正式成立省政府，下设县（市），就原有州、厅、支厅、郡、市改组之；4.省政府应由中央政府以委托行使之方式，赋予极大的权力；5.台湾

---

　　① 国民党台湾党部：《请求恢复台湾省制呈文》（1944 年 4 月 28 日），中国国民党党史会藏。

　　② 台湾义勇队：《代拟统一加强台湾革命工作，以利收复台湾案》，中国国民党党史会藏。

应分区驻扎相当部队,以根绝敌国残余势力;6.应由中央银行发行印有台湾地名之法币,并规定与日币兑换率;7.敌国人民所有或与台民合有之工矿商业一律接收;8.学校接收后,课程及学校行政须按照法令规定,教科书用国定本或审定本;9.原有人民团体,接管后一律停止活动,俟举办调查登记后,依法及实际情况加以调整;10.讯释政治犯,清理狱囚,应将未结之民刑案件,分别审结;11.日占时代之官有、公有土地,应于接管后一律收归国有,敌人私有的土地,应于接管后调查是否非法所得,分别收归国有,或发还台籍原业主;等等①。

随后,又由国民党中央秘书处主持,会同中央设计局、中央训练团、东北调查委员会、台湾调查委员会商拟了东北、台湾党政干部训练办法九项,签奉蒋介石核准。12月25日,由中央训练团举办了"台湾行政干部训练班",由各机关选送学员120名,次年4月20日结业。10月2日,由中央警察学校举办"台湾警察讲习班",12月22日结业。1945年6月,又举办"台湾银行人员调训班",这些训练班为台湾的光复与接收工作培养了不少干部。为了更好地接管台湾,该调查委员会还做了不少基本资料的收集整理和研究工作。如选译台湾现行法规,分为行政、司法、财务、教育、金融、工商交通、农矿渔牧七大类,印成43册,以供有关方面参考。编印出版了台湾概况等调研报告19种,还成立了行政区划、土地问题、公营企业三个研究会,就相关问题作成了报告书②。

1945年5月,国民党举行"六大",台湾问题成为大会关注的重要问题之一。台湾党部代表谢东闵出席大会,是台湾同胞出席国民党全国代表大会的第一人。5月9日,谢东闵在第五次大会上提出两点书面质询:中央何以不设立台湾行政机构,又何以未选派一个台籍参政

① 《台湾调查委员会一年来工作状况》(1945年6月27日),中国国民党党史会藏。

② 《台湾调查委员会一年来工作状况》(1945年6月27日),中国国民党党史会藏。

员？对于国民党当局的复台工作提出强烈批评。并表示台湾同胞虽受敌寇重重压迫五十多年，但无日不在奋斗，目的则在归宗祖国。但是到目前为止，中央似乎还没有注意台湾同胞的愿望，所以迄未设立行政机构，也未选派参政员，不免令他们失望。希望中央能多多注意台湾问题①。谢东闵领衔提出了"拟请中央统一加强对台湾工作之领导案"、"拟请中央从速确定台湾法律地位案"、"拟请有关台湾事业之军政机关尽量录用台湾人案"三个提案，主要内容是：1. "放宽尺度，洞开门户，以便延揽台湾人才，充实党之干部，庶人地熟悉以利工作之进行"；2. "光复在即，台湾人心必大振奋，故台湾党部之工作可能突飞猛进，随时开展"，"经费应大加宽筹，并设特别秘密开支项目，使能因利乘势便宜行事"；3. 国内台湾各革命团体尚未能完全集中，拟请中央加以援助，并随时指导，使之形成抗敌巨大力量，使能协助国军光复故土，不独可以减少牺牲，并对国际观瞻收刮目相看之效，显示台湾同胞确抱重归祖国之决心"等②，这些提案均为大会通过，交政府办理。

　　在抗战后期，国民党政府为解决台湾回归做了一些准备工作，对于日后接收台湾，起了一些积极的作用。但从总体说，他们的准备工作是远远不够的。台湾各界人士的批评和国民党台湾党部领导人的呼吁，反映了台湾人民回归祖国的心声，但并未唤起国民党领导人采取坚决而切实的行动，以便于战后妥善解决台湾问题。

四　收复东北的准备

　　抗日战争爆发后，收复东北失地，驱逐日本法西斯出中国全境，成为中国抗战的目标之一。尤其是在太平洋战争爆发后，收复东北问题

---

　　①　《中国国民党第六次代表大会第五次会议速记录》，中国国民党党史会藏。
　　②　谢东闵等：《拟请中央统一加强对台湾工作之领导案》（1945 年 5 月），抄自台北国民党党史会展览照片。

更是被摆上了国民政府的议事日程。国民党当局主要从党政两条线为收复东北失地作了筹划和准备①。

1938年国民参政会成立，第一届第一次会议即通过了钱公来等提出的"重建东北四省政治机构案"，请政府迅速办理。第四次会议又由王卓然等提出"增强宣抚东北工作案"，建议政府"从速恢复省政府主席等名义"，"以收效命疆场打回老家之效"等。尽管东北各界人士奔走呼吁，但政府方面的反应却并不及时。延至1940年4月25日，始由国防最高委员会第三十一次常务会议决议：任命万福麟为辽宁省主席、邹作华为吉林省主席、马占山为黑龙江省主席、缪澂流为热河省主席；设立辽吉黑战区战地党政委员会分会，其组织及人选由军事委员会拟定呈核。5月3日，国民政府明令发表东北四省主席任命。随后，四省府曾在重庆南山合署办公，处理相关事务，但有名无实，既不受重视，亦无所建树②。这表明当时抗日战争面临的实际问题很多，国民党当局还未把收复东北问题摆到重要的位置上来。

太平洋战争爆发后，中国抗日战争胜利的曙光已经显露，国民政府加大了接收东北的准备工作力度。1942年初，国民党中央秘书长吴铁城、参谋总长何应钦、组织部长朱家骅等在听取各方意见的基础上，奉命拟定了《推进东四省党务纲领》，决定以国民党为发动东四省军事政治重心，推进东北党务政治，并彻底调整各抗日团体。其总纲规定：

　　1. 推进东四省党务应采取革命方式，以军事为中心，军事所

---

　　①　据陈立文《从东北党务发展看接收》(台北东北文献杂志社2000年版)研究："综括国民政府在对日抗战八年期间，对接收东北的筹划，其荦荦大者，在政府方面为恢复东北四省政府建制，以表收复失地之决心，成立东北调查委员会，以规划战后东北之建设。在中国国民党方面，于敌后设立东北四省革命行动委员会，以策动沦陷区民众及伪军；组织东北四省抗敌协会，以整合后方东北民众之行动；成立东北四省党务高级干部会议，以决定东北工作方针。于敌后继续发展党务组织，结合东北青年，以待光复。"本专题的写作参考了陈立文的研究成果，表示感谢。

　　②　参见陈立文：《从东北党务发展看接收》，第89—97页。

到之地,即党务与政治所到之地;

2. 推进东四省党务应先从东四省边境做起,逐渐推进于东四省内部;

3. 推进东四省党务应先从建立革命干部着手,将熟悉军事信仰主义富有牺牲精神之东北人士,予以相当时期秘密工作技术训练,一部派在东四省边境组织挺进部队,一部打入伪军从事反正运动;

4. 在中央执行委员会之下设一东四省党务统筹机构,负推进东四省党务与指导团结关内各地东北人士,从事收复失地准备工作之任务;

5. 推进东四省党务统筹机构为一极端秘密之组织,其下公开成立一冠东四省名之团体。在新团体成立后,所有过去东北地方性团体一律取消;

6. 推进东四省党务应与已成立之东四省省政府行政机构及有关东四省部队工作机构取得密切联系与配合。

对于收复东北的具体工作纲领,也作了明确的规定:如关外工作为"在东四省边境建立挺进部队;运动伪军于必要时反正;对于教育文化界设法吸收,争取知识分子入党;积极宣传民族主义及有关抗战资料以争取民众;招致东四省青年予以革命之训练"等;关内工作为"大量吸收东四省优秀分子入党;协助政府及慈善团体办理东四省难民失学失业青年救济工作;协助政府办理关内各地东北在乡军人登记训练并使其参加抗战工作;研究准备东四省之收复工作"等①。

随后,国民党中央设想成立三个重要机构:1. 国民党东四省革命行动委员会,"隶属于中央执行委员会,对外不公开,举凡策动伪军反正,打入伪组织,发动民众等,均由该会统筹指挥,俾政治与军事均纳入党务范畴之内"。2. 国民党东四省党务高级干部会议,"对外不公开,

---

① 转引自陈立文:《从东北党务发展看接收》,第121—123页。

决定东北工作方针、工作计划及工作联系配合事宜,其决议事项由行动委员会分别执行"。3. 东四省抗敌后援会,"为民众之组织,将原有之东北协会、东北抗敌建国协进会、东北青年学会、东北救亡总会及其他政治性之民众团体一律取消,公开号召东北民众一致团结,暗中受行动委员会之指挥"[①]。

实际上,除东四省革命行动委员会并未正式成立外,其余两个机构建立后均为接收东北主权做了若干工作。1942 年 5 月 31 日,东四省抗敌后援会正式成立,前此,原有的东北协会、东北抗战协会、东北青年学会、东北救亡总会等一律于 4 月 15 日前自动结束。6 月 9 日,该会选出领导机构,刘尚清等 25 人为名誉理事,吴焕章等 31 人为理事,吴焕章、马亮、陈士瀛、田雨时、谭文彬为常务理事,王德溥等 9 人为监事,马愚忱为总干事,洪钫、程烈、赵宪文、武尚权为副总干事。该会先后设立了文献资料编审委员会、善后问题委员会、经济作战委员会、妇女工作委员会、财务工作委员会、工作考核委员会、敌后工作委员会、救济委员会等,并出版了《东北前锋》刊物,编印东北丛书十种。其主要任务在纵的方面是,"深入东北,策动敌伪,暗施宣传",横的方面是"与中央各机关所派工作人员取得相互联系"[②]。1943 年 1 月 19 日,该会在重庆举办收复东北问题座谈会,与会者强调四点:1. 东北必须由中国收复,否则无以言世界和平;2. 东北是不折不扣的中国领土;3. 收复东北要靠自力更生国策之贯彻,东北尤须努力于收复东北之武装准备;4. 东北是防止东方侵略者的一道长城,只有中国才能胜任这个任务等。对于国际上出现的"东北应作特殊处置"的谬论,与会者尤着力进行批判,强调应加强国际宣传,使国际社会对于东北问题有清楚的了解[③]。虽

---

① 吴铁城、陈立夫:《为研拟彻底调整东北党务及各团体意见呈蒋委员长文》(1942 年 2 月 26 日),转引自陈立文:《从东北党务发展看接收》,第 122—123 页。

② 参见陈立文:《从东北党务发展看接收》,第 108—111 页。

③ 参见万仁元、方庆秋主编:《中华民国史史料长编》,第 61 卷,第 70—71 页。

然由于战时环境、经费短缺以及该会内部关系复杂,对于该会的成就不能作很高的估计,但仍然应肯定该会"对于加强东北团结、组织、宣传等方面,努力进行,确有助于抗战及准备复员"①。

　　关于东四省党务高级干部会议,正式成立时更名为"东四省党务干部会议",由于组成人员的风波,延至 1942 年 9 月 28 日正式举行会议。组成成员原为何应钦、吴铁城、陈立夫、朱家骅、张治中、朱霁青、刘尚清、刘哲、万福麟、莫德惠、邹作华、马占山、刘多荃等 22 人参加,后增到 37 人。其中辽宁 15 人,吉林 10 人,黑龙江 4 人,热河 2 人。该会议每月开会 1 次,必要时得开临时会议,由中央秘书处召集之,由于原定的执行机关东四省革命行动委员会没有成立,会议的决议由中央秘书处分行各主管机关办理,此为当时国民党中央综理东北事务,审定一切有关东北设施的最高审议机构,曾提出和通过了不少有关东北接收准备的提案,如 1943 年 8 月,该会通过万福麟的提案,送政府采纳,建议中央在东四省拨编四个军,由各省省长兼任军长,以便利指挥增加抗战实力,"必要时可率部深入敌后,或先遣小部骑兵深入东北地带潜伏骚动,乘机扰乱煽惑鼓吹"。并认为"此举纯为着重复土复员之实际工作"。1944 年 7 月,该会议曾决议《为发展东北沦陷区党务工作,应将由关外来归之青年加以严格训练,派遣回潜伏工作案》、《为将来接收东北工作,应先训练高等警官数百人案》以及《东北青年暑期辅导班应否继续办理案》,决定交由中央组织部、高等警官学校、教育部等办理,后又决议在中央训练团内设立东北党政干部训练班,为日后东北的接收培养各种干部。1945 年 8 月,该会议又对国民政府与苏联谈判签约事提供意见:"1.在苏联出兵进攻日寇期间所有东北铁路港口尽可允许使用,惟军事结束以后应即予归还,不得假借任何名义长期占据或变相租借,以期保我领土主权之完整;2.战争结束以后东北经济建设,可允许苏

――――――――――

　　① 吴焕章:《日本投降后东北接收的回顾》,《东北研究论丛》(一),台北中华文化出版委员会 1957 年版,第 148 页。

联投资,同时应招致英美等盟国尽量参加,以谋经济合作,并期国际繁荣,无论何国不得独享优越地位,以免引起纠纷；3.宋院长再次赴苏随员应派东北籍有声望之人员以备咨询。"这些议案对于推进收复东北的工作起了积极的作用①。

在政府系统,1944 年 5 月,最高国防委员会决定在中央设计局之内设置东北调查委员会,由沈鸿烈主持,并由中央设计局秘书长熊式辉亲自督导,负责规划战后东北建设诸事务。抗战胜利后,熊式辉出任东北行营主任,施策时采用和参考东北调查委员会规划研究的方案和资料颇多②。国民政府资源委员会也自 1942 年起将其注意力投向东北,该委员会的经济研究室不断派人前往东北沦陷区收集日满的重要经济情报,编撰了《伪满经济概况》、《沦陷区经济概况》等报告,对于战后国民政府东北的接收工作起了重要的作用。

对于战后接收东北将面临的复杂的国际关系,国民政府亦有所准备。1942 年 8 月,蒋介石在会见美国总统代表居里时,断然表示："倘和平会议席间,不能返我东北失地、仍为我不可分割领土之一部分,我人仍将继续抗战,即招致国家毁灭,亦所不惜。凡不承认东北为我领土之一部分者,皆为我仇。即我实力不允,亦必誓死争取。"③1943 年 1 月 3 日,国民政府外交部情报司长邵毓麟公开撰文,主张必须使日本成为"日本人之日本","中国为中国人之中国","日本人所占之中国,如台湾、琉球、东北四省均应重返中国"④。当美国出现主张战后不将东北四省交还中国之逆流时,中国朝野及时进行还击,如《大公报》曾发表《辟新孤立主义——并论中国抗战的世界地位》、《读美国白皮书——并论中国东北四省与中国之不可分》等,其结论是："这次大战的根源既在

---

① 参见陈立文:《从东北党务发展看接收》,第 123—127 页。

② 张希哲:《记抗战时期中央设计局的人与事》,《传记文学》第 27 卷第 4 期。

③ 国民党当局这一坚定立场在海外宣传中得到充分贯彻。转引自陈志奇《中华民国外交史料汇编》第 11 卷,第 5323 页。

④ 邵毓麟:《如何解决日本事件》,《大公报》,1943 年 1 月 3 日。

中国的东北问题,就必须达到公正合理的解决。"①战争结束前夕,军事委员会拟具了《旧金山会外应与美英苏商谈之各项方案请示案》,强调"所有中国领土(包括开罗会议宣言应行归还中国之领土在内)无论被任何军队解放,其行政权应即在开始时完全归还我方"。针对苏军进入中国东北后可能发生的种种问题,主张加强与美方的交涉,"必要时并可将我之顾虑密告美方","恺切向美方说明,并以中苏关系实亦有关美国之安全,请美从旁协助,使中苏能开诚谈判。若苏联能有确切表示尊重中国领土完整及政治独立之决心,则我可考虑(一)予苏联在新疆及东三省之极大让步……;(二)外蒙、唐努乌梁海之在中国主权下予以高度自治,若苏联同意,我并可与之互相订类似英苏、法苏及捷苏条约之互相条约","至于旅顺问题,苏方或竟要求回复日俄战争以前之状态,此点我似应坚持";等等②。这些意见在日后的中苏缔约谈判中应是起了参考作用的,然而,由于美英苏"雅尔塔密约"的制约和苏联方面的强硬态度,大多未能实现。

从总体上观察,国民党政府对于收复东北的准备工作既无完整严密的计划,亦未投入足够的人力物力;尤其在东北现地的地下组织工作,更为欠缺,这将直接影响战后国民党政府对东北的接收工作。

五　战后处置日本的准备

1943年底,中美英开罗会议后,国民政府根据战争即将结束的新形势,加强了对于战后处置日本的准备工作。

首先是战争罪行调查和战争索赔问题。对于日本的战争罪行,国民政府早就着手进行调查了。1938年11月,国民参政会一届二次会议通过了黄炎培等建议政府尽快设立抗战公私损失调查委员会的提

---

① 《大公报》,1943年1月5日、6日。
② 原件无时间,当在1945年春,台北"国史馆"藏。

案。1939年，行政院颁布了《抗战损失调查方法》及《查报通知》，通令中央及各地方机关转饬所属人民依照查报，并指定国民政府主计处审核汇编所有材料。自1940年起，主计处每隔半年将统计数字累积汇编成册，名为《抗战中人口与财产所受损失统计（试编）》。由于战争环境的恶劣及当时人民组织程度的低下，这些统计尚不完备和全面。

　　开罗会议后，国民政府行政院为了配合同盟国对于战争罪行的调查，决定成立抗战损失调查委员会，专门负责此项工作，其调查的职责和范围是：中央、省级、县级各机关及其所属各机关所有或管理的各种财产的损失、国营工矿道路船舶及其他经济事业之损失、民营工矿船舶及其他企业之损失、国家人民团体及个人财产之损失，其他因敌人侵略所受之财产及人民生命之损失，敌人在沦陷区经营各种事业之调查等①。1944年1月，又将教育部所属"向敌要求赔偿文化事业研究会"并入该委员会，由孔祥熙兼任主任，下设四个小组，分别负责教育文化事业损失、公私损失财产、其他损失以及日伪在沦陷区经营各种事业之调查。同时修正公布了《抗战损失调查办法》和《查报须知》，将调查的时间向前延伸至"九一八"事变，以"七七"事变为界分为前后两个时期；将调查的地域扩展至中国本土和使中国遭受损失的敌国领土及其占领区；将调查的类别详列为人民伤亡、公私财产损失等十项；并统一印制表式二十二种，要求各地依统一体例具体填报。1945年初该委员会改隶内政部，成为战后国民政府行政院赔偿调查委员会的前身②。

　　战争结束前夕，西南联大向达教授向教育部提出了《战后应要求日本赔偿我文化上之损失》文件，指出：日本的所谓"集东方文化之大成者"，"不过掠取他人之文物，觍颜以为己有，以蒙蔽欺骗人民而已"；"战后重新教育日本，文化上解除武装，以消灭其精神上之夸大狂，实为第一步应采之行动"；提出应"将其视为国宝之中国古器物、书画图籍"，

---

①　万仁元、方庆秋主编：《中华民国史史料长编》，第63卷，第387页。

②　参见石源华：《中华民国外交史》，第665—666页。

"勒令缴还我国","就其公私所藏我国古器物、书画图籍,指名索要",并具体提出:上野、日比谷诸处所陈列甲午诸役自我国掠去之战利品,应一一归还,日本宫内省图书馆、内阁文库、尊经阁库所有宋以来善本秘籍,为我失者甚多,应择优选取,大连图书馆、满铁图书馆、静嘉堂文库、东洋文库四者,应全部归我国所有,中村小析、大谷光瑞所藏敦煌卷子,"此本公物,复归国家,理所当然",大连博物馆、满铁博物馆及东方文化学院上海自然科学研究所,应全部予以接收等等,"一方面藉此赔偿五十年来我国家与人民在文化上之损失,一方面予侵略国家之政府与人民以一种惩戒"。向达教授从另一个角度提出了日本赔偿问题①。旧金山会议前,中国官方对于日本赔偿问题,认为"拟仿照此次克里米亚会议之苏联办法"提出,其一是"各盟国应摊得之赔偿应以各该国所损失对其本国国富之百分比为标准";其二是"日本对于中国之赔偿应以实物交付为主";其三是"盟国应在重庆设立赔偿委员会主持日本对盟国赔偿事宜"等②。这些意见均成为战后中国官方在对日索赔问题上的重要原则。

　　随着太平洋战局的进一步发展,中美就战后占领日本进行协商,并达成口头协议。1944年8月,罗斯福总统公开表示:"一旦盟军在日本本土登陆占领时,与中国成立最后协议,决无困难。"③国民政府开始拟议战后如何处置日本的总体方案。1945年初,国防最高委员会秘书长王宠惠和军事委员会侍从室秘书长王世杰共同主持拟定了《日本无条件投降时应接受遵办之条款草案》,共二十五款及三条附加条款④。这是全面反映中国官方对于战后处置日本基本方针的文件。

---

　　①　国民政府教育部档案:《中华民国史档案资料汇编》第五辑第二编《文化》(二),第639—641页。

　　②　军事委员会:《旧金山会议外应与美英苏商议之各项方案请示案》,台北"国史馆"藏。

　　③　万仁元、方庆秋主编:《中华民国史史料长编》第64卷,第866页。

　　④　《日本无条件投降时应接受遵办之条款草案》,台北"国史馆"藏。

在军事方面共十款,主要内容是：1.日本应立即停止其陆海空三方面一切军事行动；2.日本应于联合国指定之期限内,自"九一八"起在中国所占领之地区及在其他联合国占领之地区撤退其全部陆海空军人员；3.日本所有在中国境内一切武器与配备应悉数缴存,听候中国政府派员接收；4.日本对于其在占领区域以内征编之伪军警应负责约束,听候点验处置；5.日本应释放联合国方面被俘之战斗员及被扣之非战斗员；6.日本应在联合国指定期限内将被其调送出国之联合国人民资送回籍；7.日本之陆海空军除由联合国准其保留者外,应依照联合国之规定予以复员；8.一律禁止日本作战器材之制造、生产与配置及其出口；9.联合国于日本境内指定若干地点由联合国派兵驻扎；10.日本应完全解除武装等。

在政治方面共十款,主要内容是：1.日本应即交出联合国指定之日本战争罪犯,听候审判；2.日本应依照我方指定名单将在中国各地伪组织重要人员分别加以扣留,听候我方处置；3.旅顺、大连归属中国,应定期由日方撤退其军警,由我方接收；4.日本应将南满路及中东路无偿交还中国；5.台湾及澎湖列岛应归还中国；6.琉球群岛应归还中国,如英美异议时,我方可考虑将琉球划归国际管理,或划琉球为非武装区域；7.日本承认朝鲜依甲午战争前之版图独立；8.日本应解散一切从事侵略或宣传侵略主义之组织,取缔一切侵略主义之思想与教育；9.日本应释放一切因与联合国接触、对联合国表示同情,或倾向民主主义而被限制、拘禁或受判决的日本人民及其他任何国籍人民,并免除其所受法律上之限制；10.日本应供给联合国所需之一切情报及文件等。

在经济方面共四款,其主要内容是：1.日本应归还中国中央及地方机关(包括国立银行)之一切文件、簿籍、现金、币钞及其他有价证券等；2.日本应归还自占领地所运走之重要图书、古物、文化品以及工厂设备、机器、机件、铁轨等；3.日本应归还自联合国攫去之一切船舰车辆等；4.日本应赔偿中国因日本侵略(自"九一八"起)所受之一切公私损失,由我方接收之日本公私财产得作为日本赔偿中国损失之一部分等。

　　该提案设想由联合国设置监督委员会保证上述各条款之切实执行。并在附记中规定：如日本先德国向联合国投降，则应增加三款内容：1.日本应将国内及其占领区内尚与联合国作战之敌国官吏人民及船舰器材等交与联合国；2.对尚与联合国作战之敌国不得予以军事政治经济或其他援助，联合国于必要将利用日本领土物资向上项敌国作战；3.日本应完全遵行联合国根据上列两条款所定之详细办法等。

　　旧金山联合国创立会议前夕，军事委员会委员长侍从室根据德黑兰会议美英苏已决定设立欧洲顾问委员会，"以解决欧洲各项政治纠纷，保证三国切实合作"的成例，拟文提出应向美英提出在重庆设立一同样性质的"远东顾问委员会"的建议，内称"命名远东较亚洲或太平洋为妥，盖用远东字样，可避免荷兰、澳、纽等国要求参加"；该委员会"由中英美各派代表组成。如苏联参战或愿在参战以前指派代表参加，我当欢迎。如英方要求令法加入，而美不表示反对，我亦可赞同"；"举凡对日之军事占领及战后处置，以及对泰、对韩、对越南各种问题，均可由该会拟具方案送请各政府核定"；该委员会对中国有两大好处：其一是"对于上述各问题可以保持（与）重要盟国之密切合作"；其二是"若苏联不加入，对于远东之措施可以三国协调方式出之，予苏联以有力之钳制，若苏联加入，则我可利用此机构以缓和或增强中苏关系"等；并认为该提议"与我国关系甚大，其着手方法自当先与美方商洽，得其赞助，再共同向英方提出"①。此议可视为中国官方对于建立对日管制的盟军远东委员会机构的最初设想。

六　加强援朝独立的力度

　　朝鲜独立的法律地位问题虽经开罗会议原则确定，但由于开罗宣

---

　　①　军事委员会：《旧金山会议外应与美英苏商议之各项方案请示案》，台北"国史馆"藏。

言中有英国加入的"适当时机"的限制,该问题在战争后期成为大国出于私利而玩弄政治阴谋的热点问题。

英国政府的战后远东战略,以重新恢复战前的旧殖民统治秩序为最高原则。为了维持其在印度、缅甸、马来亚等地的宗主国地位,反对朝鲜以及一切东方民族主义运动的扩大,更不希望由中国来扮演亚洲民族解放领袖的角色,因此,从本质上是反对朝鲜尽早独立的。它与美国一拍即合,成为国际托管朝鲜主张的主要支持者。

美国虽在开罗会议上支持确立战后朝鲜独立的原则,但对于何时给朝鲜以独立,态度一直模糊不清。美国政府早期通知中国拒绝承认韩国临时政府的理由是等待英国谅解后,与印度独立问题一并解决,显然是对英国殖民主义立场的姑息;但是在开罗会议后,又引入苏联对日参战问题,担心立即承认韩国临时政府,会触犯希冀在朝鲜获取权益的苏联,在未获苏联表示意见之前,不敢对朝鲜独立问题有所决定。于是,便以朝鲜人"未经训练","缺少自己治理政事经验"为由,主张战后由国际托管朝鲜。

苏联在十月革命后便在旅苏朝侨中积极发展共产党组织。中日战争爆发后,又扶助朝鲜共产党人领导的武装在中国东北和西伯利亚从事抗日斗争,逐步壮大力量,以便战后在朝鲜建立共产主义政权。因此,苏联在德黑兰会议上赞成开罗会议确定的战后给予朝鲜独立的原则,对于是否将朝鲜交付托管,没有表示十分明确的态度,将其注意力集中于争取对日参战后对于朝鲜的军事占领[1]。

面对错综复杂的国际社会,阴谋四出的大国政治,国民政府坚持战后朝鲜立即独立及承认韩国临时政府的原则立场,并为此与美、英等国一再进行交涉。1944年9月,美、英政府先后向中国国民政府提出内容相同的《研究韩国问题草案》,建议在盟军军事占领朝鲜本土后,成立

---

[1]　关于英、美、苏对朝政策。参见朱宗震:《韩国反日独立运动史论》,中国社会科学出版社1998年版,第38—39页。

临时国际监督机构。月底,美国国务院在征得苏、英同意后通知中国国民政府,美国的对朝鲜政策主张战后先设美、英、苏、中四强国际托管组织①。这一主张与国民政府的对朝政策意图是背道而驰的。10 月 27日,蒋介石致电正在美、英活动的国民政府外交部长宋子文,表示虽可与美、英共同交换意见,但绝不改变我国扶助朝鲜早日独立的一贯政策,更不同意战后国际共管朝鲜②。国民政府外交部除派员在重庆与美、英驻华使馆人员多次协商外,又指派亚东司长杨云竹直接与美国国务院当局多次研商朝鲜独立的途径问题,但未获结果③。

　　1945 年 1 月,中国代表团又奉命利用在美国举行的太平洋学会第九届年会提供的讲坛,大力宣传中国主张,并就朝鲜托管问题与美、英等国代表辩论。美、英代表认为,朝鲜业已亡国多年,缺乏足够的行政管理干部,一时无法建立有效的政府,而且朝鲜人不能团结合作,短时间难以建立独立国家,主张由同盟国托管五年。中国代表反驳说,托管朝鲜是将朝鲜由日本一国统治改为数强国统治,违反同盟国共同作战目标以及《开罗宣言》确定的朝鲜战后独立的精神;朝鲜人的不团结,是帝国主义统治者挑拨离间的结果;认为朝鲜没有行政管理干部,是对朝鲜人才智慧的侮辱;主张战后立即给予朝鲜独立,而不经过托管阶段④。

　　同年初,中、美、英、苏四国决定在美国旧金山举行联合国创立会议。中国政府采取各种措施大力支持韩国临时政府代表参加会议。4月 3 日,蒋介石着令外交部就此事向美国政府提出建议,令财政部比照中国外交人员待遇,拨出 15,345 美元,作为韩国临时政府赴美代表之来

---

①　邵毓麟:《使韩回忆录》,第 38 页。
②　邵毓麟:《使韩回忆录》,第 39 页。
③　张群、黄少谷:《蒋总统为自由正义与和平而奋斗述略》,第 288 页。
④　邵毓麟:《使韩回忆录》,第 50 页。

往旅费及制服费①。然而,美国政府却连会议观察员身份也不愿给予韩国临时政府,美国驻华大使馆奉命故意拖延赴美韩国代表团成员的入境签证,以俟会议将结束时,再准他们入境②。而旧金山会议秘书长、美国代表希斯则正式通知已在美国的李承晚等人,拒绝朝鲜人以任何方式列席会议③。

1944年6月,韩国临时政府在争取国际承认无望的情况下,曾要求中国国民政府单独承认,深获中国朝野同情。7月10日,蒋介石指示吴铁城会同外交部长宋子文,"迅即核议首与承认或先与事实承认"的可行性④,但外交部经郑重考虑后认为:"开罗会议以后,我国对于承认韩国临时政府问题,仅应与美、英两国采取一致行动,而目前对此问题仍有两点顾虑之处,一为韩国临时政府能否真正代表朝鲜内部人民意思,英、美两国对此尚不无疑虑,且开罗会议公报所称,在'适当时机'承认一节,系指将来承认朝鲜之独立而言,至是否于最近承认在渝之韩国临时政府实系另一问题,英、美两国或将认为时机尚未成熟,而不愿有所决定。二为苏联之态度,查苏联未参加开罗会议,对韩国独立一事未作任何表示,在苏联未参加太平洋战争之今日,中、美、英三国如承认韩国临时政府,恐易启苏联之误会,度美、英也必顾虑及此,我国鉴于目前对苏联关系,似有审慎必要。"在美、英、苏三国压力下,中国国民政府不得已决定暂缓外交承认,以待适当时机⑤。

抗日战争后期,国民政府还积极支持韩国临时政府组建反日地下

---

① 《国民党中央秘书长吴铁城致金九函》(1945年5月16日),中国国民党党史会藏。

② 《军事委员会办公厅致中央吴秘书长之人抄6月8日韩国情报》(1945年6月20日),中国国民党党史会藏。

③ 重庆《大公报》,1945年5月22日。

④ 《中央秘书处特6711号上总裁签呈》(1944年8月19日),转引自[韩]秋宪树:《韩国独立运动》(一),延世大学出版社1972年版,第380页。

⑤ 《外交部关于韩国临时政府请示承认事上主席签呈》(1944年7月),中国国民党党史会藏。

军。早在开罗会议后,蒋介石就指出:为了加强朝鲜独立运动,应设法使韩国临时政府将其反日工作推进于朝鲜境内①。1945年3月,中国方面在得知日本有可能放弃本土而在朝鲜与中国东北进行大陆决战的情报后,更感到在朝鲜组建地下军,利用本土人民高昂的反日情绪,发动反日暴动,对于配合同盟国军队登陆作战的重要②。稍后,当中美空军作战能力伸展至朝鲜境内时,中国方面又极力希望能在朝鲜国内组织地下军,从事救护盟国空军失事人员的工作③。在国民政府当局的极力鼓励和支持下,韩国临时政府拟定了"军事计划书",计划选派若干光复军干部进入朝鲜内地,唤起原有之爱国组织,组成地下军,配合盟军登陆。其具体方案是:"设其秘密指挥部于京城,设分部于龙山、平壤、罗南、大丘等敌兵所在地,并广设细胞于各要地,组织被征入伍之韩军,软化敌之军事组织,吸收敌军中之韩人爱国分子。并将基本队伍隐蔽于江原道山地,俟光复军、东北义勇军或海上韩军攻势接近韩土时,起而破坏敌之交通路线,进而占领京城,隔绝敌军南北交通,与友军协力,将敌人歼灭之。"④但正当中朝双方积极筹划之时,战争已告结束,该计划停止执行。

对于战争结束后盟军占领朝鲜期间如何扶助朝鲜独立问题,最高国防委员会会同军事委员会拟定了《扶助韩国独立方案》,内分拟提出方案和最后磋商让步办法,后者的主要内容是:

1. 在军事占领期间,应尽量给予韩国一切协助,所有民政事项概由韩人自行处理,同时承认一韩"临时政府"以树立韩国独

① 《蒋主席致吴秘书长(32)字晋侍秦电》(1944年1月21日),中国国民党党史会藏。
② 中央执行委员会秘书处函送军事委员会之《太平洋战争与朝鲜现况情报》(1945年3月7日),中国国民党党史会藏。
③ 《蒋主席致吴秘书长(34)卯尤(1)侍秦电》(1945年4月12日),转引自[韩]秋宪树:《韩国独立运动》(三),第385页。
④ 《军事计划书》,转引自[韩]秋宪树:《韩国独立运动》(一),第170—171页。

立之基础,中美英三国对于上项"临时政府"之承认,应互相协商,并采取一致步骤,如苏联愿意参加,应欢迎其参加;

2. 对日军事结束后,为维持韩国治安起见,对韩国境内若干重要据点必须加以占领,直至正式承认韩国政府之时为止;

3. 正式承认韩国政府以后,应由中美英三国同时实行临时国际协助制度,中美英三国对于上项之正式承认,应互相协商,并采取一致步骤,如苏联愿意参加,应欢迎其参加;

4. 正式承认韩国独立以后,应使韩国立即加入国际和平组织,韩国取得会员国资格,其独立地位亦可获得一种国际保障;

5. 关于国际协助制度之具体办法应由中美英诸国商议负责执行(俟远东顾问委员会成立后,我国可将其提交该委员会共同研讨);

6. 此项国际协助制度,经参加诸国多数同意,可随时予以废止,但其有效期间应以不超过三年为度。[①]

该文件体现了中国官方尽力使朝鲜尽早独立的意愿,但时势的发展却使中国对于朝鲜半岛问题的发言权越来越小。

1945 年 8 月 15 日,日本政府正式宣布无条件投降。美、苏成立秘密协定,决定以三八线为界由两国军队军事占领朝鲜半岛。8 月 8 日苏联政府对日宣战,苏联红军及朝鲜共产党领导的抗日武装进入了朝鲜北部,美国军队也准备在朝鲜南部登陆。美国远东方面军麦克阿瑟统帅正式向日本大本营下达了驻朝鲜日军应以三八线为界分别向苏军和美军投降的命令,并经驻华美军总司令、中国战区参谋长魏德迈将军以备忘录形式通知中国战区最高统帅蒋介石。很显然,在美英苏三大国眼中,中国国民政府对于朝鲜问题的决定已不再是参与者,而仅是决定后的被通知者。

在如此险恶的国际环境之下,国民政府为了继续贯彻既定的援朝

---

① 《扶助韩国独立方案》,原件无时间,应为 1945 年初;台北"国史馆"藏。

方针仍作了不少努力。8月24日,国民政府主席蒋介石发表了"完成民族主义维持国际和平"的演讲,严正表示:中国之反抗日本,"不仅为中国自身自由平等而奋斗,也且为高丽的解放独立而奋斗,今日以后,我们更须本于同样的宗旨,与一切有关的盟邦,共同尊重民族独立平等的原则,永远保障他们应该获得的地位"①,说明中国援助朝鲜独立政策的坚定性。同日,当中国方面接到韩国临时政府请求中国建议同盟国立即承认该政府的备忘录后,明知困难重重,仍立即决定由外交部与美国驻华大使馆正面洽商,表明中国认为此时已为同盟国承认韩国临时政府的"适当时机",为实现韩国临时政府这一愿望而做最后的努力。但是这个意见遭到美方拒绝,美国驻华大使馆在复照中称:"美国政府对于韩国国外任何政治团体,皆不拟绝对协助",美国政府还正式通知中国驻美大使魏道明,美国已和英国、苏联达成协议,原则上准备将韩国交由四强先行托管,俟详细办法拟定后,再与中国会商,至于在朝鲜成立临时政府一事,当在国际托管组织商订后再行考虑②。至于朝鲜临时政府则坚持必须解散,其领导人员以个人身份归国。

至此,争取国际社会承认韩国临时政府的一切希望全部破灭。国民政府当局只得退而在美国政策许可的范围内,设法尽早将在中国的韩国临时政府人员送回国内,以便发挥他们自身在国内民众中的号召力,为战后朝鲜独立地位的实现而努力。中国国民政府曾应韩国临时政府的请求,在接受驻华日军投降时,对于日军中的朝籍士兵给以特别优待,将他们移交给韩国光复军加以训练,企图以此作为韩国临时政府归国时的基本队伍③。韩国临时政府曾派遣一批干部,收编了为数约5万人的朝籍士兵,分别集中在北平、南京、上海、杭州、苏州、广州等

　　①　《中央日报》,1945年8月25日。

　　②　张群、黄少谷:《蒋总统为自由正义与和平而奋斗述略》,第209页。

　　③　《金九致蒋介石备忘录》(1945年8月24日),转引自[韩]秋宪树:《韩国独立运动》(一),第461页。

地,进行训练。但这支队伍同样不为美国政府承认,美国军方坚持此等人员必须先行解散后方准入境①。结果这些人员只得列入韩籍日军战俘行列,乘船遣返朝鲜。

国民政府当局于万般无奈之中,只能在经济上给予韩国反日独立运动诸领袖一些帮助,以利于他们归国后的政治活动。9月,蒋介石批准借给韩国临时政府金九等人10亿元法币和20万美元,并由中国方面出面代他们向美国军方借用飞机。11月12日、13日,在金九答应解散韩国临时政府后,美国军方派遣二架飞机,运送金九一行到上海,并于23日返回朝鲜本土,从而结束了韩国临时政府在中国流亡二十七年的历史。中国国民政府扶植韩国临时政府成为战后正统政府的政策也以失败告终。

七　确定战后对法越政策

中日战争期间,中国海岸线被日军封锁,越南成为通向中国的主要国际交通线。然而,法国政府顾虑日本的南进威胁,不肯答应中国政府的过境运输要求,一再地下令禁止中国军火假道越南运输。在中国政府的再三强硬交涉下,始获法方允诺凡中国军火各货抵海防后,即视同法货,由军队代运。尽管在日本各种形式的压迫和威胁之下,过境运输的形式不断有所变化,但中国经过越南的国际通道在法国投降德国之前一直是开通的,这对中国的抗战是一个有力的支持②。

1940年6月,法国战败,向德国投降,随之成立的维琪政府不仅关闭了中国经由越南的国际通道,而且准许日军在越南登陆,假道进攻中

---

①　[韩]爱国同志援护会:《韩国独立运动史》,第381页。对于韩国光复军的人数,1946年1月10日军事委员会核准的人数为1021人,与5万人的说法相去甚远。参见中国军事委员会:《韩国光复军各部队及驻地人数表》,上海档案馆藏。

②　《战时外交》(二),第720—781页。

国。中国政府曾向法越当局提出,中国将进入越南抗击日本侵略,但遭到拒绝。法国维琪政府向中国表示:希望中国军队万勿进入越南,否则越南法军必会抵抗,甚至联合日军进攻中国①。9月,日本迫逼法国维琪政府签署《日法越南协定》,法方允许日军6000人在越南海防登陆,占领飞机场3处,部分进攻广西的日军为撤退目的经由越南海防撤走。国民政府就此向法方提出强烈抗议,声明中国政府对此保留采取一切必要的自卫措施和全部行动自由,由此产生的一切后果均由法国政府负责②。中法双边关系趋于淡化。1943年初,法国维琪政府要求中国撤退驻法使馆,纵容日军侵占广州湾租借地,后又将在华各租界"交归"日本控制的汪精卫政府。8月1日,国民政府宣布与法国维琪政府断交,双边关系完全中断。

与此同时,中国战区参谋长史迪威在魁北克会议上提议,派遣中国军队侧击越南的河内,减轻驻越日军进攻中国云南的危险。然而,这一主张遭到法国维琪政府和戴高乐领导的自由法国两方面的坚决反对,戴高乐的代表甚至向美国国务院表示:"中国如进攻北越,全越人将起而反抗同盟国。"美国虽不同意戴高乐所陈述的政治理由,但也未能果断采取军事行动,中法关系更形微妙③。

随即,中国与美国等同盟国家曾多次讨论过战后越南的地位问题,比较一致的意见是不赞成法国殖民势力重返越南。美国罗斯福总统曾向蒋介石提议将越南归还中国,蒋表示不愿接受,但同时认为越南不能交还法国,因为法国统治越南几近百年,并没有尽到训练越南人的责任,法国在越南只是有取而无予。罗斯福又提出国际托管越南的主张,提议由中、美、英、法、俄、菲律宾各派代表一人,另选越南人二人,成立托管机构,训练越南人成立自治政府。蒋介石表示原则上赞同,同时又

---

① 参见蒋永敬:《胡志明在中国》,传记文学出版社1972年版,第103—104页。
② 《顾维钧回忆录》第4卷,第457页。
③ 吴相湘:《第二次中日战争史》下册,第944页。

强调中国和美国应尽力帮助越南在战后独立，并建议"可否先发表一份宣言，主张越南在战后独立"，未为罗斯福接受①。后在开罗会议和德黑兰会议期间，中国与美国间、美国与苏联间都曾就战后越南的独立地位问题有所讨论。罗斯福和蒋介石在 11 月 23 日的谈话中就中国和美国应共同努力帮助印度支那战后取得独立达成共识。五天后，罗斯福和斯大林在德黑兰会议期间又讨论越南问题。斯大林一再表示：法国必须对勾结德国的罪行付出代价，不得恢复旧法国在印度支那的殖民主义统治；罗斯福表示百分之百同意斯大林的意见，强调法国统治印度支那已达一百年之久，那里居民的处境比开始受统治以前更坏，重申将与蒋介石讨论把印度支那置于托管制度之下的可能性，其任务是使那里的人民在二三十年内取得独立，但是所有这些谈话均未能形成具有法律效力的文件②。

　　1944 年秋，国际形势发生了重大变化，美、英、苏等同盟国改取支持和扶植自由法国政府的态度，其对待越南战后独立地位的态度也从原有立场上大大后退。国民政府随之改变了对越方针。10 月 10 日，蒋介石接见中国刚刚承认的自由法国政府驻重庆大使贝志高③，表示中国对印度支那或印度支那的领土都"没有任何企图"；"如果能够帮助贵国在该贵国殖民地建立法国政权，我们是乐意的"；"贵国驻印度支那的军队如果受到日本的压力而不得不退到中国时，将会受到兄弟般的接待"；甚至称赞"法国人的思想比盎格鲁撒克逊人（不管英国人还是美国人）更接近中国人"，"希望从此把我们的传统地位肯定下来"等④。在对待越南独立问题上，这是 180 度的大转弯。12 月 15 日，国民政府

---

①　吴相湘：《第二次中日战争史》下册，第 944 页。

②　参见凌其翰：《在河内接受日本投降内幕》，世界知识出版社 1984 年版，第 28—31 页。

③　1943 年 8 月 27 日，国民政府发表宣言，承认戴高乐领导的"民族解放委员会"，但同时声明并非承认其为法国政府，参见《大公报》1943 年 8 月 28 日。

④　凌其翰：《在河内接受日本投降内幕》，第 32 页。

外交部长宋子文致函戴高乐,再次表示要恢复中法两国战前建立的真诚友谊,并"准备以最诚恳的态度解决中国和法国间的一切悬而未决的问题"①。

1945 年初,在中国代表团参加旧金山会议之前,最高国防委员会和军事委员会联合拟定的文件就中国对越南问题的态度作了如下表述:

> 我应趁此密询美方态度:1.如美已决定将越南交回法国,我自不便反对,但我可向美方说明:越南与我毗邻,此次日本曾用以为侵略我之根据地,战后法国应予我以特殊交通之便利,并将我侨民待遇改善,我与法方交涉时,美应为我声援;2.如美主张将越南置于国际领土代管制度之下,则我除向美作前项之同样说明外,并表示希望法应早使越南独立;3.如美主张将越南交由数国代管,则我应赞成其主张,并要求为代管国家之一。②

从中可见,国民政府的对越南政策完全惟美国之马首是瞻,当时还很不确定。

1945 年 8 月,日本无条件投降,根据盟军统帅部第一号命令,中国派遣陆军第一方面军进入越南,在河内设立占领军司令部,接受北纬 16 度以北的日军投降。这无疑给中国带来了一个支持越南独立的良好机会。当时,胡志明领导的越南独立同盟发动了被称为"八月革命"的全国总起义,成立了临时政府,建立了越南民主共和国。但国民政府的对越政策却陷入了混乱。中国占领军得到的最初指示是:接受日军投降,解除其武装,遣送其回国;组织军政府管理民政;驻云南的法军在原地待命,不准入越等,既未把法国人当作交涉对象,也未考虑把越南

---

① ［法］戴高乐:《战争回忆录》(中译本)第 3 卷,世界知识出版社 1964 年版,第 397 页。

② 军事委员会:《旧金山会议外应与美英苏商谈之各项方案要请示案》,国民政府档案第 403 卷,台北"国史馆"藏。

交还法国①。在河内举行的日军投降仪式也只挂中、美、苏、英四国的国旗，而未挂法国国旗。法国代表多次交涉，但主持受降的卢汉将军坚持仅挂《波茨坦公告》签字国的国旗。然而，9 月 15 日，由行政院制定的《占领越南军事行政设施原则十四项》却以尚未回到越南的法国作为一方，有关措施和办法都须与法方商洽，而只字未提业已成立的越南民主共和国。这使占领军当局不知所措，向最高当局请示的结果是：牢牢掌握老街—河内—海防运输线；对越南当局应采取不管态度；让法军开入越南，不得予以阻挡。随即又补充指示：对法越纠纷严守中立②。

与此同时，宋子文以行政院长身份访问法国，于 9 月 19 日会见戴高乐，戴高乐对中国占领军进入越南北部后的形势表示强烈不满，并认为中国的政策与 1944 年 10 月中方的承诺不相符合。宋子文重申"中国不以任何方式反对法国对印度支那所享有的权利"，声明"中国希望法国仍然是中国在亚洲的邻邦"，表示回重庆后将按法方的期望处理北越问题③。国民政府的对越政策基本定型，中国占领军司令部接到军事委员会军令部命令，准备接待法国代表团，法国的军用飞机也准由云南飞往河内。国民政府实际放弃了支持越南独立的立场，而让法国殖民者在战后重返印度支那恢复其殖民统治。

第二节　抗日战争的胜利

一　战争后期日本对华"谋和"的失败

抗日战争后期，随着日军在太平洋战场的战况每况愈下，日本政府和军部开始策划通过汪政府实现对华"和平"。1943 年 5 月 29 日，日

---

① 陈修和：《抗战胜利后国民党人入越受降纪略》，《文史资料选辑》第 7 辑。
② 凌其翰：《在河内接受日本投降内幕》，第 14—15 页。
③ 凌其翰：《在河内接受日本投降内幕》，第 38—39 页。

本大本营和政府联席会议制定的《大东亚政略指导大纲》规定："解决中国问题"的要点，是彻底实现"对华新政策"，"应伺机加以领导，使国民政府对重庆进行政治工作"等①。这是日本政府在正式文件中第一次明确提出运用汪政府来"诱和"重庆政府的策略。根据日本方面得到的情报：重庆政府在宋美龄访问美国时得知，"英美对于苏联潜在实力之强大重新作估计，大为恐慌。可以对此防御的，西为德国，东为日本，所以认为打倒此两国，并非得计。从这个观点，蒋介石也不得不考虑与日本谈判。"②

　　汪政府的要员们是否愿意充当日本政府的"劝降"使者呢？最初，日本方面曾表示疑忌，担心汪政府会阻碍日蒋"全面和平"的实现，曾设想让汪精卫担任华北地方政权的主席，以解决"全面和平"实现后最为困难的蒋、汪关系问题③。但日方很快发现"汪似乎希望由他自己这一派尽快完成"中日"和平"的任务。陈公博、周佛海则积极性更高。汪精卫向日本驻南京"大使"谷正之表示："我是一个探险家来发见大陆，如果不能发见，重庆一定拍手笑我，如果能够发见，全中国的民众会感谢。"汪精卫的所谓"大陆"就是指"和日本以好的条件达成和平"④。

　　自1943年1月汪政府对英美宣战后，汪精卫等不断就"中日全面和平问题"派人与重庆当局进行联络，出面较多的是周佛海。1月4日，周佛海委托即将赴重庆的国民党"中统"特工陈宝骅，"带缄交孔庸之（祥熙）、钱新之、杜月笙及果夫、立夫、布雷六人，劝其时机如到，主张和平，余在外力助其成"⑤。2月2日，周佛海又对刚从重庆返回上海的国民党"军统"特工刘百川说："国际关系瞬息万变，英美必留日本之

①　《日本外交年表和主要文书（1840—1945）》下卷《文书》，第583页。
②　《木户幸一日记》（1943年9月18日），日本东京大学出版会1966年版。
③　《木户幸一日记》（1943年4月15日）。
④　《木户幸一日记》（1943年9月21日）。
⑤　《周佛海日记》1943年1月4日。

势力以牵制苏联，故日美妥协迟早必实现，渝方应注视此点，如日美有妥协之倾向，即宜著先鞭与日和平，不可追随美国之后与日妥协，盖前者为主动，后者为被动，利害得失固可预见也。"刘百川表示同意周的意见，并允将此"转达渝方"①。4月5日，在汪政府要人的一再疏通下，日本占领军方面同意将在上海被日本宪兵逮捕并软禁已一年的国民党中央组织部副部长吴开先用飞机送广州，转道回重庆，传递"和平信息"。周佛海是这样向日本驻汪政府最高军事顾问影佐祯昭解释的："欲求全面和平，与其走许多不正确的冤枉路，不如把他送回重庆，让他把目睹的一切，向当局面陈，也可以把汪先生与日方的意思，代为转达，这是求取全面和平的一个捷径。"②

同时，汪精卫、陈公博、周佛海等不断与日本驻南京"大使"谷正之以及日本军部在华代表辻大佐、都甲大佐、永井大佐、川本大佐等商谈实现所谓"全面和平"的条件。1943年9月，汪精卫、陈公博等多次与谷正之会谈，"最关心的是撤兵问题，如果蒋提出与英美切断关系，希望日本也撤兵时，日本是否肯答应？"要求日方明确表示态度③。9月29日，周佛海会见日本军部代表都甲大佐，也提出"重庆所惧者，脱离英美后，而日本不履行条约也。故如何能有切实保证，使重庆信任日本，此日本必须反省者也"④。10月2日，周佛海又向日本军部代表川本大佐指出："重庆对日不信任，如何取信于渝，乃为先决问题，而欲取信于渝，先须见信于南京政府下之人民，今日本所约定者多不能实行，其能使重庆信任日本之诺言耶？"⑤10月4日，周佛海在与谷正之会见时再次强调："中日全面和平"之能否实现，"全在日本做法如何而定，如以在

---

① 《周佛海日记》1943年2月2日。

② 朱子家：《汪政权的开场与收场》第1册，香港春秋杂志社1963年版，第151—152页。

③ 《木户幸一日记》（1943年9月18日）。

④ 《周佛海日记》1943年9月29日。

⑤ 《周佛海日记》1943年10月2日。

和平区日本之做法视之,则重庆决不和。'言必信,行必果'为日本做法今后应取之途径。"①这表明汪精卫、周佛海等人企图利用日本决策者们急于希望结束战争的心情,迫使日本方面向汪政府做出更多的让步。

1943年10月30日,《日汪同盟条约》签署,日本政府答应在"中日全面和平"实现时,从中国撤兵,并放弃根据《辛丑条约》取得的驻兵权,这使汪精卫等大为振奋,趁势向重庆政府发动了一次"和平攻势"。汪精卫在重病之中,仍亲自撰文,指责重庆方面据以抗日的理由已不复存在,"以今日的状态而言,不仅回复到卢沟桥事变以前的状态,且超过若干倍了",劝告重庆政府"赶快决定自己应走的路","抛下抗战,回复和平"②。然而,由于世界反法西斯战争形势的进一步发展,汪政府的"和平攻势"成效甚微。

1944年初,日本军队在太平洋战场上遭到了更为惨重的失败。日本大本营为了消灭美军在中国的空军基地,确保日本本土与南方占领地的大陆交通线,于1月24日下达了"一号作战"命令,要求日军"攻占湘桂、粤汉及京汉铁路南部沿线的重要地域",并于4月中旬开始发动河南攻势作战。日本军部执行了一种"和"、"战"自相矛盾的方针,即"一面希望对渝和平,一面又常取攻势"。这说明日本政府面对每况愈下的战局,举措无定,执行着混乱的对华政策。

在汪政府方面,1944年3月,汪精卫病重赴日就医后,实权已落入陈公博和周佛海手里。他们虽然表面上仍然热衷于居间"劝降",但从心底里已深信日本必定战败,暗中向重庆政府表示"输诚",积极地为自己寻找退路。他们考虑"全面和平"的出发点已较前有了很大的变化,其重点已放到如何取悦于重庆政府了。

基于这样的立场,他们一方面对日本方面的"谋和"要求虚与周旋,另一方面婉转批评日本方面"对渝军事上施加压力,只足以促渝之坚决

---

①　《周佛海日记》1943年10月4日。
②　《中华日报》,1943年11月1日。

抵抗,和平更难"①,并以"谋和"为由,向日本方面交涉"撤兵"、取消伪满洲国等,力争在较好的政治条件下,实现所谓"全面和平",争取重庆当局对他们的宽容和谅解。对于陈公博、周佛海等人的这种心态,时任日本中国派遣军副总参谋长的今井武夫也有所意识。他说:"日本政府对南京政府的这个提议(即由汪政府居间"谋和"中日关系),南京方面明白看出日本的战意消退,除了只派遣一名表面形式上的使者到重庆以外,似在煞费苦心地寻求同重庆方面的要人进行联系。"②但这种状况却未为急于从中国战场脱身的日本政府决策者们所认识,由汪政府出面进行的"谋和"活动仍在继续。

　　1944年7月,日本东条英机内阁倒台,继起的小矶国昭内阁面临比它的前任更为严重的局面,战况愈加险恶,为了"尽快解决中国事变",已到了十分迫切的地步。他们把与重庆政府"谋和"的希望完全寄托在分崩离析的汪政府身上,迫不及待地要以更大的步伐,与重庆政府取得沟通和联系,实现所谓的"全面和平"。8月,日本最高战争指导会议制定了《世界形势的判断及战争指导大纲》,规定在"战局已经进入最后阶段的情况下",对外政策"以斡旋德苏和解及对重庆进行政治工作为中心课题"③。9月5日,日本最高战争指导会议又制定了《实施对重庆工作方案》,规定"对重庆的政治工作的重点,在于完成大东亚战争,必须使重庆政权迅速停止对日抗战",具体方式是"使国民政府进行活动,制造彼此之间会谈的机会",并由"国民政府派遣适当人员到重庆去";同时,"有效地运用由于日苏邦交的迅速好转而造成的政治压力,设法促进这项工作";"如果需要,使苏联成为这项工作的居间人";强调"讲求一切手段,助长日华和平思想,并贯彻宣传重庆依靠美、英,终于

①　《周佛海日记》1944年6月4日。

②　《今井武夫回忆录》(中译本),第221页。

③　《日本外交年表和主要文书(1840—1945)》下卷《文书》,第601—602页。

会招致中国民族的被奴役,造成东亚的灭亡"等。在这个文件中,日本政府还决定了一旦中日直接会谈实现时,日本方面最大的让步腹案,主要内容是:

　　1. 中国对日本、英美关系"采取善意中立","自发地使在中国的美、英军队撤退";

　　2."同意蒋介石返回南京,建立统一政府",蒋介石与汪精卫关系的调整,"是中国的国内问题,由两者直接谈判";

　　3."废除《日华同盟条约》,重新签订全面和平后日华永久和平的友好条约","不干涉中国的一切内政问题";

　　4."如果在中国的英、美军队撤退,帝国也撤退全部军队";

　　5."满洲国不改变现状";

　　6."蒙疆问题作为中国的问题处理";

　　7."把香港让给中国";

　　8. 尽量答应"中国方面对帝国提出的保障安全的要求","为了反对美、英军队再度侵入中国,使中国承认(日本向中国)派遣必要的军队"。①

在日本方面看来,这是一个很为宽大的条件,"将使1932年以来日本在中国的成果,除满洲国外,一概化为乌有"②。反映了日本侵略者已入穷途末路,急于从中国战场脱身。

　　四天后,日本最高战争指导会议又通过了《对国民政府传达有关〈实施对重庆政治工作方案〉的要点》,决定"先由中央派遣适当人数,并会同当地机关,共同向国民政府进行传达"③。随即,日本政府派遣陆军省次官柴山兼四郎中将赴南京,向汪政府要员陈公博、周佛海等传达日本政府的决策。柴山中将原任汪政府最高军事顾问,与汪派人物关

---

①　《日本外交年表和主要文书(1840—1945)》下卷《文书》,第604—605页。
②　日本防卫厅战史室:《华北治安战》(中译本)下册,第195—196页。
③　日本参谋本部:《战败的记录》,第175—176页。

系密切,刚调任陆军省新职,即受命再次来华。

9月13日—14日,柴山中将与陈公博、周佛海进行会谈。柴山表示:"日政府虽明知形势不利,时机不顺,不易成功,但仍盼积极进行全面和平工作",但此次"谋和",日本政府不出面,由汪政府出面进行,"且不可使外间知系日方所发动";提出日本方面实行"全面和平"的条件,主要内容是:1.纯以平等立场讲和;2.如美国撤退在渝空军,日即全部撤兵;3.渝与英美之关系,尊重渝方意见决定;4.关于保证问题,俟确知渝方意见后决定;5.关于宁渝汪蒋问题,乃中国内政问题,由双方商办等①。为了保证"谋和"工作的顺利进行,柴山特别强调该项工作今后"由首相和外相联系,一切要南京方面采取措施,不让当地军方干预"②。

在会谈中,陈公博提出日军在打通大陆交通线后,"是否要在此线驻屯相当兵力?"柴山表示:"日本政府现在没有考虑这样的驻兵问题",但"如果中国宣布中立,而美、英侵犯了中立","那时只凭中国政府的力量当然阻止不了美、英的侵犯","日本不能不考虑到在必要地点的必要驻兵问题"。陈公博又提出:"重庆在与日本言和时,必定担心日本果真能否如约执行? 为了消除这个疑问,感到有第三国担任保证的必要。"柴山答称:日本对由苏联来作为中间人,"有充分的考虑"。随即,陈公博表示"可以提出反共问题作为南京政府与重庆政府相接近的方法,现在能作为两方的共同目标的就是反共"。柴山当即表示赞同,并说:"日本对南京政府的政策,不加掣肘。"最后,双方谈及伪满洲国的存废问题,陈公博指出:如不撤销满洲国,"终为中日间一个极大障碍,而为中国生存的致命伤",与重庆政府讲和也将"无从谈起"。柴山回答:"现在无法回答,在具体情况有发展时再行协商"③。经过双方会谈,陈公博表示:对于日方企图,"当努力求其贯彻",周佛海也说要"遵命办理",

---

①　《周佛海日记》1944年9月13日。

②　《今井武夫回忆录》(中译本),第221页。

③　《柴山中将报告》,参谋本部:《战败的记录》,第177—179页。

"无论如何都要抓住机会,完成预定目标",并商定:"通过无线电与重庆联系,不是很好的办法",必须派人去联络。9 月 28 日,陈公博与周佛海决定派遣朱文雄赴重庆,向重庆最高当局转达日方"和谈"条件。直到次年 5 月底,朱文雄才返回上海,但"并无具体结论"。实际上,汪政府"大部分首脑内心认为此项工作不可能实现,对之表示消极"①。

　　日本最高战争指导会议的这一决策,招至日本军方及政界不少人士的反对。战后,时任日本中国派遣军司令部副总参谋长的今井武夫在其回忆录中批评说:"中央并未深入考虑南京政府与重庆政府的关系,也未很好研究南京国民政府近一年来几乎完全失去信心而放弃努力的实际情况,即行作出如此决定。"②差不多在柴山来华的同时,日本政府为了推进此项工作,还特派和重庆不少要人保有长远历史关系的宇垣一成大将来华活动,以私人名义试探与重庆政府进行谈判的可能。9 月中旬,宇垣一成偕坂西利八郎等,从中国东北开始,视察了华北、华中地区,先后在北平、南京、上海等地和陈公博、周佛海、王克敏、王揖唐、缪斌等会面,结果也是一无所获。宇垣一成回到东京后,曾向日本最高当局建议:"重庆工作需要开辟新路线,南京政府的存在对工作反有妨碍。"表示了反对由汪政府居间进行"谋和"活动的意见③。

　　但是,日本驻汪政府最高军事顾问矢崎中将却赞成并坚决执行日本最高战争指导会议的决定,使得通过汪政府进行的"谋和"活动持续到 1945 年初。然而,这一工作的日方主管部门却一变再变,反映了日本统治集团在对华工作上的混乱。最初,日本方面确定"由首相和外相直接联系";10 月 25 日,改由日本驻汪政府最高军事顾问矢崎担任当地日方负责人,受日本首相的直接指示行事;12 月 13 日,日本最高战争指导会议又决定改由日本驻南京"大使"及在华陆海军最高指挥官协

---

① 　日本防卫厅战史室:《华北治安战》(中译本)下册,第 431—432 页。
② 　日本防卫厅战史室:《华北治安战》(中译本)下册,第 431—432 页。
③ 　日本防卫厅战史室:《华北治安战》(中译本)下册,第 431—432 页。

商进行工作,并"由中国派遣军总司令负责与中央联系,以统一掌握并进行上述工作"①。

1945年春,由于"谋和"工作毫无进展,小矶国昭内阁决定改变方针,改由"日本政府自己直接进行缪斌工作"。"缪斌工作"是日本对蒋介石政府进行"谋和"活动的最后一幕。缪斌,虽为汪政府考试院副院长,却不属于汪精卫派,也与陈公博没有历史关系。他原为国民党在野政客,抗战爆发后,在华北投日,任新民会副会长,汪政府成立时,由日方推荐参加该政府,在政治上一直是汪派集团的反对派。他以为日军情报机关搜集重庆方面情报的机会,与重庆的友人经常联络,并与反对汪政府的日本人士交往,炫耀自己与重庆当局关系密切,建议由他居间进行"全面和平"的谈判。1945年3月16日,自称代表重庆政府的缪斌受日本首相小矶国昭之邀抵达东京活动。当晚,他与日本内阁国务大臣兼情报局总裁绪方竹虎会谈,向日本当局提出了《中日全面和平案》,主要内容是:1."南京政权立即宣布自动取消,成立留守政府";2."日本政府在南京留守政府成立时,立即与重庆国民政府谈判停战撤军事宜";3."停战协定正式发表时,国民党政府还都南京"等②。3月21日,小矶国昭在日本最高战争指导会议上提议:"以缪斌案为基础正式进行和平交涉","允许缪斌使用无线电与重庆联络"等③。

小矶国昭的这一举动遭到日本驻南京"大使"和中国派遣军总司令部的反对,日本驻南京"大使"谷正之致电日本政府,指出:"这种计划既违反过去的决定,也轻视汪政权,决无成功的希望,况且从缪斌的地位看,他所提出的使日本让步的方案的结果仅是被他个人及重庆政府所利用,不能达到真正和平的目的。"日本外务省、陆军省、海军省对"缪斌工作"均不表赞同,外相重光葵直接面告天皇,认为"国家处于危局,日

---

① 日本防卫厅战史室:《华北治安战》(中译本)下册,第431—432页。
② 日本防卫厅战史室:《华北治安战》(中译本)下册,第431—432页。
③ 《蒋总统秘录》第13册,第175页。

本应当采取的态度必须走大路,只要无亏大义名分,即使一旦国破,将来还有复兴的希望;若是玩弄不当的手段走入歧路,日本也许将永远灭亡"①。日本天皇亦反对"缪斌工作",表示"和平工作通过缪斌这种人是不能成功的,此时不应采取策略的手段,对整个大局是无益的"②。日本统治集团内部的严重分歧、争吵及天皇对此的决断,不仅使"缪斌工作"很快停止,而且使小矶内阁也因之而垮台。日本政府小矶内阁进行的"缪斌工作"表示日本政府在中日战争后期假手汪政府进行的"谋和"活动已遭彻底失败。

二 日本无条件投降

1945年4月7日,铃木贯太郎继小矶国昭成立新内阁。战局迅速恶化,4月5日,苏联政府通知日本,宣布废除届期的《日苏中立条约》。5月7日,德国法西斯无条件投降。次日,蒋介石致电杜鲁门总统祝贺,表示:"纳粹政权既已崩溃,吾人深信贵国强大之军事力量,与其他盟国勇敢之军队通力合作以击败吾人远东敌人日本,必不在远。"③随即,日本海军在冲绳岛决战中失利,苏军移师远东,日本陆军声明准备本土决战,但已只剩下7000架飞机。日本天皇私下哀叹:"战况似乎较我想象的更坏。"④

日本政府在对华谋和失败后,转而试图邀请苏联出面斡旋媾和。5月11日—14日,日本最高战争指导会议决定作出重大牺牲,诱使苏联斡旋媾和。其主要内容是:1.防止苏联参战,"目前日本正以全部国力与英美交战,此时如苏联参战,帝国将被置于死地,因此无论对英美战

---

① [日]重光葵:《日本侵华内幕》(中译本),解放军出版社1987年版,第395—396页。

② 台北"国史馆":《中华民国史事纪要》,1945年1月—4月,第988—989页。

③ 《大公报》1945年5月9日。

④ [日]重光葵:《日本侵华内幕》(中译本),第414页。

争出现如何状态,帝国必须竭力防止苏联参战";2.诱导苏联采取善意态度,"苏联的要求必将以废除《朴次茅斯条约》为重点,帝国当然要力争降低其要求,为达成协议,决定承认废除《朴次茅斯条约》和《日苏基本条约》,结果是:A.归还桦太,B.取消渔业权,C.开放津轻海峡,D.出让北满各铁路,E.苏联在内蒙的势力范围,F.租借旅顺、大连也需做好思想准备,不得已也可割让千岛北半部,但最希望将朝鲜留在我方,南满作为中立地带,尽可能维持满洲帝国的独立,关于中国,则建立日、苏、中三国共同体制";3.邀请苏联作为结束战争的斡旋者,"迅速开始日苏两国的会谈,我方应使苏联了解,苏联此次对德战争之所以取得胜利是由于帝国维持中立之故,并应说明,考虑到将来苏联与美国可能发生对抗的关系,使日本保持相当的国际地位,是对苏联有利的。此外并要阐明日、苏、中三国有团结的必要,应极力诱导苏联达到上述目的"等①。

据此,5月15日,日本政府发表声明,宣布废除德意日《反共产国际协定》及三国间一切协定,缓和对苏关系。6月3日起,日本前首相广田弘毅奉命与苏联驻日大使马立克两次会谈,转达日本政府的意向。6月22日,美军完全占领冲绳岛,战况进一步恶化,日本天皇下令:"关于结束战争问题,此时希望不拘泥于历来的想法,从速进行具体研究,力求促其实现。"24日、29日,广田再度两次与马立克会谈,并面交了日方起草的日苏互不侵犯协定文本,马立克答应向政府报告,但随后便避不见面。7月7日,天皇召见首相催促派遣特使赴苏。12日,近卫公爵奉派为遣苏特使,准备携带天皇亲笔信前往苏联,日本外相与马立克交涉,希望苏联同意其入境。13日,日本驻苏大使佐藤尚武奉命将日本外相的电报内容转告苏联副外交人民委员。18日,苏方答复:"鉴于近卫特使的使命不明确,不能回答诺否。"19日,佐藤将此结果报告外相东乡,并劝告东乡说,日本将不得不明确地阐明自己的意图,同时,也不得不接受无条件投降。21日,日本政府针对苏联的答复,再电佐藤大

---

①　《日本军国主义侵华资料长编》(《大本营陆军部》摘译)下卷,第622—623页。

使批示说:近卫使团是为了请求苏联斡旋以结束战争,并明确表示日本很希望奉行一项在战争中和战后都与苏联实行合作的政策;同时宣布"我们在任何情况下都不能接受无条件投降",但只要不是以彻底投降为代价,日本是要和平的,亦即近卫将要求苏联政府为日本争取到他们可能争取到的最好的条件,而日本政府则准备为此付出相当高的代价。"24日,佐藤收到电报,25日转达给苏联副外交人民委员。并向苏方保证近卫一定会带来明确的建议,这些建议将包括结束战争和改善日苏关系的内容,暗示近卫将带来某些东西奉献给苏联。但苏联方面仍未答复①。这表明日本请苏联斡旋媾和,完全是单方面的想法。日本外交重臣重光葵就对此表示疑义,他对于苏联迟迟不答复一事评价说:"答复是会来的,但答复的内容恐怕与日本期待的完全相反吧!"②

　　更为严峻的考验正摆在日本政府和军部面前。7月17日,为处理德国善后问题的美英苏三国首脑会议在波茨坦举行。其时,美国在新墨西哥的原子弹爆炸试验已获成功,美国陆军部长史汀生建议杜鲁门总统,在对日本使用原子弹以前应劝告日本投降,警告日本如不投降,就将使用这种毁灭性的炸弹。7月26日,美、英、中三国发表敦促日本立即无条件投降的《波茨坦公告》,其主要内容是:1.日本政府立即宣布所有日本武装部队无条件投降;2.《开罗宣言》之条件必将实现,日本之主权必将限于本州、北海道、九州、四国及吾人所决定其他小岛之内;3.日本领土经盟国之指定,必须占领;4.欺骗及错误领导日本人民使其妄欲征服世界之威权及势力,必须永久剔除,等等③。该公告给了日本政府一次结束战争的机会,也断绝了日本有条件议和之路。

　　① 《日本军国主义侵华资料长编》(《大本营陆军部》摘编)下卷,第638—639、642—643页;[英]阿诺德·汤因比主编:《第二次世界大战史大全》(中译本)第8卷,上海译文出版社1995年版,第205—206页。

　　② [日]重光葵:《日本侵华内幕》(中译本),第418页。

　　③ 《美英中促令日本投降之波茨坦公告》,转引自《反法西斯战争文献》,第298—299页。

日本统治集团内部发生激烈争吵。7月28日,日本首相铃木发表谈话称:"该宣言只是《开罗宣言》的翻版,政府并未予以重视,只有置之不理。我们坚决完成战争。"①表明了日本拒绝接受波茨坦公告的态度,仍寄希望于苏联的斡旋。7月30日,佐藤拜会苏联外交部,声称要日本无条件投降是办不到的,但是,假如日本的体面和生存能得到保证,日本准备"以重大妥协的条件"结束战争,日本准备为苏联调停付出高代价。但苏联方面答复,由于斯大林和莫洛托夫都在柏林,无法答复②。日本的顽固态度,给日本人民再次造成灾难性的打击。8月6日,美国在广岛扔下第一颗原子弹,其巨大的杀伤力,使日本朝野极为震惊。同日,杜鲁门总统发表谈话,宣布"吾人现已开始使用此具有可怕威力之炸弹攻击日本,势将完全击毁日本之作战能力,日本不投降则自招毁灭矣!"随即,美国陆军部长史汀生宣布:"不久有一种改良之原子弹出现,其效力且将'数倍'于目前之新武器",进一步给日本施加压力③。8月8日,莫洛托夫应约会见佐藤,送交了苏联对日进入战争状态宣言书,内称:日本拒绝《波茨坦公告》,使日本要求苏联调解远东战争的建议"失去了一切根据",苏联决定"参加反对日本侵略的战争,这样使战争结束的时间更加接近,减少牺牲者的数目,并加速一般和平的最早恢复"④。苏军对日作战十天,歼灭关东军、伪满军和伪蒙军约70万人,其中8.3万人被击毙,60.9万人被俘,苏军伤亡3.2万人⑤,这使日本请苏联斡旋媾和的最后希望破灭。

───────────

① 《日本军国主义侵华资料长编》(《大本营陆军部》摘译)下卷,第644页。

② [英]阿诺德·汤因比主编:《第二次世界大战史大全》(中译本)第8卷,第209页。

③ 万仁元、方庆秋主编:《中华民国史史料长编》第66卷,第649、655页。

④ 《苏联对日宣布进入战争状态的宣言书》(1945年8月8日),《反法西斯战争文献》,第315页。

⑤ 参见魏宏运主编:《民国史纪事本末》第6卷,辽宁人民出版社1999年版,第669页。

8月9日,日本最高战争指导会议讨论和战问题。军部坚持须在四条件下接受《波茨坦公告》:1.维持天皇制;2.敌人既不在本土登陆,也不得占领;3.在海外各地日军的撤退由日本自主地实行;4.战犯之裁判处罚由日本自行办理;外务省则主张只保留第一个条件。正当两种意见争执之时,美军又在长崎扔下第二颗原子弹①。

8月10日,日本政府将在坚持天皇制条件下接受《波茨坦公告》的照会通过驻瑞士和瑞典公使转达美英苏中四国。11日,美国国务卿贝尔纳斯代表盟国答复日方,主要内容是:日本天皇及日本政府统治国家的权力必须听从盟军最高统帅之命令;日本政府之最后形式将依日本人民表示之意愿确定之;同盟国之武装部队将留于日本,直到达到《波茨坦公告》所规定之目的为止等②。消息传出,中国陪都重庆彻夜欢腾,庆贺战争胜利结束③。

---

① 第二颗原子弹原定8月11日投掷,提前投掷的原因,与其说是由于预测11日天气不佳,不如说是与苏联参战有关。美国驻苏军事使节团团长曾有如下回忆:"在广岛投下原子弹时,苏联的报纸无任何报道,但苏联最高当局无疑对之非常关切。苏联不能不取得太平洋和平会议的入场券,因而必须加快步伐。否则,舞台幕启,观众满座,恐怕将无法挤进。对于阻碍苏联插手远东战争并尽量抑制其打败日本所作的贡献,其方法即尽早投掷原子弹。而苏联既已参战,则必须尽早投下第二颗原子弹。"

② 《中美英苏对日本乞降照会的复文》(1945年8月11日),《反法西斯战争文献》,第319页。

③ 日本无条件投降消息于10日晚8时许,经中央通讯社收获,发布号外,"顷刻震动全市,街头人山人海,遍处欢呼呐喊,爆竹与锣鼓声,打破山城八年来之沉寂,超过十万以上之男女老少市民,纷纷手持火棒,自各处奔赴国民政府暨中央党部前欢呼,向蒋主席致敬,市区交通因行人拥挤,几难维持,无数盟国将士手持啤酒或川产大曲沿街边走边饮,欢喜若狂。""记者于8时30分起,自上清寺出发,步行全市,直至过街楼为止,一路可见兴奋之情形,为生平所未有,都邮街爆竹声响震天,火花四射,织成美丽之火网,行人穿越其间,识与不识,彼此点头握手。各处舞厅闻讯后,即奏联合国国歌及中华民国国歌","不久均开放门户,任人出入,载歌载舞,心花怒放矣。三年来无空袭之重庆,探照灯早已销声匿迹,乃今晚大放光明,光芒满天,已变为象征和平之火炬"。参见万仁元、方庆秋主编:《中华民国史史料长编》第66卷,第668—669页。

　　日本接获同盟国复照后,内部继续发生争吵,军部反对接受同盟国公告,少壮派军人甚至计划发动叛变,铲除主和派阁员,挟持和拥护天皇继续实行战争政策,阻止盟军登陆,主张在本土与敌人决一雌雄,万一战败的话,全国国民即使都自杀,也在所不惜。他们击杀近卫师团长和参谋长,伪造命令,袭击宫城,占领中央广播电台,全力搜寻天皇录音唱片,阻止天皇对国民的投降广播①。14 日,日本最后一次御前会议决定接受同盟国答复。15 日,日本天皇的停战诏书录音通过叛乱者所未探知的电台向全国播送,宣告向同盟国投降。16 日,日本大本营向全体陆海军发布停止战斗行动的命令。17 日,皇族东久迩内阁成立,重光葵重任外交大臣,处理日本投降问题。9 月 1 日,日本大本营根据盟军统帅部命令通令国内外日军,立即放下武器,停止作战,向盟军无条件投降,中国方面(东三省除外)及台湾、越南(北纬 16 度以北)之日军向中国战区蒋委员长投降;东三省及朝鲜(北纬 38 度以北)及南库页岛方面之日军向苏军投降;安达曼、尼科巴、缅甸、越南(北纬 16 度以南)、马来亚、婆罗洲、荷属东印度、新几内亚俾士麦及所罗门岛方面之日军,向蒙巴顿元帅或澳军司令投降;日本本土及朝鲜(北纬 38 度以南)及菲岛之日军,向美太平洋方面陆军总司令投降②。

　　8 月 15 日,中国战区统帅蒋介石致电美、英、苏三国领袖,庆贺盟邦获得全面胜利。同日,致电日本驻中国派遣军总司令冈村宁次,指示6 项投降原则,其主要内容是:立即通令所属日军停止一切军事行动,并派代表至玉山接受中国陆军总司令之命令;军事行动停止后,日军可暂保留其武装及装备,保持现有态势,并维持所在地之秩序及交通;所有飞机及船舰应停留现在地,但长江内之船舰应集中宜昌、沙市;不得破坏任何设备及物资,等等③。次日,命令中国陆军总司令何应钦将军

---

①　[日]重光葵:《日本侵华内幕》(中译本),第 422—423 页。

②　《中华民国史事纪要》1945 年 8—9 月,第 723 页,台北“国史馆”藏。

③　何应钦:《八年抗战》,台北 1969 年印行,第 315 页。

全权处理中国战区日军投降事宜。自8月21日至9月5日，何应钦将军共向日军冈村宁次发出20个备忘录，指示有关日军投降事宜①。

9月2日，日本向同盟国投降签字仪式在日本东京湾的美国战列舰"密苏里号"上举行。日本政府代表重光葵和日本大本营代表梅津美治郎在投降书上签字，中国代表徐永昌将军参加了该仪式。仪式结束后，数千架飞机越过"密苏里号"上空，庆祝这个具有伟大历史意义的时刻。9日，中国战区日军投降仪式在南京原中央军校礼堂举行，中国战区统帅蒋介石代表陆军总司令何应钦、第三战区司令长官顾祝同、陆军参谋长萧毅肃、海军总司令陈绍宽、空军第一路司令张廷孟就座受降席，日本中国派遣军总司令冈村宁次在投降书上签字，向中国无条件投降，从而宣告了自"九一八"事变以来长达十四年的日本侵华战争终告结束。

在正面战场，从9月11日至10月中旬，由国民政府军接受投降的日军共有1个派遣军总司令部、3个方面军、10个军、33个步兵师团、1个坦克师团、2个飞行师团、41个独立旅团，以及警备、守备、海军等部队共计128.32万人，接收日军的武器装备有：步骑枪68.5897万支、手枪6.0377万支、轻重机枪2.9822万挺、主要火炮1.2446万门、步枪弹1.80994亿发、手枪弹203.5万发，各种炮弹207万发颗，炸药6000吨，坦克383辆，装甲车151辆，卡车（包括特种车）1.5785万辆，各种飞机1068架，飞机用油1万余吨，舰艇船舶1400艘，共5.46万吨，马匹7.4159万匹等②。在敌后战场，从8月11日至10月10日，八路军、新四军及华南抗日游击纵队发起全面的大反攻，对于不肯投降的日本军队发起猛烈的进攻，共收复国土31.52万平方公里，解放人口

---

① 陈志奇主编：《中华民国外交史料汇编》第15卷，第7219—7247页。
② 蒋纬国总编著：《国民革命战争史》第3部《抗日御侮》第10卷，台北黎明文化事业公司1978年版，第118—119页。

1871.7万,收复城市190座,毙伤日伪军23万人①。中国人民的抗日战争取得了完全的胜利。

三　抗日战争的伟大胜利

抗日战争以中国人民的伟大胜利和日本法西斯的彻底失败载入史册。这场战争的结果对于世界、亚洲,尤其是对于中国的影响和意义是多方面的。

首先,中国抗日战争为世界反法西斯战争作出了独特的贡献。长期以来,西方有关"二战史"的著作和回忆录往往忽视中国抗战对于世界反法西斯战争的贡献②,战败国日本的某些著作更是别有用心地贬低中国抗战对于战胜日本所起的作用,甚至为日本侵略中国和亚洲的历史翻案③。中国在所有的反法西斯国家中最早举起抗击日本侵略的旗帜,最后结束战争,是进行反法西斯战争时间最长的国家。在战争的每一个阶段,中国人民英勇卓绝的悲壮斗争都从各个不同的侧面为争取世界反法西斯战争的胜利作出了独特的贡献。

1937年7月7日至1939年9月3日,是第二次世界大战的局部战

---

①　魏宏运主编:《民国史纪事本末》第6卷,第680页。

②　如英国首相丘吉尔在其《第二次世界大战回忆录》中把1940年7月"不列颠之战"到1941年6月苏联参战这段期间称为"单独作战"时期,并把该书第2卷的标题定为"英国人怎样单独坚守堡垒",完全不提中国抗战早自1937年7月就开始单独抵御日本侵略,也间接打击了德国和意大利。

③　数十年来,日本人的此类谬论一直有着相当的市场,近年来更有发展滋长的势头。日本历史研究委员会编撰的《大东亚战争的总结》(中译本,新华出版社1997年版)是反映日本右翼势力荒谬历史观的代表作。该书从根本上否定日本侵华战争的侵略性质,叫嚣"九·一八"事变是日本的"防卫战争","大东亚战争"是"解放亚洲的战争",胡说1943年大东亚会议发表的《大东亚宣言》明确宣布"解放亚洲"的思想,战后十年为亚非会议所继承等,并批评日本的进步史学观为"历史自虐症"和"民族自虐症",扬言要恢复日本的"民族精神",重树"大和民族正确的历史观"。

争阶段。日本悍然发动全面的侵华战争,法西斯侵略战火逐渐蔓延到亚、欧、非三大陆,日、德两大战争策源地在远东和欧洲形成,整个世界笼罩在战争的阴影之下。在这种形势下,中国高举反侵略战争的旗帜,实行全民族全面的抗日战争,独力抵抗日本法西斯的百万大军,不仅粉碎了日本侵略军速战速决灭亡中国的狂妄野心,打击了日本法西斯不可一世的嚣张气焰,而且使日本深陷中国战场,在长时间内无力扩大侵略范围。同时,中国抗战也给予面临德、日西东夹击危险的苏联以有力的支持,再者,中国抗战不仅捆住了日本侵略者的手脚,而且导致德、日协调其全球战略的谈判一再搁浅,从而延缓了日、德、意结成军事同盟的进程,使英、法在欧战爆发时未遭日本在远东的夹击。总之,中国人民的英勇抗战推迟了第二次世界大战的全面爆发,并使英、法、苏在大战来临时处于较好的政治军事态势。

　　1939 年 9 月 3 日至 1941 年 12 月 7 日,第二次世界大战进入了全面战争的新阶段,中国战场的战略地位较前更为重要。除中国正面战场坚持抗战外,中国共产党领导的抗日武装力量在中国敌后战场大显神威,创造了在敌强我弱的情况下进行反侵略战争的光辉典范。据日方资料统计,仅 1940 年中共敌后部队就与日本华北方面军交战 2.0123 万次,足见战斗之频繁和激烈①。日本天皇曾忧心忡忡地以侵入莫斯科的拿破仑最终败在消耗战和游击战上为例,担忧日军在中国的前途。而中国敌后抗日游击战的经验却为同盟国军队所借鉴,成为世界反法西斯阵营的共同财富。在这一阶段,由于中国的正面战场和敌后战场继续牵制着日本军队的主力,使德、日始终未能将欧亚战场连成一片,使美、英、苏得以实施"先欧后亚"的战略方针,苏联得以避免东西两线作战,集中兵力对付德国,并使太平洋战争推迟爆发,美、英、荷等国取得了宝贵的备战时间,这是中国对于第二次世界大战的又一重要贡献。

　　1941 年 12 月 7 日太平洋战争的爆发,使第二次世界大战的规模

---

　　①　[日]《现代史资料》第 9 卷,日本みすず书房 1964 年版,第 470—471 页。

扩展至 61 个国家和地区,卷入 20 多亿人口,战火燃遍了亚、欧、非、大洋四大洲,作战区域面积达到 2200 万平方公里。中国战场始终是世界反法西斯战争的主战场之一,日本陆军主力被牢牢地牵制在中国 5000公里的正面战线和 130 余万平方公里的敌后战区内,陷入人民战争的汪洋大海之中。中国的正面战场吸引了大批日军。1944 年日军为打通大陆交通线而发动"一号作战",攻占了河南、湖南、广西、贵州等省大面积国土,也使其当时所能调动的机动兵力全部陷于中国战场而无法动弹。同时,中国远征军和驻印军在英美军队配合下,入缅作战,于次年 3 月打通中印公路,为结束战争作了重要的准备。在敌后战场,尽管日军进行了疯狂的"大扫荡",使敌后根据地在 1941 年—1942 年进入最为困难的时期,但中国共产党领导的敌后抗日武装开展了英勇卓绝的反扫荡战争,不仅保卫、巩固了抗日根据地,而且从 1944 年春开始局部反攻,为转入全面大反攻创造了条件。1945 年更开展大反攻,收复了 250 余座中小城市和大片国土。

中国军民的英勇斗争,与盟军在苏联、欧洲、北非以及太平洋上的攻势作战互相呼应,彼此支援,共同为夺取第二次世界大战的最后胜利而奋斗。在此期间,中国还积极参加签署了《联合国家共同宣言》、《普遍安全宣言》、《开罗宣言》、《联合国宪章》、《波茨坦公告》等重要的国际文件,为推动世界反法西斯统一战线的建立和发展以及联合国的建立作了多方面的努力。

为取得世界反法西斯战争的胜利,中国军民付出了巨大的代价,人员伤亡 3500 万,直接经济损失 620 亿美元,间接经济损失 5000 亿美元。中国人民连续八年的英勇抗战是打败日本法西斯和胜利结束第二次世界大战的基本原因之一。任何贬低中国抗日战争在第二次世界大战中地位与作用的论调都经不起历史的检验,中国抗日战争对于世界反法西斯战争的贡献将永载史册。

中国抗日战争也对中国的发展进步和中国国际地位的提升作出了不可磨灭的贡献。

抗日战争，是中国近百年反对帝国主义侵略由失败走向胜利的转折点。自 1840 年起，中国人民为争取民族独立和国家主权进行无数次斗争，两次鸦片战争、太平天国、中法战争、中日甲午战争、义和团运动等等，都在不同程度上打击了帝国主义，但其结局却都是以失败而告终。日本是近代以来对中国侵略最为频繁、残酷、贪欲最强的国家，从19 世纪 70 年代起，采用各种卑劣的手段，相继吞并了原属国琉球、中国的台湾、澎湖列岛，占领了中国东北全境，将其侵略势力渗透到中国的华北、华东、华中的广大地区，并发动了全面的侵华战争，企图灭亡中国。从 1931 年起，中国人民经历六年局部战争、八年全面战争，举国上下，同仇敌忾，浴血奋战，将日本侵略者驱逐出国门之外，中国东北和台湾、澎湖列岛收归中国版图，洗雪了鸦片战争以来中国人民所承受的民族耻辱。中国抗日战争以弱胜强的成功典范，为世界被压迫民族争取独立解放的斗争树立了光辉的榜样，极大推动了世界，尤其是亚洲民族解放运动的发展，一大批亚洲新独立的国家紧随中国抗战胜利之后产生，第二次世界大战后亚洲的国际格局由此而发生了重大而深刻的变化。

抗日战争，使中国近代废除不平等条约运动取得了决定性的胜利，中国的国际地位有所提升。废除帝国主义列强强加给中国的不平等条约，是中国人民近百年来的强烈愿望和奋斗目标。20 世纪以来，中国曾经出现过北京政府的"修约"运动、广州武汉国民政府的"废约"运动、南京国民政府的"改订新约"运动，虽也取得过若干进展，如中俄、中德、中奥间不平等条约的废除、部分租界的收回、中国关税自主的实现等，但列强对华不平等条约的体系却始终未能打破。中国抗日战争在世界反法西斯战争中的重要地位及中国军民对于战争的巨大贡献，为中国人民废除不平等条约、提升国际地位创造了良好的历史性机遇。首先，中国成为《联合国家共同宣言》的四大领衔国之一，后又因签署《普遍安全宣言》(亦称"四强宣言")而成为"四强"国家，奠定了中国成为联合国常任理事国的地位。其次，1943 年 1 月，中美新约和中英新约同时签署,除中国与日德意处于战争状态,已自动废除互相间一切条约外,其他在中国享有不平等条约特权的国家,先后仿照中美、中英新约的成例,与中国签署新约,尽管个别条约中还有某些缺陷,但从总体上说外国在华享有的不平等条约体系已予废除,中国收回了除香港、澳门之外的所有失地、租界、租借地、铁路附属地以及北平使馆界的主权。美国还主动废除了为时数十年之久的排华法案,借此表示美国"不仅视中国为进行战争中的伙伴,而且将视为和平时期的伙伴"[1]。中国的国际地位得到前所未有的提升,这是抗日战争的重大成果之一。

抗日战争,也是中国实现民族觉醒和国家重振的历史机遇。日本法西斯企图灭亡中国的史无前例的大规模入侵,激发起全民族空前的爱国热情,中华民族数千年悠久历史文化所积聚起来的民族凝聚力在亡国灭种的威胁面前如同火山般地喷发出来。被外国人称为"一盘散沙"、"东亚病夫"、"沉睡中的睡狮"的四万万五千万中国人,骤然觉醒,奋起抗争。血战了十年之久的国共两党重新携手,建立了以国共合作为基础的抗日民族统一战线,中国长期以来的分裂局面结束了。在抗日民族统一战线的旗帜下,一切炎黄子孙,中华儿女,不分阶级、党派、民族、地区,不分宗教信仰,不分男女老幼,同心协力,有钱出钱,有力出力,有知识出知识,有技能出技能,一齐为抗日战争贡献自己的力量。在整个抗日战争时期,民族主义始终高涨,其呼声之高,传播之广,民众发动之普遍,同仇敌忾精神之旺盛,使 20 世纪中国的民族主义高潮达于顶点[2]。抗日战争的胜利,也成为中国共产党领导的新民主主义革命胜利的一个阶段,使中华民族由衰败到重新振起,出现一个伟大的转折。

---

[1]　《中美关系资料汇编》第 1 辑,第 108 页。

[2]　姜义华认为:20 世纪中国民族主义高涨曾有过三次浪潮,第三次浪潮即发生于抗日战争时期,这次大浪潮"激于九一八事变、一二八事变和华北事变而起,七七事变和八一三事变后达于顶点"(《论 20 世纪中国的民族主义》,《复旦学报》1993 年第 3 期)。

参考文献 *

中文档案文献

陈公博档案,上海市高等人民法院档案室藏,上海

陈公博档案,中国第二历史档案馆藏,南京

褚民谊档案,江苏省档案馆藏,南京

顾维钧文件,美国哥伦比亚大学珍本和手稿图书馆藏,纽约

韩国档案,中国国民党党史会藏,台北

军事委员会档案,"国史馆"藏,台北

台湾调查委员会档案,中国国民党党史会藏,台北

台湾义勇队档案,中国国民党党史会藏,台北

外交部档案,中国国民党党史会藏,台北

汪精卫档案,中国第二历史档案馆藏,南京

汪精卫档案,上海市档案馆藏,上海

汪精卫政府档案,中国第二历史档案馆藏,南京

萧宜增档案,中国国民党党史会藏,台北

中国国民党特种档案(越南档、韩国档、马来档、泰国档、琉球档、菲律宾档、缅甸
　　档、印度档、台湾档等),中国国民党党史会藏,台北

周佛海档案,江苏省档案馆藏,南京

---

　　* 本书目所收为本卷所引的主要参考文献。中文和日文书目以书名汉字的音序
排列,西文书目以作者姓氏字母顺序排列。

《国民党中央秘书长吴铁城致金九函》,中国国民党党史会藏,台北

《请求恢复台湾省制呈文》,中国国民党党史会藏,台北

《"四一七"告国内外同胞书》,中国国民党党史会藏,台北

《外交部三十三年下半年施政纲要》,中国第二历史档案馆藏,南京

《中国国民党第六次全国代表大会第五次会议速记录》,中国国民党党史会藏,
　　台北

《中国国民党第六次全国代表大会记录》,中国国民党党史会藏,台北

《中国国民党第五届中央执行委员会常务委员会第二百七十四次全体会议记录》,
　　中国国民党党史会藏,台北

《中国国民党第五届中央执行委员会常务委员会会议记录汇编》(下),中国国民党
　　党史会藏,台北

《中国国民党第五届中央执行委员会第十一次全体会议速记录》,中国国民党党史
　　会藏,台北

《中国国民党六全大会第九次会议关于国民大会召集日期案讨论速记录》,中国国
　　民党党史会藏,台北

《中国青年模范团暂行总章》,中国第二历史档案馆藏,南京

《中华民国史事纪要》,"国史馆"藏,台北

《中美、中英平等新约签订经过》,"国史馆"藏,台北

《中央税警总团条例草案》,中国第二历史档案馆藏,南京

中文著作

《八路军内日本兵》,[日]香川孝志、前田光繁著,北京,解放军出版社,1985

《财政年鉴第三编》,财政部财政年鉴编纂处编,上海,商务印书馆,1948

《惨胜》,马振犊著,桂林,广西师范大学出版社,1993

《长沙作战》,日本防卫厅防卫研究所战史室编,天津市政协编译委员会译,北京,
　　中华书局,1985

《陈诚回忆录》,陈诚著,北京,东方出版社,2009

《陈纳德和飞虎队》,陈香梅著,石源华、金光耀译,上海,学林出版社,1988

《重庆的喜剧——国民党第六次全国代表大会内情》,王千秋著,出版地不详,1946

《重庆工商史料丛刊》第 2 辑，北京，文史资料出版社，1983

《重庆——一个内陆城市的崛起》，周勇主编，重庆出版社，1989

《从参加抗战到目睹日军投降》，冷欣著，台北，传记文学出版社，1967

《大东亚战争全史》，[日]服部征四郎著，台北，军事译粹社，1978

《党史概要》，张其昀著，台北，文物供应社，1952

《德黑兰、雅尔塔、波茨坦会议记录摘编》，上海人民出版社，1974

《第二次世界大战史大全》第 8 卷，[英]阿诺德·汤因比主编，本书翻译组译，上海
译文出版社，1995

《第二次世界大战回忆录》，[英]丘吉尔著，北京编译社等译，北京，商务印书馆，
1975

《东北沦陷十四年大事编年》，沈阳，辽宁人民出版社，1990

《第二次中国教育年鉴》，教育部教育年鉴编纂委员会，台北，文海出版社，1986

《第二次中日战争史》，吴相湘著，台北，综合月刊社，1974

《俄帝侵略中国史》，吴相湘著，台北，正中书局，1969

《法西斯战争文献》，北京，世界知识出版社，1955

《甘地与现代印度》，吴俊才著，台北，正中书局，1987

《革命文献》第 80 辑，秦孝仪主编，台北，正中书局，1977

《工商经济史料丛刊》第 4 辑，北京，文史资料出版社，1984

《顾维钧回忆录》第 5 分册，中国社会科学院近代史研究所译，北京，中华书局，
1987

《顾维钧与中国外交》，金光耀主编，上海古籍出版社，2001

《关内地区朝鲜人民反日独立运动资料汇编》，杨昭全等主编，沈阳，辽宁人民出版
社，1987

《贵州省志》，贵阳，贵州人民出版社，1991

《国立西南联合大学校史》，西南联合大学北京校友会编，北京大学出版社，1996

《国共两党谈判通史》，毛磊、范小芳等主编，兰州大学出版社，1996

《国魂，在国难中挣扎》，冯崇义著，桂林，广西师范大学出版社，1995

《国际条约集(1934—1944)》，北京，世界知识出版社，1961

《国民参政会资料》，成都，四川人民出版社，1984

《国民革命战争史》第 3 部《抗日御侮》第 10 卷，蒋纬国主编，台北，黎明文化事业公

司,1978

《国民政府重庆陪都史》,张弓、牟之先主编,重庆,西南师范大学出版社,1993

《国民政府年鉴》,行政院编印,出版地不详,1943

《国民政府时代之中英关系》,杭立武著,台北,商务印书馆,1983

《国民政府与韩国独立运动史料》,台北中研院近代史所编印,1988

《国统区抗战文艺运动大事记》,文天行编,成都,四川省社会科学院,1985

《韩国独立运动与中国》,石源华编著,上海人民出版社,1995

《韩国反日独立运动史论》,朱宗震著,北京,中国社会科学出版社,1998

《湖南四大会战》,全国政协本书编写组编,北京,中国文史出版社,1995

《胡乔木回忆毛泽东》,北京,人民出版社,1994

《胡志明全集》(中文版),河内,越南外文出版社,1962

《胡志明与中国》,黄铮著,北京,解放军出版社,1987

《胡志明在中国》,蒋永敬著,台北,传记文学出版社,1972

《华北抗日根据地》,魏宏运等主编,北京,档案出版社,1990

《华北治安战》,日本防卫厅战史室编,天津市政协编译组译,天津人民出版社,
　　1982

《华中抗日斗争回忆》第 2 辑,上海新四军和华中抗日根据地研究会编印,上海,
　　1982

《回忆国民党政府资源委员会》,北京,中国文史出版社,1988

《回忆与研究》下卷,李维汉著,北京,中共党史资料出版社,1986

《基诺族起义》,王军著,昆明,云南人民出版社,1982

《剑桥中华民国史》下卷,〔美〕费正清、费维凯主编,刘敬坤等译,北京,中国社会科
　　学出版社,1994

《蒋夫人宋美龄言论集》,台北,近代中国出版社,1998

《蒋介石与蒋经国》,〔美〕易劳逸著,王建朗等译,北京,中国青年出版社,1989

《蒋委员长与罗斯福总统战时通讯》,郭荣赵编译,台北,"中国研究中心",1978

《蒋总统集》,"国防研究院"等编,台北,1960

《蒋总统秘录》,〔日〕古屋奎二著,台北,"中央日报社",1977

《蒋总统为自由正义与和平而奋斗述略》,张群、黄少谷著,台北,1985

《解放前的中国农村》(二),陈翰笙等编,北京,中国展望出版社,1987

《解析冯友兰》,郑家栋、陈鹏主编,北京,社会科学文献出版社,2002

《晋冀鲁豫边区史》,齐武著,北京,当代中国出版社,1995

《今井武夫回忆录》,[日]今井武夫著,本书翻译组译,上海译文出版社,1978

《近代唯心论简释》,贺麟著,独立出版社,出版地不详,1942

《近代中国资产阶级研究》,复旦大学历史系等编,上海,复旦大学出版社,1984

《旧中国公债史资料(1894—1949)》,千家驹编,北京,中华书局,1984

《开罗会议与中国》,梁敬锌著,香港,亚洲出版社有限公司,1962

《抗日烽火中的中国报业》,穆欣著,重庆出版社,1992

《抗日战史》,台北"国防部"史政编译局编印,1990

《抗日战争》,章伯锋、庄建平主编,成都,四川大学出版社,1997

《抗日战争的战略相持》,张宏志著,北京,国防大学出版社,1990

《抗日战争的正面战场》,张宪文主编,郑州,河南人民出版社,1987

《抗日战争时期国共关系纪事》,黄修荣编著,北京,中共党史出版社,1995

《抗日战争时期国民政府财政经济战略措施研究》,周天豹等著,重庆,西南财经大
　　学出版社,1988

《抗日战争时期中国对外关系》,陶文钊等著,北京,中共中央党校出版社,1995

《抗日战争时期西南经济发展概述》,周天豹等编,重庆,西南师范大学出版社,
　　1988

《抗日战争史论集》,刘凤翰著,台北,东大图书公司,1987

《抗日战争正面战场》,中国第二历史档案馆编,南京,江苏古籍出版社,1987

《抗日战争指导:蒋委员长领导抗日艰苦卓绝的十四年》,蒋纬国著,台北,远流出
　　版公司,1989

《抗战期间废除不平等条约史料》,林泉编,台北,正中书局,1983

《抗战时期的经济》,清庆瑞主编,北京出版社,1995

《抗战时期的文化教育》,戴知贤、李良志主编,北京出版社,1995

《抗战时期的专卖事业》,何思眯著,台北"国史馆",1997

《抗战时期国统区的粮食价格》,王洪峻著,成都,四川社会科学出版社,1985

《抗战中的中国政治》,延安时事研究会编,出版地、时间不详

《抗战时期的西南大后方》,谢本书、温贤美主编,北京出版社,1997

《苦难与斗争的十四年》,步平等著,北京,中国大百科全书出版社,1995

《刘放吾将军与仁安羌大捷》,刘伟民著,上海书店,1995

《刘少奇选集》,北京,人民出版社,1981

《罗斯福选集》,关在汉编译,北京,商务印书馆,1982

《罗斯福与霍普金斯》,[美]舍伍德著,福建师范大学外语系编译室译,北京,商务印书馆,1980

《罗斯福与美国对外政策》,[美]罗伯特·达莱克著,陈启迪等译,北京,商务印书馆,1984

《毛泽东年谱》(1893—1949),中共中央文献研究室编,北京,中央文献出版社,1994

《毛泽东外交文选》,中共中央文献研究室编,北京,中央文献出版社、世界知识出版社,1994

《毛泽东选集》(合订本),北京,人民出版社,1964

《美国十字军在中国》,[美]沙勒著,郭济祖译,北京,商务印书馆,1982

《美国、英国和俄国——它们的合作和冲突(1941—1946年)》,[美]麦克尼尔著,叶佐译,上海译文出版社,1978

《美国与移民》,邓蜀生著,重庆出版社,1990

《美军观察组在延安》,[美]包瑞德著,万高潮等译,北京,解放军出版社,1984

《蒙古"自治运动"始末》,卢明辉著,北京,中华书局,1980

《迷惘集》,张忠绂著,台北,文海出版社,1978

《缅甸之战》,戴广德著,黄山书社,1995

《缅甸作战》,日本防卫厅防卫研究所战史室著,天津市政协编译委员会译,北京,中华书局,1987

《缅甸作战时期戴安澜日记》,贵阳,中央日报社,1942

《民国财政史》,杨荫溥著,北京,中国财政经济出版社,1985

《民国教育史》,李华兴主编,上海教育出版社,1997

《民国军事史略稿》第3卷,姜克夫编著,北京,中华书局,1991

《民国卅一年上半年国内经济概况》,中央银行经研处编印,出版地、时间不详

《民国史纪事本末》第6卷,魏宏运主编,沈阳,辽宁人民出版社,1999

《民国政制史》,钱端升著,上海书店,1990

《闽浙赣抗战》,全国政协文史委员会编,北京,中国文史出版社,1995

《南方局党史资料·大事记》,南方局党史资料征集小组编,重庆出版社,1986

《南方局党史资料·文化工作》,南方局党史资料征集小组编,重庆出版社,1990

《陪都工商年鉴》,傅润华、汤约生编,重庆,文信书局,1945

《挈其瑰宝——抗战时期中共与三民主义研究》,宋进著,桂林,广西师范大学出版
　　社,1994

《日本帝国主义对华侵略史料选编(1931—1945)》,复旦大学历史系编译,上海人
　　民出版社,1983

《日本帝国主义侵华档案资料选编:华北大"扫荡"》,中央档案馆等编,北京,中华
　　书局,1998

《日本帝国主义侵华档案资料选编:日汪的清乡》,中央档案馆等编,北京,中华书
　　局,1995

《日本军国主义侵华资料长编》,天津市政协编译委员会编译,成都,四川人民出版
　　社,1987

《日本侵华内幕》,[日]重光葵著,北京,解放军出版社,1987

《日军侵华八年抗战史》,何应钦著,台北"国防部"史政编译局,1982

《日军侵华暴行实录》,中国抗日战争史研究会等编,北京出版社,1995

《日伪上海市政府》,上海市档案馆编,北京,档案出版社,1986

《陕甘宁边区抗日民主根据地》文献卷,西北五省区编纂领导小组、中央档案馆编,
　　北京,中共党史出版社,1990

《陕甘宁革命根据地史料选辑》第1辑,兰州,甘肃人民出版社,1981

《上海金融史话》,本书编写组编,上海人民出版社,1978

《史迪威事件》,梁敬錞著,北京,商务印书馆,1973

《史迪威与美国在华经验》,[美]巴巴拉·塔奇曼著,陆增平等译,北京,商务印书
　　馆,1985

《蒋中正总统档案事略稿本》,台北"国史馆",2004

《使韩回忆录》,邵毓麟著,台北,传记文学出版社,1980

《苏北抗日根据地》,中共江苏省委党史工作委员会等编,北京,中共党史资料出版
　　社,1989

《苏南抗日根据地》,中共江苏省委党史工作委员会等编,北京,中共党史资料出版
　　社,1987

《孙科文集》,台北,商务印书馆,1970

《太平洋战争时期的中英关系》,李世安著,北京,中国社会科学出版社,1994

《同盟抗战 赢得胜利》,李良志、李隆基主编,上海人民出版社,1995

《汪精卫国民政府"清乡"运动》,余子道、刘其奎、曹振威编,上海人民出版社,1985

《汪精卫汉奸政权的兴亡》,复旦大学历史系中国现代史教研室编,上海,复旦大学
　　出版社,1984

《汪精卫集团投敌》,黄美真、张云编,上海人民出版社,1984

《汪精卫伪国民政府纪事》,蔡德金等编,北京,中国社会科学出版社,1984

《汪伪国民政府成立》,黄美真、张云编,上海人民出版社,1986

《汪政权的开场与收场》第1册,朱子家著,香港,春秋杂志社,1963

《王世杰日记》,台北中研院近代史所,1990

《伪满经济统治》,滕利贵著,长春,吉林教育出版社,1992

《伪满洲国史新编》,解学诗著,北京,人民出版社,1995

《伪满洲中央银行史料》,吉林金融研究所编,长春,吉林人民出版社,1990

《文史资料选辑》第54辑,北京,中华书局,1964

《文化与人生》,贺麟著,上海,商务印书馆,1947

《先总统蒋公有关论述与史料》,台北,"中华民国"史料研究中心,1985

《行政三联制大纲》,蒋介石著,出版地不详,1940

《徐永昌日记》,徐永昌著,台北中研院近代史所,1991

《一号作战之一:河南会战》,日本防卫厅防卫研究所战史室著,天津市政协编译委
　　员会译,北京,中华书局,1982

《一号作战之二:湖南会战》,日本防卫厅防卫研究所战史室著,天津市政协编译委
　　员会译,北京,中华书局,1984

《一号作战之三:广西会战》,日本防卫厅防卫研究所战史室著,天津市政协编译委
　　员会译,北京,中华书局,1986

《远征印缅抗战》,全国政协文史委员会编,北京,中国文史出版社,1990

《在河内接受日本投降内幕》,凌其翰著,北京,世界知识出版社,1984

《在华使命》,〔俄〕崔可夫著,万成才译,陈启民校,北京,新华出版社,1980

《在蒋介石身边八年》,唐纵著,北京,群众出版社,1991

《战争回忆录》第3卷,〔法〕戴高乐著,北京,世界知识出版社,1964

《张治中回忆录》,张治中著,北京,中国文史资料出版社,1985

《珍珠港事变到雅尔塔协定期间的美国对华政策》,李荣秋著,台北,东吴大学,1978

《昭和十七、八(1942、1943)年的中国派遣军》,日本防卫厅防卫研究所战史室著,贾玉芹译,北京,中华书局,1984

《昭和二十(1945)年的中国派遣军》,日本防卫厅防卫研究所战史室著,天津市政协编译委员会译,北京,中华书局,1982

《中共党史参考资料》(十三),中共中央党校党史教研室编,北京,人民出版社,1991

《中共党史参考资料》(五),中共中央党校党史教研室编,北京,人民出版社,1979

《中共党史参考资料》第 9 册,解放军政治学院党史教研室编,出版地不详,1979

《中共中央文件选集》第 13、14 册,中央档案馆编,北京,中共中央党校出版社,1991

《中共中央与八年抗战》,雷云峰等著,西安,陕西人民出版社,1996

《中国的对外贸易和工业发展(1840—1948)》,郑友揆著,上海社会科学院出版社,1984

《中国的纠葛》,〔美〕赫伯斯·菲斯著,林海等译,北京大学出版社,1989

《中国共产党七十年》,刘吉主编,上海人民出版社,1991

《中国共产党与朝鲜独立运动关系纪事》,石源华著,汉城,高句丽出版社,1997

《中国国民党百年风云录》,程思远主编,延吉,延边大学出版社,1994

《中国国民党第六次全国代表大会决议》,中国国民党中央执行委员会秘书处,出版地不详,1945

《中国国民党第五届中执会第十次全体会议记录》,中国国民党中央执行委员会秘书处,出版地不详,1942

《中国国民党历次代表大会及中央全会资料》,荣孟源主编,北京,光明日报出版社,1985

《中国国民党历次会议宣言决议案汇编》,浙江省中共党史学会编印,出版地不详,1984

《中国国民党历次会议宣言及重要决议案汇编》,中执会中央训练委员会,出版地不详,1946

《中国国民党史》，宋春主编，长春，吉林文史出版社，1991

《中国国民党史纲》，彦奇、张同新主编，哈尔滨，黑龙江人民出版社，1991

《中国近百年经济史纲》，孔经纬著，长春，吉林人民出版社，1980

《中国近代对外关系史资料选编》，复旦大学历史系中国近代史教研组编，上海人民出版社，1977

《中国近代工业史资料》，陈真等编，北京，三联书店，1957

《中国近代国民经济史教程》，赵德馨等著，北京，高等教育出版社，1988

《中国近代经济史》，陈绍闻等编，上海人民出版社，1983

《中国近代经济史纲》，魏永理著，兰州，甘肃人民出版社，1990

《中国近代经济史资料选辑》，严中平编，北京，科学出版社，1955

《中国近代思想史资料简编》第4卷，蔡尚思主编，杭州，浙江人民出版社，1983

《中国抗日根据地发展史》，田酉如著，北京出版社，1995

《中国抗战军事史》，罗焕章、高培主编，北京出版社，1995

《中国抗战时期税制概要》，匡球著，北京，中国财政经济出版社，1988

《中国抗日战争史》，军事科学院军事历史研究部著，北京，解放军出版社，1991

《中国民主同盟历史文献》，中国民主同盟中央文史资料编辑委员会编，北京，文史资料出版社，1983

《中国特殊工人史略》，李联谊著，抚顺矿务局煤炭志办公室，1991

《中国通——美国一代外交官的悲剧》，[美]伊·卡恩著，陈亮等译，北京，新华出版社，1980

《中国通货膨胀(1937—1949)》，张公权著，北京，文史资料出版社，1986

《中华民国档案资料汇编》第5辑，中国第二历史档案馆编，南京，江苏古籍出版社，1999

《中华民国货币史资料》第2辑，中国人民银行总行参事室编，上海人民出版社，1991

《中华民国历史与文化讨论集》，台北，文物供应社，1984

《中华民国经济发展史》，秦孝仪主编，台北，近代中国出版社，1983

《中华民国史料长编》，万仁元、方庆秋主编，南京大学出版社，1983

《中华民国史资料丛稿》第5辑，北京，中华书局，1979

《中华民国外交史》，石源华著，上海人民出版社，1994

《中华民国外交史料汇编》,陈志奇辑编,台北,渤海堂文化公司,1986

《中华民国政治制度史》,徐矛著,上海人民出版社,1992

《中华民国重要史料初编——对日抗战时期》,秦孝仪主编,台北,文物供应社,
　　1981

《中美关系论丛》,汪熙主编,上海,复旦大学出版社,1985

《中美关系史(1911—1950)》,陶文钊著,重庆出版社,1993

《中美关系资料汇编》第1辑,北京,世界知识出版社,1957

《中外旧约章汇编》第3册,王铁崖编,北京,三联书店,1962

《中印人民友好关系史》,林承节著,北京大学出版社,1993

《周恩来年谱》(1898—1949),中共中央文献研究室编,北京,中央文献出版社,
　　1989

《周恩来书信选集》,北京,中央文献出版社,1988

《周恩来选集》,北京,人民出版社,1980

《周佛海日记》,北京,中国社会科学出版社,1986

《朱德年谱》,中共中央文献研究室编,北京,人民出版社,1986

《朱德选集》,北京,人民出版社,1983

《罪证:侵华日军衢州细菌战史实》,邱明轩编著,北京,中国三峡出版社,1999

中文报纸

《大公报》,重庆、长沙、上海

《桂林日报》,桂林

《华西日报》,成都

《解放日报》,延安

《晋察冀日报》,出版地不详

《扫荡报》,桂林

《商务日报》,重庆

《盛京日报》,沈阳

《西康日报》,雅安

《新华日报》,重庆、南京

《新华时报》,重庆

《新中国报》,上海

《新中华报》,延安

《云南日报》,昆明

《中华日报》,南京、上海

《中央日报》,重庆、南京

中文期刊

《朝鲜义勇队通讯》,武汉、桂林、重庆

《传记文学》,台北

《东北研究论丛》,台北

《复旦学报》,上海

《解放》,延安

《近代史研究》,北京

《抗日战争研究》,北京

《民国档案》,南京

《民主周刊》,昆明

《民族团结》,北京

《南京大学学报》,南京

《人大复印资料:中国现代史》,北京

《商务月报》,重庆

《商业统制会刊》,出版地不详

《申报年鉴》,上海

《申报月刊》,上海

《宪政月刊》,重庆

《旬报》,出版地不详

《延安大学学报》,延安

《政府公报》,重庆、南京

《政治月刊》,南京

《中共党史研究》,北京

《中国社会经济史研究》,北京

《中华论坛》,重庆

《中华新声》,上海

日文著作

《动乱下的满洲矫正》,满洲矫正追想录刊行会,1976

《满洲产业经济大观》,日本产业调查会,1943

《日本外交年表和主要文书(1980—1945)》下卷《文书》,外务省编,1969

《现代史资料》第 9 卷,日本みすず书房,1964

《中国方面陆军航空作战》,日本防卫厅防卫研修所战史室,东京朝原出版社

日文报刊

《东京每日新闻》,东京

韩文著作

《韩国独立运动》(一),秋宪树,延世大学出版社,1972

英文著作及报刊

Hull,Cordell: *The Memoirs of Cordell Hull*,New York,1948

Liu,Xiaoyuan: *A Partnership for Disorder: China, the U. S. and their Policies for the Post - War Disposition of the Japanese Empire, 1941 - 1945*,Cambridge University Press,1996

Romanus,C. F. & Sunderland,R: *Stilwell's Mission to China*,Washington,1953

Roosevelt,Elliott: *As He Saw It*,Duel Sloan and Pearce,New York,1946

Sainsbury, Keith: *Turning Points: Roosevelt, Stalin, Churchill Chiang Kaic-shek.* ,1943: *The Moscow, Cairo, and Teheran Conference*, Oxford University Press,1985

Slim, William: *Defeat into Victory*, London,1956

U. S. Dept. of State: *Foreign Relation of the United States, 1931-1941 (Japan)*, Washington,1943

Morgenthau Diary, *China*, Vol. 1

人名索引*

---

* 本索引收入本卷中出现的人名，中国、日本、朝鲜、越南人名以其汉字的音序排列，其他国家的人名以其译音汉字的音序排列，并附其原文，少数不知原文者暂付阙如。